대원불교
학술총서

19

대원불교
학술총서

19

주희 철학사상의
불교적 뿌리

· · ·

The Buddhist Roots of Zhu Xi's
Philosophical Thought

· · ·

존 메이컴(John Makeham) 엮음
정환희 옮김

· · ·

운주사

불교의 학설을 궁구하여 취하거나 버리고자 하면, 그 학설을 궁구하기도 전에 이미 감화되어 불자가 되어 버린다. … 유학자들이 끝내 많이들 불교로 빠지고 마는 것은, 그들이 뜻해서가 아니라 형세가 그러해서이다. 대개 정신적으로나 육체적으로 한계에 도달하면, 쉬고자 하지만 아직 앎이 안정되지 않아서 쉴 수 없게 된다. 그리하여 불자들에게 어떤 도리가 있는 것을 보게 되면, 그 형세를 따르게 된다.

釋氏之說, 若欲窮其說而去取之, 則其說未能窮, 固已化而爲佛矣. … 儒者其卒多入異教, 其志非願也, 其勢自然如此. 蓋智窮力屈, 欲休來, 又知得未安穩, 休不得, 故見人有一道理, 其勢須從之.

- 정이程頤, 『이정집二程集』

일러두기

1. 본서는 John Makeham (ed.), *The Buddhist Roots of Zhu Xi's Philosophical Thought*, Oxford University Press, 2018을 완역한 것이다.

2. 본문이나 각주 중 역자가 추가한 내용은 '〔 〕' 안의 내용이나 '역자 주'로 정리하였다.

3. 중국인 인명과 관련하여 그의 주된 활동 시기가 신해혁명 이전인 경우는 한국어 음가대로 적고, 그 이후인 경우는 중국어 음가를 따랐다.

발간사

오늘날 인류 사회는 4차 산업혁명을 통해 완전히 새로운 세상을 맞이하고 있습니다. 전통적인 인간관과 세계관이 크게 흔들리면서, 종교계에도 새로운 변혁이 불가피하게 되었습니다. 이런 상황에서 대한불교진흥원은 다음과 같은 취지로 대원불교총서를 발간하려고 합니다.

첫째로, 현대 과학의 발전을 토대로 불교를 현대적으로 재해석할 필요가 있습니다. 불교는 어느 종교보다도 과학과 가장 잘 조화될 수 있는 종교입니다. 이런 평가에 걸맞게 불교를 현대적 용어로 새롭게 이해할 수 있도록 하려고 합니다.

둘째로, 현대 생활에 맞게 불교를 이해할 필요가 있습니다. 불교가 형성되던 시대 상황과 오늘날의 상황은 너무나 많이 변했습니다. 이런 변화된 상황에서 부처님의 가르침을 제대로 이해할 수 있도록 하려고 합니다.

셋째로, 불교의 발전과정을 종합적으로 이해할 필요가 있습니다. 북방불교, 남방불교, 티베트불교, 현대 서구불교 등은 같은 뿌리에서 다른 꽃들을 피웠습니다. 세계화 시대에 부응하여 이들 발전을 한데 묶어 불교에 대한 총체적 이해가 가능하도록 하려고 합니다.

대원불교총서는 대한불교진흥원의 장기 프로젝트의 하나로서 두 종류로 출간될 예정입니다. 하나는 대원불교학술총서이고 다른 하나는 대원불교문화총서입니다. 학술총서는 학술성과 대중성 양 측면을

모두 갖추려고 하며, 문화총서는 젊은 세대의 관심과 감각에 맞추려고
합니다.

　본 총서 발간이 한국불교 중흥에 조금이나마 기여할 수 있기를
바랍니다.

불기 2568년(서기 2024년) 8월

(재)대한불교진흥원

서론

존 메이컴John Makeham

'신유학(Neo-Confucianism)'은 유교사상을 재발명하고자 하는 송대 (960~1279)의 지적 운동을 가리킨다. 또한 이 용어는 송대에서 청대 (1644~1911)까지의 기간 중 특정한 인물과 연관된 철학적 개념, 기술 적 용어, 논증 및 저술의 군집에서 식별되는 일련의 가족 유사성(family resemblances, 역자 주: 비트겐슈타인의 개념이다. 가족 구성원 간에는 몸집, 용모, 눈 색깔, 걸음걸이 등이 유사한데, 가족 구성원들이라고 해서 반드시 공통된 속성이 존재하는 것은 아니다. 하지만 각 구성원들은 각기의 겹치고 교차하는 속성들을 공유한다.)을 나타낸다. 〔신유학은〕 후기 중화제국에 서 정치·사회 엘리트의 정통 이념이 된 이후, 약 700년 동안 과거 시험의 이념적 기초이자 교육 훈련의 핵심이 되었다. 또한 신유학은 어떻게 배울 것인지, 그 배움을 어떻게 적용할 것인지를 다룬 이론으 로, 도덕규범에 관한 권위적인 이론체계였다.[1] 그리고 신유가 철학은

---

1 신유학(Neo-Confucian)의 용어에 대한, 보다 자세한 토론으로는 *Dao Companion to Neo-Confucian Philosophy*, ed. John Makeham (New York: Springer, 2010)의

지난 천년 동안 중국의 철학담론 가운데 가장 영향력 있는 부분이었다.[2] 신유학은 한국, 일본, 베트남으로 확장되고 더욱 발전하여 지적, 제도적, 사회적 관행을 형성하였을 뿐만 아니라[3] 그 지적 유산은 오늘날 중화권에서도 지속되어 현대 신유가(New Confucianism)—현대 중국철학의 가장 생생한 형태—로 활력을 이어가고 있다.

11세기 신유학의 선구자들 중 한 그룹은 도의 학문[道學]을 재발견했다고 주장함으로써, 자신을 다른 유儒들과 구별하기 시작하였다. 정이(程頤, 1033~1107)는 고전 시대 이후 스스로가 처음으로 도를 전달하는 임무를 맡게 되었으며, 도의 의의를 재발견했다고 주장했다. 다른 곳에서, 정이는 그의 형인 정호(程顥, 1032~1085)를 도의 전승자로 포함시켰다.[4] 〔당나라 유학자인〕한유(韓愈, 768~824)는 「원도原道」[5]에서 맹자 이후로 성인의 도의 전승 과정이 어떻게 중단되

서문 참조.

2 신유가 철학에 대한 권위 있는 주제 중심의 입문서로는 Stephen C. Angle and Justin Tiwald, *Neo-Confucianism: A Philosophical Introduction* (Cambridge, UK: Polity Press, 2017) 참조. 신유학의 형이상학과 마음철학에 관한 최근 논문으로는 JeeLoo Liu, *Neo-Confucianism: Metaphysics, Mind, and Morality* (Hoboken, NJ: Wiley-Blackwell, 2018) 참조.

3 예를 들어 Philip J. Ivanhoe의 최근 연구 *Confucian Reflections on Learning and the Moral Heart-Mind in China, Korea, and Japan* (New York: Oxford University Press, 2016)을 참조.

4 Hoyt Cleveland Tillman, *Confucian Discourse and Chu Hsi's Ascendancy* (Honolulu: University of Hawaii Press, 1992), 21-22. 〔이 책은 김병환 역, 『주희의 사유세계: 주자학의 패권』(교육과학사, 2010)으로 번역됨.〕

5 韓愈, 『昌黎先生集』, 「原道」, 『四部備要』(北京: 中華書局, 1936), 11.4b에 수록.

없는지를 기술하였는데, 〔현재 도가 사라졌다고 주장한〕 한유와 달리 〔송대의〕 도학자들은 성인의 학문이 재발견되었음을 강조하였다. 유실되었던 성인의 가르침은, 〔신유학자들에게〕 도덕적으로 변주된 우주와 그 우주 내에서의 인간 및 인간사회의 위치에 대한 심오한 통찰력을 제공하였다. 11세기 도학자들의 저술에서 발견되는 이러한 〔도의〕 중단과 재발견에 대한 주제는, 보다 일반적으로는 새로운 시작에 대한 〔도학자들의〕 자기 인식을 잘 보여준다.[6]

도학자들은 자기 스스로가 중국문화의 참되고 깊은 뿌리―공자와 맹자에게 '전수된' 고대 성인의 가르침―를 재발견하고 회복하는 데 참여한다고 생각했다. 그들의 입장에서 볼 때, 고대 성인의 가르침은 한나라(기원전 206~기원후 220) 이후 외래에서 수입된 이데올로기〔불교〕와 체제 전복적인 이데올로기〔도교〕에 의해 가려지게 되었고 이로 인해 정치 및 사회의 혼란이 초래되었다. 도학자들은 수·당 시대(581~907)에서 시작된 〔중국의〕 통일―격렬한 혼란이 잇따른―이, 유교 질서의 회복과 함께 이어져야 한다고 주장하였다. 또한 도학자들은 전통적인 주석가들에 대해 비판적이었다. 도학자들이 보기에, 전통적인 주석가들은 성인의 말씀 뒤에 숨겨진 뜻을 제대로 파악하지 못하였으므로 당대의 학생들과 성인의 학문 사이에 놓인 심대한 시간적 거리를 극복하는 데 실패하였다. 그리하여 그들은 오늘날 학생들을 성인의 학문에 제대로 인도하지 못했다. 도학의 자기서사에 따르면, 도학자들은 새로운 것을 만들려는 것이 아니라 오히려 뿌리〔근원〕로 돌아가

6 예를 들어 장재의 제자 범육范育이 쓴 장재 『정몽正蒙』 서문 참조. 『張載集』(北京: 中華書局, 2006), 4-5에 수록.

려 한 것이다.

12세기 후반까지, 도학자의 영향력은 지대했다. 도학자들은 "지적 문화의 주요 단어와 이슈들을 정의하였는데, 도덕철학에 조금의 관심이 없는 사람도 도학의 틀 안에서 주장할 정도였다."[7] 주희(朱熹, 1130~1200)는 이 도학 운동의 후계자를 자칭하며, 도학자 집단의 권위—자기들이야말로 성인의 말씀에 숨겨진 의도를 파악하였다—를 분명히 하였다. 주희는 『이락연원록伊洛淵源錄』(1173)—도학파의 역사를 집필하기 위한 주희의 첫 번째 시도—에서 스스로를 북송오자〔北宋五子: 정이, 정호, 주돈이(周敦頤, 1016~1073), 장재(張載, 1020~1077), 소옹 (邵雍, 1011~1077)〕의 후계자라고 밝혔다. 이렇게 영향력이 큰 인물들과 자기 자신을 관계 지음으로써, 주희는 그 권위를 전유할 수 있었고, 또 자기 자신을 '도를 구하는 자'가 아니라 '도를 아는 자'로 자리매김할 수 있었다.

지난 천년 동안 주희는 의심할 여지없이 가장 중요한 중국철학자였다. 그의 유산 및 영향력, 그리고 그가 발전시킨 체계적인 철학의 정교함이란 측면 모두에서 말이다. 그가 철학적 체계를 수립하기 위하여 활용한 많은 자료들—『사서四書』, 『역경易經』, 주돈이·장재·이정·소옹 및 도학 전통과 연관된 사상가들의 저작들—은 상당히 많이 연구되었

---

7 Peter K. Bol, *"This Culture of Ours": Intellectual Transmissions in T'ang and Sung China* (Stanford, CA: Stanford University Press, 1992), 329. 〔이 책은 심의용 역, 『중국 지식인들과 정체성: 사문을 통해 본 당송 시대 지성사의 대변화』(부스토리, 2008)로 번역됨.〕 비록 도학자들은 '송학宋學'으로 알려진 보다 광범위한 사조의 일부분이었지만, 이 도학집단의 유산과 영향력은 엄청났다.

지만[8] 주희가 철학자로서 갖는 중요성에도 불구하고, 주희가 자신의 철학을 체계적으로 구축함에 있어 불교의 사상과 철학이 어떤 역할을 했는지는 아직 제대로 탐구되지 않았다.

불교가 신유가 사상에 끼친 영향에 관해 널리 알려진 견해 중 하나는, 푸웨이쉰(Charles Wei-Hsun Fu, 傅偉勳)의 자극-반응 가설이다. "주로 대승불교사상의 도전과 자극을 통해 … 정통 신유학자들은 초기 유교경전에 있는 근본 원리에 대한 형이상학적·종교적 요점을 재구성할 필요가 있다는 점을 깨닫기 시작했다. 이 원리에 대한 재정립은 중국의 (대승)불교를 강력하게 공격할 수 있는 주요한 철학적 무기로서 이러한 원리들을 재정립하였다."[9]

역사학자 피터 볼(Peter K. Bol)은 이와 밀접한 견해에 주목하는데, 그에 따르면 신유학자들은 불교의 리理와 도교의 기氣 같은 철학적 개념들을 차용함으로써 그들의 철학에 더 나은 윤리적 기초를 마련할 수 있었다. 이러한 견해는 청나라 학자들이 신유학에 제기한 비판 차원이었다. 청나라 학자들은 "송명대 신유학이 불교와 도교에 영향을 받았기 때문에 [신유학자들은] 경전과 고대에 대해 올바른 이해를 갖지 못했다고 주장하고, 신유학의 지적 권위를 탈취하고자 했다."[10]

---

8 주희를 단순한 '집대성자'가 아닌 철학자로 보는 우리의 이해에 기여할 수 있는 최근의 책으로는, David Jones and Jinhe Li, eds., *Returning to Zhu Xi: Emerging Patterns within the Supreme Polarity* (Albany: SUNY Press, 2015)가 있다.

9 Charles Wei-hsun Fu, "Chu Hsi on Buddhism," in *Chu Hsi and Neo-Confucianism*, ed. Wing-tsit Chan (Honolulu: University of Hawaii Press, 1986), 378.

10 Peter K. Bol, *Neo-Confucianism in History* (Cambridge, MA: Harvard University Asia Center, 2008), 103. [이 책은 김영민 역, 『역사 속의 성리학』(예문서원,

일본에서도 비슷한 전개가 이루어졌다. 예를 들어 명나라의 선승 공곡 경륭(空谷景隆, 1387~1466)은 어떠한 증거도 없이 태평하게도, 정이의 「역전서易傳序」에 소개된 주요한 개념[11]이 사실 화엄의 조사 징관(澄觀, 557~640)의 『화엄경소華嚴經疏』에서 가져온 것이라고 주장하였다.[12] 이러한 견해는 훗날 에도 시대의 고증학자 오타 긴조(太田錦城, 1765~1825)에 의해 확산되었는데, '주자학'의 권위를 폄하하려는 시도였다. 또한 오타 긴조는 장재와 주희의 기질지성氣質之性과 천지지성天地之性의 구분이 『수능엄경首楞嚴經』에서 기원한 것이라 보기도 했다.[13]

2010)으로 번역됨.〕 안원(顔元, 1635~1704)은 〔신유학자들이〕 유교를 가장하여 불교를 선전했다는 증거로서 주희의 인심人心/도심道心 구분을 들었다. 이에 대해서는 P. J. Ivanhoe, *Confucian Moral Self Cultivation* (Indianapolis: Hackett, 2000), 79 참조.〔이 책은 신정근 역, 『유학, 우리 삶의 철학-진정한 나를 찾아가는 7가지 길』(동아시아, 2008)로 번역됨.〕 Justin Tiwald는 대진(戴震, 1724~1777)의 사례를 인용하여 말하길 "대진은 자신의 상당한 문헌학적 능력을 활용하여, 선배 신유학자들이 도교와 불교의 렌즈를 활용해 유가경전을 읽었다는 것을 (많은 부분에서 설득력 있게) 설명하면서 그들의 도덕적 사유에 있어 그러한 오류들을 비난하였다." 그의 논문 "Dai Zhen on Human Nature and Moral Cultivation", in Makeham, *Dao Companion to Neo-Confucian Philosophy*, 399 참조.

11 "체와 용은 그 근원이 같고, 드러난 것과 은미한 것 사이에는 간격이 없다〔體用一源, 顯微無間〕". 程頤, 『周易程氏傳』(北京: 中華書局, 2011), 1. 이 책의 5장에서 필자는 체용론이 주희 형이상학의 초석이 되었음을 논할 것이다.

12 一元宗本, 『歸元直指集』, X61.1156, 460c20-21. 「原道」.

13 今井宇三郎, 「伊川易傳自序考」, 『日本中國學會報』, 1 (1950), 32-33; 荒木見悟, 『佛敎と儒敎: 中國思想を形成するもの』(京都: 平樂寺書店, 1963), 299-300n95.

학자들이 오랫동안 불교와 신유학의 관계에 대해 논의했음을 감안할 때, 불교에 대한 주희의 관심 및 응대에 대해 우리는 무엇을 알고 있는가?[14] 주희는 불교의 어떤 측면을 비판했으며, 그 이유는 무엇이었는가? 그의 관심은 단지 비판─그 비판이 불교에 대한 적확한 것이건 아니건 간에─에 국한되었는가, 아니면 주희도 자신의 사상을 발전시키기 위해 불교사상을 전유·변용하였는가? 주희의 철학적 레퍼토리가 명백히 불교적 기원으로 특징지어지는 개념적 구조와 문제들을 포함한다면, 이 사실은 주희의 철학적 프로젝트에 대한 우리의 이해에 있어 어떠한 함의를 갖는가? 이 책의 저자들은 논문 투고를 시작했을 때부터 이 질문들을 숙고하도록 요청받았다. 이 책의 다섯 가지 연구들은, 주희의 철학사상의 불교적 뿌리에 대한 복잡하면서도 풍부한 묘사를 제공한다. 종합적으로 이 책의 저자들은 주희가 그의 철학사상에 취입한 매우 광범위한 지적 자원들을 조명하며 그 작업을 왜 그리고 어떻게 했는지를 설명함으로써, 주희가 철학자로서 성취한 것에 대한 새로운 관점을 제공한다.

〔이 책은 심경호 역, 『불교와 유교: 성리학, 유교의 옷을 입은 불교』(예문서원, 2006)로 번역됨.〕

14 예를 들어 일부의 현대 학자들은 화엄의 '리사무애理事無礙' 교리가 주희의 '리일분수理一分殊' 이론에 영향을 주었다고 주장한다. P. J. Ivanhoe, *Confucian Moral Self Cultivation* (Indianapolis: Hackett, 2000), 46-48.

18

1. 선, 화엄, 천태

이 책 다섯 장의 내용을 소개하기 전에 송宋의 불교사상—특히 선禪,
화엄종華嚴宗, 천태종天台宗—에 대한 설명이 필요하다. 선진先秦 철학의
발전상들은 전통적으로 한대漢代 사료라는 거름망을 통해 걸러졌다.
마찬가지로 선종에서 [법의] 전승 역사는 서사적 장치이자 정당화
도구라는 핵심적인 역할을 수행하는데, 당대唐代 선불교의 발전에
대한 지식 또한 대부분 송대 자료에 의해 형성되었다. 피터 그레고리
(Peter N. Gregory)가 언급했듯이, "여러 갈래의 지파가 공통된 조사祖師
로부터 유래되어 마음에서 마음으로 [법이] 전해졌다는 선불교의
계보적 상상은, 11세기 초 『경덕전등록景德傳燈錄』이 출판되기 이전
까지만 하더라도 선불교 전통을 설명하는 데 있어 널리 수용되지
못했다."[15] 이 책의 주제이기도 한 '주희 철학사상의 불교적 뿌리'로서

---

15 Peter N. Gregory, "The Vitality of Buddhism in the Sung," in *Buddhism
in the Sung*, eds. Peter N. Gregory and Daniel A. Getz Jr. (Honolulu: University
of Hawaii Press, 2002), 4. 또한 Gregory는 종밀(宗密, 780~841)이 이미 선불교의
통일된 계보에 다양한 교파를 산입시켰지만, 당시 종밀의 그러한 견해는 여러
주장 중 하나에 불과했다고 지적한다. Albert Welter는 『조당집祖堂集』(952)을
선을 표준화한 초기 사례로 본다. "선을 공동의 목표와 원칙에 전념하는 통일된
전통으로 보았고, … 이러한 새로운 구조는 선이 공통된 유산을 묘사하고 있음을
제안한다." 6대 조사 혜능(慧能, 713 입적)과 계보가 일방적으로 연결되었지만
말이다. 이에 대해서는 그의 *Monks, Rulers, and Literati: The Political Ascen-
dancy of Chan Buddhism* (New York: Oxford University Press, 2006), 69 참조.
또한 영명 연수(永明延壽, 904~976)가 그의 백과사전 『종경록宗鏡錄』(약 961)에서
선종 지파의 조사들과 그들의 저술을 어떻게 포괄적인 선 개념으로 통합했는지

송대 선종의 발전 중 주목할 만한 것에는 '선종이 제도적 기반 (institutional base)을 가진 제도권 불교의 주류적 형태로 성장한 것'과 '12세기에 묵조默照를 주장한 조동종曹洞宗과 정곡을 찌르는 공안公案 −화두話頭로도 알려진−을 강조하는 대혜 종고(大慧宗杲, 1089~1163; 임제종의 일원) 사이의 파벌 분쟁'이 있다.[16]

북송(920~1127) 시기에는 조정으로부터 관할권을 인정받는 사찰 이 확산이 되었는데, 이는 선종−특히 임제 의현(臨濟義玄, 866 입적)과 운문 문언(雲門文偃, 862/4~949)의 종파−이 독자적 정체성과 제도적 기반을 갖추는 데 도움이 되었다. 그리고 선종의 승려들은 공적 사원의 관할권을 유지해 그들의 법통을 영속하기 위해서는 엘리트 평신도들 의 지지가 필요하였고, 그 때문에 교육받은 엘리트들과 긴밀한 관계를 맺도록 고무시켰다. 이러한 상황은 11세기 후반 남송으로 넘어가면서 공적 사원이 점차 화엄종과 천태종의 손에 넘어가고 교육받은 엘리트 들의 지지를 확보하기 위해 선종 종파들이 서로 경쟁해야 할 때까지

는, Welter의 *Yongming Yanshou's Conception of Chan in the Zongjing Lu* (New York: Oxford, 2011), 4장 참조.

16 Mario Poceski, *The Records of Mazu and the Making of Classical Chan Literature* (New York: Oxford University Press, 2015), 24; Albert Welter, *The Linji Lu and the Creation of Chan Orthodoxy: The Development of Chan's Records of Sayings Literature* (New York: Oxford University Press, 2008), 특히 2-4장; Morten Schlütter, *How Zen Became Zen: The Dispute over Enlightenment and the Formation of Chan Buddhism in Song-Dynasty China* (Honolulu: University of Hawaii Press, 2008), 16-17 참조. 대혜의 방법은 '간화선'으로도 알려져 있다. 이 용어의 늦은 기원에 대해서는 Schlütter, How Zen Became Zen, 215n27 참조.

계속됐다.[17]

이는 조동종曹洞宗이 11세기 후반에 재통합되고 12세기 초에 관료와 문인들로부터 정치적·재정적 지원을 받으면서 두각을 드러내는 상황을 배경으로 한다. '묵조'는 깨닫기 위한 조동종의 방식을 의미한다. 이에 대해 머튼 슐터(Morten Schlütter)는 "모든 중생들이 내재적으로 지닌 부처의 본성〔佛性〕을 자연스럽게 발하게 하는 조용한 명상과 연관되어 있다"고 설명하며, "교육받은 평신도들에게 설득력 있는 가르침"을 제공한 부용 도개(芙蓉道楷, 1043~1118)와 그 후계자들이 묵조선을 발전시켰다고 본다.[18]

문인들의 지원을 확보하기 위한 이러한 경쟁은, 대혜가 묵조선을 공격하는 동기이기도 했다. 대혜는 자신의 계보가 임제 의현을 거쳐 마조 도일(馬祖道一, 709~788)에 닿는다고 주장하였다. 대혜로부터 상세한 가르침을 받았던 사대부들 사이에서, 대혜의 가르침은 상당한 설득력을 얻었다. 주희는 대혜가 도학道學, 더 넓게는 유교에 대한 사대부 계층의 지지를 훼손시키고 있다고 우려했다. 특히 주희는 이정二程의 재전再傳 제자들이 대혜의 가르침에 경도되고 있음을 우려하기도 했다. 아리 보렐(Ari Borrell)은, 주희가 장구성(張九成, 1092~1159)—정이의 재전 제자이며 남송 도학의 대표적 인물로, 대혜의 '가장 뛰어난 평신도 제자'로도 명성을 떨친—을 정문程門 도학을 약화시킨다는 혐의로 규탄하는 데 '집착'하고 있음에 주목하였다.[19]

---

17 Schlutter, *How Zen Became Zen*, 3-4장.

18 위의 책, 3, 11; 또한 162-164, 167-168 참조.

19 Ari Borrell, "Ko-Wu or Kung-an? Practice, Realization, and Teaching in

다른 곳에서 보렐은, 주희와 대혜가 왕응진(汪應辰, 1118~1176, 주희의 사촌이자 주희의 사상적 스승이자 정치적 동지) 및 여조겸(呂祖謙, 1137~1181, 1160년대 후반에서 1181년[20]까지 도학 운동의 대표적 인물이자 장구성의 유명한 제자)과 주고받은 서신을 대조한다. 장구성 외에, 이정의 초전·재전 제자이면서 도학 운동의 추종자에는 유작(游酢, 1053~1123), 양시(楊時, 1053~1135), 장식(張栻, 1133~1180)의 부친인 장준(張浚, 1097~1164), 여조겸의 스승인 왕응진, 장구성의 스승이자 친구인 여본중(呂本中, 1084~1145), 예부시랑을 맡았으며 유작의 제자였던 증개(曾開, 1103 진사), 소년 주희의 스승이었던 유자휘(劉子翬, 1101~1147), 유자휘의 형 유자우(劉子羽, 1086~1146) 등이 있다.[21]

여본중의 사례를 보자. 여본중은 이정의 초전 제자들—유작, 양시, 윤돈(尹焞, 1061~1132), 왕빈(王蘋, 1082~1153)—과 가까운 관계였지만, 여본중은 대혜에게도 간화선에 대한 자세한 가르침을 받았다.[22] 주희는 「잡학변雜學辨」(1166)에서, 여본중의 『대학大學』 주석에 여러

---

the Thought of Chang Chiu-Ch'eng," in Gregory and Getz, *Buddhism in the Sung*, 63.

20 Tillman, *Confucian Discourse*, 83.

21 市來津由彦, 「朱熹の「雜學弁」とその周邊」, 『宋代の社會と宗教』, 宋代史研究會 編 (東京: 汲古書院, 1985), 14; Koichi Shinohara, "Tahui's Instructions to Tseng K'ai: Buddhist 'Freedom' in the Neo-Confucian Context," in *Meeting of Minds: Intellectual and Religious Interaction in East Asian Traditions of Thought: Essays in Honor of Wing-tsit Chan and William Theodore de Bary*, eds. Irene Bloom and Joshua A. Fogel (New York: Columbia University Press, 1997).

22 蔣義斌, 「呂本中與佛教」, 『佛學研究中心學報』 2 (1997): 140-141.

가지 비판을 제기하였다. 여본중에 대한 주희의 비판은, 대혜선에 대한 주희의 철학적 이의제기를 통찰할 수 있게 해준다. 다음 두 쌍의 인용문들을 살펴보자.

『대학』의 "지식의 확장은 사물의 탐구에 달려 있고, 사물이 탐구된 후에 지식을 얻을 수 있다[致知在格物, 物格而後知至]"라는 구절에 대해, 여본중은 다음과 같이 썼다.

지식을 확장하는 것[致知]과 사물을 탐구하는 것[格物]은 몸을 닦는 근본이다. 지는 우리가 본래 가지고 있는 앎[良知]이니, [우리에게 있는 양지는] 요임금과 순임금[의 양지와]도 같다. 이치가 이미 궁구되면 앎이 스스로 이른다. 요임금과 순임금의 것과도 같은 양지가 홀연히 스스로 드러내니, 말없이 알아차린다.

이에 대해 주희는 다음과 같이 말한다.

지식을 확장하고 사물을 탐구하는 것은, 『대학』의 실마리로 학문을 시작할 때의 일이다. 하나의 사물을 궁구하면 하나의 앎이 이르고, 그 [배움의] 공이 점차 오래 쌓여 관통한 이후에 마음이 환해져 그 행하는 바에도 의심할 바가 없으며 뜻이 성실해지고 마음이 바르게 된다. 그러나 그 이른 앎에는 진실로 깊고 얕음이 있으니, 어찌 요순과 같은 경지를 하루아침에 홀연히 알 수 있다 하는가? 여본중의 해석은, 하나를 들면 천 가지를 깨우친다거나 [一聞千悟] 단번에 미혹의 세계를 떨치고 깨달음의 세계에 들어간다는〔一超直入〕 불교의 허망한 설〔虛談〕에 근접하니, 진실로 성인 문하에서 전해오는 선善을 밝히고 몸을 성실케 하는 알찬 일이 아니다.[23]

두 번째의 예로, 여본중은 다음과 같이 썼다.

풀·나무의 정미함과 기물의 다름, 그 모두가 사물의 이치이다. 그 풀·나무·기물의 이치 된 바를 구하는 것이 격물格物이다. 풀·나무·기물의 이치는 내 마음에도 〔이미〕 보존하고 있으니 홀연히 〔내가 그것을〕 알아차릴 때, 이를 물격物格이라 한다.

이에 대한 응답으로, 주희는 점진적인 탐구 이후의 관통貫通 과정에 대해 다음과 같이 말한다.

익힘을 누적하여 〔이치를〕 관통한 이후에, 그 〔앎의〕 지극함에 이르게 된다. 어찌하여 풀·나무·기물 따위에 마음을 쏟아놓고선 요임금과 순임금의 경지를 이유 없이 홀연히 알 수 있다 하는가? 이 역시 "소리를 듣고 도를 깨우치며 모습을 보고 마음을 밝힌다는

---

23 『朱熹集』, 郭齊·尹波 編 (成都: 四川敎育出版社, 1996), 卷72, 3791. "致知格物, 脩身之本也. 知者, 良知也, 與堯舜同者也. 理旣窮則知自至, 與堯舜同者, 忽然自見, 默而識之.〔愚謂〕致知格物, 大學之端, 始學之事也. 一物格則一知至, 其功有漸, 積久貫通, 然後胸中判然不疑所行, 而意誠心正矣. 然則所致之知固有淺深, 豈遽以爲與堯舜同者, 一旦忽然而見之也哉? 此殆釋氏一聞千悟一超直入之虛談, 非聖門明善誠身之實務也."

〔聞聲悟道 見色明心〕"[24] 불교의 설이다.[25]

주희는 두 구절 모두에서, 깨달음은 갑작스러운 인식의 순간을 통해 달성될 수 있으므로 지속적인 연습과 훈련을 필요로 하지 않는다는 〔급진적인〕 수양론을 거부하였다. 주희에게 있어서, 앎은 점진적이고 단계적인 과정으로, 앎의 목표는 이치들〔理〕의 통합적 상호 연결〔貫通〕이다.

주희의 비판들은 훨씬 더 근본적인 우려에서 촉발되었다. 불교도들은 본성이란 의미로 마음을 쓰지만, 그들에게 그 의미는 가변적이고 주관적인 마음에 지나지 않는다. 이 지점에서 주희는 대혜를 염두에 두었다기보다는 더욱 일반적으로는 임제종을, 더욱 특정하게는 마조 도일과 관련된 선불교 전통 일반을 염두에 둔 것일 수 있다.[26] 마조

---

24 대혜는 운문 문언의 이 구절을 자주 인용하였다. 그 사례로는 『雲門匡眞禪師廣錄』, T47.1988, 554a13 참조.

25 『朱熹集』, 卷72, 3791-3792, "草木之微器用之別, 皆物之理也. 求其所以爲草木器用之理, 則爲格物. 草木器用之理, 吾心存焉, 忽然識之, 此爲物格. … 然後積習貫通, 馴致其極, 豈以爲直存心於一草木器用之間, 而與堯舜同者無故忽然自識之哉. 此又釋氏聞聲悟道見色明心之說."

26 현대 학자들 사이에 역사적 마조의 가르침으로 귀속되는 몇몇 가르침-〔수행자들과의〕만나서 대화하기-이 실제로 그가 가르친 것인지에 대해서 약간의 의견 차이가 있다. Mario Poceski, *Ordinary Mind as the Way: The Hongzhou School and the Growth of Chan Buddhism* (New York: Oxford University Press, 2007), 10-11에서 이러한 대화가 당나라 시대까지 거슬러 올라갈 수 없다고 주장한다. 한편 Jinhua Jia는 마조와 그의 제자들이 "실제로 새로운 종교적 관습-즉 만남의 대화-를 수행했다"라고 주장한다. Jinhua Jia, *The

도일에게 있어 마음은 곧 불성이므로 수양이나 점진적 연습은 필요하지 않다.

지금 보고 듣고 지각하는 것은, 본래 너의 본성이며 본심이라고도 불리는 것이니, 이 마음을 떠나서 부처가 따로 있지 않다. 이 마음이 본래 있고 지금도 있어서, 조작해야 할 필요가 없다. [이 마음이] 본래도 청정하고 지금도 청정하니, 다듬고 닦아낼 필요가 없다. 본래의 성품은 미혹과 집착이 없으며[涅槃], 본래의 성품은 청정하다.[27]

주희가 보기에, 이러한 반도덕주의적 견해는 대단히 우려스럽다. 왜냐하면 그러한 견해는 도덕적 훈련의 필요성을 제거하면서, 이 지상의 어떠한 행동이든지 그것을 우리가 본래 갖추고 있는 불성의 현현이라고 말하고 있기 때문이다.

이와 비슷한 가르침에 대해서도, 주희는 비슷한 우려를 표명하였다. 마조 홍주종의 것으로 간주되는 '작용이 본성이다[作用爲性]'라는

Hongzhou School of Chan Buddhism in Eighth-through Tenth-century China (Albany: State University of New York Press, 2006), 80. 주희와 같은 도학 사상가들을 논의하려는 우리의 목적에 있어, 마조와 임제에 대한 전통적인 관습 파괴적 이미지—깨달은 괴짜로서—가 그들의 관습과 교리에 대한 송대의 언급들에 의해 매우 많이 알려졌다는 것을 염두에 두는 것이 중요하다. 즉 송대에 유행하던 그들에 대한 이미지로서 받아들이는 것이 적절하다.

27 『宗鏡錄』, T48.2016, 492a22-25, "今見聞覺知, 元是汝本性, 亦名本心, 更不離此心別有佛. 此心本有, 今有, 不假造作. 本淨今淨, 不待瑩拭. 自性涅槃, 自性淸淨."

명제에 대해서다. 그리고 주희의 우려는 대혜의 홍주종 비판과도
특별히 연관되어 있다.[28] 마조에 대한 주희의 비판은, 분명 화엄종
및 선종의 조사인 종밀(宗密, 780~841)에게서 훨씬 일찍 제기된 홍주
종에 대한 비판들과 공명한다:

홍주종은 이렇게 생각한다: 마음을 일으키고 생각을 움직이며
손가락을 퉁기고 눈을 깜빡이는 등의 모든 행동이 모두 불성의
전체 작용이니, 이 이외에 다른 작용은 없다. 탐하고 성내며 어리석
고 선과 악을 짓고 고통과 즐거움을 받는 것 전체가 모두 불성이
다.[29]

존 위르겐센(John Jorgensen)이 이 책의 1장에서 언급했듯이, 홍주종
의 교리는 주희의 입장과는 완전히 대치된다. 주희에 따르면, 인간이
동물성의 수준으로 추락하지 않기 위해서는 반드시 리를 추구하고
보존해야 한다. "마조에게는 자연스럽게 행해진 활동이나 작용 자체가
본성이다. 즉 이치를 찾는 것이 아니라, 이치를 수행하는 것이다.
마조가 속한 홍주종은 탐색과 탐구의 행위가 의도적이기에 [사람들
을] 잘못된 길로 인도한다고 보았다. [그러나] 주희에게 있어, 이러한
홍주종의 주장은 도덕적 실천 등의 실천적 노력이 필요하다는 것을
무시하였으므로 매우 우려스러운 주장이었다."

---

28 『朱子語類』, 卷126, 3022, 『大慧語錄』에서 인용함, T47.1998A, 829c24-27.
　또한 柳田聖山, 「佛敎と朱子の周邊」, 『禪文化硏究所紀要』 8 (1976): 20-26 참조.
29 1장의 239번 각주 참조.

또한 주희가 자신의 철학적 목적을 위해 불교사상에 관여하고 전유한 것을 이해하는 데 있어, 수세기에 걸쳐 화엄종과 천태종에서 개발한 이론적 자원은 중요한 의미를 지닌다. 아래에서는, 화엄종과 천태종 두 학파의 설명을 함께 다루면서, 이미 당나라 때 천태 이론가들이 화엄의 교리에 크게 의존했고 북송 시기에 화엄 내부의 철학적 문제들이 북송 천태종 집단에서 반복되었는지를 보여주고자 한다. 〔그리고〕 6세기 후반에 동아시아불교사에서 가장 영향력을 가진 불교문헌 중 하나인 『대승기신론大乘起信論』을 소개하고자 하는데, 이 문헌은 선, 화엄, 천태와 같은 중국불교 전통의 발전에서 중요한 역할을 했다.

천태종은 수대(581~618)에 생겨나 번성했지만, 당대(618~907) 초기에 쇠퇴하여 8세기에 잠깐의 부흥기를 누렸다. 이후 천태종의 핵심적인 텍스트들은 유실되거나 중국 밖에서만 전수되었다. 그러나 11세기에 이르러서 천태종은 다시 부흥을 맞이하였다. 핵심적인 텍스트들이 복원되면서, 천태종의 지도자들은 초기 이론가―실질적인 개조開祖인 지의(智顗, 538~597)와 같은―들의 문헌들이 상이한 판본으로 전래되고 있는 문제에 직면해야 했다. 그 당시의 천태종의 많은 논쟁들은 지의와 담연(湛然, 711~782)의 가르침에 대한 북송 시기의 다양한 해석들과 관련되었고, 이는 종종 텍스트의 변조와 주요 용어에 대한 다양한 주해 등 학문적 문제를 포함했다. 담연은 8세기에 천태종을 부흥시키려 노력한 핵심적인 인물로, 지의의 저술에 대한 광범위한 주해를 썼다. 이후 담연은 천태종의 정통(orthodoxy)으로 여겨졌다.

지의의 핵심적 혁신 중 하나는 삼제三諦의 교리를 개발한 것인데,

이는 유명한 중관학자 나가르주나(Nāgārjuna, 龍樹, 2~3세기)의 이제
二諦 학설[30]을 창의적으로 변형시킨 것이었다. 삼제는 공空·가假·중中
이다. 〔이에 따르면〕 모든 법들(法, 어떤 존재나 현상, 정신적인 것이나
물질적인 것)은 실체가 없는데〔空〕, 원인〔因〕과 조건〔緣〕의 다중적 네트
워크에서 인과적으로 결정되고 그 자체의 본성이 없기 때문이다.
동시에 이 법들은 〔언어적 교설로〕 언급될 수 있으므로, 그것은 임시적
으로 상정된다〔假〕고 말할 수 있다. 물론 그것이 〔본래의〕 그 법이
아니라는 소극적 뉘앙스이지만 말이다. 따라서 모든 법들은 실체가
없으면서도 임시적으로도 상정될 수 있기에, 공과 가는 다른 일방에
대해 특권적이지 않다. 이때 공이 가이며〔공은 임시적으로 위치 지어
질 수 있다〕 가는 공임〔임시적으로 위치 지어졌다는 것은 그 자성이
없다는 것이다〕을 깨닫는 것이 바로 삼제의 세 번째인 중도〔中〕이다.
그런데 지의와 같은 천태 이론가들의 작업을 통해, 이 세 진리의
관계는 상호 동일한 것으로 설정된다. 예컨대 중은 공이면서 가이고,
공은 가이면서 중이며, 가는 공이면서 중이다.[31] 세 진리 중 하나는
반드시 다른 두 가지를 수반한다. 그리고 이른바 별교別敎에 귀속되는
종파의 견해와 달리, 중은 존재론적으로 특권적이지 않다. 이는 북송

---

30 속제俗諦와 진제眞諦를 말한다. 속제는 〔언어적〕 진술과 그 지시대상을 뜻하고,
   진제는 〔언어적〕 진술과 그 지시대상이 공함 내지 자성 없음을 뜻한다.

31 Brook A. Ziporyn, *Evil and/or/ as The Good: Omnicentrism, Intersubjectivity,
   and Value Paradox in Tiantai Buddhist Thought* (Cambridge, MA: Harvard
   University Asia Center, 2000), 119에서 인용된 Andō Toshio(安藤俊雄)의 언급과
   Ziporyn, 118-122의 광범위한 분석을 참조할 것.

시기 천태 논쟁의 중추적인 쟁점이 되었다. 지의는 여래장(Tathāgata-garbha, 如來藏) 사상[32] ─후대의 화엄 및 천태 사상가들로부터 여래장과 『대승기신론』은 동일한 패러다임으로 규정되었다─을 지칭하기 위해 별교라는 용어를 썼지만, 이후의 천태 이론가들은 별교를 화엄 사상가를 언급하는 데 사용하였다.

피터 그레고리는, 송대에 후속된 교리 논쟁의 핵심 문제가 8세기 담연이 교리에 화엄의 마음 이론을 포함시킨 것으로부터 기원하였다고 주장한다.[33] 이와 관련하여, 그레고리는 『대승기신론』의 여래장 개념에 영향을 받은 일심一心 이론─여래장과 같은 진실한 그대로의 모습이 모든 염법染法·정법淨法의 근거이자 원천으로 여겨진다─으로 화엄의 성기性起 이론을 발전시킬 수 있었다고 본다.[34] 지엄(智儼, 602~668)

---

32 여래장(Tathāgatagarbha, 如來藏)은 부처의 저장소(repository) 즉 부처가 될 수 있는 가능성을 의미한다. 불교에서 여래장 교리는 특히 불성佛性 관념─모든 유정물이 가지고 있는─과 관련되었다. 대승불교의 여래장 전통은 여래장 교리가 중심이 되는 텍스트 군집과 관련이 되어 있다. 이들 텍스트에 대한 개요에 대해서는 Michael Radich, "Tathāgatagarbha Sūtras" in *Brill's Encyclopedia of Buddhism*, Volume One: Literature and Languages, eds. Jonathan Silk, Oskar von Hinuber, and Vincent Eltschinger (Leiden: Brill, 2015), 261–273 참조.

33 Gregory, "The Vitality of Buddhism in the Sung," 6–7.

34 이러한 연관성에 대해서는, 또한 Gregory, *Tsung-mi and the Sinification of Buddhism* (Honolulu: University of Hawaii Press, 1991), 157–158; Imre Hamar, "The Manifestation of the Absolute in the Phenomenal World: Nature Origination in Huayan Exegesis," *Bulletin de l'Ecole francaise d'Extreme-Orient* 94 (2007): 229 참조.

과 같은 초기 화엄이론가에 의하면, 성기는 본성(여기서는 진여 혹은 일심으로 이해된다)이 모든 현상의 근거 즉 '마음의 바탕〔心地〕'이라는 발상이다.[35] 〔고정불변한〕 자성이 결여된 이러한 현상은, 실제로는 그 〔청정한〕 본성이 발현된 것이다(현상은 법성이나 진여와 다름없다).

『대승기신론』은 일심을 현상의 본래적인 원천으로 제시한다. 이 일심은 두 가지 양식(내지는 양상)을 가지고 있는데, 논서에서는 이를 문門이라고 하며 유위법有爲法과 무위법無爲法의 일체법을 포괄한다.(역자 주: 유위법에서 존재는 생멸 변화하는 인연법의 적용을 받지만, 무위법에서 존재는 연기법의 적용을 받지 않는다.) 심진여문心眞如門은 참된(변하지 않고, 영원하며, 순수한) 마음이다. 진여(眞如, tathātā)는 어떠한 〔분별적〕 개념이 덧입혀지지 않은 본래 그대로의 모습이다. 심생멸문心生滅門은 유전윤회(saṃsāra)하는 것이다. 이때, 마음의 깨우치고자 하는 성향〔覺〕은 무명(無明, 어리석음)에 염오된 마음이 빚어낸 정신적·육체적 행동과 대결한다. 이러한 진여심과 생멸심은 본래적으로는 일심이지만, 일심의 본각本覺이 무명에 가려져 중생은 사견邪見을 갖게 되고 고해苦海에 빠지게 된다.

『대승기신론』은 5세기에서 7세기의 중국 불교도에게 가장 큰 중요성을 가졌던 많은 교리들을 명료하게 다루고 있는데, 인도에서 도입된

---

35 智儼, 『大方廣佛華嚴經搜玄分齊通智方軌』, T35,1732, 79b29~c30. 또한 Hamar, "The Manifestation of the Absolute in the Phenomenal World," 230은 정영혜원(淨影慧遠, 523~592)의 『大乘義章』에서 나오는 '진성연기眞性緣起'의 개념이 화엄조사 지엄의 성기 개념에 대한 체계적 논술로부터 '강하게 영향을 받았다'고 제안한다. 통상적으로 혜원은 지론종과 관련된다.

불교경전들 가운데 모순처럼 보이는 아이디어들을 조화하려는 시도
였다.[36] 여래장 교리가 이 논서의 핵심이다. 『대승기신론』의 여래장
은, 무명과 번뇌에 덮여진 잠재적인 불성을 가리킬 뿐만 아니라 지각이
있는 존재들이 무지몽매함, 불순함과 업의 번뇌를 극복할 수 있는
보다 역동적인 힘을 가리킨다. 또한 여래장의 교리는 적정寂靜하고
번뇌가 없지만 원만한 공덕들을 구족한 '진여'—궁극적인 실재(ultimate
reality)—의 진정한 의미를 밝히는 데도 사용된다.

『대승기신론』의 일심이문一心二門 교리는 유식(唯識, Yogācāra) 학
파와 여래장 사상, 특히 여래장과 아뢰야식(阿賴耶識, ālayavijñāna)의
개념을 수용하는 시도라고 볼 수 있다. 전통 학자들도 6세기 중국
북부지방에서 활동한 것으로 여겨지는 지론종地論宗이 북도파와 남도
파로 분리되는 것에 주목하였다. 이들 주석가들과 문헌학자들은,
남북 양파 사이의 주요한 차이점이 미혹된 현상이 진여에서 연유하는
지[남도파] 아니면 아뢰야식에서 연유하는지의[북도파] 견해의 차
이로 본다. 이러한 설명이 정확하다면, 『대승기신론』은 북도파와
일치하는 것으로 볼 수 있는데, 아뢰야식—생멸문으로 여겨지는—을
미혹된 현상의 근거로 제시하였기 때문이다. 다른 한편으로 『대승기
신론』은 남도파와 일치하는 것으로도 볼 수 있는데, 염오된(그것이

---

36 『대승기신론』은 인도의 시인 마명(馬鳴, Aśvaghoṣa, 약 80~150)의 작품이며,
　　한역漢譯은 인도승려 진제(眞諦, Paramārtha, 499~569)의 공헌으로 알려졌다.
　　그러나 오늘날의 연구는 그 표현, 문체, 어휘, 근본적 모델에서 마명과 진제
　　이외의 번역자들과 더 많은 공통점이 있음을 보여주지만, 전통적으로 『대승기신
　　론』은 진제학파의 구성원이 쓴 것으로 간주되었다.

실제 염오되었건 염오되지 않았던 간에) 아뢰야식 안에 존재하는 진여 혹은 여래장을 모든 존재의 기초로 제시하고 있기 때문이다.[37]

7세기 초에 등장한 화엄종華嚴宗은, 그 이름을 소의경전인『대방광 불화엄경大方廣佛華嚴經』에서 가져왔다.[38] 화엄종의 중요한 사상적 혁신 중 하나는, 모든 것이 원인과 조건에서 발생하고 고유한 자성을 갖지 않는다는 '연기(緣起, pratītya-samutpāda)'에 대한 불교의 중심이 론을 현실의 모든 측면이 상통한다는 '법계연기(法界緣起, 법의 의존적

---

37 『法華玄義釋籤』, T33.1717, 792a11-15, T33.1717, 942c16-24. Keng Ching, "Yogācāra Buddhism Transmitted or Transformed? Paramārtha(499~569) and His Chinese Interpreters" (PhD diss., Harvard University, 2009), 344-345. 또한 Robert M. Gimello, "Chih-yen and the Foundations of Hua-yen Buddhism" (PhD diss., Columbia University, 1976), 146-147, 211, 294-297 참조. 천태조사 지의(智顗, 538~597)는 지론종과 섭론종의 [사상적] 차이와 유사한 구별을 한 것으로 기록된다. 전자의 지론종은 '법성(法性, dharmatā)'-진여의 작용적 등가물 인-이 모든 법의 기초라고 주장하며, 후자의 섭론종은 모든 것이 아뢰야식에서 발생한다고 주장한다.(역자 주: 지론종의 북도파는 섭론종의 교의와 매우 유사하였 으므로, 북도파는 점차 섭론종으로 포섭되었다.) 지의의 『摩訶止觀』, T46.1911, 54a23-b8을 참조. 여기서의 문제는 지의의 작품이 그의 제자들-특히 관정(灌頂, 561~632)-에 의해 편집되었다는 점이다. 따라서 지의의 작품에 있는 정보 가운데 얼마나 많은 것이 지의의 견해를 반영하고, 얼마나 많은 것이 관정에게서 나왔는 지에 대한 의문점이 존재한다. 지의를 섭론종-지론종의 구분으로 귀속시키는 견해가 얼마나 역사적으로 정확한지, 이 역시 여전히 불분명하다.

38 Robert Gimello의 주장에 따르면, 화엄종은 본질적으로는 유명한 순례자이자 승려인 현장(玄奘, 602~644)의 유식 계열에 대한 반응적 산물이지만, 또한 화엄종 은 중관학파와 여래장 사상-특히『대승기신론』-, 지론종과 관련된 유식 계열에 도 의지하고 있다. Robert Gimello, "Chih-yen and the Foundations of Hua-yen Buddhism," 441 참조.

발생)'로 바꾼 것이다. 〔이 교리에 따르면〕 개별적〔一〕현상은 모든〔多〕 현상을 포함·예증하며, 또한 반대로 모든 현상은 개별적 현상을 포함· 예증한다. 결국 이 교리는 화엄의 '모든 현상이 어떠한 걸림이 없으면 서도 상통한다'는 교리〔事事無碍〕의 기초가 되었다.

　참된 진여심이 현상적인 생멸심과 합쳐질 수 있지만 여전히 〔진여심 의〕고유한 정체성을 유지할 수 있다는 『대승기신론』의 가르침에 고무되어, 화엄조사 두순(杜順, 557~640)은 리와 현상에 걸림이 없다 는 관념〔理事無礙〕을 소개하였다.³⁹ 그 이후에 화엄조사 법장(法藏, 643~712)은 리사무애 교리를, 그가 분류한 불교의 4개 종파 중 하나인 '여래장연기종如來藏緣起宗'의 특징적인 가르침으로 간주하였다.⁴⁰ 여 래장연기 교리는 사실상 연기(pratītya-samutpāda) 이론을 존재론으로

39　중국불교의 맥락에서, 사事에 대조되는 리理는 진여(tathatā)와 동의어이다. 참된 현실은 어떠한 개념으로도 수식될 수 없다. 이 불교적 용법을 구분하기 위해, 필자는 필자가 쓴 이 서문과 5장에서 리를 대문자 Li로 표기하였다.(역자 주: 대소문자의 구별이 없는 한국어의 특징과 문맥에 따라 리의 의미를 준별할 수 있다는 역자의 판단에 따라, 한국어 번역본에서는 불교적 리 개념을 별도로 구별하지 않았다.)

40　법장은 한역된 불교경전을 교리적으로 분류하는 체계를 만들고, 여기에서 4가지 의 교리 전통을 구별한다. (1) 수상법집종隨相法執宗: 상을 통해 법에 집착하는 것으로, 소승 경전과 관련됨. (2) 진공무상종眞空無相宗: 〔일체의〕상이 없는 참된 공을 주장하는 것으로, 반야 및 중관 경전과 관련됨. (3) 유식법상종唯識法相 宗: 식으로 빚어진 법과 상 이외에는 아무것도 없음을 주장하는 것으로, 유식 경전과 관련됨. (4) 여래장연기종如來藏緣起宗: 여래장의 연기를 주장하는 것으 로, 『대승기신론』·『보성론寶性論』·『능가경楞伽經』·『대승밀엄경大乘密嚴經』과 관련됨.

전환하였다. 이 교리는 무위법의 진여(=여래장) 그 자체가 유위적이고 염오된 현상의 기초라는 관념을 지지한다. 법장은 리사무애 개념을 여래장연기 교리와 연관시켰다.

그러나 이렇게 하면서 법장은 리사무애를 사사무애의 아래에 위치시켰다. 법장에 따르면 사사무애는 개별-전체 및 전체-개별 사물 간에 원융한 것으로, 전체가 모든 부분의 특성을 결정할 뿐만 아니라 각 부분도 전체의 특성을 결정한다. 화엄의 이론가들은 리사무애와 사사무애 가운데 어느 것이 더 우수한지 지속적으로 논쟁했다. 결국 종밀(780~841)은 리사무애의 교리를 승격시켜 그것을 화엄종의 최고 교리로 삼았다. 법장과 지엄(법장의 스승)을 따라서, 종밀은 그가 성기性起라고 언급한 일심의 유위적 측면을 특히 중요시하였다.

천태종의 담연이 '성구性具'라는 용어를 만든 것은, 화엄의 성기설에 대한 비판적인 응답이었다.[41] 성구설은, 일체법一切法-불성을 포함하여-이 모든 일법一法에 드러나며 일법은 일체법을 포함해 일법이 다른 일체법과 동일하다는 가르침이다. 일체의 것들은, 다른 모든 것들이 현현하고 포함하는 본성을 갖춘다.[42] 이러한 담연의 성구 관념은 천태를 화엄에서 구별하려는 시도였지만, 천태의 성구설과 화엄의 '사사무애'는 매우 비슷하다. 브룩 지포린(Brook A. Ziporyn)이 이 책 4장에서 언급했듯이, 천태와 화엄 둘 다 불성이 절대적이고 무조건적이어서 모든 가능한 상태에서 〔불성은〕 어떠한 예외 없이 현현한다

---

[41] Gregory, "Buddhism in the Sung," 7.

[42] Brook Ziporyn은 이러한 생각을 언급하기 위해, 편재적 전체론(omnipresent holism)이라는 용어를 만들었다.

는 주장을 수용한다. 그러나 결정적으로 "천태에서 '모두 구비한다는 것'은, 불성이라 할지라도 무명無明―불성을 방해하는 것으로 보이는― 밖에 따로 있는 것이 아니라는 것을 의미한다. 그러므로 천태의 논자들은 정법淨法과 염법染法의 총체를 불성이라 부르고, 모든 규정적인 것들은 이 총체에 '내재적으로 포함[性具]'되어 있다고 말한다."

11세기 초 수십 년까지, '리사무애 혹은 성기설'과 '사사무애 혹은 성구설' 간의 대결은 화엄 내부의 토론을 넘어 부흥한 천태 내부에서도 주요 논쟁의 초점이 되었다. 이른바 북송 시기의 산가山家/산외山外 논쟁이다. 당대에 천태 불교가 쇠퇴해지자, 천태의 참된 가르침이라고 생각되는 것을 되찾으려 노력한 양대 그룹에 의해 산가/산외 논쟁이 전개되었다.[43]

이 논쟁의 핵심 쟁점은, 리가 사事나 온갖 법에 비해 존재론적으로 특권을 가져야 하는지의 여부, 또는 모든 법이 다른 법들을 포함한다는 관념 아래 모든 법들이 존재론적으로 동등하여 진정으로 상호 간에 포섭하는지에 있다. 브룩 지포린이 이 책 4장에서 언급했듯이, 화엄은 리에 대한 사의 구조적 의존에 있어 불가역적인 우선성을 가정한다.

---

[43] Daniel B. Stevenson은 산가와 산외의 규정이 "13세기 천태의 어휘에 적극적으로 포함되지 않았다"고 경고하며, 그러한 규정은 "우리가 상상할 수 있는 것보다 훨씬 덜 경직적인 상황에, 잘못된 당파성과 종국성을 부여한다. … 송나라 초기의 논쟁들은 동일 종파 내부의 고조된 투쟁이라기보다는 다양한 해석 가능성의 파열이라 보는 것이 더 온당하다. Daniel B. Stevenson and Neal Donner, *The Great Calming and Contemplation: A Study and Annotated Translation of the First Chapter of Chih-i's Mo-ho chih-kuan* (Honolulu: University of Hawaii Press, 1993), 85, 86.

리는 사가 일어나는 뿌리이고, 사는 리에서 '생겨난다'. 천태에서 리와 사는 동일한 총체성—규정되지 않은 것[理]와 규정된 것[事]이라는 두 개의 대립으로 구성된—을 번갈아 해석한 것에 불과하다.[44] 천태에서는 어느 것도 다른 것보다 더 근본적이지 않고, 어느 것도 다른 것을 야기하지 않으며, 어느 것도 다른 것의 일방적인 기초가 되지 않는다.

북송 시대(960~1127)까지, 지례(知禮, 960~1028)와 같은 산가파 지도자들은 천태 전통을 되살리거나 재창조하는 데 핵심적인 역할을 수행했다. 그리고 북송 시기에 공적 관할권을 가진 사원의 확산은 선불교에 혜택을 주었는데 천태 또한 독립적인 정체성과 제도적 기반을 발전시킬 수 있었다. 마찬가지로 선종의 승려들이 교육받은 엘리트들과 밀접한 관계를 맺었던 것처럼, 천태의 승려들도 마찬가지였다. 산외파를 이끌었던 지원(智圓, 976~1022)의 사례를 생각해보자. 북송 초기의 많은 고승들은 유가의 사회적 이상과 가치들을 부흥시키는 데 있어 중요한 역할을 하였다. 알버트 웰터(Albert Welter)는, '사승士僧' 찬녕(贊寧, 919~1001, 천태종에서 수계함)과 함께 지원을 '유승儒僧'이라 부르는 집단의 저명한 일원으로 취급한다. "이들은 세속 문인들 사이에서 유교경전에 대한 뛰어난 전문성 등의 문학적 능력으로 명성을 떨친 승려들이다. 찬녕과 지원 같은 사람들은 중국사회의 유교적 전제들을 개방적으로 받아들였고, 심지어 불교 승려들에게 고문古文

---

44 Ziporyn이 그의 글에서 말한 것처럼, "그러나 불교의 불확정성은 명확한 어떤 것(즉 다른 색들을 배제한 순수한 흰색 혹은 검은색 공간)으로 규정될 여백이 아니라, 오히려 거울의 밝기가 정해지지 않은 방식으로 비어 있으므로 [어떠한] 결정들을 포함하지도 배제하지도 않는다."

의 원리들을 가르치기도 하였다."[45]

이에 관한 중요한 연구로서, 위잉스(余英時)는 『중용中庸』을 고취한 최초의 북송 시기 인물로 지원을 손꼽는다.[46] 위잉스는 천인커(陳寅恪, 1890~1969)의 선행 연구에 후속하여, 지원을 신유학에서 도학 전통의 기원과 강하게 연결 지을 수 있는 몇몇 추가 증거들을 소개한다.[47] 또한 위잉스가 추측하길, 『중용』에 대한 도학파의 관심은 불교 승려에 의해 개시된 경로를 따라간 것이며, 이로써 〔『중용』을 비롯한〕 몇몇의 유가 문헌들이 〔도학파의〕 주목 대상이 되었다. 그리고 이렇게 지원을 비롯한 승려들이 유가 문헌에 관심을 기울이게 됨으로써, 위잉스가 칭한 이른바 '불교의 유교화(Confucianization)'와 사회·문화적 엘리트

---

[45] Welter, *Yongming Yanshou's Conception of Chan in the Zongjing Lu*, 208. 찬녕에 대한 Welter의 관련 연구로는 "Confucian Monks and Buddhist Junzi: Zanning's Topical Compendium of the Buddhist Clergy (Da Song seng shi lue 大宋僧史略) and the Politics of Buddhist Accommodation at the Song Court," in *The Middle Kingdom and the Dharma Wheel: Aspects of the Relationship between the Buddhist Saṃgha and the State in Chinese History*, ed. Thomas Julch (Brill, 2016) 참조. 송대 사대부들의 불교 참여에 대한 일반적인 연구로는 Halperin의 *Out of the Cloister*와 洪淑芬, 『論儒佛交涉與宋代儒學復興 ─以智圓, 契嵩, 宗杲爲例』(臺北: 大安出版社, 2008) 참조.

[46] 계숭의 「中庸解」에 대해서는, Douglas Skonicki, "A Buddhist Response to Ancient-style Learning," *T'oung Pao* 97, nos. 1-3 (2011): 21-24 참조.

[47] 지원과 선불교 승려인 계숭을 초점으로 한 余英時의 연구로는, 『朱熹的歷史世界: 宋代士大夫政治文化的硏究』, 上冊(臺北: 允晨), 115-126. 〔이 책은 이원석 역, 『주희의 역사세계: 송대 사대부의 정치문화 연구』(글항아리, 2015)로 번역됨.〕 계숭과 관련해서는, "A Buddhist Response to Ancient-style Learning" 참조.

〔士大夫〕에 의한 승려들의 〔유가적〕 변화가 수반되었다. 또한 위잉스는 북송 초기에『중용』에 대한 해석적 권위가 불교신자들에게 의해 주도되었으며, 그 기간에 호원(胡瑗, 993~1059)은『중용』에 관한 책을 저술한 최초의 유력한 유교 인사였다고 주장한다.[48]

심지어 지원은 자신을 '중용자中庸子'라고 칭했으며, 그의『중용자전中庸子傳』에서는 일종의 유불 합일주의를 제창한다. "비록 유교와 불교는 그 말은 달라도 이치는 관통한다." 불교와 유교의 가르침 모두가 사람들에게 선을 향해 나아가고 악을 멀리하라고 촉구한다고 보았기 때문이다.[49] 지원이 조정의 고위관리들과 교분을 맺은 점은, 그의 사상이 산속 암자의 경계를 넘어 널리 퍼지는 데 도움이 되었음에 틀림없다.[50] 다음의 구절들에서 의미심장한 점은, 지원이 합일주의적인 의제를 추구하는 동안에도 산외파에서 마음을 중시하는 점을 사상의 핵심으로 여전히 유지했다는 것이다.

중용中庸은 용수龍樹가 말한 중도中道의 뜻이다.
질문: 그 의미가 어떻게 됩니까?
답변: 온갖 법은 모두 일심이 변한 것이다. 마음은 그 형상이 없으니, 법에 어찌 있으랴. 없애려 하면〔亡〕 더욱 보존되니 본성이 본래 갖추어져 있기 때문이다. 보존케 하려면〔存〕 없어지니 체가

48 余英時,『朱熹的歷史世界』, 上冊, 129-141; 145. 또한 洪淑芬,『論儒佛交涉與宋代儒學復興－以智圓、契嵩、宗杲爲例』, 369-413쪽 참조.
49『閒居編』, X56.949, 894a16-17, "夫儒釋者言異而理貫."
50 余英時,『朱熹的歷史世界』, 上冊, 145.

있지 않기 때문이다. 없어지지도 않고 보존하고 있지도 않으니
〔여기에서〕 중中의 뜻이 드러난다. 이 '세 가지'는 가른다고 나눠지
지도 않으며 합해도 같아지지 않는다.[51]

온갖 법은 마음의 표현일 뿐이다. 비록 마음의 표현에는 그 자체의
본래적인 실재가 결여되어 있지만, 그 마음의 본성은 마음에 온갖
법을 내재적으로 포함하는 것을 의미한다. 위의 '세 가지'는 '중中',
'존存', '망亡'을 말한다. '존'과 '망'의 전거는『맹자孟子』「고자상告子上」
의 '우산지목牛山之木'장이다. 여기에서 '존'과 '망'은 천태 삼제 중
두 가지인 '가假'와 '공空'과 개념적 등가물이다. 삼제 가운데 세 번째인
중도의 '중中'은, 위 문장에서 중용의 '중中'으로 표현된다. 여기서의
핵심은, 마음에 이 세 가지 모두—중, 존(=가), 망(=존)—가 마음에
동등하게 동시적으로 적용된다는 것이다. 일반적으로 삼제를 법에
적용하지만, 지원은 삼제를 마음에 적용하는 것으로 초점을 옮겼다.
  그런 다음에 중용자〔지원〕는 공, 가, 중의 용어를 활용하여 삼제의
관계를 더욱 명확하게 진술한다.

어떤 이는 공에 헤매고, 어떤 이는 유에 집착한다. …
혹자의 질문: 공에 헤매는 것과 유에 집착하는 것 중 어느 것이
그나마 낫습니까?

---

51 『閒居編』, X56.949, 894b6-9, "中庸者, 龍樹所謂中道義也. 曰其義何邪? 曰夫諸
  法云云, 一心所變, 心無狀也, 法豈有哉. 亡之彌存, 性本具也. 存之彌亡, 體非有
  也. 非亡非存, 中義著也. 此三者, 派之而不可分, 混之而不可同."

지원의 답변: 공에 헤매는 것은 '지나침〔過〕'이고 유에 집착하는
것은 '이르지 못함〔不及〕'이다.
혹자의 질문: 그러면 공〔에 헤매는 것〕이 낫겠군요.
지원의 답변: 지나치면 미치지 못함과 마찬가지이니, 중도가 으뜸
이다. … 〔크도다,〕 중도는 무수한 법들에 생기를 불어넣는 것에
붙여진 이름[52]이며 본성을 칭하는 말이다! 진실로 이것들에 통달한
다면 공과 유에 집착하지 않으니, 하물며 중에 집착함이 있겠는
가![53]

이 구절은 극단을 피할 것을 요구하는 처방으로 보인다. 그 극단은
바로 궁극적인 실재나 내재적인 자성이 존재한다고 여기거나, 궁극
적으로 아무것도 존재하지 않거나 현상이 아예 존재하지 않는다고
여기는 것이다. 하지만 지원은 더 나아가 결론 부분에서 중中 역시
규정되어서는 안 된다고 분명히 말한다. 〔어느 하나로〕 규정하는
것은 〔다른 하나를〕 제외하는 것이요, 곧 〔어느 하나를〕 제외한다는
것은 내재적으로 포함〔性具〕한다는 이론과 합치되지 않는다. 중에
집착한다는 것은, 중을 '규정된 것(the determinate, 有)'이나 '규정되지

---

52 '묘만물妙萬物'의 전거로는 『周易』, 「說掛」 참조. 이에 대한 牟宗三의 해석으로는
『周易哲學演講錄』(臺北: 聯經出版公司), 130. 여기에서 '무수한 법들에 생기를
불어넣는 것'은 상호의존적 발생〔緣起〕을 뜻한다.

53 『閒居編』, X56.949, 894b13, 18-19, 23-25, "或蕩於空或膠於有. … 曰蕩空,
膠有執良? 曰蕩空也過, 膠有也不及. 〔曰〕然則空愈與. 曰過猶不及也. 唯中道爲
良. … 中道也, 妙萬法之名乎, 稱本性之謂乎! 苟達之矣, 空有其無著, 於中豈有著
乎嗚呼!"

않은 것(the indeterminate, 無)'으로 보는 것이다. 만약 중을 '규정된 것'으로 간주하면, '중'을 '중이 아닌 것'과 구별하는 것이고 중은 [언어적이고 분별적인] 가에 불과하게 된다. 중을 '규정되지 않은 것'으로 간주하면, 중은 모든 규정된 것을 넘어서는 것이니 중을 공으로 여기게 된다. 따라서 지원의 유불합일론적인 의제는 궁극적으로 천태의 삼제원융이란 목표에 기여한다.[54](역자 주: 지원의 『중용자전』에서 말하는 유와 무는 유교와 불교로 해석할 수 있고, 유교[유]와 불교[무] 중 어느 일방을 여의지 않아야 중의 참된 뜻이 된다.) 지원의 『중용자전』은 지적인 우월의식을 드러내고자 한 것이 결코 아니었다. 교육받은 엘리트들의 마음을 사로잡아 얻을 수 있는 이해관계는 실제적이고 가시적이었기 때문이다.

2. 이 책의 구성

1144년에서 1152년의 기간 동안, 주희는 대혜 종고의 수제자인 개선 도겸(開善道謙, 1150년 사망 추정)을 사사했다.[55] 존 위르겐센은 1장

---

54 이와 관련해서, 선승 계승이 목적으로 하는 도道가 고문학파가 옹호하는 도-고대 성인의 도-와 공유한다는 Skonicki의 관찰은 주목할 가치가 있다. "이는 사실 혼합적인 세계관의 토대를 마련하기 위함이 아니라, 고대 성인의 도가 사실은 불교의 도임을 증명하기 위함이었다." 게다가 이 도는 마음(즉 불성)이므로, 누구에게나 접근가능하다. Skonicki, "A Buddhist Response to Ancient-style Learning," 13, 19-20.

55 束景南, 『朱熹年譜長編』, 上卷(上海: 華東師範大學出版社, 2001), 87, 103, 107, 116, 138, 151, 153.

"밝은 마음: 주희와 여래장의 선禪 교의"를 주희가 불교의 영향을 받은 장면들로 구성하였다. 위르겐센의 주장에 따르면, 주희는 실제 자기 삶의 3분의 1 이상 동안 대혜 종고 및 그 제자들의 선에 노출되어 때로는 그것을 수행했다. 1153년 이연평(李延平, 1093~1163)을 만났을 때 비로소 불교와 선에 대해 의구심을 갖게 되었으며, [이연평을 만난 지] 10여 년이 지나서야 불교를 비판하고 대혜 종고의 선을 단호히 배격하기 시작했다. 위르겐센은, 주희가 대혜의 선을 강력하게 거부하였을지라도 여전히 선의 특정한 핵심주제와 모티프를 채택·유지했기 때문에, 주희가 북종선의 조사 홍인(弘忍, 601~674)과 그 후계자 신수(神秀, 706 입적)의 입장과 더욱 근접—특히 '빛나는 불성'의 관념—했다고 주장한다. 그러면서 위르겐센은, 주희가 "불교계—여래장 교리에 대한 해석이 핵심인—에서 이미 잘 확립된 의제에 대응하면서, 결국 상대방의 많은 교리를 복제(mirroring)하게 되었다"는 강력한 사례들을 제시한다.

이 장은 주희가 심성에 대한 설명으로 '허명虛明'이란 용어를 선택한 것에 초점을 둔다.[56] 위르겐센이 보기에, 주희는 허명이란 용어를 사용하면서 여래장—일심, 진여, 불성, 심성과 동일시된다—을 묘사하기 위해 그 용어를 쓴 7~8세기의 북종선[57]에 빛을 졌다. "불성이나 여래장

---

56 최근 Berger, *Encounters of Mind: Luminosity and Personhood in Indian and Chinese Thought* (Albany: SUNY, 2015)도 중국인들이 유식사상을 수용하고 발전시킬 때, 감각, 감정, 의지의 보다 일반적인 마음의 기저가 되는 순수하고 밝은 마음(prabhāsvara; 明, 明淨, 淸淨)의 역할에 주목하고 있다. 놀랍게도, 여래장의 역할은 거의 관심을 받지 못했다.

이 무無가 아닌 것처럼, 주희 역시 본성이 리로 가득 찬 것으로 생각한다. 그리고 자연의 이치가 인식되길 기다리는 것처럼, 여래장은 발견되길 기다리고 있는 여래(如來, tathāgata)ー여실히 오는 자 혹은 부처ー를 가지고 있다. 두 경우 모두 내용물 즉 '이치'나 '부처 혹은 진여'가 보존·보호되어야 한다. 이것이 북종선과 주희 수행론의 주요한 특징이다." 또한 위르겐센은 이기적인 욕망으로 사물을 추구하여 마음이 순수하게 빛나는 본성을 잃는 것을 막고자 한다는 점에서, 주희ー본래는 맹자ー의 '존심(存心, 마음을 보존하기)'과 북종선의 '수일심(守一心, 한 마음을 지키기)'이 유사하다고 강조한다.

위르겐센은, 주희와 북종선 사이의 또 다른 연결 지점으로 그들이 본래 하나의 마음이지만 두 가지의 양상이 있다는 관념을 공유하고 있음을 든다. 주희에게는 도심道心과 인심人心이고, 북종선에게는 『대승기신론』에 의거한 진여심과 생멸심이다. 주희와 북종선 모두 후자(주희의 인심과 북종선의 생멸심)가 도심 내지 진여심인 '허명'에 대한 인식을 흐리게 한다고 보는 것도 마찬가지로 유사하다.

위르겐센의 주요한 가정은 주희가 본성을 기氣에 가려진 '허명'으로 묘사한 것이 북종선의 유명한 메타포에서 가져온 것이라는 점이다. 북종선에서는 우리에게 내재한 불성의 상태를 흙탕물 속의 진주 혹은

---

57 Jorgensen의 강조에 따르면, 이 '북종선'이란 용어는 신회(神會, 684~758)가 만들어낸 논쟁적인 개념을 말하는 것이 아니라 7~8세기에 실재했던 북종선을 지시하는 것이다. '북종선'이란 용어는 신회가 신수의 가르침을 언급하기 위하여 창안한 것으로, 신회는 혜능慧能과 관련된 '남종선'의 부속된 가르침과 대조해 북종선을 점진주의적인 것으로 특징지었다.

먼지로 뒤덮인 거울처럼 묘사하고, 잘못된 욕망들을 점진적으로 정화해 깨달을 수 있다고 보았다. 〔이것은〕 주희의 입장에서 성인聖人과 가까운 상태에 이르는 것이다. (모든 사람이 성인이 될 수 있고 실제로 모든 사람이 부처가 될 것이라는 여래장과 선종의 신념을, 주희는 모든 사람이 성인이 될 수는 없다고 주장하면서 사실상 거부했다.) 위르겐센은, 이러한 북종선의 견해가 종국적으로 여래장 전통의 모티프—모든 지각 있는 존재에 내재된 '빛나지만' 가리어진 마음/여래장—에서 온 것이라고 주장한다. 또한 그는 주희가 먼지에 뒤덮인 거울의 이미지를 사용한 점을 근거로, 단지 허명 개념뿐만 아니라 여래장 이론에서 더 많은 것을 전유했다고 본다. 위르겐센이 보기에, 이러한 증거는 주희가 "아마 그의 시대에 중요했던 마조와 대혜의 〔급진적인〕 선을 비판한 결과, 간접적으로 혹은 무의식적으로 북종선의 〔점진적인〕 측면에 영향을 받았음"을 암시한다. 점진적인 수행을 통해 〔잘못된〕 습관과 기질적 요소로 가려진 허명한 마음을 현실화할 수 있다는 〔주희와 북종선이〕 공유하는 믿음을 근거로 하여, 위르겐센은 주희가 일종의 유교 '북종선'을 만들었다는 도발적인 결론을 내린다.

주희는 불교를 가혹하게 비판한 것으로 잘 알려져 있지만[58], 2장 "주희의 불교 비판: 이기심, 구제, 자기수양"에서 저스틴 티왈드(Justin

---

[58] Charles Fu는 다음과 같이 말한다. "송, 원, 명 시기의 거의 모든 성리학자들은 주희처럼 열심히 그리고 진지하게 불교를 연구하지 않았으며, 그들 중 누구도 주희만큼 불교에 대해 철저하고 파괴적으로 진정한 철학적 공격을 시도하지 않았다." 그의 "Morality or Beyond: The Neo-Confucian Confrontation with Mahāyāna Buddhism," *Philosophy East and West* 23, no. 3 (1973): 377 참조.

Tiwald)는 "주희의 불교 비판에 대한 현대의 많은 연구는 상대방 불교도의 명시적 견해를 주희가 잘못 말한 것처럼 보이는 몇몇 측면에 주의를 기울이면서, 불교에 대한 주희의 언급이 〔문맥의〕 뉘앙스를 간과하고 예외를 무시하거나 불교 교리에 대해 다소 평이한 방식으로 잘못 묘사한 것처럼 말해왔다"고 지적한다. 그가 보기에, 주희의 불교 비판을 재구성하려는 현대의 연구들은 주희의 불교 비판을 불교도들의 명시적 견해에 대한 비판으로 취급하는 상당한 오류를 범했다. 〔그러한 관점에 따르면〕 주희의 불교 비판의 성패는 단순히 그가 불교적 견해를 제대로 이해했는지의 여부에 따라 크게 좌우된다. 즉 〔논의의 핵심은〕 주희가 불교를 얼마나 정확히 묘사했는지의 문제이다.

그 대신에 티왈드는 매우 촘촘한 일련의 논증을 전개하면서, 주희는 불교도들의 명시적 견해들이 얼마나 섬세하고 변호 가능한지에는 개의치 않고 이러한 견해들이 실제와는 매우 다르다고 보는 경향이 있었음에 주목한다. 예를 들어 원리적으로 불교도들은 타자지향적인 관심을 촉구하는 윤리적 담론을 지지하면서 보살(bodhisattva)의 자애 및 '대자비大慈悲'를 함양할 것을 장려한다. 그러나 주희는 불교도들이 이기적이라고 비난했다. 이는 주희가 실제 불교도들이 이기심 내지 윤리적 이기주의를 지지한다고 생각해서가 아니라, 불교도들의 수행 방식이 진정한 타인 지향적 관심을 배양하기 어렵다고 생각했기 때문이다. 불교들에게 있어, 대자비에 이르는 모든 길은 철저한 무집착(non-attachment)이 아니면 안 된다. 그러므로 불교의 승려들은 모든 특별한 애착을 버려야 하며, 심지어 가족에 대한 애착도 그러하다.

이와 대조적으로 유교의 수양 방법은 우리가 가족에서 배우는 일종의 타자지향적인 관심을 기반으로 한다. 가족 구성원에 대한 관심은 자연스럽게 발생하고, 〔가족 이외의〕 타자로 더 쉽게 확장된다. 〔주희가 보기에〕 유교의 방식은 현실적이며, 이러한 가족으로부터 출발한 타자지향적 관심을 통해 타자에 대한 돌봄을 일평생 실현할 수 있다. 그러나 불교의 방식은 성공할 가능성이 매우 낮으며, 〔대자비를 내세운 불교 수양론은〕 굉장한 자기변혁의 위업을 요구하면서 윤회 및 환생이라는 고도로 사변화된 견해에 그 당위성을 의존한다.

티왈드는 주희가 불교의 견해에 반대하여 발전시킨 세 가지의 비판적 논점들을 검토함으로써, 주희와 불교 간의 관계를 해명하고자 한다. 티왈드는, 이런 불교 비판들에 대한 위의 재구성 작업이 그것들에 대한 주희의 이해를 더욱 충실하고 설득력 있게 해줄 것이라고 주장한다. 〔우리가〕 주희의 서신과 논설, 제자와의 토론장면으로 〔주희의 불교관을〕 도출할 수 있는 것처럼 말이다. 첫 번째 논점은 불교의 해탈—불교의 구제론에서 최우선되는 것—과 관련되어 있는데, 주희가 보기에 해탈은 이기주의에 의탁하며 윤리 그 자체의 관계지향적 성격을 왜곡했다고 생각했다. 두 번째 논점은 불교 명상과 관련되어 있는데, 주희의 관점에서 볼 때 불교의 명상은 불교도들로 하여금 옳고 그름의 독립적 기준을 고려할 준비를 할 수 없게 한다. 주희는 유교의 '경敬'이야말로 객관적인 기준에 비춰 자신의 의도와 감정을 재구성하는 데 있어 더 훌륭한 수단이라고 주장했다. 세 번째 논점은 불교의 공空 교리에 관해서이다. 이에 대해, 주희는 불교를 무자비하게 비판한다. 주희가 보기에, 불교는 이 세상의 모든 것을 미혹된 것으로만 취급하고 국가 및 천하와의 유의미한 관계성을 공의 논리로 회수해버린다. 그러나 티왈드는 주희의 입론을 보다 상세하게 검토하여, 주희가 불교의 공에 대해 더 잘 변호할 수 있는 개념을 알고 있었지만 종국적으로는 불교의 수행이 [변호 가능한 공 개념을] 실현하는 데 도움이 된다는 것을 확신하지 못했다고 주장한다.

티왈드는 주희가 단순히 불교에 대한 허구적 개념에 관여한 것은 아니라고 결론을 내린다. 오히려 주희가 제시한 견해와 주장들은 불교사상에 대한 직접적인 반응 차원에서 나아간 것으로, 주희가 불교도와 진심으로 대화해왔음을 보여준다. 그리고 아마도 가장 중요한 것은 "이러한 대화가 이론적 교리, 논리적 전제, 일상적 실천 사이의 연관관계를 탐색하면서 다층적인 수준에서 전개되었고, 이는 중세 유럽과 그 너머에서 이루어진 보다 개념적이고 학문적인 논쟁 ― 우리가 철학(philosophy)으로 연관 짓는 ― 과는 다른 방식"이었다는 점이다.

스티븐 앵글(Stephen Angle)은 3장 "불교와 주희의 지각 인식론"에서, 주희의 인식론에 초점을 두어 주희가 자신의 사상을 발전시키기 위해 어떻게 불교의 아이디어를 의식적으로 변용했는지를 보여준다. 앵글은 두 개의 평행적인 논증을 제기한다. 보다 일반적인 주장으로서 첫 번째 논증은 다음과 같다. 주희는 그의 개인적인 생애에서 불교와 오랫동안 조우했지만, [이는] 주희 사상의 주요 측면이 불교적 관념과 사유방식과 닮은 주요한 이유가 아니다. 오히려, 그 유사성은 불교적 관념과 사유방식이 [중국의] 문화에 뿌리 깊게 체화되어 있었기 때문이다. 그러나 유불 간의 유사성 및 실제 영향관계를 평가함에 있어,

사안별로 평가해볼 것을 권장하고자 한다. 왜냐하면 그것들은 성격과 범위에서, 그리고 결정적으로는 주희가 그것들을 전유 및 변용하는 방식에서 매우 상이하기 때문이다.

불교가 중국문화에 뿌리 깊게 체화된 요소들은, 불교-유교 사이의 네 개 층위의 상호작용들 가운데 첫 번째에서 세 번째 층위와 관련된다. 앵글은 [이러한 층위들을 통해] 주희가 불교의 영향을 받고 불교에 반응하는 방식을 총체적으로 구성한다. 첫 번째 층위는, 중국화된 불교의 초기 발전들로 구성된다. 그것들은 '불성' 교리나 형이상학적인 '마음[心]', 그리고 전체론과 상호주관성에 관심을 기울이는 것 등인데, 이것들은 중국불교와 중국 전통사상 간의 상호교류 과정에서 주요한 개념적 자원이 되었다. 두 번째 층위는 유교·불교·도교 삼교에서 점차적으로 공유되던 레퍼토리(단어, 구절, 텍스트)로, 당대唐代 사상가들의 공통적 자산이 되었다. 세 번째 층은 불교에 대한 도학파 1세대 및 2세대 인사들의 여러 태도와 참여로 구성된다. 네 번째 층은 주희 자신의 불교에 대한 경험이다.

더 구체적인 주장으로서 두 번째 논증은 다음과 같다. 주희의 "인식론적 이론화는 불교문헌과 매우 밀접히 연관된(몇몇 경우는 불교문헌에서 유래한) 용어와 구절로 가득 차 있고," 또 "주희의 이론이 불교 이론과 구조적으로 유사해 보이는 측면이 있을지라도" 그 용어나 논리 구조의 유사성 배후에는 실제 [불교와 주희의] 심원한 차이점이 존재한다. 초기 불교문헌에 등장하는 인식론적 용어 및 범주가 종국적으로 주희에게 어떻게 중요해졌는지를 이해하기 위하여, 앵글은 세 가지의 영향력 있는 불교 자료에서 앎에 대한 세 가지의 상이한 태도를 식별해낸다. 첫째는 실용주의적(pragmatic) 방식〔불성론〕이고, 둘째는 깊고 참된 앎을 강조하는 방식〔종밀〕이고, 셋째는 일상생활의 지각적 경험을 강조하는 방식〔마조〕이다. 앵글은 주희가 마조의 접근방식을 학습했고(도겸 아래에서) 이후에 주희가 마조에 대한 비판적 견해를 개발했음—종밀이 마조를 비판하는 견해와 유사하게—을 인정하면서도, 종밀과의 유사성이 중요한 차이점을 가리고 있다고 주장한다.

이 논의를 위해 앵글은 앎의 세 가지 유형을 구별하면서 앎에 대한 주희의 이해를 대략적으로 제시한다. 그것은 (1) 사물의 마땅한 법칙을 아는 것, (2) 하나하나의 사물에서 마땅히 그러하여 그칠 수 없는 법칙을 보는 것, 그리고 (3) 사물이 사물인 근원적인 이유를 깨닫는 것이다. 이러한 배경에 대해서 앵글은 불교 용어인 지각知覺을 주희가 마음의 다양한 앎의 작용을 총칭하는 것으로 변용했다고 주장한다. 그러면서 앵글은 다음과 같이 결론 내린다. 주희의 인식론은 대혜의 급진적인 선 방식에 대한 의식적인 거부였다. 그러나 더 나아가 주희 인식론은 그 근본적 형태의 일부를 종밀과 공유한 담론에서 도출했지만, 〔전체적으로는〕 종밀의 관심 및 목표와는 상당히 이질적인 담론의 맥락에 반응한 것이다. 특히나 세 번째 앎의 유형은, '활연관통(豁然貫通, 깨달아 걸림 없이 상호연관된 전체론적인 상태)'에 관한 것으로 상호연관성을 인식하는 것에 대한 명시적 설명이라 할 수 있다. "신유학자들에게 있어 이 활연관통의 전체론적 상태의 요점은 여전히 구조화된 것이거나 최소한 부분적으로 설명할 수 있는 방식이라는 것이며, 〔주희의 인식론은〕 이런 점에서 화엄이나 선종의 깨우침이라는 전체론적 상태에 대한 묘사와 구분된다."

마지막으로, 위의 두 논증을 통합하여 앵글은 다음과 같이 결론 내린다. "〔주희의 불교적 뿌리에 대한〕 궁극적인 묘사는, 분명 주희와 관련된 몇몇 분야에서 불교 교리와 강력하고 실질적인 연관성을 가지면서도 〔동시에〕 다른 부분에서는 그렇지 않았으며 그 모든 것들이 수 세기에 걸친 심원하고 다층적인 상호작용의 기초 위에서 세워졌다는 점이다." 그가 설득력 있게 권하는 바와 같이, 주희 사상의 불교적 뿌리에 대한 모든 논의들―이 책의 다른 장을 포함하여―은 사례별로 판단될 필요가 있다.

4장 "체용론과 그 불합치: 중국불교와 주희 신유학의 모호한 우선성 모델들"에서도, 브룩 지포린(Brook A. Ziporyn)은 주희가 자신의 사상을 발전시키기 위해 어떻게 불교의 개념들을 변용했는지를 논의한다. 지포린은 이렇게 말한다. 천태, 화엄, 주희 모두 체용 모델을 형이상학의 매우 중요한 구성요소로 채용하였을지라도, 특정한 핵심적 지점에서는 그들이 체용 모델을 상이한 목적으로 활용해 "미묘한 구조적 차이를 야기했으며, 이는 커다란 철학적 결과를 귀결시켰다." 이를 위해 지포린은 우선 화엄과 천태의 체용 모델을 상세히 비교하고, 이후에 각 체용 모델의 유사한 구조들이 주희 형이상학의 일부를 구성하기 위해 어떻게 각색되었는지를 보여준다. 지포린은 체용 모델을 세 가지 방식으로 구분한다.

(1) 고전적인 체용 모델: 이는 특히 초기 중국불교 자료와 관련되어 있으며, 또한 왕필(王弼, 226~249)과 같은 비불교 사상가와도 관련되어 있다. 나무의 뿌리와 가지처럼, 이 모델은 체와 용 사이의 '강력한

대비' 및 '강력한 연속' 둘 다를 함의한다. 따라서 체는 하나이고 보이지 않는다. 용은 여럿이고 보인다. 체는 용보다 우선하고 체는 독립적이다. 또 용은 항상 체에 의존적이지만, 이 명제의 역은 성립하지 않는다. 체는 용의 기초 내지 뿌리이다. 이 고전적인 모델의 중요한 변형이 '화엄 모델'로, 두순, 지엄, 법장, 징관, 종밀 등의 〔화엄의〕 대표적 인물들이 개발한 것이다. 지포린은 이 화엄 모델을 고전적 체용 모델을 급진화한 것이라고 특징짓는다. 『대승기신론』에 강하게 영향을 받은 이 화엄 모델은 종종 '거울의 밝은 성질-거울에 비추어진 상相의 관계' 혹은 '물의 축축한 성질-물의 파도의 관계'로 예시되곤 한다. 여기에서 체와 용은 동연적(coextensive)이다. 체가 있으면 용이 있다. 용 없이 체가 있을 수 없고, 체 없이 용이 있을 수 없다. 그러나 체와 용은 항상 개념적으로 구별되는데, 일방적인 의존성이 체용 관계에 적용된다. 용은 체에 의존하지만, 체는 용에 의존하지 않는다. 하지만 만약 체가 다양한 용으로 완전히 기능하지 않는다면 체는 드러나지 않을 것이다. 이 모델은 '마음/의식 및 그 개념적 대상에 대한 수준'과 '리(理, 단독적인 궁극적 실제)와 사(事, 다수의 현현)의 관계로 표현되곤 하는 형이상학적 수준'에 적용될 수 있다.

(2) 천태의 체용 모델: 지의와 같은 초기 천태의 인물들은, 리와 사의 관계를 묘사하기 위하여 체용 관념보다는 천태 삼제설의 핵심적 개념인 중中 개념을 활용하였다. 지포린이 상당히 자세하게 설명했듯이, 지의에게 있어서 〔공·가·중과 같은〕 실질상의 개별자들은 전체의 부분으로만 간주된다. 〔공·가·중으로〕 결정되는 바는 상대 개념과의 제한 및 관계의 함수일 뿐이다(예를 들어 어떤 개별자는 그렇지 않은

개별자와의 관계로 결정된다). 이러한 진실의 바탕이 바로 중인데, 중은 어떤 이원쌍—즉 같고 다름, 무명과 깨달음, 하나와 다수, 존재와 부재, 안과 밖, 이것과 저것 등등—의 이분二分이면서도 또한 이원쌍을 초월한다. 따라서 중은 초월적인 것을 가리키는 또 하나의 용어이기도 하지만, 전체적이고 완전하고 편파적이지 않은 것을 가리키는 용어이기도 하다. 이러한 사고방식은, 지의로 하여금 리와 사의 관계를 전체와 부분, 중심과 주변, 완전함과 편향성의 관계 측면으로 말할 수 있게 한다. 담연의 체용 모델은 화엄에서 유래한 것이지만, 동시에 지의의 중심-주변 모델에 맞게 수정된 것이다.

화엄의 견해에 따르면, 모든 용은 하나의 동일한 체의 작용이며 체와 용은 동연적이다(모든 파도는 그 동일한 축축한 성질[wetness; 濕性]과 동연적이다). 그러나 축축한 성질이라는 통일성이 있어야만 파도라는 다양성이 존재한다. 이러한 입장과는 달리, 천태의 견해에서는 체와 용을 '일 대 다 관계'가 아닌 '전체 대 부분 관계'로 본다. 또한 각 부분[用]은 다른 모든 부분들과 상호 포섭적이고, 따라서 그 부분 자체가 분리할 수 없는 전체[體]이다. 게다가 천태의 체용 모델에는 우선성이나 일방적 의존 관계가 존재하지 않는다. 따라서 각각의 용은 하나의 체이고, 체와 용이 동연적이므로, 어떤 특정한 체는 어떠한 그리고 모든 체의 용이기도 하다(축축한 성질은 파도와 동연적이지만, 또한 색깔이나 행복, 제3세계의 빈곤, 운동, 공간, 도널드 트럼프 등등과도 동연적이다). 체는 체이면서 용이고, 용은 용이면서 체이다.

이러한 모호성 내지는 이가성(bi-valence, 동일하지도 않고 다르지도 않은)은, 천태종 삼제三帝의 [본래] 작용이다. 용(혹은 체)은 체이자 용이기 때문에, 불규정적이다. 한쪽에서 보면 체이고, 다른 쪽에서 보면 용이다. 둘 다이기도 하고, 어느 것도 아니기도 하다. 불규정적이라는 것은 규정적인 정체성이 결여되어 없다는 것[空]이다. 그러나 없다는 것[空]은 사실 규정되어 있는 것이고(즉 '없음'은 '없지 않음'과 구별된다) 이러한 결정성은 잠정적으로 위치된 것일 뿐이다. 왜 잠정적이라고 하는가? 별개의 것으로 구획하는 경계선은 인터페이스(inter-face, 역자 주: 서로 다른 시스템이 상호작용할 수 있도록 접속되는 경계이다. 사물과 사물, 사물과 인간의 경계에서 이질적인 시스템을 연결 짓는 매개체를 의미한다. 이 인터페이스에 의해 사물과 사물, 사물과 인간이 구별되지만, 그것들이 상호접속된 이상 이질적인 구별은 이제 무의미해진다. 데카르트는 송과선을 정신과 육체를 매개하는 인터페이스로 인식하지만, 이 송과선이라는 [매개적] 인터페이스로 인해 데카르트의 심신이원론이 약화된다)이고, 인터페이스는 둘 다이기도 하고 둘 다 아니기도 하므로 [어떤 것을 어느 하나로 규정짓는 것은] 잠정적이다. 인터페이스는 두 개의 제한된 사물을 연결하지만 동시에 분리하기도 하므로, 잠정적이라는 것은 둘 다이기도 하고 어느 것도 아니기도 하다는 것이다. 그러나 분명 둘 다이면서 둘 다 아니기도 하므로, 그것을 중이라고 한다. 모든 상반되는 규정들(determinations)을 포괄한 전체로 보자면 중은 규정적이며(전체는 부분적인 규정들과 구별됨) 규정적이라는 것은 잠정적으로 상정된다[假]. 반대로 모든 규정을 넘어선 초월의 측면에서 보자면 중 역시 비어 있는데[空], 왜냐하면 불규정적이라는 것은 그 [고정적 실체가] 없기 때문이다.

(3) 주희의 체용 모델: (비록 복잡하지만) 이렇게 풍부한 이론적

배경을 바탕으로 하여, 지포린은 다음과 같이 논증한다. 주희는 40세 전후에 리와 기에 대한 자신의 견해를 바꾸면서 단순한 체-용 관계를 더 이상 수용하지 않으며, [이는] 화엄 체용 모델에서 천태 체용 모델로의 변화를 모방하는 것으로 보인다. 지포린은, 주희가 [화엄의] 체-용 모델에서 여전히 활용 가능한 상당 부분의 용법을 유지하지만 동시에 '중심-주변 관계' 및 '대립자 간의 관계'에 대한 천태의 주안점과 구조적으로 유사한 내용으로 화엄의 체용 모델을 구체적으로 보완하고 있다. 지포린은, 주희의 초월 및 선재先在 방식도 이러한 [천태로의] 변화로부터 영향을 받았다고 주장한다. 주희는 파도의 젖는 성질이나 상相의 밝음으로 예시되는 초월적 내재성(transcendent-immanence)보다는 주변의 대립자들을 통합하는 중中의 초월적 내재성과 같은 종류의 초월성을 원했던 것 같다. 지포린의 장 후반부에, 이러한 관점들의 철학적이고 비교적인 중요성을 해명하는 복잡하고 도전적인 논증이 전개된다. 이로써 지포린은, 주희 철학이 갖는 독창성과 불교사상에 대한 주희의 심도 있는 대응을 이해하는 완전히 새로운 방식을 제시한다.

천태에서 중이 공과 가의 두 부분에 비해 개념적으로 우선되고 초월하지만 [공·가·중 모두가] 시간적으로는 동시적인 것과 같이, 주희에게 있어서 태극(太極=理)은 중의 개념적 등가물이다. 태극은 대립자들[음과 양]을 포함하지만, 또한 그것을 초월한다. 리는 개념적으로 기에 앞서지만, 항상 기와 공존하고, 기에 내재한다.

그러나 동시에 화엄의 리-사 관계와 마찬가지로, 주희에게 있어서 어떤 개별적 기의 구성도 리에 의존하며 이는 불가역적이다. 지포린이 언급하듯이, 주희에게 있어 "개별적 리는 어떤 개별적 기가 형태화되기 이전에 시간적으로 우선한다." 왜냐하면 어떤 개별적 리는 〔보편적〕 리라는 통일성(즉 태극)에 내재적으로 존재하고, 이 보편적 리는 각각의 개별자〔事〕에 전적으로 존재하기 때문이다. 주희와 화엄이 근본적으로 분기되는 지점은, 화엄에는 오직 하나의 리만 있고 그것은 어떠한 규정성을 갖고 있지 않아 공과 동일시된다는 점이다. 〔그리고 그러한 무규정성 때문에〕 모든 현상에 융섭할 수 있다.

천태와 주희 모두에게 있어 리理의 범주는 통일되고 초월적이면서도 그 자체 내부적으로 구조화되고 분절화된다. 거울의 밝음으로 예증되는 화엄의 논리와 달리, 천태와 주희의 리는 내재적으로 특정한 내용을 가지고 있다. 천태에서는, 〔이 세계의〕 차이와 대조, 중첩이 연접連接되어 '삼천三千'이라는 용어로 언급된다. 주희의 경우에서는, 리가 만물의 수많은 개별적인 원리(principles)/패턴(patterns)으로 간주된다.

마지막의 5장 "중국불교와 주희 신유학에 있어 일원론과 무명·악의 문제"에서는, 필자 역시 주희의 형이상학과 심리철학의 주요한 측면들이 불교적 기원을 명백히 입증하는 개념적 구조와 문제들에 의거하지만 주희가 그 개념적 구조와 문제들을 자신의 철학적 목적에 맞게 각색해왔음을 논증하고자 한다. 필자는 주희와 『대승기신론』을 연결하는 두 가지의 주요한 주제를 제시한다. 첫 번째 주제로, 체-용의 양극(polarity)에 대해 다시 주목하고자 한다. 두 번째 주제는 무명의 기원 문제에 관한 것이다. 이 두 개의 논제들은 얽혀 있으므로 동시적으로 〔논의가〕 진전될 것이다.

비록 일반적으로 체-용 양극이 중국철학의 내생적 구조로 여전히 간주되고 있지만, 체용론의 철학적 발전은 위진 현학보다는 육조 말기 및 수당 시기의 중국불교 전통에 더욱 빚지고 있다.[59] 『대승기신론』은 두 문門의 관계를 체용 관계로 제시하는데, 무위적인 것(진여, 여래장)은 유위적인 것(아뢰야식 혹은 장식, 현상적 의식이 이뤄지는 곳)에 내재하고 있으며 동연적이다. 더욱이 진여는 심생멸문을 넘어서지만 (무위로서 진여) 동시에 심생멸문에 존재한다(여래장이 현상적 조건에 적용됨, 즉 아뢰야식). 축축한 성질이 모든 파도에 존재하지만, 동시에 어느 특정한 파도를 넘어서는 것처럼 말이다.

체-용 관계에 대한 이 특별한 개념의 특징은, 〔체-용이〕 무위적인 것과 유위적인 것 사이의 관계가 일종의 내재적 초월이라는 관념을 전달하는 〔은유〕 도구로 활용된다는 점이다. 내재적 초월은 형이상학적 실재론이다(즉 유명론이 아니다). 그것은 한편으로는 지시대상이 어떻게 특정한 영역의 경계에 완전히 놓여 있는지를, 또 한편으로는

---

59 島田虔次, 『朱子學と陽明學』(東京: 岩波書店, 1967), 4에서는, 심지어 체-용의 체계적 활용에 대해 "조금의 과장도 없이 불교경전에만 국한되었던 것이라고 말할 수 있다"고 주장한다. 〔이 책은 김석근 역, 『주자학과 양명학』(에이케이커뮤니케이션즈, 2020)으로 번역됨.〕 관련 연구로는, 육조 시기 자료에 대한 좋은 개요를 제공하고 있는 그의 『塚本博士頌壽記念 : 仏教史學論集』, 「体用の歷史に寄せて」(京都: 塚本博士頌壽記念會, 1961), 416-430 참조할 것. 船山徹, 「體用小考」, 『六朝隋唐精神史の硏究』(科學硏究費補助金、硏究成果報告書), 宇佐美文理 編 (京都: 京都大學, 2005), 125-135은 중국불교 자료에서 체-용의 초기 활용에 대한 유익한 설명을 제공한다. 본 보고서의 사본을 기꺼이 제공해주신 船山徹 교수님께 감사드린다.

그 영역의 경계를 넘어설 수 있는지를 설명한다.[60]

화엄의 조사 법장과 여러 북송의 천태 이론가들이 리-현상(事) 간의 관계를 체용의 관점에서 설명한 것처럼, 주희 역시 이후에 태극/리와 기의 관계를 체-용 관계로 제시하였다. 더 적절히 말하자면, 체-용에 대한 주희의 이해는 『대승기신론』에서 발견되고 여러 화엄 사상가들이 묘사한 모델과 일치한다. 이 모델에 따르면, 체(무위적인 것)는 용(유위적인 것)과 동연적이지만, 체는 단일하며 용만이 다중적이다. 주희에게 있어, 그 초월적인 측면에서 볼 때 태극은 모든 현상의 리를 본래 갖추고 있다. 심지어 특정한 개별적 현상이 아직 존재하기 이전에도 말이다. 본체는 작용 없이 존재하지 않으며—개별적 작용이

---

60 필자는 다른 곳에서, 이러한 체-용 관계의 특별한 관념이 5세기 후반 동안 중국 남부지역 불교계의 전개 과정에서 비롯되었다고 주장하였다. (필자의 "Chinese Philosophy's Hybrid Identity," in *Why Traditional Chinese Philosophy Still Matters: The Relevance of Ancient Wisdom to the Global Age*, [ed.] Ming Dong Gu [London: Routledge, 2018]를 참조할 것.) 그것[체-용 관계]은 '인도와 중국 전통에서 파생된 불교 개념들이 풍요롭게 교섭함으로써 산출된 독특한 산물' 혹은 林鎭國(Chen-kuo Lin)의 절묘한 표현을 사용하자면 "중국적임와 인도적임 사이의 변증법적 상호작용의 결과"라고 할 수 있다. (Chen-kuo Lin, "Epistemology and Cultivation in Jingying Huiyuan's 'Essay on the Three Means of Valid Cognition,'" in [eds.] Chen-kuo Lin and Michael Radich, *A Distant Mirror: Articulating Indic Ideas in Sixth and Seventh Century Chinese Buddhism* [Hamburg: Hamburg University Press, 2014], 82.) 체-용 관계의 중국적인 측면은 체-용 양극[이란 용어 그 자체]이고, 인도적인 측면은 무위적인 것과 유위적인 것에 대한 특정한 참조와 더불어 내재적 초월의 개념을 표현하는 수단으로 체-용 대립을 전유하는 것이다.

아직 구현되지 않은 경우일지라도一, 그렇지 않다면 본체가 아닐 것이다. 역으로, 모든 규정적인 현상들은 리를 부여받은 덕분에 존재한다. 내재적인 측면에서의 리 또는 태극이다. 내재적이고 초월적인 것은 태극이라는 단일한 전체(single whole)의 측면들이다. 내재 혹은 초월 은 그 전체의 두 대립되는 관점들을 시사한다.

주희는 여기에서 멈추지 않는다. 주희의 도심道心과 인심人心, 태극 과 음양, 천지지성天地之性과 기질지성氣質之性에 대한 각각의 설명 은, 체용 유형의 내재적 초월 관계로 제시된다. 각 개념 쌍은 다음의 질문에 대한 일관된 응답을 긍정하기 위해 사용된다. "우리의 인지 능력이 인간 존재에 조건 지어진 본성에 의해 제한된다면, 무위적인 것(도심, 태극, 천지지성)이 어찌 실현될 수 있는가?" 주희가 항상 반복하 길, 무위적인 것은 유위적인 것과는 결코 분리되지 않지만 그것의 무조건적인 본성은 〔유위적인 것과의〕 관계에 의해 어떤 식으로든 손상되지 아니한다. 이러한 주희의 설명은, 바닷물이 바람과 결코 분리되지 않지만 바람이 불건 불지 않건 간에 물은 변하지 않는다는 『대승기신론』의 주장과 가족 유사성을 가진다. 주희와 『대승기신 론』의 경우 모두에서 무위적인 것(진여, 여래장, 태극, 리, 천지지성, 도심)은 유위적인 것(아뢰야식, 기, 기질지성, 인심)과 동연적일 수는 있지만, 동시에 무위적인 것은 유위적인 것을 넘어설 수 있다. 그리고 둘 다 무위적인 것과 유위적인 것 사이의 관계는 체-용의 구분으로 표현된다.

'리' 및 '기'에 대한 주희의 이해와 '심진여문'과 '심생멸문'에 대한 『대승기신론』의 이해가 단지 형태적으로만 유사할 뿐인지 아니면 이러한 상응이 보다 특정한 전유 및 영향 작용과 연관될 수 있는지에 대한 질문은 필자에게 주어진 범위를 넘어서는 문제이다.[61] 주희 사상을 이해하는 데 있어 보다 중대한 의의는, 해당 장(이 책의 다른 장과 마찬가지로)에서 소개한 연구가 주희의 철학적 레퍼토리에서 불교 자원이 수행한 중요한 역할을 구명하고 그렇게 함으로써 주희가 철학자로서 성취하고자 했던 것에 대한 새로운 이해방식을 가능하게 해준다는 데 있다.

5장의 두 번째의 주요한 주제는, 무명無明의 기원 문제에 관한 것이다. 로버트 지멜로(Robert Gimello)의 주장에 따르면, 무명의 기원 문제는 인도와 중국의 중관, 유식, 여래장 사상가들 모두가 해결하지 못한 것이었다. 부정적인 진술방식으로서 공의 논리에 다가서려는 중관은, 무명을 영속화하는 기제를 식별할 수 있는 속제俗諦의 기능적 역할을 사실상 일축하고 있다. 유식은 무명을 자연스러운 정신 상태로 보이게 하지만, 그 정신 상태가 어떻게 '문훈습(聞熏習, [진리에 대한 정확한 설명에] 귀를 기울임으로써 아뢰야식을 청정히 하는 것)'이라는 외적 기제를 통해 깨달음으로 이어질 수 있는지 설명하기 어렵다. 여래장 전통은 마음의 본래적 상태(=깨달음)에 대한 교리와 무명이 태초[시작이 없는 때]부터 존재한다는 교리를 어떻게 조화시킬 수 있는지에 대해 난점에 직면했다.[62] 무명이 사성제의 두 번째 진리이자 12연기의 첫 번째 단계로 상정된 근본적인 역할을 감안할 때, 무명에 대한

---

61 필자의 견해는 그것들이 동족 관계라는 것이다. 그것들 간에 공유되는 구조적 유사성은, 그것들이 공통 조상들의 변형된 후예들이기 때문이다.

62 Gimello, "Chih-yen and the Foundations of Hua-yen Buddhism," 222-274.

문제는 결코 사소하지 않다.

　『대승기신론』은 "왜 부처가 되기 어려운지" 그리고 "자신에게 내재된 불성을 깨닫는 사람이 왜 거의 없는지"에 대한 논의에 있어 중요하다. 특히 마음이 본래 깨달은 상태라는 점〔本覺〕을 감안할 때, 대부분의 존재들이 미혹에 사로잡힌 이유를 탐구한다.『대승기신론』은 대승불교에서 보살(菩薩, 깨달은 존재)의 10단계 수행이라는 복잡한 경로-미혹된 존재가 잘못된 인식과 고통에서부터 벗어날 수 있도록 하는-에 대한 간결한 설명을 제공한다. '대승기신론大乘起信論'이라는 책 제목은, 그 〔해탈의〕 길로 들어가고자 하는 믿음을 일으킨다는 뜻이다. 이 논서는 초심자들이 여러 방략을 통해 구원의 목표로 나아갈 수 있도록 시도한다. 핵심적인 전략 중 하나는 일원론을 통하는 것인데, 이는 무명의 유해한 영향뿐만 아니라 환영幻影적 특성을 보여주기 위해 채용된다. 그러나 무명을 진여의 외부에 있는 것으로 제시하는 은유에 의존함으로써, 이 논서는 이원론적 은유를 일원론적 존재론에 도입한다는 혐의에 스스로를 노출시킨다. 5장의 첫 번째 부분에서 소개한 바와 같이, 무명의 원인에 대한 일관적 설명을 제공하지 못한『대승기신론』은 나쁨, 악, 괴로움이 어떻게 발생하는지에 대한 만족스러운 설명을 제공하지 못하여 그 자체의 구원론적 목표를 약화하는 것으로 보인다. 당 초기의 화엄조사 법장과 같은 초기 주석가들부터 북송의 천태조사에 이르기까지, 일원론적 존재론을 보존하면서도 무명의 기원을 설명하기 위하여 다양한 설명들이 전개되었다. 이러한 많은 설명들은 리는 진여를 나타내고 현상은 온갖 법을 나타내는 리-사 관계의 용법으로 이루어졌다.

두 번째 부분에서는 악의 기원을 일원론과 조화시키려던 천태의 두 집단—산가파와 산외파—이 행했던 시도들을 분석한다. 화엄 이론가와 마찬가지로, 그들의 주장은 리-사 관계의 용법으로 프레임되었다. 산가파와 산외파를 구분하는 주요한 철학적 문제 중 하나는 바로 이 관계에 관한 것이었다. 산가파의 지도자들은 무명이 본성과 분리된 외부적 조건이 아니라고 주장하면서, 존재론적 이원론 문제와 이에 수반되는 무명의 기원이라는 이슈를 해소한다. 리는 현상이고 현상(무명을 포함하여)은 리이다. 또한 산외파의 지도자들 역시 이 문제를 해소하지만, 무명(현상으로서)에는 자성이 있다는 것을 부정한다. 〔그들에게는〕 오직 리만 자성이 있을 뿐, 현상에는 자성이 있을 수 없다.

세 번째 부분에서는, 주희가 윤리적 실천의 근거로서 현상세계, 즉 삶의 세계를 지지하는 사례를 제공함으로써 불선의 문제와 일원론적 존재론을 조화시킬 수 있었다고 주장한다. 필자는 내재적 초월의 하나로 상정된 주희의 리-기 이해가, 당대 및 북송 시기에 이뤄진 리-사에 대한 불교의 풍부하고 복잡한 담론—무명과 악의 기원을 일원론적 존재론과 조화시키려고 했던—의 발전이었음을 보여주고자 한다. 주희의 해결책은, 악을 가능하게 하는 조건을 리가 아니라 오히려 기와 연결 지으면서도 기 없이는 리도 있을 수 없다는 중대한 조항을 겸비한 일원론적 존재론을 발전시키는 것이었다. 그렇게 주희는 500년 이상 불교도들이 이 문제를 다루면서 내놓은 급진적 주장을 피하면서 불선의 문제에 대한 새로운 해결책을 제시하고자 한 것이다. 이러한 예시는, 주희가 채용한 불교 모델에 대한 이해를 통해 주희가 자신의 형이상학, 윤리학, 심리철학의 핵심을 이루는 일원론적 존재론을 어떻게 구성하고 방어했는지에 대한 새로운 통찰을 제공해준다.

3. 맺음말

신유학이 불교로부터 철학적 차용을 한 문제에 대해서, 피터 볼은 이렇게 말한다. 〔이러한 차용은〕 "목적의식을 갖고 이뤄진 것이라기보다 우연적이고 부수적인 것이었다. 모든 사물이 같은 원리를 공유하고 있다는 사상, 그리고 특히 도덕수양에 있어 '마음'에 중요성을 부여한 것 등은 불교에 기원을 두고 있다고 하겠으나, 그것은 송대 사대부 사회에서 〔이미〕 보편화된 생각이었다." 더 나아가 그는 특정 관념들이 불교에서 기원하기는 하였지만, 이미 그것들은 송대에 공유된 가정들(assumptions)이었다고 말한다.[63] 이 책에서 〔저스틴 티왈드가〕 시사하는 바에 의거하여 더 정확하게 말하자면, 리와 기·마음과 본성·체와 용 등과의 핵심적 개념들이 주희와 같은 개별 사상가들에 의해 어떻게 이해되고 사용되는 지를 정확하게 분석할 때 비로소 특정한 철학적 사유구조의 구성요소로서 그 개념들이 어떠한 의의를 지니는지를 구명할 수 있다. 그리고 그러한 구명은 이들의 관련 개념에 대한 발전 및 그 발전을 표지하는 이론적 토론에 대한 수 세기 동안의 불교의 공헌을 이해함으로써만 이루어질 수 있다.

이 책은 주희가 어떻게 불교의 다양한 레퍼토리와 마주하고 이용하

---

[63] Bol, *Neo-Confucianism in History*, 104, 164.

였으며 그것들을 자신의 철학적 프로젝트를 위해 변용했는지를 보여주는 다양한 '사례 연구'를 제시한다. 스티븐 앵글은 주희 사상의 핵심적인 면들이 불교적 관념 및 사유구조와 유사한 주요 이유는 뿌리 깊은 문화적 체화성 때문이라고 주장한다. 주희와 불교에 존재하는 유사성에도 불구하고, 앵글은 주희의 인식론과 다양한 불교적 입장 사이의 이론적 차이가 "실제적이고 심원하며, 〔그 점을〕 주희 스스로도 잘 알고 있었다"고 주장한다. 티왈드와 마찬가지로, 스티븐 앵글도 불교 교리의 핵심적 측면이 잘못되고 해롭다고 주장하는 원칙적이고 철학적인 이유들이 주로 주희의 우려에 동기를 부여했음을 발견한다. 그러나 동시에 주희의 앎 이론에 대한 앵글의 초점은 또한 주희가 자신의 인식론을 발전시키기 위해 불교 용어인 '지각'을 의식적으로 변용한 점에 주목한다. 이러한 변용은 우발적인 차용이 아니라 〔주희의〕 지속적이고, 집중적이며, 의식적인 관여(engagement)를 증명한다.

마찬가지로 존 위르겐센은 성숙한 주희가 자신의 심성론의 이론적 토대로서 여래장 사상의 핵심적 측면을 실제로 수용한 것은 선종의 마조-임제-대혜 계통의 교리에 대한 대응 차원이었다는 풍부한 증거를 제시한다.

명백히 송대에 이미 개념적 자원으로 공유된 체용 구분은, 〔불교 개념을 활용한〕 철학적 변용의 또 다른 명백한 사례를 제공한다. 브룩 지포린은 주희가 체용 모델을 천태의 삼제설에 맞게 수정하여 그의 형이상학의 중요한 구성요소로 만들었다는 것을 보여주는 일련의 상세한 주장을 전개한다. 그렇게 함으로써, 그는 주돈이의 「태극도

太極圖·설說」과 태극, 리, 음양과 같은 핵심적 개념에 대한 주희의 철학적 전유에 대해 완전히 새로운 해석을 제시한다.

　필자의 장은 주희의 내재적 초월 개념이 체-용 구분에 대한 불교 이론가들의 이론적 개선 및 정교화 작업에 기초하면서도 주희가 자신의 철학적 목적을 위해 그것을 전유하고 있음을 보여준다. 주희가 리기 관계－그의 마음철학과 도덕철학을 뒷받침하는－를 일원론을 통해 구조화한 까닭을 이해하기 위해서는 관련된 불교 이론적 배경을 우선 이해해야 한다는 것이, 필자의 주장이다.

1장 밝은 마음

주희와 여래장의 선禪 교의

존 위르겐센 John Jorgensen

주희(朱熹, 1130~1200)는 인생 대부분 동안 불교가 유교에 가장 위협이 되는 교리라고 생각했다. 〔그에게〕 불교의 위협은 양주나 묵자, 도가의 가르침보다 더 위협적이었기에 다음과 같이 말하였다. "불교는 가장 정밀하고 미묘하여 사람들에게 영향을 끼칠 수 있으니, 송대의 많은 재목 가운데 이것에 빠지지 않는 자가 없었다." 주희는 더 나아가 말하길, 불자들은 "사람들을 가장 미혹시키는 사람들일 뿐이다. 그들의 설을 보고 도리가 있다고 생각하여 그들의 설을 깊이 좇을수록 더욱 해를 입게 된다."[1] 사실 주희의 〔불교에 대한〕 비판적 태도는

---

[1] 黎靖德 編, 『朱子語類』, 卷8 (北京: 中華書局, 1986; 이후부터는 『朱子語類』로만 표기), 卷24, 587, "佛氏最有精微動得人處, 本朝許多極好人無不陷焉. … 只爲釋氏最能惑人. 初見他說出來自有道理, 從他說愈深, 愈是害人."

주희의 사상적 전환과 맞물려 있으며, 선-일반적인 범주로는, 불교-에 대한 그의 거부는 점진적으로 이루어졌다.

주희 이전의 도학자[2]들은 불교(특히 선불교)를 연구했고, 선종의 교리와 문헌들을 참조했으며, 선종의 승려들과도 관계가 있었다.[3] 주희 자신도 선불교의 많은 지도자들과 문헌들을 언급했으며, 가장 많은 언급은 그 당시에 가장 영향력이 있던 선불교 지도자 대혜 종고(大慧宗杲, 1089~1163)에 대해서였다.[4] 또한 주희는 이십여 년 동안 대혜

2 여기서 도학道學은 공자의 도에 관한 학문을 일컫는다. 좁은 의미로서 도학 개념은, 공자에서 맹자에 이르는 유학자 계보의 가르침을 연구하여 새로운 해석을 제공함으로써, 정통 유학의 가르침을 부활시키려는 북송(960~1126) 사상가들에게 적용된다. 이러한 도통道統 계보의 주요한 해석자 또는 후계인을 자임하던 자는 정이(程頤, 1033~1107)와 주희였다. Peter K. Bol, *"This Culture of Ours": Intellectual Transitions in T'ang and Sung China* (Stanford, CA: Stanford University Press, 1992), 28 참조. 또한 이 책에서 John Makeham이 작성한 서론 참조.

3 張載, 『張載集』(北京: 中華書局, 1978), 381; 邵雍, 『邵雍集』(北京: 中華書局, 2010), 300, 582; 이정 형제의 경우는 송시열宋時烈이 작성한 『程書分類』 卷2, (上海: 上海辭書出版社, 2006), 460, 537(선종의 공안), 668(『경덕전등록』을 인용); A. C. Graham, *Two Chinese Philosophers: Ch'eng Ming-tao and Ch'eng Yi-ch'uan* (London: Lund Humphries, 1958), xxi. 〔이 책은 이현선 역, 『정명도와 정이천의 철학』(심산, 2011)으로 번역됨.〕

4 대혜 종고에 대한 언급으로는 『朱子語類』, 卷4, 80; 조동종에 대해서는 卷6, 120; 『禪苑淸規』의 언급으로는 卷7, 126; 선종의 간화선에서부터 유래한 은유로는 卷8, 132; 대혜를 인용한 것으로는 卷8, 137, 卷41, 1057; 연수, 선불교와 천태에 관해서는 卷8, 14; 조주를 인용한 것으로는 卷10, 1731. 또한 Galen Sargent, "Tchou Hi contre le bouddhisme," *Melanges publies l'Institut des Hautes Etudes Chinoises* 1 (1957), 4를 참조. 종고는 『朱子語類』 卷126에서 13개 단락 이상에서 그 이름이 언급된다.

종고의 제자인 개선 도겸開善道謙과 서신을 교환했고 불교를 연구했다 (도교에 대해서는 불교보다는 덜 연구하였다). 주희는 심지어 14세 혹은 16세에 '깨달았다'고 말한 바 있는데, 이는 도겸이 주희에게 조주(趙州, 778~897)의 유명한 화두―"개에게도 불성이 있는가?"[5]―를 던졌을 때였 다. 『경덕전등록景德傳燈錄』이 황실의 승인을 받았고 임제종의 주요 문헌인 『천성광등록天聖廣燈錄』에 인종(仁宗, 재위 1022~1063) 황제가 쓴 서문이 실려 있는 것처럼 북송 초기의 선불교가 황실의 지원을 받았던 것[6]을 상기해보면, 주희가 이렇게 선불교와 관련된 것은 전혀 놀라운 것이 아니다.

주희는 도학 초기 및 당대 인사들이 선불교의 영향을 받았음에 우려하였다.[7] 선불교의 영향에 대한 이러한 우려는, 주희와 그 동료들

---

5 福嶋俊翁, 『福嶋俊翁著作集』, 「中國に於ける禪文化」(東京: 木耳社, 1974〔1938〕), 卷3, 161-162. 조주 종심趙州從諗은 마조 도일의 계보에 있는 선승이다. 조주는 '예리한 입과 입술의 선〔口脣皮禪〕'이라는 이름을 얻게 되었으며, 그의 대화 중 상당수가 선불교의 공안으로 만들어졌다. 공안을 한 단어나 구절로 줄인 '화두'는 point of the story(이야기의 정곡) 말고도 critical phrase(결정적인 구절)로 번역되기 도 하는데, 대혜 종고에게서 창안된 기술이다. 화두의 결정적 요소는 말에 있는 것이 아니라 의심에 있다. 가장 유명한 화두는 조주가 "개에게도 불성이 있느냐"는 질문에 "없다〔無〕"라고 답한 것이다. 伊吹敦, 『禪の歷史』(京都: 法藏館, 2001), 67, 121 참조.

6 Albert Welter, *Monks, Rulers, and Literati: The Political Ascendancy of Chan Buddhism* (New York: Oxford University Press, 2006), 186-187.

7 왕천순王天順과 육구연(陸九淵, 1139~1193)으로는, 『朱子語類』, 卷17, 379-380; 이고李翺의 멸정론에 대해서는 卷 59, 1381; 장무구張無垢에 대해서는 卷126, 3037 참조.

이 추진하고 있는 몇몇의 관념들이 선불교와 교리적으로 매우 가까우며 대혜가 도학(더 넓게는 유교)에 대한 사대부 계층의 지지를 훼손시키고 있다는 사실 때문이었을 것이다. 그러나 주희는 불교가 철학적으로 오도되었으며, 이렇게 오도된 불교를 방치하면 도덕적으로 문제 있는 결과를 초래할 것이라고 생각했다.[8] 특히 모든 중생들이 해탈되기 전까지 자신의 해탈을 미루겠다는 보살의 서원誓願조차도, 도학 지도자들은 위선적이며 이기적이라고 생각했다.[9] 주희의 주요 관심사는 사회와 국가의 도덕적 견고성에 있었지, 개인의 구원에 있지 않았다. 특히 주희가 활동하던 시기의 남송 정부는 대내적으로는 권력의 부적절한 분배—주희가 생각하기에, 여기에는 불교에 헌정되는 과도한 자원을 포함한다—로부터, 대외적으로는 금나라로부터 위협을 받았다. 주희는 '근본적인' 유교적 가치에 대한 교육을 통해서 이러한 상황을 타개하려고 노력하였다.[10]

선불교와 유교의 공통된 주요 요소는 인간 본성—기본적으로 선하며, 누구나 깨달은 자나 성인이 되게 하는 것—에 대한 아이디어로 보인다. 아마도 이러한 핵심교리의 유사성 때문에 주희는 자신의 가르침을 선불교의 가르침과 구별 짓기 위해 많은 노력을 기울인 것 같다.

주희에게 있어서, 선불교의 대혜 종고(호는 妙喜)는 최대의 라이벌이었다. 대혜의 가르침은 사대부 사이에서 상당한 호소력을 가졌는

---

8 이 책의 Stephen Angle와 Justin Tiwald의 장 참조.

9 Justin Tiwald의 장 참조.

10 Brian McKnight, "Chu Hsi and His World," in *Chu Hsi and Neo-Confucianism*, ed. Wing-tsit Chan (Honolulu: University of Hawaii Press, 1986), 419, 421.

데, 대혜의 가르침 중 일부가 사대부를 겨냥하였기 때문이다(대혜는 사대부들에게 적어도 62편의 서신을 작성했다).[11] 또 다른 이유는 대혜가 도학의 선구자인 장재張載에게서 의문[疑]에 대한 아이디어를 빌려오고[12], 황정견(黃庭堅, 1045~1105)의 시로부터 한 단어에만 집중하는 기법[13]을 채택했기 때문이다. 황정견은 도학파인 범진(范鎭, 1007~1088)과 여공저(呂公著, 1018~1089)의 제자인데, 이 둘은 [도학파의 개조開祖라 할 수 있는] 주돈이(周敦頤, 1017~1073)에게서 유래했다.[14] 대혜는 공안公案의 실천방법을 단순화하기 위하여, 한두 단어에 집중하는 방법을 적용했다. 즉, 대혜는 그의 선을 도학(신유학)에서 발견되는 실천방법과 더 유사하게 만들었다. 더욱이 대혜는 위대한 애국자였으며, 이는 대혜가 진지한 사대부 계층으로부터 위신을 얻을 수 있는 부분이었다.[15] 주희는 대혜의 가르침에 매우 친숙했고 어린 시절 주희는 대혜의 선을 수행하였는데, 이는 자신의 사상을 발전시키는 데 있어 자극제와 같은 역할을 하였다.[16]

---

11 荒木見悟, 『大慧書 禪の語錄17』(東京: 筑摩書房, 1969), 252.

12 張載, 『張載集』, 268, 275, 286,

13 위에서 언급한 무無에 대한 유명한 화두에서, "개에게도 불성이 있느냐"는 질문에 조주는 "없다"고 답변하였다.

14 John Jorgensen, *A Handbook of Korean Zen Practice: A Mirror on the Sŏn School of Buddhism* (Sŏn'gakwigam) (Honolulu: University of Hawaii Press, 2015), 27-28. 황정견의 도학적 계보에 대해서는 황종희(黃宗羲, 1610~1695)의 『宋元學案』 卷2 (발행지불명, 中國書店, 1990), 19, 1, 4장.

15 주희와 대혜의 관계에 대해서는 柳田聖山, 「仏教と朱子の周辺」, 『禪文化研究所紀要』 8 (1976): 1-30 참조.

16 荒木見悟, 『大慧書 禪の語錄17』, 2.

주희는 더욱 사회적으로 책무성이 있고 정치적으로도 유용한 것으로 생각한 유교의 새로운 체계를 개발하게 되면서 10대부터 20대 초반까지 따랐던 대혜 종고의 수행방법과 이론적 기반에서 점차 멀어졌다는 것이, 필자의 주장이다. 주희의 이러한 변화는 개인적 구원을 목적으로 하거나 말만 하면서 행동하지 않는 실천양식에서 벗어나는 것을 의미했다.[17] 주희가 이연평(李延平, 1093~1163)의 영향 아래에서 대혜선의 급진적 요소들을 거부하였을지라도, 주희는 유가경전을 읽거나 학생들로부터 질문을 받는 것 등에서 선불교의 주요한 주제들과 모티프들을 유지 및 각색하였다. 이는 주희로 하여금 소위 북종선의 입장에 근접하게 하였는데, 특히 '빛나는 불성'이란 관념에 있어서 그랬다.[18] [북종선에 따르면] 불성 내지 여래장은 모든 인간에게 내재

---

17 불교가 개인의 구원에만 관심이 있는 주장에 대해서는, 『朱子語類』, 卷95, 2443과 이 책의 Justin Tiwald의 장 참조. 모든 중생이 구제될 때까지 열반에 이르지 않겠다는 보살의 서원이 널리 퍼져 있음에도, 이러한 주장이 제기되었다.

18 '북종선[北宗]'이란 용어는 720년대 신회(神會, 684~758)가 경쟁자를 폄하하기 위해 만든 용어이다. 신회는 자신이 '남종선[南宗]'의 지도자인 혜능(惠能, 713 입적)의 가르침을 계승한 자라고 주장하였다. 남종선의 특징은 단박의 깨달음[頓悟]과 혜능의 계보를 부처에까지 소급시킨 것이었다. 다른 한편, '북종선'은 점진적인 깨달음을 가르치고, 마음을 적막에 빠뜨리며, 지파에 속한다고 주장되었다. 신회의 일생에 관해서는 伊吹敦, 『禪の歷史』, 40-44와 John Jorgensen, *Inventing Hui-neng the Sixth Patriarch: Hagiography and Biography in Early Ch'an* (Leiden: Brill, 2005), 62-68 참조. 이러한 북종선에 대한 신회의 혐의제기는 부정확했으며 논쟁의 여지가 있다. 북종선의 지도자로 알려진 신수(神秀, 706 입적)는 다른 '북종선'의 스승들과 같이 단박의 깨달음을 가르쳤다. [신수의 수행방법이 요약된 것은] 『五方便』으로, 이에 대한 John McRae의 번역 *The*

되어 있다. 〔북종선의〕 경쟁자들이 '북종선'에 부과한 혐의에 의하면, 〔북종선에서〕 불성/여래장의 파악은 〔마음의〕 염오성과 사욕을 단박이 아닌 점진적으로 제거할 때에서만 가능하다. 밝은 거울을 덮고 있는 먼지를 제거하는 것과 같은 방식을 통해서 말이다.[19] 여기에서 필자는 선불교에서 유행한 여래장 전통의 '빛나는 불성' 개념과 주희가 상정한 '빛나는 인간 본성'에 대한 비교를 발전시키고자 한다. 북종선의 수행자들은 점진적인 수행을 통해 발견되고 보존되어야 하는 불성을 설명하기 위해, 먼지/흙탕물〔염오된 마음〕에 덮인 순수하고 빛나는 진주/거울〔불성〕이라는 은유를 채용했다. 이는 인간이 처한 조건에 대한 뿌리 은유(root metaphors, 역자 주: 현실 및 세계를 인식하고 해석하는 데 기저가 되는 하나의 이미지 내지는 서사구조)로서 주희 이론의 초석이 되었다. 따라서 〔주희와 불교의〕 심성론 구조에 대한 필자의 비교는, 비록 북종선과 주희가 다른 목표를 가지고 있기는 하지만, 피상적인 유사성 그 이상을 다루고 있다.[20]

Northern School and the Formation of Early Ch'an Buddhism (Honolulu: University of Hawaii Press, 1986), 172, 209, 292n153A를 참조. 〔이 책은 김종명 역, 『북종과 초기 선불교의 형성』(민족사, 2018)으로 번역됨.〕 신회는 아마도 신수의 일부 제자로부터 '단박의 깨달음'이란 관념을 배웠을 것이다. Jorgensen, *Inventing Hui-neng*, 52, 61, 481 참조.

19 북종선—다른 이들이 명명한—과 동산법문東山法門을 구별하는 것의 어려움에 대해서는 John McRae, *The Northern School and the Formation of Early Ch'an Buddhism*, 8-10 참조.

20 뿌리 은유에 대해서는 Earl R. MacCormac, *Metaphor and Myth in Science and Religion* (Durham, NC: Duke University Press, 1976), xiii 참조. "뿌리 은유는 우리가 설명하고자 하는 세계나 경험의 본질에 대한 가장 기본적인 가정이다

1. 유년 시기 주희의 선

주희는 어린 시절부터 불교에 노출되었다. 대여섯 살 정도였을 때, 이 호기심 많은 아이는 "하늘 밖에는 어떤 물건이 있는지"를 물었다고 전해진다.[21] 주희의 부친은 불교와 도교와 관련되어 있었으므로[22] 주희는 다섯 살 무렵에 선불교 공안 문답집인 『벽암록碧巖錄』의 저자인 원오 극근(圜悟克勤, 1063~1135)에게서 기본적인 유교경전에 대한 수업을 받았을 수 있다.[23] 이후 주희를 유교로 이끈 스승 이연평에게 보낸 편지에 따르면, 주희는 어렸을 때 선불교를 공부한 적이 있다고

---

(93)." "우리는 이러한 가정이 … 유익한 설명을 낳을 것이라고 믿는다(141)." 종밀과 주희를 비교할 때, Stephen Angle(이 책의 그의 장, 각주 5번)은 Jeffrey Lyle Broughton, *Zongmi on Chan* (New York: Columbia University Press, 2009), 20을 인용하여 은유와 그에 기반한 구조가 문맥에 따라 함의하는 바가 다를 수 있다는 주장을 지지하였다. 사실 북종선과 주희 사이의 내용 차이는 그다지 크지 않았는데, 둘 다 마음과 본성에 대해 이야기하였다. 비록 명상이나 지혜에 대한 담론이 상이했지만, 주희의 측은지심, 수오지심, 예禮에 대한 논의는 북종선의 자비, 참회, 계율에 대한 논의와 유사하였다. 이 은유에 대한 상이한 맥락이 그 영향관계를 부정하는 것은 아닌데, 은유는 새로운 이론과 오래된 이론 사이의 교량이 될 수 있기 때문이다. MacCormac, *Metaphor and Myth*, 36 참조.

21 『宋史』, 卷427, 「道學二·朱熹」, "熹問曰天之上何物?"

22 윤영해, 『주자의 선불교 비판 연구』(민족사, 2000), 68. 여기서는 郭齊·尹派 編, 『朱熹集』(成都: 四川教育出版社, 1996), 卷84, 4344를 인용하고 있음.

23 윤영해, 위의 책, 70. 여기서는 『枯崖漫錄』, 卷2, 16을 인용함. 종고 계파의 구성원이 편찬한 『枯崖漫錄』은 이렇게 말하고 있다. "〔원오가〕 대목 선원에 있으면서, 일찍이 회암 주문공에게 유학을 가르쳐 준 적이 있다." 이때는 아마 주희가 다섯 살 이하였을 것이다.

말했다.[24] 주희의 부친은 자신이 세상을 떠나기 전(주희 나이 14세)에 아들의 교육을 그의 친구인 호헌(胡憲, 1082~1162)과 유자휘(劉子翬, 1101~1147)에게 맡겼는데, 그 둘은 기본적으로는 유학자이지만 불교와 도교에 관심이 많았다.[25] 주희 자신이 기록한 것처럼, 주희는 불교를 애호한 유자휘와 자주 함께 지냈다.[26] 유자휘의 사회적 관계망을 통해, 아마도 주희는 5~7세의 소년이었을 때 개인적으로 대혜 종고와 접촉했을 것이다. 주희는 종고의 제자인 개선 도겸과 함께 선을 공부했다. 이후 주희는 그의 스승 이연평에게 보낸 편지에서 이렇게 썼다. "저는 처음에 개산에서 도겸을 따라 공부하였습니다. 그러므로 모든 일이 내면에서 체인하는 것이었습니다."[27] 주희의 동시대 사람인 중온 효영(仲溫曉瑩, 1116 출생)은 1178년경에 편찬한 선불교의 이야기 모음집인 『운와기담雲臥紀談』에서, 도겸이 건양建陽에 있을 때 유자휘의 형인 유보학劉寶學과 주희가 귀의한 바 있다고 기록했다.[28]

주희가 선(주로 종고의 가르침)을 배웠다는 것은 명백하고, 이는

---

24 『李延平集』, 卷3, "喜少時亦曾學禪." 이는 윤영해, 위의 책, 72에서 인용함. 또한 『朱子語類』, 卷104, 2620, "先生作延平行狀言默坐澄心, 觀四者未發已前氣象, 此語如何? 曰先生亦自說有病. … 某少時未有知, 亦曾學禪, 只李先生極言其不是." 참조.

25 윤영해, 위의 책, 69.

26 『宋元學案』, 43.1a, 659a; 43.6a, 661; 『朱子語類』, 卷96, 2476, "笑曰屛山只要說釋子道流, 乃得其傳耳."

27 『李延平集』, 卷1, 5, "元晦初從謙開善處下工夫來, 故皆就裏面體認." 윤영해, 위의 책, 88쪽에서 인용.

28 윤영해, 위의 책, 93쪽에서 인용.

아마도 부친의 친구인 유자휘ー종고의 제자인 도겸과 관련된ー의 영향이
었을 것이다.[29]

주희가 선불교와 불교 전반에 대해 의문을 갖기 시작한 것은, 24세
이후 이연평과 만나 토론한 덕분이었다.[30] 〔이연평과의 만남을 통해〕
주희는 자기가 〔유년 시기에 겪었던〕 '깨달음'과 일부 승려들이 주장한
것에 의구심을 키워나갔을 수 있다.[31] 아마도 동안同安의 주부主簿라는
하급관료로서 주희는, 불교의 가르침이 국가통치 및 사회적 분쟁에
도움이 되지 않는다는 것을 알았을 것이다. 주희는 1147년 유자휘가
죽은 후부터 1153년 이연평을 만나기 전까지를 회고하면서, 유교로부
터 어떤 것도 얻지 못했다고 썼다.[32]

그러나 주희는 〔이연평을 만나서〕 갑자기 유교로 돌아서지 않았다.
이후에 주희가 회상했듯이, 그는 처음에 이연평이 선불교를 알지
못한다고 생각했다.

이후에 〔나는〕 동안현에 부임했다. 때는 24~25세 때쯤이었고,
〔여기에서〕 이 선생님을 처음으로 뵐 수 있어서 그와 이야기하게
되었다. 이 선생님께서는 단지 〔선불교가〕 옳지 않다고만 이야기

---

29 위의 책, 90쪽 참조.
30 주희가 유병산과 처음으로 만난 시기에 대해서는 陳來, 『朱子哲學硏究』(上海:
華東師範大學出版社), 35-43. 〔이 책은 이종란 외 역, 『주희의 철학』(예문서원,
2002)으로 번역됨.〕 여기에서 陳來는 주희에 대한 〔유병산의〕 영향이 1158년(주
희 28세)에서부터 시작되었다고 결론 내린다.
31 『朱子語類』, 卷104, 2630.
32 위의 권, 2619.

하셨다. 도리어 나는 이 선생께서 〔선불교를〕 이해하지 못한다고
의심하여 두세 번이나 질문하였다. … 나는 장차 선불교에 대해서
는 잠시 접어두기로 하였다. 내 심중에서 〔어차피〕 선이란 본래
어떠한 속박도 없는 것〔自在[33]〕이라고 생각했기 때문이다. 그래서
장차 성인의 책을 읽고 또 읽어 하루 읽고 그 다음 날에도 읽으니,
성현의 말씀에 점차 맛이 있게 되었다. 그리고 다시 돌아와 불교의
학설들을 생각해보니 점점 〔그것들의〕 결점들이 보였고 〔결국〕
온갖 틈새가 터져 나옴을 알게 되었다.[34]

선과 불교에 대한 그의 뒤이은 거부는, 수년에 걸친 점진적인 과정이
었다.[35] 주희는 다른 곳에서 이렇게 말했다.

오직 이 선생께서 〔선이〕 옳지 않다고 극언하셨다. 그 후에 탐구해
보니, 여기〔유교〕에 더욱 그 맛이 있었다. 이곳의 맛이 한 마디
늘어나니, 저곳〔선불교〕의 맛이 한 마디 줄어들었다. 이제 〔선불
교에 흥미가 모두〕 소진되어 남아 있는 것이 아무것도 없게 되었
다.[36]

---

33 이것은 종고의 화두 수행법에서, 일단 그것을 상당한 시간 동안 집중적으로
   수행하면 화두의 주제가 자동적으로 나타나게 된다는 생각을 의미할 수 있다.

34 『朱子語類』, 卷104, 2620, "後赴同安任. 時年二十四五矣, 始見李先生, 與他說.
   李先生只說不是. 某却倒疑李先生理會此未得, 體三質問. … 某遂將那禪來權易
   閣起. 意中道, 禪亦自在, 且將聖人書來讀. 讀來讀去, 一日復一日, 覺得聖賢言語
   漸漸有味. 却回頭看釋氏之說, 漸漸破綻, 罅漏百出."

35 위의 책, 卷126, 3040.

선불교에서 유교로의 갑작스러운 전환이 아니라, 선불교의 영향력이 남아 있을 수도 있는 완만하면서도 아마도 개운치 않은 심중의 변화였다. 윤영해에 따르면, 주희의 이러한 사상적 전환은 10여 년이 걸렸으며 33세가 되어서야 주희는 유교와 불교 (및 도교)의 차이점을 확실히 자각하고 이때부터 불교 비판에 적극적으로 나서게 되었다.[37]

주희가 선불교로부터 유교—이연평이 옹호하는—로의 사상적 전환이 이루어지게 된 주된 이유는 자세하게 설명되어 있지는 않지만, 그중 일부는 교리 문제에 있었다. 이연평과의 대화를 기록한 『연평답문록延平答問錄』에서는, 다음과 같이 말한다.

주문공〔주희〕께서 동안의 주부로 계실 적에, 연평 선생의 말씀을 반복하여 읽었다. 연평 선생께 얻은 바가 있다면, 그것은 〔이미〕 배운 것들을 완전히 버리고 〔새롭게〕 배웠다는 것이다. … 주문공 선생께서는 조사하趙師夏에게 일찍이 말씀하셨다. "내가 배우기를 시작했을 적에 어리숙한 말을 사용하길 힘쓰고, 같음을 좋아하고 다름을 싫어하고, 큰 것을 좋아하고 작은 것을 부끄러워하였다. 연평께서 말씀하신 대로 '많은 일〔事〕들이 있는데도 천하의 리가 어찌 하나일 수 있는가' 하며 마음속으로 의심하여 따르지 않았다. 동안에서 관직을 맡으면서 남은 시간에 연평 선생의 말씀을 반복해 생각하니, 그 말씀이 나를 속이지 않음을 알게 되었다. 연평 선생께

---

36 위의 책, 卷104, 2620, "只李先生極言其不是. 後來考究, 却是這邊味長. 才這邊長得一寸, 那邊便縮了一寸, 到今銷鑠無餘矣."

37 윤영해, 위의 책, 97.

서는 '우리 유학자의 배움이 이단과 다른 바는 리일분수에 있다. 리가 하나가 되지 않을 것〔理一〕을 걱정할 것이 아니다. 어려운 바는 나뉨〔分殊〕에 있을 뿐이다. 이것이 〔유학이 이단과 다른〕 요체이다'라고 말씀하셨다."[38]

이연평은 모든 다양한 개별자들에 내재하며 일관된 리를 실현하는 방법을 가르쳤으며, 따라서 현상적 세계의 가치를 강조하였다. 거기에는 불교도들이 추상적인 것만을 추구하며 현상적 세계를 부정한다는 의미가 담겨 있다. 이연평은 "오로지 일용생활에서 공부를 하라. 아니면 〔구체적인〕 일〔事〕에 나아가서 공부를 하라. 〔그렇게 한다면〕 점차로 자신과 사물이 합치될 수 있기를 바랄 수 있다. 그러나 그렇게 하지 못하면 다만 말뿐이 된다."[39] 즉 이연평은 학생들이 고요히 앉아 마음을 닦음으로써, 삶의 일상적인 기능에서 점차 다른 것들에 공감〔하고 여기에서 일관성을 인식〕할 수 있다고 주장했다. 주회에 의하면, 이연평은 "고요히 앉아 마음을 맑게 하고〔默坐澄心〕 사단四端이

---

38 趙師夏 編, 「延平問答錄·延平問答後錄」, 『朱子遺書』(京都: 中文出版社; 강희 연간의 呂氏寶誥刻本을 영인함), 84(현행본 기준)/9a-b(목판본 기준) "文公領簿同安, 反復延平之言. 若有所得者, 於是盡棄所學而師事焉. … 文公先生嘗師夏, 余之始學亦務爲用侗之言, 好同而惡異, 喜大而恥於小. 於延平之言則以爲何爲多事, 若是天下之理一而已. 心疑而不服. 同安官餘, 以延平之言反覆思之, 始知其不我欺矣. 蓋延平之言曰, 吾儒之學所以異於異端者, 理一分殊也. 理不患其不一, 所難者分殊耳. 此其要也."

39 『延平答問』, 199, "唯於日用處便下工夫, 或就事上便下工夫. 庶幾漸可合爲己物, 不然只是說也." 윤영해, 위의 책, 105에서 인용함.

발하기 이전의 기상을 보고자 했다."[40] 이것이 중요했던 이유는, "[감정이] 발하기 이전에 모든 이치가 모두 구비되어 있기 때문이다."[41]

주희가 이연평의 수행방식에 결함이 있다고 설명하였지만, 이연평의 수행방식은 "평상심이 도이다"라고 말한 마조 도일[42]과 정좌를 통해 '마음을 닦는' 북종선 등의 선불교와 흥미로운 공통점이 있다. 예를 들어 북종선의 승려 정각(淨覺, 683~약 750)은 『능가경』에서 발견되는 선의 명상법을 다음과 같이 특징지었다. "오직 마음을 고요히 하여 스스로 알고, [사사로운] 마음이 없어 정신을 기르고, [사사로운] 의념이 없어 마음을 편안하게 하고, 한가로이 거처하여 정좌하고, 근본을 지켜 참됨으로 돌아갈 수 있다."[43] 또한 정각은 선불교의 두 번째 조사로 알려진 혜가(慧可, 487~593)를 인용하였다. "만약 망념을 일으키지 않고 조용하고 청정하게 앉으면 대열반의 날이 자연히 밝아올 것이다."[44] 아마도 주희에게 있어, 연평의 '묵좌징심'이라는 말은 종고가 '묵조선'이라고 비판한 선의 형태를 상기시켰을 것이다. "오늘날의 잘못된 선배들이 많이들 묵조의 정좌를 궁극적인 법[究竟法]으로 삼으려 한다."[45]

---

40 『朱子語類』, 卷104, 2620, "默坐澄心, 觀四者未發已前氣象."

41 위의 책, 卷62, 1509, "未發之前, 萬理備具." 일용생활에 대해서는 1496 참조.

42 Jinhua Jia, *The Hongzhou School of Chan Buddhism in Eighth-through Tenth-Century China* (Albany: State University of New York Press, 2006), "ordinary mind is the Way," 68-71.

43 『楞伽師資記』, "只可默心自知, 無心養神, 無念安身, 閑居淨坐, 守本歸眞." 이에 대한 번역으로는 柳田聖山, 『初期の禪史 : 禪の語錄2』(東京: 筑摩書房, 1971), 93.

44 柳田聖山, 위의 책, 146, "若妄念不生, 默然淨坐, 大涅槃日, 自然明淨."

선과 불교에 대한 주희의 반대는 점진적으로 이루어진 것이다. 일찍이 주희가 수행했던 것은 종고의 선이고, 특히 화두선(간화선)이 었다. 주희의 옛 스승들(특히 유자휘)은 선에 대해 잘 알고 있었고 종고와 교류한 바 있다. 유자휘가 죽은 이후, 주희는 동안에서 관직을 맡은 뒤로 〔불교에 대해〕 의심을 품기 시작하였다. 거기에서 주희는 정호와 정이, 양시(楊時, 1053~1135)의 유학을 가르쳤던 이연평과 토론하였다. 주희가 이 새로운 버전의 유교〔이정 학문을 일컬음〕로 넘어가는 데는 수년이 걸렸다. 그 전환 과정의 세부단계는 불분명하지만, 주희는 점진적으로 선적 요소를 부정했다. 아마도 마조의 홍주선이나 종고─자신이 마조를 거쳐 임제 의현에까지 계보가 닿는다고 자임한─의 화두선과 같은 급진적 형태를 더더욱 부정했을 것이다. 홍주종─특히 "작용이 〔부처의〕 본성이다"[46]라거나 "평상심이 도이다"라는 진술─에 대해 비판을 전개한 규봉 종밀(圭峰宗密, 780~840)의 저술은, 주희로 하여금 불교의 가르침이 사회적 질서에 위험하지는 않을지라도 잘못된 것이라는 이연평의 의견에 동의하게 만들었을 수 있다.[47] 주희는 확실히 종밀의 일부 저술들을 읽었지만, 다만 그가 언제 읽었는지는 분명하지 않다.

선적 요소에 대한 이러한 주희의 점진적인 거부는, 주희가 송대에

---

45 荒木見悟,『大慧書 禪の語錄17』, 71, "今時邪師輩, 多以默照靜坐爲究竟法."

46 작용시성作用是性과 종밀의 비판에 대해서는 Jia, *Hongzhou*, 76-79 참조. 작용시성에 대해서는 추가적으로『朱子語類』, 卷62, 1497; 卷57, 1348; 卷126, 3029 참조.

47 『朱子語類』, 卷68, 1685 참조.

폄하된 '북종선'과 유사한 특정한 교리들을 옹호하는 것과 같은 효과를 낳았다. 북종선에 대한 부정적인 시각은 주로『육조단경』의 초기 판본과 종밀의 교판敎判을 통해 생겨났다. 720년대에 신회(684~758) 는 신수(706 입적)와 관련된 집단이 점오(漸悟, 점진적인 깨달음)를 가르치며 마음을 적막에 빠뜨리고, 부처로부터 한 세대씩 계승되는 것으로 추정되는 조사들의 법통法統─부처로부터 한 세대씩 계승되는 것으로 추정되는─과 동떨어져 있다고 공격하였다.[48] 신수와 그의 스승 홍인(弘忍, 601~674) 그리고 그의 제자들은 스스로를 동산법문東山法門이라 칭했으며, 그들 스스로를 지칭하는 데 '북종선'이라는 용어를 사용한 적이 전혀 없다. 오히려 동산법문의 가르침은 다원주의적이어서, 염불念佛을 포함한 다양한 수행방식을 허용하는데, 그 범위는 부처의 이름을 부르는 칭명염불에서부터 부처의 덕성을 지속적으로 떠올리는 불수념(buddhānussati)에 이른다. 동산법문은 '수일守一'에는 두 가지 의미 차원이 있다고 가르쳤다. 첫째는, 수평선의 선처럼 한 구절[一]에 집중하는 형태이다. 둘째는,『대승기신론』에서 묘사된 청정한 마음 상태인 일심一心을 유지하는 것이다.[49]

　여기에서 중요한 점은〔실제 북종선이〕점오와 돈오 모두를 허용한다는 점이다.[50] 깨달음에 있어서 각기 다른 장애를 가진 수행자들은

---

48 伊吹敦,『禪の歷史』, 40-44. 신회의 생애에 대해서는 John Jorgensen, *Inventing Hui-neng the Sixth Patriarch: Hagiography and Biography in Early Ch'an* (Leiden: Brill, 2005), 62-68.

49 John Jorgensen, "Two Themes in Korean Buddhist Thought",『한국불교학』 7 (1982): 208-213.

자신의 상황에 맞는 수행방식을 배우지만, 이러한 수행방식은 종종 동일한 이름 아래 표현된다. 이러한 모호성은 기초적인 수행방식과 수준 높은 수행방식이 절묘하게 관통하기 때문이다.[51] 자신이 신회의 법통에 속한다고 자임한 종밀은, 신수 등의 북종선을 점교漸敎라고 규정짓기 위해 암흑으로 덮인 밝은 보석이라는 다소 오해의 소지가 있는 은유를 사용하였다. 〔그의 주장에 따르면〕 북종선 수행자들은 이른바 암흑을 지우기 위해 시도했고 이러한 점진적 수행이 완료되었을 때에만 밝은 보석을 볼 수 있다.[52]

주희가 북종선의 교리를 이해함에 있어 부분적으로 종밀로부터 영향을 받았을 가능성이 있지만, 주희 자신은 많은 부분 신수의 가르침과 유사한 측면이 있다. 여기에서 말하는 신수의 가르침이란 신회, 종밀과 송대의 여러 선불교 저술가로부터 와전된 '북종선'이 아닌 역사적 실제에 가까운 북종선을 말한다. 주희가 인생의 처음 20년 동안 단박에 깨닫는 것을 추구하는 간화선을 실천한 점과 스승 이연평의 가르침을 처음에 〔간화선의 경쟁자인〕 조동종曹洞宗의 '묵조선默照禪'[53] 및 점오 등의 교리와 유사하다는 이유로 저항한 점을 고려해본다

---

50 McRae, *Northern Ch'an*, 140-144, 특히 밝음의 점진적 개선에 대해서는 143-144.

51 Jorgensen, "Two Themes in Korean Buddhist Thought," 210.

52 Broughton, Zongmi on Chan, 14. 위의 각주 18 및 19를 볼 것. 그리고 John McRae의 언급은 *The Northern School and the Formation of Early Ch'an Buddhism*, 5-6. 일부의 북종선 선사들은 단박의 깨우침을 가르쳤고, 따라서 종밀의 언급은 그가 북종선(신회의 신조어)을 반대하는 선전을 받아들였음을 드러내므로, 이에 대해서는 비판적인 논의가 요구된다.

53 묵조선에 대해서는 伊吹敦, 『禪の歷史』, 122 참조. 자신이 임제종의 계보에

면, 주희가 자신의 유학을 체계화하면서 선불교의 사상, 수행, 은유 및 언어적 용법에 영향을 받았다고 주장하는 것은 불합리하지 않다. 주희는 돈오(頓悟, 단박 깨달음)와 같은 특정한 선적 요소를 의식적으로 거부하였다. 그러나 선의 일부 요소를 유교 용어로 표현했을지라도 〔그것들은 주희의 사유체계 내에〕 잔류하는 듯하다. 〔물론〕 급진적 선불교는 〔누구라도〕 단박에 깨달음을 얻을 수 있으며 한편으로 인간 은 이미 깨우친 존재이므로 깨닫기 위해서 지속적인 수행과 도덕적 훈련이 필요하지 않다고 보기에, 주희는 이를 받아들일 수 없었다. 따라서 그의 사유체계에 영향을 끼친 것은 북종선의 '텅 비어 밝은〔虛 明〕' 마음/여래장이란 은유이고, 이 은유의 함의는 그릇된 욕망에서 점차 정화됨으로써 깨달은 상태(또는 이와 유사한 상태)에 이를 수 있다는 것이다. 주희와 (실제의) 북종선 모두가 빛나는 마음·본성을 거울에 비교했다. 이 은유에서, 거울은 외래적인 먼지로 덮여 있어 그 빛을 보기 위해서는 먼지를 지속적으로 쓸어내야 한다. 즉, 청정하 고 밝은 마음은 보존(보호)되어야 한다.

2. 인간 본성과 불성/여래장

모든 사람이 선한 본성—성인이 될 수 있는 잠재력을 제공하는—을 가지고

속한다고 주장한 종고는, 조동종이 깨우침을 얻는 것을 목표로 하지 않고 그저 조용히 앉아 깨우침이 절로 일어나길 기다렸다고 주장했다. 대조적으로 종고는 깨우침을 얻기 위하여 사활을 건 투쟁을 옹호하였고, 종종 강렬한 수사적 표현을 활용하였다.

있다는 믿음은, 주희 심성론 및 수양론의 근본이다. 성인에게는 청정한 기만 있고 사욕이 없는 대신에, 범인凡人은 혼탁한 기나 사욕으로 흐려졌으므로 성인이 아니다. 예를 들어 주희는 『논어』, 『중용』 및 『대학』의 여러 구절을 언급한 후에 다음과 같이 말한다.

성현의 천 마디 말씀과 만 마디 말씀은, 사람들에게 천리를 밝히고 인욕을 없앨 것을 가르치고자 하셨을 뿐이다. 천리는 밝다. … 인간 본성은 본래 밝은데, 이는 보배로운 구슬이 더러운 물에 가라앉으면 그 밝음이 보이지 않는 것과 같다. 더러운 물이 없어지면 보배로운 구슬이 예전과 같이 절로 밝다. 만약 네가 인욕의 가림을 안다면, 곧 밝은 부분을 아는 것이다.[54]

중국 불교사상을 지배한 주요 불교 교리는 여래장 혹은 불성 관념이었다. 이는 불교수행자가 부처(깨달은 자)가 되기 위해 발견해야 하거나 장기간의 수행을 통해 계발해야 하는 선천적 역량을 뜻한다.[55]

---

54 『朱子語類』, 卷20, 207, "聖賢千言萬語, 只是敎人明天理, 滅人欲. 天理明. … 人性本明, 如寶珠沉溷水中, 明不可見. 去了溷水, 則寶珠依舊自明. 自家若得知是人欲蔽了, 便是明處."

55 Douglas L. Berger, *Encounters of Mind: Luminosity and Personhood in Indian and Chinese Thought* (Albany: State University of New York Press, 2015), 6, 107, 111-112, 199. 여기에서는 유식학의 역할, 특히 '빛나는 마음'이라는 관념을 발전시킨 진제(Paramārtha, 499~569)의 논저들을 강조하고 있다. 이 주장과는 반대로, 필자는 중국불교에서 주류는 불성 또는 여래장 사상이었다고 주장하고자 한다. 진제의 '빛나는 의식[아마라식, amalavijñāna]'의 해석조차, 나중에는

선불교와 대부분의 중국불교에 따르면, 불성은 발견되어야만 했다. 일반적으로 여래장 또는 불성은 외래적인 오염물질 - '객진(客塵, guest dust)' - 에 덮인 빛/깨달음으로 묘사되고, 이 오염물질은 [본연적] 빛을 발견하기 위해 제거되어야 할 것으로 설정된다. 주희가 사용한 이 이미지는, 분명히 선사상 중에 여래장을 묘사하는 데 사용된 은유체계에서 유래한 것이다. 예로 들어 북송 승려 정각은 선불교의 4대 조사인 도신(道信, 580~651)에 대해 묘사하길, 『열반경涅槃經』을 인용하여 "마음은 밝고 청정하니, 마음은 마치 밝은 거울과 같다"라고 하였다.

중생이 지닌 심성은 진귀한 구슬이 물에 빠진 것과 같다. 물이 탁하면 구슬은 숨고, 물이 맑으면 구슬이 드러난다. … 탐냄, 성냄, 전도됨에 오염되어, 중생은 [자기] 심성이 본래 항상 청정함을 깨닫지 못한다. 그러므로 배우는 사람들이 깨달음을 얻은 것이 같지 않게 되고, 이와 같은 차별이 있어서, 대략 지금 [사람들의] 근기와 인연이 같지 않게 되었다.[56]

여래장의 관점에서 이루어졌다. Michael Radich, "The Doctrine of Amalavijñāna in Paramārtha (499-569) and Later Authors to Approximately 800 CE," *Zinbun* 41 (2008): 138, 151, 154, 156, 162 참조.

[56] 柳田聖山, 『初期の禪史 : 禪の語錄2』(東京: 筑摩書房, 1971), 205의 211번 각주, "衆生心性譬如宝珠沒水. 水濁珠隱, 水清珠顯. … 貪瞋顚倒所染, 衆生不悟心性本來常清淨. 故爲學者取悟不同, 有如此差別. 今略出根緣不同." 여기에서는 여래장에 대한 기본적인 논서인 『보성론寶性論』에서도 동일한 은유가 발견되고 있음을 말해주고 있다.

비록 주희가 활동하던 시대에 정각의 『능가사자기楞伽師資記』가
전해지지 않았을 수도 있지만, 이러한 은유를 사용한 경·론은 통용되
었다. 대혜의 『어록語錄』과 같은 다른 선불교문헌들도 이와 유사한
은유를 사용하고 있다.[57]

---

57 『大慧語錄』, T47.1998A, 912c9-11; 延壽(904~975), 『宗鏡錄』, T48.2016,
517c05-14, 518b13ff, 626b5-7. 마음을 거울이나 잔잔한 물에 은유한 것은
불교 이전의 중국 경전에서도 찾아볼 수 있다. 그러나 2세기경 『淮南子』에서
사용된 한 가지의 은유를 제외하면 관련된 은유 가운데 어느 것도 마음/거울이
어떤 것에 가려져 있음을 말하고 있지 않다. 〔『莊子』의 관련 비유는 다음을
참조하라.〕 Burton Watson, *The Complete Works of Chuang Tzu* (New York:
Columbia University Press, 1968), 69("사람은 흐르는 물을 거울삼지 않는다.");
97("마음을 비우는 것뿐이다"); 142("물이 고요하여 밝게 비추고 … 성인의 마음의
고요함은 천지를 비쳐주는 거울이다."); 372("움직이면 물같이 자연을 따르고 고요하
면 거울과 같다."). 즉 『莊子』에서 가장 근접한 은유는, 물을 가리지 않고 무언가와
섞인다는 것이다. Watson, *Chuang Tzu*, 169("물의 성질도 잡된 것을 섞지 않으면
맑다."). 이 모든 은유에서 물속에 있는 진주─그 물이 더럽건 깨끗하건 간에─나
먼지에 쌓인 밝은 거울과 같은 은유가 발견되지 않았다. 먼지를 제거한다는
것과 같은 언급도 없었다. 순자(기원전 3세기)는 '쟁반의 물'이라는 다른 은유를
사용하였다. 이 '쟁반의 물'은 수평을 유지하고 흔들리지 않으며, 거울처럼
작용하는 것으로 설정된다. (이 번역으로는 본 장의 1.5.1 참조). 그러나 이
경우 쟁반의 물(마음)에는 진흙이 포함되어 있다. 군자가 냄비를 수평으로
잡고 흔들지 않을 때, 진흙은 바닥으로 가라앉는다. 이러한 은유는 인간의
본성이 악하며〔진흙〕 오직 도덕적 훈련을 통해서만〔쟁반의 물이 수평이 유지되
도록 하고 흔들리지 않음〕 인간이 선해질 수 있다는〔물은 고요하고 대상을
비출 수 있음〕 순자의 이론과 일치한다. 그 고요함과 명료함은 그 자체로는
목표가 아니다. 올바른 학습을 위한 준비과정이다. Erin M. Cline, "Mirrors,
Minds, and Metaphors," *Philosophy East and West* 58, no. 3 (2008): 341-343.

『대학』의 '재명명덕(在明明德, 밝은/빛나는 덕을 비추는/깨닫는 상태에 있음)'을 논의의 핵심으로 삼기 위해서, 주희는 명명이란 단어를 차용했다. 먼저, 주희는 하늘이 부여한 '밝은 덕[이하 명덕明德]'이 마음에 내재한다고 생각했다.[58] 이 명덕은 인仁, 의義, 예禮, 지智의 본성이

진흙은 진주와 같이 본질적으로 밝은 것을 덮고 있지 않다. 이와 가장 가까운 은유는 『淮南子』의 두 번째 장에서 발견되는 것으로, 『莊子』에서 발견되는 은유를 발전시킨 것으로 보인다. "내가 듣기에 거울이 밝은 것은 먼지가 앉지 않아서이다. … 오랫동안 현인과 함께 있으면 잘못이 없어진다." Watson, *Chuang Tzu*, 70. 여기서의 문맥은, 자신이 사귀는 동료에 대해 언급한 것이다. 즉 깨달은 사람은 그(녀)의 동료로서 악한 사람을 두지 않을 것이다. 『淮南子』에서는 이렇게 말한다. "무릇 거울이 깨끗하면 먼지가 더럽힐 수 없다. 정신이 맑으면 기욕이 어지럽힐 수가 없다. … 외부 행위와 내면의 마음이 부합하지 않아서 욕망이 [외부] 사물과 접하면 그 [정신의] 으뜸가는 빛을 가린다(夫鑒明者, 塵垢弗能霾. 神淸者, 嗜欲弗能亂. … 外內無符而欲與物接, 弊其元光.)." 『淮南子』, 四部叢刊, 2.10b, 이는 Paul Demiéville, "Le miroir spirituel," in *Choix d'Études Bouddhiques* [Leiden: Brill, 1973], 140에서 인용함. 이 비유는 정각과 주희가 사용하는 은유와 유사하지만 『淮南子』에서의 맑은 거울은 먼지가 쌓일 수 없도록 항상 깨끗하다. (또한 Berger, *Encounters of Mind*, 52 ["빛을 잃지 않고 보존할 수 있는"] 참조) 정각과 주희에게 있어, 본래적으로 투명한 거울에는 이미 먼지가 묻어 있어 흐릿하다. 진주나 거울[의 본래 모습]이 발견되어야 하며, 이를 위해 먼지가 제거되어야 한다. Demiéville이 쓴 것처럼(141-142), 인간이 정화를 통해 순수한 영성이나 절대적인 내면을 회복한다는 것은 고대 중국에는 없었다. 요컨대 주희와 정각이 사용한 이 은유의 구조, 의도, 심지어는 그 용어까지도 유사하다. 거울/마음에 대한 중국불교 이전의 은유는, 주희와 정각이 사용한 이 은유와 표면적 유사성이 존재할지라도 분명 상이하였다.

58 『朱子語類』, 卷14, 260, "天之賦於人物者謂之命, 人與物受之者謂之性, 主於一身者謂之心, 有得於天而光明正大者謂之明德."

다.[59] 이는 정말 신통하다. 성인께서는 "이 명덕을 밝혀야 한다"고
가르친다. 게다가 이렇게 명덕을 밝히는 공부는 '자기 자신을 위한
공부〔爲己之學〕'이다. 왜냐하면 "그 밝음은 인간 내부에 존재하지 외부
에서 불러들인 것이 아니기 때문이다." 그러므로 주희는 다음과 같이
말한다.

『대학』의 '재명명덕' 한 구절을 항상 탐구의 주제로서 일깨워야
한다〔常常提撕〕. 능히 이와 같다면 나아가는 부분이 있을 것이다.
대개 나아가는 바의 근원은 여기서부터 발견되기 때문이다. 사람
은 오직 하나의 마음이 근본이 되니, 이 마음을 보존할 때 사물들마
다 그 앎이 맥락마다 통할 것이다.[60]

이 구절에서 '일깨움〔提撕〕'이라는 용어는 종고의 간화선에서 유래
했을 가능성이 있다.[61] 이 용어는 종고가 유자휘에게 보낸 편지에서

---

59 위의 쪽, "或問明德便是仁義禮智之性否? 曰便是."

60 위의 권, 261, "大學在明明德一句, 當常常提撕. 能如此, 便有進步處. 蓋其原自此
發見. 人只一心爲本. 存得此心, 於事物方知有脈絡貫通處."

61 '제시提撕'는 '〔귀를 잡다와 같은〕 잡다', '지시하거나 가르치다', '몰아대거나
휘젓다' 등의 여러 뜻을 가지고 있다. 선불교의 용어사전인 袁賓과 康健이
편집한 『禪宗大辭典』(武漢: 崇文書局, 2010), 406a에서는 '탐구'를 비롯한 여러
가지 의미를 제공하고 있다. (1) 나타내다, 보여주다/제시하다. (2) 탐구/탐색하
다. 『禪學大辭典』(東京: 大修館書店, 1978), 879d에서는 다음과 같은 뜻을 제시하
고 있다. (1) 교사는 학생들을 유도하며 이끌면서 가르친다. (2) 공부하고 탐구하다
(工夫參究). Iriya and Koga, 『禪語辭典』(京都: 思文閣出版, 1991) 320a에서는
"스승에 의한 수행자의 교습"이라고 풀이하고 있다.

발견되는데,[62] 종고는 유자휘에게 항상 주제를 탐구하라고 말하였다
〔時時提撕〕.[63] 따라서 주희는 명명덕을 유교적 화두로 사용하는 것
같다.

주희는 명명덕을 이렇게 설명한다. "사람은 모두 밝은 부분을 가지
고 있지만, 물욕 때문에 〔그것이〕 가려진다. 〔그 물욕을〕 발라내야만
오직 그 밝은 부분이 점차 분명해지게 된다."[64] 또한 주희는 이 밝은
덕이 외부 사물에 의해 가려진다고 말했는데[65] 이는 정각이 여래장을
설명한 방식을 상기시킨다. 앞으로 더 논의되겠지만, 누군가 명명덕
공부를 거울을 닦는 것에 비유했을 때 주희가 다음과 같이 논평했다는
것은 더욱 중요하다. "거울은 그것이 닦여야만 밝아진다〔明〕. 이는
사람의 명덕과도 같은데 〔명덕은 애초에〕 밝지 않은 적이 없다. 〔명덕
을〕 어둡게 하고 가리게 됨이 극에 달할지라도, 선한 단서가 드러나는
바는 끝내 끊어지지는 않는다."[66] 따라서 '명덕'은 사덕과 동일시되는
것으로 보인다. 심지어 주희는 명덕을 밝은 진주에 비유하였다. "명덕
은 밝은 진주와 같으니, 항상 그 자체로 빛이 나지만 항상 〔먼지를〕

---

62 荒木見悟, 『大慧書 禪の語錄17』, 95.

63 '제시提撕'가 조주의 화두와 관련지어 '탐구'라는 뜻으로 사용된 것으로는, 荒木見
悟, 위의 책, 51, 200, 208, 226, 229 참조. 그리고 230에서는 '마음의 보존〔存心〕'과
함께 사용되었다.

64 『朱子語類』, 卷14, 262, "人皆有個明處, 但爲物欲所蔽, 剔撥去了. 只就明處漸明
將去."

65 위의 쪽. "德內便有此仁義禮智四者, 只被外物汩沒了."

66 위의 권, 261, "鏡猶磨而後明. 若人之明德, 則未嘗不明. 雖其昏蔽之極, 而其善端
之發, 終不可絶."

털어내야 한다. 만약 물욕에 의해 〔명덕이〕 가리어지게 되면 진주가 더러워지지만, 〔진주의 본래〕 빛나는 성질은 여전히 그대로이다."[67]

인간의 본성이 근본적으로 밝고 빛나지만 그것은 인간의 욕망에 가려져 있다는 '주희의 관념'과 본연적인 청정심 내지는 심성이 탐욕, 노여움 등에 가려진다는 '정각의 관념' 간의 구조적 유사성에 주목해보자. 두 사람이 사용한 은유는 거의 동일하다. 더욱이 빛, 밝음, 광채, 광명, 〔의미를〕 밝힘, 깨달음과 같은 많은 의미를 지닌 '명明'은 정각과 주희 모두에게 있어서 심성과 관련이 있다. 유교 전통에서 〔인간〕 본성과 관련지어 명을 '깨달음' 혹은 '신비함'의 의미로 언급하는 전거들이 있기는 하지만[68] 주희가 이 용어에 초점을 맞추기 전까지만 하더라도 명이라는 용어는 〔유교 내에서〕 중요하게 다뤄지지 않은 것으로 보인다. 이와 대조적으로, 불교에서 명은 매우 중핵적인 용어이다. 불교에서 무명(無明, *Sanskrit avidyā*)은 '깨달음'과 대조되며, 또한 명은 '아는 것', '분명하게 함(산스크리트어 *vid*-에서 유래함)'과 '밝음', '신비함'(*Sanskritprabhā*)을 의미하기도 한다.[69]

---

67 위의 책, 卷15, 308, "明德如明珠, 常自光明, 但要時加拂拭耳. 若爲物欲所蔽, 卽是珠爲泥涴, 然光明之性依舊自在."

68 『中庸』, 21, "성誠으로부터 깨우치는 것을 성性이라 이르고, 깨우침으로부터 성誠한 것을 가르침이라 이른다(自誠明, 謂之性. 自明誠, 謂之敎.)" 참조. 이 문장에 대한 주희의 주석은, 불행히도 그다지 계발적이지 않다. 『朱子語類』, 卷62, 1495 참조.

69 산스크리트어 *tathāgatagarbha*(여래장)에 대한 흔한 설명은 *prabhāsvara*(明淨)이다. 이에 관해선 高崎直道, 『如來藏思想の形成: インド大乘仏敎思想硏究』(東京: 春秋社, 1974), 434, 704, 754 참조. *prabhāsvara*는 '깨끗한(clear)'을 의미하는

더욱이 "의식은 본질적으로 청정하지만 우발적인 오염물에 의해 더럽혀진다"는 교리는 대중부大衆部와 같은 초기 불교 집단으로 소급될 수 있고[70] 마음이 빛난다는 관념은 훨씬 더 거슬러 올라간다.[71] 이 [마음의] 빛은 가려져 있는데, 껍데기에 쌓인 알곡이나 땅에 묻힌 보물,[72] 혹은 『보성론寶性論』의 "자갈과 모래에 덮인 금", 램프 안의

데 (Monier-Williams, *A Sanskrit-English Dictionary* [London: Oxford University Press, 1899], 684 참조) pra√bhās가 아닌 pra√bhā라는 어근에서 유래하였지만 거의 동일한 의미를 갖는다. Prabhāsvara는 일반적으로 여래장 또는 마음에 대한 형용사로서 중국어 '청정淸淨'으로 번역되곤 한다. Berger, *Encounters of Mind*, 92, 110-111에서는 *prabhāsvara*과 淸淨을 '빛이 나는(luminous)'으로 번역하지만, 필자는 '청정함(purity)'을 '빛남(luminosity)'과, 더 정확히는 '빛 (radiance)'과 구별해왔다.

70 Alex and Hideko Wayman, *The Lion's Roar of Queen Śrīmālā* (New York: Columbia University Press, 1974), 42.

71 Peter N. Gregory, *Tsung-mi and the Sinification of Buddhism* (Honolulu: University of Hawaii Press, 2002), 181n27; Robert M. Gimello, "Bodhi," in *Encyclopedia of Buddhism*, 2 vols., ed. Robert E. Buswell, Jr. (New York: Macmillan Reference, 2004), 52의 "natural purity of mind"(*cittaprakṛtiviśuddhi*) or "underlying radiance of mind" (*prabhāsvaratvaṃcittasya*) 조목. 여기서 후자에 대해 필자가 선호하는 번역은 '마음의 근본적인 청정함'이다. 보리달마의 벽관壁觀과 그 배경을 설명하려는 다양한 시도와 관련된 자세한 논의는 John Jorgensen, "The Earliest Text of Ch'an Buddhism," (MA diss., Australian National University, 1979), 196-198을 참조. 여기에서는 壁觀을 *lham-me*(명확함 내지는 빛남)으로 주석한 Bka-thang sde-Inga의 티베트어 번역에 대한 논의를 포함한다. Conze는 "그 본질 속의 사유는 철저히 빛나지만, 우연적인 오염물에 의해 더럽혀졌다"는 관념을 *Aṅguttara Nikāya*, 1.8-10에서부터 추적하였다. Edward Conze, *The Large Sutra on Perfect Wisdom* (London: Luzac and Co., 1961), 9.

불빛 같은 은유와 같이 말이다.[73]

밝거나 빛나지만 오염물로 뒤덮인 마음의 구조는 이정 형제와 같은 주희 이전의 도학자들의 저술에서도 나타난다. 주희의 이러한 은유적 요소는, 정호의 "사람의 마음에는 지각이 없을 수 없지만, 오직 인욕의 가림 때문에 하늘의 덕을 잃어버리게 된다[人心莫不有知, 惟蔽於人欲則亡天德也.]"는 구절을 발전시킨 것으로 보인다. 이러한 은유적 주제는 정호와 정이에게서 더욱 발전되었다. 고자(맹자의 논적) 의 "타고난 것이 본성이다[生之謂性]"라는 명제를, 정호는 '본성은 기이다[性卽氣]'라는 관념에 근간하여 비판하였다. 여기서 본성은 자연적(natural)이므로, 물은 항상 아래로 흐른다. 물은 흐르면서 어쩔 수 없이 진흙물이 되기는 하지만, "물의 맑음은 인간 본성이 본래 선함을 이르는 것이다[水之淸則性善之謂也.]." 이러한 논지는 순수한 물 혹은 선한 인간 본성이 왜 흐려지거나 은폐될 수 있는지에 관한 질문을 촉발시킨다.

혹자의 질문: 인간 본성이 본래 밝다면 어찌하여 그것이 가려질 수 있습니까?
정이의 답변: 이것은 모름지기 이해를 필요로 한다. 맹자께서 인간 본성이 선하다고 말씀하신 것이 바로 이것이다. 순자와 양주 는 인간 본성에 대해 알지 못하였다. 맹자께서 여러 유학자들보다 뛰어난 것은, 그 본성[의 의미]을 밝혔기 때문이다. 인간 본성에는

---

72 Sallie B. King, *Buddha Nature* (Albany: SUNY Press, 1991), 12.

73 Wayman, *Lion's Roar*, 47.

불선함이 있을 수가 없고, 불선함이 있는 것은 〔인간 본성이 아닌〕 재질〔才〕[74] 때문이다. 본성은 곧 리理이니, 리로 말할 것 같으면 요임금 및 순임금부터 길거리의 사람들까지 모두 동일하다. 재질 은 기에서 품수했으니, 기에는 맑고 탁함의 차이가 있다. 맑은 기를 품수하면 현자가 되고, 탁한 기를 품수하면 어리석은 자가 된다.[75]

앞에서 살펴본 것과 같이, 자신의 사상체계를 구축하기 위해 주희가 '빛나지만 가려진 마음'에 대한 은유를 불교 및 도학 선배들의 몇몇 이론들—불교의 영향을 받은 것으로 보이는—로부터 가져온 것은 분명해 보인다. 그러한 주희의 동기는 부분적으로는 불교(특히 선불교)를 배척하는 데 있었고, 부분적으로는 그의 사상체계를 강화하기 위해서 였다. 시간이 지나면서 주희는 학생의 질문들에 답하고, 도학 선배들 의 생각, 유교경전의 인용문들 그리고 그의 초기 생각을 비교하고 검증했을 때 분명해진 모순들을 〔스스로〕 답하면서 자기 생각을 발전 시켰다.[76] 시간이 지나면서 여래장과 불성에 대한 불교 이론이 많은

---

74 James Legge, *The Chinese Classics*, (臺北: 文史哲出版社, 1972 재발행; 이후부터는 Legge로 표기), vol. 2, 402에서는 才가 材를 의미한다고 본다.

75 『二程集』(北京: 中華書局, 2014〔1981〕), 卷1, 204, "問人性本明, 因何有蔽? 日此須 索理會也. 孟子言人性善是也. 雖荀楊亦不知性. 孟子所以獨出諸儒者, 以能明 性也. 性無不善, 而有不善者才也. 性卽是理, 理則自堯舜至于塗人, 一也. 才稟於 氣, 氣有淸濁. 稟其淸者爲賢, 稟其濁者爲愚."

76 윤영해, 『주자의 선불교 비판 연구』, 98-103에서는 주희의 일생을 4기로 상정하고 있다.

논쟁과 함께 발전해왔음을 감안할 때, 주희 사상과 불교 간의 상호작용을 분별하는 것은 그리 쉬운 일이 아니다. 그리고 이러한 난해함 때문에 현대에 와서도 이에 대한 관심이 적은 게 아닐까 한다.[77] 그런 점에서 이 장은 예비적 연구에 지나지 않는다.

---

77 매우 독특한 입장을 가지고 있는 [위작의] 『수능엄경首楞嚴經』을 통해 주희와 불교 간의 연관성을 인식한 최초의 학자 중 한 명은 林科棠이었다. 『宋儒與佛教』(上海: 商務印書館, 1966〔1928〕), 특히 16, 29. 이러한 관점은 Tsuchida Tomoaki에게 이어진다. 그는 박사학위논문 "Mind and Reality: A Study of the 'Shoulengyanjing'" (Harvard 1986)에서 『수능엄경』에 대한 주희의 입장을 분석하였다. 그 이후의 분석으로는 林鎭國의 「眞理與意識 : 從佛性論爭到朱陸異同的二種哲學類型」, 『國立政治大學學報』 28 (2012): 1-46과 P. J. Ivanhoe, *Confucian Moral Self Cultivation* (Indianapolis: Hackett, 2001), 45-46에서는 마음을 거울로 은유하는 것에 대해 언급하면서 다음과 같이 말한다. "이러한 본성에 대한 [고대 중국의] 관점은 중국 불교도들 사이에서 발전되었던 불성 개념에 깊은 영향을 주었다. 또 이것은 이어서 신유학자들이 인간 본성을 이해하는 데 심대한 영향을 주었다." Ivanhoe는 그러한 [본성의] 혼종적 개념이 주희로 하여금 맹자의 인간 본성에 대한 설명을 발전(development) 모델[원래의 본성은 확정되지 않아 미성숙한 측면이 있음]이 아니라 회복 모델[본성이 원래부터 완벽하고 순수하였음]로 전환하도록 이끌었다고 주장한다. 그는 리와 심心이 유사한 혼종화 과정을 거쳤다고 말한다. 리와 심 개념 그리고 마음에 대한 거울의 은유가 중국 불교도들에게 영향을 주었을 수도 있을 터인데, 앞에서 언급한 것과 같이 인용된 『莊子』의 은유는 거울을 덮거나 닦는 것에 대한 언급이 없고, 완전한 사람은 단지 반사하거나 반응한다고 할 뿐이다. 이것이 어떻게 이루어졌는지에 대한 언급이 없으므로, 자발적인 반응이 일어나기 전에 먼지를 제거해야 한다는 북종선이나 주희보다는 '혜능'의 입장에 더 가깝다. 『莊子』 구절들에서는 '회복'이나 '발견'에 대한 암시가 없다.

3. 본성에 대한 정의들

주희는 불교도들(특히 선불교 수행자)이 마음과 본성을 혼동하고 있다
고 비난했는데, 특히 주희는 "사람의 마음을 직시하여 본성을 보면
부처가 된다[直指人心 見性成佛]"[78]는 그들의 유명한 슬로건에 주목하
였다. 죽은 나무에도 본성이 있는지를 논의하면서, 주희는 다음과
같이 말했다.

> 그대가 오류를 범한 것은 마음을 본성으로 여기는 것으로, 바로
> 이는 불교도들과 유사한 입장이다. 오직 불교도들은 마음을 갈고
> 닦아 지극히 세미하게 하니, 이는 마치 한 덩이의 사물을 한 겹
> 벗겨내고 또 한 겹 벗겨내며 지극히 벗겨내어 더 벗겨낼 것이
> 없는 수준에 이르게 한다. 마음을 벗겨내 고운 빛이 나게 하면
> 그것을 본성이라 간주하는 것이다. 그러나 이것은 성인께서 마음
> 에 대해 말씀하신 바를 모르는 것이다. 그러므로 사량좌는 "불교에
> 서 본성이라고 말하는 것은, 바로 성인께서 '마음'이라고 일컫는
> 것이다. 불교에서 마음이라고 말하는 것은, 바로 성인께서 '의념
> [意]'이라고 일컫는 것이다"라고 말했다. 다만 마음은 리를 가지고
> 있을 뿐이다. 불교도들은 이 리의 한 부분도 알지 못하면서 [현상적
> 인] 지각과 운동을 본성을 삼고 있을 뿐이다. 보고 듣고 말하고
> 움직이는 것으로 말하자면, 성인이라면 봄에 봄의 이치가 존재하
> 고 들음에 들음의 이치가 존재하며 말함에 말함의 이치가 존재한다

---

[78] 본성과 선불교에 대한 토론 차원으로는 『朱子語類』, 卷97, 2500 참조.

는 것을 안다. … 불교도들은 다만 볼 수 있는 능력과 들을 수
있는 능력을 … 본성으로 여긴다. 그 봄에 밝은 것이나 밝지 않은
것이나, 그 들음에 총명한 것이나 총명하지 않은 것이나 … 그것들
모두를 본성이라 여긴다.[79]

주희는 이 선불교적 관점을 고자―맹자가 반대한―의 관념과 동일시
하였고, 고자와 불교 모두 심신의 작용들을 본성으로 삼는다고 비난했
다.[80] 유교적 관점에 따라, 주희는 본성이 실제적[實]이라고 보았다.
그러기에 본성에는 인仁과 의義 같은 도리를 담고 있지만, 불교의
본성은 [그러한 도리가 없으므로] 공空하다.[81] [불교적] 심성론(마음,
심성, 인간 본성, 불성)에 대해 주희가 비난한 것을 고려할 때, 심성론적
개념에 대한 불교 및 유교―주희를 대표로 하는―의 정의들(definitions)
을 검토할 필요가 있다.

성性은 여러 방식으로 정의되었다. 중국불교에서 성이란 단어는
dhātu―계界로 한역됨―를 포함한 여러 인도어 단어나 접사들을 번역

---

79 『朱子語類』, 卷126, 3019-3020, "子融錯處是認心爲性, 正與佛氏相似. 只是佛氏
磨擦得這心極精細, 如一塊物事, 剝了一重皮, 又剝一重皮, 至剝到極盡無可剝
處, 所以磨弄得這心精光, 它便認做性, 殊不知此正聖人之所謂心. 故上蔡云, 佛
氏所謂性, 正聖人所謂心. 佛氏所謂心, 正聖人所謂意. 心只是該得這理. 佛氏元
不曾識得這理一節, 便認知覺運動做性. 如視聽言貌, 聖人則視有視之理, 聽有聽
之理, 言有言之理. … 佛氏則只認那能視能聽. … 便是性. 視明也得, 不明也得.
聽聰也得, 不聰也得, … 它都認做性."

80 위의 권, 3020-3022.

81 위의 책, 卷4, 64.

96

하는 데 사용되었다. 그것은 때로 불성이나 여래장,[82] 자성(*svabhāva*, 自性)이나 그 자체로 그런 것[自有性], 외재적 영향으로 변할 수 없는 원질(*prakṛti*, 原質)이나 혈연집단(*gotra*, 姓)을 가리킨다. 또한 성은 어떠한 성질을 나타내는(-ness) 접사 *tva* 또는 *tā*를 표시하는 데도 사용되었다.[83] 중국불교에는 불성과 법성이 있는데, 온갖 법과 인간 모두가 본질적으로 공함을 깨달아야만[84] 불성이 드러나므로 불성은 법성과 동일하다고 할 수 있다.[85] 법성은 *dharmatā*(법성), *dharma-*

---

82 불성과 여래장의 유사성에 대해서는 平川彰, 「如來藏とは何か」, 『如來藏と大乘起信論』, 平川彰 編 (東京: 春秋社, 1990), 67 참조. 또한 Sallie B. King, *Buddha Nature* (Albany: SUNY Press, 1991), 3-4, 14 참조. 이 문제는 이른바 비판불교 (Critical Buddhism, 역자 주: 마쓰모토 시로를 중심으로 하여, 불교의 근본사상에 대한 논쟁을 제기한 학문적 조류) 논쟁의 핵심주제로 남아 있다. 비판불교의 지지자들은 대부분의 중국불교(특히 선불교)가 만물의 이면에 존재하는 *dhātu* (위치) 또는 본질적인 것을 상정한 '*dhātuvāda*(참된 실재에 대한 교리)'를 만들어냈고, 이는 불교적이지 않다고 주장하였다. 실제로 이에 대한 논쟁은 중화민국 시기부터 시작되었다. 여래장에 대한 초기 논쟁에 대해서는 *Transforming Consciousness: Yogācāra Thought in Modern China*, ed. John Makeham (Oxford and New York: Oxford University Press, 2014), "Introduction,", 비판불교 논쟁에 대해서는 34-35 참조. 또한 Jamie Hubbard and Paul L. Swanson, eds., *Pruning the Bodhi Tree: The Storm over Critical Buddhism* (Honolulu: University of Hawaii Press, 1997) 참조. *dhātu*라는 용어의 복잡성에 대해서는 Gregory, *Tsung-mi*, 8-9 참조.

83 中村元 編, 『仏教語大辭典』, 卷3, (東京: 東京書籍, 1975)의 '性'과 '佛性' 항목 참조.

84 『佛性論』, T31.1610, 787b4-5, "불성은 진여가 인공과 법공으로 드러난 것이다(佛性者卽是人法二空所顯眞如.)" 참조.

85 智顗(538-597), 『維摩經略疏』, T38.1778, 681a26, "因緣卽是佛性, 佛性卽是法

svabhāva(법의 자성), 심지어 dharmadhātu(법계)와 동일하며, 현실의 구성요소(마음을 포함하여), 현실의 본질, 현실의 원인을 의미할 수 있다.[86]

본성론에 대한 주희의 주요 비판 대상은 선불교였으므로, 주희의 비판을 이해하기 위해서는 선불교의 본성에 대한 정의를 살펴볼 필요가 있다. 선불교의 불성 관념은 오랜 수행을 통해 계발되어야 하는 선천적 잠재성이라기보다는 수행자가 '발견'해야 하는 선천적 잠재성을 뜻한다. 선불교의 가장 영향력 있는 이론가인 종밀(宗密, 780~841)은 불성의 '성'에 대해 논의하였다. 그는 선불교를 크게 두 종류로 구분하였는데, 하나는 '공종空宗'이고 또 하나는 '성종性宗'이다. 그는 후자를 '여래장 학파' 또는 '불성 학파'와 동일시했으며, 전자를 중관 및 반야경 학파와 동일시했다.[87] 종밀은 '본성' 및 '심성'에 대한 설명을 통해, 이 두 학파의 차이점을 이렇게 설명한다.

공종은 온갖 법의 본원을 한 방향으로 지목해 '성性'이라 이르고,

性" 참조.

86 中村元 編, 『仏敎語大辭典』, '佛性' 항목과 Gregory, *Tsung-mi and the Sinification of Buddhism*, 8-9 참조.

87 종밀은 명시적으로 '공종空宗'을 특정한 불교 교파와 동일시하지는 않지만, 여기에서 이뤄진 동일시는 그가 언급한 텍스트를 기반으로 한다. Gregory, *Tsung-mi and the Sinification of Buddhism*, 211-212; Broughton, *Zongmi on Chan*, 30, 32. 鎌田茂雄, 『禪源諸詮集都序』, 『禪の語錄 9』(東京: 法藏館, 1971), 178에서는 종밀이 '공종'이라고 설명한 요소에는 중관학(삼론종)이 아닌 요소들이 있다고 언급한다.

성종은 온갖 법의 본원을 다양하게 지목하여 '마음'이라 이른다. … 〔성종에서〕 마음이라 지목한 것은, 『승만경勝鬘經』에서 '자성청정심自性淸淨心'이라고 하였고, 『기신론』에서는 "일체의 법은 본래부터 … 오직 일심이다"라고 하였다. … 진실로 이 종파〔성종〕는 본성이 비고 고요할〔空寂〕 뿐만 아니라 자연히 항상 앎〔知〕이 있다고 하였으니, 마땅히 〔법의 본원을〕 마음으로 본 것이다.[88]

다른 말로 하면, 성종(혹은 여래장 학파)에서 '성'이라는 단어는 '마음'을 의미하기도 한다. 본성에 대한 또 다른 의미에 대해서는 다음과 같이 언급된다.

성이라는 글자에는 두 개의 다른 뜻이 있다. 공종에서는 온갖 법에서 〔자〕성이 없는 것을 성을 삼고, 성종에서는 영명하고 항상 머무르면서 공하지 않은 체를 성으로 삼는다.[89]

종밀은 성종과 동일시되었고, 이 '학파'는 일반적으로 당 말엽부터 선불교의 주류였다.

'성' 자의 추가적 용례는 『능엄경』에서도 발견되는데, 선불교와

---

88 『禪源諸詮集都序』, T48.2015, 406a26-b3, "空宗一向目諸法本源爲性, 性宗多目諸法本源爲心. … 目爲心者, 勝鬘云, 自性淸淨心. 起信云, 一切法從本已來, … 唯是一心. … 良由此宗所說本性不但空寂, 而乃自然常知, 故應目爲心也."

89 위의 책, 406b3-5, "性字二體異者, 空宗以諸法無性爲性, 性宗以靈明常住不空之體爲性."

연관된 『능엄경』은 730년 이전의 중국에서 작성된 외경外經이다.[90] 이 문헌에 대한 최초의 언급은 선승들이 하였지만, 11~12세기에 이 문헌은 선불교 너머에서도 유행하였다. 천태, 화엄, 선불교의 구성원들은 물론 왕안석(王安石, 1021~1086)이나 장상영(張商英, 1043~1121)과 같은 사회지도층들이 『능엄경』에 대해 주석을 작성하였다.[91] 주희는 『능엄경』에 대해 잘 알고 있었는데, 시간의 흐름에 따른 변화[92]에 대해서나 마조가 작용을 본성과 동일시한 것과 관련해[93] 주희는 특히 『능엄경』의 마음과 본성에 관한 교리를 비판하였다.[94]

『능엄경』에서 '견성見性'이라는 용어는 선불교에서 사용되는 견성에 대한 일반적인 의미와는 다르게 사용되었다. 달마 대사의 것으로 잘못 알려진 『혈맥론血脈論』에 설명된 것과 같이, 선불교에서 견성은 '[부처의] 본성을 본다'는 의미로 사용된다. "만약 부처를 보고자 한다면, 모름지기 본성을 보아야 한다. 본성이 곧 부처이다."[95] 이는 부처가 될 수 있는 잠재성을 보거나 깨닫는 것으로 이해될 수 있고, 여기에서는 공함이 잠재적인 것으로 상정된다.

대조적으로 『능엄경』에서 '성'은 땅(ground)이나 20세기 일본의 비판불교 학자들이 제기한 '토포스(topos, 역자 주: topos는 땅이나 장소,

---

90 Jorgensen, *Inventing Hui-neng*, 510-515.

91 Tsuchida, "Shoulengyan jing," 2-3, 5-8.

92 『朱子語類』, 卷71, 1788, "如楞嚴經第二卷首段所載, …"

93 위의 책, 卷126, 3022에서는 『大慧語錄』, T47.1998A, 829c24-27을 인용해 언급하고 있음.

94 Tsuchida, "Shoulengyan jing," 183, 188.

95 『血脈論』, T48.2009, 373c08, "若欲覓佛, 須是見性, 性卽是佛."

영역의 의미를 갖는다.)'나 *dhātu*(역자 주: 계界라고도 번역됨)라고 인식될 수 있다. 그러므로『능엄경』에서는 "본질적 본성〔精性〕을 본다"[96]라고 말한다. 이는 공과 연기라는 불교적 교리와 어긋나는 존재론적 본질을 취한 것이다. 당대 시기의 선승인 남양 혜충(南陽慧忠, 774 입적)은 특히 이러한 〔본질주의적〕 견해에 비판적이었는데, 몇몇 '남방인'들이 『단경』의 뜻을 바꾸고 영원한 영혼이라는 이단의 학설을 유지한다고 비난했다. 혜충에 따르면, 이러한 '남방인'들은 다음과 같은 주장을 펼쳤다.

> 내 이 몸에는 하나의 신령한 본성(神性)이 있다. 이 본성은 고통과 괴로움을 알 수 있다. 몸이 무너질 때 이 신이 나오게 된다. 이는 마치 집에 불이 나서 주인이 뛰쳐나가는 것과 같다. 집은 영원하지 않지만 집주인은 영원하다.[97]

이렇게 이단 혐의를 받는 대상으로는 선불교의 마조 도일과『능엄 경』을 꼽을 수 있다. 종밀은 마조선을 다음과 같이 특징지었다.

> 마음을 일으키고 생각을 움직이며 손가락을 퉁기고 눈을 깜빡이는 … 모두가 불성 전체의 작용이니, 이 이외에 다른 작용이 없다.

---

96 T19.945, 110b29-c1, "佛言大王, 汝面雖皺而此見精性未曾皺." 또한『宗鏡錄』, T48.2016, 673a17-18 참조.

97 『景德傳燈錄』, T51.2076, 437c26-29, "我此身中有一神性. 此性能知痛癢. 身壞 之時神則出去. 如舍被燒舍主出去. 舍卽無常, 舍主常矣."

탐내고 성내고 어리석음은 … 모두가 불성이다.[98]

다음의 언급들은 마조의 것이다.

영각靈覺의 본성에는 진실로 생멸이 없다. … 지금 보고 듣고
깨닫고 아는 것이 본래 너의 본성이고 본심이라고도 이른다. 이
마음을 떠나서 따로 부처가 있을 수 없다. 이 마음은 본래 있고
지금도 있으니, 〔인위적인〕 조작에 의거하지 않는다.[99]

이렇듯 선불교에서 '본성'을 어떻게 다룰지ㅡ즉 불성으로 볼 것인지
심성으로 볼 것인지ㅡ에 대한 분열들이 존재했다.[100] 이러한 분열은,
현대 학자 경칭(耿晴, Keng Ching)이 제안한 '약한' 여래장 논제와
'강한' 여래장 논제 사이의 구분과 상응한다. 약한 논제는 모든 중생이
진여에 스며들기 때문에 여래장을 공유한다는 생각을 말하며, '공'이
라고도 부를 수 있다. 다른 한편으로 강한 논제는 청정한 여래장이

---

98 「中華傳心地禪門師資承襲圖」, 鎌田茂雄, 『禪の語錄9 禪源諸詮集都序』(東京:
筑摩書房), "起心動念彈指動目, … 皆是佛性全體之用, 更無別用. 全體貪嗔癡,
… 此皆是佛性." 鎌田의 판본만이 이 인용의 정확한 단락이 포함되어 있음.
〔원문은 1장의 239번 각주 참조.〕

99 『宗鏡錄』, T48.2016, 492a19-24, "而靈覺之性實無生滅. … 今見聞覺知, 元是汝
本性, 亦名本心. 更不離此心別有佛. 此心本有, 今有不假造作." 이 인용문은
『馬祖語錄』에서도 나온다.

100 이것에 대한 보다 많은 토론으로는 Jorgensen, *Inventing Hui-neng*, 517,
624-627 참조.

청정하지 않은 장식 내지는 아뢰야식의 기초라고 주장하는 것으로, 이는 중국에서 기원한 '여래장연기설'이다.[101]

주희의 사상에서 성의 지위와 역할이 어떠한지의 질문은 마찬가지로 복잡하고 논쟁적인 여지가 있다.[102] 주희에게 본성은 필연적으로 리와 기의 결합이지만, 기의 질이 중요하다.[103]

인간과 동물은 모두 천지지간에서 생겨나 본디 하나의 이치를 공유하지만, 품수한 기에 다름이 있다. 청명하고 순수한 기를 품수하면 사람이 되고, 혼탁하고 편박한 기를 받으면 동물이 된다.[104]

그렇기에 인간에게 부여된 기는, 본성(=리)의 순수함을 흐리게 할 가능성이 있다.

본성은 햇빛과 같다. 인간과 동물이 품수한 바는 같지 않은데, 이는 마치 틈새 사이로 햇빛이 투과되는 것에 차이가 있는 것과

---

101 Ching Keng, "Yogacāra Buddhism Transmitted or Transformed? Paramartha (499-569) and His Chinese Interpreters" (PhD diss., Harvard University, 2009), 40, 422-424. Ching Keng은 비록 유보적 태도를 보이기는 하지만, 선불교의 핵심 텍스트인 『능가경』이 강한 논제를 옹호했을 수 있다고 주장한다. 필자는 선불교가 대부분 약한 논제의 논거가 된다고 주장한다.

102 陳來, 『朱子哲學研究』 194.

103 보다 상세한 설명으로는 이 책의 John Makeham의 장을 참고.

104 『孟子或問』, 『朱子遺書』, 卷 1.6a, 289c, "人物幷生于天地之間, 本同一理, 而稟氣有異焉. 稟其淸明純粹則爲人, 稟其昏濁偏駁則爲物."

같다. …

혹자의 말: 인간과 동물의 본성은 같다.

주희의 답변: 인간과 동물의 본성은 본래 같지만, 오직 기의 품수가 다를 뿐이다. 이는 물에 〔본디〕 맑지 않음이 없지만, 흰 그릇에 〔물을〕 부으면 〔물도〕 희게 되고, 검정 그릇에다가 부으면 검게 되며, 푸른 그릇에 부으면 푸르게 되는 것과 같다. … 본성은 가장 논하기 어려우니, 〔인간과 동물의 본성이〕 같다고 말해도 역시 옳고 다르다고 말해도 역시 옳다. 마치 틈새의 햇빛이 틈새의 차이에 따라 〔투과된 햇빛의 크기가〕 다르지만, 본래 같은 해인 것과 같다.[105]

완전히 참된 것은 온전히 보이지만 〔그것이〕 품수한 기에 은폐될 수 있으며 그 은폐되는 정도는 품수한 기의 혼탁한 정도에 의거한다는 이 명제는, 다음과 같은 은유로도 표현된다.

바로 앞의 등롱(燈籠, 처마 밑이나 기둥 외부에 거는 등기구)을 가리키며 말씀하셨다. "또한 이 등과 같으니, 본성에 광명이 있지 않은 적이 없었다. 기질에는 다름이 있으니, 이는 마치 등롱에 두꺼운 종이를 두르면 등불이 정말 밝지〔明〕 않게 되고, 얇은 종이를

---

105 『朱子語類』, 卷4, 58, "性如日光, 人物所受之不同, 如隙竅之受光有大小也. … 或說人物性同. 曰人物性本同, 只氣稟異. 如水無有不淸, 朱放白椀中是一般色, 及放黑椀中又是一般色, 放靑椀中又是一般色. … 又曰性最難說, 要說同亦得, 要說異亦得. 如隙中之日, 隙之長短大小自是不同, 然却只是此日."

두른 것은 두꺼운 종이를 두른 것보다 더욱 밝게 되는 것과 같다. … 등롱을 걷어내면 등불의 온전한 모습이 드러나게 되니, 이 〔참된 것이 온전히 보이는〕 이치가 바로 이와 같다."[106]

등불이 덮이거나 가려지는 이미지는, 『앙굴마라경央掘魔羅經』의 여래장 개념에 사용된 은유와 정확히 일치한다.[107]

이 불성이 번뇌 안에 머무르니, 이는 그릇 안에 있는 등불과 같아서 그릇이 깨지면 〔등불이〕 드러난다. '그릇'은 번뇌를 말하며, '등불' 은 여래장을 말한다.[108]

주희에게는 혼탁한 기가 인간 본성에 내재한 리를 가리지만, 불교에 서는 번뇌가 불성을 가린다. 인간에게서 본성이 구체화되기 이전은 순리(純理, pure *li*)의 상태이다.

주희가 이러한 본성의 〔형체화〕 측면, 즉 본연지성이 기질지성으로 '변화' 또는 '변형'되는 과정을 설명하기는 했지만,[109] 기질지성과 본연

106 위의 책, 卷64, 1572, "因指面前燈籠曰, 且如此燈, 乃本性也, 未有不光明者. 氣質不同, 便如燈籠用厚紙糊, 燈便不甚明, 用薄紙糊, 燈便明似紙厚者. … 撤去 籠, 則燈之全體著見, 其理正如此也."

107 이 경은 구나발타라(求那跋陀羅, 394~468)에 의해 번역되었는데, 그는 『능가 경』의 번역으로 선종으로부터 추앙받았다.

108 T02.0120, 526b24-25, "是佛性煩惱中住. 如瓶中燈. 瓶破則現. 瓶者謂煩惱, 燈者謂如來藏."

109 陳來, 『朱子哲學硏究』, 205.

지성이 별도로 존재한다는 점을 부인하였다.

인간 본성은 선할 뿐이지만 기질에 떨어져서 좋지 않게 훈염薰染된다. 비록 좋지 않게 훈염되더라도, 본성은 항상 그래왔듯이 여기에 존재한다.[110]

본래 선한 하나의 본성만 있을 뿐이지만, 그 본성은 그 기氣적 구성 때문에 오염된 형태를 취할 수 있다.

좋은 본성은 물과 같지만, 기질지성은 [물을] 간장과 소금에 흩뜨려둔 것과 같아서 곧 [소금이나 간장과] 같은 맛이 난다.[111]

다음 구절은 정이와 불교 모두를 언급한 것이다.

천명지성은 기질이 아니라면 거처할 곳이 없다. 그러나 사람의 기품에는 맑고 탁하며 치우치고 바름의 차이가 있는지라 천명[112]의 바름에도 얕고 깊으며 두텁고 얇음의 차이가 있게 된다. 중요한 바는 이 역시 본성이라 이르지 않을 수 없다는 점이다. 옛날에

---

110 『朱子語類』, 卷95, 2432, "人性本善而已, 才墮入氣質中, 便薰染得不好了. 雖薰染得不好, 然本性却依舊在此."

111 위의 책, 卷4, 68, "好底性如水, 氣質之性如殺些醬與鹽, 便是一般滋味." 여기서 '殺' 자는 '雜'의 오기이다.

112 천명은 본성이다.

유자휘 선생을 뵈었을 때 말씀하시기를 "정이천 선생께서 기질지
성을 말씀하신 것은 불서에서 말한 '물속의 짠맛이요, 염료 가운데
아교이다'와도 같다"라고 하셨다.[113]

위의 불교적 표현은 『경덕전등록』 중 부흡(傅翕, 497~569)이 작성한
것으로 보이는 「부대사심왕명傅大士心王銘」과 가장 부합하며[114], 또한
『종경록』[115]에서 연수(延壽, 904~975)가 말나식(manas, 제7식)의 양면
적 특징에 대해 언급한 것과도 유사하다.

역시 자아에 통하는 두 가지 성질이 존재하다는 오류에 집착하지
아니함이니, 마치 물속에 짠맛이 있지만, 이 물에만 집착할 뿐이고
소금을 집지 않으려 하니, 물과 소금은 본래 여의지 아니함과
마찬가지이다.[116]

---

113 『朱子語類』, 卷4, 67, "天命之性, 非氣質則無所寓. 然人之氣禀有淸濁偏正之殊,
　　故天命之正, 亦有淺深厚薄之異, 要亦不可不謂之性. 舊見病翁云, 伊川言氣質
　　之性, 正猶佛書所謂水中鹽味, 色裏膠淸."

114 T51.2076, 456b26. 사실 이 작품은 마조선의 흔적을 보여주므로, 9세기 이전의
　　작품이거나 傅大士의 저술일 수는 없다. 이 인용문에 관한 토론으로는 이
　　책의 John Makeham의 장 참조.

115 영명 연수는 '일심이문一心二門'이라는 선불교 및 불교 전반의 교리를 설명하기
　　위하여 100권에 달하는 방대한 『宗鏡錄』을 저술한 선의 대가였다. Albert
　　Welter, *Yongming Yanshou's Conception of Chan* (Oxford: Oxford University
　　Press, 2011), 5. 주희는 연수의 개념들을 확실히 알고 있었다. 이 장의 주
　　4를 참조.

116 T48.2016, 723c12-14, "亦不犯所執我中通二性過, 如水中鹽味, 但執是水不執於

인간 본성은 인체에 내재된 본성, 즉 리의 특정한 형태 이외에 다른 것이 아니다. 정호의 생각에 대해 주희는 다음과 같이 썼다.

인간과 동물이 아직 생겨나지 않을 때에는 오직 리理로만 이를 수 있고 본성이라고는 말할 수는 없으니, 이른바 "하늘에 있으면 명命이라 한다"이다. [정호가] "조금이라도 본성을 말할 적에는 곧 이미 본성이 아니다"라고 한 것에서, "조금이라도 본성을 말한 것"은 바로 인간이 태어난 이후에는 이 리가 형기의 가운데에 떨어져 있어 온전한 본성의 본체가 아니기 때문에 "이미 본성이 아니다"라고 한 것이니, 이른바 "사람에게 있으면 본성이라 한다"이다. 대저 사람에게 이러한 형기가 있어, 이 이치가 형기의 가운데에 구비되면 이를 일러 본성이라 이른다. "조금이라도 이 본성을 말한다면"은 이미 태어나서 기질을 겸비하게 되었으니 [이를] 본성의 본체라고 부를 수 없다는 것이다.[117]

주희에게 본성은 인과 의와 같은 [도덕적] 특성이 부여된 것이다. 그러나 주희는 불교도들이 본성은 공허하고 실질이 없다는 잘못된

───────

鹽, 水與鹽元不相離." [본 구절의 번역은 불교학술원 아카이브(통합대장경)에 서 인용하였음.]

117 『朱子語類』, 卷95, 2430, "人物未生時, 只可謂之理, 說性未得, 此所謂在天曰命 也. 纔說性時, 便已不是性者, 言纔謂之性, 便是人生以後, 此理已墮在形氣之 中, 不全是性之本體矣, 故曰便已不是性也, 此所謂在人曰性也. 大抵人有此形 氣, 則是此理始具於形氣之中, 而謂之性. 纔是說性, 便已涉乎有生而兼乎氣質, 不得爲性之本體也."

108

관념을 향유한다고 특징짓는다.

> 본성에 있는 도리는 인仁·의義·예禮·지知이니, 곧 실리實理이다.
> 우리 유교에서는 본성을 실제적으로 여기지만, 불교도들은 본성
> 이 공하다고 여긴다. 만약 〔불교도처럼〕 본성으로 마음을 가리킨
> 다면 옳지 않다. 오늘날 사람들은 종종 마음으로 본성을 말하지만,
> 모름지기 〔본성과 마음의 구별됨을〕 우선 알아야만 〔본성에 대해〕
> 말할 수 있을 것이다. 주: 오필대吳必大가 기록하길 "만약 지각이 있는
> 것을 가리켜 본성으로 여긴다면, 〔그것은〕 '심心' 자를 말할 뿐이다"라고
> 하였다. 천명지성이 있으면 곧 기질도 있다. 만약 천명지성으로
> 마음의 근거로 삼는다면, 기질지성은 또 어디에 의처하겠는가!
> "인심은 위태롭고 도심은 은미하다"와 같은 말에서는 모두가 〔같
> 은〕 마음이니, 오직 도심만 마음이고 인심은 마음이 아니라고
> 말해서는 안 된다!118

이 구절은 〔마음으로 본성을 가리킨다는〕 종밀의 심성론을 암시할
수 있으므로, 〔주희에게〕 마음이 무엇을 의미하는지에 대한 주희의
의견을 우선 살펴볼 필요가 있다.

---

118 위의 책, 卷4, 64, "蓋性中所有道理, 只是仁義禮智, 便是實理. 吾儒以性爲實,
釋氏以性爲空. 若是指性來做心說, 則不可. 今人往往以心來說性, 須是先識得,
方可說. 必大錄云, 若指有知覺者爲性, 只是說得心字. 如有天命之性, 便有氣
質. 若以天命之性爲根於心, 則氣質之性又安頓在何處! 謂如人心惟危, 道心惟
微, 都是心, 不成只道心是心, 人心不是心!"

4. 마음에 대한 정의들과 마음-본성 간의 관계

이 절에서는 마음과 본성의 관계에 대해 살펴보고자 하는데, 특히 마조의 선에 대한 비판을 담고 있는 종밀의 입장에 대한 것이다. 주희는 종밀의 비판을 공유했지만, 선의 모든 종파에 무차별적으로 그것을 적용했던 것으로 보인다.

종밀 심성론의 대부분은, 『대승기신론』에서 언급되는 교리들에 기초한다. 『대승기신론』에서는 마음을 두 개의 문門으로 나누고 있으니, 그것은 심진여문과 심생멸문이다.

변하지 않는 것은 바로 성性이고 연을 따르는 것은 상相이다. 성과 상이 모두 일심을 가리킨다는 것을 알아야 한다. 지금 성종性宗과 상종相宗의 두 종파에서 서로 비난하는 것은 단지 참된 마음〔眞心〕을 알지 못하기 때문이다. 언제나 마음 심心 자를 듣고 팔식八識이라고 하는데, 그것은 팔식을 알지 못해서 하는 말이다. 팔식은 단지 참된 마음 위에서 연을 따른다는 의미일 뿐이다. 그러므로 마명馬鳴보살은 일심으로 법을 삼고, 진여문眞如門·생멸문生滅門 이문으로 의미를 삼았다.[119]

---

119 『禪源諸詮集都序』, T48.2015, 401b27-c3, "不變是性, 隨緣是相. 當知性相皆是一心上義. 今性相二宗互相非者, 良由不識眞心. 每聞心字將謂只是八識, 不知八識但是眞心上隨緣之義. 故馬鳴菩薩以一心爲法, 以眞如生滅二門爲義." 〔본 구절의 한국어 번역은 설암 추분, 이정희 역(2018), 『선원제전집도서과평』, 동국대학교출판부, 104쪽에서 인용하였음.〕

이어서 종밀은 두 종파가 '마음'이란 단어에 부여한 다른 의미를 설명하고, 불교에서 발견되는 마음의 네 가지 유형을 분석하였다.[120] 이 중에서 그는 몇 가지의 모순을 발견하였다.

어떤 때는 마음을 도적이라고 폄훼하여 끊도록 하고, 어떤 때는 마음을 부처라고 찬탄함으로써 권해 닦도록 한다.[121] … 어떤 때는 마음이 경계에 의거하여 생긴다고 하고, 혹은 마음이 경계에서 생긴다고도 한다. 어떤 때는 적멸이 마음이라고 하고, 어떤 때는 사려하는 것이 마음이라고 한다.[122]

『능가경』에 나오는 일심에 대해 종밀은 계속해서 논의한다.

"[『능가경』에서] 적멸寂滅을 일심이라 하고, 일심을 여래장이라 부른다"고 하였다. 여래장 역시 속박되어 있는 법신法身이라고 『승만경』에서 말하였다.[123] 네 가지 마음이 본래 일체一體임을 알라. 『밀엄경密嚴經』에서는 "부처님께서 말씀하신 여래장(법신이

---

120 (1) *Hṛdaya*, [육체적인] 심장; (2) 팔식八識, 대상을 인식하는 마음; (3) *citta*, 저장하는 마음으로서 제8식인 아뢰야식; (4) 여래장如來藏; 진정한 마음.

121 T48.2015, 401c11-12, "或毁心是賊, 制令斷除. 或讚心是佛, 仙令修習."

122 T48.2015, 401c13-14, "或云託境心生, 或云心生於境. 或云寂滅爲心, 或云緣慮爲心." [주 121과 본 구절의 한국어 번역은 설암 추붕, 이정희 역(2018), 『선원제전집도서과평』, 동국대학교출판부, 106쪽에서 인용하였음.]

123 T12.353, 221c, "寂滅者, 名爲一心, 一心者, 即如來藏. 如來藏亦是在纏法身. 經云隱爲如來藏, 顯爲法身."

번뇌 속에 있는 것)이 아뢰야식(장식)이다"라고 하였다. 삿된 지혜로
는 장식이 아뢰야식인 줄 알지 못한다. (진여와 아뢰야식의 체〔體〕
가 따로 있다고 집착하면, 이것이 삿된 지혜이다.) 여래의 청정한
장과 세간의 아뢰야식은 금과 금반지〔의 관계〕와 같아서 서로
변하면서도 차별이 없다. (금반지는 아뢰야식을 비유한 것이고
금은 진여를 비유한 것이니, 통틀어 여래장을 이른다.) 그렇게 그것
들의 체는 같지만, 진眞과 망妄의 의미에 구별이 있고 근본과
말단 또한 다르다. 앞의 세 가지〔의 마음의 유형〕는 상相이요,
뒤의 한 가지는 성性이다. 성에 의거하여 상을 일으키니 다 이유가
있으며, 상을 회통하여 성으로 돌아가니 까닭이 없는 것은 아니다.
성과 상이 걸림 없어서 모두가 일심이다.[124]

즉, 모든 것이 마음이며 일심 혹은 여래장이다. 이는 금은 금 그
자체로 있을 수 있지만〔진여〕, 또한 금반지와 같은 다른 형태(특징이나
이미지)로 전개될 수 있는 것〔아뢰야식〕과 같다. 이러한 서술은, 기가
어디에나 존재한다는－기가 다양하게 응취되어 형태화〔즉 기질〕될 수 있다

---

[124] 鎌田茂雄, 『禪源諸詮集都序』, 70; T48.2015, 401c29-402a8, "寂滅者名爲一心,
一心者卽如來藏. 如來藏亦是在纏法身, 如勝鬘經說. 故知四種心本同一體. 故
密嚴經云, 佛說如來藏(法身在纏之名)以爲阿賴耶(藏識). 惡慧不能知藏卽賴耶
識(有執眞如與賴耶體別者是惡慧.) 如來淸淨藏, 世間阿賴耶, 如金與指鐶展轉無
差別. (指鐶等喩賴耶, 金喩眞如, 都名如來藏.) 然雖同體, 眞妄義別本末亦殊. 前三
是相, 後一是性. 依性起相蓋有因由. 會相歸性非無所以. 性相無礙, 都是一心."
〔본 구절의 한국어 번역은 설암 추분, 이정희 역(2018), 『선원제전집도서과평』,
동국대학교출판부, 110-1쪽에서 인용하여 다소 수정하였음.〕

― 장재의 이론과 유사하다.

선불교가 심성에 관한 두 가지 입장―마조와 신회의 지파―으로 나뉘었다는 사실을 고려할 때, 일심과 기를 비교하는 작업은 더욱 복잡해진다. 종밀은 신회를 계승하였다.

'심성을 바로 드러내는 종〔直顯心性宗〕'은 "일체의 온갖 법이 유이거나 공이건 간에, 모두 참된 본성일 뿐이다. 참된 본성이어서 상도 없고 작위함도 없다. 그 본체는 온갖 것이 아니어서, 범부도 아니고 성인도 아니며, 인因도 아니고 과果도 아니며, 선도 아니고 악도 아니다. 그렇지만 본체에 즉한 작용이 갖가지의 법들을 만들어내니, 범부도 될 수 있고 성인이 될 수 있어 색을 나타내고 상을 나타낸다"라고 말한다.

심성을 언급하는 데는 더 나아가 두 가지의 종류가 있다. 첫째〔마조선〕는 "지금 말하고 동작하고 탐내고 성내며 자비롭고 참으며 선과 악을 짓고 고통과 즐거움을 받는 것 등이 바로 너의 불성이요, 이것이 바로 부처이다. … 도가 곧 마음이니 마음으로 다시 마음을 닦을 수 없고, 악한 것 또한 마음이니, 마음으로 마음을 다시 끊을 수 없다. 끊을 수도 없고 닦을 수도 없어 뜻대로 자재自在하니, 이를 비로소 해탈이라 한다. 본성은 허공과 같아 늘지도 줄지도 않거늘 무엇을 더 보태겠는가. 단지 시간과 장소에 따라 업을 짓지 않고 정신을 길러 성태聖胎가 더욱 자라나면 신묘함이 절로 드러날 것이다. …"라고 말한다.

둘째〔하택선〕는 "모든 법이 꿈과 같다고, 모든 성인들이 말한다.

망념은 본래부터 고요하고 티끌의 세계도 본래부터 공하다. 이 공적空寂한 마음이 신령스럽게 알아 어둡지 않으니, 이 공적한 앎이 바로 너의 참된 본성이다. 미혹하거나 깨치거나 간에, 마음은 본래부터 스스로 알 뿐, 인연을 빌려 생겨나게 하지도 아니하고 경계로 인하여 일으키지도 아니한다. '앎〔知〕'이라는 한 글자가 뭇 미묘함의 문이다. 매우 오래된 미혹됨 때문에, 신심身心이 나라고 그릇되게 집착하여 탐내고 성내는 번뇌를 일으킨다. … 마음 자체에는 생각〔念〕이 없으므로 생각이 일어날 때 〔이 과정을〕 알아차리면, 그것들이 더 이상 존재하지 않게 된다. 수행의 미묘한 문은 이것에만 달려 있다"라고 말한다.[125]

이 두 개의 선종 지파는 심성은 차별이 없어 온갖 법과 동일하지만, 그 작용은 차별로 이어진다고 주장한다. 마조선의 입장은 불성(=마음)이 모든 지각과 행위를 창조하거나 기초한다는 점에서 『수능엄경』의 강한 여래장설과 유사해 보인다. 이는 의도적으로 악을 제거하

---

125 T48.2015, 402c15-403a6, "直顯心性宗者說一切諸法, 若有若空, 皆唯眞性. 眞性無相無爲. 體非一切, 謂非凡非聖非因非果非善非惡等. 然卽體之用而能造作種種, 謂能凡能聖現色現相等. 於中指示心性復有二類. 一云, 卽今能語言動作貪嗔慈忍造善惡受苦樂等, 卽汝佛性, 卽此本來是佛. … 道卽是心, 不可將心還修於心. 惡亦是心, 不可將心還斷於心. 不斷不修任運自在, 方名解脫. 性如虛空, 不增不減, 何假添補? 但隨時隨處, 息業養神, 聖胎增長, 顯發自然神妙. … 二云, 諸法如夢, 諸聖同說. 故妄念本寂, 塵境本空. 空寂之心靈知不昧. 卽此空寂之知是汝眞性, 任迷任悟. 心本自知, 不藉緣生不因境起. 知之一字衆妙之門. 由無始迷之故, 妄執身心爲我, 起貪嗔等念. … 心自無念, 念起卽覺, 覺之卽無. 修行妙門唯在此也."

기 위해 수행하거나, 마음을 보기 위해 마음을 사용할 필요가 없음을
함의한다. 반면에 하택 신회의 입장은 본성과 온갖 법(여기에서 마음은
하나인)의 공함을 주장한다는 점에서 약한 여래장설과 유사해 보인다.
여기서의 공함은 미혹과 깨달음 둘 다의 가능성을 함의하기도 하지만,
무위적인 상태에서 신령스러운 앎〔靈知〕이다. 지각되는 모든 것의
기초가 되는 것이 바로 이 영지이다. 종밀은 다음과 같이 말한다.

> 영지가 곧 심성이고 나머지는 모두가 허망한 것임을 이른 것이다.
> 그러므로 "식識이 알 수 있는 바도 아니고 마음의 인식대상 등도
> 아니다"라고 하였다.[126]

> 이미 이 마음이 온갖 법을 드러내어 일으켰기 때문에, 온갖 법이
> 모두 참된 마음〔眞心〕이다. 사람의 꿈속에 나타나는 일은 일마다
> 다 사람의 일이고, 금으로 그릇을 만들면 그릇마다 다 금이며,
> 거울에 비친 그림자는 그림자마다 모두 거울〔이 만든 것〕이다.
> … 그러므로『화엄경』에서는 "온갖 법이 곧 마음의 자성이다"라고
> 하였고 …『기신론』에서는 "삼계는 헛되고 거짓되어 오직 마음이
> 만든 것으로, 마음을 떠나면 육진의 경계가 없다. … 온갖 분별은
> 분별하는 자기의 마음이다. 마음이 마음을 보지 못하니, 얻을
> 수 있는 형상이 없다. 그러므로 온갖 법은 거울 속의 형상과 같다"라

---

126 T48.2015, 405c7-8, "直指靈知卽是心性, 餘皆虛妄. 故云非識所識, 非心境等."
〔본 구절의 한국어 번역은 설암 추분, 이정희 역(2018),『선원제전집도서과평』,
동국대학교출판부, 184쪽에서 인용하고 다소 수정하였음.〕

고 하였다. 『능가경』에서는 "적멸을 일심이라 하고, 일심을 여래장이라 부른다"라고 하였으니, 〔일심은〕 자체가 변하여 육도윤회를 일으키고 선과 악을 짓는다.[127]

마음은 대상과 관련지어질 때 인식하는데, 이때 각각의 식은 특정한 감각 자료(sense data)를 대상으로 삼는다. 이것이 바로 마음이 생하고 멸한다는 뜻이다. 그러나 마음은 대상을 생성하기도 하는데, 원래의 감각 자료가 언어, 기억 및 식별을 통해 처리·조정·분류된다는 측면에서 그러하다. 반면에 마음의 본성은 영지로서, 깨달음이고 진여에 상응한다. 그러나 모든 것은 하나의 마음이다.

주희 또한 인식하는 것에 따라 마음이 차별화될지라도, 본래 하나의 마음뿐이라고 주장한다. 게다가 주희는 마음을 감정이 발하기 이전〔未發〕의 마음과 감정이 발한 이후〔已發〕의 마음으로 구별한다. 현대학자 천라이(陳來)에 따르면, 주희는 지각 주체〔能〕와 지각 대상〔所〕의 불교적 구분을 전유하였다. 주희는 다음과 같이 말한다.

사람에게는 오직 하나의 마음밖에 없으나, 지각이 도리에 맞으면

---

127 T48,2015, 405c13-21, "旣是此心現起諸法, 諸法全卽眞心. 如人夢所現事, 事事皆人. 如金作器, 器器皆金. 如鏡現影, 影影皆鏡. … 故華嚴云, 知一切法卽心自性. … 起信論云, 三界虛漢唯心所作, 離心則無六塵境界. … 一切分別卽分別自心. 心不見心, 無相可得. 故一切法如鏡中相. 楞伽云, 寂滅者名爲一心. 一心者名如來藏. 能遍興造一切趣生. 造善造惡." 〔본 구절의 한국어 번역은 설암추분, 이정희 역(2018), 『선원제전집도서과평』, 동국대학교출판부, 185-6쪽에서 인용하고 다소 수정하였음.〕

도심이 되고 지각이 소리·색·냄새·맛에 맞으면 인심이 된다.
… 도심과 인심은 본디 하나의 사물이지만, 지각한 바가 다르다.[128]

인간의 마음은 오직 기질로 존재할 수 있으므로 도심도 기질 안에
존재한다. 도심과 인심은 존재론적으로 구별되는 것이 아니라, 이기
적인 욕망에 굴복하는 인간 마음의 성향에 의해서 구별된다.

배고플 때 먹고, 목마를 때 마시는 것이 인심이다. 먹고 마시는
것이 옳은지, 먹지 않고 마시지 않는 것이 옳은지의 상황을 고려하
는 것이 도심이다. 사람이라 불린다면 형기가 있게 되니, 인심은
〔형기의 측면에서〕비교적 다른 사람과 가깝다. 비록 도심을 먼저
얻었더라도 인심에 한 겹 막혀 있으므로〔도심을〕보기가 어렵다.
도심은 탁한 물속의 맑은 물과 같아서〔우리가〕오직 그 탁함만
보고 맑음을 볼 수 없으니, 그러므로〔도심은〕은미하여 보기가
어렵다.[129]

도심에 대한 이러한 주희의 설명은,『대승기신론』등의 불교문헌에
서 여래장 혹은 일심에 대한 설명과도 유사하다.[130] 이 문헌들에서는

---

128 『朱子語類』, 卷78, 2010, "人只有一箇心, 但知覺得道理底是道心, 知覺得聲色臭
   味底是人心. … 道心人心, 本只是一箇物事, 但所知覺不同."
129 위의 책, 卷78, 2011, "饑食渴飲, 人心也. 如是而飲食, 如是而不飲食, 道心也.
   喚做人, 便有形氣, 人心較切近於人. 道心雖先得之, 然被人心隔了一重, 故難
   見. 道心如淸水之在濁水, 惟見其濁, 不見其淸, 故微而難見."
130 주희 사상과『대승기신론』의 연관성에 대한 추가적 논의로는, 이 책의 John

일심이 두 측면을 가지고 있다고 설명한다. 지각하여 무상한 대상과 상호작용하는 욕망의 마음과, 이러한 대상을 있는 그대로 무상한 것(본질·실체가 없는 것)으로 보는 진여의 마음이다.

선종의 초기 역사에서 5조 홍인(601~674)이 가르쳤듯이 일심의 진여적 측면은 보호되거나 유지되어야 한다. 연수는 홍인의 말을 다음과 같이 인용한다.

〔5조 홍인 대사께서 말씀하시길 …〕일심을 지키는 것만이 곧 심진여문心眞如門이니, 온갖 법과 행은 자기 마음에서 벗어나지 아니한다. 마음뿐임을 스스로가 알아야 하나니, 마음은 형색이 없다. 모든 조사祖師들은 마음으로 마음을 전했을 뿐이다.[131]

도심을 보존해야 하는 점을, 주희는 북종선의 언어와 유사하게 사용한다. 주희는 『상서尚書』의 한 구절에 대해 다음과 같이 말한다.

인심은 위태롭고, 도심은 은미하다. 또 도심이 미묘하다는데 무슨 준칙을 말할 수 있겠는가? 그것을 정밀하게 택하여, 그것을 한결같게 지켜야 한다.[132]

Makeham의 장을 참조.

131 『宗鏡錄』, T48.2016, 940a16-18, "〔第五祖弘忍大師云 …〕但守一心卽心眞如門, 一切法行不出自心, 唯心自知心無形色, 諸祖只是以心傳心."

132 『朱子語類』, 卷78, 2014, "人心直是危, 道心直是微. 且說道心微妙, 有甚準則? 直是要擇之精, 直是要守之一."

다른 곳에서 주희는 『상서』의 같은 구절인 '유정유일惟精惟一'이 마음과 사물 상에서 언급한 것이라고 말한다. 이때 주희의 논의 방식은 여래장 사상의 '마음 이외에 아무것도 아니라는' 측면에 근접한다.

이 마음이 있어야 이 사물도 있게 되고, 이 사물이 있은 연후에야 이 마음도 생겨나게 된다.[133] 어찌하여 하나의 사물이 마음 안에서 부터 만들어지지 않을 수 없겠는가? 이는 입으로 말하는 것과 같은데, 그것은 마음이 말하고 싶어 하기 때문이다.[134]

연수가 설명한 바에 따르면, 인간의 마음은 끊임없이 이어진다.

마치 범부가 저마다 따로따로 마음을 내는 것과 같다. 이미 내었고 지금 내고 있고 장차 낼 것이며, 한계도 없고 중단도 마침도 없다. 그 마음은 흐르고 옮겨가면서 계속 끊어지지 않는다.[135]

끊임없이 이어지는 마음에 대한 주희의 유사한 설명[136]은 마음과

---

133 이는 사물이나 행동이 마음에 의해 만들어지기도 하지만, 마음이 사물로 인해 생긴다는 것도 시사한다. 여기서의 맥락은 도심을 택하고 이것에만 집중하는 것이다.

134 『朱子語類』, 卷78, 2017, "有這箇心, 便有這箇事. 因有這箇事後, 方生這箇心. 那有一事不是心裏做出來底? 如口說話, 便是心裏要說."

135 T48.2016, 650b14-16, "譬如凡夫各別生心, 已生現生及以當生, 無有邊際, 無斷無盡, 其心流轉相續不絶."

136 『朱子語類』, 卷63, 1538.

본성의 관계에 대한 주희의 이해방식에 대한 통찰을 우리에게 제공해
준다.

그러나 사람의 몸에서 지각의 운용은 마음이 하는 바가 아닌
것이 없다. … 바야흐로 고요할 때에는 사물이 이르지 않아 사려가
싹트지 않으므로 한 본성이 혼연하고 도의가 온전하게 구비되니,
이를 일러 중中이라 한다. 중은 마음의 본체가 되어 고요하여
움직임이 없는 바이다. 동할 때는 사물이 번갈아 이르러 사려가
싹트게 된다. … 그러나 본성의 고요함은 움직이지 않을 수 없다.[137]

많은 불교도들의 입장과 마찬가지로, 주희는 마음은 오직 사물과
접촉할 때 감정이나 사려로 가시화된다고 말하고 있다. 만약 마음이
싹트지 않아 고요하면, 마음의 본성이 막힘이 없게 된다. 이것이
도심이다.

비어 있는 마음은, 비어 있지만 채워진 플레로마(πλήρωμα, 역자
주: 충만한 상태를 의미하며, 신의 권능을 일컫는 말로도 사용됨)와 유사하
다. 주희는 다음과 같이 말한다.

본성은 마음의 밭과 같아 마음속의 비어 있음을 채워주니, 리
이외의 것이 아니다. 마음은 신명神明의 집과 같아서 한 몸을

---

137 『朱熹集』, 卷32, 1403-1404, "然人之一身, 知覺運用莫非心之所爲. … 方其靜也,
事物未至, 思慮未萌, 而一性渾然, 道義全具, 其所謂中, 是乃心之所以爲體而寂
然不動者也. 及其動也, 事物交至, 思慮萌焉. … 然性之靜也而不能不動."

주재한다. 본성은 수많은 도리이니, 하늘에서부터 얻어서 마음에
구비된 것이다.[138]

주희의 마음과 본성에 대한 해석이 선불교 마조의 마음과 본성에
대한 해석-종밀에게서 재현된-과는 상이하지만, 북종선의 여래장에
대한 이해방식-『대승기신론』에 기반한-과는 유사한 측면이 있다.
주희와 북종선 모두 하나의 마음에 두 측면이 있다는 점에 동의하며,
그것은 바로 인심·생멸심과 도심·진여심이다. 인간의 〔현상적인〕
마음은 환경과 상호작용하면서 끊임없이 이어지고, 그 흐름이 고요해
질 때 마음의 다른 부분이 드러나게 된다. 주희와 북종선 모두 인간의
〔현상적인〕 마음이 도심·진여심에 대한 우리의 인식을 흐리게 한다는
데 동의한다. 더욱이 도심과 진여심에 대한 각 설명은 비슷하다.
또한 북종선과 주희는 일심은-적어도 그 순수한 측면만큼은- 보호되어
야 한다고 말한다.

5. 근원적인 마음을 빛난다고 묘사하기

또한 주희와 북종선은 순수한 마음(각각 도심과 진여심)에 대한 두
가지의 관련된 묘사를 공유한다. 첫째는 그것을 허명(虛明, 비어 빛난
다)[139] 혹은 빛으로 묘사하는 것이고, 또 다른 하나는 밝은 거울로

---

138 『朱子語類』, 卷98, 2514, "性如心之田地, 充此中虛, 莫非是理而已. 心是神明之
   舍, 爲一身之主宰. 性便是許多道理, 得之於天而具於心者."

139 '虛'는 '빈(empty)' 또는 '가짜(false)'과 같은 여러 의미를 가지며, 종종 '空'으로도

묘사하는 것이다.

1) 허명

비어 있고 빛난다고 한역된 것과는 달리, 중국불교문헌에서 허명虛明
이라는 용어는 종종 불성이나 여래장을 묘사하는 데 사용되었다.
선불교문헌에서는, 선불교의 14조 나가르주나(2~3세기, Nagārjuna)
와 그 제자 15조 가나제바(Kāṇadeva) 사이의 전설적인 만남에서 그
용례가 발견된다. 가나제바는 말했다. "무상삼매의 형체가 보름달과
같으니, 불성의 뜻이 드넓고 텅 비어 밝다."[140] 이 허명이란 용어는
『수능엄경』에서도 등장한다. "집착한 마음이 비고 빛나며 지혜가
순수하고, 지혜의 본성이 밝고 원만하다."[141] 선과 밀접하게 관련이

표기되기도 한다. 불교의 리는 허하지만 유가의 리는 실하다고 주희가 말한
것에서 볼 수 있듯이, 주희는 비어 있다는 의미에서 허를 사용하기도 한다.
그러나 '허무하게(in vain)', '욕망 없이(without desire)' 또는 '사려 없이(be with-
out thought)'로도 읽을 수 있다. 『莊子』에서는 "허는 마음을 가다듬는 것이다(虛
者心齋, Watson, *Chuang Tzu*, 58)"라고 말하고 있다. 중국의 시문과 비철학적
산문에서 허명이라는 합성어는 경우에 따라 마음을 의미하였다.〔諸橋轍次
編,『大漢和辭典』(東京: 大修館, 1966년 재발행), 32709.329를 참조. 여기에서는
蕭統(501~531)이 엮은『文選』에 실린 任昉(460~508)의「王文憲集序」에 대한
李善(689 사망)의 주해를 인용하고 있다.〕 시에서는 풍경을 '虛明'하다고 묘사하
고 있는데, 虛映(모든 것이 선명하게 비치는 맑은 물, 諸橋轍次, 32709.10)이나
虛瑩(순수한 옥처럼 빛남, 諸橋轍次, 15)과 같은 말과 비슷하다. 그래서 필자는
허명을 약간의 모호함이 존재하지만 '빛나는 밝음(lucid radiance)'으로 번역했는
데, 어떤 맥락에서는 허명은 "비어 있고 빛나는"을 뜻할 수 있다.

140 『景德傳燈錄』, T51.2076, 210b11-12, "無相三昧形如滿月, 佛性之義廓然虛明."

있는 중국의 외경인『원각경圓覺經』에 대한 주석에서, 종밀은 허명을
여래장과『대승기신론』이론에 연관시킨다.

각覺은 비고 밝으며 신령스럽게 비추며, 어떠한 분별적 상념도
없다. 그러므로『대승기신론』에서 "각은 심체가 생각을 여읜 것을
말함이니, 생각을 여읜 상은 허공계虛空界와 같아서, 곧 이것이
여래의 평등한 법신이다"라 하였다. … 주: 이는 여래장 심생멸문
중의 본각本覺을 설명한 문장이다.[142]

따라서 '허명'은 여래장의 순수한 측면에 대한 인식 또는 깨달음에
대해 묘사한 것이다. 또한 연수는 허명을 본각(本覺, intrinsic awareness)
및 인지(因智, non-conceptual insight)와 연관시키는 문헌을 인용하고[143]
종밀이 분류한 성종(혹은 여래장종)을 이 허명이란 용어와 연결시킨다.
"성종에서는, 비고 밝으며 상주하고 비지 않은 체를 본성으로 삼는
다."[144] 대혜 종고—주희를 가르친 스승의 스승이자, 주희의 최대 라이벌—도

---

141 T19.945, 142a5-6, "執心虛明純是智慧, 慧性明圓."

142 『大方廣圓覺修多羅了義經略疏註』, T39.1795, 527a19-21, "覺者, 虛明靈照無
諸分別念想. 故論云, 所言覺義者, 謂心體離念, 離念相者等虛空界, 卽是如來平
等法身. … 釋曰, 此是釋如來藏心生滅門中本覺之文也." 이 장의『大乘起信論』
번역은 모두 John Jorgensen, Dan Lusthaus, John Makeham, and Mark Strange
등이 주해한, 최종 편집 이전의 원고인 *Treatise on Giving Rise to Faith in
the Great Vehicle* (New York: Oxford University Press)에서 인용한 것이다.

143 『宗鏡錄』, T48.2016, 605b15-16, "依本智者本覺智此是因智, 此虛明不昧名智."

144 위의 책, T48.2016, 616a27-28, "性宗以虛明常住不空之體爲性."

이러한 표현을 인용하였다. "물의 맑고 고요한 것처럼 흔들리지 않으면, 비고 밝아 저절로 비춘다."[145] 이는 불성이나 마음을 '밝다'고 묘사하는 것과, 마음과 법이 공하지만[空, 자성이 없지만] 실제적이라고 규정한 것을 상기시킨다.[146]

마음을 특징짓기 위하여 주희는 종종 허명이라는 동일한 묘사를 사용하였다. 즉, 주희는 마음을 '밝고' '비어 있는' 것이라 묘사한다. 그렇기 때문에 마음은 리로 채워질 수 있다. 오히려 대혜와 상당히 비슷하게, 주희는 "사람의 일심은 맑고 고요하며 비고 밝으니, 거울의 비어 있음과 저울의 가지런함과도 같다. [마음은] 한 몸의 주재가 되니 정말 진체眞體의 본연이다"[147]라고 말한다. 이러한 설명에 따르자면, 마음은 사물을 비추는 거울처럼 밝고 비어 있어서 잠재적이며 채워질 수 있다.

사람의 마음은 마치 거울과 같아서, 애초에 어떤 형상이 있지

---

145 『大慧語錄』, T47.1998A, 924c2-3, "如水之湛然不動, 則虛明自照."

146 종밀이 보기에, 공종은 모든 법을 공하다고 여기지만 성종은 빛나는 마음을 공하지 않다고 여기며 공종이 유지하는 이해방식을 포괄하는 더 높은 수준의 이해방식이다. 鎌田茂雄, 『禪源諸詮集都序』, 162에 따르면, 이렇게 비어 있음과 비어 있지 않음을 배대하는 것은 『勝鬘師子吼經』의 공空한 여래장과 불공不空한 여래장에 관한 관념에서 유래한 것이다. 전자의 경우는 모든 번뇌나 좌절에서 벗어나려고 노력하지만, 후자의 경우는 번뇌나 좌절로부터 벗어나려고 하지 않고 오히려 긍정적으로 받아들인다. 鎌田茂雄는, 종밀의 '불공不空'에 대한 관념이 『大乘起信論』에 강하게 기반하고 있다고 생각한다.

147 『朱熹集』, 卷51, 2512, "人之一心湛然虛明, 如鑑之空, 如衡之平, 以爲一身之主者, 固其眞体之本然."

아니하였다. 어떤 사물이 오는 경우에야 비로소 〔외물의〕 아름답
고 추함을 비춘다. 만약 어떤 형상이 그 안에 미리 있었다면,
어떻게 비출 수 있겠는가! 사람의 마음은 본래 맑으며 비고 밝다〔虛
明〕. 사물이 올 때 감촉함을 따라 응하면, 자연스레 비추어지는
데 높고 낮음과 무겁고 가벼움의 차이가 있게 된다. 사물이 지나가
면, 곧 예전처럼 비고 밝아지게 된다.[148]

천라이에 따르면, 이러한 마음에 대한 묘사는 『순자荀子』「해폐解
蔽」편에서 유래한 것이다. 왜냐하면 주희가 신명神明 등을 묘사할
때, 비어 있음〔虛〕이나 고요함〔靜〕과 같은 이미지를 사용하기 때문이
다.[149] 순자 또한 사람들이 도를 이해할 수 있다고 썼다.

'허虛'하고 '일一'하며 '정靜'하기 때문이다. 마음은 일찍이 안에
품지 않을 때가 없으나 그러면서도 이른바 '허'한 상태가 된다.
… 사람이 나면서 지각이 있고 지각이 있어 기억이 생긴다. 기억이
라 함은 안에 품는 것이다. 그러면서도 '허'의 상태가 있다 함은
이미 안에 품고 있는 것 때문에 앞으로 받아들여질 것을 방해하지
않는다는 것이다. 이를 일러 '허'라고 하는 것이다. … '허'하고
'일'하며 '정'한 것을 일러 '대청명大淸明'이라 이른다. … 마음은

---

148 『朱子語類』, 卷16, 347, "人心如一箇鏡, 先未有一箇影象, 有事物來, 方始照見姸
醜. 若先有一箇影象在裏, 如何照得! 人心本是湛然虛明, 事物之來, 隨感而應,
自然見得高下輕重. 事過便當依前恁地虛, 方得."

149 陳來, 『朱子哲學硏究』, 218.

육체의 군주다. 그리고 신명神明의 주체다.[150]

순자가 사용한 은유는, 〔현상적인 마음이〕 도심을 은폐한다는 주회의 생각과 어느 정도 유사하다.

그러므로 사람의 마음은 비유하건대 마치 쟁반의 물과 같은 것이다. 바르게 놓아두어 움직이지 않게 한다면 탁한 물이 아래에 있고 맑은 물이 위에 있어서 족히 그것으로 수염이나 눈썹을 살필 수 있으나, 미풍이라도 지나간다면 탁한 물이 아래를 움직이고 맑은 물이 위를 흔들어 큰 형체일지라도 바르게 볼 수가 없다. 마음 역시 이와 같은 것이다.[151]

그러나 주회에게 있어서 〔청명한〕 마음은 기질에 내재되어 있다. 그리고 기의 맑고 탁한 수준에 의거하여, 마음의 기적 요소가 마음의 밝음을 덮고 가린다. 여기서 진흙물이나 침전물이 〔한데 섞여〕 휘저어진 것으로 설정되지 않았다. 기는 형태를 이루자마자 덮고 가린다. 마음을 묘사한 '허명'은 순자보다도 7~8세기에 북종선이 주창한 여래

150 『荀子』, 「解蔽」, "虛壹而靜. 心未嘗不臧也, 然而有所謂虛. … 人生而有知, 知而有志. 志也者, 臧也. 然而有所謂虛, 不以所已臧害所將受謂之虛. … 虛壹而靜, 謂之大淸明. … 心者, 形之君也, 而神明之主也." 〔본 번역은 이운구 역(2006), 『순자 2』, 한길사, 174-6쪽에서 인용하였음.〕

151 위의 권, "故人心譬如槃水, 正錯而勿動, 則湛濁在下, 而淸明在上, 則足以見鬚眉而察理矣. 微風過之, 湛濁動乎下, 淸明亂於上, 則不可以得大形之正也. 心亦如是矣." 〔본 번역은 이운구 역(2006), 『순자 2』, 한길사, 177쪽에서 인용하였음.〕

장의 특성들로부터 유래했을 가능성이 더욱 크다.

주희의 허명에 대한 영감 중 일부는, 아마도『맹자』「진심상」편의 첫 구절―역자 주: '진심지성장盡心知性章'을 말함―에 대한 장재의 논평에서 받았을 것이다. 장재는 "허虛와 기氣의 결합으로 본성의 이름이 있게 되었다"라고 말하였다. 이에 대해 주희는 다음과 같이 대답하였다. "허는 바로 리를 말한 것으로, 리와 기의 결합으로 사람이 있게 되었다. … 비고 밝으며 어둡지 않아[虛明不昧], 이 리가 본성에 구비되어 있으니, 조금이라도 어그러짐이 없다."[152] "허와 기로 본성이 어떻게 있게 되느냐"는 질문에 대해, 주희는 "혹자는 '허는 본성이고, 기는 사람이다'라고 하였다. 기의 허명이 본성 가운데 있으므로 허와 기가 합해져 본성의 이름이 있게 되었다"라고 답했다."[153]

그러므로 '허'는 본성이자 리이며, 불성의 비어 있음[空]과도 유사하다. 불교도와 마찬가지로, 여기서의 허는 '없음' 내지는 '어떤 것도 존재하지 않음'을 의미하지 않는다. '모양이나 형태가 없다'와 같다는 뜻이지, '내용이 결여'되었다는 뜻이 아니다. 주희 철학에서 기가 없으면 리가 존재할 수 없듯, 『대승기신론』에서도 "허공이 여래의 본성이다[卽謂虛空是如來性]"라는 생각은 잘못이라고 말한다.[154] 불성 혹은 여래장이 존재하지 않은 것은 아니듯이, 주희에게 있어서도

---

152 『朱子語類』, 卷60, 1431, "虛字便說理, 理與氣合, 所以有人. … 虛明不昧, 此理具乎其中, 無少虧欠."

153 위의 권, 1432, "問合虛與氣何以有性? 曰…當言虛卽是性, 氣卽是人. 以氣之虛明寓於中, 故合虛與氣有性之名."

154 T32.1666, 580a2.

본성은 리를 구비한다. 그리고 본성의 리가 분별되길 기다리는 것처럼, 여래장 역시 발견되길 기다리는 여래 또는 부처를 가지고 있다. 두 경우 모두 그 내용(리, 부처)은 보존되거나 보호되어야 한다. 이것이 북종선과 주희의 수행방식이 지닌 주요 특징이다. 『대승기신론』에서 "그러므로 〔일심은〕 만족滿足하니, 법신이나 여래장이라고 한다"라고 말했듯이 말이다.[155]

불교도들이 본성을 공으로 여긴다는 주희의 주장과는 달리[156] 불성은 내용이나 특징을 갖추고 있다. 『파상론破相論』은 북종선의 유명한 승려인 신수(706 입적)의 것으로, 『관심론觀心論』이라고도 알려져 있다. 여기에서는 『십지경十地經』을 인용한다. "『십지경』에서 말하길, '중생의 몸속에는 금강석과 같은 불성이 있는데, 이는 마치 태양과 같이 밝다'고 하였다."[157] 불성은 또한 '각성覺性'[158]인데, "일체 공덕은 깨달음을 근본으로 한다."[159] 선불교의 5대 조사 홍인은 『십지경』의 같은 구절을 인용하여, 부처의 본성이 '청정'[160]하다고 설명하였다. 이 점으로 보자면 〔불교의 본성이 공하다고 주장한〕 주희의 진술은 틀렸다. 그렇다면 주희가 자신의 라이벌에 대해 오해하고 있는 것인가? 아마 주희에게 '실제(reality)'는 일반적인 자질들이라기보다는

---

155 T32.1666, 579b7-8, "是故滿足名爲法身如來之藏."

156 1.3장의 끝에 인용된 구절을 참조. 이 책 Stephen Angle의 장에서의 논의도 참조할 것.

157 T48.2009, 367a7-8, "十地經云, 衆生身中有金剛佛性, 猶如日輪體明."

158 T48.2009, 367a11.

159 T48.2009, 367a15, "一切功德因覺爲根."

160 T48.2011, 377a24-26.

현실적인 관행과 같은 다소 구체적인 것을 의미했을 것이다.

주희와 불교도(특히 선불교도)가 허명이라는 용어를 공유했음은 분명하다. 불교도들은 허명을 여래장, 불성, 깨달음을 묘사하는 데 사용하였고, 또한 허명이 비어 있다고[空] 말했다. 주희는 허명을 마음을 묘사하는 데 사용했는데, 허虛 자는 적어도 단독으로 쓰일 때면 비어 있음을 의미할 수도 있다. 그 함의는 거울이 비어 있거나 밝아야만 상相을 맺을 수 있는 것처럼, 마음도 비거나 밝아야만 리로 채워질 수 있다는 것이다. 마찬가지로 불교도들 역시 불성이나 여래장의 '공'은 그 내용이 비어 있는 것이 아니라 진여나 깨달음을 의미한다고 주장했다. 주희가 불교도로부터 철학적 또는 종교적 의미에서 허명의 용례를 얻은 것으로 보인다는 점을 고려하자면, 불교도들의 본성 개념에는 그 내용이 없다는 주희의 주장은 기껏해야 수사적 목적을 가진 왜곡으로 보인다.

2) 마음의 밝음과 거울의 은유

또한 주희는 먼지 덮인 거울의 이미지를 사용하는데, 이는 그가 허명뿐만 아니라 여래장 이론에서 더 많은 것을 가져왔음을 시사한다. 우리가 앞에서 살펴보았듯이, 주희가 마음이나 인간 본성을 더러운 물에 담긴 진주에 은유한 것은 북종선의 승려 정각이 마음의 청정함을 거울에 은유한 것과 거의 동일하다. 안연顔淵이 3개월 동안 인을 떠나지 않았다는 『논어』의 구절[161]을 논하면서 주희는 다음과 같이

---

161 『論語』, 「雍也」, "子曰, 回也其心, 三月不違仁."

말한다.

> 인과 마음은 본래 같은 것이다. 사욕이 들면 마음이 인과 어긋나게
> 되고, 결국 인과 마음이 두 물건이 되어버린다. 만약 사욕이 없어지
> 게 되면 마음과 인이 서로 어긋나지 않아 하나의 물건으로 합해진
> 다. 마음은 거울과 같고, 인은 거울의 밝음과 같다. 거울은 본래
> 밝지만, 먼지와 때가 앉으면 밝지 않게 된다. 만약 먼지와 때를
> 없앤다면, 거울은 [다시] 밝아지게 된다.[162]

이러한 주희의 은유적 지식은 아마도 선불교문헌에서 유래했을
것이다. 가장 초기의 선불교문헌 중 하나이며 홍인의 저술로 알려진
『최상승론最上乘論』(혹은 『수심요론修心要論』)에서는 다음과 같이 말하
고 있다.

> 내가 중생의 불성이 본래 청정하여 마치 저 구름에 가려진 해와
> 같음을 이미 체득하였으니, 본래의 참마음을 명확하게 지키기만
> 하면 망념의 구름이 사라지고 지혜의 해가 나타나게 될 것이다.
> 생사의 고통을 알기 위하여, 어찌 많은 [이론적] 공부를 필요로
> 하겠는가? 온갖 의리와 삼세의 일은, 비유하자면 거울을 닦아
> 티끌이 없어지면 빛이 절로 나타나는 것과 같다.[163]

---

162 『朱子語類』, 卷31, 781, "曰仁與心本是一物. 被私欲一隔, 心便違仁去, 却爲二
　　物. 若私欲旣無, 則心與仁便不相違, 合成一物. 心猶鏡, 仁猶鏡之明. 鏡本來明,
　　被塵垢一蔽, 遂不明. 若塵垢一去, 則鏡明矣."

『최상승론』과 여기서의 은유들은, 점진주의로 추정되는 북종선의 입장을 나타낸다. 주희가 이 문헌을 접했는지는 불분명한데, 이 문헌이 오직 둔황 출토본과 한반도에서 제작된 1570년 판본으로만 존재하기 때문이다.[164] 그러나 연수의 『종경록』에는 『수심요론』이 송 초기까지는 유통되었다는 것을 암시하는 긴 구절이 존재한다.[165]

그러나 거울의 은유는 『육조단경』의 것이 가장 유명한데, 여기에서는 북종선의 지도자로 알려진 신수와 남종선의 창시자인 혜능 사이의 가상의 게송 대결이 언급된다. 또 주희가 실제 『육조단경』을 읽었는지의 여부는 불확실하지만[166] 그는 분명 혜능에 대해 알고 있었고[167] 그는 신수와 혜능 사이에 게송이 오간 것이 기록된 『경덕전등록』[168]을 읽었다. 신수의 게송은 다음과 같다.

몸은 깨달음의 나무요, 마음은 밝은 거울[169]과 같다.

---

163 T48.2011, 378a2-6, "我既體知衆生佛性本來淸淨如雲底日, 但了然守本眞心. 妄念雲盡, 慧日卽現. 何須更多學, 知見所生死苦? 一切義理及三世之事, 譬如磨鏡塵盡, 明自然現."

164 T48.2011, 379b15.

165 McRae, *Northern School*, 316n67; T48.2016, 462a.

166 주희는 『육조단경』의 표준 판본이 완성되기 이전에 살았고, 둔황 판본에도 접근할 수 없었을 것이다. 그는 아마도 지금은 사라진 다른 판본에 접근할 수도 있었을 것이다.

167 『朱子語類』, 卷126, 3040에서 언급됨.

168 위의 책, 卷138, 3286에서 언급됨.

169 이 구절은 일반적으로 "마음은 밝은 거울대(臺)와 같다"로 번역되는데, 이는 적절하지 않다. Paul Demieville, "Le miroir spirituel," in *Choix d'Etudes*

늘 부지런히 털어내어, 먼지가 앉지 않도록 할지니![170]
身是菩提樹 心如明鏡臺
時時篇拂拭 莫遣有塵埃

이후에 혜능은 자신의 게송으로 답하였다.

깨달음은 본래 나무가 아니고, 마음의 거울 또한 거울(臺)이 아니다.
본래 아무것도 없거늘 어찌 먼지를 닦아내겠는가![171]
菩提本非樹 心鏡亦非臺
本來無一物 何假拂塵埃

종밀은 『중화전심지선문사자승습도中華傳心地禪門師資承襲圖』에
서 '북종선'의 입장을 다음과 같이 소개한다.

북종에서는 이렇게 생각한다. "중생에게 본래부터 있는 깨달음의
성품은 마치 거울에 밝은 성질이 있는 것과 같다. 번뇌가 깨달음을
가려 [깨달음이] 나타나지 않는 것은 마치 먼지가 앉아 거울이
어두운 것과 같다. 그러므로 만일 스승께서 가르치신 말씀에 의거
하여 거짓된 생각을 없애버리고 생각이 없어지면 심성은 스스로
깨달아 모르는 것이 없게 된다. 그것은 마치 거울에 앉은 먼지를

Bouddhiques (Leiden: Brill, 1973), 121n1에서는 臺가 거울을 가리키는 용어로
사용된다고 주장한다.
170 T51.2076, 222c21-22.
171 T51.2076, 223a6-7.

털어내어 먼지가 없어지면 거울의 본체가 밝고 깨끗하게 되어 모든 것을 비추는 것과 같다."[172]

신수의 게송을 인용한 종밀은, 북종을 다음과 같이 평가하였다.

평評: 이것은 다만 오염된 연기의 모습[173]으로서 사생의 흐름을 배반하고 습기習氣를 등지는 문이다. 망념이 본래 없고 마음의 성품이 본래 깨끗하다는 사실을 깨닫지 못한 것이다. 깨달음이 이미 철저하지 못한데, 그 수행인들 어찌 참되다고 말할 수 있겠는가?[174]

필자는 주희가 종밀의 평가를 거부하였다고 생각한다. 주희는『대학』의 명명덕[175]에 대한 주석에서 볼 수 있듯이, 주희는 점차적으로

---

172 X63.1225, 333a13-16. "北宗意者, 衆生本有覺性, 如鏡有明性. 煩惱覆之不見, 如鏡有塵闇. 若依師言敎, 息滅妄念, 念盡則心性覺悟, 無所不知. 如磨拂昏塵, 塵盡則鏡體明淨, 無所不照."〔본 번역은 장애순 외(2006),『한국학술진흥재단 기초학문연구과제 결과보고서: 〈보조전서〉 국역』, 기초학문자료센터, 382쪽 에서 인용하고 다소 수정하였음.〕

173 연기는 '조건적 발생(conditioned origination)' 또는 '상호의존적 발생(co-dependent origination)'으로 번역되기도 한다.

174 鎌田茂雄,『禪源諸詮集都序』, 298; X63.1225, 33a19-20, "評曰此但是染淨緣起之相, 反流背習之門, 而不覺妄念本空, 心性本淨. 悟旣未徹, 修豈稱眞?"〔본 번역은 장애순 외(2006), 위의 책, 382-3쪽에서 인용하였음.〕

175 '명명덕'이란 용어는『대학』의 맨 앞에 위치하고 있다. Legge, vol. 1, 356 참조.

먼지를 제거해야 한다고 주장했기 때문이다.

[이는] 이 명덕이 본래 있음을 말한 것이다. … 양지와 양능은 본래 자기에게 있으니, 오직 사욕이 [그것을] 가리어 어둡고 밝지 않게 된다. 이른바 '명명덕'은 그 밝은 연유를 구하는 것이다. 예를 들면 거울과 같으니, 본래 밝은 물건이지만 먼지로 인해 어둡게 되어 [사물을] 비추질 못하게 된다. 모름지기 먼지와 때를 닦아낸 후에야 거울이 다시 밝아진다.[176]

주희가 점오를 주장했다면, 종밀은 점진적 수양에 후속하는 돈오〔漸修頓悟〕를 주장했다.[177] 따라서 주희의 입장은, 점오를 주장한 것으로 유명한 홍인 및 그 제자 신수의 북종선에 근접한다.

6. 무엇이 밝음을 가리고 은폐하는가

거울을 마음의 은유적 표현으로 사용한 주희는, 먼지가 거울을 가린다고 말한다.

도라는 것은 또한 어떤 사물인가? 마음은 거울과 같다. 다만

---

176 『朱子語類』, 卷14, 267, "謂本有此明德也. … 其良知良能, 本自有之, 只爲私欲所蔽, 故暗而不明. 所謂明明德者, 求所以明之也. 譬如鏡焉, 本是箇明底物, 緣爲塵昏, 故不能照. 須是磨去塵垢, 然後鏡復明也."

177 『朱熹集』, 卷49, 2369.

먼지와 때가 덮이지 않았을 때에만 거울의 본체가 절로 밝아 사물이 오면 〔그것을〕 비출 수 있다. 지금 이 마음을 인식하고자 하는 것은 마치 거울이 스스로 비춰 거울 그 자체를 보려는 것과 같다. 〔이는〕 말이 안 되니, 하나의 마음으로 하나의 마음을 인식하려는 것과 다르지 않다.[178]

주희는 여기에서 두 가지의 논점을 제기했다. 바로 거울이 가려지는 것 그리고 자신의 마음을 사용하여 자신의 마음을 인식하는 것이다. 첫 번째 문제는 여래장 교리와 관련될 수 있는데, 여래장에 대해 언급한 불교문헌에서는 여래장을 가리는 '먼지'나 오염물질은 '우연적인 것〔客, āgantuka〕', '낯선 사람'이나 제한된 시간 동안 숙박하는 '손님'이라 명시하기 때문이다. 주희[179]와 이정 형제[180]가 알고 있던 『유마힐경維摩詰經』에서는 다음과 같이 말한다. "보살은 객진客塵과 번뇌를 끊어버린다." 이 경전에 대한 승조의 주석을 주희도 알고 있었는데, 승조는 "마음이 외부적인 연을 만나면 번뇌들이 함부로 일어나는데, 그것을 객진이라고 부른다"[181]라고 썼다. 여기서 청정한 마음의 작용을 가리는 객진은, 주희가 참된 마음 내지는 거울을 가린다

178 『朱子語類』, 卷126, 3013, 3028, "所謂道者又何物耶? 心猶鏡也. 但無塵垢之蔽, 則本體自明, 物來能照. 今欲自識此心, 是猶欲以鏡自照而見夫鏡也. 旣無此理, 則非別以一心又識一心."

179 『程書分類』, 679.

180 『朱子語類』, 卷126, 3025; 卷122, 2958; 卷130, 3115.

181 僧肇, 『注維摩詰經』, T38.1775, 378b9, "心遇外緣煩惱橫起故名客塵." 이는 柳田聖山, 『達摩の語録 : 禪の語録 1』(東京: 筑摩書房, 1969), 39에서 인용함.

고 말한 '진구(塵垢, 먼지와 때)'와 같다.

1004년에 발간된 『경덕전등록』에서도 발견되는 선불교 초기 문헌 인 『이입사행론二入四行論』은, 수행을 통한 진입이 아닌 원리·이론을 통해 〔깨달음으로의〕 진입〔理入〕을 설명할 때에 여래장의 엄폐를 이야기한다.

평범하고 성스러운 모든 생명들이 하나의 진실한 본성을 공유한다 는 것을 깊이 믿으라. 하지만 객진과 망상 때문에 〔진실한 본성이〕 다시 현현하지 못한다. … 이치와 그윽이 들어맞아서 구분되지 않고 고요하여 작위가 없으니, 〔이를〕 '원리·이론을 통해 진입'한 다고 말한다.[182]

이는 기본적인 여래장 교리다. 그러므로 주희가 사욕을 '객客'이나 '우연적인 것'[183]으로 묘사한 것은 이러한 여래장 교리와 분명히 공명한 다. 이 교리는 『승만경勝鬘經』에서 처음으로 분명하게 촉진되었는데, "이 본성은 청정한 여래장으로서, 객진번뇌客塵煩惱와 상번뇌上煩惱에 물든다."[184] 깨달음을 향한 여정을 좌절시키는 번뇌(kleśa)는, 욕망

---

182 『景德傳燈錄』, T51.2076, 458b22-26, "深信含生同一眞性. 但爲客塵妄想所覆 不能顯了. … 此卽與理冥符, 無有分別, 寂然無爲. 名之理入."

183 『朱子語類』, 卷31, 786, "蓋三月不違底是仁爲主, 私欲爲客." 이는 『論語』 6.5에 대한 언급이다.

184 T12.353, 222b23-24, "此性淸淨如來藏, 而客塵煩惱上煩惱所染." 이는 平川彰, 「如來藏とは何か」, 39에서 인용함; '객진번뇌'의 산스크리트어는 *āgantuka-kleśa*이며, 이는 『능가경』에서 인용한 것이다.

136

특히 갈망이나 분노와 같은 감정과 중첩된다.[185]

이기적 욕망을 외부적이고 일시적인 성질을 갖고 있는 객과 관련짓기 위해 주희는 분명히 불교적 원천에 의존하고 있다. 주희가 『법화경』에서 발견되는 유명한 은유를 언급하고 있기 때문이다.

〔이 예시에서 언급된 사람의 생각이〕 대부분 외부에 머무르기 때문에, 이 사람을 객이라고 이른다. 마음을 경건하게 하면〔敬〕 항상 집 안에 머무를 수 있고 바깥에 나갈 필요도 없으니 이것이 계속된다면 주인이라 할 수 있다. 주인이라면, 출타하는 시간이 적다. 불경에서 보석을 〔옷 품에〕 숨긴 방탕한 자의 은유가 〔이 상황에〕 알맞다.[186]

더 나아가 주희는 안회가 3개월 동안 인을 떠나지 않았다는 것에 대해 논평하면서 '마음'을 '깨끗한 거울'에, '사욕'은 '거울을 가리는 먼지'에 연결시켰다.[187]

또한 주희는 번뇌에 대한 이러한 생각을 자신의 개인적 경험과 연관시켰고, 자신이 겪었던 좌절이 그를 실존적 질문으로 이끌었다고 고백하였다. "대여섯 살 때, 내 마음이 번뇌에 휩싸였는데, '천체는

185 King, *Buddha Nature*, 2.
186 『朱子語類』, 卷31, 786, "只是以其多在外, 故謂之客. 敬則常在屋中住得, 不要出外, 久之亦是主人. 旣是主人, 自是出去時少也. 佛經中貧子寶珠之喩亦當." 『법화경』의 전거로는, 예를 들어 T9.262, 29b2-9이다.
187 위의 권, 781. 이 장의 162번 각주 참조.

어떤 것이며, 그 바깥은 어떤 것인지'가 궁금해서였다."[188] 주희가 그의 철학에서 객진이라는 용어를 사용하지는 않았지만, 객진에 대해 인지하고는 있었다. '어머님 생신날 아침 장수를 빌다〔壽母生朝〕'라는 시에서, 그는 이렇게 썼다.

신선은 자림방紫琳房에서 살았다던데
어느 아침 태황太荒으로 펄럭이며 돌아갔다네
객진에는 자성이 없음을 마침내 깨달은 게지
仙人昔住紫琳房
一旦翩然下太荒
久悟客塵無自性[189]

따라서 주희는 오염물질에 관한 불교적 아이디어―빛나는 마음을 가리는 먼지로 은유적으로 묘사되는―를 채택했지만, 그 오염의 원인에 대해서는 불교도와 입장을 달리한다. 불교도들은 '거울(마음)에 묻은 먼지'를 '번뇌(〔잘못된〕마음 상태 혹은 마음의 오작동)'라고 주장한다. 즉 번뇌는 마음의 존재 자체에 의해 생성되지만 외래적인 것으로 간주된다. 주희가 보기에, 자연법칙적인(physical) 뉘앙스가 있는(그러나 그것의 결과는 사욕일 수 있음) 형체화된 기가 〔본연적인 마음을〕가리므로 〔불선함은〕 전적으로 외부적인 사물 때문이다.

---

188 福嶋俊翁, 「中國に於ける禪文化」, 161. 『朱子語類』, 卷45, 1156, "某五六歲時, 心便煩惱箇天體是如何? 外面是何物?"

189 『朱熹集』, 卷2, 107.

아부亞夫의 질문: [인간의] 본성은 해나 달과 같은데, 기의 탁함은 구름이나 안개와 같습니다. …

선생의 답변: 본성은 만물의 근원이지만 기품은 맑기도 하고 탁하기도 하여, 이로써 성인과 어리석은 이의 차이가 있게 되었다.[190]

불교들에게, 외래적인 먼지나 번뇌는 과거(전생을 포함한다)의 행위와 의도로 인한 업業 때문이다. 업은 정신적이기도 하지만, 공유된 업[共業]이라는 개념은 사람이 환생하게 되는 '자연법칙적' 환경도 업에 의한 것임을 암시한다. 대조적으로 주희는 기가 하늘에서부터 왔다고 본다. 즉, 기는 주어진 것이다. 주희가 불교의 업설을 받아들일 수 없었음은 분명하다. 빛나는 마음이 오염물질에 의해 가려진다는 불교적 아이디어를 주희가 이미 채택했는데, 업설까지 채택하게 되면 주희 철학의 이론적 토대가 선불교의 경우와 어떻게 다른지 구별하기 어려워지기 때문이다. 그러므로 주희는 사람마다 차이가 있는 이유를 설명하기 위해, 유교사상에서 이미 사용되고 있는 기 개념을 대신 사용하였다. 기, 감정[情], 본성에 대한 긴 논의에서, 주희는 [인간] 본성이 기가 함께 논의되어야 한다고 말하였다. "기는 하늘에서 왔습니까"라는 질문에, 주희는 다음과 같이 답변한다.

본성과 기 모두 하늘에서 나왔다. 본성은 오직 리이며, 기는 이미 형체와 모양에 속한다. 본성의 선함은 진실로 모든 사람이 공유하

---

190 『朱子語類』, 卷4, 76, "亞夫曰性如日月, 氣濁者如雲霧. 先生以爲然 … 性者萬物之原, 而氣稟則有淸濁, 是以有聖愚之異."

는 바이지만, 기에는 고르지 못한 바가 있다. 하늘의 기로써 말하자면, 하늘의 기는 청명하여 그윽하니, 바로 좋은 기이다. … 어두침침하게 될 때에는 바로 나쁜 기이다. … 사람이 가난하고 잘사는 것·신분이 귀하고 천한 것·오래 살고 요절하는 것은 고르지 않은데, 이 모두 기에 의해 뒤죽박죽되었기 때문이니, 어느 누구도 이를 〔명쾌하게〕 이해할 수 없다. 〔기에는〕 맑고 흐리며 두텁고 얄은 차이가 있다.[191]

북종선의 승려 정각이 작성한 『능가사자기楞伽師資記』에 이와 비슷한 구절이 있다. 정각은 혜가(선종의 2대조)에 대해 쓰면서, 모든 중생의 몸에 금강 불성이 있다는 『십지경』의 구절을 인용했다. 하지만 "〔불성이〕 오직 다섯 가지 쌓임〔五蘊〕의 겹구름으로 가려지고 막히게 되어, 중생은 〔그것을〕 보지 못한다."[192] 쌓임(skandhas)은 사람을 구성하는 심리적 집합체이다. 쌓임은 주희 체계에서 인간과 만물을 구성하는 '기'에 비견될 수 있지만, 분명 그것은 업에 의거한다. 또한 정각은 선종의 4대 조사 도신을 인용하면서, 그 수행에 대해 다음과 같이 말한다.

---

191 위의 책, 卷59, 1387, "性與氣皆出於天. 性只是理, 氣則已屬於形象. 性之善, 固人所同, 氣便有不齊處. 因指天氣而言如天氣晴明舒豁, 便是好底氣. … 到陰沉黯淡時, 便是不好底氣. … 又曰人之貧富貴賤壽夭不齊處, 都是被氣滾亂了, 都沒理會. 有淸而薄者, 有濁而厚者."
192 柳田聖山, 『禪の語錄2』, 146, "只爲五蘊, 重雲覆障, 衆生不見."

만약 안정된 마음을 얻는다면 더는 대상에 대한 염려〔緣慮〕가 없어진다. 자신의 자질에 맞게 고요하게 안정된다. 그리고 자신의 자질에 따라 온갖 번뇌의 소멸을 얻는다. 그러므로 새로운 업을 짓지 않게 되니, 이를 해탈이라고 이름한다.[193]

위의 구절들은, 주희의 사상체계와 여래장 교리 모두 빛나는 마음이 다양한 수준의 장애에 가려지는 것으로 설정되고 있음을 보여준다. 또한 주희와 여래장 사상 모두 자질〔分〕의 문제 및 사람들이 자질과 관련해 무엇을 할 수 있는지에 대한 문제를 제기한다. 이는 마음의 본질적인 밝음이 정신적 내지는 물질적 요소에 의해 가려졌을 때에도 마음이 어떻게 스스로 밝힐 수 있는지에 대한 질문과도 관련된다.

7. 자질

도학의 선구자 중 한 명인 장재는 기氣와 빛나는 마음을 볼 수 있는 능력의 차이에 대한 논의에서 '자질'이란 오래된 개념을 도입하였다. "사람 기질의 좋고 나쁨, 그리고 신분의 높고 낮음·수명의 길고 짧음의 이치 모두가 품수하여 고정된 자질 때문이다."[194] 이 자질은 사람의

---

193 위의 책, 249, "若得住心, 更無緣慮, 隨分寂定, 亦得隨分息諸煩惱畢, 故不造新, 名爲解脫."

194 『張載集』, 266, "人之氣質美惡與貴賤夭壽之理, 皆是所受定分."; Ira Kasoff, *The Thought of Chang Tsai (1020~1077)* (Cambridge,UK: Cambridge University Press, 1984), 73.

명命과 관련되어 있다. "그래서 명에 이른 자는 하늘이 품수한 바를 온전하게 하는 데 그칠 뿐이니, 본분本分에 더할 것이 없다."[195] 이 자질은 자연적으로 결정되어 "하늘이 명한 것이어서" 불교도의 업과도 유사해 보인다.

우리는 이러한 생각들을 유교와 불교의 사상사에서 모두 찾아낼 수 있다.[196] 일부 불교도들은, 존재(beings)에는 두 가지의 근본 범주가 있다고 보았는데, 그것은 바로 부처가 될 수 있는 자와 부처가 될 수 없는 자이다. 후자의 경우를 일천제(一闡提, icchantika)라 부르는데, 불성이 결여된 존재로 간주된다. 모든 인간에게 불성이 있느냐는 문제에 대해 중국에서는 의견이 양분되었다. 남북조시대에 남조의 귀족이나 사인(승려 포함)들은 고귀한 사람만이 불성을 지니고 있으며 일천제에게는 불성이 없다고 믿었다. 따라서 일반 대중들은 부처가 될 자격이 없는 것으로 간주되었다. 일반 대중들은 성인이 될 수 없다고 본 동시기의 유교적 해석처럼 말이다.[197]

공 개념 및 『승만경』의 "여래장에 대한 지혜는 여래의 공에 대한

---

195 『張載集』, 234, "然至於命者止能擴全天之所稟賦, 本分者且不可以有加也."

196 예를 들자면, 불교 이전에 '보응報應'을 믿었던 '유교' 측 자료를 모은 李申, 『儒敎報應論』(北京: 國家圖書館出版社, 2009) 참조.

197 Walter Liebenthal, "The World Conception of Chu Tao-sheng," *Monumenta Nipponica* 12(1956): 92-93; 藤堂恭俊·塩入良道 編, 『アジア仏敎史 中國編I 漢民族の仏敎』(東京: 佼成出版社, 1975), 171-172에서는 당시에 귀족과 평민 사이에 엄격한 신분적 구분이 존재하였으므로 모든 중생에게 불성이 있다는 도생(道生, 약 360~434)의 교리가 받아들여지는 데 어려움이 있었음을 강조한다. 배워서 성인이 될 수 없다는 점에 대해서는 다음 절을 참조할 것.

지혜이다(如來藏智是如來空智)"[198]라는 구절에 근거하여, 도생(약 360~434)과 몇몇 승려들은 모든 중생에게 불성이 있다고 주장했다. 이러한 견해가 중국에서 유행했지만, 7세기 초반 현장은 본성〔姓, gotra〕에 일천제를 포함한 다섯 가지 유형이 있다는 견해를 소개하였다. 이러한 생각은 여타의 불교집단으로부터 확고히 거부되었다.

한편 유학자들도 사람이 품수한 기의 유형에 따라 인간 본성의 등급이 존재한다고 주장했다. 이러한 주장은 대표적인 유교 사상가인 황간(皇侃, 488~545)이 자세히 논의하였다.

인간 본성은 사람이 태어날 때 품수한 것이다. 습관이란 태어난 이후의 수많은 의례들을 항상 행하고 익힌 일을 말한다. 사람은 천지의 기를 태어날 때 품수한다. 비록 품수한 기에 두텁고 얕은 차이가 있지만 모두들 기를 품수한다.[199]

품수한 기에 차이가 있다는 생각은 아마도 왕충(王充, 27~약 100)의 이론에 기반하고 있을 것이다. 황간은 인간 본성에는 세 등급이 있고 그 차이는 기의 맑고 탁한 여부에 의거한다고 주장했다. 인간 본성

---

[198] Wayman, *Lion's Roar*, 99; Takasaki Jikidō, *A Study on the Ratnagotravibhāga (Uttaratantra): Being a Treatise on the Tathāgatagarbha Theory of Mahāyāna Buddhism* (Rome: Istituto Italiano per il Medio ed Estremo Oriente, 1966), 37.

[199] John Makeham, *Transmitters and Creators: Chinese Commentators and Commentaries on the Analects* (Cambridge, MA: Harvard University Asia Center, 2003), 99, "性者, 人所禀以生也. 習者, 謂生後有百儀常所行習之事也. 人具禀天地之氣以生, 雖復厚薄有殊而同是禀氣."

가운데 성인과 어리석은 이의 두 등급은 변화되지 않는데, 태어날 때부터 그 두 등급의 품수된 바가 고정되어 있기 때문이다. 황간은 그 인성의 등급들을 분分이라 부른다. 이러한 견해들은 당대唐代에도 통용되었으며, 맑고 탁한 기에 따라 인간 본성이 세 등급으로 나뉜다는 점은 공영달(孔穎達, 574~648)의 『예기정의禮記正義』나 한유韓愈의 저술들에서 찾아볼 수 있다.[200]

장재와 주희에게서 사용된 본분本分이라는 용어는[201] 대혜 종고에게서도 채택되었다.[202] 본분에 대한 가장 초기의 언급은 아마도 『순자』일 것이다. 여기에서 본분은 '사물 그 자체'와 같은 것을 의미하는 데 사용되었다. "[맹자에서 말한 사단과 같은] 단서·시작을 보려는 것은 그 본래의 모습[本分]을 보려는 것만 못하다."[203] 그러나 분의 결정적인 용례는 곽상(郭象, 312 사망)과 상수(向秀, 약 221~약 300)의 『장자莊子』 주석서에 나타난 몫 내지는 자질이란 의미이다. 거기에서 그것은 "능력이나 성향의 타고난 '몫'"을 의미한다. 주석에서는 "천성은 각자가 받은 본분이니, 어느 누구도 여기에서 도망칠 수도 없고 어느 누구도 여기에 더할 수도 없다"[204]라고 말했다.

선불교문헌에서 본분이라는 용어는, 952년 『조당집祖堂集』의 '영암

---

200 Makeham, *Transmitters*, 99, 102, 109, 115, 166.

201 『張載集』, 234; 『朱子語類』, 卷6, 101; 卷13, 243; 卷22, 520.

202 荒木見悟, 『大慧書 禪の語錄17』, 95.

203 『荀子』, 「非相」, "見端不如見本分."

204 Erik Zurcher, *The Buddhist Conquest of China* (Leiden: Brill, 1959), 90-93, "天性所受各有本分, 不可逃, 亦不可加"를 약간 수정함.

혜종靈巖慧宗’ 조목에서 처음으로 등장한다.

> 어떤 스님의 질문: 어떤 것이 배우는 사람의 자기 본분입니까?
> 선사의 답변: 순수한 금을 버리고 기와조각을 주워서 무엇에
> 쓰겠는가?[205]

이후, 원오 극근(圜悟克勤, 1063~1135)은 1125년 이후의 어느 시점에 대혜에게 보내는 서신에서, 마조와 황벽(黃檗, 850 입적)이 가르치고 수행한 과정의 모든 행위들이 "그들의 선천적 자질에 근거하고 있다"고 썼다.[206] 선불교에서 본분은 정신적 능력 내지는 마음의 본성으로 잠재적인 것을 의미한다.[207]

주희는 본분의 선불교적 용례에 대해 확실히 인지하고 있었다. 주희는 『맹자』의 "공자께서는 극단적인 일을 하지 않으셨다"는 구절에 대해 언급하면서 이렇게 말하였다. "'공자께서 극단적인 일을 하지

---

205 孫昌武·衣川賢次·西口芳男 編, 『祖堂集』, 卷2 (北京: 中華書局) "僧問如何是學人自己本分事? 師云抛却眞金, 拾得瓦礫作什摩."

206 荒木見悟, 『大慧書 禪の語錄17』, 246.

207 선불교 용어학의 권위자인 無著道忠(1653~1744)은, 대혜의 본분本分 용례 가운데 하나에 대해 다음과 같이 설명한다. "본분을 가家로 쓰는 것은 본심과 본성이 자기의 본분이기 때문이다[本分作家者, 本心本性是自己本分也.]." 『大慧普覺禪師書栲栳珠』 영인본 (京都: 禪文化硏究所, 1997), 505b. 無著道忠은 정분定分에 대해 다음과 같이 설명한다. "본래 자기에게 할당된 분량分量이 … 정분이다(本來當己之分量 … 定分)." 『葛藤語箋』(東京: 駒澤大學禪宗辭典編纂所, 1959), 78a-79a.

않으셨다'는 것은 성인께서 하시는 일은 본분 밖에 있는 것을 조금이라도 더하지 않았음을 말씀하신 것이다. 몽둥이를 여덟 방 맞아야 한다면, 오직 여덟 방만 맞아야 하는 것과 같다."[208]

개개별마다 다르고 모든 지각 있는 존재들에게도 확장되어 사용되는 몫 내지 자질이란 관념(分)은, 그것이 맹자의 성선 개념이건 불교의 불성 개념이건 간에 개인이 깨달음을 얻거나 '견성할 수 있는' 개인적 능력에 대한 이해에 영향을 끼쳤다. 기가 하늘에서부터 할당되건 그렇지 않건, 업에 시작이 있건 없건 간에 말이다.

8. 누가 밝음을 볼 수 있는가? 모든 사람은 성인이 될 수 있는가?

여래장 사상과 주희 모두 마음의 근원적 빛이 우연적인 오염물질 혹은 혼탁한 기―그것의 몫 내지 자질은 개인마다 다르다―에 의해 가려지거나 은폐된다고 주장하였다. 오로지 성인만이 온전하고 순수한 기를 가지고 있다. (그리고) 오직 열반에 든 부처만이 모든 업을 소멸시켰다. 모든 사람이 이러한 오염물질을 직시하고 제거할 수 있는 능력을 가지고 있는가? 아니면 사람들이 타고난 능력에 상관없이 오염물질의

---

208 『朱子語類』, 卷57, 1339, "四尼不爲已甚, 言聖人所爲, 本分之外不加毫末. 如人合喫八棒, 只打八棒." '몽둥이 여덟 방'은 선불교에서 유래한 것으로 매우 유명한데, 이는 "몽둥이 여덟 방이 열세 방과 같다(八棒對十三)"로 요약되곤 한다. 駒澤大學禪學大辭典編纂所 編, 『禪學大辭典』, 上卷 (東京: 大修館書店, 1978), 1024b. 이는 또한 우스갯말이기도 한데, 몽둥이 여덟 방이 너무 세서 몽둥이 열세 방과도 같다는 의미이다. 몽둥이 여덟 방은 태형에서 가장 가벼운 처벌이었다.

정도가 오염물질을 꿰뚫어볼 수 있는지의 여부를 결정하는가?[209]

여래장 혹은 불성 이론의 지지자들은 오래전부터 중생들이 불성을 가지고 있으므로 중생들은 그들의 불성을 분별해낼 수 있고 부처가 될 수 있다고 주장해왔다. 이는 또 대승불교의 사홍서원四弘誓願과도 관련이 있는데, 보살은 모든 중생이 해탈할 때까지 열반에 들지 않겠다고 약속하였다. 깨달은 상태에 이를 수 있는 보편적 가능성 즉 불성에 대한 생각은, 중국에서는 축도생(竺道生, 약 360~434)에 의해 시작되었다. 나무가 스르륵 베어지다가 마지막 일격에 의해 〔결국〕 잘리는 것처럼, 도생은 점진적인 수행 과정 이후에 누구나 단박에 깨우칠 수 있다고 말하였다. 도생의 견해는 유명한 시인 사령운(謝靈運, 385~433)이 422년에 쓴 『변종론辨宗論』에서 널리 알려졌는데, 이 문헌은 선불교-남종선에서의 보편적 불성 관념과 불성·돈오돈수론 간의 결합-에 영향을 끼쳤다.[210]

배워서 성인이 될 수 있는지에 대한 주제를 다룬 최초의 현대학자인 탕용통(湯用彤, Tang Yongtong)은 모든 사람이 배워서 성인이 될 수 있다고 주장에 대해서 정이천을 인용하였다. 그런데 탕용통의 주장에

---

209 이 책의 5장에 있는 Makeham의 관련 논의를 참조할 것. 여기서 Makeham은, 주희에게 있어 사람의 기질이 "마음의 인지적, 정의적, 의지적 인식에 대한 한계를 결정하고, 그에 따라 도덕적 의사결정에 대한 적절한 통제력을 행사할 수 있는 능력"을 결정하는 지의 여부를 검토한다.

210 도생과 사령운이 송대 도학에 '누구나 배워서 성인이 될 수 있다'는 아이디어를 제공했다는 논지는, 湯用彤의 논문에서 처음 제기되었다. 「謝靈運辨宗論書後」, 『魏晉玄學論稿』(上海: 上海古籍出版社, 2001). 선불교에 대한 그 영향에 관해서는 Jorgensen, *Hui-neng*, 457, 471 참조.

따르면, 선진先秦 시기의 유학자들은 모든 사람이 성인(즉 요순)이
될 수 있다고 보았지만 배움에 의한 방식은 아니라고 생각했다. 즉
선진 시기에 성인은 태어나는 것이지 (그리고 누구라도 그렇게 태어날
수 있기에) 만들어지는 것이 아니다. 성聖은 타고난 덕이지, 습득되는
덕이 아니라고 본다.[211] 이러한 견해는 한대의 『논형』과 『한서漢書』와
같은 문헌에서 반박되었다. 도교 문헌인 『포박자抱朴子』는 신선은
다른 종류의 기를 품수한다는〔稟異氣〕이론을 더했다.[212] 탕용통의

---

211 Donald J. Munro, *The Concept of Man in Early China* (Stanford, CA: Stanford
University Press, 1969), 2, 14에서는 다음과 같이 말하고 있다. 모든 인간이
'계산지심'이나 '생물학적인 동일성'을 가지고 있었다는 점에서 인간 사이에
자연적 평등(natural equality)을 지지하는 관념이 〔고대 중국에〕 존재했다.
요임금과 순임금도 "다른 사람들과 똑같으며", 누구든지 부지런함으로써 그
성인의 지위에 도달할 수 있다고 보았다. 〔Munro의 이러한 설명과는 달리〕
요임금과 순임금에 대한 『맹자』 4B.32의 인용구는 부지런함이나 배움을 언급하
고 있지 않다. 오히려 『맹자』에서는 "무릇 동류인 것은 대부분 서로 비슷하니
〔似〕… 성인도 나와 동류이다(6A:7)"라고만 하였다. 이에 반해 순자는 모든
사람이 요임금이나 우임금이 〔실제로〕 될 수 있다고 말했다(13). 또 다른
한편 공자는 "내 어찌 감히 성인과 인자仁者가 될 수 있는가?(『논어』, 7:34)"라고
하였다. 여기에서 Munro는 '이상적인 인간'과 '현실적인 인간' 사이에 약간의
혼란이 있었다고 언급한다(72). 그러면서 그는 "유학자들에게 있어서 성왕聖王
은 좀처럼 이룰 수 없는 숭고한 이상이었다"라고 결론 내린다(115). 일반적으로
공자와 맹자는 모든 인간이 동류라고 말했으며 〔성인의 모습을〕 본받거나
교육받음으로써 성인과 비슷해질 수 있을 것이라고 말했는데, 다만 그럴지라도
성인은 될 수 없다고 생각했다. 공자조차도 자기 스스로 성인이라고 인정하지
않았다. 그러나 순자는 사람들이 노력으로 성인이 될 수 있다고 보았다. 필자가
보기에 〔이러한 순자의 경우를 통해, 고대 중국에서 배움으로 성인이 될 수
없다고 생각했다는〕 탕용통의 일반적 가설을 기각하기에는 불충분하다고 본다.

논고를 엮은 편집자들―역자 주: 탕이제湯一介와 순상양孫尙揚임―이 작성한 '머리말〔導讀〕' 부분에 따르면, 후한 시기의 논자들 심지어 왕필(王弼, 226~249)마저도 "성인을 다른 사람보다 뛰어나게 만드는 것은 그의 빛나는 통찰력〔神明〕 때문"이라고 생각했다. 이는 배워서 성인이 될 수는 없지만, 배움은 여전히 가치 있음을 암시한다. 탕이제와 순상양은, 황간이 학습을 통해 성인에 가까워질 수 있으나 최후의 간극을 메꿀 수는 없다고 언급한 것에 주목한다. 아마도 그것은 기의 품수 때문일 것이다. 실제로 황간의 생각 중 일부는 왕필로부터 온 것이다. 또한 황간은 공자는 "선천적으로 지식을 부여받았으므로" 배우지 않았고, 따라서 다른 사람들이 배워서 성인이 되는 것은 불가능하다고 믿은 것 같다.[213]

탕용통의 주장에 따르면, 황간이 활동하기 이전에는 도생이 중생은 부처나 성인이 될 수 있다고 주장했다. 사령운은 당시의 유학자들이 〔공자가 가장 아꼈던〕 안연마저도 성인이 될 수 없다고 생각했다고 지적하였다.[214] 사령운은 도생의 이론에 기초해 부처는 성취될 수는 있지만 배워서 될 수는 없다고 주장하였다. 그러나 도생은 단박의 깨달음이 가능하기 전까지는 점진적인 수행과 지도가 필요하다고 규정하였다.[215] 배움이 필요하건 그렇지 않건 간에, 탕용통은 도생의

212 湯用彤, 「謝靈運辨宗論書後」, 103-104.

213 Makeham, *Transmitters*, 110, 112, 116-117, 119, 123.

214 湯用彤, 「謝靈運辨宗論書後」, 105; 『廣弘明集』, T52.2103, 225a1, 226a24-25; Makeham, *Transmitters*, 153.

215 이 책의 「서론」, 34-36. 이 구절은 T52.2103, 225a3-6으로 Makeham,

논지 전개가 성인 개념에 현격한 변화를 가져왔고 기의 편박함에도 불구하고 누구나 배워서 성인이 될 수 있다는 정이천의 주장에 근거를 제공했다고 본다.[216] 의미심장하게도, 도생 역시 기와 불성에 관한 문제를 다루었다는 증거가 있다. 법현(法顯, 약 337~422)이 "일천제를 제외한다면, 모든 존재가 불성을 가지고 있습니까?"라고 묻자, 도생은 다음과 같이 답변하였다.

기의 두 양식〔음과 양〕을 품수한 중생은 그들 스스로가 열반을 얻을 수 있는 바른 원인이다. 일천제는 중생의 부류인데, 어찌 불성이 없을 수 있겠는가? 〔일천제가 불성이 없다는〕 이 생각은 『열반경涅槃經』이 불완전하게 번역되었기 때문이다.[217]

Transmitters, 153; Jorgensen, *Hui-neng*, 471에서 인용함. "고요히 비춤이 미묘하여 〔배움의〕 계급을 용인하지 않는다. 배움을 거듭함이 끝이 없거늘, 어찌 스스로 끊겠는가? 지금 석가모니에게서는 점오漸悟를 버리고 그 능히 〔깨우치는 경지에〕 이를 수 있음을 취하며, 공자에게서는 〔성인의 경지가〕 가깝다는 것〔殆庶〕을 버리고 그 즉각적인 달성〔一極〕을 취한다(寂鑒微妙不容階級, 積學無限何爲自絶? 今去釋氏之漸悟而取其能至, 去孔氏之殆庶而取其一極.)." 이 인용문에서 알 수 있듯, 두 이론을 합치려는 시도는 도생이 아닌 사령운에게서 이루어졌을 것이다. 도생은 나무를 베는 은유에서처럼 갑작스러운 돌파가 있을 때까지 점진적인 실천적 수양이 여전히 요구된다고 주장했다. 도생은 자기 자신의 저술에서, 돈오가 이루어지기 전까지는 점수가 필요하다고 말하고 있다. 陳沛然, 『竺道生』(臺北: 東大圖書公司, 2011), 146. 또한 Jorgensen, "The Earliest Text of Ch'an Buddhism" (MA diss., Australian National University, 1979), 47-62, 나무를 베는 은유에 대해서는 특히 53-54 참조.

216 湯用彤, 「謝靈運辨宗論書後」, 104.

217 圓宗(865 입적), 『一乘佛性慧日抄』, T70.2297, 173c10-13, "稟氣二儀者皆是涅

즉, 일천제를 포함한 일체중생은 불성을 선천적으로 품수했다. 도생이 활동하던 시기에 중국 불교도들이 쓴 여러 문헌들에서 기의 품수에 대한 언급을 찾을 수 있지만,[218] '품수된 기'와 '깨달은 자가 될 수 있는 보편적 잠재력' 간에 도생이 설정한 이 연결고리는 이후에 가장 큰 영향력을 끼쳤던 것으로 보인다.[219]

도생이 이러한 진술을 한 후에 그는 『열반경』의 새로운 번역을 통해 자신이 정당하다고 주장하였다. 『열반경』에서는, 모든 존재는 어느 누구도 예외 없이 불성 즉 부처가 될 수 있는 잠재성을 가지고 있다고 명시적으로 진술하였다. 이후에 도학자 중 일부가 모든 사람이 성인이 될 수 있다는 가능성을 받아들였지만, 황간을 추종하며 『변종론』에 영향을 받은 대다수는 〔모든 사람이〕 깨달아서 성인이 될 수 있다는 주장을 받아들이지 않았다.[220] 도생의 사상은 선불교의 초기 문헌에서 등장하므로, 선불교에 미친 도생의 영향력은 상당하였다.[221] 비록 종밀과 같은 후대의 선불교 사상가들이 도생의 점수-돈오의

槃正因, 三界受生蓋惟惑果. 闡提是含生之類, 何得獨無佛性? 蓋此經度未盡耳." 이는 寶唱이 약 502년에 편집한 『名僧傳』519에서 인용함. (寶唱의 텍스트에 대해서는 Zurcher, *Buddhist Conquest*, 10 참조.) 또한 珍海(1152 입적), 『三論玄疏文義要』, T70.2299, 290c25-28 참조.

218 특히 『弘明集』과 종밀의 후기 저술에서 영향을 받은 것으로 보이는데, 이는 추가적인 조사가 필요하다.

219 예를 들어 Berger, *Encounters of Mind*, 134가 인용한 종밀의 『原人論』을 참조.

220 Jorgensen, *Hui-neng*, 470; Makeham, *Transmitters*, 150-151.

221 Jorgensen, "The Earliest Text of Ch'an Buddhism," 59-61.

순서를 바꾸긴 했지만, 도생의 영향력은 지속되었다. 따라서 도생이 도학에 기여했다는 탕용통의 주장은 어느 정도 타당하긴 하지만, 주희와 같은 대표적인 도학자들은 누구나 성인이 될 수 있다는 가능성에 대해 양가적인 입장을 취했다는 것을 염두에 둘 필요가 있다. 주희는 안연이 성인이 될 수 있었다고 주장한다. 하지만 동시에 안연은 성인이 되고자 하는 욕망으로 인해 계속 〔성인의 경지에〕 이르지 못했으므로 그러한 힘씀을 멈출 필요가 있었다고 보았다.[222] 고된 수행 이후에 욕망을 내려놓아야 한다는 견해는, 깨달음에 대한 기대를 비난한 대혜 종고의 화두 수행과도 닮아 있다.

> 깨달음을 구하는 마음을 앞에 놓아두는 일은 스스로 장애물을 만드는 것과 다른 게 아니네. 그대가 시험 삼아 이와 같이〔화두법을 의미함〕 공부한다면, 날이 가고 달이 깊어질수록 저절로 도리에 합치될 것이다. 만약 깨달음을 기다리는 마음을 갖거나 쉬기를 기다리는 마음을 가지려 한다면 … 미륵彌勒이 이 세상에 내려오더라도 깨달을 수가 없네.[223]

반면에 기의 품수가 하늘에 의해 결정된다면—여러 곳에서 주희는 공자가 성인으로 태어났다고 말한다[224]— 성인 혹은 깨달은 자가 될 수

---

222 Makeham, *Transmitters*, 248.

223 荒木見悟, 『大慧書 禪の語錄17』, 15; T47.1998A, 917c8-11, "以求悟證之心在前頓放, 自作障難, 非干別事. 公試如此做工夫, 日久月深自然築著磕著. 若欲將心待悟將心待休歇 … 到彌熊下生, 亦不能得悟."

있다는 희망을 품은 모든 도덕적 가르침에 치명적인 결함이 될 것이다. 게다가 〔좋지 않은 기를 품수하면〕 성인을 알아차리는 것도 불가능했던 것 같다.

혹자의 질문: 정현의 주에서는 "오직 성인이어야만 성인을 알아볼 수 있다"고 했습니다. 앞의 성인은 사람〔=성인〕을 말하는 것이고, 뒤의 성인은 '성인의 도'를 말한 것이 아니겠습니까?
주희의 답: 뒤의 것도 성인을 말한 것이다. 오직 그러한 사람〔=성인〕이어야만, 지극히 진실한 도가 실현되기 시작할 수 있다.[225]

다른 곳에서 주희는 『논어』의 "아래에 있는 것을 배우고 위에 있는 것에 통달하니, 나를 알아주는 것은 하늘일 것이네"[226]라는 구절에 대해 언급하며 다음과 같이 말한다.

'아래에 있는 것을 배우고 위에 있는 것에 통달한다는 것〔下學上達〕'

---

224 『朱子語類』, 卷25, 614, "혹자의 질문: 공자께서 하나라와 은나라의 예에 대해서 말씀하셨지만 이에 대해 증험하지는 못하셨습니다. 당시의 문헌이 부족하기 때문인데, 공자께서는 〔하나라와 은나라의 예에 대해〕 어떻게 알 수 있으셨던 것입니까?/ 주희의 답변: 성인께서는 태어나면서부터 저절로 알아 총명한 분이니, 알지 못하는〔않는〕 바가 없다(或問孔子能言夏殷之禮而無其證. 是時文獻不足, 孔子何從知得? 曰聖人自是生知聰明, 無所不通.)."

225 위의 책, 卷32, 1597, "鄭氏注云唯聖人乃能知聖人. 恐上面聖人是人, 下面聖人只是聖人之道耳. 曰亦是人也. 惟有其人, 而後至誠之道乃始實見耳."

226 『論語』, 「憲問」, "下學而上達, 知我者其天乎."

은 하늘 및 사람의 일과 이치를 완전히 관통하여 털끝만한 틈도 없다는 의미이다. 성인〔=공자〕의 이른바 '상달'이라 한 것은, 〔성인께서는〕 하나를 들면 모두를 깨우치실 뿐이어서 굳이 아래에 있는 것을 배우는 것을 기다려 위에 있는 것에 통달하는 것으로 나아갈 필요가 없다는 것이다. 성인은 하늘과 같고, 일반적인 사람은 하늘과 같이 될 수 없다. 오직 하늘만이 사람들의 수많은 병폐가 존재하지 않으니, 그래서 하늘만이 〔전부〕 알 수 있다. 하늘이 진실로 〔개별적인〕 지식들을 가지고 있어 능히 아는 것은 아니다. 그러나 성인께서 이 이치를 가지고 있는 한, 하늘 역시 이 이치를 가지고 있다. 그러므로 성인의 오묘한 점은 그 홀로 〔하늘과〕 계합한다는 점이다. 불교도들도 "오직 부처만이 부처를 알 수 있다"라고 말하니, 바로 이 뜻이다.[227]

결국 주희는 모든 사람이 성인이 될 수 있다는 가능성을 부정하면서, 황간의 입장을 따랐다.[228] 이런 점에서 주희는 모든 사람이 깨달은 자(더 나아가 부처)가 될 수 있다고 본 여래장 및 선불교의 논조를 실제적으로 거부하였다. 종밀은 일승一乘의 가르침에 대해[229] "일체중

---

227 『朱子語類』, 卷34, 889, "下學上達, 是天人事理, 洞然透徹, 無一毫之間隔. 聖人所謂上達, 只是一擧便都在此, 非待下學後旋上達也. 聖人便是天, 人則不能如天. 惟天無人許多病敗, 故獨能知之. 天非眞有知識能知, 但聖人有此理, 天亦有此理, 故其妙處獨與之契合. 釋氏亦云, 惟佛與佛, 乃能知之. 正此意也." 이 구절의 불교 원문은 『法華經』, T9.262, 5c10-11에서 인용한 것임.

228 Makeham, *Transmitters*, 250.

229 여기에서 '일승一乘'은 『法華經』에서 온 아이디어로, 중생을 열반으로 이끄는

생 모두 불성이 있다. 무릇 마음이 있으면 반드시 부처가 될 것이다"[230] 라고 말한 바 있다.

대조적으로 주희는 동물(중생의 하위 집합)은 도를 깨달을 수 없고 성인이 될 수 없다고 주장하였다. 주희에 따르면, 동물에게는 도덕 원칙―역자 주: 인·의·예·지의 사덕四德을 일컬음―이 일부만 할당되지 만, 인간에게는 그것이 온전하게 부여되었다. 혹자가 "개, 소의 본성과 사람의 본성이 같지 않으니, 천하는 어찌하여 수많은 본성들을 갖게 되었습니까?"라고 묻자, 주희는 "사람은 효孝·제悌·충忠·신信이 있지 만, 개와 소 또한 어버이를 섬기기를 효로서 하고 군주를 섬기는 데 충으로서 할 수 있겠는가?"라고 답하였다.[231] 다른 곳에서도 주희는 비슷하게 주장하였다.

우리는 마땅히 '같은 것 가운데 다른 것'과 '다른 것 가운데 같은 것'을 분별해야 한다. 〔본성이〕 처음에 어찌 달랐겠는가? 〔본성 이〕 기에 떨어지자, 그 조잡한 부분이 서로 같았을 뿐이다. 배고플 때 먹고 목마를 때 마시는 것, 이익을 좇고 해를 피하는 것은 인간과 짐승 모두가 그러한 것이다. 만약 이 이치를 모른다면,

---

데 오직 하나의 참된 수레만 존재한다는 것이다. 이 한 수레에는, 부처가 학생들의 이해를 돕기 위하여 학생들의 다양한 역량에 맞게 여러 방편으로 가르친 여타의 모든 수레가 포함된다. Gregory, *Tsung-mi*, 102 참조.

230 鎌田茂雄, 『禪源諸詮集都序』, 201; T48.2015, 408c21, "一切衆生皆有佛性. 凡是有心定當作佛."

231 『朱子語類』, 卷59, 1377, "問犬牛之性與人之性不同, 天下如何解有許多性? 曰人 則有孝悌忠信, 犬牛還能事親孝, 事君忠也無?"

〔사람은〕 짐승과 같은 게 된다. … "뭇사람은 없애고 군자는 보존한다"[232]는 말은 모름지기 그 다른 바를 보존해야 한다는 것이니, 짐승과 다른 바를 구별해야만 한다. 꿈틀거리고 움직이는 모든 것에 불성이 있어 우리 모두가 〔짐승과〕 같다고 말할 수는 없다.[233]

주희에게 불교의 불성은 『맹자』에서 고자가 말한 본성〔生之謂性〕과 유사하다. 인간과 동물의 차이는 실제로는 기의 차이에서 기인한다. 이러한 기의 차별성이 그들 모두가 부여받은 도덕 원칙을 얼마나 많이 드러나게 할 수 있는지를 결정한다. 주희가 말하기를, 고자나 불교도들과 달리 맹자는 동물과 인간이 부여받은 기의 차이에 대해서는 말하지 않았고 원리〔理〕로서의 도덕적 본성에 대해서 말하였다.

혹자의 질문: 땅강아지와 개미에게도 군신 관계가 있으니, …
이 역시 이치입니다.
주희의 답변: 저것들에게도 이치가 조금은 있겠지만, 〔이치를〕
온전히 구비한 사람과는 같지 않다.[234]

---

232 『孟子』,「離婁下」, "人之所以異於禽於獸者幾希, 庶民去之, 君子存之."

233 『朱子語類』, 卷59, 1389, "須是去分別得他同中有異, 異中有同, 始得. 其初那理
未嘗不同. 才落到氣上, 便只是那粗處相同. 如飢食渴飲, 趨利避害, 人能之,
禽獸亦能之. 若不識箇義理, 便與他一般也. … 庶民去之, 君子存之, 須是存得這
異處, 方能自別於禽獸. 不可道蠢動含靈皆有佛性, 與自家都一般."

234 위의 권, 1377, "或問如螻蟻之有君臣 … 此亦是理. 曰他只有這些子, 不似人具得
全." 이전의 원고를 바로잡아준 출판부의 익명의 검토자에게 감사드린다.

소의 순한 본성과 … 땅강아지와 개미의 의로운 본성이 오상五常의 본성일지라도, 품수한 바가 적으니, 사람이 온전히 품수한 것과는 같지 않다.[235]

주희는 불교를 비판하기 위하여, 인간이 짐승과 달리 품수한 것을 보존해야 하는 것에 대해 다음과 같이 정교하게 설명했다.

굶주릴 때 먹고 목이 마를 때 마시는 것 따위는 모두 〔사람과〕 짐승이 같은 것이다. 불교도들은 "작용이 본성이다"라고 말했다. 혹자가 "무엇을 작용이라고 합니까?"라고 물었다. 이에 불교도들은 "눈에 있어서는 보는 것이요, 귀에 있어서는 듣는 것이다. … 발에 있어서는 움직여서 다니는 것이니, 두루 나타나면 수많은 모래알 수와 같은 세계를 꾸리고 거두어들이면 한 티끌에 있다"라고 하였다. 이는 〔사람과〕 짐승이 같은 바를 말한 것뿐이다. 사람이 짐승과 다른 점은, 어버이와 자식 사이에 친함이 있으며 임금과 신하 사이에 의로움이 있으며 … 어르신과 어린이 사이에 서열이 있으며, 친구 사이에 믿음이 있다는 점이다. 불교도들은 〔이런 다른 점을〕 보존하고 있지 않다.[236]

---

235 위의 책, 卷62, 1490, "如牛之性順, … 螻蟻之義, 卽五常之性. 但只稟得來少, 不似人稟得來全耳."

236 위의 책, 卷57, "饑食渴飲之類, 皆其與禽獸同者也. 釋氏云作用是性. 或問如何是作用? 云在眼曰見, 在耳曰聞. … 在足運奔, 徧現俱該沙界, 收攝在一微塵. 此是說其與禽獸同者耳. 人之異於禽獸, 是父子有親, 君臣有義 … 長幼有序, 朋友有信. 釋氏元不曾存得." 유사한 구절로는, 선불교와 『孟子』를 구체적으로 언급하

그렇지만 주희는 도가 일상생활에 현현한다는 점을 수용했는데, 『중용』에서 "도는 잠시라도 떠날 수 없다〔道也者, 不可須臾離也〕"라고 말하기 때문이다. 주희는 이 구절에 대해 다음과 같이 해설한다.

『중용』에서는 일상적 행위가 도리와 합치됨을 말하는데, "임금이 되어서는 인에 머물고, 신하가 되어서는 경에 머물고, 자식이 되어서는 효에 머문다"는 그런 것이다. … 대개 불교도들을 일상적 행위의 도리를 알지 못하고, 다만 이 사물을 공하게 지킬 뿐이면서 이를 도라고 부르니, 『중용』과는 같지 않다.[237]

주희의 비판 대상은 마조 도일의 선이었다. 왜냐하면 주희가 마조의 제자 중 한 명인 방온(龐蘊, 740~808)의 유명한 구절을 언급했기 때문이다.

만약 먹고 마시고 일하고 숨 쉬는 것을 도라고 말한다면 옳지 않은데, 이러한 주장은 방 거사의 "신통과 묘용은 물을 긷고 나무하는 것이다"의 게송과 마찬가지로 병폐가 있다. … 이는 불교에서 "작용이 본성이다"라고 말한 것과도 같다. 옳고 그름을 따지지 않고 오직 옷을 입고 먹고 일하고 숨 쉬고 보고 듣는 것이 도라고

고 있는 『朱子語類』, 卷59, 1376 참조.

[237] 위의 책, 卷62, 1496, "中庸所言是日用常行合做底道理, 如爲人君止於仁, 爲人臣止於敬, 爲人子止於孝. … 蓋釋氏不理會常行之道, 只要空守著這一箇物事, 便喚做道, 與中庸自不同."

158

주장한다. 내가 말할 줄 알고 할 수 있는 것이 … 곧 신통과 묘용이라고 주장하며, 도리가 어떤지를 다시 묻지 않는다. 유교에서는 도리를 탐구해야 하며, 그것만이 도이다. 선불교의 노승은 "붉은 살덩어리 위에 무위진인無位眞人이 있다"고 말했으니 … 그는 도리를 인식하며 희롱할 뿐이다.[238]

주희는 선불교도들을 비난했는데, 도[의 발견]는 리에 대한 탐구로 이루어지며 단지 행위나 작용의 차원에서는 도가 발견되지 않음을 그들이 이해하지 못했다는 게 이유이다. 위 인용문의 '선불교의 노승'은 그 유명한 임제 의현(866 입적)인데, 임제는 주희의 시대에 주류 선불교의 원천으로 여겨졌고 마조 계통으로 간주되었다. [그렇기에] 마조선에 대한 주희의 공격은 어떤 면에서는 마조선에 대한 종밀의 비판과 공명하고 있다.

홍주종은 이렇게 생각한다: 마음을 일으키고 생각을 움직이며 손가락을 퉁기고 눈을 깜빡이는 등의 모든 행동이 모두 불성 전체 작용이니, 이 이외에 다른 작용은 없다. 탐하고 성내며 어리석고 선과 악을 짓고 고통과 즐거움을 받는 것 전체가 모두 불성이다.

---

238 위의 책, 卷62, 1497, "若便謂食飮作息者是道, 則不可, 與龐居士神通妙用, 運水搬柴之頌一般, 亦是此病. … 佛家所謂作用是性, 便是如此. 他都不理會是和非, 只認得那衣食作息, 視聽擧履, 便是道. 說我這箇會說話底, 會作用底 … 便是神通妙用, 更不問道理如何. 儒家則須是就這上尋討箇道理方是道. 禪老云赤肉團上, 有一無位眞人. … 云云, 他便是只認得這箇, 把來作弄."

마치 밀가루로 갖가지 음식을 만들면 그 음식들이 모두 밀가루인 것과 같다. 생각하건대 뼈·살·목구멍·혀·이빨·눈·귀·손·발 등 네 가지 요소로 이루어진 이 몸을 조사해보면, 〔그 자체만으로는〕 말하고 보고 듣고 움직이고 행동할 수 없다는 것을 알 수 있다. 가령 잠깐 사이에 목숨이 끊어져 몸이 조금도 허물어지지 않았을 적에, 입은 말을 할 수 없고 눈은 보지 못하며 귀는 듣지 못하고 다리는 걷지 못한다. … 그러므로 말하고 행동할 수 있는 것 자체가 불성 〔때문〕임을 알 수 있다. 또 땅·물·불·바람의 네 가지 요소와 뼈와 살도 하나하나 분해해보면, 그 어느 것도 탐하고 성내고 어리석을 수 없다. 그러므로 탐욕과 성냄과 어리석음의 번뇌 역시 분명 불성임을 알 수 있다.

불성의 본체는 일체의 여러 가지 물건을 차별하지 않지만 그것은 능히 일체의 여러 가지 차별의 물건을 만들어낸다. 그 본체가 여러 가지가 아니라는 것은 이른바 그 성품은 범부도 아니고 성인도 아니며, 인因도 아니고 과果도 아니며, 선도 아니고 악도 아니라는 것이다. … '그것이 여러 가지를 만든다는 것'은 이른바 그 성품은 곧 본체의 작용이므로 범부도 되고 성인도 되며, 원인도 되고 결과도 되며, 선도 되고 악도 되며, … 부처도 되고 중생도 되며, 또는 탐욕과 성냄과 어리석음도 된다는 것이다.

만약 그 본체의 성품을 깊이 살펴보면 그것은 결국 볼 수도 없고 증득할 수도 없는데, 비유하면 마치 눈이 그 스스로를 볼 수 없는 것과 같다. 만약 그 작용에 대해서 살펴보면 거동과 행위가 모두 다 불성이라 따로 어떤 별다른 법이 있어서 증득하거나 증득되는 대상이 있는 것은 아니다.

홍주의 이런 말은 『능가경』의 다음의 말들을 따른 것이다. "여래장이 바로 선과 불선의 인因이라, 그것이 능히 일체 세계의 생명을 두루 만들어 그 인과 함께 괴로움과 즐거움을 받는다." 혹은 "부처는 마음을 말하는 것을 으뜸으로 삼는다." 또는 "어떤 부처의 세계에서는 눈썹을 치켜올리고 눈을 껌벅거리며 웃는 것 … 따위가 다 부처의 하는 일이다."

이미 깨닫고 이해한 그 이치가 모두 천진天眞이요, 자연이기 때문에 그 수행하는 것도 그 이치에 순응하는 것이다. 그러므로 악을 끊거나 선을 닦으려는 마음도 일으키지 않고 또한 도를 닦으려는 마음도 일으키지 않는다. 도가 곧 이 마음이기 때문에 마음으로써 마음을 닦을 수 없고, 악이 이 마음이기 때문에 마음으로써 마음을 끊을 수 없는 것이다. … 어떤 법에도 얽매이지 않고 어떤 부처도 되려 하지 않아서, 마치 저 허공처럼 늘지도 않고 줄지도 않거니, 무엇하러 힘써 닦으려 하겠는가?[239]

---

239 鎌田茂雄, 『禪源諸詮集都序』, 307-308; X63.1225, 33a22-333b30, "洪州意者, 起心動念, 彈指動目, 所作所爲, 皆是佛性全體之用, 更無別用. 全體貪嗔癡, 造善造惡, 受樂受苦, 此皆是佛性. 如麵作種種飮食, 一一皆麵. 意以推求此身四大骨肉喉舌牙齒眼耳手足, 並不能自語言見聞動作. 如一念命終, 全身都未變壞, 卽便口不能語, 眼不能見, 耳不能聞, 脚不能行. … 故知能言語動作者必是佛性. 且四大骨肉, 一一細推, 都不解貪嗔煩惱. 故知貪嗔煩惱並是佛性. 佛性體非一切差引種種, 而能造作一切差別種種. 體非種種者, 謂此佛性非聖, 非凡非因非果非善非惡. … 能作種種者謂此性卽體之用, 故能凡能聖能因. … 能善能惡. … 能佛能衆生, 乃至能貪嗔等. 若覓其體性則畢竟不可見不可證, 如眼不自見眼等. 若就其應用, 卽擧動運爲, 一切皆是, 更無別法而爲能證所證. 彼意准楞伽

종밀과 주희가 홍주종에 대해 무엇보다 반대할 만한 것은, 도덕적 수행이 필요하지 않다는 반도덕주의적 주장이었다.[240] 특히 주희에게 있어서 이러한 홍주종의 학설은 사람이 동물의 수준으로 전락하지 않도록 원칙을 추구하고 보존해야 한다는 자신의 입장과 완전히 반대되는 것이었다. 주희의 입장에서는 오직 사람만이 성인이 될 수 있었지만(물론 출생으로만), 환생을 믿었던 선불교도들에게는 동물을 포함한 모든 존재가 부처나 깨달은 자가 될 수 있었다. 북종선의 승려들은 마조선과 달리, 계율[도덕율]과 수행(pāramitās)을 마음을 정화하는 수단으로 강조하였다.[241] 주희는 마조와 그 계통의 반도덕주의적 견해를 거부하고 도덕적인 수양을 강조하였으므로 다시 한번 마조와 종고, 심지어 종밀보다도 북종선에 근접한다.

經云, 如來藏是善不善因, 能遍興造一切趣生, 受苦樂與因俱. 又佛語心經云, 或有佛刹揚眉動睛笑 … 等皆是佛事. 既悟解之理, 一切天眞自然. 故所修行理宜順此, 而乃不起心斷惡, 亦不起心修道. 道卽是心, 不可將心還修於心. 惡亦是心, 不可將心還斷於心. … 無法可拘, 無佛可作, 猶如虛空不增不減, 何假添補?" 〔본 번역은 장애순 외(2006), 『한국학술진흥재단 기초학문연구과제 결과보고서: 〈보조전서〉 국역』, 기초학문자료센터, 384-386쪽에서 인용하고 다소 수정하였음.〕

240 Gregory, *Tsung-mi*, 246-251.
241 神秀, 『破相論』, T48.209, 357c1-358a8. 이 텍스트는 전통적으로 보리달마의 것으로 여겨졌지만, 신수의 『觀心論』과 거의 동일하다.

9. 무엇이 빛을 보는가?

종밀이 마조선의 입장을 묘사하기 위해 인용한 『능가경』은 유심唯心 및 마음─대상 간의 관계에 대한 논의를 포함하고 있다. 구나발타라 (Guṇabhadra)는 『능가경』을 운문으로 번역하였다.

경계가 없으면 곧 무심인데 어떻게 유식唯識을 이루리.

인연하는 경계가 있음으로 중생심이 일어나느니라.

인因이 없는 마음은 불생不生이거늘

진여와 유식, 이것은 모든 성인이 행할 바이니라. …

능취能取와 소취所取로 말미암아 마음에서 생긴 것이니라.

세간의 마음은 이와 같아서 오직 마음이 아니니

몸·재산·땅·영상은 꿈같아 마음에서 생긴 것이니라.

마음이 비록 견분과 상분으로 이루었으나 마음에는 두 모양 없나니

칼이 스스로를 베지 못하고 손가락이 스스로를 만지지 못하는 것과 같이

마음이 스스로를 보지 못하는 것은 또한 이와 같으니라.

영상 있는 곳 없으면 곧 의타기성도 없다.[242]

無境則無心　云何成唯識　以有所緣境　衆生心得起

無因心不生　云何成惟識　眞如及惟識　是衆聖所行 …

由能取所取　而心得生起　世間心如是　故非是唯心

---

[242] T16.670, 634b3-14. 〔본 구절의 번역은 불교학술원 아카이브(통합대장경)에서 인용하였음.〕

身資土影像 如夢從心生　心雖成二分 而心無二相

如刀不自割 如指不自觸　而心不自見 其事亦如是

無有影像處 則無依他起

마음만 있고 외부대상이 없다면 즉 모든 것이 빛〔여래장〕이라면, 어떻게 마음이 자신을 볼 수 있는가? 만약 그러하다면 수행할 데가 없을 것이다. 텅 비어 빛나는 마음/심성을 가리는 덮개가 있다면 어떻게 마음이 자신을 볼 수 있겠는가?

마음이 마음을 본다거나 칼이 스스로를 벤다는 모티프는, 인도불교에서 중관과 유식 사이의 갈등으로 거슬러 올라간다. "유식학파는 특히 스스로 빛나는 마음〔citta〕을 어둠 속에서 빛나는 등불에 비견하였는데, 이러한 생각은 중관학파로부터 공격받았다."[243] 예를 들어 샨띠데바(Śāntideva, 8세기에 활동)는 다음과 같이 주장한다. "칼날이 자기 자신을 베지 아니하듯이, 마음도 자기 자신을 알지 못하느니라. 자아를 빛을 내는 등불과 같다고 생각하면, 그 등불은 〔스스로〕 빛나는 것이 아니고 어떤 어둠으로도 덮이지 않기 때문이다."[244]

그러나 중관학파는 의식이나 인식이 대상을 필요로 한다는 것을 인정해야만 했다. "어머니와 아버지에 의해 아이가 태어난다고 말하는 것처럼, 눈과 색, 형태에 의해 인식작용이 생긴다고 설해진다."[245]

---

243 Marion L. Matics, *Entering the Path of Enlightenment: Śāntideva's Bodhicaryāvatāra* (London: George Allen & Unwin, 1970), 116.

244 Matics, *Entering the Path of Enlightenment*, 213. 물론 샨띠데바는 이 아이디어를 창시하지는 않았고, 이 아이디어를 적극적으로 활용했다.

『능가경』은 이러한 도전을 받아들이면서 말하기를, "마음은 자심自心에서 취하므로 법도 없고 인因에 따라 생함도 없다. 심법의 체는 청정하다."[246] 조건과 대상은 마음과 분리되어 있지 아니하며, 이것들 또한 공하다. 『능가경』은 계속해서 다음과 같이 말한다.

여러 가지 염관念觀인 법이 만약 심중에서 생긴다면
허공의 벽과 같으니 무슨 까닭으로 생함이 아니랴.
만약 소상少相의 관이 있으면 마음이 인연을 따라 나리라.
만약 인연으로부터 난다면 유심唯心이라 말하지 못하리라.[247]
種種念觀法　若但心中生
如虛空壁中　何故而不生
若有少相觀　心則從緣生
若從因緣生　不得言惟心

이 주제는 선불교문헌에서 자주 언급되므로, 영명 연수가 이 주제를 채택한 것은 놀라운 일이 아니다. "마음은 마음을 보지 못하니, 얻을 모양이 없기 때문이다. 이는 바로 모든 법은 있는 것이 아니라는 이치를 밝힌 것이다." 그러면서 연수는 『능가경』을 인용하면서 다음과 같이 말한다.

---

245 Inada, *Nāgārjuna*, 53 참조.

246 보리류지(Bodhiruci, 535 입적)의 번역, T16.671, 567c10-11, "心取於自心, 無法無因生, 心法體清淨."

247 T16.671, 567c7-9. 〔본 구절의 번역은 불교학술원 아카이브(통합대장경)에서 인용하였음.〕

만일 꿈속에서 본 일들이 실제로 존재한다면, 곧 능히 봄〔能見〕과 본 것〔所見〕의 두 상相이 있어야 할 터인데도 그 꿈속의 것은 실로 두 가지 법이 없나니, 삼계의 모든 마음은 모두가 이 꿈과 같다. 마음을 여의고서 그 밖에 분별할 만한 것이 없기 때문에 "온갖 분별은 곧 자기 마음을 분별한다"고 말했다. 그러나 자기 마음에 나아가서 보면 자기 마음을 볼 수 없는 것이 마치 칼과 손가락 따위와 같다는 것이다. 따라서 "마음이 마음을 보지 못한다"고 한다. 이미 다른 이가 볼 수 없기에 역시 자기도 볼 수 없나니, 본 것이 없기 때문에 능히 봄이 이루어지지 아니하며 주관〔能〕과 객관〔所〕의 두 모양에 모두 얻을 바가 없기 때문에 '모양을 얻을 수 없다'고 말한다. 또 한 마음이 무명을 따라 움직여서 다섯 가지 식〔五識〕을 짓기 때문에 '삼계는 마음으로 굴릴 뿐이다'라고 설명한다.[248]

이 주제를 이야기하면서, 연수도 마조선을 언급한다. 이는 주희가 이 주제 자체는 물론이거니와 이 주제가 자신의 의제를 추진하는 데 유용하다는 것을 알아차렸을 가능성을 높여준다. 연수는 다음과 같이 말한다.

---

248 『宗鏡錄』, "若如夢中所見諸事是實有者, 卽有能見所見二相, 而其夢中實無二法. 三界諸心皆如此夢, 離心之外無可分別. 故言一切分別卽分別自心, 而就自心, 不能自見. 如刀指等, 故言心不見心, 旣無他可見, 亦不能自見, 所見無故能見不成, 能所二相, 皆無所得. 故言無相可得. 又一心隨無明動作五種識故, 說三界唯心轉也."

"무명이 영원히 다하여 일심의 근원에 돌아가면 다시는 일어나거나 움직임이 없기 때문에 '심성을 보게 되면 마음은 곧 항상 머무르며 다시는 나아갈 바가 없어서 마지막 깨달음[究竟覺]이라 한다'고 말한다. 아직 마음의 근원에 이르지 못하고 꿈같은 생각이 아직 다하지 못했으면 이 움직임을 없애려 하고 저 언덕에 이르기를 바라지만, 이제는 이미 심성을 보았고 꿈같은 모양이 다한지라 제 마음이 본래 미혹함이 없음을 깨달아 알았고, 이제는 무명이 고요히 쉬어서 언제나 저절로의 한 마음이다. 그러므로 부처 자리의 생각 없음을 증득하여 알았으니, 이것이 바로 원인을 들어서 결과를 증득한 것이다'라고 했다. 마조馬祖 대사가 이르기를 "그대는 마음을 알고자 하는가. 지금 말하는 그것이 바로 그대의 마음일 뿐이다. 이 마음에 이름 붙여 부처가 된다 하고, 또한 이것은 실상實相의 법신불이라 하고, 또한 도道라고도 한다"고 했다. …

마치 빛을 따르는 마니주가 푸른 것에 접촉하면 이내 푸르게 되고 노란 것에 접촉하면 이내 노랗게 되는 것과 같지만 체성이 온갖 빛깔의 것이 아님은 손가락이 자신을 대지 못하는 것과 같고 칼이 자신을 자르지 못하는 것과 같고 거울이 자신을 비추지 못하는 것과 같아서, 인연 따라 보게 되는 처소에서 저마다 그의 이름이 붙여진다. … 중생이 제 마음을 모르고 미혹한 뜻으로 망령되이 모든 업을 일으켜 과보를 받는다. …

지금 보고 듣고 깨닫고 아는 것이 원래 그대의 본성이요 본래의 마음이라고도 한다. 다시는 이 마음을 여의고 따로 부처가 있는 것이 아니다. 이 마음은 본래도 있었고 지금도 있는지라 조작을 빌지 아니하며, 본래도 깨끗하고 지금도 깨끗한지라 빛이 나게 닦기를 기다리지 아니한다. 자성이 열반이요 자성이 청정하다. … 이것이 그대의 성품이요 본래 부처인지라. … 지공志公 화상이 … 이르길 "큰 지혜가 어리석음과도 다르지 않거늘, 어찌하여 바깥에서 값진 보배를 구할 필요 있는가. 몸안에 저절로 명주明珠가 있다"라고 하였다.[249]

즉 마조의 여래장 논법에서는 청정함 내지 빛남이 항상 현현하기에 의도적으로 구할 필요가 없다. 그저 빛나도록 내버려둔다. 〔마음은〕 거울처럼 자기 자신을 비추지 못하기에, 〔본연적 마음을〕 찾는 것을 포기하고 모든 차별적 성향을 버리면 내면의 빛이 절로 드러나게 된다. 마조에게는, 활동이나 작용이 자연스럽게 수행된다면 그 자체로 본성이다. 원리를 찾는 게 아니라 원리를 수행할 뿐이다. 마조가 속한 홍주종에서는 탐색 및 탐구가 의도적인 것이어서 이것들이 〔사람

---

249 위의 책, T48.2016, 492a5-18, 492a23-29, "無明永盡, 歸一心原, 更無起動. 故言得見心性, 心卽常住, 更無所進, 名究竟覺. 未至心原, 夢念未盡. 欲滅此動, 望到彼岸, 而今旣見心性, 夢相都盡, 覺知自心, 本無流轉. 今無明靜息, 常自一心, 是以證知佛地無念, 此是擧因而證果也. 馬祖大師云, 汝若欲識心, 祇今語言, 卽是汝心, 喚此心作佛, 亦是實相法身佛, 亦名爲道. … 如隨色摩尼珠, 觸靑卽靑, 觸黃卽黃. 體非一切色, 如指不自觸. 如刀不自割, 如鏡不自照, 隨緣所見之處, 各得其名. … 爲衆生不識自心, 迷情妄起諸業受報. … 今見聞覺知, 元是汝本性, 亦名本心, 更不離此心別有佛. 此心本有, 今有不假造作, 本淨自淨, 不待瑩拭, 自性涅槃, 自性淸淨. … 是汝心性本自是佛. … 志公和尙 … 云, 衆生與佛不殊, 大智不異於愚, 何用外求珍寶? 身內自有明珠."〔본 구절의 번역은 불교학술원 아카이브(통합대장경)에서 인용하였음.〕

들을] 오도한다고 간주한다.

주희는 마음이 마음 그 자체를 볼 수 없다는 점에 대해서는 동의하지만("이는 이치에 맞지 않으니, 하나의 마음을 사용해 동일한 마음을 인식하는 것과 어찌 다르지 않겠는가?"[250]), 마음 이외에는 아무 것도 없다는 데는 동의하지 않으면서 그 대신에 마음은 다른 것을 경유해 마음 그 자체를 볼 수 있다고 주장했다. 또한 주희는 마음과 본성을 구별했지만, 그것들을 엄격하게 구별하는 것은 어렵다고 말하였다.

혹자의 질문: 본성은 실實하니, 본성을 감응과 허명으로 말하자면 [본성에] 마음의 뜻이 또한 많지 않겠습니까?
주희의 답변: 이 두 가지[본성과 마음]는 어느 하나를 말하면 다른 하나가 따라오니, 원래 [그것들은] 분리될 수 없으며 그것들을 분별하기도 어렵다. 마음을 버린다면 본성을 볼 수 없고, 본성을 버린다면 마음을 볼 수 없을 것이다. … 인·의·예·지가 본성이다.[251]

또한 주희는 선불교의 '견성見性'을 비판한다.

불교에서는 이치가 모두 공하다고 말하지만, 우리 유교에서는

---

250 『朱熹集』, 卷49, 2369, "旣無此理, 則非別以一心又識一心而何?"
251 『朱子語類』, 卷5, 88, "曰性却實. 以感應虛明言之, 則心之意亦多. 曰此兩箇說著一箇, 則一箇隨到, 元不可相離, 亦自難與分別. 捨心則無以見性, 捨性又無以見心. … 仁義禮智是性."

이치가 모두 실하다고 말한다. 이 하나의 차이에서 공정하고 사사
로움 및 의롭고 이로움의 다름이 있게 된다. 지금 불교를 배우는
사람들이 "마음을 알고 본성을 본다"라고 말하니, 그들은 그들이
알고자 하는 마음이 어떠한지, 그들이 보고자 하는 본성이 어떠한
지를 알지 못한다.[252]

불성을 보는 문제에 대한 인도의 왕과 젊은 보리달마 사이의 대화가
『경덕전등록』에서 언급되는데, 주희가 이 대화를 인용한 것을 보면
주희는 분명 그 선불교적 출처를 알고 있었다. 다음 구절은 마음의
작용이 본성이라는 마조의 가르침에 대한 주희의 우려와도 관련되어
있다.

불교도들은 오직 작용을 본성이라 말한다. 어떤 나라의 국왕이
어떤 존자에게 "부처는 누구인가?"라고 묻자, 존자는 "본성을 보는
자가 부처입니다"라고 답하였다. 왕이 다시 "본성은 무엇인가?"라
고 묻자 존자는 "작용이 본성입니다"라고 하였고, 이에 왕은 "작용
은 무엇인가?"라고 물으니 존자가 이러저러하다고 말하였다. 또
한 선불교에는 이런 게송이 있다. "존자께서 국왕에게 답하실
적에/ 국왕이 존자께 왜 묻지 않으신 걸까/ 작용하지 않을 때에
본성이 어찌 있을 수 있겠느냐고"[253]

---

252 위의 책, 卷17, 380, "佛說萬理俱空, 吾儒說萬理俱實. 從此一差, 方有公私義利之
　　不同. 今學佛者云, 識心見性, 不知是識何心, 是見何性."
253 위의 책, 卷126, 3021, "釋氏專以作用爲性. 如某國王問某尊者曰, 如何是佛?

이 문답교환은 『경덕전등록』[254]에서 보리달마의 어록 부분에 요약되어 있는데, 이 어록은 내용상 마조의 홍주선을 반영하고 있다.

또한 주희는 사물이 실재하므로 사물을 통해 마음을 살펴볼 수 있다고 보았다. 혹자가 그에게 불교의 '관심觀心'에 대해 묻자, 주희는 다음과 같이 답했다.

마음은 사람이 몸을 주재하는 곳이니, 하나이지 둘일 수 없고, 주가 되지 객이 될 수 없으며, 사물에 명령을 하지 사물의 명령을 받지 않는다. 그러므로 마음으로 사물을 보면 사물의 이치를 얻을 수 있다. 지금 도리어 사물로 마음을 돌이켜 보려 하니, 이는 이 마음 밖에 또 다른 하나의 마음이 있어서 이 마음에 관여할 수 있다는 것이다. 그러나 마음이 하나겠는가 둘이겠는가, 주가 되겠는가 객이 되겠는가, 사물에 명령을 하겠는가 사물에 명령을 받겠는가?[255]

즉 주희는 선불교가 한 마음이 아닌 두 마음을 말하고 있다고 비난했다. 내재적 본성(내재적으로 빛나는 마음)이 '작용'하는 데서 본성

曰見性爲佛. 曰如何是性? 曰作用爲性. 曰如何是作用? 曰云云. 禪家又有書者云, 當來尊者答國王時, 國王何不問尊者云, 未作用時, 性在甚處."

254 T51.218b10-13.

255 『朱熹集』, 卷49, 3540, "夫心者, 人之所以主乎身者也, 一而不二者也, 爲主而不爲客者也, 命物而不命於物者也. 故以心觀物, 則物之理得. 今復有物以反觀乎心, 則是此心之外復有一心, 而能管乎此心也. 然則所謂心者, 爲一耶, 爲二耶? 爲主耶, 爲客耶? 爲命物者耶, 爲命於物者耶?"

이 보이거나 현현한다는[見] 마조의 주장을, 주희는 분명 받아들이지 않았다. 오히려 주희는 마음의 한 측면이 그 마음의 다른 측면에 기대어 보이는 것이라 생각했던 것 같다. 왜냐하면 한 (유형의) 마음은 같은 (유형의) 마음을 볼 수 없기 때문이다. 그는 아마도 관심에 대한 신수의 진술을 읽었을 것이다. 관심의 실현은 곧 "자기 마음에서 일어나는 작용이 두 가지 차별이 있음을 안다는 것이다. … 〔그 두 가지 차별 중〕 첫째는 깨끗한 마음이고, 둘째는 더러운 마음이다."[256] 이것들은 흐릿한 구름에 가려진 순수한 태양이나 항아리 속의 등불로 비유된다.[257]

주희는 마음의 두 유형 간의 관계를, 유교 체계에서 '도심'과 '인심'으로 불리는 것으로 이해했을 것이다. 그리고 이는 『대승기신론』의 심진여문과 심생멸문의 관계에 의지한다.[258] 또한 주희는 마음의 보는 부분[見分]과 보이는 부분[相分]에 대한 유식(법상종)의 생각을 취했을 수 있다. 주희는 두 편의 시를 다음과 같이 썼다.

지극한 이치는 말이 없고, 깊고 얕음이 끊임없으니
대대로 어디서나 침노하지 못하네.
만약에 가르침 밖에 참 자취를 전한다면

---

256 『破相論』, T48.209, 366c29-367a2, "了見自心起用, 有二種差別, … 一者淨心, 二者染心." 〔본 구절의 번역은 불교학술원 아카이브(통합대장경)에서 인용하였음.〕

257 위의 책, T48.209, 367a8-9.

258 McRae, *The Northern School and the Formation of Early Ch'an Buddhism*, 223, "『大乘起信論』의 가장 근본적인 가정들은 북종선의 그것들과 일치한다."

문득 이것은 석가모니의 두 마음 둠이로세.[259]

至理無言絶淺深,

塵塵刹刹不相侵.

如云敎外傳眞的,

却是瞿曇有兩心.

반드시 석가모니가 두 마음 둠은 아닐지나

장차 이러한 뜻으로 유림을 교란하지 말라.

누항陋巷의 근심 속 즐거움[260]을 알고자 하거든

오로지 『주역』책의 가죽 끈이 끊어진 데서 찾아야지.[261]

未必瞿曇有兩心,

莫將此意攪儒林.

欲知陋巷憂時樂,

只向韋編絶處尋.

---

259 이 시에서 "가르침 밖에 참 자취를 전한다"는 것은, "마음에서 마음으로 전하여〔以
心傳心〕" "경전 이외의 따로 전함이 있다〔敎外別傳〕"는 선불교의 핵심 의제를
반영한다. 주희는 부처가 두 마음을 가지고 있다고 말하는 것 같다. 일반적인
형태로서 불교를 구두로 가르친 하나의 마음이 존재하고, 마음의 전함으로써
선을 전한 또 다른 마음을 갖고 있다는 점에서 말이다.

260 『論語』 「雍也」, "賢哉回也! 一簞食, 一瓢飮, 在陋巷. 人不堪其憂, 回也不改其樂.
賢哉回也!"를 암시함.

261 두 편의 시는 『朱熹集』, 卷6, 273에서 인용함. 〔이 두 편의 시 번역은 서정기
역(2010), 『국역 주자시선』, 한국학술정보, 229쪽에서 인용하였음.〕

교리적 가르침을 넘어서는 진정한 전승에 대한 주희의 언급은, 선종의 '이심전심' 및 '교외별전' 아이디어에 대한 것이다. 주희는 불교도들이 마음과 '본성을 보는 것〔見性〕'에 대해 혼란스러워하고 있다고 주장했다. 주희는 불교도들이 '내적으로 살펴서 마음을 보는 것'과 '외재 사물을 관조하여 마음을 보는 것' 둘 다를 즐겨한다고 말한다. 그리고 이는 불교도들이 두 마음의 존재를 상정하고 있음을 의미한다. 그러나 주희에게는 오로지 하나의 마음이 있다.

마음이 자기 자신을 볼 수 없다고 말한 선불교의 추종자들과 주희는 입장을 대체로 같이했다. 사욕으로 인해 빛나는 마음이 혼탁한 기나 습기習氣와 같은 오염물질에 가리는 경우, 오염된 마음은 자기 자신의 염오성을 어떻게 인식할 수 있을까? 주희는 우물에 빠지려는 아이를 구경꾼이 자발적으로 반응해 구하려는 것과 같은 행위(기능)와 현상에서, 인간 본성에 내재된 원리를 볼 수 있다고 주장하였다. 마조선의 주장에 따르면, 빛나는 마음은 어떠한 의도성이 개입되지 않음으로써 그 자체로 빛난다. 왜냐하면 현상에는 실체가 없고 그래서 작용은 그 자체로 마음의 본성이기 때문이다. 『능가경』, 영명 연수 그리고 아마도 초기의 선불교는 마음에는 보여지는 특성이 없으므로 마음은 마음을 볼 수 없다고 주장하였다. 초기 선불교문헌인 『달마사행론達摩四行論』은 "부처의 마음은 심지心知가 있을 수 없다"[262]고 했는데, 이

---

262 柳田聖山 編, 『禪學叢書』 2, 「禪門撮要」(京都: 中文出版社, 1974), 22(목판본으로는 18b), "佛心不可以有心知." 대구법에 의하면 글자 수가 맞아야 하지만 柳田聖山, 『初期の禪史 : 禪の語錄2』, 162에는 두 번째의 마음 심心 자가 없다. 따라서 필자는 『初期の禪史 : 禪の語錄2』에서 사용된 구절이 아닌 『禪學叢書』에 사용

구절에서 "심지가 있다"는 것은 의도하는 것이며 따라서 망상적이라는 의미이다. 따라서 초기의 선불교와 주희 모두 불심이나 도심을 보기 위해 미혹된 마음 혹은 인심을 이용하는 시도는 문제가 있다고 보았다.

10. 빛을 볼 수 없는 무능력에 영향을 미치는 것은 무엇인가?

주희와 선불교도들은, 사람들이 마음 내지 심성의 고유한 빛을 보지 못하게 하는 무엇인가가 있다는 데 동의하였다. 선불교에서는 모든 사람들이 〔마음의 내재적〕 빛을 볼 수 있다고 말하였다. 주희는 오직 사람은 성인으로 태어날 수 있을 뿐이라고, 즉 사람은 자신의 기를 완벽하게 정화할 수 없다고 말했다. 그러나 혼탁하고 순수한 기의 고정된 품수 때문에 사람이 성인은 될 수 없을지라도, 사람들이 성인에 가까워질 수 있다고 주희는 본다. 『논어』의 핵심 구절인 "〔인간은〕 본성 차원에서는 서로 가깝지만 습관/실천을 통해 서로 멀어지게 된다(性相近也, 習相遠也)"에 대해, 주희는 이렇게 말한다.

> 본성은 곧 리이다. 마땅히 그러한 이치는 선하지 않음이 없다. 그러므로 맹자께서 본성을 말씀하신 것은 본성의 근본〔본연지 성〕을 가리켜 말씀하신 것이다. 그러나 본성이 확립되기 위해서 는 무언가에 의지해야 하며, 기질氣質의 품수에 얄고 깊으며 두껍 고 얇은 차이가 없을 수 없다. 공자께서 "본성 차원에서는 서로 가깝다 …"라고 말씀하셨으니, 이는 기질지성을 겸하여 말씀하신 된 구절을 따랐다.

것이다.[263]

사람이 본래 갖고 있는 도덕적 선함의 근원은 '본연지성本然之性' 내지는 '천지지성天地之性'으로, 이것은 모든 사람이 공통적으로 가지고 있는 것이다. 그러나 이 본성이 기질적 구성으로 취해진다면, 이 타고난 선함은 발견/회복되어야 한다. 그것이 회복될 때까지, 사람들은 단지 모두 서로 다른 기의 구성ㅡ정도에 따라, 타고난 본성의 실현을 어렵게 한다ㅡ을 부여받았다는 점 때문에 서로 근접할 뿐이다.

이 『논어』 구절에서의 '습관'은, 문자 그대로 습관적 에너지(habitat-energy)로 번역되는 습기(習氣, vāsanā)라는 불교적 관념과 유사하다. 이 습기는 '인상, 과거의 행위에 대한 결과, 성품에 대한 경험' 내지는 '습관', '성향'을 의미한다.[264] 습기는 번뇌煩惱, 특히 탐냄, 성냄, 어리석음의 삼독三毒과 밀접한 관련이 있다. 이러한 번뇌가 멸한 후에도 인상이나 영향은 잔존하여 깨달음을 여전히 방해할 수 있다. 현장의 제자인 규기(窺基, 632~682)는 습기에 대해 다음과 같이 말하였다. "습기는 현재 작동하는 기분氣分으로서, 훈습에 의해 이뤄진 것이므로 습기라 이른다."[265] 여기에서 기분이란 단어는 기의 '품수' 혹은 '할당'을 의미한다.

---

263 『朱子語類』, 卷4, 97-68, "性卽理也. 當然之理, 無有不善者. 故孟子之言性, 指性之本而言. 然必有所依而立, 故氣質之禀不能無淺深厚薄之別. 孔子曰性相近也, 兼氣質而言."

264 Franklin Edgerton, *Buddhist Hybrid Sanskrit Grammar and Dictionary*, Volume II: Dictionary (New Haven: Yale University Press, 1953), 478b.

265 『成唯識論述記』, T43.1830, 298c9-10, "言習氣者是現氣分, 熏習所成, 故名習氣."

번뇌와 습기가 함께 사용된 용례는 『대반야바라밀다경大般若波羅蜜
多經』을 포함한 수많은 불교문헌에서 발견된다. "보살마하살이 온갖
번뇌와 습기를 뽑고자 한다면 응당 배워야 하며 …"[266] 『방광대장엄경
方廣大莊嚴經』—683년에 지바하라(Divākara)가 『랄리타비스타라(Lalita-
vistara)』를 한역한 것임—에서도 다른 용례가 있다. 이는 보살이 되는
과정에 관해서이다.

모든 더러운 탐내고 성내고 어리석음의 습기를 능히 끊었으므로
몸으로 시방의 세계를 비추며 뭇 광명을 비추어 가리느니라.[267]
能斷諸垢濁, 貪瞋癡習氣,
身照十方刹, 暎蔽衆光明.

다른 용례를 살펴보자. 중생의 시방세계를 비춘 영상으로서 맑은
거울—부처의 몸과 같은—에 관한 구절을 인용하고 논의한 뒤에, 영명
연수는 다음과 같이 말한다.

번뇌와 습기에 가림을 받았을 뿐 몸마다 나타내지 아니함이 없나
니, 마치 병 속에 깨끗한 등불이 꺼지지 않는 것과 같다. 그것을
여래장이라 이름한다.[268]

---

266 현장의 번역으로 T5.220, 12c4, "若菩薩摩訶薩, 欲拔一切煩惱習氣, 應學 …"
267 T3.187, 588b1-2. 〔본 구절의 번역은 불교학술원 아카이브(통합대장경)에서
    인용하였음.〕
268 『宗鏡錄』, T48.2016, 473b10-11, "但爲煩惱習氣所覆, 無體不現. 如瓶內淨,
    燈光不滅, 名如來藏." 〔본 구절의 번역은 불교학술원 아카이브(통합대장경)에

번뇌와 습기가 같이 쓰인 용례는 수백 가지에 이르며, 화엄종(『화엄경』)과 『능가경』, 『종경록』, 종밀의 저술 그리고 주희와 다른 도학 인사들의 저술들에서도 찾아볼 수 있다. 여래장과 불성 이론에 대한 설명으로 언급된 번뇌와 습기는 인간의 본성을 가리키는 것으로, 주희와 다른 도학 사상가들이 언급한 기 또는 기질과 마찬가지의 역할을 한다. 따라서 연수가 습기와 "번뇌에는 두텁고 얇은 차이가 있으며, 습기에는 깊고 얕은 차이가 있다"[269]고 논한 것은 나중에 주희가 기에 맑고 탁한 차이가 있다고 설명한 것과도 같다.

11. 수행을 통해 빛나는 마음/본성을 보호·보존하기

만일 마음이건 본성이건 간에(즉 불심/불성 혹은 도심/본성이건 간에) 그것이 본질적으로 빛나고 청정하다는 주장은, 그것을 은폐하는 요소를 제거해 그것을 발견하고 드러내려 노력해야 하며 또 그것을 유지·보호·보존해야 한다는 것으로 귀결된다. 주희와 북종선은 둘 다 이러한 방법을 실천할 것을 주장했다.

주희는 마음을 보존[存心]하라는 맹자의 의제를 끌어와서 존심을 '텅 비고 빛나는[虛明]' 인간 본성의 도덕 원칙을 유지하는 데 적용하였다. 유사하게 북종선의 승려들, 특히 홍인은 일심을 유지/보호하는 것[守一心]을 핵심적 수양과제로 삼았다. 이에 관한 더 넓은 의미를 알아보기 위해, 맹자 사상에서의 관련 문제들을 검토하고자 한다.

서 인용하였음.]

269 T48.2016, 633b4-5, "煩惱有厚薄, 習氣有淺深."

우선 『맹자』 「진심상盡心上」의 관련 구절부터 살펴보자.

그 마음을 다하는 자는 그 본성을 안다. 그 본성을 아는 자는 하늘을 안다. 그 마음을 보존하여 그 본성을 기름은 하늘을 섬기는 바이다.

'그 마음을 다하는 것〔盡其心〕'은 상당히 다르게 이해되었다.[270] 이 구절에 대한 해석에, 주희는 '허명'이란 개념을 도입하였다. 혹자가 "마음에는 한계가 없는데 어찌하여 마음을 다한다고 말하는 것입니까?"라고 물었다. 이에 주희는 다음과 같이 답변하였다.

주희의 답변: 마음의 체는 통괄하지 못하는 것이 없고, 그 용은 두루하지 못함이 없다. 지금 이치를 궁구하고 〔뭇 이치를〕 관통하여 알지 못함이 없는 경지에 이르면, 통괄하는 체와 두루하는 용에 진실로 다한 것이다. 그러므로 평소에 고요한 곳에 거처하여

---

[270] 『孟子』, 「盡心上」, "盡其心者, 知其性也. 知其性, 則知天矣. 存其心, 養其性, 所以事天也." 진심에 대해서는 D. C. Lau의 *Mencius*, 182, "그의 마음을 완전히 깨닫게 해주는 것(For a man to give full realization to his heart)", W.A.C.H. Cobson의 *Mencius* (Toronto: University of Toronto Press, 1963), 143, "그의 마음을 완전히 확장한 사람(the man who has stretched his mind to the full)"과 Legge, *Chinese Classics*, vol. 2, 448의 "그의 모든 정신적 기질을 완전히 소진함(exhausted all his mental constitution)" 등의 번역과 비교할 것. 이 구절에 대한 초기 도학 사상가들의 언급을 모은 주희의 『孟子精義』(『朱子遺書』, 752-753) 참조.

〔마음이〕 텅 비어 밝고 통달하면 진실로 털끝만한 의구심도 없게 된다. 가슴 속에 〔허명을〕 보존하여, 사물事物이 이르더라도-그것이 천하의 모든 사물이거나 감각으로 일찍이 접해보지 못한 것이라 할지라도- 〔사물들이〕 아주 환하게 구별되어 쉽게 이해된다. 이것이 마음을 다하는 것이니, 마음은 진실로 한계가 있지 아니하다.[271]

주희에게, 진심은 적절한 마음의 평정 상태에 있을 때 마주하는 모든 리를 밝혀냄으로써 마음을 완전히 다하는 것이다. 정좌靜坐로부터 유래한 마음의 허명함은 깨끗하고 빛나는 거울과 같아서, 마음 앞에 나타난 모든 것을 비춘다. 게다가 허명은 〔마음 앞에 나타난〕 현상들에 대한 판단을 가능하게 한다.

주희는 진심과 존심存心을 구별하였는데, 후자는 진심을 위한 전제 조건이거나 좀 더 예비적인 수행이다.

진심과 존심은 같지 않다. 존심은 붙잡아 보존하고 잃어버린 마음을 구하는 일[272]이니 배우는 사람이 처음에 힘을 써야 할 부분이다. 진심은 이치를 궁구함이 지극해 확 트여 〔이치가〕 관통한 경지〔廓

---

271 『孟子或問』(『朱子遺書』, 13.1a, 322), "或問, 心無量者也, 此其言盡心何也? 曰心之體無所不統, 而其用無所不周者. 今窮理而貫通以至於可以無所不知, 則固盡其無所不統之體無所不周之用矣. 是以平居靜處虛明洞達, 固無毫髮疑慮. 存於胸中, 至於事至物來則雖擧天下之物, 或素所未嘗接於耳目思慮之間者, 亦無不判然迎而解. 此其所以爲盡心, 而所謂心者, 固未嘗有限量也."

272 『孟子』, 「告子上」, "孔子曰, 操則存, 舍則亡. 出入無時, 莫知其鄕. 惟心之謂與!" 구절과 연관됨.

然貫通)를 이른다. 지성知性은 이치를 궁구하는 일이다.[273]

마음에는 모든 이치가 있으니, 모든 이치가 한 마음에 구비되어 있다. 마음을 보존하지 못하면 이치를 궁구할 수 없다. 이치를 궁구할 수 없으면, 마음을 다할 수 없다.[274]

주희는 유교의 수양법과 불교의 수양법을 구별하는 데 큰 관심을 가졌는데, 유교와 불교가 구별되는 지점 중 하나는 진심이다.

혹자의 질문: 마음을 다하고 본성을 아는 데에 있어 존심양성[275] 공부를 경유하지 않아도 되는 이는 오직 성인뿐겠지요. 불교에서는 존심양성 공부를 경유하지 않으니, 그들이 어찌 성인이 되기를 바랄 수 있겠습니까?
주희의 답변: 우리 유교의 진심, 지성, 존심, 양성 공부는 불교와도 비슷해 보이지만 다르다. 불교에서 보존하고 기르고 알고 다하기 위해 사용하는 도리는 모두 옳지 않다. 우리 유교가 말하는 진심은 오직 임금과 신하, 어버이와 자식 등등의 관계에서 마음을 다하는 것으로, 그곳에 이치가 있음을 알 수 있다. 본성은 이치이다.

---

273 『朱熹集』, 卷61, 3162, "蓋盡心與存心不同. 存心卽操存求放之事. 是學者初用力處. 盡心則窮理之至, 廓然貫通之謂. 所謂知性卽窮理之事也."

274 『朱子語類』, 卷9, 155, "心仲萬理, 萬理具於一心. 不能存得心, 不能窮得理. 不能窮得理, 不能盡得心."

275 『孟子』, 「盡心上」, "孟子曰, 盡其心者, 知其性也. 知其性, 則知天矣. 存其心, 養其性, 所以事天也. 殀壽不貳, 修身以俟之, 所以立命也." 구절과 연관됨.

불교에서 말하는 진심과 지성은 모두 공허에 귀착되며, 그 보존하
고 기르는 공부에 있어서는 도리어 눈을 감아버리니, 완전히 도리
를 이해하지 못한 것이다.[276]

주희에 따르면, 이 마음을 다하면[盡心] 인간 본성에 내재한 원리들
을 알아차릴 수 있다. 이때 진심의 '심'은 '도심'을 의미하지 '인심'을
의미하지 않는다. 주희가 보기에 불교도들은 오직 인심만 보았을
뿐 도심은 보지 못했다.

한편 경敬은 마음을 보존하는 핵심적인 방법이다.

경을 주主로 삼으면 마음의 내외가 숙연해지니, 잊지도 아니하고
조장하지도 아니하여도 마음이 저절로 보존된다. 경을 주로 삼아
야 한다는 것을 알지 못하면, 마음을 보존하려고 하여도 하나의
마음을 가지고서도 다른 하나의 마음을 포착함을 면치 못할 것이
다. … 유교와 불교가 다른 바 역시 오직 이것에서부터 나누어질
뿐이다. [불교의] "항상 이 마음의 광채가 번쩍번쩍 빛남을 본다"[277]
는 말은 두 개의 주재하는 바가 있다는 것이다. 그러하다면 빛나는
게 참된 마음[眞心]인가, 아니면 보는 것이 참된 마음인가?[278]

---

276 『朱子語類』, 卷60, 1432, "問盡心知性, 不假存養, 其惟聖人乎! 佛本不假於存養,
豈竊希聖人之事乎? 曰盡知存養, 吾儒釋氏相似而不同. 只是他所存所養所知所
盡處, 道理皆不是. 如吾儒盡心, 只是盡君臣父子等心, 便見有是理, 性卽是理也.
如釋氏所謂盡心知性, 皆歸於空虛. 其所存養, 却是閉眉合眼, 全不理會道理."
277 이 문장 마지막 부분의 '光爍爍'은 불성을 언급하는 『景德傳燈錄』, T51.2076,
466c20-21에서 언급된다.

경은 도심을 보존하는 핵심적인 방법이지만, 이러한 마음의 보존은 자연스러워야지 의도적으로 할 수는 없다. 북종선 수행방법의 핵심적 개념인 '관심觀心'에 대해, 주희는 「관심설」에서 자세하게 설명하였다.[279]

〔『상서』에서〕 "인심은 위태롭다"는 것은 인욕이 싹튼 것이다. "도심이 은미하다"는 것은 천리가 그윽하다는 것이다. 마음은 하나일 뿐이지만, 바른 것과 바르지 않은 것 때문에 그 이름이 다를 뿐이다. … 도심으로 한 마음이 있고 인심으로 〔또〕 다른 하나의 마음이 있는 것이 아니며, 또한 정밀히 하고 한결같게 하는 마음이 따로 있는 것도 아니다. 이른바 조존操存 공부는 저것으로써 이것을 붙잡아 보존하는 것이 아니다. … 홀로 꼿꼿이 앉아서 그 밝지만 작용하지 않은 지각을 지키는 것을 조존 공부라고 말하지 않는다. 진심盡心이란 것은 사물에 이르고 각 이치를 궁구하여 〔뭇 이치들을〕 확 트이게 관통하여 관통해 마음에 구비된 이치에 지극한 것을 말한다. 존심存心은 경으로 안을 곧게 하고, 의로 밖을 바르게 하는 것이다. … 마음을 보존하여 본성을 기르고 하늘을 섬길 수 있는 것은 그 체를 잃지 않아서 이치의 자연함을 〔여전히〕 따를 수 있기 때문이다. 이 어찌 두 사물이 서로 붙잡고

---

278 『朱熹集』, 卷31, 1325, "以敬爲主, 則內外肅然, 不忘不助, 而心自存. 不知以敬爲主, 而欲存心, 則不要將一箇心把捉一箇心. … 儒釋之異, 亦只於此便分了. 如云常見此心光爍爍地, 便是有兩箇主宰了. 不知光者是眞心乎, 見者是眞心乎?"

279 예를 들어 신수는 『觀心論』을 썼는데, 여기에서 관심은 "불교의 진짜 핵심이다." McRae, *Northern School*, 199 참조.

서로 놓지 않는 것처럼, 마음이 다른 마음을 다하고 마음이 다른 마음을 보존하는 것이겠는가?[280]

존심에 대한 주희의 특별한 우려에 대해서는 몇 가지 이유가 제시될 수 있다. 첫째, 맹자는 존심의 실천 여부가 군자 또는 일반 사람들을 구별하는 지점이라고 말하였다. 이 존심은 인仁, 의義 그리고 예禮가 행해질 때 이루어진다.[281] 당대唐代의 주석에 따르면, 존은 안에 있다는 〔在〕 뜻으로, 마음의 내용은 인과 예에 있음을 의미한다.[282]

존심은 불교문헌에서도 언급되는데, 거기서는 존심은 "마음을 챙기다"나 "마음을 간직하다" 또는 "마음을 보존하다"에 이르기까지 다양한 의미로 사용되고 있다. 게다가 그것은 마음을 "보호·보존하는" 북종선의 관행과 유사하다. 예를 들면 영명 연수는 북종선의 숙련자를 위한 수행방식─『대승기신론』에서 유래한 것이 분명한─을 인용하였다. "일심을 지키는 것이 심진여문이다."[283] 정각은 북종선 교리 중

---

[280] 『朱熹集』, 卷67, 1325, 「觀心說」, "夫謂人心之危者, 人欲之萌也. 道心之微者, 天理之奧也. 心則一也, 以正不正而異其名耳. … 非以道爲一心, 人爲一心, 而又有一心以精一之也. 夫謂操而存者, 非以彼操此而存之也. … 非塊然兀坐以守其烱然不用之知覺, 而謂之操存也. 若盡心云者, 則格物窮理廓然貫通而有以極夫心之所具之理也. 存心云者, 則敬以直內, 義以方外. … 存心而可以養性事天, 以其體之不失而有以順夫理之自然也. 是豈以心盡心, 以心存心, 如兩物之相持而不相舍哉."

[281] 『孟子』, 「離婁下」, "孟子曰, 人之所以異於禽於獸者幾希, 庶民去之, 君子存之. 舜明於庶物, 察於人倫, 由仁義行, 非行仁義也."

[282] 『十三經注疏』, 2730c.

[283] 『宗鏡錄』97, T48.2016, 940a16-17, "但守一心卽心眞如門."

하나에 대해 이렇게 썼다. "하나를 굳게 지켜 흔들림이 없어 움직임과
고요함이 항상 안정되면, 배우는 사람들이 불성을 밝게 볼 수 있으니,
신속하게 정문定門으로 들어간다."[284] 홍인은 번뇌로 가려졌으나 본래
는 청정한 마음을 묘사하기 위해, 빛나지만 구름에 가린 태양의 은유
를 사용하였다.[285] 다시 말해, 그는 빛나는 마음과 관련된 은유—여래
장 사상에 기반한 문헌에서 찾을 수 있는—를 사용하였다. 그리고 마음의
본래 청정한 바가 가려지므로 "본래의 참된 마음[眞心]을 지켜 망념이
일어나지 말라"[286]고 제안하였다. 이것이 바로 홍인의 기본적인 가르
침이자 필수적인 실천방식이다. "참된 마음을 지키는 것이 열반의
근본이라는 것을 어떻게 알 수 있습니까?"라는 질문에 대해, 홍인은
이렇게 답변했다.

홍인의 답변: 열반은 실로 적멸하고 무위하며 안락하다. 내 마음이
이미 참된 마음이어서 망상이 끊어졌다. 망상이 끊어졌으므로,
정념正念을 구비한다. 정념을 구비하였으므로, 적조寂照의 지혜가
생긴다. 적조의 지혜가 생겼으므로, 법성을 궁구해 이를 수 있다.
법성을 궁구해 이를 수 있으므로 열반을 증득한다. 그러므로 본래
의 참된 마음을 아는 것이 열반의 근본이다.[287]

---

284 『楞伽師資記』(柳田聖山, 『初期の禪史 : 禪の語錄2』, 225), "守一不移, 動靜常住,
能令學者明見佛性, 早入定門."

285 T48.2011, 377a.

286 T48.2011, 377c3.

287 T48.2011, 377c14-18. "問曰何知守本眞心是涅槃之根本? 答曰涅槃者體是寂滅
無爲安樂. 我心旣是眞心妄想則斷. 妄想斷故則具正念. 正念具故寂照智生. 寂

이 청정한 마음은 두 가지의 방식으로 실현될 수 있다. "참된 마음을 지키는 것"과 먼지를 제거하는 것이다.

중생이 갖춘 불성이 본래 청정한 것은 마치 구름에 뒤덮인 태양과 같다는 것을 이미 내가 체득해 알았으니, 본래의 참된 마음을 분명히 지킬 뿐이다. 망념의 구름들이 모두 다하면 지혜의 태양이 드러나게 된다. 잡다한 배움이 필요하겠는가? … 예를 들자면, 거울을 닦아 먼지가 완전히 없어지면 빛이 자연스레 드러나는 것과 같다.[288]

이와 유사하게, 선종의 4대 조사인 도신은 수심(守心; 守一心)을 초심자와 상급자를 위한 수행방식으로 활용했다. 이는 〔'一'이란 글자를 바라보는〕 시각적인 방법이면서 "본래적인 참된 마음을 보호·유지하는"[289] 방법이다. 이 수심 수행은 비록 수행자의 수준에 따라 그 세부적 의미가 달랐지만, 초심자와 숙련자 모두에게 공통적으로 적용되었다.[290]

照智生故窮達法性. 窮達法性故則得涅槃. 故知守本眞心是涅槃之根本."

[288] T48.2011, 378a2-6, "我旣體知衆生佛性本來淸淨如雲底日, 但了然守本眞心. 妄念雲盡慧日卽現. 何須更多學? … 譬如磨鏡塵盡明自然現." 수심 및 그 기원에 대한 설명으로는 McRae, *Northern School*, 136-144 참조.

[289] 이는 호흡을 조절하는 것을 의미하기도 한다. 『楞伽師資記』(柳田聖山, 『初期の禪史 : 禪の語錄2』, 241) 및 弘忍, T48.2011, 378a.

[290] John Jorgensen, "Two Themes in Korean Buddhist Thought", 『한국불교학』 7 (1982): 211-212.

　주희의 '존심'과 북종선의 '수심'은 매우 유사하다. 양자 모두 마음이 이기적인 욕망으로 사물을 좇아 본래의 순수한 빛을 잃지 않도록 함을 목표로 한다. 본래적 마음이 외부 사물에 의해 은폐되는 것은 중단되어야 하고, 이를 따라 본래적 마음은 보호 및 보존되어야 하며, 이는 차례로 그 순수함의 현현을 돕는다. 더욱이 주희와 북종선의 승려들 모두가 점진적 실천 또는 수양을 옹호했다고 여겨진다. 이러한 유사성은 순전히 우연일 수도 있겠지만, 두 이론 모두 여래장 이론('순수한 빛')의 유사한 구조에 빚지고 있기 때문일 수도 있다. 북종선은 여래장 이론을 핵심 교리로 삼고 있다. 그리고 주희의 심성론에서 마음은 허명하며 뭇 이치를 구비하고 있다고 보는데, 필자의 주장은 이러한 주희의 심성론이 부분적으로나마 여래장 이론에서 영감을 받았다는 것이다. 주희의 '존심'이나 북종선의 '수심' 모두 본래적 마음의 보존 내지 유지를 필요로 한다.

12. 결론

이 장에서 필자는 북종선과 주희가 사용한 뿌리 은유를 검토함으로써, 인간의 조건과 관련된 두 사상의 구조적 유사성에 대해 논의하였다. 여기서 핵심 주제는 어둑한 오염물질에 가려진 본성·마음의 빛이다. 이 주제는 여래장 교리에서 나왔으며, 북종선에서 특히 사용된 은유들을 통해 표현되었다. 즉 '흙탕물로 덮인 빛나는 진주'나 '먼지로 덮인 밝은 거울'과 같은 것이다. 이러한 은유들은 마음, 인간 본성 또는 불성, 수행과 관련된 사유들에 많은 영향을 끼쳤고, 이와 관련된 발전은 북종선과 주희의 사상에서 추적할 수 있다. 이러한 증거는 주희가 간접적으로나 무의식적으로 북종선 사상의 영향을 받았음을 시사한다. 그리고 이는 주희가 활동했던 시기에 중요하게 고려된 마조와 대혜의 선을 비판한 결과일 것이다.

주희는 인생의 3분의 1 이상을 대혜의 선과 대혜의 제자들에게 노출되었고, 때로는 이를 수행하는 데 보냈다. 그는 점진적으로 대혜의 선과 불교 전반을 배척해 갔으며, 〔종국적으로는〕 북종선 사상과 구조적 유사성을 지닌 결론에 도달했다. 주희와 북종선은 공통적으로 청정한 마음의 빛을 강조하였고, 이것은 심성, 불성, 혹은 도심으로 다양하게 이름 지어졌다. 그러나 인성, 불성, 심성의 핵심적인 개념에 있어서 '성性'에 대한 정의는 다양했고, 마음에 대한 정의도 각기 달랐다. 상당히 다양하였던 선종의 가르침에는 심성에 관한 두 가지의 규정이 존재하였는데, 주희는 그중 하나에 근거해 불교도들이 마음을 본성과 혼동한다고 비난했다. 또한 주희는 불교도들의 '본성'에는 도덕적 내용이 없다고 주장했다.

게다가 불교도들은 마음에 대해 서로 다른 정의를 가졌다. 많은 선불교도, 특히 북종선의 사람들은 '일심'을 여래장과 동일시하였다. 『대승기신론』에 따르면 이 일심은 두 가지 양상(심진여와 심생멸)을 가지고 있다고 말해진다. 주희 역시 '일심'에 두 양상이 있다고 말했는데, 그것은 도심과 인심이다. 북종선과 주희 사상 모두에서 전자의 마음〔심진여, 도심〕은 욕구나 애착과는 구별되는데, 이 욕구는 마음의 외부환경과 상호작용하게 하면서 마음의 〔현상적인〕 흐름을 가능하게 한다. 마음의 청정하거나 빛나는 양상은 오직 그 〔현상적인〕

흐름이 멈추었을 때에만 명백해진다.

선종과 주희는 마음 혹은 본성의 청정한 측면을 '허명'이라고 묘사하였다. 양자 모두 마음의 청정한 양상을 밝은 거울에 은유하였는데, 필자는 이 은유가 여래장 문헌에서 유래했다고 생각한다. 북종선과 주희는 거울의 먼지를 제거하는 이 과정이 점진적이라고 주장했는데, 그 제거가 단박에 이뤄진다고 한 대혜와는 분명 다르다. 거울을 은폐하는 먼지는 외래적인 것으로 묘사된다. 주희는 그 은폐물을 기라고 명명하는데, 이 기는 물리적인 요소로 간주된다. 그러나 그 은폐물을 육체적인 요소 같은 오온으로 이해하는 사람도 있지만, 여래장 사상에서는 그 은폐물이 대체로 정신적 고통이라고 간주한다.

주희는 그 은폐의 차이가 각기 상이한 '분分' 때문이라고 보았는데, 이는 본래 자연적 질서[天命]에 의해 정해진 것이다. 불교도들은 '본분'이라 말했는데, 이 본분은 존재의 능력과 무수한 전생의 업에 의한 결과를 가리킨다고 해야 더 적절할 것이다. 장재, 대혜 종고 그리고 주희 모두가 본분을 이야기했다. 각 존재마다 오염의 정도나 본래적인 역량이 다르다면, 이런 질문이 후속될 것이다. "모든 존재는 성인/깨달은 자가 될 수 있는가?" 주희와 다른 몇몇의 유학자들은 성인만이 본래적인 빛을 은폐하지 않는 청정한 기를 가지고 태어난다고 주장했다. 다시 말해, 성인의 경지는 성취되는 바가 아니다. 대조적으로 여래장 신자들(특히 선불교들)은 모든 존재가 깨달은 자/부처가 될 수 있다고 보았다.

마음이 하나뿐임을 감안할 때, 이러한 가정들은 그 [본래적] 빛이 가려지면 빛나는 마음/본성을 어떻게 볼 수 있는지에 관한 질문을 촉발하게 한다. 마조는 일상적인 작용에서 불성과 동일한 마음 자체를 볼 수 있다고 주장하였다. 그것은 발견되기보다는 작동하며 현현한다. 중요한 것은 그 빛을 찾기 위하여 [별도로] 수행하는 것은 아무런 의미가 없다는 것이다. 도덕주의자 주희에게 이러한 마조의 주장은 이단적이었을 뿐이다. 북종선과 마찬가지로, 주희는 도덕적 실천이 필요하다고 주장했다. 주희는 마음이 마음 그 자체를 볼 수 없다고 말한 북종선의 일부 승려들에게 동의했으나, 동시에 선불교도들이 한 마음이 아닌 두 마음의 교리를 가르친다고 비난하였다.

게다가 사람들이 [내재적인] 빛을 보지 못하게 막는 것은, 주희에 의하면 습관[習] 때문이며 선불교도들에 의하면 습기習氣 때문이다. 또한 북종선과 주희는 빛나는 마음/본성을 보호하고 보존해야 한다고 말하였다. 이것은 종종 빛을 잃지 않는 방법으로서, [배우는 자의] 예비적인 수행방법으로 묘사되었다.

'흐릿한 오염물질로 은폐된 빛'이라는 은유는 북종선과 주희에게 있어 교리적인 함의를 지닌다. 양자 모두 빛과 오염물질이 무엇인지를 설명하려고 노력하였다. 둘 모두 은폐물을 제거할 수 있는 [원리적] 방법과 그렇게 할 수 있는 [수행적] 방법을 설명하였다. 확장된 은유적 구조에 기여하는 일부 요소들은 불교와 유교 사이의 초기 상호작용으로 소급될 수 있겠지만(예를 들어 5세기 초반의 축도생과 같이), 12세기의 주희는 그 은유의 세부적 의미를 조정하였다.[291] 주희는 북종선과

---

291 Stephen Angle이 이 책의 그의 장에서 기나긴 유불儒佛 교섭사를 다루었다는 점에 대해서는 경의를 표하지만, 주희의 "[불교에 대한] 자신의 경험이 미미한 역할을 했다"는 그의 서술에 대해서는 의심하지 않을 수 없다.

동일한 뿌리 은유를 채택했기 때문에 그의 사상은 북종선과 공유하는 구조와 어휘들을 지니고 있었다. 물론 낡은 병에 담긴 〔새〕 포도주가 새것이라고 말할 수도 있겠지만 말이다.

앞서 다룬 주제 외에도, 주희는 선불교의 다른 측면들을 많이 다루었다. 예를 들면 본성이 지각 혹은 움직임이 없는 존재에게도 존재하는지, 수행 과정에 있어 감정이나 사욕의 역할 등에 대해서다. 또한 주희는 북종선 및 『대승기신론』과 같은 점진적 수행방식을 옹호하였다.

주희와 그의 도학 선배들에 의해 구축된 철학체계에서 그 구조의 상당 부분은 여래장 사상—특히 북종선에 의해 개발되거나 구현된—에 깊은 영향을 받은 것으로 보인다. 그것은 단지 구조적 유사성에 머무는 것이 아니었다. 심지어 주희의 어휘 목록도 가령 육근六根이나 인연因緣 등 선불교 내지는 불교 일반의 용어들로 가득 차 있었다. 더 나아가 그는 본래적으로 빛나고 밝은 마음〔心地本自光明〕을 묘사할 때[292] '심지心地'라는 용어를 사용하는데, 이 용어는 본래 여래장을 묘사하는 데 사용되었다. (종밀은 이미 '심지'를 불성의 동의어로 사용하였다.)[293] 선불교의 여래장 전통과 주희가 발전시킨 유교철학 사이에 구조 및 어휘상의 유사성만이 존재하는 것은 아니다. 주희가 이 불교의 교리와 어휘들을 학습했다는 명백한 경로도 확인 가능하기 때문이다. 그는 종밀의 글을 확실히 읽었고 대혜 종고의 가르침에도 정통했다.

주희가 여래장 사상—선불교의 여러 지파들에게서 표현된—에 가장

---

292 『朱子語類』, 卷12, 209.

293 鎌田茂雄, 『禪源諸詮集都序』, 13과 15-16번 각주. '심지'라는 용어는 선불교문헌에서 여러 번 언급된다.

큰 빚을 지고 있음을 명증하는 것은 바로 마음의 빛이 혼탁하거나 오염된 기에 가려졌다는 주희의 심성론이다. 그러나 선불교의 지파들 사이에는 여래 또는 불성에 관한 상이한 견해가 존재했는데, 그 일부 입장은 다른 입장들보다도 훨씬 급진적이었다. 여래장을 일상생활의 작용과 동일시하는 (그리하여 수행의 필요성도 부정하는) 급진적인 입장은, 종밀과 『대승기신론』의 북종선 지지자들과 같은 인물들이 취한 입장과 대조된다. 이 점진주의자들은 작용을 여래장과 동일시하지 않았으며, 수행－도덕적 수행을 포함하여－을 옹호하였다. 주희는 후자(점진주의자)의 입장을 취했다.

선불교의 여래장 사상에 깊은 영향을 받았음에도 불구하고, 주희는 선불교(특히 마조의 홍주종)를 공격하였다. 왜냐하면 수행의 필요성에 대한 거부는 도덕 폐기론이나 다름이 없고, 따라서 유교의 도덕수양 프로젝트에 대한 가장 큰 적이 될 수밖에 없다고 생각했기 때문이다. 그는 아마도 홍주종을 대혜선－사대부들의 마음과 정신을 빼앗는 주희의 정적－의 근원이라 여겼을 것이다. 예를 들어 우리는 대혜가 젊은 보리달마와 인도 왕이 불성의 작용에 관해 나눈 『경덕전등록』의 대화뿐 아니라 마조도 인용했다는 것을 알고 있다.[294] 또한 우리는 주희가 이 구절을 인용해 이 사상을 공격했다는 것도 알고 있다.[295] 이 선불교 교리가 갖는 매력에 대해 우려를 표명하면서도 말이다.

주희의 다른 저작이나 그 이전의 주요한 도학 사상가들의 저작보다도 『주자어류朱子語類』가 선불교의 여래장 사상에 영향을 더욱 많이

---

294 『大慧語錄』, T47.1998A, 829c.

295 『朱子語類』, 卷126, 3021.

받았다는 점은 틀림없이 입증된다.[296] 왜냐하면 대혜선과의 투쟁은 선종과 초기 도학 사상가들 사이의 경쟁보다도 더욱 고조되었고, 또한 주희가 자신의 제자 및 대화 상대방에게서 감지된 선불교의 영향력에 대응하고자 한 시도를 〔『주자어류』가〕 기록하였기 때문이다.[297] 이러한 여래장의 사상적 체계가 없다면, 도학은 그 핵심 구조를, 심지어는 어휘를, 어쩌면 그 존재 이유를 상당 부분 망실했을 것이다. 결국 도학(특히 주희의 철학)은 기와 습관으로 은폐되었지만 비어 있으면서 빛나는 마음이 있고 그 〔본래적〕 빛은 점진적 수행으로 드러날 수 있다는 주장—당나라 초기 북종선에서 모두 주장하였던—을 하였으므로, 일종의 유교적 '북종선'을 이론화한 셈이다. 주희는 이러한 유착 혐의를 부인하겠지만, 그는 불교와 유교를 화해시키거나 새로운 종합적 사상체계를 만들려고 시도한 유병산이나 장구성과 같은 사람들과 교류하였다. 주희는 그 반대를 시도했지만, 불교계에서 이미 잘 확립된 의제에 대응해나가면서 결국 불교의 많은 교리—그 중심에는 여래장 교리에 대한 해석이 있다—를 복제하게 되었다. 무언가를 격렬히 반대하려는 많은 사람들이 그러하듯 말이다.

---

296 양시 등의 도학 사상가들의 비교적 알려지지 않은 저술들은 논외로 하였다.

297 어록語錄이라는 장르의 작품 자체가 선불교의 산물인데, 『朱子語類』는 그렇게까지 체계적인 텍스트가 아니다. 『朱子語類』는 연대순으로 편집된 것이 아니고, 그가 죽은 뒤 몇 년 후에 수집된 주희의 말과 논평 등을 엮은 것이다. 鄧艾民, 『朱子語類』, 卷1, 8, 「朱熹與朱子語類」. 柳田聖山, 「語錄の歴史」, 『東方學報』 57 (1985): 211-663, 특히 230-253; Judith Berling, "Bringing the Buddha Down to Earth: Notes on the Emergence of the Yü-lu as a Buddhist Genre," History of Religions 27 (1987): 56-88 참조.

2장 주희의 불교 비판

이기심, 구원, 자기수양

저스틴 티왈드 Justin Tiwald

주희에 끼친 불교적 영향에 관한 폭넓은 연구는 주희의 불교에 대한 반대를 탐색하지 않고서는 이루어질 수 없을 것이다. 주희의 발언을 액면 그대로 받아들이면, 그의 발언 가운데 상당 부분은 중국에서 불교의 (대체로 해로운) 영향을 제거하려는 열망으로 가득하다. 그리고 주희는 자신의 의견을 종종 불교적 진술과 비견하여 더욱 명확히 하려고 하였다. 불교에 대한 주희의 반대를 재구성할 수 있는 방법은 다양하다. 가장 일반적인 방법은 '명시적'인 교리를 비교하는 것이다. 특정한 불교적 입장에 대한 주희의 묘사를 검토하고 그 주희의 묘사가 불교의 경전 및 가르침에 충실한지 확인하고서, 그 묘사가 정확하다면 그제서야 그에 대한 주희의 비판을 심사숙고하는 것이다. 그러나 이렇게는 많은 통찰을 얻을 수 없다. 주희의 불교 비판에 대하여

194

현대의 연구 대부분은 주희가 〔문맥의〕 뉘앙스를 간과하고 예외를
무시하거나 불교 교리에 대해 다소 안일한 방식으로 잘못 묘사해왔다
고 보며 주희가 잘못 표현한 것처럼 보이는 몇몇 측면에 주의를 기울
였다.[1]

　이 장에서 필자는 명시적인 교리들을 비교하는 그러한 방법이
주희의 불교 비판의 요점을 크게 놓치고 있음을 보여주고자 한다.
주희는 자신의 불교 비판의 대부분이 불교 교리를 정확하게 대표한다
고 믿지도 않았으며, 그렇게 의도하지도 않았다. 주희가 더욱 관심이
있었던 것은, 불교도들이 명시적으로 지지하는 견해보다도 불교 이론
및 실천이 전제하는 견해에 대해서였다. 주희는 불교 교리가 수행자들
에게 취해졌을 때 어떻게 구체화되는지에 대해 더욱 관심을 기울였다.
여기서의 논의는 다소 다른 두 가지의 탐구영역들이 결합되어 있다.

　첫 번째 영역은 특정한 불교적 수행의 '암묵적인 전제'와 관련되어
있다. 예를 들어 일부의 불교도들은 마음〔心〕이 둘이 아니라 하나라고
생각하지만, 그러면서도 두 가지의 다른 마음 ─ 관찰하는 (능동적인)
마음과 관찰되는 (수동적인) 마음 ─ 을 전제로 하는 명상수행을 지지할

---

1 주희의 불교 비판에 관한 가장 중요한 현대 연구는 다음과 같다. 蔡振豐,「朱子對佛
　教的理解及其限制」,『東亞朱子學的詮釋與發展』, 蔡振豐 編 (臺北: 臺灣大學出版
　中心, 2009), 177-213; Charles Wei-hsun Fu, "Morality or Beyond: The Neo-
　Confucian Confrontation With Mahāyāna Buddhism," *Philosophy East & West*
　23.3 (1973): 375-396; Charles Wei-hsun Fu, "Chu Hsi on Buddhism" in *Chu
　Hsi and Neo-Confucianism*, ed. Wing-tsit Chan (Honolulu: University of Hawaii
　Press, 1986), 377-407; Galen E. Sargent, *Tchou Hi contre Le Bouddhisme*
　(Paris: Impremerie Nationale, 1955).

수 있다.[2] 물론 일부의 불교도들은 옳고 그름을 구별하는 객관적인 근거가 〔불교적 수양경계에 이미〕 존재한다고 수사적으로 말할 수도 있겠지만, 불교도들은 명상이나 순수 직관과 같은 깨달음의 방식을 전적으로 권장할 것이고, 이러한 방식은 객관적인 근거를 인식하기에는 난점이 존재한다.[3]

두 번째 영역은 불교적 교리 및 실천의 '실제적인 결과'와 관련되어 있다. 예를 들어 명상의 실제적 효과, 또는 무집착 내지는 고통으로부터 자유롭기 위하여 수년 동안 노력함으로써 형성된 마음의 상태와 같은 것이다. 주희는 정호의 입장을 채택해 불교수행이 성공할 수 없음을 설명하였는데, 그중 하나는 불교도가 인간의 평범한 경험을 고려하지 않고 사물들의 근본적인 본질과 목적에 대한 추상적인 이해에 도달하기 때문이라는 것이다. 이를 두고 주희는 "아래에 있는 것을 배우지 않고 위에 있는 것에 통달하는 것"[4]으로 특징화했다. 역사적으로 주희와 불교사상가들이 모두 가장 관심을 기울인 탐구 영역은 바로 이것이었고, 이것은 또한 필자가 여기에서 다루려고 하는 지점이다.

이 장에서 필자는 불교도에 대한 주희의 주요 논거 중 일부를

---

2 주희가 「관심설觀心說」에서 주장한 내용이다. 『朱熹集』, 卷67, 3540-3542.

3 아래의 2장 3절 참조.

4 『朱子語類』, 卷44, 1140. '아래에 있는 것을 배움〔下學〕'과 '위에 있는 것에 통달함〔上達〕'의 전거는 『論語』 「憲問」이다. 〔유교와〕 불교가 단절되는 지점의 특징에 대해, 주희는 정호의 의견을 인용한다. 『河南程氏遺書』, 卷13, 7번째 조목(이후부터는 『遺書』, 13.7로 표기), 『二程集』(北京: 中華書局, 1981), 139.

검토함으로써 불교도에 대한 주희의 대응 가운데 중요한 측면을 논하려고 한다. 살펴보겠지만, 주희는 정호와 정이의 불교 비판에서 많은 단서를 얻었지만 이정의 불교 비판논리를 다양한 방식으로 발전시키고 있다. 따라서 필자는 먼저 주희 이전의 유교에서 통용된 기존의 불교 비판담론—주희가 자신의 논의의 출발점으로 간주했던—을 설명하는 데 지면을 할애하고자 한다. 1절에서는 불교에 대한 주희의 개인적인 경험에 대해 간략하게 요약하고, 주희가 이해한 주요한 불교적 견해에 대해 간략하게 설명할 것이다. 이어지는 절에서는 불교의 구원론, 명상법, 형이상학에 대한 주희의 비판을 살펴볼 것이다. 필자가 설명하고자 하는 바와 같이, 주희는 불교의 각 영역에서 '명시적인 교리'와 '이론적·실천상의 암묵적인 이행' 간에 차이가 존재한다는 점에 대해 어느 정도 민감해했고, 이 차이점에 그의 비판이 더욱 집중되었다.

1. 송나라 유학자들의 불교 이해

주희가 불교에 대해 알게 된 것은 선불교의 스승과 직접 교류했기 때문이기도 하며, 또한 그가 불교경전 및 철학적 담론에 대해 어느 정도 친숙했기 때문이기도 하다. 주희는 15~16세에 본격적으로 불교를 공부하기 시작했다. 초년에 그는 불교의 사상 및 명상수행에 매료되었는데, 불교에 의구심을 가진 뒤 아버지의 권유로 신유학자 이통李侗에게 〔유학을〕 30세까지 정식으로 쭉 배우게 되었다. 〔이통이 이정 형제의 삼전三傳 제자이므로〕 주희는 〔이통을 사사함으로써〕 이정으로부터 내려오는 학맥에 합류하게 되었다.[5] 주희는 당시에 저명한 승려들—선불교의 유명한 승려인 대혜 종고의 제자를 포함하여—과 만나거나 서신을 교환하였다. 아마도 대혜일지도 모르는 익명의 승려가 자신이 과거에 합격할 수 있게끔 거창한 아이디어를 제공하였다고 주희는 마지못해 인정한 적이 있다.[6] 또한 주희는 불교경전 및 후대의 불교도들에게서 저술된 2차적인 철학적·종교적 논서 등 수많은 불교 저술들을 읽었다.

선불교는 주희가 활동했던 시기에 가장 널리 퍼진 불교의 형태였으며, 또한 주희가 가장 많이 경험한 형태이기도 하였다. 그러나 주희의 불교 비판은 선불교뿐만 아니라 불교 전반에 걸쳐 이루어졌다. 주희는 불교의 경전 텍스트와 그 경전과 관련된 사상가·수행자 사이에 큰 차이가 존재한다는 것을 인식하였다. 그리고 그는 '오랑캐 땅에서 기원한 불교'와 '중국화된 불교' 사이의 차이점에 대해서도 각별한 관심을 기울였는데, 후자는 〔불교가〕 도교道敎 용어로 대체 및 재구성된 것이라고 생각하였다.[7] 주희는 당시의 불교도를 비판하면서 대개 선불교를 염두에 두고 있었다. 그러나 불교의 경전 및 역사적 인물에 대한 비판에 있어서 주희는 보다 넓은 불교적 범위에 적용할 수 있다고 여겨지는 결함들을 발견하고자 하였다. 때에 따라서는 특정 시대

---

5 Fu, "Chu Hsi on Buddhism," 377-379.

6 Wing-tsit Chan, *Chu Hsi: New Studies* (Honolulu: University of Hawaii Press, 1989), 509-520;『朱子語類』, 卷106, 2620. 주희가 대혜와 공유하는 일부 용어 및 아이디어에 대한 자세한 연구로는, 이 책에 실린 Jonn Jorgensen의 연구를 참조할 것.

7 蔡振豐,「朱子對佛教的理解及其限制」, 183-188.

및 기원(오랑캐, 중국)의 불교에 적용되는 결함을 찾기도 했고, 때에
따라서는 불교 전통 전체의 핵심적 교리나 실천에 적용되는 결함을
찾기도 했다.

　주희는『주자어류』에서 여러 불교경전에 대한 자신의 견해를 이야
기하고 있는데, 그 경전들 가운데 많은 부분을 불교적 지혜의 참된
표현으로 간주한다. 비록 주희가 그 불교경전의 상당 부분이 도교적
관념으로 재포장되고 중국적 운율체계가 더해짐과 더불어, 중국의
작자作者들로부터 위·변조되었다고 주장했지만 말이다.[8] 또한 그는
불교의 2차 문헌을 읽었는데, 그 독서범위에는 적어도『조론肇論』,
『대혜어록大慧語錄』그리고 규봉 종밀의 저술이 포함된다.[9] 주희가
불교경전을 잘 알고 있었다는 증거에 대해 검토한 윙칫찬(陳榮捷,
Wing-tsit Chan)에 따르면, 불교 저술에 대한 주희의 이해가 종종 올바
르지 못하기도 했다. 그럼에도 불구하고 주희는 동시대의 유학자들보
다도 〔불교경전에 대한〕 훨씬 광범위한 독서를 통해 관련 정보를
얻었다.[10]

8　『朱子語類』, 卷126, 3025.

9　『朱子語類』, 卷68, 1685; 卷126, 3009. 3028, 3029. 승조僧肇는 인도 나가르주나(약
　　150~약 250)의 중관불교를 중국에 적용한 삼론종三論宗의 주요 인물이다. 종밀은
　　화엄과 선불교 모두에 밀접한 관계를 가진 저명한 승려였지만, 그는 선불교의
　　가장 급진적인 종파에 대해 비판하였다. Ming-wood Liu, *Madhyamaka Thought
　　in China*, Sinica Leidensia, vol. 10 (Leiden: E. J. Brill, 1994)와 Peter N. Gregory,
　　Tsung-Mi and the Sinification of Buddhism (Honolulu: University of Hawaii
　　Press, 2002) 참조.

10　육상산(陸象山, 1139~1193)과 진량陳亮을 포함한다. Chan, *Chu Hsi*, 525 참조.

주희가 이해한 불교는 여러 가지 측면에서 다른 근본적인 가르침과 구별될 수 있다. 우리는 불교적 이해를 그 근본적 *견해*나 믿음으로(공空의 교리와 같은), 권장하는 특정한 *실천*으로(명상과 같은) 또는 가장 헌신적인 신자에게 권장하는 *행동*과 삶의 방식(식이제한이나 사찰의 계율과 같은)으로 구별해볼 수 있을 것이다. 주희가 보기에 불교는 이러한 세 가지 측면 모두에서 문제가 있지만, 주희는 때때로 더 심원하고 더 널리 퍼진 독특한 특징을 지적한다. 그것은 바로 *궁극적인 포부 또는 목표*이다. 불교를 규정하는 특징 중 하나는, 열반(고통의 소멸)이라는 개인의 구원에 전념하는 것이다. (대부분의 대승불교도처럼) 대부분의 중국 불교도들은 이 개인적 구원을 더 커다란 목표인 깨달음의 성취에 종속되는 부차적인 목표로 인식한다. 그럼에도 불구하고 주희 이전의 많은 유학자들과 동시대인들은 이러한 구원에 대한 중국 불교도들의 관심이 이기적이거나 자기중심적[私]이기에 선하고 덕스러운 삶에 필요한 사랑 및 타자지향적인 돌봄과는 양립할 수 없는 것으로 여겼다.[11] 더 나아가 주희는 개인적 구원에 대한 불교의 몰두뿐만 아니라 그것의 전제가 되는 도덕적 선善의 배경 개념에 대해서도 반대한다. 불교적 관점에서는 우리가 고통을 크게 겪는 이유가 성장과 출산을 포함해 생명의 생식 및 이와 관련한 다양한 선들에 깊이 애착을 갖기 때문이라고 설명한다. 이러한 삶에 대한 집착이 우리를 생사의 윤회에 영원히 가두므로 이 집착에서 벗어나는 것이 바로 열반의 핵심이 된다. 이와는 대조적으로, 주희와 그의

---

11 『朱子語類』, 卷126, 3032.

선배 도학자들은 〔우리 삶의〕 핵심을 바로 '끊임없는 생명 생산〔生生不息〕'의 과정에 참여하는 것이라고 보았다. 그 과정에서 자기보존, 성장, 출산은 가장 중요한 요소가 된다.[12] 이러한 과정에 참여하기 위하여 특정한 종류의 애착－사랑 및 다른 덕스러운 감정의 형태로 표현되는－을 갖는 것은 필수적이다. 주희는 불교도들이 이 과정에 대한 강력한 정서적 투자(즉 애착)가 없으므로 가장 중요하고도 윤리적으로 가치 있는 활동과 관계망에 참여할 수 없다고 우려한다. 계속해서 살펴보겠지만, 주희는 불교도들이 지속적인 생명 생성의 과정을 초월하거나 그 바깥에 있는 선을 추구하며 생명 생산 그 자체에 대한 집착을 거부하였으므로 불교도들은 실제적으로 도덕 내지 윤리를 전혀 갖출 수 없다고 생각하였다.[13]

또한 북송의 도학자들과 주희는 특정 불교 교리에 대해 반대하는 몇 가지의 논증을 개발하였다. 그중 하나는 불교의 윤회설에 대해서이다. 다른 하나는 아마도 불교철학의 견해 가운데 가장 도전적일 불교의 공 교리에 대해서이다. 간단히 말하면, 불교의 공 교리는 모든 것들이 미혹된 것이라고 이야기한다. 즉, 모든 사물은 그 자체의 독립적인 정체성 및 실체성이 없다. 부귀, 건강, 비전(vision)과 같은 것들은 그들에게 그러한 정체성을 부여하는 다른 것들이 없어서 (더 정확하게는 상호적으로 정체성을 부여하기에), 그들이 〔독자적으로〕 가지고 있는 것처럼 보이는 특정한 본질 내지는 규정적인 특징을 갖지 않는다.

---

12 '끊임없는 생명 생산(生生不息)'이라는 표현은 『易傳』에 나오는 말을 의역한 것이다.

13 『朱子語類』, 卷126, 3012.

불교적 의미론과 형이상학의 용법에서, 모든 사물에는 '자성'이 '없다.'
이것이 바로 공의 교리에 대한 가장 일반적인 설명이다. 그러나 그것을
개념화하고 설명하는 구체적인 방법은 불교의 학파나 사상가마다
상이하였다. 일부의 불교도들은 사물의 자성으로 보이는 것이 우리의
마음이나 의식 활동에 의해 부여된다고 주장하였다. 다른 불교도들
은, 서까래가 집을 짓는 기능에 의해 그 정체성을 획득하는 것처럼
사물의 자성과 같은 것이 다른 사물 및 그 사물이 속한 전체 시스템(우
주)과의 관계에 의해 (상호적으로) 부여된다고 말하였다.[14]

불교의 *실천* 중에서 아마도 주희가 가장 당혹스러워했을 것은,
명상을 통해 깨달음을 얻고자 하는 점과 구족계를 받은 정식의 신자(비
구와 비구니)는 출가해야 한다는 점이다.[15] 이정 형제의 시대 때, 신유학
자들이 가장 관심을 가졌던 명상의 종류는 '정좌靜坐'였다. 주희에
따르면, 이러한 정좌수행은 그 의도에 따라 두 가지 주안점을 가진다.
첫째, 주희는 명상이 수동적[靜]인 방식 즉 명상은 어떤 일도 없어
이 세계와 상호작용하지 않을 때 실천하는 방법으로 보았다. 둘째,

---

14 전자는 보통 '유식唯識'으로 번역되는 불교종파의 대략적인 특징으로, 중국에서는
현장(玄奘, 602~664)이 가장 유명하다. 후자는 '화엄'종의 견해를 설명한 것으로,
화엄종에서 가장 잘 알려진 철학자는 법장(法藏, 643~712)이다.

15 이러한 비판은 송대에 신유학이 발흥되기 수 세기 앞서서 당나라 유학자인
한유(韓愈, 768~824)에 의해 강하게 발전되었다. 『四部備要』(上海: 中華書局,
1927-1936), 11.1a-11.5a에 수록된 한유의 「原道」, 『昌黎先生集』을 참조할 것,
이에 대한 영문 번역으로는 Philip J. Ivanhoe의 *On Ethics and History: Essays
and Letters of Zhang Xuecheng* (Stanford, CA: Stanford University Press, 2009),
133-137.

주희는 명상이 대체로 내향적이어야 한다고 생각했다. 주희는 〔명상에서〕 집중의 대상은 자신의 마음이어야 한다고 주장한다. 사실 모든 불교사상가들이 명상을 수동적이라고 본 것도 아니고 또한 전적으로 내향적이라고 본 것도 아니다. 이는 주희도 어느 정도 인정하는 바이다.[16] 그러나 주희는 그러한 경우를 그가 살았던 시기의 일반적인 불교도들의 실제 관행과 일치하지 않거나 예외적인 것으로 간주하는 것 같고, 또한 보다 활동적인 형태의 명상은 대부분의 불교신자들이 실행할 수 없는 것으로 생각한 것 같다.

2. 불교 구원의 목표에 대한 반대

불교 구원론의 가장 중요한 요소는 '구원 그 자체의 상태', '그 상태에 이르는 수단', 그리고 마지막으로는 '구원을 추구하게 만드는 가치나 목적에 관한 배경 이론'과 관련된다. 대부분의 불교적 견해에 따르면, 구원은 무엇보다도 인간의 슬픔과 비참함을 제거하는 데 그 목적이 있다. 그리고 구원이 성취되는 과정은 슬픔과 불행 그 자체보다는 그러한 슬픔과 불행이 생기게 된 근본적인 심리적 근원/뿌리에 대해 대처하는 것이라고 볼 수 있다. 슬픔이나 불행이 생겨나게 된 암묵적 근원들을 특징짓는 데는 여러 방법이 있다. 가장 잘 알려진 설명에서

---

16 Philip B. Yampolsky, *The Platform Sutra of the Sixth Patriarch: The Text of the Tun-Huang Manuscript With Translation, Introduction, and Notes* (New York: Columbia University Press, 1967), 117, 136-137; 『朱子語類』, 卷30, 772.

는 고통의 원인이 '갈애' 또는 '욕망[欲]'이라고 말한다. 다른 이들은 욕망 자체가 사물에 대한 집착에서 비롯된다고 강조한다. 물질적 재화나 명성에 대한 집착, 혹은 관계에 대한 집착, 심지어는 영구적인 사물 내지 현상이라는 실재(reality)에 대한 집착으로 욕망이 생겨났을 수 있다. 특히나 자아라는 실재(적어도 우리가 자아라고 일반적으로 이해하는)에 대한 집착으로 욕망이 생겨났을 수 있다. 그러한 집착을 제거하는 것은 분명하고도 미묘한 방식으로 우리에게 도움을 줄 것이다. 가장 확연한 방식으로는, 좋은 옷이나 오래 사는 것, 또는 좋은 평판 등을 우리가 집착하지 않으면 우리는 그러한 것들을 얻거나 잃는 것에 대해 덜 염려하고, 그리하여 우리가 원하는 여타의 많은 것들—돈, 좋은 옷, 오래 사는 것, 좋은 평판을 위한 수단—에 대해서도 덜 집착하게 만들 것이다. 더 미묘하게는, 우리가 삶에서 마주하는 것에 대해 집착하지 않을 때 이 세상에 계속 태어나는 것을 멈출 수 있다. 우리가 생사의 순환 고리에 갇히게 된 것은 이 세상의 것들에 집착하기 때문이다.

1) 불교 구원론에 대한 첫 번째 비판: 이기심

주희가 보기에 이러한 불교의 구원론적 구상에는 위험한 함의가 들어 있다. 그중 한 가지는 삶의 고통으로부터 벗어나려는 개인적 자유가 불교수행의 궁극적 목적이라면 불교도들은 본질적으로 이기적이거나 자기중심적인 기획에 헌신하는 것이라는 일반론적인 관찰이다. 이러한 주장을 전개하면서 주희가 불교수행자들을 묘사하는 데 주로 사용하는 용어는 '사私'인데, 이는 '이기적인(selfish)', '자기중심적인

204

(self-centered)', '사리를 도모하는(self-interested)', '사적인(private)' 등
으로 번역된다. 불교에 부과된 이러한 혐의를 이해하는 데는 세 가지
방식이 존재한다. 첫째는 불교도들이 개인적으로 유익한 것(그들의
고통에서 벗어나는 것)에 자신의 삶을 바치므로 이기적이며, 더 심각하
게는 그들이 오직 자신의 복지에 관한 강한 관심으로 추동된다는
점이다. (즉 그들은 행동에서뿐만 아니라 동기에서도 이기적이다.)[17]
두 번째이자 더 미묘한 주장은, 불교도들은 진정으로 다른 사람들의
이익을 충분히 숙고하지 않으므로 타자의 복지를 등한시한다는 것이
다. 그들의 개인적 목표가 그들 자신의 이익에 얼마나 부합하는지와
무관하게 말이다. 이기심의 첫 번째 형태〔자기의 이익만 도모하므로
이기적이다〕와 달리, 이러한 형태의 이기심〔타자에 대해 등한시한
다〕은 더욱 더 부정적이다. 불교도들이 무엇을 *하는지*(자신의 선이나
이익을 구하는 것)보다 무엇을 *하지 않는지*(그들은 다른 사람들에게 관심을
갖지 않는다)에 관한 것이기 때문이다. 이기심의 세 번째 형태는 불교도
들의 행동이나 동기에 관한 것이 아니라 불교수행자들이 자기 스스로
를 어떻게 *이해하는지*, 즉 자신과 자기 이익을 고려할 때 어떤 그림,
비전 내지 자기이해를 채택하는지이다. 엄격히 말하자면 주희는 인仁
한 사람이 "천지만물과 더불어 하나"가 되는 생명 생산의 완전한
체계로서 자기 자신을 인식한다고 생각한다. 비록 자기 자신이 타자와
수적으로 구별된다고 인식하더라도 신체의 서로 다른 부분이 전체의
신체에 속하는 것처럼, 인한 사람은 자신을 더 큰 전체에 속하는

17 『朱子語類』, 卷126, 3032.

것으로 이해한다. 주희는 이러한 아이디어를 이정 형제와 공유하고 있고, 유교적 비전의 핵심요소로 취하고 있다.[18]

불교도가 이기적이라는 비난은 신유학의 문헌에서 흔히 볼 수 있는데, 이 견해를 가장 단호하게 지지하는 사람 중 한 명은 정이이다. 정이에 의하면, 불교도들은 〔생사에 대한〕 두려움 때문에 생사의 윤회에서 벗어나고자 한다. 그러니 그들이 불교에 귀의하는 동기는 개인적인 고난에서 벗어나고자 하는 욕망에 있다.

불교는 생사로써 사람들을 두렵게 하고 동요시킬 뿐이다. 2천 년 동안 한 사람도 이 점을 깨닫지 못한 것이 괴이할 만하니, 이는 저들이 두렵게 하고 동요시켰기 때문이다. 성현은 생사를 본분의 일로 여겨 두려워하지 않으니, 생사에 대해 논하지 않았다. 불교는 생사를 두려워하여 오직 그것만을 줄곧 이야기했을 뿐이다. 속세의 사람들은 참으로 두려움이 많아서 동요되기 쉽다. 선불교와 같은 경우는 스스로 이와 다르다고는 하지만, 본질적으로 그들의 설은 모두 같은 생각에서 온 것으로, 이 모두 이로움을 위한 생각 때문이다.[19]

---

18 『遺書』, 2A.17; 『朱熹集』, 卷67, 「仁說」, 3542-3544.

19 『遺書』, 1.10, "佛學只是以生死恐動人. 可怪二千年來, 無一人覺此, 是被他恐動也. 聖賢以生死爲本分事, 無可懼, 故不論死生. 佛之學爲怕死生, 故只管說不休. 下俗之人固多懼, 易以利動. 至如禪學者, 雖自曰異此, 然要之只是此箇意見, 皆利心也." 이에 대한 영문 번역은 Justin Tiwald and Bryan W. Van Norden, *Readings in Later Chinese Philosophy: Han Dynasty to the 20th Century* (Cambridge: Hackett, 2014), 158 (이후부터는 *Reading*으로 표기) 〔본문의 뜻에

여기에서, 정이는 불교의 주된 동기가 구원에 대한 약속—생사의 윤회 고리에 내재된 고통으로부터 벗어나고자 하는— 때문이라고 말한다. 정이가 보기에, 불교는 〔생사의 과정에서〕 고통을 겪고 있는 보통 사람들의 두려움을 이용한다. 그러나 불교도들은 이러한 고통에서 벗어날 것을 주장하면서도, 그들은 실제로 이러한 두려움을 결코 극복하지 못한다. 또한 정이는 유교 전통이 그러한 두려움을 무시하거나 다른 우선적인 동기에 의존하지 않는다는 흥미로운 주장을 덧붙인다. 궁극적으로 두려움이 중립적이게 된다는 흥미로운 주장도 덧붙이는데, 이는 유교의 성인들은 인간 실존에 훨씬 더 큰 가치가 있다는 것을 알고 자신의 삶을 관조할 수 있다는 널리 퍼진 신유학적 관점을 암시한다.

정이가 단지 불교의 수행 및 제도에 대한 사람들의 헌신을 이끌어내기 위해 불교도가 사람들의 두려움을 이용한다고 지적할 뿐이라고 생각할 수도 있다. 그러나 인용문의 뒷부분에서 정이는 단지 〔수행적인〕 헌신만이 아니라 믿음이나 신앙〔信〕에 대해서도 이야기한다. 삶과 죽음에 대한 불교적 가르침을 면밀히 배우는 사람들은 "개인적 이익에 대한 열망에서 그것을 믿는 것이다."[20] 대부분의 신유학자들의 견해에 비추어 볼 때, 이러한 정이의 진술은 불교에 더욱더 불온한 혐의를 제기하는 것이다. 왜냐하면 불교도들이 동기가 이기적일 뿐만 아니라 그들의 믿음도 진실하지 않아서, 불교도들에게는 진정한 덕목

대해서는, 이 책의 Jorgensen의 장의 7절을 참조할 것.〕

20 『遺書』, 1.3, "故學者亦以利心信之." 이에 대한 영문 번역은 Justin Tiwald and Bryan W. Van Norden, *Readings*, 158.

을 가능하게 하는 데 중요한 요소인 '진실됨〔誠〕'이 결여되어 있음을 암시하기 때문이다.[21]

불교에 대해 호의적인 독자들에게, 이러한 비판은 윤리적 계율과 연민이 불교도들의 영적 발전에서 갖는 두드러진 역할을 매우 불공평하게 취급하고 있다고 간주되어질 수 있다. 많은 불교도들이 고통으로부터의 개인적 해방을 〔수양의〕 최종적 종착점 내지 목표로 삼고 있는 것은 사실이지만, 그 목표를 달성하는 과정에서 그들은 사사로운 동기가 아무런 역할을 하지 않는 삶의 방식을 취해야만 한다. 이는 보살의 모습에서 더 분명히 드러난다. 보살은 일종의 깨달은 존재로 열반에 충분히 이르러 생사의 순환에서 벗어날 수 있지만, 다른 모든 존재의 구원을 위해 일하기로 선택한 자이다. 중국에서 주류였던 대승불교 전통에서, 불교도들은 다른 모든 존재들이 깨달음을 얻을 때까지 이 세상을 떠나지 않겠다고 약속하는 소위 '보살의 서원'을 취해야만 했다. 보살은 불교도들이 말하는 '대자비'로 특징지어진다. 이 대자비는 모든 것에 대한 진정한 돌봄과 관심의 태도인데, 이는 타자를 섬기는 데 있어서 흔들림 없이 거룩한 자기희생을 하게끔 인도할 만큼 강력하다. 분명 재가신도들이 불교에 입문하는 동기는 개인적 고통으로부터 자유로워지고 싶어서이고, 불교도들도 이 점을 인정한다. 그러나 분명한 것은 그러한 본래의 동기는 한 사람이 발전하는 과정에 있어서 사라져야 한다는 것이며, 진정으로 자비롭고 너그러운 불교도들이 본래 이기적인 이유가 있었다고 하여 이기적이라고

---

21 藤井倫明, 『朱熹思想結構探索』(臺北: 國立臺灣大學出版中心, 2011), 9-34.

비난하는 것은 공평해 보이지 않는다.[22]

이는 불교도들이 이기적이라는 비난에 대한 중요한 방어선이지만, 문제는 〔여기서〕 그치지 않는다. 신유학의 비평가들이 때때로 불교사상 및 수행에서 보살의 두드러진 위치를 무시하는 것이 사실이지만, 물론 그들 중 대부분은 신유학이 제기한 이러한 혐의에 대해 〔불교가〕 방어하는 논리에 대해 잘 알고 있었다. 때때로 불교가 이기적이라는 비판이 불공평하다고 생각하여 분개한 불교 옹호자에 대해 대응하는 차원에서, 신유학자들이 서신과 논저에서 그 문제에 대해 종종 고심하는 것을 우리는 발견할 수 있다.[23] 여기에서 필자는 정이와 주희의 저술 가운데서 이러한 부분을 식별하고 이해하는 데 지면을 할애하고자 한다. 이러한 작업은 우리에게 있어 '이기심의 본질', '구원과 깨달음에 대한 불교의 친숙한 설명이 가정하는 〔불교의〕 가치이론', 그리고 '불교와 유교(주희가 구성한) 사이의 일련의 놀랍고도 중요한 철학적 차이점'을 고찰할 기회를 줄 것이다. 이후부터는, 방금 설명한 〔불교

---

22 우리는 여기에 유교도 〔그러한 점에 있어〕 더 나을 것이 없다고 덧붙일 수도 있다. 유교의 창시자들은 유교적 도를 가진 사람들이 더 효과적으로 통치할 수 있고 더 많은 영향력을 행사할 수 있으며 가장 중요한 목표와 이익을 달성할 가능성이 높다는 사실에 호소함으로써, 다른 사람들에게 유교적 도가 갖는 장점을 일상적으로 납득시키려고 하였다. 예를 들어 『孟子』 1A:1과 1A:7을 참조.

23 예를 들어 주희의 동시대인인 육상산이 작성한 "與王順伯"을 참조할 것. 『陸九淵集』(北京: 中華書局, 1980), 卷2, 16-21; 이에 대한 영문 번역으로는 Philip J. Ivanhoe, trans., *Readings from the Lu-Wang School of Neo-Confucianism* (Cambridge, MA: Hackett Publishing, 2009), 51-55.

측의] 일반적인 방어논리를 간편하게 '보살윤리에 의한 반박'이라고
부르겠다.

우선 우리는 정이와 주희와 같은 신유학자들로부터 가장 손쉽게
도출되는 세 가지의 주장을 고려할 수 있다. 첫 번째는, 〔불교를〕
이기적이라고 비난한 것은 본질적으로 경험적인 차원의 이야기로,
실제로 불교로 이끄는 원동력에 관한 것이지 원리적인(형식적인) 교리
나 수행의 이념적 기초에 대한 것이 아니라는 주장이다. 정이는 무엇을
걱정하는지에 대한 선불교도들의 〔표면적〕 언급보다도, 그들이 〔내
심으로〕 진정으로 걱정하고 있는 바에 대해 관심을 기울였다. 또한
정이는 평범한 사람들을 불교에 유인하기 위해 사용하는 공개적인
수사법(rhetoric)에 대해 관심을 기울였다. 하지만 이러한 〔이상-현실
간의 괴리에 주목하는〕 논의가 어느 정도까지나 이루어져야 하는지
말하기 어렵다. 대다수의 불교수행자들은 확실히 이상에 이르지 못하
지만 출세지향적인 유학자들도 마찬가지이며, 불교도들과 유학자들
모두 이 점을 인정한다.

두 번째로 가능한 대답은, 불교도들이 (지난하며 심지어 무한하기까
지 한) 보살의 경지를 불교적 깨달음에 요구되는 하나의 단계로 인정하
지만 〔여전히 보살의 경지가〕 개인적인 깨달음의 측면에서 정당화될
뿐이라고 주장하는 것이다. 보살의 대자비는, 개인의 깨달음을 위한
수단 내지 구성요소인 한에서 정당할 뿐이다.(역자 주: 이렇게 되면
불교에서 타자지향적인 보살행은, 부차적이고 기능적인 의미만을 지니게 된
다. 이렇게 하여 신유학자들은, 보살행은 이기적인 자기깨달음을 위한 하나의
과정에 불과하다고 가치 절하할 수 있다.) 이러한 주장은 기독교적 이타주

의가 어느 정도의 그 자체의 장점보다는 기독교의 신이 명령하는 한에서 정당화된다는 익숙한 주장과 다르지 않다. 사실상 신도들이 〔구원과 다른〕 동기를 함께 채택*했을지라도*(심지어 그들이 *실제*로 내재적 동기에 의해 추동되었을지라도), 그것은 여전히 구원론적 목적을 위해 필요했을 것이다. 그리고 이러한 정당화 구조에는 불안정한 종류의 이기심이 존재한다. 사실 필자는 육상산(陸象山, 1139~1193) — 주희와 정기적으로 대화한 — 의 일련의 논증을 이렇게 독해한다.[24] 필자가 아는 한 정이나 주희가 이렇게 주장하지는 않았지만, 육상산에 의해 이러한 주장이 구체화되었다는 사실은 이러한 것이 주희가 염두에 두었던 불교적 이기심의 한 양식 내지는 종류였을 수 있음을 암시한다.

비록 '보살윤리에 의한 반박'에 주희가 정면으로 대응하지는 않았지만, 불교적 연민과 보살의 마음에 대해 그가 스쳐가는 말을 했다는 점은 그가 이 문제에 대해 인지하고 있었고 거기에 응대할 요소가 있었음을 보여준다. 이에 대한 한 가지의 논거는, 이 소절의 시작 부분에서 언급한 이기심에 대한 두 번째 개념에 호소하는 것이다. '가지고 있는 것(이기적인 동기)'이 아닌 '결여되어 있는 것(타자에 대한 관심)'으로 이기심을 정의하는 방식 말이다. 주희가 주장하기를, 보살로 나아가는 출발점은 자제력을 유지하는 능력에 있으며, 적어도 일부의 불교적 서술에서는 이러한 자제력은 가족에 대한 가장 자연스럽고 뿌리박힌 애정조차 극복할 때에 성취될 수 있다. 〔그 예로〕 주희는 부모가 살해되었지만 마음이 요동치지 않아 더는 죽은 이를

---

24 『陸九淵集』, 17, "與王順伯".

그리워하지도 않는 사람을 묘사한다. 그(녀)는 마음이 요동치지도 아니하고 더 이상 죽은 이를 그리워하지 않는다. 주희는 어떤 불교도들이 이러한 [심리 상태를] 보살이 되기 위한 주요한 단계 즉 '보살이 되기 위하여 먼저 마음을 일으키는 단계[初發心菩薩]'로 특징짓기도 한다고 말한다.[25] 불교의 무집착을 반박하기 위한 일종의 귀류법인 것이다.(역자 주: 불교가 여전히 집착한다는 논제를 증명하기 위해, 불교는 무집착한다고 가정한다. 그 가정에서 모순되는 것이 '보살이 되기 위해 마음을 일으키는 단계'이다. 그러므로 불교가 무집착한다는 가정은 잘못되었으니, 불교가 여전히 집착한다는 것이 증명된다.)

　이러한 주희의 지적에 대해 불교도들은 이렇게 재빨리 대응할 수 있다. 보살(혹은 전형적인 보살)은 부모의 죽음에 마음이 동요되지 않을 수도 있지만, 그럼에도 불구하고 그(녀)는 연민이나 친절처럼 다르게 더 특징화된 돌봄이나 관심을 가질 것이다. 주희가 이런 사고방식에 대한 견해도 고려했음을 『주자어류』는 보여준다. 두 번의 공개적 대화에서 주희는 불교의 연민이 돌봄이나 관심의 한 형태이기는 하지만, 그럼에도 불구하고 그것은 [본유적인] 친밀감이나 가족적 유대에서 자연스럽게 발생하는 종류와는 거리가 먼 별난 것이라고 설명한다. 주희는 논의를 명확히 하려고 '조건적인 자비[有緣慈]'와 '무조건적인 자비[無緣慈]'의 기술적 구분을 채용한다. 전자는 누군가 혹은 무엇과의 관계에 따라 부속되는 연민의 한 종류이며(예: 자녀, 형제자매, 친구 또는 같은 종의 구성원으로 관련되는 경우) 후자는 관계에 상관없이

---

25 『朱子語類』, 卷126, 3019.

모든 것에 대하여 갖는 연민의 한 종류이다.[26]

　이후 부분에서, 필자는 이런 구절들을 모두 제시할 것이다. 지금으로서는 무조건적인 돌봄이 대부분의 사람들이 갖는 자연적인 심리적 구성과는 동떨어진 심리적 기반을 가져야 한다는 점에 주목하는 것으로 충분할 것이다. 이와 달리, 유가의 인仁은 가족 구성원에 대한 자연스러운 애착 및 타자지향적인 관심을 기반으로 하므로 〔불교적 연민보다는〕 더욱 손쉬운 측면이 있다. 불교는 그러한 〔가족에 대한〕 애착을 끊고 완전히 다른 방식으로 이타주의를 구축하길 원한다. 앞서 말했듯이, 이상적이지 않은 불교수행자와 이상적이지 않은 유교수행자를 구별하는 것은 유교도들에게 불공평할 수 있다. 확실히 두 전통의 평범한 구성원들은, 그들에게 기대되는 높은 수준의 이타주의에 이르지 못한다. 그러나 평범하고 결함이 있는 유교도들과 평범하고 결함이 있는 불교도를 동일선상에서 취급하는 것은 잘못되었다. 유교도들은 이상적인 이타주의에 못 미칠 수도 있지만, 적어도 가까운 사람과 소중한 사람에 대해 자연스럽게 느끼는 사랑과 연민을 통해 타자지향적인 관심—처음부터 바로 터득해 실천할 수 있는—에 더욱 쉽게 접근할 수 있다. 대부분의 품위 있는 유교도들은 자신의 생애 동안에 눈에 띄는 진전을 이루어낸다. 주희에게는 이 또한 불교보다도 유교가 갖는 주요한 장점이었다. 그것은 내세에 대한 확실하지 않은 이론에 호소하지 않고 그 목적을 정당화할 수 있는데, 유교적 이타주의는 이 삶에서만 결실을 맺을 수 있기 때문이다.

---

26 『朱子語類』, 卷126, 3031.

2) 불교 구원론에 대한 두 번째 비판: 윤리적 기초

이 모든 것 가운데 더욱 더 논쟁적인 주제는, 생명 생산[生生]에 관한 불교의 입장에 대한 것이다. 우리가 본 것처럼, 주희는 불교도들이 '생명' 및 '생명과 관련되어 좋은 것(성장과 출산)'에 대한 집착을 거부하고 궁극적으로 삶과 죽음, 생산과 파괴가 없는 상태를 목표로 삼는다고 보았다.[27] 이렇게 불교도들이 생명을 생산하지도 소멸하지도 않는 상태를 달성하는 것을 목표로 하는 한, 주희는 불교도들이 도덕적 선과 근본적으로 상충되는 가치체계를 전제하고 있다고 생각한다. [주희가 보기에] 도덕과 덕목은 근본적으로 삶과 죽음으로부터 자신을 해방시키는 것이 아니라, 오히려 삶을 증진하는 것과 관련되어 있기 때문이다. 다시 말해 삶의 개인적인 초월에 근거한 규범성이 도덕적 또는 윤리적 규범이 아닌 또 다른 것—아마도 구원론적 규범—에 정초하고 있다고 보는 것이다. 불교적 선·윤리의 본질 및 처방에 대한 주희의 언급을 자세히 읽어 보면 그렇다. 이에 관해서 뒤에서 같이 살펴보고자 한다.

생명 생산에 대한 불교적 관점을 관용적으로 재구성해보도록 하자. 불교도들이 생명 생산 및 그와 관련되어 좋은 것들(성장, 발달, 세대간 연속성)을 무가치하다고 생각한다고 말하는 것은 불공평할 것이다. 불교적 관점을 표현하는 더 좋은 방법은, 생명 생산이 아무리 귀중하더라도 헌신적인 불교도들이 집착해야 할 종류의 것이 아니라는 것이다. 불교도들은 어떤 것에 집착하지 아니하고서도 그것을 가치 있고 장려

---

27 『朱子語類』, 卷126, 3012.

할 만한 것으로 취급할 수 있다.[28] 더욱이 깨달음에 가장 근접한 사람에게는 생명 생산의 가치는 낮으므로, 생명 생산의 가치를 영적발전의 어떤 단계에 있는 사람들에게는 홍보할 가치가 있지만 어떤 단계의 사람에게는 홍보할 가치가 없다. 혜원(慧遠, 334~416)의 「사문불경왕자론沙門不敬王者論」은 그 구별에 대한 불교적 설명을 제공한다.[29] 혜원은 어떠한 종류의 수행자인지에 따라 생명 생산을 받아들이는 방식이 상이할 수밖에 없다는 전제로부터 논의를 전개한다. 대부분의 불교도들은 가족과 함께 사는 재가신도이다. 그렇기에 가정생활에 참여할 것이고 가정생활을 이루는 시공간에서 재생산 및 양육활동을 통해 감정적인 돌봄을 행한다. "순응하여 통할 수 있도록 하되, 그들의 저절로 그러한 상태를 바꾸지 않는다."[30] 그러나 출가한 신도들의 방식은 다르다.

가족을 떠나면 세속 밖[方外]의 손님이니, 자취는 외부 사물과 끊어진다. 그들이 가르침으로 삼는 것은, 육신이 있어 근심이 쌓이는 것임을 깨닫고 육신을 보존하지 않음으로써 근심을 그치고 자 하는 것이다. 또한 생명을 이어가는 것[生生]은 [세속적 세계의]

---

28 불교에서 이러한 구별의 중요성을 지적해준 Brook Ziporyn에게 감사를 표한다.

29 온전하긴 하지만 다소 오래된 번역으로는 Leon Hurvitz, "'Render Unto Caesar' in Early Chinese Buddhism," in *Liebenthal Festschrift*, ed. Kshitis Roy (Santiniketan: Visvabharati, 1957), 80-114 참조. 필자는 Tiwald and Van Norden, Readings, 75-80의 부분 번역본을 인용하였다.

30 慧遠, 「沙門不敬王者論」 T52.2102, 30a22-23, "順爲通而不革其自然也."; 영문 번역으로는 Tiwald and Van Norden, *Readings*, 76.

품화稟化 작용으로 이루어지는 것임을 알아, 〔이러한 세속적 작용에〕 그대로 순응하지 않음으로써 세상의 근원〔宗〕을 추구한다. 근원을 추구하는 것은 〔품화에〕 순응하는 것으로는 이루어질 수 없으므로 〔이리저리〕 오고가는 재물을 중하게 여기지 않는다. 육신을 보존하여선 근심을 그칠 수 없으니, 삶을 두터이 하는 이로움을 귀하게 여기지 않는다.[31]

불교도들이 생명 생산에 애착을 갖고 중시해야 하는지의 여부는, 그(녀)가 재가신도인지 출가신도인지에 어느 정도 달려 있다. 재가신도는 삶에 대한 애착을 어느 정도 유지하고 있으며 그 삶이 자신에게 어떠한 가치나 유익함을 준다고 생각한다. 그러나 출가신도의 경우, 이 반대의 설명이 옳을 것이다. 그들은 생명에 집착하거나 귀하게 여겨서는 안 된다. 하지만 혜원의 견해는 보다 미묘하다. 확실히 출가신도들은 자신의 삶에 대한 애착으로부터 벗어나는 것을 목표로 하고 있으며, 또 그들 스스로 〔세간적〕 삶이 본질적인 가치가 거의 없다고 생각한다. 그러나 혜원이 조심스럽게 말하는 바에 따르면 불교 승려들은 자신의 삶에서 부모와 통치자의 기여를 받고 있지는 않지만, 그럼에도 불구하고 승려들은 자애로운 아들이나 통치자의 목표를 더불어 공유한다. 왜냐하면 자신들이 돌보는 사람들이 생생의

---

31 慧遠,「沙門不敬王者論」T52.2102, 30b06-10. "出家則是方外之賓, 跡絶於物. 其爲敎也, 達患累緣於有身. 不存身以息患, 知生生由於稟化, 不順化以求宗. 求宗不由於順化, 則不重運通之資, 息患不由於存身, 則不貴厚生之益."; 영문 번역으로는 Tiwald and Van Norden, *Readings*, 76-77.

216

과정에 적절히 참여함으로써 잘 지내길 원하기 때문이다.

비록 왕과 제후의 위치에 있지 않더라도, 본래부터 천자가 세운 지극한 도리〔皇極〕와 일치하여 생민을 너그럽게 할 것이다. 그런 까닭에 안으로는 부모와 자식 관계〔天屬〕의 중함을 어그러뜨리기는 하지만 효에 어긋나지는 않으며, 밖으로는 임금을 모시는 공순함을 빠뜨리기는 하지만 경敬을 잃지는 않는다. 이것으로 본다면 〔세속적 세계의〕 화化의 표면을 초월하여 근본을 구하면 그 이치가 깊고도 뜻이 두터움을 알 수 있다.[32]

그러므로 출가한 승려들은 결국 생명의 생산과 성장에 내재적인 가치가 존재하는 것으로 간주한다. 비록 삶에 대한 애착을 극복할 준비가 되어 있지 않은 사람들에게 한정된 방식이기는 하지만 말이다. 불교도는 윤리보다도 구원의 길을 중시한다고 주희가 비판하는 까닭은, 그들이 생명 생산의 가치를 부정하기 때문이 아니라 사람들에게 생명에 대한 집착을 버려야 한다고 주장하기 때문이다. 이러한 논의에서 두 가지의 주요한 논의 지점을 발견하였다. 첫 번째는, 매력적인 종교적 목표로 불교도들이 도덕적 선善에 대한 새로운 개념 —선에 대한 가장 합리적이고 관습적인 이해와 상충되는—을 도입했다는

---

32 慧遠,「沙門不敬王者論」T52.2102, 30b17-20, "雖不處王侯之位, 亦已協契皇極, 在宥生民矣. 是故內乖天屬之重, 而不違其孝, 外闕奉主之恭, 而不失其敬. 從此而觀, 故知超化表以尋宗, 則理深而義篤."; 영문 번역으로는 Tiwald and Van Norden, *Readings*, 78.

것이다. 일반적으로 주희가 제안하는 도덕적 선은 타자를 돕고 타자와의 윤리적 관계에 참여하는 것이다. 그러나 불교는 이러한 것들ー역자 주: 타자에 대한 윤리적 관계 등ー과 적절하게 연관되지 않는, 새로운 방식의 도덕규범을 도입한다. 어떤 대화에서, 한 학생은 주희에게 옛 속담("불교의 사찰들을 없애면, 온 세상이 선해지는 방법을 알게 된다")에 대해 묻는다. 주희는 이러한 질문을 부처를 비롯한 여러 불상을 숭배하는 관행ー이는 사원 방문의 주요 목적 중 하나이다ー에 대한 언급으로 받아들인다.

> 불교가 중국에 들어올 때부터, '선善'의 이름이 오도되게 되었다. 오늘날 사람들은 부처를 받드는 것을 선으로 삼는다. 교량과 도로를 닦고 길을 만드는 것이어야 사람들에게 이로움을 준다. 승려에게 시주하고 절을 세우는 것을 선이라고 하지만 선이 어디에 있는가? 이른바 "불교의 사찰들을 없애면 온 세상이 선해지는 방법을 알게 된다"는 것은, 천하의 사람들이 불교에 빠지지 않아 자연히 부모에게 효도하고 어르신께 공손하여 좋은 사람이 된다는 것이다. *이것이 바로 선이다.*[33]

생명 생산에 대한 애착과 관련한 두 번째 주장은, 인간관계에서 그러한 종류의 애착이 중요한 역할을 한다는 것이다. 여기에서, 필자

---

[33] 『朱子語類』, 卷126, 3033, "自浮屠氏入中國, 善之名便錯了. 渠把奉佛爲善. 如修橋道造路, 猶有益於人. 以齋僧立寺爲善, 善安在? 所謂除浮屠祠廟便向善者, 天下之人旣不溺於彼, 自然孝父母, 悌長上, 做一好人. 便是善." (강조: 필자)

는 주희의 두 가지 일반적인 주장을 발견하였다. 첫 번째, 생명 및 생명 생산과정에 대한 애착이 없다면, 사람들은 미덕의 기반이 되는 감사라는 자연스러운 마음을 계발할 수 없을 것이다. 두 번째, 타자의 삶과 성장에 대한 각별한 관심은 인간관계의 재료 그 자체이므로, 만일 어떤 이가 소중히 여길 어떤 타자적 생명이 아예 없다면 그것은 곧 그(녀)가 어떠한 관계도 맺지 않았다는 뜻이다. 이제 이러한 주장들을 살펴보자.

어르신에게 충성을 다하고 헌신하는 것과 관련된 주요한 많은 덕목들은, 어르신 때문에 자신이 성장하게 되었다는 점에 대한 감사의 성격이 있다. 효라는 근본 덕목을 생각해보자. 이상적으로, 효는 단지 부모를 〔형식적으로〕 봉양하는 데 그치지 않는다. 후회나 망설임 없이, 기꺼이 부모를 섬기는 일이다. 부모를 신실하게 아니면 마지못해 섬기는 것이 어려울 수는 있지만, 적어도 우리가 억지로라도 할 수 있는 일이다. 반면에 〔효를 실천하겠다는〕 의지력만으로 부모님을 섬겨서는 스스로 행복해질 수 없다. 효행이 수월하거나 자연스럽게 이루어지는 상태에 도달하기 위하여(완전하고 완벽한 미덕으로서의 효에 필요한 것으로), 우리는 더욱더 정성스럽고 진정한 효심의 표현이 필요하다. 그리고 그것을 기르기 위하여, 우리 가운데 많은(또는 대부분의) 사람들은 부모가 우리에게 물려준 것들을 인식하며 생기는 감사라는 감정에 의존한다. 여기에는 부모가 우리에게 사랑스럽게 베푼 음식과 의복 같은 것들에 대한 감사가 포함된다. 더욱 널리 공유된 유교적 관점에는, 부모에게 감사함을 느끼는 우리의 감정에는 〔부모가 있음으로써 가능한〕 우리의 몸과 삶 자체에 대한 감사를 포함해야만

한다.[34] 위에서 언급한 대로, 혜원은 부모 덕분에 〔내가〕 살아있고
성장할 기회를 가질 수 있게 된 점에 대해 출가신도들은 어떠한 특별한
감사함을 느끼지 않아야 한다고 제안한다. 또한 통치자에게도 자신들
을 보호하고 부양해준 점에 대해 특별히 감사하지 않아도 된다. 주희는
이러한 견해가 불교도들 사이에 만연해 있음을 발견하였다. 주희는
"〔불교도들은〕 부모님께서 주신 몸을 임시 거처처럼 여기는데, 옛집이
파괴되어 없어지면 자유롭게 새집을 짓는 것처럼 말이다"[35]라고 말하
는데, 적절한 인간관계에서 현현하는 자연적인 작용〔天理〕을 불교도
들이 훼방하고 있다고 보았다.

아마도 불교의 구원의 구원론적 원리가 윤리 영역에 침투하는
것에 대한 주희의 가장 근본적인 반대는, 관계(relationships)의 역할과
관련되어 있다. 앞서 살펴보았듯이, 불상을 참배하는 것이 선善의
행위가 될 수 있다면서 어르신을 공경하고 교량을 수리하는 것은
부차적이라고 보는 것을 주희는 이상하다고 생각했다. 주희의 저술에
서 더욱 더 눈에 띄는 반대 논점은, 불교도가 관계를 완전히 버리기
때문에 윤리를 완전히 버린다는 것이다. 인간관계〔人倫〕 및 자신의

34 『孝經』, 「開宗明義章」, "신체, 터럭, 살갗은 부모님으로부터 받은 것이니, 감히
손상시키지 않아야 하는 것이 효의 시작이다(身體髮膚, 受之父母, 不敢毁傷, 孝之始
也.)." 참조.

35 『朱子語類』, 卷126, 3013, "而以父母所生之身爲寄寓, 譬以舊屋破倒, 卽自挑入新
屋." 효를 배양하는 데 있어 감사가 하는 역할에 대한 자세한 내용은, Philip
J. Ivanhoe, "Filial Piety as a Virtue," in *Working Virtue: Virtue Ethics and
Contemporary Moral Problems*, eds. Rebecca Walker and Philip J. Ivanhoe
(Oxford: Oxford University Press, 2007), 297-312.

역할에 따른 책임을 잘 수행할 수 있는 것이야말로 주희와 그의 동시대 사람들이 이해한 윤리倫理 그 자체이다. 주희의 주장에 따르면, 불교도들은 본질적으로 인간관계의 근절을 조장한다. 왜냐하면 특정한 타자에 대한 애착을 버리고 이러한 편파적인 돌봄의 형식을 보편적이고 공정한 보살의 자비로 대체할 것을 권장하기 때문이다. 특정 사람에게 강력하고도 감정적인 투자를 하지 않고 낯선 사람/다른 종(species)의 구성원보다도 그들의 이익을 신경 쓰지 않는다면, 사실상 그(녀)는 관계를 형성하고 있지 않으며, 이러다 할 '윤리'도 갖고 있지 않다. 여기에서 불교에 대한 주희적 비판은, 묵자의 두루 사랑함[兼愛]은 사실상 "아비도 못 알아보는 것"이라고 말한 맹자의 인상적인 주장과도 공명한다.[36] 주희는 '조건적인' 자비와 '무조건적인' 자비 사이의 불교적 구분을 바탕으로 이 점을 지적한다.

> 선불교에서는 부자 형제가 서로 친애하는 것을 '조건적인 자비[有緣之慈]'라고 말한다. 호랑이와 이리는 나와 다른 부류인데도 그것들에게까지 사랑을 이르게 하여 나의 몸을 호랑이에게 먹이고는, 이를 '무조건적인 자비[無緣之慈]'라고 말하고 참된 자비라고 여긴다.[37]

주희의 이해에 따르면 '조건적인 자비'인지의 여부는 본인이 처한 상황과 관계에 따라 달라질 수 있는 것으로, 자비심을 느끼게 하는

---

36 『孟子』, 「滕文公下」, "墨氏兼愛, 是無父也."
37 『朱子語類』, 卷126, 3031, "禪家以父子兄弟相親愛處爲有緣之慈. 如虎狼與我非類, 我卻有愛及他, 如以身飼虎. 便是無緣之慈, 以此爲眞慈."

사람(예를 들자면, 부모님, 형제자매 또는 친구)과 특정한 관계에 있는지의 여부에 따라 결정된다. 따라서 우리는 그러한 〔자비심을 느끼게 되는 가까운〕 대상을, 여타의 가치 있지만 잠재적인 돌봄 대상과 구별하게 된다. '무조건적인 자비'는 상대방과의 특정한 관계를 조건으로 하지 않으며 무차별적이다. 주희는 다음의 인용문에서 이러한 불교적 구분을 윤리 문제와 결부 짓는다.

〔한 학생이, 불교적 자애가 가족과 그 밖의 사람 사이를 구분하지 않는 돌봄의 형태라고 제안하였다.〕

주희의 답변: 불교에서는 '무조건적인 자비'를 말하는데, 내가 기억하기에 〔불교의 한 저자는〕 '본성에서 기인한 무조건적인 대자비'라 하였다.[38] 불교에서 말하는 자비라 함은, 조건이 없음으로부터 이루어지므로 사랑하지 않을 것이 없다는 것이다. 부모를 사랑하는 것을, 그들은 조건이 있어 그러한 것으로 본다. 그러므로 부모를 버려두고 봉양하지 않으며, 굶주린 호랑이를 만나면 자신의 몸을 내어 먹이가 되니, 이 어찌 의리에 부합하겠는가?[39]

---

38 이것은 성기설에 관한 언급이다. 이 견해에 따르면, 우리의 참된 본성은 진여眞如로서 모든 것의 근본이 되며 〔다 같이 서로 원인이 되므로〕 그 자체로 원인이나 조건이 되지 않는다.

39 『朱子語類』, 卷126, 3031-3032, "先生曰, 釋氏說無緣慈. 記得甚處說, 融性起無緣之大慈. 蓋佛氏之所謂慈, 並無緣由, 只是無所不愛. 若如愛親之愛, 渠便以爲有緣. 故父母棄而不養, 而遇虎之飢餓, 則捨身以食之, 此何義理耶?" 불교 전통에서의 '조건적인 자비'와 '무조건적인 자비'에 대해 설명해준 Philip J. Ivanhoe, John Jorgensen 그리고 John Makeham에게 감사를 표한다.

무조건적인 (그래서 무차별적인) 돌봄을 실천하는 사람들이 그들 스스로 굶주린 동물의 먹이가 되어야 한다는 주희의 주장은, 지나치게 성급하여 글자 그대로 받아들이기에는 어렵다. 많은 불교도들의 권고 는, 행위에 대한 실행지침이라기보다는 심리적인 치료(therapy)를 목적으로 한다. 즉 행동의 규칙을 명시하는 것이 아니라, 차라리 우리들의 도덕적 감정에 충격을 줌으로써 사고의 급진적 전환을 위한 길을 안내하기 위함이다. 그리고 그것들이 행위에 대한 실행지침이 되는 경우는 매우 특수하고, 설령 그렇더라도 모든 불교도들이 아닌 특정한 상황과 특정한 영적 발달 단계에 있는 사람들을 위한 것이다. 이러한 점에서, 주희는 불교도들을 잘못 말하고 있다.

그러나 불교의 자비에 대한 주희의 근본적인 걱정은 더욱 더 강력한 도전을 나타낸다. 불교도들이 개인적 구원을 그 자체로 가치 있다고 여기건 그렇지 않건, 불교도들은 여전히 구원을 규제적 이상으로 여긴다. 그리고 그들은 특별한 관계가 사라지고 더 보편적인(차별 없는) 종류의 돌봄이 지배적인 윤리적 감정이 되는 자기계발 과정을 제시한다. 이러한 종류의 자애심은 훌륭한 것이겠지만, 유학자들은 불교도들이 그들의 구원론적 원리와 윤리적 원칙을 맞바꾸고 있다고 말할지도 모른다. 유학자들이 보기에 관계는 차별화되는 돌봄을 요구 하고, 관계가 없는 사회적 환경에서는 윤리의 여지가 거의 존재할 수 없기 때문이다.

주희에게 있어 이 모든 것들이 불교도들에겐 올바른 의미의 '윤리' 관념이 없다는 것을 시사한다. 선과 윤리의 관념이 잘못 적용되었다. 필자가 보기에 이 점은 귀류법의 형태이며, 주희는 불교도들에게 불교도들의 용어로 응답하고 있다. 그러나 이 장의 서두에서 언급한 바와 같이, 주희는 불교 교리 자체에는 관심을 덜 기울였으며, 인간 본성 및 여타의 사실들을 고려할 때 불교 교리가 불교수행자들로부터 어떻게 실천되는지에 대해 더 관심이 있었다. 이 수준에서 주희의 비판은 상당히 다르다. 주희가 생각하기에, 일반적인 수행자들에게 올바른 의미의 윤리가 결여된 것은 아니다. 왜냐하면 우리의 본성에는 강력한 힘이 있고, 이는 〔자연스러운〕 타자에 대한 애착을 극복하게 하거나 인간관계를 완전히 내버려두는 것을 어렵게 만들기 때문이다. 불교 승려들 대부분이 내놓은 결론은 잘못된 인식이다. 승려들은 스스로 인간관계를 완전히 없앴다고 생각하지만, 주희가 제안하듯 우리가 볼 수 있는 것은 수도원 공동체의 맥락에서 형성된 가족의 대체제―역자 주: 사회학에서는 이것을 대용代用가족이라고 부른다―이다. 승려 간의 관계는 부자 관계나 형제 관계와 매우 유사하다.

불교와 도교는 비록 인류을 멸하려고 하지만, 그곳으로부터 도망칠 수 없다. 그들은 부자 관계가 없다고 하지만, 여전히 스승에게 절하니 제자를 아들로 삼은 것이다. 나이가 많은 자를 사형師兄으로 삼고, 나이가 어린 자를 사제師弟로 삼는다. 불교는 〔인간관계의〕 모조품을 수호할 뿐이지만, 〔유교의〕 성현께서 보존하시는 것은 참된 것이다.[40]

---

40 『朱子語類』, 卷126, 3014, "如佛老雖是滅人倫, 然自是逃不得. 如無父子, 卻拜其師, 以其弟子爲子. 長者爲師兄, 少者爲師弟. 但是只護得箇假底, 聖賢便是存得箇眞底."

여기에서 다시 주희는 유학자들의 주요한 이점을 암시하고 있다. 윤리에 있어 가족 중심적 접근은 인간 본성에 내재된 뿌리 깊은 성향과 일치한다. 그러하여 그들은 내적 갈등이나 인지적 부조화 없이 충忠이나 성誠의 방식으로 유교적 삶의 방식을 채택할 수 있다. 이에 반해 불교도들은 자기혁신을 위해 영웅적인 위업을 불가능할 정도로 요구하기에, 진실함(誠)에 도달할 수 없다.[41] 주희의 견해에 따르면, 진실함은 불교도들에게 불가능한 것이다. 왜냐하면 친밀한 관계를 형성하려는 성향은 우리 본성의 지울 수 없는 부분이기 때문이다. 비록 우리가 관계는 근절될 수 있다고 생각하여도, 그러한 성과는 지극히 드물다고 해도 과언이 아닐 것이다. 또한 그러한 관계를 근절하려고 하는 것이 인간의 정신세계에 있어서 대가를 치를 만한 것인지는 우려할 만하다고 할 수 있다.

3. 불교수행론에 대한 비판: 정신수양

여기서 '정신수양(mental discipline)'이란 용어는 마음의 평화, 열린 마음, 무욕無欲 또는 깨어 있음과 같은 특정한(일반적으로는 고상한) 마음 상태를 유지하는 데 도움이 되는 다양한 기술과 습관을 의미한다. 불교도와 주희에게서 가장 많이 사용된 정신수련 중에서 가장 두드러진 두 가지는 '명상,' 그리고 이기적인 편견과 동기에 대한 '자기통제(self-monitoring)'였다. 후자는 불교도와 신유학 사상가들 모두에게서

---

41 『朱子語類』, 卷126, 3016.

많은 관심을 받기도 하였지만, 특히 신유학 담론에서 수많은 논쟁
및 이론화가 이루어진 주제였다. 주회를 비롯한 많은 신유학 철학자들
은 이기적인 동기와 편견들이 〔우리의 현상적인 마음에〕 만연하고
뿌리 깊게 있어서 감지하기 매우 어렵다고, 상당히 확신하였다. 더욱
이 이러한 이기적인 동기와 편견은 현실에서 올바른 도덕적 의사결정
을 내리는 데 가장 큰 걸림돌이 되기에, 선해지고자 하는 사람들에게
있어 이를 뿌리 뽑는 것은 가장 큰 과제 중 하나였다. 정신수양을
올바르게 하는 것이 12~13세기의 사려 깊은 중국사상가들에게는
동시기의 서양인에게 신과 인간의 관계를 올바르게 이해하는 것만큼
이나 중요했다고 말할 수 있다. 이런 수양론적 주제에 대한 당시
중국사상가들의 견해는, 그들의 사상과 업적을 전반적으로 평가하고
자 하는 동료 사상가들에게도 중대한 영향을 끼쳤다.

　불교도들이 가르치는 정신수양의 주된 형태는 명상이다. 그리고
주회가 가장 큰 관심을 가졌던 명상의 형태는 그가 일반적으로 '정좌(靜
坐, 고요하게 앉기)'라고 불렀던 것으로, 이는 올바르게 수행되면 고요함
이나 평온의 상태를 가져오는 일련의 수행방식을 설명하는데 사용되
었다. 확실히 불교도들은 다양한 종류의 명상을 옹호했으며, 그중
어떤 것은 보다 능동적이고 숙고적인 것이었다.[42] 그러나 주회가 가장

---

42 송대 불교의 주요한 논쟁은 정좌 명상의 일종인 '묵조선'과 불교적 공안을
　숙고하게 하여 깨달음을 주려는 '공안선'의 지지자들 사이에서 이루어졌다.
　Morten Schlutter, "Silent Illumination, Kung-an Introspection, and the
　Competition for Lay Patronage in Sung Dynasty Ch'an," in *Buddhism in
　the Sung*, eds. Peter N. Gregory and Daniel A. Getz Jr. (Honolulu: University

흥미를 느낀 것은 정좌였다. 그는 정좌가 정신적 안정과 자기 자제력 달성에 굉장히 좋은 방법이라고 보았다. 그리고 이것은 동 시기의 다른 유학자들이 이미 채택한 방법이기도 하였는데, 여기에는 주희의 스승인 이통은 물론이거니와 주희의 가장 치열했던 경쟁자 중 한 명이었던 장구성도 있다.[43]

불교 명상에 대한 주희의 비판을 가장 간결하게 표현하자면, 불교적 명상은 일종의 고요함을 제공하기는 하지만 그 고요함은 정신적인 자기 자제력이라는 그 이상의 자원이 결여되었으므로 불완전하다는 것이다. 그 자기 자제력은 '경敬' 공부를 통해 접근할 수 있는데, 이 '경敬'은 'reverential attention(경건한 주의)', 'inner mental attentive-ness(내면 정신의 주의력)', 'seriousness(진지함)', 아니면 더 간단하게 는 'reverence(경건함)'으로 번역되곤 한다. 보통 주희는 '명상적 평온 에만 집중하는 수양법'이 완전하지 않은 이유로 두 가지를 강조하곤 한다. 첫째, 명상이 비교적 상대적으로 수동적인 채로 남아 있는 한, 그것은 기껏해야 정신적 훈련을 유지하기 위한 준비만 해줄 뿐이 다. 그런데 주희는 적극적인 참여가 요구되는 개인적 수양 및 통찰력의 도덕적 측면에도 관심을 갖고 있었다.[44] 요컨대 시장거래, 가사관리, 정치활동과 같이 감정을 유발하는 일이나 우리 마음의 평화를 방해하

---

of Hawaii Press, 1999), 109-147 참조.

43 이통에 대해서는 John Jorgensen의 장을 참조. 장구성에 대해서는 "Ko-wu or Kung-an? Practice, Realization, and Teaching in the Thought of Chang Chiu-ch'eng," in Gregory and Getz, *Buddhism in the Sung*, 62-108 참조.

44 『朱子語類』, 卷126, 3018.

고 자제력을 상실하기 쉬운 여타의 다양한 활동 등에 참여할 때에도,
사람들은 마음을 제어할 수 있는 어느 정도의 능력이 필요하다.[45]
주희는 다음과 같이 길게 설명한다.

질문: 불교의 '선정에 들어가는 것'과 도가의 '호흡을 세는 명상'에
대해 묻겠습니다.
답변: 그들은 고요하게만 하면서, 사물을 응하고 접할 때 어긋나지
않으려 한다. 맹자 역시 새벽의 청명한 기[夜氣]를 보존하라고
하였지만 [불교도들이나 도교도들과는 달리] '대낮의 할일'을 이
해해야 한다고 하셨다.[46]
질문: 우리 유자들은 어째서 그들의 [명상]수행을 본받지 않습
니까?
답변: 그들은 눈을 뜨고서도 줄곧 [보는 것을] 잃어버리고 마니,
다만 [마음을] 단단히 가다듬어 다잡는 것뿐이다. 우리 유교에서
말하는 '예禮가 아니면 보지도 듣지도 말하지도 움직이지도 말라'
는 것[47], '보이지 않고 들리지 않는 것에도 경계하고 삼가며 조심하
고 두려워하라'는 것, '경으로 안을 곧게 하고 의로 밖을 바르게
하라'는 것[48]만 못하니, 그들의 모든 수행방식은 외부에서 가로막

---

45 Charles Wei-hsun Fu, "Chu Hsi on Buddhism," 393-394; 『朱子語類』, 卷126,
　3019. 또한 주희는 [도학의] 개조 주돈이(1017~1073)에 대해서도 비판을 제기했
　는데, 주돈이는 덕스러운 행동에 필요한 자제력을 마음의 평온이 제공한다고
　생각한 것으로 보이기 때문이다. 『朱子語類』, 卷94, 2371 참조.

46 『孟子』, 「告子上」, "其旦晝之所爲."

47 『論語』, 「顏淵」, "非禮勿視, 非禮勿聽, 非禮勿言, 非禮勿動."

는 것뿐이다.

질문: 불교에서는 '보지 않고 듣지 않는 것'은 있어도, '예가 아닌 것'에 대한 공부가 없는 것이지요?

답변: 그러하다.

채원정(蔡元定, 1135~1198, 주희의 제자 중 한 명)의 질문: 이 세상에는 사람들이 해야만 하는 일들이 있습니다. 만약 그들처럼 앉아서 마음의 안정에만 신경을 쓴다면, 어찌하겠습니까? 해와 달은 계속 움직여야 하고, 천지는 계속 운용되어야만 합니다.

답변: 불교도들은 운행하지 않고 운용하지도 않으니, 진실로 옳지 않다. 우리 유교의 동료들은 움직이고 운용하려고 하지만, 다만 그 움직이고 운용함에 있어 잘못된 부분이 있는 것뿐이다. 예를 들어 오늘날의 거친 기쁨과 거친 노여움이 어찌 잘못되지 않을 수 있겠는가? 불교도들은 [정도를] 지나쳤고, 오늘날의 사람들은 [정도에] 이르지 못했다.[49]

주희의 두 번째 요점은, 명상으로 인한 평온이 더 넓은 세상과

---

48 『周易』, 「坤·文言」, "君子敬以直內, 義以方外."

49 『朱子語類』, 卷126, 3019, "問釋氏入定, 道家數息. 曰他只要靜, 則應接事物不差. 孟子便也要存夜氣, 而須是理會旦晝之所爲. 曰吾儒何不傚他恁地? 曰他開眼便依舊失了, 只是硬把捉. 不如吾儒非禮勿視聽言動, 戒愼恐懼乎不睹不聞, 敬以直內義以方外, 都一切就外面攔截. 曰釋氏只是勿視勿聽, 無那非禮工夫. 曰然. 季通因曰世上事便要人做, 只管似它坐定做甚? 日月便要行, 天地便要運. 曰他不行不運, 固不是. 吾輩是在這裏行, 是在這裏運, 只是運行又有差處. 如今胡喜胡怒, 豈不是差! 他是過之, 今人又不及."

반드시 연결되는 것은 아니라는 것이다. 〔불교적〕명상의 목적은
마음을 고요하게 하는 것에만 있지, 반드시 타자의 이익이나 보다
큰 규모의 사회적·생물학적 질서의 요구사항에 더욱 반응하도록
하는 데 있지 않다. 주희는 명상이 제멋대로인 감정과 욕망을 억제하는
데 도움이 된다고 인정한다. 하지만 감정에 대한 통제가 외향적인
지향을 동반하지 않으면 〔명상은〕아무런 효용이 없을 것이고, 자의적
인 목적에 낭비되거나, 더 깊이 뿌리박힌 주관적 경향에 종속될 것이라
고 비판한다. 이를 주희와 동시대인들의 표현으로 하자면, '인도(人道,
사람의 길)'는 궁극적으로 '천도(天道, 하늘의 길)'에 근거하며 이로 인해
우리에게는 어떤 자기 자제력의 원천이 요구된다는 것이다. 이는
후자의 천도로 설명될 수 있다.[50] 천도는 조화로운 삶의 창조라는
더욱 큰 선善을 면밀히 추적하는 원천이 될 것이고, 주희는 그 역할에
적합한 것이 바로 경 공부법이라고 생각했다. 〔어느 한 곳에〕주의를
기울이면, 여타의 걱정이나 결핍, 욕구들을 동반하지 않고서 당면한
과제에 집중할 수 있다. 〔심신을〕경건하게 하면 우리 자신보다도
훨씬 위대한 것들의 장엄함에 대해 경외심과 감사함을 느끼게 되며,
이는 독특한 동기부여의 힘을 이끌어낸다.[51]

---

50 荒木見悟, 『佛教與儒教』, 寥肇亨 譯 (臺北: 聯經出版社, 2008), 335.

51 Stephen C. Angle, *Sagehood: The Contemporary Significance of Neo-Confu-
cian Philosophy* (New York: Oxford University Press, 2009), 155. Angle이 말하듯,
신유학자들은 주의력을 그들이 장려하고자 하는 여러 감정, 태도 및 정신수양
형태의 중요한 구성요소로 보며, 주의력을 경에 국한하지 않는다(*Sagehood*,
150-156).

입장을 바꿔서 보면, 주희는 능동적[動]인 상태에서도 경을 실천해야 한다고 권장하지만 그러한 주희의 제안은 명상을 통한 평온을 희생시킨다고 말할 수도 있다. 그러나 우리는 수동적[靜]인 상태와 능동적인 상태 모두에서 살고 있으며, 이 두 가지 상태 모두 자기제어력의 숙달이 필요하다. (무엇보다도 마음의 평화, 혼란으로부터의 안도 내지는 안정, 자기이해력과 관련한 다양한 이유 때문에 말이다.) 그러므로 자기를 더 버리는 불교도들이 삶의 능동적인 부분을 희생시키면서 수동적인 부분을 돌보는 데 탁월하다는 것을 인정할 수는 있겠지만, 주희의 상황은 그 반대라고 덧붙일 수 있다.[52]

다른 신유학자들의 언급에 따르면, 경 공부의 실천이 인간 삶의 능동적인 부분만을 위한 것임을 암시한다고 생각할 수 있다.[53] 그러나 주희는 경을 수동적 상태와 능동적 상태 모두에서 실행될 수 있는 것으로 특징지었다. 주희가 생각하기를, 경 공부가 잘 이루어진다면 명상적인 평온 상태에서도 경건한 주의력을 발휘할 수 있다. 주희는 마음에 필요한 자기 자제력과 눈에 필요한 자기 자제력 사이에서 유용한 유추를 한다. 눈을 감든 뜨든 상관없이 눈을 주재하는 힘은 동일하다. 이런 주희의 주장은 어느 정도 경험적인데, 경을 통한 정좌가 자기 경험에서는 어떻게든 더 성공적이라고 믿기 때문이다.[54]

---

52 불교도가 일반적으로 조용히 앉아 평온함을 얻는 데 탁월하다는 견해에 대해, 이정 형제와 주희는 실제로 지지하였다. 이것은 아마도 주희가 불교수행에 관해 가장 일관되게 인정하는 것 중 하나일 수 있다. 蔡振豐, 「朱子對佛教的理解及其限制」, 196-197 참조.

53 王陽明, 『傳習錄』, 『傳習錄注疏』, 鄧艾民 注 (基隆: 法嚴出版社, 2000), §117.

그러나 마찬가지로 중요한 점은, 주희는 정신수양이 능동적이고 수동적인 정신적 상태*의* 마음을 주재해야 할 뿐만 아니라 능동적이고 수동적인 정신 상태 *사이의* 전환도 주재해야 한다고 보았다는 것이다. 어떤 시기와 상황에서는 다른 것보다도 조용히 앉아 있는 것이 더 적합하며, 때때로 우리는 그 대신에 일어나서 업무를 보거나 책을 읽을 필요도 있다.[55] 그의 유추를 확장하자면, 우리는 눈을 뜨거나 감을 때에 눈을 지시하는 통제 원천이 눈꺼풀을 열고 닫는 것도 동일하게 인도한다고 말할 수 있다.[56]

불교적 정신수련에 대한 이러한 걱정은, 윤리 규범의 근원을 찾으려는 보다 일반적인 고민에서 나온 것이다. 주희가 보기에 윤리 규범을 획득하는 가장 적절한 방식은 우리의 본성에서부터 찾는 것이다. 우리에게 자연스런 어떤 성향은, 타고난 삶[生]에 대한 본유적 사랑과 타자와 연속되어 있다는 느낌으로부터 촉진된다. 인간의 심리 가운데 못된 부분(특히나 사사로운 욕망)은 자기 자신의 존재를 숨기는 데 능숙하고 따라서 집요하다. 이를 극복하는 유일한 현실적 방안은, 삶과 더 큰 세상에 관심을 두려는 본성적인 경향을 끌어내어〔그

---

54 『朱子語類』, 卷12, 214.

55 『朱熹集』, 卷32, 1419, "마음은 고요하고 움직일 때와 말하고 침묵할 때에 한 몸의 주인이듯, 마찬가지로 군자는 고요하고 움직일 때와 말하고 침묵할 때에 경하여 힘쓰지 않는 바가 없다(蓋心主乎一身, 而無動靜語默之間. 是以君子之於敬, 亦無動靜語默而不用其力焉.)." 이에 대한 영문 번역은, 필자가 Julia Ching, "Chu Hsi on Personal Cultivation," in *Chu Hsi and Neo-Confucianism*, ed. Wing-tsit Chan (Honolulu: University of Hawaii Press), 283을 참고하여 수정하였음.

56 『朱子語類』, 卷96, 2469.

본성에] 기초하는 데 있다. 이 모든 것을 감안할 때, 우리가 어떤 형태의 정신수양을 배우든 간에 정신수양은 우리가 우리 본성의 그러한 부분들을 이용할 수 있도록 돕는 것이 절대적으로 중요하였다. 주희는 불교적 수행이 이러한 자연적 경향에 반하는 것으로 보았다. 주희는 불교수행이 우발적인 마음('인심')이 스스로를 통제하는 데는 도움이 되지만, 수행의 진정한 목표는 우리의 (좋은) 본성이 우발적인 마음을 통제하는 것이라고 주장하였다. 도덕적 지향성이 전자〔본성〕에는 본래적으로 내재되어 있지만, 후자〔우발적인 마음〕에는 없기 때문이다.

확실히 많은 불교도들 역시 타고난 지향성의 원천을 찾고 있었는데, 이를 그들은 본성에 관한 자신들의 선호하는 관념인 '불성'에서 발견하였다. 그러나 대부분의 경우, 즉 이정-주희 계열 유교 철학자들은 불교도들이 가르친 수양법이 진정으로 삶과 〔타자와의〕 연속성에 대해 관심을 기울이기보다는 마음의 또 다른 주관적 경향을 위해 마음의 주관적 경향을 통제하는 것에 그친다고 보았다. 이러한 비판은 주희의 유명한 언급에서 가장 간결하게 표현된다. "불교에서 '본성'이라고 일컫는 것은, 바로 성인께서 '마음'이라고 일컫는 것이다."[57] 학생들에게 기억이 남을 수업에서, 주희는 이것이 의미하는 바를

---

57 이에 대한 온전한 구절은 "불교에서 '본성'이라고 말하는 것은, 바로 성인께서 '마음'이라고 일컫는 것이다. 불교에서 '마음'이라고 일컫는 것은, 바로 성인께서 '의념(意)'이라고 일컫는 것이다(佛氏所謂性, 正聖人所謂心. 佛氏所謂心, 正聖人所謂意.)"로, 주희는 사량좌(謝良佐, 1050~1103)의 말을 인용하였다. 『朱子語類』, 卷126, 3019-3020 참조.

다음과 같이 설명한다.

불교에서는 〔우리가〕 볼 수 있고 들을 수 있고 말할 수 있고
생각할 수 있고 움직일 수 있는 것을 본성이라고 여긴다. 보는
것이 명확하건 그렇지 않건, 듣는 것이 명민하건 그렇지 않건,
말하는 것이 따를만한 것이건 그렇지 않건, 생각함이 깊건 그렇지
않건 간에, 그들은 이것들에 대해서는 신경 쓰지 않고, 이것저것
되는대로 본성이라 여긴다.[58]

정신수양에 대한 불교도와의 논쟁은 두 가지 수준이 결합되어
있다. 첫 번째는 불교도와 주희의 수행방식에 대한 일반론적이거나
이론적인 설명에 관한 것이고, 두 번째는 그들의 수행이 실제 어떻게
이루어지고 있는지에 관한 것이다. 북송과 남송의 중국철학자들은
도덕실천에 관한 이론이 실제상에서는 어떻게 이루어지는 지에 대해
정확하게 설명하지 못할 수 있다는 사실을 잘 알고 있었다. 〔그리하여〕
정신수양에 관한 그들의 논쟁은 이론적 수준과 실천적 수준 사이에서
유동적으로 이루어졌고, 철학적 담론을 선호하면서도 진정한 자기
발전에 관심이 있는 사람들에게 강렬하게 호소하는 방대한 담론을

---

58 『朱子語類』, 卷126, 3019-3020, "佛氏則只認那能視能聽能言能思能動底, 便是
性. 視明也得, 不明也得. 聽聰也得, 不聽也得. 言從也得, 不從也得. 思睿也得,
不睿也得, 它都不管, 橫來豎來, 它都認做性." 이러한 주희의 비판은, 저명한
불교 철학자인 종밀이 다른 불교도들에게 제기한 비판을 반영한다. 종밀과
주희의 비판 사이의 이러한 유사점을 재구성한 *Peter N. Gregory, Tsung-Mi
and the Sinification of Buddhism*, 295-311 참조.

생산한 것이다. 그러나 〔이러한〕 수양론적 주제는 그들의 훨씬 큰
담론에서 작은 부분이었다.

4. 불교수행론에 대한 비판: 공空

불교적 깨달음의 대부분은, 현상계의 모든 것들(혹은 어떤 입장에서는
아예 '모든 것')이 공하다는 교리를 파악하는 데 있다. 이것이 의미하는
바는 어떤 불교 학파인지에 따라 크게 달라진다. 그러나 주희의 비판을
더욱 더 명료하게 이해하기 위하여, 그의 비판을 이해하는 데 도움이
될 수 있는 한에서 몇 가지 대략적인 일반화를 할 수 있을 것이다.
어떤 것이 공하다는 불교의 주장은 아마도 그것이 그 자체의 본성이나
본질이 없다는 것을 의미했을 것이다. 어떤 현상 가운데 그것의 본질이
된다고 여겨지는 특정한 속성 내지는 특징을 골라내보자. 많은 사람들
은 마음의 중요한 속성으로 '의식함(consciousness)'을 생각할 것이고,
운동의 중요한 특징으로는 '한 곳에서 다른 곳으로 가는 것'을 생각할
것이다. 불교도들은 심오한 의미에서 그 특징(또는 그 특징들의 무리)으
로 현상 그 자체의 본질을 기술하는 것은 근본적인 오류가 있다고
본다. (유식불교도들의 입장에서) 그러한 특징들이 사실은 우리 마음
이 투사된 것뿐이라고 말할 수 있다. 그들은 (중관불교도들의 입장에
서) 그 하나의 특징이 그 존재에 있어 필수(필요)적인 것으로 간주될
특별한 이유가 없으며 그 〔특징에 대한〕 선택이 사실은 임의적이며
관습에 의존적인 것에 불과하다고 말할 수 있다. 아니면 그들은 (대부
분의 중국 불교도들처럼) 그것의 타고난 특성들이 다른 것들에 의존하

고 있으며 시간에 따라 변화하므로 현상은 자성(self-nature)을 가질 수 없다는 불교의 독특한 관념을 언급할 수도 있다. 마지막으로, 어떤 불교도들은 논쟁을 전혀 일으키지 않으면서, 다만 현상에 있어 본성(본질)이 없다는 것은 우리가 많은 훈련을 거친 후에 그 현상을 올바르게 인식하였을 때 나타나는 모습이라고 주장할 수 있다. 태어날 때부터 시각에 장애를 가진 사람은 색을 볼 수도 생각할 수 없듯이 불교적 통찰을 닦지 못한 사람은 사물의 공함을 직접 볼 수 없으며 완전하게 생각하거나 파악할 수 없다.

주희와 그가 가장 존경했던 유학자들의 현존하는 저술에는 불교의 공 개념에 대한 많은 비판이 담겨져 있는데, 그 일부는 철학적이라기보다는 (앞으로 살펴보겠지만) 실용주의적이다. 철학적인 것부터 간략하게 언급해보자. 대다수의 신유학자들처럼, 주희는 현현하는 모든 현상[用, 작용이라고도 번역됨]에는 본체[體]가 있어야 한다고 생각하였다. 왜냐하면 본체 없이는, 사물의 지속적인 변화에서 발견하는 특정한 규칙성―계절이 변하지만, 그 변화에는 규칙성이 있는 것처럼―을 설명할 수 없으며 어떤 현상이 어떻게 옳고 그른지도 설명할 수 없기 때문이다. 이러한 규칙성 내지는 근원적인 구조들을 리(理, patterns/principles)라 하며, 이는 사물을 체계적으로 기술하거나 설명하는 역할을 한다. 또한 주희는 근원적인 리 개념에 대해 보다 정교한 개념을 가지고 있음을 스스로 자랑스럽게 여겼다. 이는 "리는 하나이지만 세부적으로 나뉨이 있다[理一分殊]"[59]라는 유명한 문구로 잘 표현

---

59 많은 신유학자들은, 이 유명한 문구의 후반부인 '세부적으로 나뉨[分殊]'이 유교와 불교 사이의 차이점을 간결하고 심오하게 설명해준다고 생각했다. 신유

되어 있다. 이러한 관점에 따르면, 모든 사물의 근원적인 리가 이 현상적 세계에서 그대로 드러난다고 기대해서는 안 된다. 사물의 개별적인 본성 및 목적은 일정 부분 기氣에 의해 조건 지어지고, 리와 [기가 결합되어] 사물의 작동에 대한 그 자체의 규칙(및 제한)을 설정하기 때문이다. 리의 완전한 모습을 묘사하기 위해서는 우리들이 [기적인] 육체적 자아[身]를 무시하거나 거부하지 않아야 하는 것처럼 말이다.[60] 이러한 점은, 우리가 사물의 궁극적인 실체를 인식하기에 앞서 [물리적 차원의] 경험 및 설명이라는 또 다른 층위를 추가하도록 한다.

주희 자신의 이해에 따르면, 불교와 자신의 유교 사이의 주요한

학자들이 보기에, 불교도들은 이치가 하나라는 점은 받아들였지만 그것이 여러 가지의 상이한 방식으로 현현한다는 것은 인식할 수 없었다. 그 부분적 이유는 기氣라는 궁극적 존재를 불교도들이 부인했기 때문이다. 불교에 대한 이 영향력 있는 견해는, 분명 이통—청년 주희를 [유교적 도로] 추동시킨 스승—에게서 나온 것이다. William Theodore de Bary, *Learning for Oneself: Essays on the Individual in Neo-Confucian Thought* (New York: Columbia University Press, 1991), 81-82 참조. 또한 신유학자들은 보기에, 불교도들이 기(와 육체적 자아와 같이 기에 기반한 것들)를 받아들이지 않았으므로, 불교도들은 지성적이고 윤리적으로 매력적인 세계관을 구축할 수 있는 실제적인 세부적 사항이 결여되어 있었고, 이는 그들을 추상적인 교리나 신비주의에 의지할 수밖에 없도록 하였다. 이러한 주장은, 불교도들이 리가 현현될 수 있는 다양한 방식을 무시하고 있다는 비판의 또 다른 내용이다. Fu, "Chu Hsi on Buddhism," 377-380, 羅欽順, 『困知記』(北京: 中華書局, 1990), II.59. '일 대 다' 관계에 대한 주희와 불교의 해석 사이에 공명하는 지점에 대해서는, 이 책의 John Jorgensen의 장을 참조.

60 荒木見悟, 『佛教與儒教』, 3장 3-4절.

형이상학적 논쟁은 리를 어떻게 보느냐에 있다. 불교에서는 리가 비어 있거나[虛] 공空하지만, 유교에서는 리에 내용과 실체가 있다는 것[實]이다. 리가 공하다는 말의 의미는 다소 불분명하다. 이러한 진술을 주희는 불교도들이 실제 채택하는 철학적 입장으로 받아들이지만, 우리가 곧 살펴보겠지만, 이는 이 문제에 관한 불교도들의 공식 견해가 아니기 때문이다. 주희의 견해가 시사하는 바는, [불교의 입장에서는] 적어도 현상의 세계, 일상경험의 세계에 가치나 구조가 없다는 것이다. 즉, 우리가 [현상적] 세계에서 발견한다고 생각하는 가치나 구조는 모두 미혹된 것에 불과하다. 그러나 주희에게 있어서 리는 [실질적] 내용을 갖고 있는데, 그 내용은 바로 생명의 생산[生生] 이다. 계절의 변화, 인간관계, 심지어는 생물체의 부식되는 것에 내재된 본질적인 실체[體]를 완전히 파악할 때, 우리는 모든 존재들이 서로 얽혀 있으며 생명이 [다른] 생명을 촉진하는 '더욱 큰 전체 (whole)'에 속하고 있음을 알 수 있을 것이다.[61]

위에서 언급한 불교 형이상학에 대한 [주희의] 모든 비판은 불교도들이 사물 근저에 있는 질서와 가치의 원천을 찾는 데 충분히 노력하지 않는다는 것으로 요약할 수 있다. 주희의 견해에 따르면, 불교도들은 끊임없이 변화하는 세계를 보고 근본적인 구조나 체계가 없다고 생각한다. [그러나] 예리하게 통찰한다면, 그 변화의 한 가운데서 규칙성이 존재함을 직시할 수 있다. 규칙성은 일정한 항상성(constant)을

---

61 리의 '실체' 내지 '내용'에 대한 자세한 논의로는, Stephen C. Angle and Justin Tiwald, *Neo-Confucianism: A Philosophical Introduction* (Cambridge, UK: Polity, 2017), 2장 참조.

전제로 하며, 변화를 유지하고 규제하는 장치 역할을 한다. 고정되고 안정된 중심축이 바퀴의 끊임없는 회전을 가능하게 하듯 말이다. 이러한 비판은 불교도와 불교형이상학에 분명 야박하지만, 세계의 흥망성쇠를 일으키는 일종의 항상성을 찾는 일이 중요함을 (주희와 같은 사상가들에게) 강조한다. 사물이 궁극적으로 실재한다는 것과 사물이 있기 위해선 안정되고 신뢰할 수 있는 표준이 존재해야 한다는 것을 보여주기 위하여, 항상성이 필요하다.[62] 이정 형제 중 한 명이 이 점을 강조하였다.

> 선불교도가 "풀, 나무, 날짐승과 들짐승의 생명은 모두 환영이다" 라고 하였다. 이에 대해 말했다. "그대는 봄여름에 살아 숨 쉬며 가을 겨울에 변화하고 무너지는 것을 환영이라 하니, 인생 역시 환영으로 여기는구나. 그렇다면 '사물이 태어나 죽으며 이뤄지고 무너지는 것에는 그 자체의 이 이치가 있거늘, 어찌하여 환영이라 고 하는가?'라고 대답하지 않을 수 있겠는가."[63]

때때로 주희는 관용적인 입장을 취하였다. 『주자어류』에 기록된 두 개의 강의에서, 주희는 다음과 같은 사실을 인정하는 것 같다.

---

62 장재가 지적한 것과 같이, '체體'란 사물의 삶과 성장, 죽음의 과정 속에서 '결코 없어지지 않는 것'을 의미한다. 『正蒙合校集釋(上)』, 林樂昌 編 (北京: 中華書 局, 2012), 卷21, 303 참조.

63 『遺書』, 1.10, "學禪者曰, 草木鳥獸之生, 亦皆是幻. 日子以爲生息於春夏, 及至秋 冬便卻變壞, 便以爲幻, 故亦以人生爲幻, 何不付與他, 物生死成壞, 自有此理, 何者爲幻?"

유학자들은 표면적인 공空 개념에 대해 형이상학적인 비판을 제기하는 데 주로 관심을 기울이고는 했지만, 더욱 더 중차대한 불교적 개념—유학자들이 대체로 간과했던—이 존재한다는 것이다. 주희가 언급한 표면적인 이해는 공을 문자 그대로 존재하지 않고 아무것도 포함하고 있지 않다고〔無物〕 생각하는 것이다. 이는 불교도들이 '현공 玄空'이나 '완공頑空'이라 부르는 것이다. 더욱 심오한 개념이라 할 수 있는 '진공眞空'에 대해서는, 주희는 관심을 덜 기울였다. 그러나 놀랍게도 주희는 이 심오한 개념인 진공의 윤리적 의미가 자신의 형이상학적 리 개념의 윤리적 의미와 다르지 않다는 점을 인정했다.

〔불교도들은〕 '현공'을 말하고, 또한 '진공'을 말했다. '현공'은 바로 어떠한 사물도 없는 공의 종류이다. '진공'은 오히려 사물이 있다는 것이니, 이는 우리 유자들이 말하는 것과 대략 동일하다. 그러나 불교도들은 천지사방에는 전혀 관심을 두지 않으니, 〔큰 세상보다는〕 하나의 마음만을 이해할 뿐이다.[64]

이 인용문은 주희가 결국 불교의 공 개념이 유의미한 윤리 체계의 근거가 될 수 있음을 암시하는 것으로 보인다. 그러나 다소 의아하게도 주희는 불교도들이 외부 세계에 대해 더 큰 관심을 보이지 않으므로 더욱 더 확고한 공 개념〔진공〕이 크게 도움이 되지 않는다고 보았다. 다음의 두 번째 구절에서는, 주희가 불교의 공 개념에서 미세한 지점을

---

64 『朱子語類』, 券126, 3013, "說玄空, 又說眞空. 玄空便是空無物, 眞空卻是有物, 與吾儒說略同. 但是它都不管天地四方, 只是理會一箇心."

다루는 데에는 덜 관용적이었음을 보여준다.

또한 '완공'이나 '진공'의 설이 있다. '완공'은 〔몸을〕 마른 나무와
같이 하고 〔마음을〕 식은 재와 같이 하는 것이다. '진공'은 모든
존재를 관섭하여 변화에 응할 수 있다는 것으로, 이 역시 공일
따름이다. 지금은 그것〔진공〕을 철저히 궁구할 필요가 없다. 정이
는 "〔불교 교리를〕 오직 실천적인 자취〔跡〕 상에서 판단하면 될
뿐이다"라고 하였다.[65]

이 인용문에서, 주희는 불교 형이상학의 세세한 지점을 검토하는
것은 불필요하다고 생각하여 거부한다. 인간 행위를 위한 형이상학적
의미를 찾아보기만 해도 그만이기에, 불교도들이 근본적으로 무언가
를 잘못 이해했음을 현시하면 될 뿐이다(분명 부모를 버리는 것을 정당화
할 수 있는 형이상학은 우리를 수고롭게 할 가치조차 없다!). 이러한 불교에
대한 평가방식은 정이에 의해 가장 명백하게 이루어졌는데, 그는
이 방식을 유용한 임시방편이라고 생각했을 뿐만 아니라 필수적인
방식이라고 생각했다.

불교의 설을 만약 연구하여 취사선택하려 하면, 그 말을 궁구하기

---

[65] 『朱子語類』, 券126, 3088, "又有所謂頑空眞空之說. 頑空者如死灰槁木, 眞空則能
攝衆有而應變, 然亦只是空耳. 今不消窮究他, 伊川所謂只消就跡上斷便了." '진공'
에 대한 이 두 가지의 일시적 인정에 대한 많은 논의로는 Fu, "Chu Hsi on
Buddhism," 385-386과 蔡振豐, 「朱子對佛敎的理解及其限制」, 204-206 참조.

도 전에 이미 감화되어 불자가 될 것이다. 다만 우선 그 실천적인 자취 위에서 상고해야 한다. 그들이 이렇게 가르친다면, 그들은 어떻게 의도한 것일까? 실천적인 자취를 취하지 않으면서, 그들이 어떻게 의도했는지를 취하는 것은 진실로 어렵다. 의도가 있었기 때문에, 이러한 실천적인 자취가 있는 것이다. ⋯ 그러므로 우선 실천적인 자취 상에서부터 성인과 부합하지 않는지를 탐구하는 것이 낫다. 말 가운데 〔성인과〕 합치되는 부분이 있으면 그것은 우리 유교의 도에 이미 있는 것이고, 합치되지 않는 부분이 있다면 진실로 취할 바가 아니다. 이와 같이 〔방법을〕 정해 세워둔다면, 〔힘이〕 덜 들고 쉬워진다.[66]

위에서 제시하는 관점에 따르면, 불교는 불교적 믿음을 이해하기 위해서는 먼저 불교의 학문에 빠져들 것을 전제로 한다는 점에서 가장 터무니없는 믿음을 〔원천적으로〕 옹호하려고 한다. 불교의 교리가 참된 것인지 판단하기 위해서는 먼저 불교도가 되어야 하고, 이는 의심 많은 외부인에게는 무리한 요구사항일 것이다. 〔우리는〕 잘 무장한 음모론자와 토론할지의 여부를 결정할 때, 때때로 논의의 세부적인 논점을 생략하면서 가장 주목할 만한 함의들의 타당성을

---

66 朱熹·呂祖謙, 『近思錄集解』, 張伯行 集解 (臺北: 世界書局, 1983), 卷19, 9 (13.9), "釋氏之說, 若欲窮其說而去取之, 則其說未能窮, 固已化而爲佛矣. 只且於跡上考之. 其設敎如是, 則其心果如何? 固難爲取其心, 不取其跡. 有是心則有是跡. ⋯ 故不若且於跡上斷定不與聖人合. 其言有合處, 則吾道固已有. 有不合者, 固所不取. 如是立定, 卻省易." 이에 대한 영문 번역으로는 Graham, *Two Chinese Philosophers*, 88.

기준으로 사유체계를 평가하곤 한다. 하지만 세계의 위대한 철학적 전통 중 하나가 음모론으로 일축될 수는 없다. 그리고 불교를 그렇게 일축했기에, 주희는 세계에서 가장 영향력이 있는 두 형이상학 체계의 대화를 성립시킬 기회를 놓치게 되었다.

그럼에도 불구하고 주희의 현존하는 저술에는 [불교에 대한 유교의] 더 나은 대응이라 할 것들이 있다. 불교도들이 어떠한 형이상학을 문자적으로나 원칙적으로 지지하든 간에, 그들의 실제 관행은 다른 종류의 형이상학을 긍정하고 강화한다. 예를 들면 어떤 불교 철학자는 (많은 사람들이 그러하겠지만) 자신의 형이상학이 '완공'보다는 '진공'에 기반을 둔다고 말할 수 있으며, 또한 그(녀)는 가설적으로 심지어 리理가 결코 비어 있지 않다고 말할 수 있다. 그러나 그 불교도의 표면적 견해가 무엇이든 간에, 주희는 표준적인 불교도의 수행은 사물 간의 심오한 관계에 대해 다른 이해를 낳는다고 주장할 것이다. 왜냐하면 불교도들이 주장하는 깨달음의 방식은 우리에게 사물의 생명을 생성하는 추동력에 대해 알려주지 않으므로, 자신과 타자가 [본래] 합일되어 있다는 근본적 원리를 무시하거나 오인하게 만든다. 이 장의 앞선 부분에서 살펴보았듯이, 주희는 경외감이 없는 명상은 내성內省적이기만 하여 우리가 더 큰 세계로 고유하게 접근할 수 없다고 본다. 이것은 [외물과] 어떠한 마찰도 없이 회전하는 바퀴와 같[이 매우 이상적이어서 현실에서는 의미가 없는 것이]다. 우리가 다른 사람과 심오하게 연결되어 있다고 믿더라도, 이러한 [불교적] 연결이 끊임없는 삶의 생산에 기반을 두고 있거나 매력적인 변혁적 효과를 가진다고 생각할 수 없을 것이다. 따라서 불교도들은 '진공'을 공에 대한 보다 심오하고 가치 있는 개념을 지지하더라도 〔결국에는〕 이 세계를 허망하거나 "완고히 공하다"는 의미에서 이 세계를 공한 것으로 취급한다. 말하자면 불교라는 책은, 그 표지에서는 일종의 통찰을 선포하기는 하지만, 그것을 실제 읽음으로써 얻는 통찰은 광고된 것과는 다르다.

필자는 이러한 주희의 불교적 이해를 두 가지 유형으로 이야기하고자 한다. 첫째, 진공에 대한 주희의 첫 번째 발언을 주의 깊게 살펴보면 그가 불교도들의 진공 개념─아마도 우리가 생명체로서 서로 연결되어 있음을 인식하는 것이다─을 어느 정도 일축하고 있음을 알 수 있다. 그는 "불교도들은 천지사방에는 전혀 관심을 두지 않으니, 〔큰 세상보다는〕 하나의 마음만을 이해할 뿐"[67]이라고, 불교도들의 진공 개념이 그들에게 거의 도움이 되지 않는다고 지적한다. 〔불교에서〕 사물의 궁극적인 본질을 발견하는 일은 고요한 마음 상태에서 무엇을 발견하느냐에 따라 결정된다. 그리고 이는 도덕적 감수성을 타자와 공유하는 생명 생산의 패턴〔理〕에 맞추는 데 거의 도움이 되지 않는다. 두 번째의 유형은, 더 광범위하고 더 주제와 관련되어 있다. 불교 형이상학에 대한 다른 비판들에서, 주희는 불교도들의 추상적인 교리와 그들이 실제로 세상을 어떻게 이해하는지를 망설이지 않고 구분해낸다. 이 장의 서두에서 필자는, 주희가 불교의 '관심觀心' 수행은 마음이 둘로 나누어진 것처럼 취급한다고 한 주장을 언급했다. 〔주희가 이렇게 생각하는 까닭은〕 불교의 관심은 능동적이고 주체적인 과정이지만

---

67 『朱子語類』, 券126, 3013, "但是它都不管天地四方, 只是理會一箇心"

이 관찰되는 마음을 수동적인 대상으로 전제하기 때문이다.[68] 주회의 이러한 주장이 옳은지 그른지는, 마음의 이원론을 지지한다고 선언하는 불교 권위자의 존재에 의존하지 않으며 실제로도 우리는 그러한 권위자를 찾을 수 없을 것이다. 불교도들이 마음과 리를 분리한다는 점을 말할 때도 주회는 비슷한 논법을 활용한다. 아마도 불교도들이 〔리를〕 발견하는 방식은 생명 생산의 근원적인 원천을 드러내기보다는 그들의 불확정적인 심리의 내용을 드러내기 때문일 것이다. 하지만 주회는 〔불교도들과〕 (리와 마음을 연결 짓는) 유교도들 간의 차이가 의도적인 것이 아니라〔非固欲〕, 그들이 채택하고 있는 관점이 다르게 되어〔見處不同〕 발생한 결과라고 조심스럽게 말한다.[69] 요컨대 주회는 불교 교리에서 사물의 본질에 대한 〔이론적〕 견해와 자신의 이해방식을 통해 사물의 본질에 대해 〔실제로〕 발견한 것을 구별하는 데 주의를 기울여야 한다고 본다. 불교와 유교의 두 이해방식의 차이가 심오하다면, 〔우리가 각 이해방식을 택해〕 발견할 수 있는 결과 역시 상당히 다르다는 것은 결코 놀라운 일이 아닐 것이다.

5. 결론

필자가 이 장에서 말하고 싶은 것은, 주회의 가장 강력한 주장 중 몇 가지는 '불교의 명시적인 교리에 대한 반대'라기보다는 '그 명시적 교리와 부수적인 관행의 암묵적인 전제에 대한 반대'로 더 잘 이해된다

---

68 朱熹, 「觀心說」과 이것에 대해 논의한 이 책의 John Jorgensen의 장을 참조.
69 『朱子語類』, 券126, 3015-3016.

는 점이다. 앞에서는 주희가 무집착으로 깨달음과 구원을 성취하려는 불교적 열망이 선하고 윤리적인 사람이 되기 위한 기본적인 책무를 위배한다고 간주하고 있음을 살펴보았다. 그것은 불교도들이 타인을 향한 관심과 배려를 원칙적으로 거부한다고 생각해서가 아니라, 무집착 그 자체가 〔도덕적〕 선과 양립할 수 없다고 생각했기 때문이다. 또한 〔주희에게〕 윤리적 규범은 그 목적을 생명 생산에 기반을 두고 있지, 생명을 초월하는 데 두고 있지 않다. 그리고 특별한 애착은 타인 지향적 관심을 발전시키는 더 진정성 있고 자연스러우며 효과적인 방법이고, 여러 생애에 걸쳐 지속적으로 개선한다는 사변적 이론ー역자 주: 불교의 윤회이론을 지칭함ー에 의거하는 목표가 아니며, 한 생애 안에서 타인지향적인 미덕을 가능하게 해준다. 불교의 공 교리ー주희와 불교도 사이의 형이상학적 논쟁의 주요 요점 중 하나ー와 관련하여, 주희는 불교도들이 공 교리를 모든 사물을 환영이나 없는 것으로 단순히 받아들이지 않고 더 심오하게 받아들이고 있음을 알고 있었다. 실제로 주희는 심지어 몇몇 불교도들이 사물의 근본적 상호 연관성과 통일성(unity)을 인식하는 자신의 형이상학과 가까운 공 교리에 대한 해석을 견지하고 있는 점을 인정하였다. 그러나 주희는 불교도들이 사물들 사이의 통일성을 이해하는 데 필요한 영적 자원과 더 큰 철학적 틀이 부족하다고 보았다. 불교도들의 명상에는 경건한 주의력〔敬〕이 배제되었고 그 통합의 기초인 생명 생산이 배제되었기 때문이다. 마지막으로 그리고 반복하건대, 경건한 주의력이 배제된 불교의 정신 수양법은 마음 밖 세계에 있는 대상들에 대해 적절히 대응할 수 없다고 생각하였다. 아무리 불교신자들이 〔자신의 수행방식으로 충분히〕

그러한 〔외부세계의〕 대상들에 〔적절히〕 대응할 수 있다고 믿었을지라도 말이다.

이렇게 주희의 불교 비판을 관용적으로 해석하면, 불교와 유교-주희의-의 역사를 다른 각도에서 조명할 수 있게 된다. 만약 주희의 비판이 불교의 부실한 모조품이나 하찮은 내용에 대한 것이었다면, 불교와 주희 사이의 영향은 불교사상에 대한 허구적 개념, 즉 자신의 어젠다에 부합하지만 종교·철학적 전통으로서의 불교와는 피상적인 접촉만 한 편의적 구성에 의해 매개되었을 것이다. 이는 불교사상 그 자체가 (송대 이후의) 유교 전통에 진정한 영향을 거의 미치지 않았다는 견해와도 일치한다. 그러나 이 장에서는 주희가 단지 불교의 허구적 개념에 대응하지 않았다는 점을 주장하였다. 오히려 주희는 불교도들이 실제로 주장하고 전제하는 입장과 자신의 입장을 구별하는 데 성공했으며, 주희의 견해와 그 견해를 뒷받침하는 논증은 불교사상에 대한 직접적인 대응으로서 발전하였다. 마찬가지로 주희의 비판에 대한 보다 세심하고 정확한 이해는, 그가 불교도들과 진정으로 함께하는 대화에 참여했음을 보여준다. 그리고 가장 중요하게는, 이러한 대화가 이론적 교리, 논리적 전제, 일상적 실천 사이의 관계를 탐색하며 다층적인 수준에서 전개되었다는 점에서 중세 유럽과 그 너머에서 이루어진 보다 개념적이고 학문적인 논쟁-우리가 철학 (philosophy)으로 연관 짓는-과 다른 방식이었음을 눈여겨볼 만하다.[70]

---

70 이 장의 초안에 대해 실질적이며 계발적인 피드백을 제공해준 Stephen Angle, Philip J. Ivanhoe, John Jorgensen, Dan Lusthaus, John Makeham, Bryan Van Norden 그리고 Brook A. Ziporyn에게 감사를 표한다.

3장 불교와 주희의 지각知覺 인식론*

스티븐 앵글Stephen C. Angle

주희의 인식론[1]이 중국불교의 영향을 많이 받았다는 생각에는 적어도

---

* '신유학의 불교적 뿌리' 프로젝트를 통해 이루어진 회의와 집중토론은, 협력적 학문 연구의 가장 훌륭한 사례일 것이다. 필자는 많은 것을 배웠고, 모든 참가자의 지속적인 의견이 없었을 때보다 이 글이 훨씬 발전되었다고 믿는다. 이는 무엇보다 뛰어난 영감과 리더십 기술을 갖춘 John Makeham의 덕분일 것이다. 또한 '불교적 뿌리' 프로젝트에 대한 우리의 작업은, Justin Tiwald와 필자가 *Neo-Confucianism: A Philosophical Introduction*을 공동 집필한 기간과도 겹쳤다. 실제 주희에 관한 본 장의 4절 대부분은, 우리가 함께 작업했던 주희 사상에 대한 해석에서부터 직접 파생되었다.

[1] 서양철학사로부터 '인식론(epistemology)'이라는 용어를 차용했지만, 필자는 이 용어를 단지 '앎과 관련된 이론'을 의미하는 것으로 사용하였다. 여기에서 '앎'은 매우 광범위하게 의도된다. 우리가 보게 되겠지만, (서양 전통의 많은 흐름에서 보다 일반적으로 나타나는 것 같은) 인지적 믿음보다는 일종의 제대로 분별하는

표면적인 이유가 존재한다. 우선 청년 주희는 당대에 가장 영향력 있었던 선승인 대혜 종고[2]의 수제자인 개선 도겸을 사사한 바 있다. 또 다른 예로, 그의 인식론은 '진지眞知'와 같은 용어에 크게 의존하고 있는데, 이 용어는 불교계에서도 중요하게 취급된다. 잘 알려진 바와 같이, 후대의 비평가들은 도학 운동[3]—주희가 그 운동의 중심적이었던— 이 불교의 색깔을 강하게 띠고 있다고 자주 비난하였다. 마지막으로, 현대의 학자들도 주희 및 그 인식론에 대해 그 일반적인 성격이든 좀 더 집중해서든 간에 [중국불교에 많은 영향을 받았다는] 비슷한 연관성을 도출해냈다.[4]

(discernment-in-action) 상태를 함양할 것을 주희의 앎 이론에서는 강조한다.

2 예를 들어 朱熹의 「祭開善謙禪師文」(『朱熹集』, 9, 5698)을 참조할 것. 이 자료 및 주희가 동시대 불교인들과 가졌던 관계에 대해, 필자는 Ari Borrell의 출판물, 미공개 컨퍼런스 발표자료, 관대한 서신에 빚지고 있다. 주희가 도겸 및 종고와 가졌던 관계에 대해서는, 이 책의 John Jorgensen의 장을 참조.

3 '도학(문자 그대로는, 도의 학문)' 운동의 정의와 범주는 시간이 지나면서 변화하였 다. 이 용어는 처음에는 북송 및 남송의 조정과 종종 갈등을 빚었던 느슨한 공동체(fellowship)를 가리켰지만, 원나라와 명나라에 이르게 되면 관방 담론에서 정주程朱의 정통학문을 지칭하였다. 많은 학자들이 도학의 몇몇 의미를 '신유학 (Neo-Confucianism)'과 동일시하곤 하지만, 필자는 도학 비판자들을 포함한 더 넓은 집단을 위해 이 후자의 용어를 유보하고 싶다. 관련 논의로는 Stephen C. Angle and Justin Tiwald, *Neo-Confucianism: A Philosophical Introduction* (Oxford: Polity, 2017)의 1장 참조. 또한 이 책의 John Makeham의 서론 참조.

4 Philip J. Ivanhoe, *Ethics in the Confucian Tradition: The Thought of Mengzi and Wang Yangming* (Indianapolis and Cambridge: Hackett, 2002)과 Peter N. Gregory, *Tsung-mi and the Sinification of Buddhism* (Honolulu: University of Hawaii Press, 2002) 참조.

이 장에서는, 불교와 주희의 인식론의 관계를 세 단계로 살펴볼 것이다. 첫째, 불교-유교의 상호작용의 네 가지 층위를 설명할 것인데, 이는 주희가 불교에 영향을 받고 반응하는 방식을 총체적으로 표현한다. 둘째, '지知'의 문제와 관련한 중국불교의 독특한 접근방식들을 개괄해본다. 특히 인식론적 용어 및 범주—종국적으로 주희에게도 중요하였던—를 중심으로 살펴봄으로써 이러한 다양한 접근방식들이 갖는 의의를 살펴보고자 한다. 마지막으로, 주희의 지각 인식론 (epistemology of discernment)이라 부를 수 있는 대략적인 요소들을 설명하겠다. 그럼으로써 우리는 주희가 차용하는 구체적인 〔인식론적〕 방식을 살펴볼 수 있을 터인데, 더 구체적으로는 주희가 불교 인식론의 특정한 측면을 거부하는 방식을 살펴볼 수 있을 것이다. 일반적으로는 도학, 특정하게는 주희에게 불교가 여러 층위에 걸쳐 영향을 주긴 하였지만, 필자의 결론은 주희가 대혜의 급진적인 선불교에 대한 대척점으로서 자신의 인식론을 명확하게 제시했다는 것이다. 보다 일반적으로 말하자면, 주희의 인식론은 불교적 구조—예를 들어 불교도 종밀에게서 나타나는—를 〔그대로〕 차용하지 않았다. 〔불교와 유교가〕 공유하는 담론에서 그 〔인식론적〕 기본 형태를 일부 가져오기는 하였지만, 〔주희가〕 상당히 뚜렷한 관심과 목표를 갖고 있었던 별개의 담론 맥락에 대응했었다는 점에서 중대한 차이점을 갖는다.[5]

---

5 따라서 John Jorgensen이 그의 장에서 "도학은 일종의 유교적 '북종선'을 이론화하였다"고 결론을 내릴 때, 필자는 Jorgensen이 그가 제시한 증거들을 과장하고 있다고 본다. 필자와 비슷한 입장으로는, 종밀과 주희의 구조적 유사성의 중요성을 언급한 Broughton, in Jeffrey Lyle Broughton, *Zongmi on Chan* (New York:

1. 네 가지의 층위

이 책의 서문에서 이미 다루었듯이, 학자들은 중국불교 및 신유학 사이의 관계에 대해 오랫동안 논쟁을 벌여왔다. 불교가 신유학에 미친 영향을 최소화하거나 심지어 부정하는 입장에서부터, 불교와 신유학이 공통된 문제의식에서 비롯되었다고 보는 입장, 불교의 창의성을 강조하며 불교가 신유학의 틀로 전유되었다는 입장에 이르기까지 다양한 입장이 존재한다. 이 장의 주장은, 이러한 일반화가 두 가지의 다른 방식으로 지나치게 단순화되었다는 것이다. 첫째, 이 장의 나머지 부분에서 논의하겠지만, 필자는 다양한 형태의 중국불교와 다양한 형태의 유교 (및 신유학) 사이에 존재하는 상호관계를 (적어도) 네 단계의 층위로 고려하여 설명하고자 한다. 이러한 구분을 하고 나면, 우리는 앞서 말한 대다수의 일반화에서 진실의 핵심을 파악해나갈 수 있을 것이다. 둘째, 이 네 단계의 층위를 염두에 두더라도, 불교가 신유교−혹은 주희와 같은 특정한 신유학자−에 일괄적으로 영향을 미친 것은 아니다. 오히려 우리는 더 구체적인 질문 및 맥락에

Columbia University Press, 2009), 20을 참조. Douglas Berger의 최근 저서 *Encounters of Mind: Luminosity and Personhood in Indian and Chinese Thought* (Albany: SUNY Press, 2015)는 '빛나는 마음'에 대한 중국불교와 주희와 같은 신유학자들의 견해 사이에 많은 연속성을 강조하지만, 그는 주희의 인식론이 불교와 상이한 중대한 방식을 구체적으로 지적한다. "신유학자들은 중요한 방식으로 그들의 전통적 뿌리에 충실하였다. 왜냐하면 지知는 정말 신체에서만 발견될 수 있고 지의 특성은 그러한 신체의 특정한 상황에 의존하기 때문이다." Berger, *Encounters of Mind*, 159 참조.

주목해야 한다. 필자는 이 후자의 지점, 그러니까 각 장에서 다양한 이슈에 대해 다소 다른 결론을 주장하고 있는 점이 이 책의 핵심적 기여사항이라고 생각한다. 주희는 자기 철학의 제영역에서 불교의 용어, 모델 및 논증을 다르게 활용하였다. 따라서 불교와 주희 사상의 복잡한 관계에 관해서도, 이 책의 모든 저자의 입장이 일치하는 것은 아니다. 물론 처음에 명백하게 보였던 것보다도 더 많은 의견일치가 존재하지만 말이다. 필자는 여기에서 주희의 인식론과 중국 불교사상 간의 유사함이 실제적이라기보다는 피상적임을 주장하는데, 다만 이러한 결론이 다른 영역에 (적어도 자세한 분석과 논증 없이) 적용될 수 있는 것은 아니다.

이제 불교-유교의 관계에 대한 네 단계의 층위를 간략하게 살펴보자. 중국불교의 성장과 변천에는 여러 측면이 포함되는데, 그것은 번역과 주해에 대한 초기의 노력부터 보다 성숙된 번역, 번역된 텍스트에 대한 정밀한 학문적 논의, 외경(外經: 僞經)의 제작, 그리고 불교사상과 실천에 대한 중국화된 불교 학파의 궁극적 등장을 망라한다. 지금으로서는, 이 책의 목적을 고려하여 이러한 모든 다양성과 변화는 불교와 유교의 상호작용에서 하나의 층위로 간주한다. 첫 번째 층위에서는 중국불교의 전통과 텍스트 내에서 일어난 일에 초점을 맞춘다. 필자가 염두에 두는 경향성은, '불성'이 불교 담론의 중심으로 부상하거나 '마음'에 형이상학적인 의미가 부여된다는 점, 혹은 전체론과 상호주관성에 관한 관심이 높아진 점 등과 같은 주요 경향을 염두에 둔 것이다. 물론 이러한 각각의 발전과 관련해서는 세부적인 역사들이 있으며, 그중 어느 것도 단지 불교에 대한 유교의 영향으로 볼 수 없다. 무엇보다도, 중국의 지적 전통의 다른 측면들이 〔그것들의 형성에〕 더 많이 공헌한 측면이 있다.[6] 그러나 이 첫 번째의 방대한 층위에 대한 필자의 초점 - 순전히 연대기적 개념이 아닌 분석적 개념인 - 은, 새로운 환경에서의 불교의 발전에 있다. 〔주희 학문의 불교적 뿌리를 규명하려는〕 우리의 목적에 있어, 이 층위의 가장 중요한 의미는 불교 내에서의 이러한 발전이 '불교의 중국화된 부분'과 '중국 고유의 전통' 사이의 유동적인 관여(engagement)를 가능하게 한 장場을 마련했다는 것이다.

두 번째 층위는 당나라에서 유·불·도 사이에서 공유된 지적 담론이 점차 표현된 것이다. 다양한 핵심 용어, 문구 및 텍스트가 다양한 공식/비공식적 소속을 가진 당나라 사상가들의 공통 자산이 되었다는 것이다. 도교와 명백히 연관된 학자나 수행자는 말할 것도 없고, 승려들과 재가불교도들 모두가 이 과정에 기여하였으며, 유교 전통과 다양한 정도의 정체성을 가진 문인들도 이 과정에 기여하였다. 이러한 공유된 담론이 출현하게 된 핵심적인 원인은 불교도들과 도교도들이 『역경』이나 『중용』, 심지어는 『맹자』와 같이 명백히 유교적인 텍스트에 관여했다는 데 있다. 또한 궁리진성窮理盡性 - 『역경』의 주석서인

---

6 예를 들어 Ziporyn은 '모순적이거나 모순적이지 않은 다양성의 결맞음(coherence in both ironic and non-ironic varieties)'에 관한 중국의 오랜 관심에 그들이 참여함으로써, 천태종과 화엄종〔의 사유체계〕이 부분적으로 형성되었음을 설득력 있게 묘사하고 있다. Brook A. Ziporyn, *Beyond Oneness and Difference: Li and Coherence in Chinese Buddhist Thought and Its Antecedents* (Albany: SUNY Press, 2013) 참조.

「설괘說掛」에서 언급된 표현이다—과 같이 은미한 표현이 다양한 방식으로 전개되는 점도 흥미롭다.[7] 이러한 〔공유된〕 담론을 어떻게 특징화해야 하는지에 대하여 몇몇의 논쟁이 존재했다. 이를 두고, 일부에서는 '혼합적(syncretistic)'[8]이라고 부르는데, 다만 데이비드 티엔(David Tien)은 최근의 종교학 분야의 연구를 바탕으로 '(본질화된) 종교들의 혼합주의적 결합'이라기보다는 '레퍼토리들과 자원들의 혼합주의적 결합'이라고 말하는 것이 더 낫다고 주장한다.[9] 고유한 위치에 있는— 역자 주: 본질화된 종교에 구애받지 않는— 개개인들이, 공유된 자원들을 통해 자신의 레퍼토리들을 구축하고 활용한다. 이러한 과정에 대한 실마리는 고승학의 연구가 제공해주는데, 그는 재가불교신도인 이통현(李通玄, 635~730)이 화엄 전통을 형성하기 위해 중국 고유의 문헌을 상당하게 활용해내는 방식을 분석하였다.[10] 이 과정에 대한 또 다른

---

7 Charles Hartman, *Han Yu and the T'ang Search for Unity* (Princeton, NJ: Princeton University Press, 1986), 192.

8 T. H. Barrett, *Li Ao: Buddhist, Taoist, Or Neo-Confucian?* (Oxford: Oxford University Press, 1992), 136-137.

9 David W. Tien, "Discursive Resources and Collapsing Polarities: The Religious Thought of Tang Dynasty Scholar-Officials" (PhD diss., University of Michigan, 2009). Tien의 출처는 다음과 같다. Robert Hymes, *Way and Byway: Taoism, Local Religion, and Models of Divinity in Sung and Modern China* (Berkeley: University of California Press, 2002); Ann Swidler, *Talk of Love: How Culture Matters* (Chicago, IL: University of Chicago Press, 2001); Robert F. Campany, "On the Very Idea of Religions (in the Modern West and in Early Medieval China)," *History of Religions* 42, no. 4 (2003): 287-319.

10 Sunghak Koh, "Li Tongxuan's (635-730) Thought and His Place in the Huayan

좋은 예시는 이고(李翱, 772~841)에 대한 바렛(Barrett)의 연구인데, 이는 좀 더 유교적인 관점에서 바라본 것이다. 바렛은 이고가 자신의 가장 유명한 저술을 집필하기 전 15여 년 동안에 특정한 청중들과 소통해야 하는 필요성과 상황성에 대해 강조하였다. 이고는 자신이 옹호하는 유교적 유형에 대해 관심을 기울이기보다는 불교와 도교에 훨씬 많은 지적 관심을 기울이는 사람들 사이에서, 이 위험한 세상에서 〔유교를〕 후원해줄 사람을 찾는 데 집중하였다.[11] 동시에 이고는 기존의 다의어를 전복시키고 진정한(아마도 원래의) 의미를 확립함으로써, 필자가 '공유된 담론'이라고 부르는 것의 몇몇 특징들에 맞서고자 했다.[12]

공유된 담론이 역동적으로 형성된 것은 당나라에서 끝나지 않았다. 예를 들어 천태종의 승려 고산 지원(孤山智圓, 976~1022)과 선종 승려 명교 계숭(明敎契嵩, 1007~1072)이 저술한 송나라 시기의 『중용』에 대한 주석을 생각해보자.[13] 그러나 북송 시기로 넘어갈 때, 독특한 세 번째의 층위가 더해질 필요가 있다. 즉 도학의 초기 지지자들,

---

Tradition of Chinese Buddhism" (PhD diss., UCLA, 2011).

11 Barrett, *Li Ao*, 82.

12 Barrett, *Li Ao*, 136.

13 지원의 중요한 역할에 대해서는 이 책의 서론 및 서론에서 인용된 참고문헌을 참조할 것. 계숭에 대해서는 서론에 인용된 출처 이외에도 Shiling Xiang, "Between Mind and Trace —A Research into the Theories on Xin 心 (Mind) of Early Song Confucianism and Buddhism," *Frontiers of Philosophy in China* 6 (2011): 173-192; Elizabeth Morrison, *Power of Patriarchs: Qisong and Lineage in Chinese Buddhism* (Boston, MA: Brill, 2010) 참조.

특히 이정 형제와 그의 제자들은 불교에 명시적으로 관여하였다. 이 세 번째 층위의 불교도-유교도 간의 조우는, 앞선 두 층위가 없었다면 불가능했을 것이다. 초기 도학이 핵심사상, 용어, 해석을 불교로부터 취입하면서도 동시에 불교를 비판하는 것을 살펴보면, 첫 번째와 두 번째의 층위에서 초기 도학의 이러한 점들이 형성되었고 동시에 (세 번째 층위에서) 유교 및 불교의 여러 신념—이론적이고 실천적인 다양한 접근방식—에 관한 자의식적 성찰에 참여한 것으로 이해할 수 있다. 이러한 성찰의 결과는 그 자체로 다양하다. 우리는 '유교(혹은 도학)' 혹은 '불교' 모두가 잘 정의된 단일한 이론체계를 나타내지 않는다는 점을 분명하게 명심해야 한다. 특정한 도학 사상가들은 주제에 따라, 그리고 불교수행, 경전, 논서 중 어느 쪽에 초점이 맞추어져 있는지에 따라, 특정한 도학 사상가들은 불교적 입장을 비판하거나 지지하거나 말없이 (그리고 종종 기존의 공유된 담론 덕분에 무의식적으로) 채택할 수 있었다.

　세 번째의 층위는 다방면에 걸쳐 있지만, 우리의 목적에 특히 중요한 것은 다음의 두 가지 흐름이다. 첫째는 불교에 대해 정이(程頤, 1033~1107)—도학의 주요한 창시자 중 한 명—가 취했던 애매모호한 자세이며, 두 번째는 양시(楊時, 1053~1135)와 장구성(張九成, 1092~1159)—정이의 초전제자이다—이 지닌 불교에 대한 더욱 분명한 긍정적인 태도이다. 먼저 정이를 살펴보면, 한 가지의 중요한 문제는 앎(knowing)이 얼마나 전적으로 내향적인 과정일 수 있는지의 정도에 관한 것이었다. 정이는 유교와 불교의 견해 사이에 차이가 있다는 것을 명백히 하였다. 예를 들어 정이는 이렇게 말한다. 유교의 "성인은 하늘에 근본을 두지만, 불교는 마음에 근본을 둔다."[14] 〔앎이 내향적이어야 한다는 불교의 가르침을 정이가 비판한다면〕 앎은 얼마나 외부적이고 객관적이어야 하는가? 당시에 유행하던 용어로 말해보자면, 앎은 '감각적인 앎〔見聞之知〕'을 포함해야 하는가, 아니면 앎은 전적으로 '덕성적인 앎〔德性之知〕'이어야만 하는가?[15] 정이는 인간의 도덕발달에서 '사물에 대한 탐구〔格物〕'를 강조한 것으로 유명하다. 한 대목에서, 그가 열거한 격물 공부의 사례들—독서 공부를 통한 성찰, 사물과 사건을 처리하는 것—은 모두 감각적인 앎으로 분류될 수 있는 외향적인 사안으로 보인다. 즉, 정이가 요구하는 활동은 '외부 사물'과 '알고 반성하는 주체' 사이의 식별에 의존하는 것처럼 보일 수 있다.

하지만 정이와 그의 형제인 정호(程顥, 1032~1085)가 말한 것을 더 자세하게 살펴보면, 그렇게 상황이 모 아니면 도라는 식으로 간단하게 정리되지 않는다는 것을 알 수 있다.[16] 첫째, 이정 형제는 때때로 리의 여러 사례들을 조사해야 한다고 주장했고, 때로는 하나의 단일한 사물 내지 사건의 리로도 충분할 것이라고 말하였다.[17] 둘째, 그리고

---

14 『河南程氏遺書』, 卷21下, "聖人本天, 釋氏本心."

15 이 논쟁에 대한 자세한 내용은 Angle and Tiwald, *Neo-Confucianism*, 6장 참조.

16 여기에서 필자는 Ari Borrell의 통찰력 있는 분석을 참고하였다. "*Ko-Wu or Kung-an*? Practice, Realization, and Teaching in the Thought of Chang Chiu-Ch'eng," in *Buddhism in the Sung*, eds. Peter N. Gregory and Daniel A. Getz Jr. (Honolulu: University of Hawaii Press, 1999), 62-108.

17 다음은 정이의 두 가지의 대조적인 진술이다. "만약 오직 하나의 사물을 궁구하여 뭇 이치를 관통하려 한다면, 이는 안회 역시 감히 하지 못했던 것이다. 오늘

더 결정적으로, 사물에 대한 탐구에 있어 이 '사물'이 주로 자아의 내부 혹은 외부에 초점을 둔 것인지가 모호하다. 어느 시점에, 이정 형제 중 한 명[18]이 "사물에 대한 탐구가 외부 사물을 가리킵니까, 아니면 본성 속의 사물을 가리킵니까?"라는 질문을 받았는데 다음과 같이 답변하였다.

별 차이가 없다. 눈앞에 있는 것은 모두 사물이 아닌 것이 없고, 모든 사물은 리를 가지고 있다. 예를 들어 불이 뜨거운 까닭과 물이 차가운 까닭, 더 나아가 군신과 부자 사이의 관계가 모두 리이다.[19]

한 가지를 궁구하고 내일 또 한 가지를 궁구하여 궁구한 것이 많아진 후에는 스스로 확 트여 관통하는 바가 있을 것이다(『河南程氏遺書』, 卷18, "若只格一物便通衆理, 雖顔子亦不敢如此道. 須是今日格一件, 明日又格一件, 積習旣多, 然後脫然自有貫通處.")." 이에 대한 영어 번역으로는 Borrell, "Ko-Wu," 66; "격물궁리 공부가 천하의 모든 사물을 다해야 하는 것은 아니다. 다만 하나의 일을 궁구하길 다하면, 다른 것은 유추로 알 수 있다. … [이러한 방식으로] 궁구할 수 있는 까닭은, 만물이 모두 하나의 이치이기 때문이다(『河南程氏遺書』, 卷15, "格物窮理, 非是要盡窮天下之物, 但於一事上窮盡, 其他可以類推. … 所以能窮者, 只爲萬物皆是一理.")." 이에 대한 영어 번역으로는 Borrell, "Ko-Wu," 67.

18 이정의 어록 가운데 일부 구절이나 전체 장은 화자가 형제 가운데 누구인지 특정할 수 있지만, 여타의 부분에서는 누가 화자인지 불분명하다.

19 『河南程氏遺書』, 卷2上, "問格物是外物, 是性分中物? 曰不拘. 凡眼前無非是物, 物物皆有理. 如火之所以熱, 水之所以寒, 至於君臣父子間皆是理." 이에 대한 영어 번역으로는 A. C. Graham, Two Chinese Philosophers (La Salle: Open Court, 1992), 75.

정이가 제시한 사물 탐구에 대한 사례는 외부의 사물이나 일에 관한 것으로 보이지만, 이제 우리는 〔그것과는〕 매우 상이한 종류인 내향적인 수양방식을 정이가 허용한다는 것을 알 수 있다. 본성 그 자체인 하나의 단일한 리(Pattern)에 초점을 맞추건, 아니면 이 마지막의 구절에서 말한 것처럼 개개별적인 사물들과 본성 내부의 리들 (Patterns)에 초점을 맞추건 말이다.[20]

외향적이고 감각적인 앎이 사물에 대한 탐구의 일부여야 하는지에 대해서 이정 형제의 입장은 모호하지만, 이정 문하의 가장 영향력 있던 추종자들 중 일부는 그렇지 않았다. 양시와 장구성에게 있어서, 유일한—정말 중요한— 앎의 종류는 전적으로 내향적이다. 특히 양시 는 "감정이 아직 발하지 않을 때의 마음을 체화하는 데" 도움이 되는 정좌의 역할을 강조했는데, 정좌를 통해 "중中의 의의가 저절로 드러날 수 있다"[21]고 주장했다. 양시에게서 가르침을 받았으면서 대혜—그 시기의 선도적인 선사禪師—와 서신을 교환하고 정치적으로 입장을 같이 했던 장구성은 정좌에 대한 강조를 덜어냄으로써 양시의 가르침을 조정했지만, 〔그에게 있어서도〕 앎의 내향적 성격은 명백하다.[22] 장구

---

20 독자들이 내면 지향적인 격물 공부를 오직 정호와 연관시켜 생각할 수 있으므로, 여기에서 정이의 것임이 확실한 문장을 언급해둔다. "외부로부터 배워 내면으로 부터 배우는 것을 '명明'이라고 한다. 내면으로부터 배워 외부와 연관시키는 것을 '성誠'이라 한다. 성과 명은 하나이다(『河南程氏遺書』, 卷25, "自其外者學之, 得於內者, 謂之明. 自其內者得之, 而兼於外者, 謂之誠. 誠與明一也.")." 이에 대한 영어 번역으로는 A. C. Graham, *Two Chinese Philosophers*, 75.

21 Borrell, "*Ko-Wu*," 68에서 인용함.

22 Borrell은 대혜가 묵조선에 제기했던 비판과의 유사성을 제시한다. Borrell,

성에게 있어 〔수양의〕 핵심은 자신의 "보이지 않고 들리지 않는" 내면의 본성을 항상 경계하고 삼가는〔戒愼〕 데 있다. 이러한 생각을 표현하기 위해, 그는 "조심하고 두려워한다〔恐懼〕"는 고전적인 표현을 반복해 사용한다. 예를 들어 보자.

군자가 『중용』의 요점을 구하고자 할 때, "마땅히 보이지 않는 바에도 경계하고 삼가며 들리지 않는 바에도 조심하고 두려워함" 에서 그 맛을 얻어야만 중中의 근본을 아는 것이다. 만약 이 법을 지킬 수 없다면 … 이는 종일토록 마시고 먹어도 맛을 모르는 것과 같다. 맛을 알기 위해선 보이지 않고 들리지 않는 것에 넉넉히 노닐고 젖도록 해야 가능하다.[23]

다른 곳에서 장구성은, 앎의 중요한 유형은 모두 "보이지 않는 바에도 경계하고 삼가며 들리지 않는 바에도 두려워하는 것"에 귀결된다고 말한다. "배우는 자가 이것에 들어가지 않는다면, 그것은 개구리 밥이 물 위를 떠다니며 바람을 타고 북쪽이나 남쪽으로 떠다니는 것과 같을 것이니, 어디에 닻을 내릴 수가 있겠는가?"[24] 이정환은

"*Ko-Wu*," 7 참조.

23 張九成, 「中庸說」(『四部叢刊』, 1:6b-7a), "君子欲求中庸要, 當於戒愼不睹恐懼不聞中, 得味則識中之本矣. 若夫不能守此法, … 是猶終日飲食而不知味也. 味乎當優游涌游於不睹不聞時可也." 이에 대한 영어 번역으로는 Borrell, "*Ko-Wu*," 70.

24 張九成, 「中庸說」, 3:11a-b, "戒愼不睹恐懼不聞. … 學者不於此入, 則泛然如萍之在水, 逢風南北, 有何所寄泊乎?" 이에 대한 영어 번역으로는 Junghwan Lee, "A Groundwork for Normative Unity: Zhu Xi's Reformulation of the 'Learning

장구성이 전적으로 내면의 '덕성적인 앎'에 초점을 두는 것을 명쾌하게 요약하였다. "장구성의 체계 내에서, 도덕적 판단이나 실천적인 지식은 평범한 인간지식의 영역에 속하지 않으며 오직 자연스러운 본성의 발현으로만 이뤄져야 한다."[25] 장구성은 자신의 견해가 (대혜와 같은) 동시대 불교도들의 견해와 어떤 유사점이 있다는 것을 잘 알고 있었으며, 그는 한때 "불교는 〔일을 바르게 하는 데〕 근접한 듯하다〔釋氏疑近之矣〕"라고도 적었다. 그러나 이러한 〔불교의〕 통찰에도 불구하고, 불교도들은 잘못된 길을 걷는다. 그들은 "번성할 수 있는 큰 작용을 결여하고 있는 것〔無敷榮之大用〕"[26]과 같은 내적 본성에 관해 잘못된 견해를 가지고 있기 때문이다. 이렇게 해서 불교도들은 도덕적 생명력이라는 내적 본성을 미혹된 것으로 간주한다. 따라서 도덕적 행동을 통해 드러나야 하는 본래적인 〔도덕적〕 경향성을 억제하고 있음을 시사한다.[27] 요컨대, 세 번째 층위는 복잡하고 경쟁적인 입장들이 혼합된 것이다. 도학 사상가들이 자신들의 가르침과 그들이 불교로 이해한 것과 어떠한 관계를 가지는지에 대해 분명하게 하려고 노력했기 때문이다.

마지막으로, 네 번째 층위는 불교에 대한 주희 자신의 경험이다.

---

of the Way' Tradition" (PhD diss., Harvard University, 2008), 105.

25 Lee, "A Groundwork for Normative Unity," 104.

26 Lee, "A Groundwork for Normative Unity," 125-126에서 인용함.

27 장구성이 대혜를 실천-중심적인 정치적 동료로 여겼다는 점을 감안해서 볼 때, 그는 대혜의 불교가 전통적인 형태의 불교보다도 이러한 실패에 덜 취약하다고 보았을 것이다.

서두에서 언급했듯이, 주희는 선불교 승려인 도겸과 함께 공부하고, 도겸의 스승인 대혜와 서신을 주고받았다. 적어도 간접적으로 그리고 종종 직접적으로, 주희는 주요 불교경전 및 사상에 접근할 수 있었다. 『주자어류』에서 주희의 언설을 살펴보면, 주희가 불교의 용어, 비유, 사례를 인용하거나 단순하게 사용한 많은 사례를 찾아볼 수 있다.[28] 그러나 이 장의 주요 주장 가운데 하나는 주희와 불교의 오랜 만남 때문에 그의 사상이 불교적으로 보인다고 생각하는 것이 잘못이라는 것이다. 그의 인식론적 사고에서는 표면적으로는 그렇게 보일지도 모르고, 다른 영역에서는 더 깊이 그렇게 보일 것이지만 말이다. [불교에 대한] 주희의 개인적 경험은 [그의 사상 형성에서] 부차적인 역할을 했을 뿐이다. 주요한 작용은 앞의 세 층위들에 있다.[29] 마지막으로 주희가 "도학道學 더 넓게는 유교에 대한 사대부 계층의 지지를 대혜가 훼손시키고 있음"을 우려했다는 주장이 그럴듯하게 제기되었다. 이 책에서 존 위르겐센이 말한 것과 같이 말이다. 이러한 지점이

---

28 자세한 내용은 이 책의 John Jorgenson의 장을 참조.

29 Dan Lusthaus는 [필자와의 대화에서] 이러한 입장에 반대하였다. 그에 따르면, 불교에 대한 주희의 개인적인 헌신은 필자가 인정하는 것보다도 더욱 심대하였으며, 주희는 불교를 공식적으로 버린 후에 그의 저술과 사상에 색을 [다시] 입히는 일종의 '개종자의 죄책감(convert'guilt)'에 시달렸는데 이는 (많은 분야에서 본질적으로 불교적 견해를 유지함에도 불구하고) 불교에 대한 그의 많은 비판을 대부분 설명해준다. [그러나] 필자는 전체적인 증거가 이 장에서 제공하는 논의와 부합할 때 더욱 더 잘 설명될 수 있다고 본다. 또한 주희의 많은 불교 비판들의 이면에 존재하는 철학적 동기를 밝히고 있는 이 책의 Justin Tiwald의 장을 참조.

주희에게 불교를 비판하는 동기를 제공한다는 것은 필자도 동의한다. 하지만 주희의 철학적 추론의 세부 사항에도 주의를 기울여야 한다. 필자가 이 장에서 언급하겠지만, 주희가 불교의 영향을 우려했던 주요한 이유는 불교적 가르침의 핵심이 틀렸고 실제로 해롭다고 믿게 한 원리적·철학적인 이유들이 그에게 있었기 때문이다. 그는 단순히 자신의 영역을 방어한 것이 아니다. 그는 자기 자신이야말로 동료와 사회의 도덕적, 심리적 건강을 수호하고 있다고 생각했다.

다만 논의를 지속하기에 앞서 분명히 할 점이 있다. 이러한 층위들이 항상 연대순으로 구별되어야 하는 것은 아니며 때로는 동일한 수사학적 행위가 하나 이상의 방식으로 해석될 수 있음을 필자는 분명히 하고자 한다. 또한 이러한 층위들을 구성하는 필자의 방식은 주희를 이해하는 것에 그 목적이 있다. 만약 대상이 다르다면, 층위들은 다소 달라질 것이다. 그럼에도 불구하고 주희의 지각 인식론을 이해하는 데 있어 네 가지 층위로의 일반적 구별은 〔사상사적〕 증거에 부합하면서도 분석적인 유용함을 제공할 것이다.

2. 앎에 대한 중국불교의 접근방식들

모든 형태의 불교에서 그 핵심적 목표는 인식론이 아니라 구원론에 있다. 즉 무엇인가를 배우거나 아는 것보다, 깨치고 깨달음을 얻으며 변화하는 것이 필요하다. 그렇지만 불교학파들은 앎, 이해, 인식 등에 대한 광범위한 토론에 참여한다. 이러한 인식론적 언어의 사용을 세 가지의 유형으로 생각하는 것은 〔앞으로의 논의에〕 도움이 될 터이다. 필자는 먼저 '문제성', '유용성', '진실성'이라는 세 가지 범주를 개괄적으로 살펴보고자 한다. 이후에 중국불교 인식론의 세 가지 예시를 더욱 자세히 살피며, 앎에 대한 다양한 생각들을 맥락적으로 검토할 것이다.

먼저, 〔불교에서〕 통상적이고 경험적이며 개념적으로 명료한 인식은 종종 문제로 간주된다. 그것에 의존하는 것은 현실에 대한 잘못된 견해를 암시하는데, 〔불교에서〕 우리의 현실은 깨달음이 가능하기 위해 극복해야 하는 것으로 전제되고 있다. 예를 들어 대단한 영향력을 끼쳤던 『대승기신론』에서는 다음과 같이 말한다.

> 만약 지止를 닦으려는 자는 고요한 곳에 머물러 단정히 앉아 뜻을 바르게 하고, 호흡에 의지하지 않으며 … 보고 듣는 지각知覺에도 의지하지 않으며, 온갖 상념을 생각을 따라 모두 버린다.[30]

둘째, 개념적으로 명확하게 아는 것이 깨달음을 얻는 과정에서 유용한 부분이라는 견해를 볼 수 있다. 특히 인도와 초기 중국의 유식불교도들에게 논리가 정교한 인식론적인 이론들은 궁극적인 깨달음에 도움이 되는 것으로 여겨졌다.[31] 다양한 종류의 앎이나 이해가

---

30 『大乘起信論』, T32.1666, 582a16-19, "若修止者, 住於靜處端坐正意, 不依氣息, … 乃至不依見聞覺知, 一切諸想隨念皆除." 이 장에서 인용하는 『大乘起信論』의 영어 번역은 John Jorgensen, Dan Lusthaus, John Makeham, and Mark Strange(2019), *Treatise on Giving Rise to Faith in the Great Vehicle* (New York: Oxford University Press)에서 발췌한 것임.

31 Lin Chen-kuo, "Truth and Method in the Saṃdhinirmocana Sūtra," *Journal*

유용할 수 있다는 생각—즉 방편(upāya)의 역할을 할 수 있는—은 〔불교에서〕 매우 일반적이다. 예를 들어 『대승기신론』은 자신이 깨달을 수 있는 능력을 갖추고 있음을 아는 것은 나무가 탈 수 있는 능력을 갖추고 있는 것을 아는 것과 같다고 지적한다. "만약 사람이 이를 알지 못하여 〔나무에 불이 붙는 성질이 있다는〕 방편을 빌리지 못한다면, 스스로 나무를 태울 일은 아무 데도 없다."[32]

마지막으로, 많은 이론가들은 참되고 문제없는 앎에 대한 관념을 표현하기 위하여 하나 이상의 용어를 사용한다. 『대승기신론』에서는 이것을 간단하게 '지知'라고 나타내기도 하는데, 간단히 "오직 여래만이 알 수 있는 것"[33]이라고 표현하기도 한다. 또한 『대승기신론』의 '실지實知'[34]나 여타 텍스트들의 '진지眞知'와 같이, 진정한 앎을 표시하는 데 사용하는 특수한 용어를 발견할 수 있다. 예를 들어 『육조단경』에서 "〔서로 구별되는 것으로서 개념적으로〕 아는 대상이 없을 때, 그것을 '진지'라고 한다"[35]라고 하였다. 이러한 '진지'라는 용례는 도교의 경전인 『장자』에서부터 유래했다는 점에서[36] 앞에서 논의한 첫 번째 층위의 좋은 사례다. 이후에 주희에 대해 논의할 때, '각覺'이라는

---

of *Chinese Philosophy* 37, no. 2 (2010): 261-275.

32 『大乘起信論』, T32.1666, 578c5-6, "若無人知, 不假方便, 能自燒木, 無有是處."

33 『大乘起信論』, T32.1666, 578c3, "唯如來能知."

34 『大乘起信論』, T32.1666, 579b13-14, "이것은 무슨 뜻인가? 일체중생과 자기 몸이 진여하고 평등하여 별개의 것도 아니고 다른 것도 아님을 여실히 알기 때문이다(此以何義? 謂如實知一切衆生及與己身眞如平等無別異故.)."

35 『六祖壇經』, T48.2008, 356b23, "無一物可知, 是名眞知."

36 『莊子』, 「大宗師」, "且有眞人, 而後有眞知."

용어를 염두에 두는 것도 도움이 될 것이다. '각'은 '깨달음[悟]'의
동의어로서, 중국 불교도들은 '깨쳤다'라는 의미로 자주 사용하는데,
우리 모두가 "본래적으로 깨쳤다[本覺]"는 『대승기신론』의 주장에서
처럼 말이다.[37] 또한 '각'은 '감지하다' 또는 '인식하다'라는 의미로도
자주 사용되는데, 이러한 경우에는 '참되지는' 않았지만 유용한 것일
수 있고 문제가 되는 것일 수도 있다.

'앎'에 대한 이러한 세 가지 사고방식을 염두에 두고, 이제 특정한
상황에서 이 용어가 어떻게 사용되는지 좀 더 자세하게 살펴보자.
『불성론佛性論』은 방편이라는 관념에 의존하는 흥미로운 예다. 이에
따르면 많은 가르침들이 전적으로 또는 절대적으로 참되지는 않지만,
구원론적으로는 유용하다.[38] 샐리 킹(Sallie King)이 강조하듯이 『불성
론』은 다음과 같이 시작한다. "부처는 어찌하여 불성에 대해 말씀하셨
는가?"[39] [불성에 대한] 의미론을 소급해나가면서, 텍스트 작성자는
불성의 존재론에 관한 질문을 괄호에 묶어둔 채 [불성에 대한] 아이디
어가 우리에게 미칠 수 있는 긍정적인 효과에 초점을 맞출 것을 유도한

---

37 『大乘起信論』, T32.1666, 576b13-15, "依此法身說名本覺, 何以故? 本覺義者對
　　始覺義說, 以始覺者卽同本覺."

38 『佛性論』이 중국의 불성 담론에서 얼마나 중심적인가에 대한 상당한 학술적
　　논쟁이 존재한다. 필자는 앎에 대한 독특한 불교적 접근 중 하나를 소개하는
　　방법으로 이 텍스트를 활용하였는데, 이러한 관점의 형성이 역사적으로 영향을
　　미쳤는지의 여부와는 관계없이, 『佛性論』이 제기하는 관점이 상당히 훌륭하다
　　고 생각한다.

39 『佛性論』, T31.1610, 787a8, "佛何因緣說於佛性."; 이에 대한 영어 번역으로는
　　Sallie B. King, *Buddha Nature* (Albany: SUNY Press, 1991), 29.

다. 그리고 저자가 불성은 '무엇인지'에 대해 더욱 신중하게 고찰을 거듭해나가지만, 불성은 우리가 '하는 것'으로서 더욱 정확하게 묘사될 뿐이다: 모든 사람들이 지닌 잠재적인 것은, 구원론적 행동을 통해서만 실현될 수 있다. 우리의 불성의 실체는 "그것들의 작용들로 알 수 있는데, 그것들은 바로 〔미혹된〕 본성의 정화, 해탈 그리고 모든 덕목들의 함양이다"라고 킹은 말한다.[40] 그녀는 비슷한 생각을 이렇게 표현한다.

사람과 부처 사이의 동일성은 공유된 불성에 의해 구성된다. 이러한 동일성은 낙관적이므로, 수행을 장려하는 역할을 한다. 인간과 부처 사이의 차이 또한 불성 ─즉 각자가 자신의 불성을 실천으로 얼마나 *현실화하는지*의 정도─에 의해 구성된다. … 당신은 부처이지만, 실천하지 않는다면 당신은 부처가 아니다.[41]

『불성론』은 불성이 '존재〔有〕'하지도 않고 '존재하지 않는 것〔無〕'도 아님을 명백히 한다. 그러므로 킹은 다음과 같이 주장한다. 『불성론』은 불성이 본래적으로 존재한다고〔本有〕 단정하여 말하지만, 이 텍스트의 저자는 불성의 위상을 포착하기 위해 '존재'와 '비-존재' 양자의 개념적 불충분함을 알리는 방법을 추구한다.[42] 〔킹에 따르면〕

---

40 King, *Buddha Nature*, 48.

41 King, *Buddha Nature*, 82.

42 King은 本有를 '원래 존재한다(aboriginally exists)'라고 번역하였지만, 필자는 이것을 '내재적으로 존재한다(inherently exists)'라고 수정하였다.

불성은 나무와 돌과 같이 "이 세상에 존재하는 것이 아니다. 오히려
모든 중생이 부처의 경지〔佛果〕를 실현할 수 있는 잠재력을 긍정하는
용어이다."[43]

불성을 확신—앎의 일종—하는 근거가 어디에 있는지 궁금해할 수도
있다. 이러한 낙관주의는 어디에서 오는 것일까? 그리고 결국 부처의
경지를 알고 깨닫는다는 것은 무엇을 의미할까? 킹은 이 텍스트에서
열반(nirvāna)과 법신(dharmakāya, 여기에서는 불성의 결실을 의미한다)[44]
같은 긍정적 용어가 사용된 것을 분석하면서, 『불성론』의 입장이
'실용주의적'이라고 주장한다. 불성이 '본래적으로 내재'한다는 것을
알면, *그것이 효과적이므로*, 우리들의 영적 진보에 대한 전망은 낙관
적일 수 있다. 『불성론』에서는 이렇게 말한다.

> 만약 법신이 없다면 모든 바른 행이 다 소용이 없으리니, 바른
> 견해를 먼저 갖추고 계율·선정·지혜 등의 선한 법을 섭수하기
> 때문이다. 바른 행을 닦는 그것이 헛되어 결과가 없지 않는 것으로,
> 이 바른 행으로 말미암아 결과를 얻을 수 있기 때문이다. 그러므로
> 법신은 없는 것이 아니라는 것을 알라.[45]

---

43 King, *Buddha Nature*, 34.

44 King, *Buddha Nature*, 61.

45 『佛性論』, T31.1610, 804a19-21 "若法身無者, 則諸正行皆應空失, 以正見爲先行,
攝戒定慧等善法故. 所修正行不空無果, 由此正行能得果故, 故知法身非無."〔본
구절의 한국어 번역은 동국대학교 불교기록문화유산 아카이브(통합대장경)에서
인용하였음.〕이에 대한 영어 번역으로는 Sallie B. King, *Buddha Nature*, 66.

이러한 실용적인 접근방식은, 불교적 수행에 참여해서 실제적이고 유위적으로 '믿고 즐거워하는 것[信樂]'이 [무위적인] 부처의 경지를 이루게 하는 중대한 원인이라는 보는 것과 연관된다. 킹이 말하길, "원하는 목표에 도달할 수 있다고 약속하기 때문에, [사람들은] 특정한 행위-전통에 의해 검증되고 그 목적이 효과적인 것으로 밝혀진 행위들-에 의도적으로 참여한다."[46] 그렇다고 해서 불성이 '불도佛道의 타당성에 대한 은유'에 불과하다는 것을 받아들여야 한다는 의미는 아니다. 또한 킹이 강조하듯이, 불성은 동시에 수행으로 '완성'되어야 하는 '참된 원인의 본성[正因性]'으로 여겨진다.[47] 여전히 이 텍스트는 '본성'을 존재론적 방식으로 재현하는 데 저항한다. 킹은 우리에게 일원론이나 이원론이 아니라 '비이원론(nondualism)'이 있음을 설득력 있게 보여주는데, 이 비이원론에서는 사물들이 분리되어 있다는 사실을 부인하고 사물을 단일한 원리로 환원하는 것을 거부한다. 결국 불교 전통에서 효과가 있다고 '약속'한 실천들을 수행함으로써, 우리는 불성을 알게 된다.

영향력 있는 선불교 (및 화엄)의 승려 규봉 종밀(圭峰 宗密, 780~841)도 본성을 별개의 독립된 실체로 재현하는 것을 피한다. 물론 종밀 역시 불교의 가르침이 방편 개념을 중요하게 활용한다는 생각을 받아들인다. 그러나 근본적인 앎에 대해 보다 실질적인 설명을 제공하려고 노력한다는 점에서, 종밀은 『불성론』과 다르다. 종밀이 활동하던 시대에는 불교 교리 및 실천에 대한 광범위한 접근방식들이 존재하였

---

46 King, *Buddha Nature*, 127.

47 King, *Buddha Nature*, 67; 127.

다. 종밀은 자신이 화엄 교리 전통을 발전시키면서 선불교 이론 및 실천에 개입하고 있다고 보았다. 종밀은 선불교 내부의 몇몇 급진적인 전개들에 대해 우려했는데, 그가 보기에 그 전개들은 '본성이라는 근거'와 '그것들의 수많은 현현' 사이의 구별을 무화시킨다. 이러한 견해들에 따르면 결과적으로 오직 한 종류의 작용만 있게 된다. "탐욕과 성냄과 어리석음, 선악을 짓는 것과 고락의 갚음을 받는 것 모두 불성이다."[48] (우리는 이러한 '급진적' 선불교가 앎에 접근하는 방식을 조금 뒤에 살펴볼 것이다.) 종밀의 입장은 이와 대조되는데, 불성의 본체[體]와 작용[用][49]은 "동일한 실제의 상이한 양상이지만, 그럼에도 불구하고 그것들은 다르며" 이러한 차이는 "매우 중요한데, 왜냐하면 체는 … 깨달음의 경험을 검증할 수 있는 근거가 되기 때문이다."[50] 종밀은 여래장 전통에 의거해 본성 그 자체는 다양한 긍정적인 특성들 —항상함[常]·평온함[樂]·자재함[我]·청정함[淨]과 같은—을 가진 것으로 특징지을 수 있다고 믿었다.[51] 이렇게 본성을 이해하는 것은 참된 깨달음에 결정적이지만, 급진주의자들은 자의적이고 조건 지어진 감정을 실제의 깨달음으로 착각할 위험이 있다.

그렇다면 우리는 본성에 대해서 무엇을 말할 수 있으며 또 어떤

---

48 Gregory, *Tsung-mi*, 237에서 인용하고, 다소 수정함.

49 여기에서 필자는 John Makeham을 따라 체體를 본체本體의 줄임말로 삼고, 영어로는 'intrinsic reality'로 번역하고자 한다. 중요한 하나의 개념쌍인 체와 용의 불교적 배경에 관한 자세한 논의로는, 이 책의 Brook Ziporyn과 Makeham 의 장을 참조.

50 Gregory, *Tsung-mi*, 237.

51 Gregory, *Tsung-mi*, 219-220.

근거로 본성에 긍정적인 특성들을 부여할 수 있을까? 핵심적인 아이디어는 지知인데, 필자는 이것을 대개 '알다' 혹은 '이해하다'로 번역하곤 했다. 그러나 여기서는 그레고리의 영어 번역어 '알아차림(aware-ness)'[52]을 따르고자 한다. 종밀은 가장 심오한 가르침에 대해 다음과 같이 쓴다.

이 교설에서는 온갖 중생에게 모두가 본래부터 비고 고요한 참마음이 있어서 시작이 없는 본래부터 성품 스스로가 청정하여 밝고 밝아서 어둡지 아니하고 똑똑하게 스스로를 알아차린다고 말한다. 미래 세상이 다하도록 항상 머물러 소멸하지 않으므로 불성이라 하고 여래장이라고 하며 심지心地라고도 한다.[53]

이 지는 어떠한 특정한 지혜도 아니고 특정한 것에 대한 사람의 지식 내지 인식도 아닌데, 오히려 "모든 지각 있는 존재들에게 항상 존재하는 의식의 기본적인 기반으로서 … 미혹과 깨달음 그 양자의 인지적 근거"[54]다. 중국불교에서의 전반적인 긍정적 태도에 따라,

---

52 Gregory의 예리한 분석 이외에도, 필자는 荒木見悟, 『佛敎與儒敎』, 廖肇亨 譯 (臺北: 聯經出版社, 2008)에서 도움을 받았다. 특히 이 책의 2장 3절에는 종밀의 '지' 관념에 대해 하택종에서 찾을 수 있는 전거에 대한 상당한 논의가 포함되어 있다.

53 Gregory, *Tsung-mi*, 217에서 인용함;『禪源諸詮集都序』, T48.2015, 404b27-c3, "此敎說一切衆生皆有空寂眞心, 無始本來性自淸淨明明不昧了了常知. 盡未來際常住不滅, 名爲佛性, 亦名如來藏, 亦名心地."〔본 구절의 한국어 번역은 동국대학교 불교기록문화유산 아카이브(통합대장경)에서 인용하였음.〕

'지'는 단지 비어 있을 뿐만 아니라 탁월한 것들—청정함, 어둡지 않음, 항상함 등—로 가득 차 있는 것으로 상정된다. 뿐만 아니라 지의 본성은 만물의 근거 내지 원천—물리적인 원인은 아니지만—으로 여겨진다. 외형적인 현상들은 상호의존적으로 여타의 모든 현상들에 의해 조건 지어지는데, 이러한 모든 현상의 기저에는 지 그 자체가 있다.[55] 사실 여기에는 복잡한 〔의미〕 수준이 있다. 종밀은 참된 마음〔眞心〕의 본체에는 체〔寂〕와 용〔知〕이 있다고 말했다. 지는 본체이지만, 실제적인 정신-신체적 작용인 '수연응용隨緣應用'과도 동시에 상응한다.[56] 지知는 단박의 깨달음〔頓悟〕—종밀은 무엇보다도 '지智라고 부른다—과도 대조되는데, 왜냐하면 지—본체로서—는 항상 존재하기 때문이다.[57] (역자 주: 지智는 성인에 국한되지만 지知는 범인과 성인 모두에게 통하므로, 知가 더욱 근원적이다.) 그러므로 종밀은 어떤 곳에서 이러한 〔지의〕 본체성을 '본각진지本覺眞知'라고 부른다.[58] 반면, 돈오는 이러한 지知의 명백한 경험이다.

돈오하기 위해서는 몇 가지 해체 작업이 요구된다. 항상 존재하는 탁월한 지—즉 여래장이나 불성—는 일반적으로 은폐되어 있는데, 인간에게 실제로 예시된 것처럼 "그것은 그들의 번뇌들로 뒤덮여 있는

---

54 Gregory, *Tsung-mi*, 218.

55 Gregory, *Tsung-mi*, 242.

56 Gregory, *Tsung-mi*, 239-240. 이 구조는 진여가 현상계의 조건들에도 적용되는 『大乘起信論』의 모델과 매우 유사하다. 이 책의 John Makeham의 장을 참조.

57 荒木見悟, 『佛教與儒教』, 135.

58 荒木見悟, 『佛教與儒教』, 134; 140.

것처럼 보이기"[59] 때문이다. '번뇌'는 우리의 모든 망상, 편견, 집착을 의미하는데, 우리가 그것들을 제거하고 나면 불성이 항상 우리에게 있었음을 알 수 있게 된다. 알아차림과 망상의 양자는 사물(thing)이라기보다는 과정(process)이라는 점에 유의해야 한다. 우리는 어떤 사물이 다른 사물에 가려지는 것을 상상해서는 안 되며, 차라리 어떤 미묘한 과정이 더욱 '소란스런' 다른 과정에 의해 가려진다고 상상해야 한다. 따라서 종밀은 무념無念―아무 생각도 없는 몽유병 상태가 아닌, 비-개념적이고 전체론적인 경험의 순간―의 상태에 있을 때, 불성을 직접 인식할 수 있다고 믿는다. 여기에서, 이전 단락에서 소개한 '체-용'을 쌍으로 하는 이중 구조를 기억하는 것이 중요하다. 앞에서 언급한 가장 심오한 본체인 고요함[寂]은 (과정이 아닌) 영원한 상태이다. 고요함의 작용이 지이다. 그러나 지 그 자체는, 우리의 일상적이고 유위적인 작용에 상대되는 본체라고 생각할 수 있다. 여기에서는, 자주 인용되곤 하는 '축축한 성질[체]-파도[용]'라는 은유가 유용할 것이다. 우리의 일상적인 경험(즉 파도)에 비견할 때, 지는 영원한 상태(즉 축축한 성질 그 자체)이다. 그러나 돈오는 '고요함 그 자체에 상응하는 작용으로서의 지'이며, 불성을 직접 인식하는 것은 축축한 성질 그 자체를 경험하는 것과도 같다.

종밀에 따르면, 이러한 인식을 통해 얻은 갑작스러운 통찰 내지는 깨달음은 이후 수양의 과정에서 심리 전반에 걸쳐 더욱 구체화된다. 이러한 방식으로 우리는, 본성과 감정을 섞어버리는 급진적인 선불교

---

59 Gregory, *Tsung-mi*, 309.

도들과는 다르게 종밀이 어떻게 한편으로는 성性/체體/지知와 실제적인 감정을 구분하면서 다른 한편으로는 깨달음의 경험이 검증되거나 근거가 있어야 한다고 말하는지, 이해할 수 있다. 종밀의 생각은, 초기('단박') 깨달음의 경험은 진리를 볼 수 있게 해주므로 이후의('점진적인') 수행을 인도한다는 것이다. 점진적인 수행이 〔단박의 깨달음 이후에도〕 필요한 까닭은, 단박에 생긴 통찰력이 사람의 습기習氣 및 현행적인 감정을 자동적으로 변화시키지 않기 때문이다.[60]

종밀은 궁극적인 깨달음에 있어 지―적어도 표면적으로는 일상적이고 경험적인 지식과는 공통적이지 않은 매우 특별한 종류의 앎―가 매우 중요하며 추구되어야 한다는 견해를 분명하게 제시한다. 지는 한낱 수단이 아니라 불성과 부처의 경지를 구성한다. 아라키 겐고가 강조했듯이, 많은 사람들이 종밀의 견해를 비판했는데 11세기의 한 승려는 "'지'라는 한 글자가 뭇 앙화의 근원이다"라고 말함으로써 종밀의 견해를 패러디했다.(역자 주: 종밀은 "지라는 한 글자가 온갖 오묘함의 근원이다〔知之一字衆妙之門〕"라고 말한 바 있다.)[61] 이러한 비판의 한 사례로 천태 사상가 사명 지례(四明知禮, 960~1028)를 들 수 있는데, 그는 종밀의 '지'가 아무래도 청정진여 한쪽만을 가리킬 뿐이고 행위를 경시할

---

60 많은 중국 불교도들의 핵심적인 질문은 깨달음이 '단박'의 일인지 '점진적인' 일인지의 여부에 관한 것이었다. 종밀의 영향력 있는 견해는 단박에 깨달은 이후에 점진적인(매우 전통적인) 닦음이 필요하다는 것이다. 이에 대한 하나의 설명으로는, 단박의 깨달음으로 아뢰야식에 새로운 업의 씨앗을 만드는 것은 멈출 수 있었지만, 깨달음의 순간에 이미 존재했었던 모든 씨앗을 우리는 여전히 점진적으로 제거해야 한다는 것이다. Gregory, *Tsung-mi*, 193-195.

61 荒木見悟, 『佛教與儒教』, 152.

수 있다고 주장하였다.[62] 주희의 동시대 사람인 대혜 역시 종밀의
앎 이론에 대해 다소간 회의적이었다. 종밀의 옹호자들은 이들 비평가
들이 종밀을 잘못 이해하는 결정적인 방식에 대해 재빨리 지적하겠지
만 말이다.[63] 어쨌든 『불성론』의 접근방식이나 종밀의 접근방식 모두
막강한 영향력을 발휘하지는 못하였다. 대신에 종밀이 비판한 '급진적
선불교'의 견해가 승리했고, 이 점은 대혜의 선불교를 통해 살펴볼
수 있다. 그러므로 이제 중국불교 인식론의 마지막 사례 연구, 즉
마조 도일(馬祖道一, 709~788)과 홍주종의 영향력 있는 가르침으로
넘어가 보자.

  종밀이 비판한 바로 그 방향으로 선불교가 발전한 좋은 사례가
바로 마조 도일이다. 우리가 알아야 하거나 인식해야 할 특별한 것은
없다. 마조는 말한다. "만약 곧바로 도를 알고자 한다면, 평상심이
도이다. ⋯ 걷고 머물며 앉고 누우며 상황에 응하고 사물과 접하는
것, 이 모두가 도이다."[64] 『대승기신론』에서 (경험적이고 개념적으로
표현된) 지각에 머무르지 않는 상태에 대해 말하고 있음을 상기해보
자. 이와는 대조적으로 마조는 다음과 같이 말한다.

---

62 荒木見悟, 『佛教與儒教』, 151.

63 荒木見悟, 『佛教與儒教』, 155-158.

64 馬祖 道一, 『江西馬祖四家錄草』, "若欲直會其道, 平常心是道. ⋯ 只如今行住坐
    臥, 應機接物, 盡是道." 이에 대한 영문 번역으로는 Jinhua Jia, *The Hongzhou
    School of Chan Buddhism in Eighth-Through Tenth-Century China* (Albany:
    SUNY Press, 2006), 123.

지금의 보고 듣고 지각하는 것은 본래 너의 본성이며 본심이라고도 불리는 것이니, 이 마음을 떠나서 부처가 별도로 있지 않다. 이 마음이 본래 있고 지금도 있어서, 조작해야 할 필요가 없다. 〔이 마음이〕 본래도 청정하고 지금도 청정하니, 다듬고 닦아낼 필요가 없다.[65]

마조는 '본래의 깨달음〔本覺〕'이란 용어를 사용하지 않았지만, 그는 분명히 이 전통 안에 있다. 그에게 중요한 것은, 자신의 깨달음을 인지하는 것뿐이다. 우리는 이미 깨쳤으므로, 망상에서 벗어나기 위하여 새롭게 배워야 하거나 보아야 할 것은 없다.

선불교에서 일반적으로 통용되는 비유는 우리들이 논지를 이해하는 데 있어 유용하다.[66] 우리의 눈은 볼 수 있지만, 눈이 눈을 볼 수는 없다. 보기 위하여 "그냥 할 뿐"이지, 눈을 우선 검사해보는 방법을 알아내지는 않는다. 실제로 그러한 검사는 불가능하다. 깨달음은 줄곧 같은 방식으로 우리와 함께해왔으며, 우리의 본성/마음에 내재하고, 우리의 존재 방식에 붙박여 있다. 그러므로 우리는 우리 자신을 벗어나 우리가 누구인지 '알 수' 없다. 우리가 할 수 있는 것은 자연스럽게 행동하는 것뿐이다. 유사한 일련의 생각으로, 마조는 도道를 수양하는 것에 반대한다.

---

65 『宗鏡錄』, 卷14, "今見聞覺知, 元是汝本性, 亦名本心, 更不離此心別有佛. 此心本有, 今有, 不假造作. 本淨今淨, 不待瑩拭."

66 이 연관성을 지적해준 Brook A. Ziporyn에게 감사를 표한다.

도는 수양[의 범주]에 속하지 않는다. 만약 [도를] 수양해서 얻을 수 있다고 말한다면 수양으로 이룬 것은 다시 파괴되기 마련이니, 성문(聲聞, Śrāvaka)[67]과 다를 게 없다. 수행하지 않겠다고 하면, 이는 범부와 같을 뿐이다.

혹자의 질문: 어떠한 지식이어야 도를 이해할 수 있겠습니까?

마조의 답변: 자성은 본래 구족되어 있다. 그러니 선하고 악한 일에 구애받지 아니한다면 '도를 닦는 사람'이라고 할 만하다. 도를 취하고 악을 버리며 공을 관조하여 선정에 들어가려 한다면, 이 모두가 의도적인 빚음과 행동에 속하는 것이다.[68]

전통적인 수양방식을 거부한 마조는, 학생들이 자신의 관점을 바꾸고 이미 깨달은 존재라는 것을 깨닫도록 영감을 주는 수단으로서 '문답법'을 개발하는 데 일조하였다.[69]

어떤 면에서 마조와 종밀은 크게 다르지 않다. 두 사람 모두『대승기신론』에서 설명된 '본각' 개념을 받아들인다. 현대학자 지아진후아(賈晉華, Jia Jinhua)가 강조했듯이, 마조의 성상파괴주의(iconoclasm)도

---

67 '성문'은 전통에 따르면 부처의 가르침을 '들어서' 스스로 깨달음을 얻을 수 있었던 부처의 제자들을 말한다. 대개 대승불교도들과 같은 대다수의 중국 불교도들은 이것을 덜 성취한 것으로 여기는데, 여기에서 마조는 [성문이] 명시적인 닦음을 통하여 배우는 데 의존하고 있기 때문이라고 말한다.

68 馬祖 道一,『江西馬祖四家錄草』, "道不屬修, 卽言修得, 修成還壞, 卽同聲聞. 若言不修, 卽同凡夫. 云作何見解, 卽得達道? 師云自性本來具足, 但於善惡事上不滯, 喚作修道人, 取善捨惡, 觀空入定, 卽屬造作."

69 Jia, *The Hongzhou School*, 79-82.

과장해서는 안 된다. 마조는 글을 읽고 썼으며, 경전에 대한 언급들로 가득 찬 강론을 하였다.[70] 그러나 종밀은 진리에 대한 전통적인 세 가지 기준—경전의 선례, 합리적인 변론, 개인적 깨달음—을 인정했지만, 우리가 살펴본 것처럼 마조는 이 가운데 오직 세 번째 항목에만 주의를 기울여야 한다고 주장했다. 마조에게 있어서, 우리가 구하거나 얻을 수 있는 특별한 종류의 앎은 없다. 사람들의 '평상심'은 본래의 상태에 서 〔이미〕 완벽하며, 이것을 깨닫기 위해서는 관점을 전환하기만 하면 된다. 따라서 마조가 상당히 관행적인 실천을 했음에도 그의 가르침은 성상파괴적 내지는 더 심하게는 반율법적 실천—종밀을 우려하게 했던 바로 그 종류의—의 문을 여는 것으로 쉽게 간주될 수 있다.

이 절에서는 '앎'에 대한 세 가지 상이한 태도들에 대해 살펴보았다. 그것은 바로 (『불성론』의) 주로 실용적인 접근방식, (겉보기에는 일상적인 지식과 단절된 것으로 보이는, 종밀의) 깊고 진정한 앎을 강조하는 접근방식, (마조의) 일상적인 인식경험을 승인하는 접근방식이다. 이에 대해 주희는 의심할 여지 없이 많은 것을 알고 있었다. 그는 급진적인 마조의 방식을 (도겸과 함께) 개인적으로 연구했을 뿐만 아니라, 적어도 종밀의 견해와 공명하는 측면에서 급진적인 선불교에 대해 비판적인 입장을 취했다.[71] 그렇지만 이제 우리가 주희의 인식론 자체로 돌아갈 때, 필자는 그러한 유사성이 중요한 차이점을 가리고

---

70 Jia, *The Hongzhou School*, 79.

71 선불교에서 '본성'과 일상적 작용을 혼용하는 것과 관련해선, 이 책의 Tiwald 장의 5절 말미를 참조.

있다고 주장할 것이다.

3. 주희의 지각 인식론

주희가 성년이 되던 12세기 중반까지만 해도 도학계의 주류적 견해에서 공부는 덕성적인 앎[德性之知]을 목표로 하는 주로 내향적인 일이었다. ('덕성지지'라는 용어가 항상 명시적으로 사용된 것은 아니다.) 주희는 처음에 이러한 [내향적인] 관점을 공유하였지만, 철학적으로 문제가 있다고 보고 본성을 직접 체인할 수 없다고 했다.[72] 마침내 그는 감각적인 앎[見聞之知]과 덕성적인 앎 사이의 구분을 거부하였다. 감각적인 앎과 같은 것이 있냐는 질문에 대해, 주희는 분명하게 말한다.

　앎은 오직 하나의 앎일 뿐이다! 참되고 참되지 않은 앎의 문제만
　있을 뿐이다. [우리가 감각적인 앎을 갖게 된 이후에] 우리가
　나중에 다른 종류의 앎을 갖는 것은 아니다.[73]

72　주희의 '중화신설中和新説'이라고 불리는 것에 대한 광범위한 논의는 다음을
　　참조할 것. 陳來, 『朱子哲學研究』(上海: 華東師範大學出版社, 2000), 157-163;
　　錢穆, 『朱子新學案』(臺北: 三民書局, 1989), 冊2, 123-182; Hoyt Cleveland
　　Tillman, *Confucian Discourse and Chu Hsi's Ascendancy* (Honolulu: University
　　of Hawaii, 1992), 59-64.

73　『朱子語類』, 卷34, 1255, "知只是一樣知, 但有眞不眞, 爭這些子, 不是後來又別有
　　一項知." 이에 대한 영문 번역으로는 Ying-shih Yu, "Morality and Knowledge
　　in Chu Hsi's Philosophical System," in *Chu Hsi and Neo-Confucianism*, ed.

감각적인 앎이 우리의 마음을 '구속[劫]'하게 해선 안 된다는 장재의 주장을 논하면서, 주희는 다음과 같이 말한다.

사람들이 배우기 위해선 모름지기 견문이 있어야 하는데, 이를 어찌 버릴 수 있겠는가? 우선 견문으로부터 공부하고, 그런 뒤에 확 트여 관통하게 될 것이다. 대개 견문으로는 하나의 일에서 오직 단 하나의 도리를 얻을 수 있지만,[74] 관통의 경지에 이르게 되면 모든 이치를 얻게 된다.[75]

여기에서 주희가 장재를 이름만 언급하였지만, 주희는 그 누구보다도 정이가 이 두 유형의 앎을 더 강력하게 구분하는 주장을 했음을 이미 알고 있었다. 주희는 정이를 존중하는 마음에서 명시적으로 비판하지 않은 것이다.[76] 그러나 주희는 본성을 [단박에] 알고자 하는 이정의 제자들에게는 그런 인내의 자세를 보이지 않았다. 그는 장구성의 논저에 대해 "겉으로는 유자이지만 안으로는 불자이니 … 그의 목적은 이 세상의 이목을 혼란스럽게 하고 사람들을 안일하게 하여 깨우치지 못하게 하려는 것이니, 그리하여 사람들은 불교에 들어가서

Wing-tsit Chan (Honolulu: University of Hawaii Press, 1986), 242.

[74] 이 맥락에서, '도리道理'는 성문화할 수 있는 하나의 규칙 또는 원리를 의미한다. 이 장의 뒷부분에서 설명하는 구분대로라면, 이것은 '유형 1'의 앎이다.

[75] 『朱子語類』, 卷98, 2519, "如今人理會學, 須是有見聞, 豈能舍此? 先是於見聞上做工夫到, 然後脫然貫通. 蓋尋常見聞, 一事只知得一箇道理, 若到貫通, 便都是一理." 이에 대한 영어 번역으로는 Yu, "Morality and Knowledge," 242.

[76] Yu, "Morality and Knowledge," 243.

는 나오고자 하여도 그럴 수 없게 된다"[77]라고 하였다.

물론 주희의 앎에 대한 서술—감각에 의존하는 지속적인 과정이 결국에는 일종의 돌파구로 이어지고 마침내 '진정한' 앎으로 이어진다—은 정이가 말한 어떤 것과 상당히 일치하며, 실제로 여타의 북송 신유학자의 일부 측면과도 유사하다. 그러나 주희의 완숙기의 서술에는 선배 도학자들에게는 없는 체계성과 세련됨이 있다. 이 점을 가장 명확하게 보기 위해, 주희가 식별하는 세 가지 다른 유형의 앎에 초점을 기울일 필요가 있다. 이를 통해서 필자는 중국불교에 현저하게 뿌리를 둔 두 가지의 다른 중요한 인식론적 용어인 각覺과 지각知覺에 관한 논의를 시작해보고자 한다. 그 용어와 세부적 사항들이 혼동될 수 있으므로, 앎에 대한 주희의 이해에 대한 대략적인 개요부터 시작하겠다. 분명하게 말해서, 주희는 세 가지 유형의 앎이 있다고 명시적으로 말하지 않았다. 이 유형들은 저스틴 티왈드와 필자가 개발한 분석 범주이다. 그러나 이 분석에 따르면, 우리는 주희의 많은 논의에서 뚜렷한 세 가지의 앎의 유형을 발견할 수 있다.

유형 1. 사물의 마땅한 법칙을 안다.

유형 2. 하나하나의 사물에서 마땅히 그러하여 그칠 수 없는 법칙을 본다.

유형 3. 사물이 사물인 근본적인 이유나 근거를 깨닫고 어떠한

---

77 『朱熹集』, 卷72, 「張無垢中庸解」, "陽儒而陰釋 … 務在愚一世之耳目, 而使之恬不覺悟, 以入乎釋氏之門, 雖欲復出而不可得." 이에 대한 영어 번역으로는 Borrell, "Ko-Wu," 62.

상황과 마주하더라도 적절하게 대응한다.

이러한 앎 중 어느 유형이라도 특정한 상황에서 올바른 행동을 취하는 데 유용할 수 있다. 그러나 유형 2와 유형 3에 속하면, 적절한 반응은 더욱 자동적으로 이루어질 것이고 그 반응범위는 더욱 넓어질 것이다. 유형 3의 의미—이후에 살펴보겠지만, 주희는 이를 다양한 방식으로 설명한다—에서 완전한 앎은, 성인聖人의 핵심적 특성이다. 아래에서 설명하겠지만, 앎이 반드시 유형 1 → 유형 2 → 유형 3으로 잇따라 발전해야 하는 것은 아니다. 유형 1과 유형 2 모두는 유형 3을 개발하는 과정에서 상이한 방식으로 도움이 될 수 있다.

가장 기본적이며 얕은 종류의 앎은, 주어진 상황유형에 대한 법칙을 아는 것이다. 부모에게 효도를 해야 한다거나 밥 한 공기를 더 먹어서는 안 된다는 것 따위가 이러한 법칙의 가능한 예이다. 법칙을 안다는 것은, 우리가 말로 표현할 수 있고, 최소한 이것을 [현실에] 적용하는 방식을 개괄적으로 알고 있음을 의미한다. 주희는 그러한 법칙을 '[사물 또는 사건이] 따라야 하는 법칙[所當然之則]'이라 부른다. 이러한 앎은 일반적이긴 하지만, 또한 문제가 존재한다. 왜냐하면 법칙을 문자 그대로 '알고는' 있지만, 이를 따르지 않는 경우가 너무나도 많기 때문이다. 잘 알려진 구절에서, 주희는 '일[事]을 아는 것'만으로는 옳고 그름을 판단할 수 없다고 말한 바 있다. 어떤 사람이 이 일이 옳지 않다는 것을 알지만, 홀연히 그것을 하려고 생각하기도 하고, 더 심하게는 그것을 부지불식간에 행하기도 한다.[78] 확실히 법칙을 아는 사람은, 때때로 스스로가 그것을 따르도록 할 수 있다.

하지만 주희는 이런 단순한 고지식한 태도가 우려스럽다는 초기 도학 사상가들의 의견에 동의한다.

유형 2는 보통 "마땅히 그러하여 그칠 수 없는 것〔其所當然而不容已〕"으로 표현된다. 이것은 이 법칙에 대한 사전 이해에 의존하지 않는 것 같다. 오히려 특정한 상황을 보자마자-바로-반응하는 '즉각적인 명쾌함'의 한 사례인 것 같다. 주희는 다음과 같이 말한다.

오늘날 사람들은 '마땅히 그러하여 그칠 수 없는' 것을 미처 보지 못하고, 오직 좋고 나쁨의 선호만을 견주어 헤아릴 뿐이다. 참으로 내가 마땅히 해야 하는 것을 본다면, 스스로 그칠 수 없는 것이다. 예를 들면 신하가 반드시 충성을 다해야 한다는 것은 단지 입으로만 그렇게 말하는 것이 아니라 신하가 충성을 다하지 않을 수 없기 때문이다.[79]

주희가 말하길, 유형 2의 앎이 부족하면 판단력에 객관성이나 신뢰성이 결여된다. 그러나 때때로 어떤 상황을 보면 반응이 자동적으로

---

78 『朱子語類』, 卷13, 228, "且如人雖知此事不是不可爲, 忽然無事, 又自起此念. 又如臨事時, 雖知其不義, 不要做, 又卻不知不覺, 自去做了, 是如何" 이에 대한 영어 번역으로는 *Learning to Be a Sage*, trans. Daniel K. Gardner (Berkeley: University of California Press, 1990), 184.

79 『朱子語類』, 卷18, 414, "今人未嘗看見'當然而不容已'者, 只是就上較量一箇好惡爾. 如眞見得這底是我合當爲, 則自有所不可已者矣. 如爲臣而必忠, 非是謾說如此, 蓋爲臣不可以不忠." 주희의 요점을 이해하는 데 도움을 준 Chi-keung Chan (陳志强)에게 감사를 표한다.

일어나기도 하는데, 주희는 이것을 '참되게〔眞〕' 보는 것이라고 말한다. 이러한 경우에는 어떤 일이 발생하는가? 다음의 대화를 살펴보자.

혹자의 질문: 리가 '그칠 수 없다는 것'은 어째서입니까?
주희의 답변: 리의 마땅히 그러한 바는 저절로 그칠 수가 없다. 맹자께서 이것을 가장 명확하게 이해하시고 "젖먹이의 아이라도 자신의 부모님을 사랑해야 한다는 걸 알고, 커서는 자신의 형을 공경해야 한다는 것을 아는 것과 같다"고 하셨으니, 저절로 그칠 수 없는 부분들이다.[80]

"리의 마땅히 그러한 바는 저절로 그칠 수 없다." 이러한 아이디어는 모든 생명을 끝없이 생성하는 우주에 깊고 구조화된 역동성이 있다는 것이다.[81] 유형 2의 앎은 우리가 이러한 역동성을 짧게나마 접촉할

---

[80] 『朱子語類』, 卷18, 414; 주희는 『孟子』 7A:15를 인용하였음. "或問理之不容已者何如? 曰理之所當爲者, 自不容已. 孟子最發明此處. 如曰孩提之童, 無不知愛其親, 及其長也, 無不知敬其兄. 自是有住不得處." 인용된 『孟子』 부분의 영어 번역으로는 *Readings in Classical Chinese Philosophy*, 2nd ed., eds. Philip J. Ivanhoe and Bryan W. Van Norden (Indianapolis: Hackett, 2005), 175.
[81] 다음은 『朱子語類』, 卷18, 413-414의 또 다른 구절로, 여기서 "그칠 수 없음"은 우주 전체의 작용과 연결되고 있다.

질문: 선생님께서는 "천지귀신의 변화와 짐승과 초목의 마땅한 바에서 '마땅히 그러하여 그칠 수 없는 바를 보지 않을 수 없다"고 하셨는데, 여기에서 '그칠 수 없는 바'는 무엇을 말하는 것입니까?
답변: 봄에는 생명이 태어나고 가을에는 생명이 죽게 되니, 이것은 멈출 수가 없다. 음이 극에 처하면 양이 생겨난다. 배후에서 누가 간섭하려 한들,

수 있을 때 발생한다. 〔하지만〕 리의 상호 연결에 대한 포괄적인
이해에서 비롯되지 않았으므로 유형 3의 앎에는 미치지 못한다. 이러
한 상황들은 리에 대한 짧고 제한적이지만 '참된' 경험으로 무르익는
다. 주희가 보기에, 유형 2의 앎은 모든 수양 단계의 사람들에게
개방되어 있다. 또한 우리가 이미 인용한 몇 가지의 구절 외에도,
자주 나오는 결정적인 구절도 있다. 갑자기 우물에 빠지려는 아기를
보면 누구든지 놀라 측은하게 반응할 것이라는 맹자의 유명한 주장이
다. 필자가 추측하기에―비록 주희가 이 점을 명시적으로 말하지는 않았지
만― 유형 2의 앎이 가장 쉽게 일어나는 상황은 산만하고 잠재적으로
편향된 요인이 아예 존재하지 않거나 아니면 우물에 빠지려는 아기를
구하는 사례처럼 앎의 즉각성을 강조함으로써 〔그러한 요인들이〕
일시적으로 제거될 때이다.[82] 어쨌든 리는 항상 존재해서 눈에 보이고
반응을 유도하므로, 여기에서 문제가 되는 것은 어떤 상황―유형
3의 앎을 특징짓는, 온전하고도 성聖스러운 민감성에는 미치지는 못함―에서

어찌 멈출 수 있겠는가!(問或問云天地鬼神之變, 鳥獸草木之宜, 莫不有以見其所
當然而不容已. 所謂不容已是如何? 曰春生了便秋殺, 他住不得. 陰極了, 陽便生.
如人在背後, 只管來相趲, 如何住得!).

[82] 따라서 아기가 우물에 빠지려는 상황에서 우리가 어쩔 수 없이 하는 반응은,
전적으로 경각심과 동정심의 초기 반응 때문임을 주목해야 한다. 맹자는 이러한
즉각적 반응 때문에, "아이의 부모와 잘 지내기 위해서도 아니고, 이웃이나
친구로부터 칭찬을 받기 위해서도 아니다"라고 말하였다. 이러한 〔산만하고
잠재적으로 편향된〕 요소들을 고려한다면, 결국에는 아기를 구하기 위하여
움직이지 않을 수도 있으며 혹은 〔부모와 잘 지내고 싶거나 칭찬을 받으려는〕
다른 이유 때문에 아이를 구할 수도 있을 것이다. 이 점을 강조해준 John
Makeham에게 감사를 표한다.

우리가 유연하게 보자마자—바로—반응할 수 있는가이다.[83]

주희의 글 가운데에는 유형 1과 2 이외에 가장 가치 있는 유형 3의 '앎'이 존재한다는 것을 지지하는 두 부분이 있다. 첫 번째는

---

[83] 이 절의 서두 부분에서 언급했듯이, 주희는 세 가지 앎의 수준을 명시적으로 구분하지 않는다. 또한 주희가 말하고자 하는 바가 어떤 유형의 앎으로 해석될 수 있는지 명확하지 않을 때가 있고, 심지어는 우리가 추가적인 범주를 추가해야 할 때도 있다. 예를 들어 『論語』, 2.4에서 공자는 자신의 정신발달단계에 대해 설명하고 있다. 여기에서는 "〔나는〕 40세에 미혹되지 않았으며 50세에 천명을 알았다(四十而不惑, 五十知天.)"라고 말한다. '불혹'은 앎과 관련이 있어 보이며, '지천명'은 분명하게 앎과 관련되어 있다. 이러한 공자의 정신발달단계는 필자의 체계와 어떻게 부합할 수 있을까? 주희의 주석에서 '불혹'은, 마치 대나무가 예리한 칼을 주저 없이 맞이하는 것처럼, 어떠한 망설임 없이 사물을 이해하는 것을 의미한다. 그러나 이것은 여전히 '사건을 보는〔見事〕' 수준에 불과하다(『朱子語類』, 卷23, 556). 반면에 실제 천명을 '아는 것'은 '리를 보는 것〔見理〕'이다. 즉 천명을 아는 것은 다른 말로 '유형 3의 앎'이라고 할 수 있다. '불혹'은 어떨까? '사건'과 관련지어 보면 그것은 유형 1처럼 보이며, 실제로 주희는 정이의 '이 사건을 아는 것〔知此事〕'과 '이 리를 깨닫는 것〔覺此理〕' 사이의 구별을 계속하여 인용한다. 그러나 주희가 앎의 그칠 수 없이 이뤄지는 방식을 강조한 것을 생각해보면, 유형 2에 강한 공감을 불러일으킨다. Justin Tiwald가 대화에서 '불혹'은 2유형과 3유형 사이의 어딘가에 해당한다고 제안했는데, 필자는 이 점이 일리가 있다고 생각한다. 40세 무렵의 공자는 일반화(generalize)하기 시작했고 어느 정도 자신감을 가졌다. 왜냐하면 그의 일반화는 유형 2의 명확성의 뚜렷한 순간에 기반을 두고 있지만 아직 전체를 완전히 파악하지는 못했다. 그리하여 〔완전히〕 자신감을 갖기가 어려웠다. 아마 우리들이 내릴 수 있는 최상의 결론은, 주희가 자신의 철학적 이해 범주를 사용해 다양한 종류의 이질적인 고전적 진술을 해석하려고 노력하였을 때 때때로 정합성이 완전하지 않다는 것을 인식해야 한다는 것이다.

동사 '각覺'을 중심으로 전개되는데, 이는 '깨닫다'나 '민감하다'라는
뜻이다. 앞에서 살펴본 것과 같이 중국 불교도들에게 있어 '각'은
중요한 용어인데, 이것은 종종 부처가 경험하거나 불교도들이 중생들
을 위해 추구하는 깨달음을 가리킨다. 이정 형제와 같은 초기의 도학
사상가들은 불교의 '깨달음' 사상을 비판적으로 말할 때와 유교적
'깨달음'을 둘 다 언급할 때, 각을 '깨우치다'라는 의미에서 수차례
사용하였다. 그들이 언급한 바와 같이, 『맹자』는 깨달음에 대해 말한
구절이 있다. 따라서 이정은 '깨달음'이 유가의 정통 개념이며 불교의
것과는 다른 의미를 갖는다고 주장한다.[84] 또한 정이는 '앎'과 '깨달음'
의 차이를 다음과 같이 설명한다. "앎은 이 일을 아는 것이요, 깨달음은
이 이치를 깨닫는 것이다."[85] 정이는 그 차이점에 대해 더 이상 설명하지
는 않았지만, 주희는 정이의 제자 중 한 명이 제기한 추가적인 주해를
동의하듯 언급한다. 이러한 설명에 따르면, 신하가 충성을 다해야
하고 자식이 효도를 다해야 하는 것을 아는 것은 곧 "이 일을 아는
것"이다. 그러나 신하가 충성을 다하고 아들이 효도*하게 하는 바*를
안다면, 그것은 "이 이치를 깨닫는 것"이다.[86] 관련된 맥락에서, 주희는

---

84 각覺은 선진 시기의 유교 인식론에서 그다지 중요하게 등장하지는 않지만,
『孟子』 5A.7에서 언급된다. "하늘이 이 백성을 내심은 먼저 깨우친 사람으로
하여금 늦게 깨우친 사람을 깨우치게 하기 위해서이다(天之生此民也, 使先知覺後
知, 使先覺覺後覺也. 이에 대한 영어번역으로는 *Mengzi: With Selections From
Traditional Commentaries*, trans. Bryan Van Norden [Indianapolis: Hackett, 2008],
127)." 이정은 여러 곳에서 깨달음에 대한 유교적 정통을 명시한다. 『河南程氏遺
書』, 卷14/142 참조.

85 『二程粹言』, "知者知此事也, 覺者覺此理也."

다음과 같이 말한다. "처음에 단지 충과 효일 뿐이지만 그 이후에 충과 효를 행*하게 하는 바*를 알아 [신념을] 바꿀 수 없게 된다."[87] 단순히 '이 일을 아는 것'이 유형 1 혹은 유형 2의 앎을 지시하는지 여부는 흥미로운 질문이다. 한편 특정한 상황에 연결하는 '이[此]'를 사용한 것은 유형 2임을 시사하며, 또 한편 '깨달음'의 단계에 이르러야만 '바꾸는 것'에 취약하지 않다는 것은 신뢰할 수 없는 유형 1과 대조를 이룬다는 것을 시사한다. 어떠한 경우에도 '이 이치를 깨닫는 것'은 깊고 다른 종류의 이해를 제공한다.

주희의 두 구절 모두 깨우침을 [효와 충 등을 해야 하는] 근거'로 파악하는 다소 모호한 아이디어와 연결한다. 두 구절 가운데 마지막의 구절을 계속 음미해보면, 유형 3의 앎이 어떻게 작동하는지 더 잘 이해할 수 있을 것이다. 리의 의미에 관한 주희의 가장 잘 알려진 진술은 "천하의 사물은 각기 그러한 까닭[所以然之故]과 마땅히 그래야 하는 법칙[所當然之則]을 가지고 있다"는 것이다.[88] 우리는 오직 관련된 규칙만을 알고 있을 때 이는 단지 유형 1의 앎임을 이미 살펴본 바 있다. 주희는 '그러한 까닭'—앞에서 '하게 하는 바라고 언급한 것과 동일함—을 이해하는 아이디어를 발전시키는데, 우리는 그것이 [마땅히 그래야 하는 법칙보다] 훨씬 더 중요하다는 것을 알게 될 것이다. 주희는 핵심적인 구절에서 다음과 같이 설명한다.

---

86 『朱子語類』, 卷17, 384, "覺此理."

87 『朱子語類』, 卷23, 555, "初時也只忠孝, 後來便知所以孝所以忠, 移動不得!"

88 『大學或問』, 15a:3, "至於天下之物, 則必各有所以然之故, 與其所當然之則. 所謂 理也." 이에 대한 영어번역으로는 Gardner, *Learning to Be a Sage*, 90.

〔'마땅히 그래야 하는 법칙'과 비교할 때〕'그러한 까닭'은 한 단계
더 높이 있다. 예를 들어 군주가 어진 까닭은 군주는 〔백성들의〕
우두머리이고 백성들은 모두 그의 관할에 속해 있기 때이다. 군주
는 저절로 인애仁愛한다. 인애 없이 〔군신〕 관계를 생각한다면,
그것은 〔애초에〕 안 될 것이다. "군주가 되었으므로 부득이하게
인애를 사용한다"고 말해선 안 되니, 〔군주가 인애를 사용함은〕
저절로 리에 부합한 것이다.[89]

이기적인 욕망에 지배되어 인애를 사용하지 않는 나쁜 군주도
있지만, 군주와 백성 간의 유기적이고 구조적인 관계를 성찰해보면
군주가 인애로 동기를 부여할 때에만 그 〔군주-백성 간의〕 관계가
작동한다는 것을 알 수 있다고 말한다. 주희는 이 구절에 몇 가지의
사례를 더 추가한다. 이 모든 사례들—인간관계에 대해 이야기하든 자연의
패턴에 대해 이야기하든 간에—이 보여주는 것은, 탄생과 생명을 긍정할
때 각 측면이 제 역할을 하도록 하면서 〔천하의〕 사물들이 의미 있는
방식으로 더불어 함께할 수 있다는 것이다. 주희가 〔'그러한 까닭'이〕
한 단계 높이 있다고 말할 때, 그는 주어진 문제를 리가 제공하는
특별한 맥락에 위치시켜야 한다고 말하고 있다. 그렇게 하는 법—우리
가 삶에 부여한 가치 덕분에, 각각의 개별적 사물을 〔나와〕 더불어 있는 존재로
보는 것—을 배우면, 어떠한 〔문제상황에 의거한〕 자극도 이해할 수

---

89 『朱子語類』, 卷17, 383, "所以然之故, 卽是更上面一層. 如君之所以仁, 蓋君是箇
主腦, 人民土地皆屬它管, 它自是用仁愛, 試不仁愛看, 便行不得. 非是說爲君了,
不得已用仁愛, 自是理合如此."

있는 유형 3의 유연한 앎을 가질 수 있게 된다. 이것은 사물이 사물 그대로인 '까닭'을 파악하는 것이다.[90]

세 가지 유형의 앎에 대한 이러한 이해에 비추어 볼 때, 주희가 '지각知覺'−'지'와 '각'의 합성어로서, 불교적 맥락에서는 종종 '인지적 알아차림'을 의미한다−이라는 불교 용어를 우리 마음의 다양한 종류의 앎에 대한 일반적인 용어로 전유했다는 것은 타당한 설명이다.[91] '지' 자체가 세 가지의 앎 유형 중 하나를 가리킬 수 있는 것처럼, 지각도 그러하다.[92] 영어의 동사 'discern(식별하다)'이 사물들 사이를 구분하고 연결하는 과정을 중시하므로, 'discern'은 지각의 의미를 잘 포착해낸다. 주희는 인을 단순히 '느끼는[覺]' 것이 아니라고 주장하므로, 이[러한 식별의 의미]는 더욱 중요하다. 주희는 이정 형제의 제자인 사량좌(謝

---

90 주희는 이러한 유형의 앎을 언급할 때 다양한 용어를 사용한다. 이를테면 '진지眞知', '도심道心의 지각知覺', '오랫동안 학습한 이후의 깨달음[久而後有覺]', '천명을 아는 것[知天命]' 등이다.

91 주희의 주요한 선배 도학자 중에 이정 형제는 지각 개념을 초기 불교적인 의미로만 사용하였지 주희와 같이 방대한 방식으로는 사용하지 않았다. (예를 들어 『河南程氏遺書』, 卷18/201 참조.) 하지만 장재의 상당히 많이 인용되는 구절은, 주희를 상당히 연상케 한다. "본성과 지각이 합해져서, 심의 이름이 있게 되었다(『正蒙』, "合性與知覺, 有心之名.")." 주희는 다음과 같이 말한다. "지각이 있다는 것은, 마음을 이른 것이다(『朱子語類』, 卷140, 3340, "有知覺謂之心.")"; "마음은 사람의 지각으로 한 몸을 주재하여 사물이 응한다(『朱熹集』, 卷65, 3436, "心者人之知覺, 主於身而應事物者也.")."

92 예를 들자면, "도심은 도리를 지각한 것이요, 인심은 소리, 색깔, 냄새, 맛을 지각한 것이다(『朱子語類』, 卷78, 2010, "道心是知覺得道理底, 人心是知覺得聲色臭味底.")."

良佐, 1050~1120)의 이러한 견해-아라키 겐고는 일종의 지각주의라고 부른다-를 인과 각을 한데 섞어버린 것이라고 비판했다. "사량좌의 병폐는 각을 인으로 여긴 데 있다. 각을 인으로 여기면, 바늘로 허벅지를 찔러서 아픔을 느끼게 하는 것도 인이라고 해야 하는가? 이는 정말 큰 잘못이다!"[93] 주희는 특정한 감정을 인과 연관시키기는 하지만, 인에는 고통에 대한 즉각적인 반응뿐만 아니라 특정한 구조와 규범성이 존재한다고 말한다.[94] 지각이 곧 인과 동일시되는 것도 아니다. "지각이 인입니까?"라는 질문에 대해 주희는 다음과 같이 답변한다. "인이 있은 연후에야 지각이 있다."[95] 필자가 보기에, 이러한 주희의 주장은 인-리의 전체를 지칭하는 한 가지의 방법으로서-은 개념적으로 지각과 같은 특정한 사례보다도 우선한다는 것이다. 지각의 특정한 순간은 리의 특정한 측면이 우리에게 생생하게 드러나는 순간-잠시 후에 살펴보겠다-이지만 말이다.[96]

주희에게 있어 앎과 지각은 능동적인 과정이다. 그는 "무엇인가를 안다는 것은 마음이 자극을 받은 것이다."[97] 중요한 구절에서 주희는

---

93 『朱子語類』, 卷20, 479, "上蔡之病, 患在以覺爲仁. 但以覺爲仁, 只將針來刺股上, 才覺得痛, 亦可謂之仁矣. 此大不然也!" 인을 각-'민감성'으로 번역되는-으로 이해하는 사량좌에 대한 옹호로는 Thomas W. Selover, *Hsieh Liang-Tso and the Analects of Confucius* (New York: Oxford University Press, 2005).

94 인과 관련된 감정에 대한 자세한 내용은, 『朱子語類』, 卷6, 110 및 '온화한 의미〔溫和底意思〕'와 사랑과 동정심에 대한 토론 등을 참조.

95 『朱子語類』, 卷20, 476-477, "問知覺是仁否? 曰仁然後有知覺."

96 관련된 분석으로는, 이 책의 Brook A. Ziporyn의 장을 참조.

97 『朱熹集』, 卷67, 3513, "知之者, 心之感也." 이는 藤井倫明, 『朱熹思想結構探

우리가 실제 지각의 과정을 통해 그 국면의 리를 구비하며 특정한 감정을 행한다고 말한다. "마음의 지각은 [우리가] 이 리를 구비하여 이 감정을 행한 것이다."[98] 다시 말해, 우리가 세상을 지각함으로써 이 세상은 우리에게 이해 가능해지고, 규범적이며, 동기를 부여한다. 주희는 『맹자』 '곡속장(觳觫章, 1A.7)'을 해설하며 같은 지점을 더욱 구체적인 방식으로 지적하고 있다. 이 구절에는 우리는 소가 제물로 바쳐지는 것을 본 제나라 선왕이 이를 불쌍하게 여겨 소를 살려주고 소를 대신해 양을 찾아 제물로 바치라고 명령했다는 내용이 등장한다. 이 사건에 관한 맹자와 제선왕 사이의 대화는 복잡하지만, 우리 목적의 핵심은 왕이 소를 희생시키는 것을 견딜 수 없었으면서 [자신이] 보지 않았던 양을 제물로 바치도록 보내는 것을 견딜 수 있었던 이유와 관련이 있다. 주희가 말하길 "그러나 소를 보았다면 이 마음은 이미 발동되어 막을 수가 없고, 양은 보지 않았기에 그 리가 형체를 취하지 않아[未形] 어떠한 [감정도] 방해될 게 없다."[99] 리는 실제로는 결코 "형태를 취하지" 않는다. 따라서 여기서 의미하는 바는, 우리의 마음이 실제로 자극에 반응하고 반응으로 감정을 생산할 때에만 리의 특정한 구성이 '구비(具)'되거나 우리에게 살아있게 된다는 것이다.

본성은 우리와 함께 하는 일종의 형이상학적인 구조로, 실제 우주의

索』(臺北: 國立臺灣大學出版中心, 2011), 168에서 인용함.

98 『朱熹集』, 卷55, 2754, "心之知覺, 卽所以具此理而行此情者也." 이는 藤井倫明, 『朱熹思想結構探索』(臺北: 國立臺灣大學出版中心, 2011), 172에서 인용함.

99 朱熹, 『孟子集注』, 「梁惠王上」, "然見牛則此心已發而不可遏, 未見羊則其理未形而無所妨."

모든 측면에 항상 존재한다. 그것은 형이상학적이며 다만 암묵적으로 또는 잠재적으로 감지할 수 있기에, 주희의 경우 마음의 안에 빈 공간이 있다고 은유적으로 생각할 수 있다고 말한다. 그러나 우리는 '공간'이라는 은유를 너무 문자 그대로 받아들여서는 안 된다.[100] 어쨌든 주희는 다음의 구절에서 명백하게 은유를 활용한다. "본성은 마음의 밭과 같으니, 이 가운데의 빈 곳을 채우는 것은 모두 리이다(性如心之田地, 充此中虛, 莫非是理而已.)." 본성은 적절한 시기에 감정적인 반응으로 꽃피울 태세를 갖춘 '은유의 장場'이다. 필자는 다른 곳에서 마음은 본성과 감정이 통합되는 과정이라는 견해를 지지하였는데, 이는 실제의 지각이 특정한 '리'의 가장 완전한 '구비'로 이어진다는 지금의 생각과 잘 부합한다.[101]

지금까지 필자는 주희가 앎의 세 가지의 뚜렷한 유형을 인식했고, 유형 2와 유형 3은 능동적인 지각을 포함하며 이로써 만물이 본래적으로 구비하고 있는 리가 우리에게 구체적으로 나타나 동기를 부여하게 된다고 주장하였다. 이러한 더 깊은 유형의 앎을 기르는 방법에 대해 이야기하는 것이 중요하고, 또한 주희가 '참된 앎[眞知]'이라고 표현한 전체론적인 상태를 향해 나아갈 때에도 이런 최상의 지각에는 구분과 구조가 여전히 결정적이라는 점이 강조되어야 한다.

---

100 필자는 Curie Virág, "Emotions and Human Agency in the Thought of Zhu Xi," *Journal of Sung-Yuan Studies* 37 (2007): 49-88 특히 80을 인용하고 있지만, 그녀가 특수한 은유를 너무나 문자 그대로 받아들이고 있다고 본다.
101 주희가 장재의 '심통성정心統性情'을 차용한 점에 대해서는 Angle and Tiwald, *Neo-Confucianism: A Philosophical Introduction*, 4장 참조.

이 절의 서두에서 이미 강조했듯이, 주희는 다양한 유형의 앎과 지각이 서로 연속적이라고 보았다. 그의 기본적인 그림은, 자신이 습득한 규칙에 대한 유형 1과 자신이 경험한 즉각적인 명료성의 유형 2로부터 시작하여, 이러한 앎의 차원을 경전, 모범적인 인물 및 자신의 경험의 다른 차원과 체계적으로 연관시키는 학습과정에 참여하는 것이다. 사물과 사물, 자아와 타자를 구분할 뿐만 아니라 사물 간의 연결을 보게 되어 자기와 타자의 경계가 완만해지는 이 과정을, 주희는 '격물(格物, 사물에 대한 탐구)'이나 '치지(致知, 앎에 이름)' 등 경전에서 파생된 용어들로 설명한다. 또한 그는 '[그것이 그렇게 된] 까닭을 설명하는 것[論其所以然矣]'에서와 같이 '유비추리하다[推]'[102] 및 '설명하다[論]'와 같은 보다 구체적인 전문용어를 사용한다.[103]

특히 중요한 사례는 우물에 빠지려는 아기를 구할 것의 『맹자』의 사고실험(2A.6)에 대한 주희의 논의다. 주희는 이렇게 말한다. "아기가 우물에 빠지려는 것은 모든 사람이 함께 보는 바이다. 이 '발단'으로부터 미루어 밝힐 수 있다면, 이것이 바로 밝음이다."[104] 즉 우물에 빠지기 직전의 아기를 보고 경험한 유형 2의 앎을 [다른 곳에] 미루어 보는 것과 같이, 유추적 확장과 같은 기법을 채택하는 것이다. 그리고 이를 본래의 소재에 적용해 완전한 유형 3의 앎에 도달할 것이라고

---

102 "[그것이 그러한] 까닭을 유비추리하는 것(推其所以然處; 推原其所以然)"에서와 같이, '그렇게 된 까닭'은 유형 3의 앎을 의미한다는 것을 상기하라.

103 『朱子語類』, 卷23, 533; 卷32, 816; 卷18, 414를 각각 참조.

104 『朱子語類』, 卷14, 264, "蓋赤子入井, 人所共見, 能於此發端處推明, 便是明."

기대할 수 있다. 다음의 구절은 주희가 이 확장된 작업을 위해 내놓은
강력한 은유다.

> 천리는 어떠한 사람에게나 있어 영구한 만고의 시간이 지나도
> 없어지지 않는다. 아무리 가려지거나 제한되었더라도, 천리는
> 항상 자약自若하여 사사로운 뜻 가운데에서도 매순간 발출하지만
> 사람들은 이를 자각하지 못할 뿐이다. 이는 밝은 진주와 큰 조개가
> 모래자갈 사이에 뒤섞여 있어도 [여전히] 여기저기에서 연이어
> 반짝거리는 것과 같다. 다만 이렇게 도리가 발현하는 곳에서 [도리
> 의] 연속적이고 반짝거림을 마땅히 인식하고 취하여, 단락들을
> 점차 [통합된 전체가 될 때까지] 모아야 한다.[105]

여기에서 주목해야 할 가장 중요한 지점은, 유형 3이 단순히 유형
2의 즉각적 경험을 일반화한 것이 아니라는 것이다. 유형 3은 항상
유형 2를 경험하는 것은 아니지만, 끈기 있고 연결적인(patient, con-

---

105 『朱子語類』, 卷117, 2808, "蓋天理在人, 恆萬古而不泯. 任其如何蔽錮, 而天理常
自若, 無時不自私意中發出, 但人不自覺. 正如明珠大貝, 混雜沙礫中, 零零星星
逐時出來. 但只於這箇道理發見處, 當下認取, 簇合零星, 漸成片段." Dan
Lusthaus가 대화에서 필자에게 강조했듯이, 이 이미지는 일반적인 불교 비유와
여러 가지 방식으로 공명한다. 물론 우리가 이것에 대한 정확한 전거를 찾을
수는 없지만 말이다. 이것은 아마도 이 책의 3장 2절에서 논의된 것처럼,
유교-도교-불교 상호작용의 두 번째 층에서 나타나는 문화적 공유재산의 한
유형에 속할 것이다. John Jorgensen은 이 진주 은유의 전거를 『涅槃經』으로
추적한다.

nective) 작업의 독특한 전체론적인(distinctive, holistic) 결과이다.

우리는 이미 주희가 유형 3의 앎을 설명하는 데 사용한 '각'과 '진지'라는 두 가지 중요한 용어를 살펴보았다. 주희는 유형 3의 앎을 설명하는 데 있어 '활연관통豁然貫通'이라는 세 번째의 용어를 사용함으로써, 이 유형을 특징짓는 전체론적인 상호연관성을 더 명확히 한다. 다음의 구절에서, 주희는 이러한 다양한 범주들[覺·眞知·豁然貫通]을 서로 연관시킨다.

> "먼저 깨달은 자가 아직 깨닫지 못한 자를 깨우쳐준다[先覺後覺]"의 '깨우침'은 스스로 깨우쳤다고 할 때의 '깨우침'이니, 『대학』에서 격물치지의 활연관통을 말한 것과 같다.[106]

동시에 다른 구절에서 주희는 '참된 앎'과 '깨달음'의 범주가 완전히 겹치지 않을 수 있다고 암시한다.

> 질문: '참된 앎'의 지와 '오래 지난 후에 깨달음이 있음'의 각이 같습니까?
> 답변: 그것들은 대략 비슷하니, 다만 각기 그 가리키는 바가 같지 않을 뿐이다. 참된 앎은 이와 같이 참되게 아는 것이니, 다른 사람이 말한 것을 들어서 되는 것이 아니어서 지라고 부를 수 있다. 깨달음은 홀연히 심중에 저절로 깨우친 바가 있게 되어

---

106 『朱子語類』, 卷58, 1363, "先覺後覺之覺, 是自悟之覺, 似大學說格物致知豁然貫通處."

도리가 이와 같음을 환히 알게 된 것과 같다.[107]

필자가 사용한 용어로 보자면, '참된 앎'은 유형 2뿐만 아니라 유형 3의 앎－몸소 체험하고 사물들을 바르게 한다－에도 적용될 수 있지만 '깨달음'은 상호연관성을 보는 것을 명시적으로 말하므로 유형 3의 앎과 관련되어야 한다고 주희는 말하고 있다.

어쨌든 신유학자들에게 있어 이러한 전체론적인 깨달음의 상태[豁然貫通]의 핵심적인 포인트－주희를 화엄과 선불교로부터 구별해주는 지점－는 무엇일까? 그것은 바로 이러한 '막힘없이 상호연관'된 상태는 우리가 적어도 부분적으로나마 표현할 수 있는 방식으로 여전히 구조화/중심화되어 있다는 점이다.[108] 그래서 주희는 선한 본성을 가진 것은 여러 방향의 문을 향하고 있는 방의 한 가운데 있는 것과 같다고 강조하였다.[109] 막힘없이 상호 연결된 앎은 하나의 [파편적] 원칙에

---

107 『朱子語類』, 卷17, 376, "又問眞知之知與久而後有覺之覺字, 同否? 曰大略也相似, 只是各自所指不同. 眞知是知得眞箇如此, 不只是聽得人說, 便喚做知, 覺, 則是忽然心中自有所覺悟, 曉得道理是如此."

108 Brook A. Ziporyn이 이 책에서 논의했듯이, 천태 사상가들에게는 전체론적인 깨달음이 구조화되어 있으며 그들은 '삼천'에 대한 언급을 통해 이것을 포착해낸다. 그러나 동시에 천태 사상가들은 '삼천'의 어떤 두 요소 간의 관계의 대칭적인 가역성뿐만 아니라 '삼천'과 리 그 자체 간의 대칭적인 가역성도 주장한다. 이것은 '앎'－그리고 '참된 앎'과 같은 것－이 무엇인지에 대해 극적으로 다른 사고방식을 이끌어낸다. 주희에게 있어 진정한 앎은 기에 대한 리의 비대칭적인 우선성에서 명확히 결정된다.

109 이 아이디어에 대한 확장된 논의와 전거들에 대해서는 Angle and Tiwald, *Neo-Confucianism: A Philosophical Introduction*, 3장 참조.

집착하지 않는 것을 의미하지만—[파편적인 원칙에 집착하는 것을] 주희는 방의 한쪽 구석에 갇힌 것으로 비유한다— 그 대신에 "수많은 이치가 모이는 것을 보고 그 통한 바를 선택하여 행하게 된 것"[110]이다.

4. 결론

이 장의 목표는 주희의 앎 이론과 중국불교 사이의 관계를 탐구하는 것이었다. 양자 간에 많은 종류의 관계가 존재했다는 것은 명백하다. 주희는 동시대의 불교도들과 많은 교류가 있었다. 그의 인식론은 불교 저술과 밀접하게 관련된—몇몇 경우에 있어선, 불교 저술로부터 유래한— 용어와 문구로 가득 차 있다. 그리고 그의 이론이 불교 이론과 구조적으로 평행해 보이는 측면들도 있다. 이 모든 것을 감안하더라도 적어도 인식론의 영역에서는 주희와 여러 불교적 입장 사이의 이론적 차이가 실제적이고 깊으며, 그 점을 주희 스스로도 잘 이해했다는 것이 필자의 주장이다. [유학자 가운데] 몇몇 사람들이 불교적 성향을 가지고 있다는 혐의를 주희가 제기했는데, 이는 수사적인 진술이라기보다는 [유교-불교의] 실질적인 차이점에 대한 정확한 인식에 기초한 상당할 정도의 실질적인 진술이었다. (그러한 진술들이 종종 수사적인 차원도 가지고 있었다는 것을 부정하는 것은 아니다.) 확실히 신유학의 아이디어, 용어, 실천방식, 표현의 장르는 본 장의 2절에서 개략적으로 설명하고 이 책의 다른 장에서 더욱 구체화된

---

110 『朱子語類』, 卷75, 1912, "觀衆理之會, 而擇其通者而行." 한쪽 구석에 갇힌 것에 대한 언급은 『朱子語類』, 卷35, 927 참조.

것처럼, 모두 불교의 영향을 크게 받았다. 그러나 주희 저작의 핵심에 있는 철학적 이슈에 주의를 기울일 때, 적어도 인식론과 같은 일부 경우에서는 용어 또는 구조의 유사성이 깊은 차이점을 가린다는 것을 알 수 있다.

이 결론 부분에서는 앎에 대한 주희 및 중국불교—본 장의 3절에서 개괄적으로 살핀—의 접근방식 간의 관계에 초점을 맞춤으로써, 이전 절에서 제시된 논지들의 증거를 종합하고자 한다. 5가지의 이슈들, 즉 (1) 가장 깊은 앎의 구조적 본질, (2) 수양의 필요성, (3) 경험적 지식과 참된 지식 사이의 연속성, (4) 본래성(inherence)의 역할, (5) 헌신 내지 믿음의 역할에 대해 검토하겠다.

주희의 유형 3의 앎에 대해 논의하면서 유형 3이 구조화된 상호 연결에 의거하고 있음을 강조하였다. 불교 역시 이 세상에 별개의 것으로 보이는 것들 사이에 상호 연결성이 있음을 강조한다. 이것은 연기에 대한 그들의 핵심적인 교리로, 모든 불교도들은 이 교리에 근거하여 사물은 자성이 '공하다'고 결론 내린다. 그 결과, 지포린이 '모순적인 결맞음(ironic coherence)'—[가치들이] 파악될 수 없기 때문에 가능한 결합—이라고 부르는 버전이 탄생하였다. 종밀의 '지'가 개별적인 것에 대한 알아차림(혹은 앎)이 아님을 상기해보자. '지'는 무조건적인 것으로서, 개별적인 생각이나 사건들이 오고가는 것과는 무관하다. 따라서 리理라는 형이상학적인 핵심 범주는 화엄 또는 선불교들에게는 '절대적인 것(Absolute)'으로 적절히 번역될 수 있으며, 리는 어떠한 구별, 부분 혹은 구조를 수용하지 않는다.[111] 이와는 대조적으로 주희의 유형 3의 앎은 사물들이 가장 잘 어울리는 방식들에 대한

'모든 것을 관통한 앎'이며, 즉 우주의 역동적인 구조를 지각하는 것이다.[112]

올바른 유형의 앎을 성취하기 위해 체계적인 수련이 요구되는지에 대해서는 마조와 주희의 견해 차이가 명백하다. 주희는 광범위한 '사물에 대한 탐구'와 '유비추론' 등의 필요성을 강조하지만, 마조는 (앞에서 인용하였듯이) "도는 수양〔의 범주〕에 속하지 않는다. 만약 〔도를〕 수양해서 얻을 수 있다고 말한다면 수양으로 이룬 것은 다시 파괴되기 마련이다"라고 말한다. 현대 학자 아리 보렐이 강조하였듯이, 도겸과 교류한 이후에 대혜 학설에 관한 지식을 바탕으로 성숙한 주희에게서 이러한 의견 차이는 더욱 현저해졌다. 가령 보렐은 주희와 대혜가 왕응진(汪應辰, 1118~1176)—주희의 사촌이자 도학 사상가 장구성의 수제자—에게 보낸 서신들을 대조하였다. 대혜는 왕응진에게 깨우침은 중간의 단계가 없으며 즉각적이라고 말하였다. 주희가 왕응진에게 보낸 서신에서는, 주희는 배움의 마지막 단계로 곧바로 도약하려는

---

111 Brook A. Ziporyn, *Beyond Oneness and Difference: Li and Coherence in Chinese Buddhist Thought and Its Antecedents* (Albany: SUNY Press, 2013), 259, 268; Gregory, *Tsung-mi*, 68. 또한 아라키 켄고가 주장하길, '공'은 덜 급진적인 신수의 '북종선'일지라도 여전히 중요하며 이러한 공관空觀은 주희에게서 그 유사점을 찾을 수 없다. 荒木見悟, 『佛敎與儒敎』, 372.

112 따라서 주희는 정이의 "천하에는 리보다 실實한 것이 없다(『河南程氏遺書』, 卷3/66, "天下無實於理者.")"라는 진술을 지지한다. 주희에 따르면, "모든 불교도들은 '공空'을 이야기할 뿐이고 도교도들은 '무無'를 이야기할 뿐이어서, 그들은 리보다 더 실한 것이 없음을 모르고 있다(『朱熹集』, 卷95, 2426, "釋氏便只是說空, 老氏便只是說無, 卻不知道莫實於理.")."

것을 옹호하는 사람들과 광범위한 학습이 높은 수준의 배움과는 별개이며 관련이 없다고 하는 주장들을 비판한다. 주희는 갑작스럽고 완전한 깨달음으로 나아갈 수 있는 〔배움의〕 급경사 지점은 없으며 〔자신이 깨우쳤다는 것을〕 인정받는 단 한순간을 기다리는 학자들이 영원히 의구심에 머물지 않을까 우려한다. 대신에 그들은 내〔자아〕-외〔타자〕의 합일을 찾기 위하여 인내하며 노력해야 하는데, 이는 곧 유형 3의 앎으로 이끈다.[113]

주희의 견해는 분명 마조 전통의 견해와는 다르지만, 대조적으로 종밀에게는 더욱 근접한다. 우리가 앞에서 살펴보았듯이 종밀은 수양이 필요하다고 생각한다. 물론 종밀은 수양이 참된 '지'를 단박에 얻은 이후에서야 중요하다고 생각하지만 말이다. 하지만 아라키 겐고가 보여주었듯이, 주희는 종밀의 '깨달음'도 이 세상의 진정한 가치에 대한 분별을 점진적으로 배양하려는 것과는 문제가 될 정도로 단절되어 있음을 명시적으로 밝혔다. 주희는 다음과 같이 말한다. "그러나 옛사람들이 학문을 한 것을 보면, 높은 곳에 이르려는 것도 〔반드시〕 아래에서부터 시작하여 한 걸음 한 걸음씩 실제를 밟아 점차 〔자기중심성을〕 풀어내면서 인욕이 저절로 제거되고 천리가 저절로 밝아졌다. 이렇게 억누르고 비틀어 댄 공부가 아니었으니, 확 트여 단박 깨우치는 것을 기필한 다음에 점차 닦으려 한 일이 없었다."[114]

---

113 이 편지에 대한 그의 분석을 필자와 공유해준 Ari Borell에게 감사를 표한다. 대혜가 왕응진에게 보낸 편지는 『大慧語錄』, T47.1998A, 930a22-33a24. 주희의 편지는 『朱熹集』, 卷30, 1262-1286 참조.

114 『朱熹集』, 卷55, 2788, "然觀古人爲學, 只是升高自下, 步步踏實, 漸次解剝,

경험적인 앎과 참된 앎 사이에는 연속성이 존재하는가? 마조는 수양을 부정한다는 점에서 주희와 분명히 다르지만, 연속성 문제에 있어서는 주희와 더욱 유사해 보인다. 위에서 인용한 것과 같이, 결국 마조는 다음과 같이 말한다. "평상심이 도이다. … 걷고 머물며 앉고 누우며 상황에 응하고 사물과 접하는 것, 이 모두가 도이다." 어느 정도는 일상의 상황에서 가치를 찾는 것을 강조한 주희와도 다소 유사해 보인다. 그러나 주희에게 있어서 유형 3의 지각(혹은 참된 앎)은 우리가 성취해야 하는 것이지, 우리가 이미 가지고 있는 것을 간단히 깨달아야 하는 것은 아니다. 마조와 종밀 사이에도 차이점이 존재하지만, 주희와 마조 및 종밀의 주요한 차이점은 우리에게 〔앎이〕 본래적으로 존재하는지의 문제에 있다. 상기하건대, 종밀은 "온갖 중생에게는 모두가 비고 고요한 참마음이 있다. 시작이 없는 아득한 옛날부터 성품 스스로가 청정하여 밝고 밝아서 어둡지 아니하다"라고 말한다. 이 앎은 본래적으로 존재한다. 자신의 방식대로이긴 하지만 마조도 같은 것을 암시한다. "지금의 보고 듣고 지각하는 것은 본래 너의 본성이며 본심이라고도 불리는 것이니, 이 마음을 떠나서 부처가 별도로 있지 않다. 이 마음은 본래 있고 지금도 있어서, 조작해야 할 필요가 없다. 〔이 마음은〕 본래도 청정하고 지금도 청정하니, 다듬고 닦아낼 필요가 없다." 즉 지금의, 현실화된, 일상적인 인식 활동은 인간의 본래적인 마음이다. 마조가 '본래적 앎〔本知〕'이라는 말을 쓰지는 않았지만, 이 용어는 선불교 내에서 널리 사용된다.

人欲自去, 天理自明. 無似此一般作捺紐捏底功夫, 必要豁然頓悟, 然後漸次修行也."; 荒木見悟, 『佛敎與儒敎』, 373 참조.

매우 대조적으로, 주희는 '본지'라는 말을 단 한 번도 사용하지 않았다.[115] 사실 필자는 명대 말기의 철학자 왕용계(王龍谿, 1498~1583)와 그 시대―유교·불교·기타 담론들 간에 새로운 차원의 상호관계가 형성된 시대― 이전의 어떠한 신유학 문헌에서도, 그것을 발견하지 못했다. 물론 주희는 '본심'에 대해서는 기꺼이 이야기하고 있으며, 여기서 그는 마조처럼 보일 수 있다. 그러나 '본심'은 『맹자』에 언급되기 때문에, 주희로선 그 용어를 사용할 수밖에 없었던 것이다.[116] 그렇다면 주희에게 본심은 무엇을 의미하는지가 문제라 하겠다. 자료는 주희가 그것을 '본성'과 동일시한다는 것을 보여준다. 인심人心과 도심道心을 논의하는 다음 구절을 살펴보고, 또 도심과 본심 사이의 구별 지점을 살펴보자.

사람은 형체가 없을 수 없기에 최고의 지혜를 지닌 사람이라도 인심이 없을 수 없다. 또한 이 본성이 없을 수 없기에 매우 어리석은 사람이라도 도심이 없을 수 없다. 이 두 가지는 마음속에 섞여 있어 그것을 다스리는 법을 알지 못하면, 위태로운 것은 더욱 위태롭게 되고 은미한 것은 더욱 은미해지게 되어 하늘의 공리가 끝내 저 사람의 사사로운 욕심을 이기지 못하게 된다. 정밀하게 하면 두 가지 사이에서 살피게 되어 그것들이 섞이지 않게 되고, 한결같이 하면 본심의 바름을 지켜 떠나지 않게 된다. 여기에

---

115 적어도 『語錄』과 『文集』 그리고 필자가 발견할 수 있었던 다른 곳에서는, 나타나지 않았다.

116 『孟子』 6A.10의 "그 본심을 잃다〔失其本心〕" 참조.

종사하며 조그마한 틈도 없게 되면, 반드시 도심은 항상 한 몸의
주인이 되고 인심이 매번 도심의 명을 듣게 된다.[117]

이 구절을 읽어 보면, 도심과 본심은 존재론적으로 상당히 다르다.
"매우 어리석은 사람이라도 도심이 없을 수 없고" 도심과 우리 본성이
연관되어 있긴 하지만, 도심은 우리가 "본심의 올바름(예: 본성)"을
완벽하게 따르는 때이며 가장 어리석은 사람이라도 본심의 단면을
지니고 있다. 우리가 우물에 빠지려는 아이를 볼 때 즉각적으로 도우려
는 것처럼, 가장 어리석은 사람이라도 유형 2의 즉각적 명쾌함의
순간을 가질 수 있다. 오직 도심이 우리 자아의 주인이 될 때, 역시
우리는 유형 3의 앎에 도달할 수 있다. 즉 도심은 자신의 실제적이고
경험적인 자아의 상태를 나타내는 데 반해, 본심은 단지 본성의 다른
이름일 뿐이다.

지금까지 필자는 『불성론』 및 『불성론』에서 언급되는 믿음, 헌신,

---

117 『中庸章句』, 「中庸章句序」, "人莫不有是形, 故雖上智不能無人心. 亦莫不有是
性, 故雖下愚不能無道心. 二者雜於方寸之間而不知所以治之, 則危者愈危微者
愈微, 而天理之公卒無以勝夫人欲之私矣. 精則察夫二者之間而不雜也, 一則守
其本心之正而不離也, 從事於斯無少間斷, 必使道心常爲一身之主, 而人心每聽
命焉." 이에 대한 영어 번역으로는 Ian Johnston and Wang Ping, trans.,
Daxue & Zhongyong: Bilingual Edition (Hong Kong: Chinese University of
Hong Kong Press, 2012), 401. 이 구절에서 주희는 『書經』의 유명한 구절을
언급하고 있다. "인심은 위태롭고 도심은 은미하다. 정밀하게 살피고 한결같이
지켜 그 중을 잡으라("人心惟危, 道心惟微, 惟精惟一, 允執厥中.")." 이에 대한
영어 번역으로는 James Legge, *The Shoo King*, vol. 3, *The Chinese Classics*
(Taipei: Southern Materials Center, 1985), 61-62.

확신의 역할에 대해서는 아무 말도 하지 않았다. 이것이 주희와 〔불교가〕 공명하는 지점이 될 수 있을까? 사실 아라키 겐고는 주희에 대해 해석하면서 신뢰나 믿음 등의 역할을 강조하고 있다. 아라키 겐고는 주희가 "천운의 유행, 만물의 생생, 역사의 발전, 문화의 형태"[118]에 대한 일종의 신뢰를 가지고 있었다고 말한다. 우리가 '믿음'의 양상을 제대로 이해하는 한, 필자는 이러한 아라키 겐고의 해석이 매우 예리하다고 생각하며 이는 킹이 『불성론』의 핵심적인 부분에서 발견한 것과도 크게 다르지 않을 수 있다.[119] 아라키 겐고가 바라본 주희에게 있어서 적어도 그 핵심은 신뢰를 강화시키는 경험적인 피드백이 존재한다는 것이다. 이것은 키에르케고르적인 도약이 아니다. 요컨대 비록 여타의 더 명백한 불일치가 존재하지만, 필자는 이 지점에서 잠정적으로나마 〔유교와 불교 간에 존재하는〕 중첩된 측면을 목격한다.

　마지막으로 필자의 주요 주장으로 돌아가자면, 우리는 주희의 인식론이 그가 젊었을 때 공부했던 불교와 중요한 지점에서 다르다는 결론을 내릴 수 있는 충분한 근거들을 살펴보았다. 주희의 입장을 자세히 살펴보면, 종밀과 마조와 같이 영향력 있는 불교 이론가들과의 차이점을 발견할 수 있다. 이러한 결론이 신유학의 발전에서 불교의 중요성을 최소화하는 학자들에게 어느 정도는 위안을 줄 수도 있을

118　荒木見悟, 『佛教與儒教』, 279.
119　이와 같은 의미에 대한 믿음은 불교 『大乘起信論』의 핵심적 주제이기도 하다. 이 중요한 텍스트에 대한 자세한 내용은, 이 책의 John Makeham의 장을 참조.

것이다. 그러나 두 가지의 이유 때문에 필자는 그러한 일반적인 교훈으로 도약해서는 안 된다고 환기하고자 한다. 우선 불교-유교의 네 가지의 층위가 주희—심지어는 그의 인식론—에게 미친 영향은 그의 여러 용어와 은유에서 분명해 보인다. 비록 필자가 연구한 특정한 영역에서 그 영향이, 주희가 이들 용어 및 은유로 표현한 철학을 결정지은 것은 아니라 할지라도 말이다. 둘째, 필자는 철학의 특정 영역에 대한 개념과 주장을 자세히 조사하는 것이 방법론적으로 중요했다. 필자는 이러한 방법론이 다른 분야에 일반화되어 적용될 수 있다고 믿지만, 인식론에 관한 필자의 실질적인 결론은 다른 분야에 일반화되기는 어렵다. 이 책의 각기 다른 장들—주희 사상의 불교적 뿌리에 대한 미래의 연구들도—은 각 사례에 맞는 기준에 따라 판단되어야 한다. 궁극적으로 분명 주희가 어떤 분야에서는 불교적 가르침과 강력하고 실질적인 관계를 맺었고 어떤 분야에서는 그렇지 않았지만, 이 모든 것들은 분명 수세기에 걸친 깊고 다층적인 상호작용의 토대 위에서 구축되었다.

4장 체용론과 그 불합치

중국불교와 주희 신유학의 모호한 우선성 모델들

브룩 지포린Brook Ziporyn

이 장은 화엄종, 천태종, 주희의 성리학에서 발견되는 세 가지 형이상
학적 모델의 구조적 특징을 탐구한다. 이러한 각각의 모델들은 하나와
다수, 선행과 후행, 근본과 파생, 무형과 유형, 비-지각과 지각, 불확정
성과 확정성, 중심과 주변 사이의 관계에 대한 독특한 개념을 포함한
다. 세 가지 모델 모두 앞서 나열한 문제들을 다루고 있으며, 세
가지 모델 모두 병렬적으로 나열된 관계를 궁극적으로 동의어는 아니
더라도 대체로는 상응하는 것으로 간주한다. (가령 중심은 하나이고
선행이고 근본이고 무형하고 지각되지 않는 것 등이다.) 게다가 이
책에서 존 메이컴이 충분히 설명하였듯이, 주희는 불교계에서 개발된
체용體用 모델이라는 템플릿으로부터 자신의 형이상학적 구조의 상당
부분을 차용하였다. 그렇지만 이 책의 다른 장에서 스티븐 앵글이

심도 있게 논의하듯, 차용된 은유·이미지·(심지어는) 일반적인 구조적 원리의 공유된 용법 속에 새겨진 영향력과 교류의 수준은 이 시기의 중국 지성사의 매우 복합적인 변증법에 영향을 받기 쉽다. 따라서 우리는 〔유교와 불교가〕 공통적으로 사용하는 어휘들과 관심사가 엄청나게 많다고 예상할 수 있다. 그리고 그 용어들은 겉으로 보기에 아주 미세하게 조정되겠지만, 사상가들에게는 강조점에 있어서 결정적인 차이를 만든다. 필자는 이러한 차이점과 그 결과를 여기에서 살펴보고자 한다.

천태, 화엄, 주희 모두 체용 모델을 자기 형이상학의 중요한 구성요소로 채택하였다. 그러나 체용 모델은 특정한 핵심 부분에서 다른 목적으로 채택되었으며, 서로 다른 수준의 논의에서 서로 다른 적용 범위로 제한/확장하면서, 미묘한 구조적 차이를 갖게 되었다. 그리고 이는 큰 철학적 차이를 초래했다. 필자는 〔그들이〕 이러한 조정을 통해 큰 철학적 차이를 찾으려 했던 것이 마땅하다고 보며, 이 점을 이후의 논의에서 분명히 하고자 한다.

우리가 논의할 첫 번째 모델은 두 가지의 형태가 있다. 필자는 그것을 '고전적 체용 모델'과 이에 대한 '급진화된' 수정 버전이라고 명명하였다. 고전적 체용 모델은 초기 중국불교의 여기저기에 흩어져 있는 몇 가지의 모티프들과 왕필(王弼, 226~249)과 같은 비-불교 사상가들에게서 발견된다. 화엄종은 이 고전적 모델을 발전시켜, 급진적 체용 모델을 파생시켰다.

'고전적 체용 모델'은 용보다 체를 우선시하며, 그 우선성은 근본적인 것이다. 그리하여 체와 용의 내용은 항상 다르고 반대되는데,

체는 하나이고 보이지 않으며 용은 많고 보인다. 이때, 용은 항상 체에 의존하지만 그 역은 성립하지 않는다.

화엄이 급진적으로 수정한 체용 모델은, 체와 용의 [고정적] 관계를 해체한다. 체와 용은 완전히 공존하며 동일한 내용을 공유하지만, 여전히 용에 대한 체의 개념적 우선성에 의해 체와 용은 구조적으로 구별된다. 용은 항상 체에 의존하지만, 체는 용에 의존하지 않는다. 화엄은 이 모델을 전반적으로 채택한다. 이 모델은 모든 수준에서의 핵심적 설명 모델이며, 교리의 모든 측면에 적용된다. 특히 이 모델은 개인의 심성 수준과 보편적인 형이상학 수준의 설명에 동일하게 적용된다. 마음과 그 정신 작용의 관계, 즉 개인의 의식과 자신의 경험·개념·감정 등의 관계는 모두 체용 관계이다. 유일한 궁극적 실제와 그것의 다양한 현현 사이의 리理-사事 관계도 체용 관계이다. 사실, 궁극적으로 이것들은 하나이고 동일하다. 왜냐하면 모든 것은 사로 기능하되 그 체는 리이며, 모든 개별 마음의 활동 그 자체는 체를 리로 삼는 사, 즉 용이다. [이때] 리는 보편적 상호반사적(inter-reflective) 체, 즉 모든 사의 단독적인 리이다.

그러나 이 '하나'는 오묘한 하나로서, '없음'으로도 마땅히 설명될 수 있다. 이는 체용 패러다임에서 화엄의 '급진적인' 수정을 가능케 한 독특한 불교적 특질이다. 이 모델에서 체는 공空으로, 이때 공은 모든 활동을 엄폐하는 수동적인 여백이 아니라 모든 활동을 가능하게 하는 능동적인 것으로 이해된다. 공은 모든 존재를 가능하게 한다. 공은 거울처럼 비어 있지 흰 벽처럼 비어 있지 않아서, 모든 형태를 배제하지 않고 포용하는 반사성을 갖는다. 이것은 각 사물에 퍼져 있는 무형적인 본질이어서 개별 사물의 활동과 인식에 직접 작용해 움직이고 지각하고 사고할 수 있게 하며, 궁극적으로는 다른 모든 것들과 상호침투하고 상호반영할 수 있게 한다. 화엄의 모델은 간단하면서도 우아하다. 체는 리이고 용은 사이다. 그리고 이 두 가지는 상호침투와 동연(coextensivity)이라는 특별한 불교적 관계를 갖는다. 형체는 공이고 공은 형체이다. 그러므로 리는 사이고 사는 리이다. *그러나 그것들이 상호 내재되어 있고 공존할지라도, 리와 체의 개념적 우선성은 여전히 남아 있다.* 체와 용은 공존하는 것으로 여겨지지만 최종적으로는 비가역적이고 비대칭적인 의존의 관계를 갖는다. 이러한 의존성을 나타내는 용어는 화엄사상에 기초를 둔 두순(杜順, 557~640)의 저작들 가운데 첫 작품으로 거슬러 올라간다. 바로 소의所依와 능의能依, 즉 '의지되는 것'과 '의지하는 것' 사이의 구분이다.[1] 체와 용은 비록 동연적이지만, '일방향적인 의존 관계', 즉 '용에 대한 체의 개념적 우선성'으로 표현될 수 있다. 체가 공 그 자체이기 때문에 이런 훌륭하고도 상당히 영향력 있는 변화가 가능했다.[2]

---

1 『華嚴法界玄鏡』, T45.1883, 674a-b.

2 동일한 모델이 화엄에서뿐만 아니라 초기 남종선－화엄을 밀접하게 따르는－에서도 순전히 개인의 심성 수준에서 강력히 적용된다. 예를 들어 이 모델은 혜능의 것으로 여겨지는 주장의 핵심적인 부분으로 존재한다: "진여는 생각의 체이고, 생각은 진여의 용이다(『六祖壇經』, T48.2007, 338c20, "眞如是念之體, 念是眞如之用")." 이는 남종선의 후속적인 발전의 전제로 여전히 남아 있다. 이는 (현상학적으로 불가능하지만) 체를 완전히 버리고, 체를 용으로 붕괴시킨다. 혜능의 모델에서 체는 전적으로 용에만 존재한다. 이후 모델에서 체는 각각의 용에만 전적으로 존재하며 다른 형태의 존재는 없다. 용과 반대되는 체와 고정된 체에 대한

두 번째 모델은 천태의 모델이며, 세 번째 모델은 주희가 혁신한 것이다. 두 모델 모두 중요한 조정이 있기는 하였지만 개인적인 심성 수준에서 수정된 체용 모델을 별 문제 없이 계속해 사용한다.[3] 천태종의 경우 심성 수준에서 체용을 수정해 사용하는 것은 미혹된 마음 자체가 삼천 가지 모든 가능한 경험의 가능성의 조건으로 변형되고 포섭된다는 교리에 의해 달성된다.[4] 그런 의미에서 〔마음은〕 그 조건들을 '생성'한다. 마음이 미혹되어서 주체-객체 이원론이라는 잘못된 의미에 빠지기 때문에, 〔마음은〕 필연적으로 그 조건들과 분명히 구별된다. 그러나 바로 그 이유로 미혹된 마음은 그것들과 분리될 수 없고, 이 불가분성은 궁극적으로 그 조건들이 나타나는 대로 그 조건들과 변증법적으로 동일한 것으로 분석된다. 이런 식으로 천태는 '미혹된 마음'과 '미혹된 마음 밖에 있어 미혹된 마음과 반대되는

특정한 관념 즉 이론적 설명 내에서의 체의 역할은 완전히 논의에서 배제된다. 예를 들어 임제는 다음과 같이 말한다. "일단 그것을 집으면 그것을 사용하되, 어떠한 이름도 그것에 붙이지 말라." 즉 어떠한 체도 명명되지 않는다. 그것은 단지 작용들이다. 『臨濟慧照禪師語錄』, T47.1985, 498a10 참조.

3 그러나 천태의 사례는 주로 당나라 담연(湛然, 711~782)의 저술을 통해 화엄에서 이 모델을 수입한 이후의 것이다.

4 '삼천'은 '모든 것'을 말하는 방식이지만, 실제로는 그보다 조금 더 많은 것을 의미한다. 지의 자신이 지적했듯이, 무에서 무한대에 이르는 어떠한 숫자도 똑같이 모든 사물들의 총체에 대해 똑같이 적확하게 말할 수 있는 방식일 것이다. 특히 이 숫자 '삼천'은 명상 수련을 염두에 두고 고안된 것이다. 자세한 내용은 Brook A. Ziporyn, "Tiantai Buddhism," *The Stanford Encyclopedia of Philosophy* (Spring 2017), ed. Edward N. Zalta, https://plato.stanford.edu/archives/spr2017/entries/buddhism-tiantai/ 참조.

것으로 추정되는 모든 것' 사이에 필요한 상호동일성(inter-identity)을 제시한다. 그렇다면 이에 대한 특정한 맥락에서 체용적 설명은 사용될 수 있다. 이 점을 우리는 개인의 마음과 세계 간의 관계에 대한 담연의 설명을 분석하면서 보게 될 것이다. "모든 정신적, 육체적 현상은 〔미혹된〕 마음의 한 측면으로만 경험될 뿐이어서, 우리가 마음의 변화라고 부르는 것은 바로 이러한 현상이지만, 그럼에도 모두 그 마음과 동일하다. 〔이러한 모든 정신적, 육체적 현상의〕 지어짐은 바로 이러한 마음의 변화한 상태이며, 이는 경험된 일시적 현상인 용은 체 그 자체라는 것을 의미한다."[5] 이 개념은 이 구절의 확장된 주해와 함께 아래에서 자세히 살펴보겠다.

주희의 경우, 장재(張載, 1020~1077)의 "마음은 본성과 감정을 통할한다〔心統性情〕"와 "마음은 상대되는 것이 없다〔惟心無對〕"는 유명한 구절을 신중히 적용해 개인적인 심성 수준에서의 체용을 수정한다. 주희는 개인의 마음에 대해 이정 형제가 말한 어떤 말보다도 장재의 이 구절들이 매우 뛰어나다고 말했다.[6] 주희는 일반적으로 이것을 본성과 감정 사이의 직선적(straight) 체용 관계로 설명한다. 본성은 체이고 감정은 용이며, *오직* 본성은 현상적으로 *오로지* 감정으로 드러난다. 이러한 아이디어는 화엄에서 파생된 선종에 크게 기대고 있다. 그러나 주희는 핵심적인 세 번째 용어를 추가하는데, 그것은

---

5 『十不二門』, T46.1927, 703a, "心之色心, 卽心名變, 變卽是造, 造謂體用."

6 주희는 다음과 같이 말한다. "마음은 상대되는 것이 없다'와 '마음은 본성과 감정을 통할한다' ―이정 형제조차도 〔장재의〕 이 두 구절만큼 통찰력 있는 진술을 하지 못했다(『朱子語類』, 卷98, 2513, "惟心無對心統性情, 二程却無一句似此切")."

본성과 감정의 관계를 주재하며 본성과 감정을 포괄하는 '마음 그 자체'이다.

많은 맥락에서 주희와 천태 모두 고전적이거나 급진적인 체용 모델을 직접적으로 또는 그대로 보편적인 수준에 적용하는 것을 강력히 거부한다. 천태의 리-사, 주희의 리-기의 포괄적인 형이상학 관계는 궁극적으로 단순한 고전적 체용 관계가 아니다. 〔오히려〕 그 둘의 체용 모델은 마지못해 많은 수식어를 붙인, 고도로 변형된 버전이다. 두 극단을 역설적으로 결합하는 중심점에 의해 통합되는 두 극단의 중심-주변 모델이며, 중국사상에서도 매우 널리 퍼져 있는 더 넓은 범주다. 실제로 우리는 체용 모델을 특정 유형의 중심-주변 모델로 생각할 수 있다. 〔그러나〕 중국 지성사의 일부 시기에는 화엄의 급진적인 모델의 탁월함과 우아함 때문에 다른 형태의 중심-주변 모델을 일시적으로나마 가려버렸다.

천태의 경우, 체용의 개념쌍은 사물의 일반적인 존재론적 조건에 대해 말한 지의(智顗, 538~597)의 저술에서 등장한다. 그러나 〔전반적으로〕 매우 드물게 나타나고 체계적이지도 않다. 지의의 저술에서, 체용은 리와 사건들의 관계보다는 리 자체의 내부 구조 즉 '삼제(三諦; 空, 假, 中)'[7] 간의 관계에 특별히 적용된다. 세 번째 진리인 중은

---

7 '삼제'는 지의의 사상적 혁신이다: 그는 중관불교 '속제俗諦'와 '진제眞諦'란 이제설에 세 번째 진리인 '중제中諦'를 추가하였다. 이 '중제'는 처음 두 진리와의 궁극적 동의어인데, 이는 그들 사이의 구별마저 관습적인 진리로 격하한다. 그러나 두 극단이 서로의 명징한 반대편에 스며드는 한, 중제는 두 극단 사이의 비-이원론과 모든 실체의 무조건적인 본성을 시사한다.

체로 제시되고, 다른 두 진리인 공과 가는 용으로 제시된다.[8] 즉 체용 모델은 중심-주변 모델에 전적으로 종속되어, 현상적 실제(假)와 이것의 *동연적 부정(空)*을 모두 용으로 삼고 중을 체로 삼는다. 이러한 천태의 체용 모델은 화엄에서 현상적 실제를 용으로 삼고 이것의 동연적 부정을 체로 삼는 것과는 다르다. 아래에서 우리는 이 작아 보이는 차이의 복잡성과 결과를 추적할 것이다. 반대로 담연을 필두로 한 후대의 천태 저술가들은 화엄에서 체용이란 용어를 가져왔으며, 때로는 체를 리, 용을 사와 동일시하였다. 그러나 깔끔하게 맞아떨어 지지는 않았다. 따라서 천태의 저술자들은 체용의 용법을 고쳐 쓰고 적합하게 함으로써, 고전적인 체용 모델—여기에서, 체는 단지 리이고 용은 단지 사이며, 체는 하나이고 용은 다수이며, 리는 하나이고 사는 다수가 된다 등등—과 구별해야만 했다.

---

8 『妙法蓮華經玄義』, T33.1716, 742c, "만약 참된 본성[의 궤적, 즉 중심]이 움직이 지도 않고 나타나지도 않는 사실에 집중한다면, [일승一乘의 본체가] 이동하지도 이동하지 않는다고도 말할 수 있다. 그러나 관조의 궤적(공)과 의존적 완성의 궤적(가)의 [두 개의 주변적 극단들이] 움직이고 나온다는 것에 초점을 맞춘다면, 그것을 실어나름(運)이라고 이름한다. 그러나 [중심은 두 극단과 분리될 수 없고 궁극적으로 동일하기 때문에] 즉 움직이고 생겨나는 것은 움직이지 않고 생겨나지 않으며, 움직이지 않고 생겨나지 않는 것은 움직이고 생겨나지 않는다. 작용은 [일승의] 체가 의미하는 것과 즉하므로, 움직임과 출현은 움직이지도 아니하며 나타나지도 아니한다. 본체는 작용으로 묘사되는 것과 즉하므로, 생겨 나지 않고 움직이지 않는 것은 생겨나고 움직이는 것이다. 체와 용은 둘이 아니면서도 둘이다(若取眞性不動不出, 則非運非不運. 若取觀照資成能動能出, 則名爲 運. 祇動出卽不動出, 卽不動出是動出. 卽用而論體, 動出是不動出. 卽體而論用, 卽不動 出是動出. 體用不二而二耳.).”

중년의 주희는 포괄적인 형이상학의 차원 — 즉 태극[理]/음양[氣]의 관계 — 에 체용론을 도입하는 것에 거리를 두었다. 그는 이전에 체용 관계에 태극과 음양을 직접 적용하였지만 "이런 식으로 표현하는 것은 분명 잘못된 것이다(其言固有病)"라고 말하였다. 그는 이 체용 모델을 동일한 구절에서 사용했지만, 유보와 수정을 가했다.[9] 이러한 수정은 우리가 주희 형이상학의 목표와 주희 형이상학이 천태 및 화엄의 불교적 개념과 어떻게 같고 다른지에 대해 알 수 있게 해준다.

이 세 가지의 모델은 중심 용어와 주변 용어의 관계를 매우 다른 방식으로 생각한다. 비록 이 세 모델 모두 모든 사건에 대한 일종의 선재적인 기초가 시간적으로든 개념적으로든 해당 사건에 우선한다

---

9 『朱熹集』, 卷45, 2154, "저는 일전에 태극은 체로, 동정은 용이라고 여겼습니다. 그러나 이런 식으로 표현하는 것은 분명 잘못된 것이어서, 훗날에 '태극은 본연의 오묘함이며 동정은 타는 것의 기틀이다'라고 개정하였는데, 이 말이 더욱 [이치에] 부합합니다. 보내주신 편지에서는 '체용에 대해 운운한 것'이 의심스럽다고 하셨는데 매우 온당합니다. 하지만 의심하신 내용들은 제가 이를 개정한 뜻과는 또 다른 바가 있는 것 같습니다. 대개 태극이 동정을 갖추고 있다고 말하는 것은 온당하며(이는 본체로 말한 것이다) 태극에 동정이 있다고 말해도 온당하지만(이는 유행으로 말한 것이다) 만약 태극이 곧 동정이라고 말한다면 형이상과 형이하를 구분할 수 없게 되니 '역에 태극이 있다[易有太極]'라는 말은 불필요한 것이 되고 맙니다(熹向以太極爲體, 動靜爲用, 其言固有病, 後已改之, 曰太極者本然之妙也, 動靜者所乘之機也, 此則庶幾近之. 來喩疑於體用之云甚當, 但所以疑之之說, 則與熹之所以改之之意, 又若不相似然. 蓋謂太極含動靜則可(以本體而言也), 謂太極有動靜則可(以流行而言也), 若謂太極便是動靜, 則是形而上下者不可分, 而易有太極之言亦贅矣.)." 주희가 화엄의 체용론적 패러다임을 지속적으로 활용했다고 주장하는, 이 구절에 대한 대안적인 해석으로는 이 책의 John Makeham의 장을 참조.

고 주장하지만, 그 방식은 서로 다르다. 플라톤이나 아리스토텔레스의 체계 혹은 그 파생적 체계에서는 〔이들 모델과의〕 유사성을 전혀 발견할 수 없는데, 아마도 이는 주로 일—다多의 개념 및 그 관계의 차이, 즉 형이상학적 우선성의 엄밀한 구조라는 개념적 차이를 낳는 결정인자 때문일 것이다.

1. 고전적 체용 모델과 그 화엄의 급진화

두순, 지엄(智儼, 602~668), 법장(法藏, 643~715), 징관(澄觀, 738~839) 그리고 종밀(宗密, 780~841)이 발전시킨 화엄사상에서는, 기본적으로 모든 현상이 본래 '청정'한(즉, 불규정적이지만 무한히 결정 가능한) 진여—불성 내지는 법성으로 불리는—에 기초하고 근거하며 파생되어 궁극적으로 동연하다고 본다. 모든 사물은 청정함—(장애물로 간주되어 곧 번뇌라 여겨지는) 명확한 특성이 없다는 의미의— 덕분에 현상적으로 존재할 수 있지만, 모든 사물이 진여(=불성)에 '내포되었다는' 것은 아니다. 실제로 불성(또는 법성) 자체에는 특정하고 규정적이며 다중적인 현상이 없기 때문에, 사물이 생겨날 수 있다. 거울에 상이 맺힐 수 있는 것은 거울 그 자체에 어떠한 명확한 상이 없기 때문으로, 외부 조건이 〔상을 맺는 데〕 부합한다면 거울은 어떠한 상이라도 만들 수 있다. 법장은 이를 아름답게 표현한다.

또한 원성실성 같은 것은 비록 인연을 따르면서 염오染汚와 청정淸 淨을 이룬다 하더라도 항상 자성自性의 청정함을 잃지 않으며

다만 자성의 청정함만을 잃지 않음으로 말미암아 능히 인연을
따르면서 염오와 청정을 이룬다. 마치 밝은 거울이 염오와 청정을
나타내면서도 항상 거울의 밝고 깨끗함을 잃지 않는 것과 같아서
거울의 밝고 깨끗함만을 잃지 않기 때문에 비로소 염오되고 청정한
모양을 나타낼 수 있나니, 염오와 청정을 나타냄으로써 거울의
밝고 깨끗함을 알며 거울이 밝고 깨끗함으로써 염오와 청정을
나타낼 줄 안다. 그러므로 두 가지 뜻은 바로 하나의 성품일 뿐이다.
비록 청정한 법을 나타낸다 하더라도 거울의 밝음을 더하지 않고,
비록 염오의 법을 나타낸다 하더라도 거울의 깨끗함을 더럽히지
않는다. 더럽히지 않을 뿐만이 아니라 역시 이로 말미암아서 도리
어 거울의 밝고 깨끗함을 나타내나니, 진여 또한 그리하여 동요하
지 않는 성품의 청정이 염오와 청정을 이룰 뿐만 아니라 역시
염오와 청정을 이룸으로 말미암아 성품의 청정을 나타내며, 염오
와 청정을 파괴하지 아니하고 성품의 청정을 밝힐 뿐만 아니라
역시 성품의 청정으로 말미암아 염오와 청정을 이룬다. 이 때문에
두 가지 뜻은 전체가 서로 거두어져서 하나의 성품이요 둘이
없거늘, 어찌 서로가 어기겠는가.[10]

---

10 法藏,『華嚴一乘教義分齊章』, T45.1866, 499b, "且如圓成, 雖復隨緣成於染淨,
而恒不失自性清淨. 秖由不失自性清淨故, 能隨緣成染淨也. 猶如明鏡現於染淨.
雖現染淨, 而恒不失鏡之明淨. 秖由不失鏡明淨故, 方能現染淨之相. 以現染淨知
鏡明淨, 以鏡明淨知現染淨. 是故二義唯是一性. 雖現淨法不增鏡明, 雖現染法不
汚鏡淨. 非直不汚, 亦乃由此反顯鏡之明淨. 當知眞如道理亦爾. 非直不動性淨
成於染淨, 亦乃由成染淨方顯性淨. 非直不壞染淨明於性淨, 亦乃由性淨故方成
染淨. 是故二義全體相收一性無二, 豈相違耶?" 〔본 구절의 한국어 번역은 동국대

여기에서 법장은 두순의 글에서 발견되는 능의能依와 능소能所란 용어를 사용하고 있지는 않지만, 우리는 이 구절에서 상이 없지만 상을 맺을 수 있는 '밝음'과 '상' 사이의 일방적인 의존 관계와 유사한 구조를 발견할 수 있다. 화엄은 간단한 가정에서 시작한다. (스피노자가 "규정은 부정이다"라고 말한 것처럼) 조건적인(유한한, 제한적인) 것은 규정적이며 그러므로 무조건적인(무한한, 무제한적인) 것은 오직 규정적이지 않아야 한다. 그러나 불교에서 규정적이지 않은 것은 여전히 어떤 확실한 것으로 규정될 수 있는 공백(예: 다른 색을 배제하는 순수하게 희거나 검은 공간)이 아니다. 오히려 거울의 밝음은 〔본래적으로〕 공한 것과 같은 공백이므로, 규정된 것들을 포함하지도 배제하지도 않는다. 참으로 그것은 모든 규정된 것들을 가능하게 하며 어떤 의미에서는 그것들을 낳는다.[11] 이러한 사상은 중국불교-적어도 승조(僧肇, 384~414)의 시대부터-에서는 일반적이었다. 승조는 「반야무지론般若無知論」에서 이렇게 말한다. "형상 없음으로 형상 없음을 삼는다면, 형상 없음은 곧 형상이 된다."[12] 진정한 불규정성은 모든 규정된 것들을 배제하는 불규정성이 아니라, 모든 규정된 것들을 가능하게

학교 불교기록문화유산 아카이브(통합대장경)에서 인용하였음.〕

11 만약 대부분의 사람들처럼 거울을 외부로부터 오는 규정들을 받아들이는 수동적인 존재로 받아들인다면, 이러한 은유는 문자 그대로 수용하기 어려울 것이다. 〔그러나〕 여기서의 요점은 규정과 불규정성 사이의 비-이원성에 대한 직관적인 의미를 경험적인 사례를 통해 설명하는 데 있다. 이러한 비-이원성을 파악할 때, 이는 '안-밖'의 이원성에 적용되고 이런 식으로 '능동-수동'의 이중성에도 적용되며, 그 시점에서는 거울의 은유가 수정되거나 폐기되어야 한다.

12 僧肇, 『般若無知論』, T45.1858, 154b, "若以無相爲無相, 無相卽爲相."

하고 허용하는 불규정성이어야 한다.

이러한 통찰력을 바탕으로, 화엄은 규정적인 것과 규정적이지 않은 것 사이의 동연성 및 비대칭성에 대한 비전을 제시한다. 특정한 상을 볼 때, 거울의 밝음과 그 상은 동연적이며 결코 분리되지 않는다. 모든 상이 밝음이며, 반대로 우리는 상이 없다면 밝음도 볼 수 없다. 그렇지만 그들 사이에는 의존과 관련한 명확한 구조적 비대칭성이 남아 있다. 밝음은 상을 존재하게 하는 바이고, 상은 밝음 그 자체가 구체적으로 드러난 바일 뿐이다. 그리고 밝음은 한 경우와 다른 경우를 구별할 수 없다는 의미에서 항상 동일하지만, 상은 각각 다르면서 변한다. 그래서 주어진 상에 아무것도 더해지지 않아 완전하게 밝은 모습으로 나타날지라도, 여전히 밝음은 밝음이어서 일차적이고 하나이며 영원한 반면에, 상은 상이어서 이차적이고 다중적이며 비영구적이다. 이러한 화엄의 체용론은 두 개의 특정 구조 모두를 의미하는데, 그것은 체와 용 수준 간의 (1) 연속(또는 더 나아가 동일성)과 (2) 대조이다.

사실 이 화엄의 모델은 고전적인 체용 구조의 불교적 변형이다. 체용이란 표현은 화엄사상에서 가장 광범위하게 전개 및 적용되었을 것이다.[13] 불교적 변용 이전에 존재하던, 체용 모델의 기본적 은유는

---

13 담연이 화엄적 용례에서 체용을 채택하기 이전까지, 천태에서 체용 개념의 용례는 매우 부족하고 그 이후에도 아주 드물게 사용되었다. 지의는 훨씬 더 복잡하고 뒤얽힌 범주인 본本과 적跡을 일반적으로 사용하며, 체와 용은 다양한 경전에 대한 현의玄義 주석에서 사용된 다섯 가지 범주들 중 두 가지로 나타난다: 그 다섯 가지는 명(名, 그 경전의 이름에 대한 설명), 체(體, 그 경전의 핵심),

뿌리와 가지가 있는 식물의 은유였다.[14] 뿌리는 체이고, 가지는 용이다. 이러한 은유는 화엄을 포함한 불교사상에서 매우 유용하게 활용된 특정한 지점을 갖는다. 고전적 체용 구조는 체와 용 사이에서 강한(Strong) *대조와 연속*을 모두 함의한다.

고전적 체용 모델의 강한 대조는 다음과 같다. (1) 가지들이 뿌리에 의존하는 것처럼, 체는 독립적이고 용은 의존적이다. (2) 뿌리는 하나이지만 가지는 다수인 것처럼, 체는 어떤 의미에서 하나이고 용은 어떤 의미에서 다수이다. (3) 뿌리와 가지들처럼, 체는 어떤 의미에서 움직이지 않고 용은 어떤 의미에서 움직인다. (4) (지하에

종(宗, 그 경전의 주요 출처), 용(用, 그 경전의 작용), 교(教, 가르침의 분류에서 그 경전이 차지하는 위상)이다.

14 체용은 이미 왕필 『道德經注』 38장에서 사용되었는데, 거기에서 그것은 (『道德經』 11장에서의) 무無의 언어적 '사용'과 (공자로 예화되고, 『道德經』 38장의 첫 번째 줄 '높은 덕은 덕을 가지지 않는다[上德不德]에서 성인의 정점으로 묘사되는) 무의 '체화' 사이의 구별과 관련된 훨씬 더 복잡한 주해에서 결정적인 은유다. 『道德經注』 11장에서 사용된 무의 '사용[用]'을 칭송한 것과는 달리, 왕필은 그 [『道德經』 18장에서 그것을 지양하는 것과 같은] 차이를 공자와 같이 성인의 경지를 '체화한' 사람은 그것을 모르거나 말하지 않으며 전혀 활용하지 않는다는 의미로 해석한다. 이러한 견해는 뿌리-가지의 식물 모델과 『道德經』 52장의 어머니-자식 은유에 맞아떨어진다. 여기서 체와 용의 내용이 갖는 상호배타성은, 일차적으로는 이론적 객관화와 실천적 체현 사이의 대조에서 비롯된다. 일-다 관계 및 [상호] 부정적 측면을 강조하는 방식으로서, 왕필은 이러한 대조를 선진 시기의 저작에서 우선성과 단방향적 의존성을 강조하기 위해 흔히 사용한 뿌리와 가지 은유의 궤에 맞추었다. 그러므로 우리는 고전적인 체용 모델로 통합된 이러한 전체적인 아이디어의 군집을 왕필의 [사상적] 작업으로 간주할 수 있다.

있는) 뿌리와 가지들처럼, 체는 어떤 의미에서 보이지 않지만 용은 보인다. 이 네 번째 범주에서 체용의 수준 사이의 명확한 정도가 급격히 감소하는 것처럼 보인다. 왕필의 『도덕경』 주해 및 그 이후 화엄의 포괄적 형이상학의 용례처럼, 절대적으로 숨겨져 있거나 노출되어 있음(불규정성과 규정성 그 자체, 비-존재와 존재 등등)을 말하는 것일 수도 있다. 아니면 상대적으로 숨겨져 있거나 노출되어 있음(명백함 혹은 인식가능성의 상대적인 정도)을 말하는 것일 수 있다. 〔그러나〕 사실 체의 부동성과 은폐성은 규정성과는 대비되는 불규정성 그 자체에 해당한다.[15]

이에 반해, 강한 연속은 다음과 같은 것들을 함의한다. 5) 식물의 뿌리와 가지들처럼, 체는 용의 원천 혹은 기저이다. 6) 역시 뿌리와 가지들처럼, 체와 용은 분리될 수 없다. 이렇게 생생하게 서로 연관되어 분리될 수 없는 총체성은 때때로 어떤 것도 오직 하나의 부분으로 국지화(localized)될 수 없다는 것을 제안하는 데까지 나아간다.[16] 이는

---

15 〔이러한 불규정성은〕 왕필의 경우에는 이론의 객관화에 반하는 수행으로서의 주관적인 인식이라는 의미 역시 가진다. 왕필의 경우는 단순히 무를 "사용하고" 그것에 대해 이야기하는 도가인들과 다르게 그것을 "체화하고" 결국 말하지 않는 공자를 모델로 한다.

16 고전적(화엄 이전) 체용 모델에서 체용이 뿌리-가지의 살아있는 연결성으로 적용되는, 이러한 연속성-심지어는 약하지만 무시할 수 없는 동일감(sense of identity)-은 정이의 유명한 나무 은유와 이를 도로 시스템과 비교한 것으로도 이해될 수 있다. 여기에서 필자는 정이의 이 구절을 단순화하여 사용하는 데 그치려 한다. 이 구절은 역사적으로 화엄 모델이 출현한 지 한참 뒤에 작성된 것이고 정이는 이 구절에서 체용이란 개념을 명시적으로 활용하지 않았기 때문이다. 주희와 여조겸이 『近思錄』에서 인용한 이 유명하고도 까다로운 구절

에서, 정이는 다음과 같이 말한다.

> 텅 비고 아득하여 아무런 조짐도 없지만 모든 사물들의 모든 상象들이 빽빽이 이미 갖추어져 있다. 아직 응하지 않은 [고요한] 상태라고 해서 먼저가 아니며, 이미 응한 [규정적] 상태라고 해서 나중도 아니다. 이는 뿌리에서 가지와 잎에 이르기까지 모두가 하나로 관통하는 백 척尺이나 되는 나무와 같다. 형체가 없고 불규정적인 [아랫부분─관절이 없는 줄기와 뿌리─]을 누군가가 다시 가져와 윗부분의 [다양한 것─가지와 잎─]에 안배해주길 기다린다고 말해서는 안 된다. 어떤 것이 도로와 선로의 네트워크[途轍]에 들어가도록 만들어지면, 결국 그것들은 도로와 선로이기 때문에 모두 하나의 도로─선로이다(沖漠無朕, 萬象燦然已具, 未應不是先, 已應不是後. 如百尺之木, 自根本至枝葉, 皆是一貫, 不可道上面一段事, 無形無兆, 卻待人鏇安排引入來. 敎入途轍. 既是途轍, 卻隻是一個途轍.).

여기에서 한 부분은 잎이 무성하고 다른 부분은 그렇지 않으며 또 두 부분이 공간적으로 분리되어 있고 동연하고 있지만, 두 부분 모두 다 분리할 수 없는 살아있는 전체의 일부이므로 우리가 루이지애나에 서서 61번 고속도로의 한 구간을 가리키며 "이것은 미네소타에서 시작된 것과 같은 길이다"라고 말할 수 있는 것처럼 어떤 의미에서 뿌리와 가지는 '같은 것'이라고 말할 수 있다. 정이의 구절에 비추어 볼 때 우리가 나무와 도로 시스템의 이미지에 설명된 것과 같이 말할 수 있는 근거는 성장과 삶과 활동의 불가분적 연속성 때문이다. 이러한 관념에 따르면 뿌리와 가지는 단순히 서로 다른 둘이 아니라는 것처럼 보인다. 가지가 여러 개이고 잎이 무성하다면, 뿌리를 가리키며 "이것 즉 여기 있는 것은 여러 개이며 잎이 무성하다"라고 정당하게 말할 수 있다. [가지의] 다수라는 것과 잎이 무성하다는 것을, 뿌리와 몸통의 단일성과 잎이 없음에 의도적으로 배열되거나 외부적으로 추가되어야 하는 것으로 간주해서는 안 된다: 그것들은 뿌리와 몸통 자체다. 그것들은 뿌리와 몸통 자체가 하는 일이다. 잎은 뿌리에 대한 보충물이나 첨가물이 아니다: 오히려 잎이라고 부르는 것은 실제로 뿌리─몸통─가지─잎인 것에 대한 부분적 명칭일 뿐이며, 뿌리도 마찬가지로 똑같은 뿌리-몸통-가지-잎에 대한 부분적 명칭일 뿐이다. 유사하게, 내가 하나의 길 위에 있다면 길의 본질은 공간의 한 지점을 다른 지점으로 열어젖혀 (open) 한 지점에서 다른 지점으로 이동하는 방법이기 때문에, 내가 어느 장소에 도달하게 된 하나의 도로와 이와 다른 장소에 도달하게 된 하나의 도로를 완전히 다른 도로라고 호명해서는 안 된다. 도로의 다양한 부분들은 모든 지점으로의 여행을 가능하게 하는 단일한 것의 상호 연결된 측면들로서 모두 하나의 분리할 수 없는 전체이다. 따라서 도로의 한 부분이 빨간색으로 칠해져 있다면 빨간색이 아닌 그 도로의 다른 부분을 가리키며 "이것은 바로 여기에 빨간색이 칠해져 있다"라고 말할 수 있어야 한다. (周小平[Zhou Xiaoping]의 단편 필름, "Hi, I'm China"를 참조할 것. 이 필름의 영어자막에서는 "이것은 중국에 있는 하나의 길[a road in China]이고, [이어 다른 사진을 보여주면서] 이것은 중국에 있는 또 다른 하나의 길[another road in China]이다" 라고 하지 않고 "이것은 중국의 길[China's road]이고, 이것 또한 중국의 길[China's road]이다"라고 말한다. 언어에서 시제와 관사, 숫자를 제거하면 어떤 효과가 있는지 확인하시

"Hi, I'm China"
https://bit.ly/3vwz
Z3E

오!). 고전적인 체용 모델의 몇몇 구조적 특징을 드러내는 이 은유에서(용어들이 명시적으로 사용되지는 않았지만) 시사하는 점은, 문제가 되는 그 전체의 본성이 정반대의 두 가지 측면 사이의 강화된 동일성(identity)의 주장을 허용하는 것이다: 그 전체가 진정으로 정적인(static) 객체라면 아마도 그것들은 분리 가능한 특성을 가진 부분들로 정당하게 분리할 수 있다. 그러나 하나의 도로는 그 부분들이 분리되지 않은 경우에만 하나의 도로이고 하나의 생명체는 그 부분들이 분리되지 않은 경우에만 하나의 생명체이므로 그 부분들은 전혀 분리된 독립체로 간주될 수 없다. 분리된 상태에서 그것들은 더 이상 이런 종류의 전체의 일부일 때와 동일한 것이 아니다. 부분들의 통합은 각 부분의 모든 특성들의 본질과 관련되며, 그래서 어떤 부분에 대해 사실로 보이는 것은 실제로는 여기에서 성질의 지시대상 또는 소유자의 역할을 할 수 있는 유일한 독립체인 전체에 대해서만 사실이며, 이것은 어떤 의미에서 어떤 부분에 대해 참인 것은

결국 급진화된 버전에서 체-용 사이의 어떤 동일성이 있다는 주장에
근접하게 된다. 여기에서는 체와 용은 6) 동연하는데, 앞에서 언급한
대조적 함의들에도 불구하고 여하간 하나임을 강조한다.

이 목록에 추가할 수 있는 항목이 하나 더 있다. 7) 뿌리와 그
가지들처럼, 체는 중이며, 용은 주변에 퍼져 있다.[17] 그런데 두 극단
사이의 중심은 연속과 대비 측면에 있어 몇 가지의 특징을 가지고
있다. 중의 특이한 점은 '연속' 혹은 '대비' 측면으로 집계하기 어렵다는
것이다. 중은 대비이자 연속이다. 그리고 중을 거칠게 말하자면,
중은 두 개의 반대되는 극단의 배제로 정의상 어느 쪽에도 속하지
않는다. 원의 중심이 원의 모든 반지름의 일부이며 심지어는 원 둘레의
정반대 지점들도 모든 반지름의 일부이듯, 또한 중은 두 극단이 접촉·
교차·중첩하는 지점이기도 하다. 중은 양 극단과 분리할 수 없는
동시에 어느 한쪽의 극단에도 완전히 포함되지 않는다. 이것은 중이
양극단에 내재하며 동시에 양극단을 초월한다는 의미이다. 게다가
대조적인 측면에서, 중은 또 다른 놀라운 특성을 가지고 있다. 중은

다른 모든 부분에도 똑같이 참이라는 것을 의미한다.

17 필자의 *Beyond Oneness and Difference: Li and Coherence in Chinese Buddhist Thought and Its Antecedents* (Albany: SUNY Press, 2013), 137-157 참조. 이것에 대한 가장 이른 용례는, 예로 들자면 왕필 『道德經注』의 38장으로 『道德經』 11장의 用用 용례에 대한 대조를 바탕으로 이 은유가 막 형성되고 있을 때이다. 여기에서는 위의 (1), (2), (3), (4)번 항목에서 확연히 드러나는 체와 용의 분명한 대비감(체는 하나이고 은폐되고 중심이고 고요하지만, 용은 다수이고 보이며 주변적이고 활동적이다)과 5), 6)번 항목에서 확연히 드러나는 연속감(인과적 근거 및 불가분성)이 함께 강하게 강조된다.

극단으로서의 극단과는 대조되지만, 또한 *그것들이* 다른 극단과 대조되는 것을 가능하게 한다. 그래서 이중 대조와 이중 연속이 모두 하나인 것이다. 즉 중은 둘 다와 대조되며 둘 사이의 대조를 조장하지만, 둘 모두의 일부이며 둘의 존재를 가능하게 하는 근거—즉 대조—이기도 하다.

따라서 우리는 중심-주변 은유가 체용 모델의 대조-및-연속이라는 작업의 많은 부분을 수행하면서도 다른 방식으로 수행한다는 것을 알 수 있다. 우리는 체용이 중심-주변 혹은 주변-중심의 한 예로 해석될 수 있음에 다시 한번 유의해야 한다. 체용의 화엄적 발전에서 우리가 발견할 수 있는 것은 항목 (1)~6)까지의 급진화로 체와 용의 완전한 동연성으로 종결되지만 대비와 연속을 모두 유지하는 점, 중심의 효과가 이미 다른 수단들을 통해 달성되어 중심 모델이 완전히 무화된다는 점을 발견할 수 있다. 그러나 우리가 계속 볼 수 있듯이 이것은 부분적으로만 사실이다. 급진화된 체-용 모델로 중심의 모든 효과가 복제되지는 않는다.

이제 급진화된 화엄의 체용 모델을 살펴보자. 공은 리이고 체이다. 그 자체로 규정되지 않고, 그 자체로 고요하며, 없음이라는 특별한 의미에서 분할될 수 없는 하나다(이는 두순의 변증법에서 주요한 특징이다). 그러므로 시간이나 장소에 따라 변하지 않는다. 중요하게도, 이는 (한정적인) 중용, 중도, 무조건적인 것의 중과 같은 것으로 묘사될 수 있다. 그것은 특징이 없는 것도 아니고 있는 것도 아니며, 규정될 수 있는 것도 아니고 규정될 수 없는 것도 아니며, 존재하는 것도 아니고 존재하지 않는 것도 아니며, 빈 것도 아니고 채워진 것도 아니기 때문이다. 공/리/체는 거울의 반사성으로, 항상 모든 존재로 드러나기에 대립되는 것들의 모든 특징들을 가지고 있다. 반대로 현상[事]은 규정된 것들로서, 변화하고 다수이며 분산되어 있다. 따라서 그것들은 중심이 아니며, 한쪽으로 치우친 주변적인 요소들—중심이 통합하고 지탱하는—이다. 체용 모델은 이미 규정된 것들이 불규정성에 의존하고 분리될 수 없는 것으로 설정했다. 화엄의 불규정성을 '여백(blank)-불규정성'이 아닌 '거울(mirror)-불규정성'으로 표현하는 것은 쉽게 수용될 수 있으며 이는 강력하면서도 직관적이다. 거울의 상은 거울에 의해 생성되며, 항상 거울과 분리할 수 없다. 상이 움직이고 다수이고 명확할 때, 거울은 고요하며 하나이고 '숨겨져 있다(항상 현시적 이미지를 통해 보인 뒤에야 부차적으로 발견됨).' 상은 유위하며 일시적이고 그리하여 고통인 반면에, 거울은 무위하며 영원하고 어디에서나 있기에 진여이며 열반이며 불심이며 해탈이다.

이제 화엄의 체용 개념은 여백-불규정성이 아니라 거울-불규정성이므로, 체와 용의 두 수준은 서로 섞인다. [거울의] 반사는 [체와 용으로] 분할될 수 없기에, 반사는 각각의 경우[상]에서 완전히 현현한다. 상은 오직 반사된 것일 뿐이고, 반사된 것은 온전히 상이다. (거울에는 여백이 없기에 거울의 반짝임이라는 이미지도 포함한다. 거울은 항상 무언가를 비추고 있는데, 비록 거울이 명확한 상들 사이의 명확하게 [빈 것처럼 보이는] 공간을 비추고 있을지라도 말이다.) 상 밖에 어떠한 반사도 있을 수 없고, 반사 밖에 어떠한 상도 있을 수 없다. 따라서 다수 밖의 하나는 없으며, 움직임 밖의 고요함은 없으며, 일시성 밖의 영원성은 없고, 유위성 밖의 무위성은 없다. 왜냐하면 여기서의 체는 특정한 종류—반사—의 체이기 때문으로, 그것의 작용과 떨어져 불활성화된 채로 있지 않다. 만약 파도에 완전히 휩싸인 수역水域만을 지칭한다면, 물-파도 모델은 동일한 방식으로 작동한다. 물은 모든 파도(waves)요, 파도는 모든 물이다. 물에는 반사 대신에 축축한 성질(wetness, 濕性)—어떤 방식으로든 나누거나 분리할 수 없게 두 수준을 유지하는 유동성—이 있어서 그것들이 완전히 상호침투하게 한다. 체에 있는 것은 무엇이든 용에 있으며, 그 반대도 마찬가지이다.

그렇지만 체용 모델에 내재된 불가역적인 인과 우선성의 관계는 결코 사라지지 않는다. 사실 그것은 여전히 근본적인 것이다. 파도는 물의 축축한 성질에 의존하지만, 축축한 성질은 결코 파도에 의존하지 않는다. 상은 거울의 밝음에 따라 존재의 양태가 달라지지만, 밝음은 존재하기 위하여 상에 의지하지 않으며 오직 [상으로] 알려지거나 또는 현현할 뿐이다. 화엄의 저술가들이 현상적 수준에서 체와 용의 가역성을 주장할 수 있지만, 그렇게 할 때 실제 그들은 파도와 거울의 사례에서 언급하는 대상을 리에서 사로 바꾸고 있음을 주지할 필요가 있다. 파도 A는 그것의 용인 파도 B에게 체일 수 있다. 그리고 파도 B 역시 그것의 용인 파도 A에게 체일 수 있다. 그러나 이것의 실제 의미는 리는 항상 체이고 사는 항상 용이며, 그 둘은 항상 공존하지만 구조적으로는 용은 항상 체에 의존하고 사는 항상 용에 의존한다는 것이다. 물로 간주되는 파도 A는, 파도로 간주되는 파도 B에 대하여 체이다. 물로 간주되는 파도 B는, 파도로 간주되는 파도 A에 대하여 체이다. 둘 다 항상 전적으로 파도이고 전적으로 물이기 때문에,

설명을 임의적으로 바꿀 수 있다. 그러나 모든 경우에서 물은 체이며 파도는 용이며, 리는 체이고 사는 용이다. 일방적인 의존성은 결코 변하지 않는다.

(밝은 반사성 혹은 유동적인 축축한 성질, 불활성적이거나 불투명하지 않는) 이러한 종류의 체가 가지는 바로 그 성질 때문에 대조는 매우 실제적이지만 또한 연속성에 포함된다: 가지들의 다양성과 움직임은 뿌리의 하나 됨과 고요함 속에도 존재한다. 왜냐하면 거울 그 자체의 본성은 반사하는 것이고 물의 그 본성은 축축한 것이므로 한 가지의 형태에 국한되지 않기 때문이다.

이제 앞에서 말한 항목 7), 즉 체용 모델에 수반되는 '중'의 측면으로 돌아가 보자. 화엄의 경우 문제의 체(거울의 순수하게 밝은 반사성 및 물의 순수하게 축축한 성질)는 어떤 의미에서는 '중심'이라 할 수 있는데, 반대되는 극단들의 완벽한 결합이라는 점에서 그러하다. 그 극단들은 순수한 존재와 순수한 비-존재, 순수한 공백과 순수한 채워짐, 순수한 불규정성과 순수한 규정성이고, 중은 이것들의 결합이다. 다양한 용에 대해 체로서 역할을 할 수 있는 근거로 중이 생각될 수도 있겠지만, 그렇다고 해서 중이 다양한 특정 작용들—의존하는—의 중심에 있다거나 다양한 대립쌍들이 특정한 중심에 따라 구성되는 것은 아니다. 중은 일반적으로 용 그 자체의 긍정과 부정의 두 양상에만 중이 된다. (존재[有]와 비-존재[無]의 용으로 예를 들어 보자. 이 경우에 체는 어떤 의미에서는 용'이지만' 어떤 의미에서는 용이 '아니다.') 실제로 용은 체가 되고 체는 용이 되기에, 체는 용의 중 역할을 취하기보다는 급진화되기 이전 버전의 체와 용 사이—분리할 수 없지만 대조되고,

동연적이지 않은-의 중 그 자체라고 할 수 있다. 고전적 체용 모델에서 체는 숨겨져 있으며 불규정적이며 하나이고 존재하지 않지만, 용은 현현하고 규정적이며 다수이고 존재한다. 화엄의 모델에서는 체는 규정되어 있으면서 규정되어 있지 않으며 (하나이면서 둘이고, 존재하지 않으면서도 존재하고 등등) 용과 동연적이다. 그리하여 용 역시 그러하다. 거울과 같은 공으로서의 체는 만물이면서도 아무것도 아니며, 그런 의미에서만 그것은 유와 무 사이의 중이다. 그러나 이 중은 극단과 대비되는 것이 아니라 연결되는 것이다. 중은 극단적인 것과 대비되지 않으며 그것들을 서로 연결하고 있다. 중은 극단적인 것 너머에나 사이에 있지 않고 그들을 통합한다. 우리가 앞서 이야기했고 뒤에서도 더 논의 할 중심-주변 모델에서처럼, 중은 그런 의미에서 극단들에 참여한다. 다양하고 대립되는 모든 것들, 즉 극단들이 연속된 다양체(arrayed manifold)・변화하는 다양성(moving diversity)의 부분이며, 드러난 것(the manifest)・현상적인 것(the phenomenal)은 단지 그 자체-체 그 자체-의 반분半分에 불과하기 때문이다(그 자체는 일-다 관계 등등이므로). 중심성은 체와 사물-체에 근거하고 있는-간의 관계라기보다는 체 자체의 구성, 즉 이중적 성격과 관련이 있다.

천태의 저술가들이 화엄의 개념을 별교別教에 속하는 '한정된 중[但中]'으로 의기양양하게 비난한 이유를 여기에서 엿볼 수 있다.[18] 천태의

---

18 천태의 사상가들은 '중'을 두 가지 다른 의미로 구별한다: 두 극단을 배제하고 그 위에 서 있는 '한정적인 중[但中]'과 두 극단을 포함하고 그들 안에 내재하고 실제로 그들과 동일한 '비-한정적인 중[不但中]'이다. 불교의 가르침들을 분류[判教]하는 데 가장 자주 사용되는 사종四種 체계-장교藏教, 통교通教, 별교別教,

330

[체용론적] 대안을 고려하면 더욱 더 명확해진다. 필자가 여기에서 강조하고 싶은 것은 전적으로 체용 모델과 그 중 사이의 관계 그 자체다. 화엄의 모델에서는 뿌리가 퍼져나가는 가지들 사이의 중심에 있는 것처럼 체가 여전히 약한 의미의 중심이며, 이러한 용법에서는 중 그 자체의 중요성은 많이 경시된다. 중에 대한 이러한 경시 때문에 중의 다양한 작용들이 반드시 *이원雙*으로, 대조적으로 생각되는 것은 아니다. 적어도 화엄에서는, 그러한 연관성을 특별히 이끄는 모델이 없다. 이러한 특징의 긍정적인 측면은, 더 자유로운 개념화가 가능하다는 것이다. 용의 차원에서 모든 것들이 궁극적으로 이원적이어야 한다는 요구를 선제적으로 강요받지 않기 때문이다. [이로 인해] 작용은 경험적으로 도출되며 가능성 있는 작용들—어떠한 작용들이건 간에—의 다양한 배열을 가질 수 있게 되는데, 바로 이 점이 포괄적인 '일체一切'를 말하는 화엄의 방식이다. 이런 방식은 특정한 이원적 대조들과 모순들을 포함하도록 내부적으로 구조화된 용어인 천태의 '삼천三千'과 다르다. 화엄의 체용은 주변 용어에 대한 핵심 용어의 중심적 관계보다는 기초적이지만—동시에—동연하는 성격에 대한 강조를 권장한다. 혹은 우리는 아마도 화엄의 체용에서 체는 그것의 근본적인 성격에 따른 부수적 효과에 있어서만 느슨하게 중심적이라고 말할 수 있을 것이다. 결과적으로 체에 기초한 요소들은, 동연함에도 불구하고, 그 자체로 근거 또는 기초가 되는 것에서 [직접] 파생되는

원교圓敎—에서 '한정적인 중'과 '비-한정적인 중'은 각각 '별교'와 '원교'에 속한다. 말할 필요도 없이, 이 체계는 계층적이다: 별교는 원교보다도 덜 완전하고 완벽하게 간주되지만, 그것 또한 참되고 유용한 가르침이다.

것을 제외하면 그 중과 필연적인 구조적 관계가 없다. 중이기 때문에 (쌍이 아닌) 용의 근거가 되는 것이 아니라, 오히려 용의 근거가 있기 때문에 *느슨한 의미에서* 중이 된다. 아래에서 고려되는 대안적인 모델〔천태의 모델〕에서는 이것이 역전된다: 어떤 약한 정도의 기초성이든, 그것은 중심 용어의 부수적인 효과다. 그리고 파생적 용어는 중심과 이원적으로 관계되는 한에서 파생적이다. 이 모델들은 각기 다른 느낌의 모호한 개념적 위계와 관계 맺는다.

2. 중심의 천태 모델 및 그것의 표현으로서 긍정과 부정: 선제적 공간편재성과 시간편재성 으로부터 추출된 여기-지금의 현존

중국불교의 또 다른 학파인 천태의 모델에서는 논리적 및 시간적 우선성이 모호한 색다른 모델을 찾을 수 있다. 천태 모델은 고전적인 체용 구조에 깔끔하게 부합하지는 않지만, 다른 의미에서 우선성과 관련한 애매함을 허용한다. 리-사의 관계에 대해 천태는 화엄처럼 리가 하나이고 체가 다수라는 것 혹은 리가 불규정적이고 사가 규정적이라는 것을 모두 주장하지 않는다. 화엄에서는 리가 거울의 반사와 같이 무규정적이어서 모든 규정을 가능하게 한다고 본다. 사에 관해서는, 거울에 비친 상과 같아서 규정적이고 거울이 반사하는 밝기의 정도에 따라 전적으로 구성되므로 그 규정성을 초월해 여타의 규정성으로 변할 수 있다고 본다. 〔반면〕 천태의 사례에서는 규정적인 것과 규정적이지 않은 것이 뒤섞여 분리될 수 없다. 심지어 어떤 점에서 '동일'해지는 전환점이 발생하며, 여전히 화엄 모델에서 발견되는

'비가역적인 구조적 의존의 우선성'을 유지하지 않는다. 리는 사가 드러나는 뿌리도 아니며, 사가 리에서 '생겨난' 것도 아니다.

두 학파 사이의 논쟁에 사용된 두 가지의 대안적인 체용 모델에 대한 고전적인 설명은, 화엄은 '성기(性起, 모든 것은 편재하는 본성에서 생겨난다)'이고 천태는 '성구(性具, 만물은 편재하는 본성에 구비된다)'라는 것이다. 이 두 가지의 입장을 구분하기 어려운 경우가 많은데, 어느 정도는 중국어에 수사(number), 관사(articles) 및 문법 구분자(grammatical distinguishers)가 부족하기 때문이다. 양자의 차이는 영어로 더 간단히 구분할 수 있다. 가령 "일체 온갖 법이 모두 리이다[一切諸法一—即理]"와 같은 문장은, "각각의 법은 하나의 리(=어디에나 있는 본성, the one Li)와 동일하며, 그것들 모두는 단일한 체의 작용으로, 체와 완전히 동연하기 때문이다(화엄의 견해)"라거나 "각각의 법은 정확히 각각의 리(=각기의 어디에나 있는 본성, a Li)인데, 그리하여 각각의 규정된 것—의자, 탁자, 탐욕, 분노, 미혹 등— 자체는 (리가 가져야 할 모든 특성처럼) 영원하고 편재하고 무위적이고 다른 모든 것들의 본질이며, 다른 모든 것들은 그것의 작용들이다. 각각은 모든 용의 체이며, 체와 용은 동연하고 동일하기 때문에 각각의 법은 다른 모든 법들—그것의 용으로서의—과 동일한 체이며 그 역도 마찬가지이다(천태의 견해)"를 의미할 수 있다.

각 중국어 문구에서는 해석상의 모호함을 거의 피할 수 없으므로, 개별적인 중국어 문장을 통해 화엄과 천태의 구분을 발견하긴 어렵다. 양대 학파 사이의 차이로 인해, 후기의 천태 저술에서 '삼천三千'이라는 파격적인 용어가 단호하게 사용되었는데, 이는 번뇌와 깨달음이라는

대립되는 이원쌍 안에서도 환원 불가능한 복수성(irreducible plurality),
상호 중첩된 이항적 대조(inter-nested dyadic contrasts) 그리고 번뇌와
깨달음의 상호 포섭(intersubsumption)이 수반된다는 것을 명확히 하고
자 한 시도였다. 오히려 우리는 〔개별적 문장에 주목하기보다는〕
두 학파의 전체적인 사고 체계를 수용하고 그에 따라 해석해야 한다.
천태는 '구具'라는 단어를 사용하여, 리가 아닌 현상이 없다고 주장한
다. 리는 불성─여타의 모든 현상에 퍼져 있으며 그 근거가 되는, 편재하는
규정성 및 불규정성─의 다른 이름으로, 천태의 주장에서 본성은 단지
'부처의 경지'가 아니기에 본성을 불성이라고 부르는 것이다. 오히려
컵도 본성(즉 편재하는 것이며, 무위하는 것이며, 불규정으로서 규정된-컵다
움〔cupness〕이고 규정된-컵다움으로서의 불규정이다.)이며 따라서 우리
는 컵의-본성, 개구리의-본성, 탐욕의-본성, 내림가단조의-본성을
모든 현상의 가능한 근거라고 합당하게 말할 수 있다. 본성은 이
세계 만물의 어느 하나의 본성이 아니다. 이 세계에는 무한한 대체적인
본성들이 존재한다. 개별 규정물들은 단순히 불성의 작용이 아니라,
위에서 언급한 화엄 불성사상의 이중성 때문에 불성과 동연적이며
(어떤 의미에서는) 동일하다. 어떤 사물에 대한 개별적 규정은, 모든
것에 편재하는 무위적인 본성 그 자체이다. 〔개별성과 편재성이란〕
두 가지 입장을 구분하기 위해 혹은 둘 중 하나를 설명하기 위해
입론된 대부분의 진술에서 우리는 그 둘의 입장을 함께 읽을 수 있다.
지례는 "이른바 하나의 본성은, 비록 하나이지만 하나로 고정되거나
확정된 것이 아니다"[19]라고 강조한다. 그러나 이 문장은 여전히 화엄적
인 의미로도 용이하게 이해할 수 있다: 필자가 번역을 통해 제시하려고

했던 그의 의도된 의미보다도 "거울의 반사가 어떤 하나의 색이 아닌 것처럼, 본성은 하나의 규정된 어떤 것이 아니다. 그것은 하나이면서도 실로 공한 것이다"라는 의미로 볼 수 있다. 우리는 지례가 같은 저술의 후반부에서 다음과 같이 명확히 설명하려고 노력하는 점을 찾아볼 수 있다. "본성 그 자체는 단일한 본성을 의미하는 것이 아니라 삼천 가지의 본성(들)이다."[20] 본성은 중요하게도 하나이면서 다수이며, 이러한 규정들 가운데 어느 것도 다른 것보다 중요한 것은 없다. 이 문장은 "삼천 모두가 공유하는, 하나의 본성이다"라는 의미가 아니다. 만약 그렇다면 여전히 단일한(a) 본성이 될 것인데, 이는 지례가 여기에서 부정한 것이다. 따라서 영어에서 복수형을 사용하는 것은 아마도 이 점을 직관적으로 전달하는 가장 효과적인 방법일 수 있다.

---

19 『十不二門指要鈔』, T46.1928, 710a, "一性等者, 性雖是一而無定一之性."

20 위의 책, "又此性體非謂一性, 蓋三千性也."; 이 구절의 나머지 부분(T46.1928, 712c)은 부처와 중생 사이 및 망상과 깨달음 사이의 상호주관적인 감응感應에 대한 천태의 개념에서, 그리고 전체적인 구원론적 프로젝트에서 이것 – 역자 주: 개별성과 보편성의 동시성 – 이 왜 중요한지를 분명히 한다.

 "만물의 본성에는 차이가 없다"는 것을 누구나 알고 있지만, "그것의 각각이 모든 곳에 두루한다"는 다음의 글귀는 깊은 생각을 필요로 한다. 〔산외의 주석가들이 하는 것처럼〕 모든 외부〔의 물질〕이 내면〔의 마음〕에 융섭된 것을 비이원적이라고 말한다면, 이 얼마나 제한적인가! 그렇다면 "만물이 모든 곳에 두루한다"는 것을 어떻게 해석할 것인가? 나머지의 9문처럼 모든 것을 〔각 이원쌍의〕 한 편으로 환원하여 논증의 전체적 구조를 완전히 망가뜨리는 방식은 말할 것도 없다(故性體無殊之語有誰不知, 一切咸遍之言須思深致. 他解唯論融外歸內名不二者, 一何局哉! 一切咸遍, 如何銷之? 況餘九門皆歸一邊, 全傷大體.).

영어에서 "삼천 가지의 본성들[三千性]"을 복수형 'Natures'가 아닌 단수형 'Nature'라고 적는 것은 분명 이상하다. 용인 사를 참조하지 않을 때도, 체인 본성이 어떤 의미에서 하나이면서 다수인지를 이해해야 한다. 이 의미는 천태의 삼제 교리에서 찾아볼 수 있는데, 삼제는 본성, 리, 체의 동의어이다. 그것은 삼천 겹의 중첩된(altenated) 리들(Lis)이며, 각 리는 다른 모든 리들을 포함한다.

이제 이 삼천 겹의 중첩된 본성(Three Thousand-fold Alternately Natured Nature)은 여전히 모든 경험적 현상[用]에 대한 체이며, 이들의 체용 관계는 여전히 총체적인 동연성 및 동일성을 띤다. 게다가 여기서 용보다 체가 우선하는 것도 사실이다. 실제 담연이 말하고 지례가 자주 인용하는 것처럼, "모든 작용은 오직 그것들이 리를 갖추고 있기 때문에 현상이다."[21] 그것은 확실히 직선적인 의존 관계처럼 보이며 리는 체이고 사는 용인 고전적 체용 관계로 무리 없이 이해될 수 있을 것 같다. 그러나 그것은 *그렇지 않으며*, 바로 여기에서 혼란이 발생한다. 그렇다면 여전히 천태의 저술가들이 표면적으로는 화엄처럼 들리는 주장을 할 수 있도록 하는, 리-사에 대한 대안적인 천태 모델은 과연 무엇인가? 여기에서 설명을 시도해보겠다.

3. 규정에 관한 천태와 화엄의 견해 차이

화엄의 최종적인 견해와 마찬가지로, 천태의 견해에서도 리와 사의

---

21 예를 들어 T46.1928, 711a, "並由理具, 方有事用."

내용은 어떤 의미에서 동연적이다. 모든 규정들은 그것이 실제이건 상상이건 간에 리 또는 사로 읽을 수 있다. 그러나 화엄과 천태에서 *규정이 무엇인지에* 대한 개념 차이가 존재한다. 화엄에서, 규정된다는 것은 거울에 비친 상이 되거나 파도가 되는 것과 같다: 이것은 온전한 거울이거나 온전히 젖는 성질이면서, 동시에 온전한 상이며 온전한 파도이자 모양이다. 즉 완전히 규정적이지 않으며[리] 완전히 규정적[사]이다. 규정적이라는 것은 실제로는 규정적-이면서-불규정적이라는 것이며, 규정은 이런 식으로 불규정적일 때만 가능하다. 그러나 동등하게 필수되고 모든 곳에 만연한 이러한 두 가지 측면의 관계는 특정한 구조를 가진다: 규정적인 것은 규정적이지 않은 것에 의존한다.

천태의 견해 역시 규정적인 것은 항상 규정적이지 않으며, 그 역도 마찬가지라고 주장한다. 따라서 두 학파 모두 규정적인 것은 실제 규정적-이면서-불규정적이라고 주장할 수 있다. 그러나 천태의 견해에서는 불규정자와 규정자 사이의 일방적 의존 관계를 포함하지 않는다. 오히려 그들의 관계에 대한 '수평적' 관점을 갖는다: 뿌리와 가지로도, (고전 모델의 의미에서) 체와 용으로도, 근거와 표현으로도, 축축한 성질과 파도로도 비유하지 않는다. 오히려 그것들은 동일한 총체성—규정된 것과 규정되지 않은 것이라는 두 개의 대립으로 구성된—을 번갈아 한쪽으로 해석한 것에 불과하다. 어쨌든 규정성과 불규정성은 모두 용이며, 규정성과 불규정성은 (그러나 규정성-이면서-불규정성으로 통일됨) 모두 체이다. 규정성이나 불규정성 모두 다른 것보다 더 근본적이지 않고, 어느 것도 다른 것을 야기하지 않으며, 어느 것도 다른 것의 일방적인 근거가 아니다. 이 규정성-이면서-불규정성(즉, 체)은 항상 두 가지의 다른 방식으로 읽을 수 있다. 그것은 바로 규정성 혹은 불규정성의 하나로(즉, 정반대의 두 가지의 용 중 하나로) 읽는 것이다. 규정된 것〔假〕에서 규정적이지 않은 것〔空〕으로의 서술 전환은, 독립적인 것〔體〕에서 의존적인 것〔用〕으로의 전환이 아니다. 이는 논리적으로나 개념적으로나 어느 쪽이 다른 쪽보다 우선성이 없다는 것을 의미하는 관점 전환(aspect shift) 일 *뿐*이다. 규정성과 불규정성 둘 다 리이고 체이다. 둘 다 사전적/독립적 수준에 동일하게 적용되며, 이런 식으로 규정성과 불규정성은 사후적 수준에 모두 적용된다. 그 둘 모두 현상적 사건, 즉 용이다. 대칭은 위와 아래 두 수준 모두에 적용된다.

이 개념은 아마도 상대적으로 간단한 화엄의 사례보다도 이해하기에 조금 더 까다로울 것이다. 규정성과 불규정성 사이의 이 반직관적인 관계는 무엇인가? 첫째, 위에서 살펴봤듯이 승조를 시작으로 한 대부분의 중국불교 학파는 공통적으로 불규정성을 모든 특성을 배제한 공백으로 규정할 수 없다는 통찰을 가지고 있었다. 이 문제에 대한 화엄의 해결책은 '반사성'이 〔거울의〕 불규정성을 의미하도록 만드는 것이었다. 이것이 규정된 어떤 것―예를 들어 즉 상과 반대되는 밝음―으로 받아들여질 위험은 그 두 가지를 무너뜨리는 것으로서 해결되었고, 이로써 모든 밝음은 상이고 모든 상은 밝음이었다. 불규정적인 것에는 자기 자신의 내용은 없으며, 심지어 공허함의 내용 또한 없다: 그것은 단지 모든 규정적인 것을 가능하게 하는 측면이자, 그들의 상호-결정성(interdetermination)일 뿐이다.

338

그러나 나중의 천태 비평가들에게는 또 다른 더 미묘한 의미에서, 이 관계의 일방적 의존성이 여전히 밝음, 반사성, 축축한 성질을 규정적으로 만든다. 천태에서 보기에, 일방적 의존성은 진정으로 규정적이지 않은 것이 무엇인지에 대한 오해에서 빚어진 것이다. 천태에서 규정적인 것은 모호하다는 의미에서 불규정적이며, 이는 또한 '반사성'이라는 모든 효과와 특성을 설명한다. (빛은 그저 빛일 뿐만 아니라 또한 전적으로 이미지이며 거울 등이다. 마찬가지로 상은 단순한 상이 아니라 빛으로만 읽을 수 있는 것 등과 같이)[22] 규정성과

---

22 지의 『摩訶止觀』의 거울 은유 사용을 법장의 것(위에서 인용)과 비교하시오.

> 하나의 경험적 순간이 곧 공이며 곧 가이며 곧 중임을 알라. 이것은 곧 궁극적인 공함[畢竟空]이요, 여래장이요, 실상이다. 셋이 아니면서 셋이고, 셋이면서 셋이 아니다. 합해짐도 아니고 나누어짐도 아니면서 합해지고 나누어지고, 합해짐도 아닌 것도 아니고 나누어짐이 아닌 것도 아니며, 같거나 다르다고 묘사할 수 없지만 같으면서도 다르다. 이는 밝은 거울과 같으니, 밝음은 공이요 상은 가요 거울은 중이다. 합해지지 않고 나누어지지도 않지만, 합해지고 나누어짐은 분명히 존재한다. 하나도 아니고 둘도 아니고 셋도 아니지만, [하나도] 둘도 셋도 배제하지 않는다(當知一念卽空卽假卽中, 並畢竟空, 並如來藏, 並實相. 非三而三, 三而不三, 非合非散, 而合而散, 非非合, 非非散, 不可一異而一異. 譬如明鏡, 明喩卽空, 像喩卽假, 鏡喩卽中. 不合不散合散宛然. 不一二三, 二三無妨.).

여기에서는 밝음의 역설적 특성보다는 상의 모호성에 초점을 두고 있다. 우리는 항상 거울 속의 어떤 상을 가리켜 "이것은 형태가 없는 빛이다" 또는 "이것은 특정한 형태의 상이다" 또는 "이것은 [거울의] 비춤[mirroring]이다"라고 말할 수 있다. 마지막은 형태가 없는 빛과 특정 형태의 상, 역설적 중심과 두 극단의 끊임없는 공존을 시사한다. 여기서의 요점은 이 세 가지 견해 사이의 모호성,

불규정성의 관계에서 일방적 의존성을 제거한다. 오히려 두 용어는 엄격한 동의어로 간주된다. 규정적인 것[假]은 모호한 것[空]이고 모호한 것은 규정적인 것이다.

규정성 자체—모든 규정성의 근거가 되는 [화엄의] 동연적인 정초가 아니라—는 두 가지 방식으로 고려할 수 있다: 그것은 바로 '어디에나 있고 영원하며 무조건적인 부처의 본성'이거나 '일시적 현상'이다. 즉 리 혹은 사, 체 혹은 용으로 말이다. 두 경우 모두 규정성은 곧 불규정성이며 역시 항상 모호하다. 여기서 문제는 규정적인 것을 무조건적인 부처의 본성으로 어떻게 간주할 수 있느냐는 것이다. 위에서 살펴본 것처럼, 규정은 부정이다: 규정 그 자체는 조건적인데, 이는 부정이 조건과 동의어이기 때문이다. ([규정되는] 무언가가 어떤 식으로든 부정된다는 것은 "이것이 해당되지 않는 경우나 시간이나 장소가 있음"을 의미하는데, 이는 "조건적이다"와도 같은 의미다.) 화엄은 "상이 거울의 반사성이나 밝음과 동연하는 것처럼, 규정은 무조건적인 것과 '동일'할 수 있다"고 답한다. 천태는 이러한 화엄의 이해에 대해 다음과 같이 응대할 것이다: 규정된 것 자체가 무조건적인 그런 것이 아니라, 단지 무조건적인 것과 약한 의미—의존하고 동연한다는 점—에서 동일할 뿐이다.

천태는 또 다른 해결책을 제시하는데, 이는 다음과 같은 방식으로 다시 기술될 수 있다. 규정(부정 그 자체)은 참으로 부정, 즉 제한이다.

즉 그들 간의 지속적인 동의성과 지속적인 차별성에 있다. (빛과 상의 동시성을 강조하는 필자의 해석은, 가관[可觀, 1092-1182] 『山家義苑』, X57.956, 76c를 따랐다.)

규정은 종착(termini), 끝(ends), 제한(limits)에 의해 만들어진다. 이들은 경계의 작용이다. 이러한 경계가 성취하고자 하는 규정이 〔실질적인〕 규정이 되기 위해선, 반드시 〔제한하는 방식으로〕 규정되어야 한다. 이제 "규정적이다"는 것은, 어떤 수준에서는 일반적으로 "그것이 무엇인 동시에 다른 무엇일 수 없으며, 그것이 아닌 것을 배제한다"는 의미로 받아들여진다. 모든 수준에서 이 직관적인 정의를 회피하려고 하면, 엄청나게 역설적인 결과가 초래된다. 어떠한 의미에서든 규정된다는 것은 배제한다는 의미이며, 배제는 어떤 종류의 경계들에 의해 성취된다. 그러나 경계 그 자체는 그렇지 않은 모든 것과 상호배타적이라는 의미로 단순히 규정될 수는 없다. 대신 경계가 된다는 것은, 인터페이스가 된다는 것이다. 즉 경계가 된다는 것은 한정된 두 가지의 모두이면서도 한정된 두 가지 중 어느 것도 아닌 것이다: 경계는 그 둘을 대조하는 것이고, 그 둘 모두와 대조되며, 그럼에도 둘의 안팎에서 둘과 동일시된다. 간단히 말하면, 중이다. 규정은 그 자체로 역설적이고, 둘은 초월적이면서도 내재적이다. 규정은 일련의 경계들의 안과 밖을 포함한다. 규정은 구분하는 작용이고 그 구분들(경계들, 인터페이스들)이 곧 중이기 때문이다.

　중─불성이 어디에나 있고 어디에도 없는 것으로 정의하는─과 본질적으로 관련되어 있는 것이 바로 이중성이다. 중은 무조건적인 것(the Unconditional)이지만, 〔세부적으로는〕 '조건부적인 것(the conditional, 두 개로 분할된 규정적 항목들)과 무조건적인 것(the unconditional, 이러한 정의에 따라 모순되는 두 가지에 모두 존재하는 경계)이 결합된 것이어서, 내재하면서도 초월적이다. 이것은 바로 이 경계가 안이면서도 밖이

고, 규정-경계가 정의하는-이 그 경계의 안이면서도 밖이라는 것을
의미한다. 다시 말해서, 그 규정 자체는 편재하며 영원하다(우리가
동일한 논리를, 시간들 사이의 순간으로 추정되는 것들 사이의 경계에 적용한다
면). 규정은 무조건적이고 편재하면서도 규정적이며, 규정적이면서
도 무조건적이며 편재한다.

그러므로 천태의 관점에서 볼 때, 어떠한 규정을 불성으로 삼는다는
것은 그 규정을 그야말로 시·공간적으로 어디에나 있는 것으로 간주한
다는 것이다. 반면에 어떠한 규정을 일시적인 현상으로 삼는 것은,
그 규정을 특정한 시간과 장소-다른 시간들과 장소들이 아닌-에서
현현하는 것으로 보는 것이다. 어떤 규정을 불성으로 여기는 것은
그것을 무조건적이고 모든 시·공간에 있는 것으로, 그러므로 고통의
끝이자 부처의 경지 그 자체로 보는 것이다. 어떤 규정을 현상으로
간주하는 것은, 그것을 조건적인 것, 유한한 것, 제한된 것 그리고
고통으로 보는 것이다. 사실상 이것은 더는 화엄과 상식적인 관점처
럼, 조건성(conditionality)과 규정성이 동의어가 아님을 의미한다.
천태의 관점에서 무조건적임과 불규정성도 동의어가 아니다. 오히려
규정성 그 자체([분류의] 어떤 출발점이든 되어야 하는 것, 심지어 '불규정성'
자체를 포함하면서, 규정성이면서-불규정성인 것 자체도 포함하면서 하나의
출발점으로서 기능하는 일도 해야 하는 것)는 뒤얽혀 있고 *그리고* 묘한
것으로 판명된다. 그렇거나 그렇지 않은 것은 모두 규정성이지만,
규정성은 일관성이 없는 경계에 의존한다. 그로 인해 규정성은 다른
모든 것들을 배제하고 한 가지로 규정될 수 없다: 경계는 중심이다.
그러므로 규정적이라는 것은 내부, 즉 외부에-반대되는-그러나-외부

의 외부는-아닌-것이다. 그래서 규정적인 것이 비어 있다는 것은 (무조건적인) 중인데, 그건 단지 비어 있으면서〔空〕 동시에 규정적이고〔假〕 비어 있지도 않고 규정적이지도 않기 때문이다. '가'는 조건적이고 '공'은 무조건적이지만, 가와 공은 단순히 반대가 아니라 모든 동일한 대상에도 적용될 수 있는 '동의어이기도 한 반의어'이다.

비록 화엄에서처럼 불가침의 일방적인 개념적 우선성이 있다고 하더라도, 단순하게 모든 사가 리일 뿐만 아니라, 모든 파도가 전적으로 축축한 성질이고 그 반대의 경우도 마찬가지이다. 그러나 오히려 조건성 자체는 실제로 조건적-무조건적임을 의미한다. 무조건성 자체는 실제로 무조건적-이면서-조건적임을 의미한다. 이를 간단히 삼제라고 말할 수 있다. 사실 외부성(외부를 갖는 것) 그 자체가 어떤 규정/실체의 존재-규정(being-determinate)에 내부적이라는 생각은, 삼제설의 도식에 있어 천태 존재론의 가장 중요한 부분이다.[23] 그 함의는 불성 자체나 마음 차원이나 컵(cup), 개(dog), 푸름(blueness) 등과 같은 여타의 특정한 실체 차원 모두에 완벽하고 일관되게 적용된다. 우주에 만연하고 모든 특정한 실체들과 동연하는 것은, 단지 공도 아니요 단지 마음도 아니요 단지 그러한 리도 아니다: 그것은 *삼제, 즉 리로 간주되는 모든 규정*이다. 그것들은 물질, 존재, 개, 물고기, 탁자, *흥얼거리는 격렬한 푸르름*(Humming Furious Greenness)이라고 부를 수 있는 것들에 대한 이름들이다.

---

23 이 '절대적인 것으로서-상대적인 것의-절대적임' 또는 '무조건적으로서-조건적인 것의-무조건적임'이, 바로 '절대적인 것', '무조건적인 것', 열반 또는 부처의 경지(천태의 용어로는 중〔中〕)에 해당한다.

1) 성기설의 보완으로서 성구설

어떤 면에서 [천태의] 이러한 주장은 [화엄의] 성기설에 대한 거부라기보다는 그 반대 측면, 즉 조건적인 측면에서 채택한 보완이다. 먼저, 성구설은 존재론적 수준에서 규정성과 불규정성의 관계에 대한 '빈 거울'의 은유를 받아들이지만 다르게 읽는다: 진정으로 '외부적인 조건[外緣]'의 존재는 불성―정의상 무조건적이어서 모든 필연적으로 가능한 실체들을 배제할 수 없는―과 관련해 부합하지 않는 것으로 여겨진다. [그러나] 이러한 설명은, 규정 자체가 불규정적이며 경계들은 결정적으로 어떤 것도 배제할 수 없기에 *어떠한* 규정적이고 조건적인 실체로부터 배제할 수 있는 것은 사실상 전혀 없다는 것과는 반대되는 말이다. 엄밀히 말하자면, 어떠한 조건적 사물도 '외부'를 갖지 않기 때문에 무조건적이라고 주장되는 것(밝은 성질, 축축한 성질 등)들 또한 조건적인 것들의 외부가 될 수 없으며, 결국 무조건적인 것도 외부가 없음을 뜻한다. 이것은 또한 정말로 규정적이기 때문이고, 또는 외부적이고 규정적이며 조건적으로 가정되는 것이 실제로는 그렇지 않은 것으로 드러나기 때문이다. 따라서 그것에 영향을 미치는 어떠한 조건들도 그것의 외부에 있다고 볼 수 없다. 객진客塵―거울과 대치되는 물체, 외부 요인, 중생의 미혹된 생각― 또한 틀림없이 불성이다. 그것들의 외부성과 미혹됨 자체(그것들이 자기 자신을 불성의 외부라고 간주하는 것)도, 그것이 어떤 식으로든 규정적이라면(불성을 막거나 방해하는 활동을 하는 것으로 명명되어야 함), 불성임에 틀림없다.

　이러한 언급은 실제로 하나의 사물과 다른 사물 사이의 구분을 어디에 두어야 하는지, 무엇을 무엇이라고 명명해야 하는지, 그리고 전체의 부분들이 불가분하다는 등의 주장일 뿐이다. 거울-더하기-외재사물-불확정적인 개방성 및 중생의 미혹된 개념이 기여한 제한적인 규정성-은 하나의 분리할 수 없는 총체이며, 모든 특정한 법들을 생성하는 것이다. 화엄과 천태는 모두 불성이 절대적이고 무조건적이므로 반드시 모든 가능한 상태에 편재할 것이라는 주장을 받아들인다. 그러나 천태에게 있어 '모두 구비하는 것'은, 불성이라 할지라도 무명-불성을 방해하는 것으로 보이는- 바깥에 있지 않아야 한다는 것을 의미한다. 그러므로 천태의 논자들은 이 오점 없는 정법(淨法, openness)과 염법(染法, delusion)의 총체를 불성이라 부르고, 이 총체(비규정-이면서-염법)에 모든 규정이 '본래 구비되어[性具]' 있다고 말한다. 화엄의 논자들은 정법 그 자체만 불성이라고 부른다. 화엄에서 전체의 불성은('수직적으로') 각각의 구체적인 규정을 만들 수 있게 하면서 항상 구체적 규정과 동일선상에 있다. 그러나 각각의 규정 또한 불성에 의해 만들어진 다른 모든 구체적인 규정에 의해('수평적으로') 규정된다. 수평적인 관계에서, 그것들 모두를 가능하게 하는 불성을 보지 못할 때 무명과 업이 일어나는 것이고, 이로 인해 추구하거나/피하고자 하는 환상에 불과한 대상을 사실로 받아들이고 믿게 된다. 그렇게 되면 추구하고 회피하는 이러한 업의 행위가 불성을 실현하는 데 결정적인 장애가 되고, 결국 불성의 완전한 현현을 방해한다. 이러한 미혹된 규정적 조건들은 여전히 불성에서 일관되게 발생했다고 말할 수 있다: 앞에서 언급한 법장의 인용문에서 이미 보았듯이, 불성은 정말 청정하며 어떠한 특정한 성질도 취하고 있지 않으므로, 미혹된 규정적 조건들은 바로 불성에서 생겨났다고 할 수 있다. 그러나 규정성이-불규정성을-

현현하는–것이 불규정성이–규정성을–현현하는 것과 동일한 것이 아닌 한, 일단 규정적 조건들이 발생하면 그것들은 항상 그것들을 가능하게 하는 불규정성에 대한 이해를 진정으로 방해할 수 있다. 그래서 이 점은 그것들과 관련된 기본적인 외부성을 방해하지 않는다. 천태의 '거울의 은유'에서는 방해물과의 대비 그 자체가 거울의 일부이다. 따라서 외부에의 것들에서 영향을 받는 것 역시, 중생의 마음속에 있는 어떤 특정한 미혹이 다른 것이 아닌 정확하게 특정 형태로 조건 지어진 것처럼, 그 자신의 본성에 내재된 것이다. 미혹됨만이 있을 뿐만 아니라, 그러한 미혹됨을 진실로 받아들이는지와는 상관없이, 미혹됨의 내용은 모두 같은 방식으로 무조건적이다. 왜냐하면 피할 수 없는 기묘한(즉 '중') 경계를 가지는 한, 무조건적인 것이 되는 데 필요한 모든 것은 어떤 방식으로든 규정이 되어야 하기 때문이다. 〔천태에 따르면〕 거짓된 상을 상상하는 현혹된 정신활동과 그렇게 상상된 거짓된 상도 그대로의 진실이며 오직 진실일 뿐이다.

2) 천태의 중이 선재하고 극단을 가능하게 한다고 말할 수 있는 의미

위의 해설을 통하여 "하나의 본성은 삼천 가지로 다른 하나의 본성들이다. 하나의 리는 삼천 가지의 다른 리들이다"는 기묘한 주장이 무엇을 뜻하는지 알 수 있을 것이다. 존재하는 것은 무엇이든지 필연적으로 본성으로 간주될 수 있는 특성인 영원성과 편재성을 가지고 있다. 규정이 어느 누구에게 어떤 방식으로 나타나든 그것은 리이고, 규정이 어느 누구에게 나타나든 그것은 체이다. 모든 중생의 모든 경험은 본성, 리, 체이다. 지례는 다음과 같이 말한다.

본성이란 이름은, 변하지 않음을 뜻한다. 〔영원히 변하지 않으며, 괴로움이 없고 평온하며, 자유자재하여 걸림이 없으며, 번뇌의 더러움이 없는〕네 가지 성질의 체가 바뀌고 변하지 않음을 말하였다. 모름지기 이 네 가지의 성질이 온갖 법에도 적용이 되는 것을 알아야 한다. 심지어는 지옥, 환경과 주체〔依正〕및 원인과 결과〔因果〕에 이르기까지 어느 하나의 예외도 없이 그 자체로 영원히 변하지 않으며 괴로움이 없고 평온하며 자유자재하여 걸림이 없으며 번뇌의 더러움이 없다. 이것이 바로 『법화경』에서 "세간의 모습이 모두 항상하다"는 것이다.[24]

여기서 중에 대한 관념이 대단히 중요하다. 위의 "근본주의적-체용론으로-들리는" 주장이 취해진 전체 인용문―사事-용用이 있을 수 있는 것은 오직 그것이 우선적으로 체에 내재되었다는 것―을 고려한다면, 중의 관념을 분명히 살펴볼 수 있다. 이 구절은 지의의 『마하지관』에 대한 담연의 주석에서 나온다. 이 『마하지관』의 주제는 '관심(觀心, 마음을 살핌)'이라 알려진 명상 방법에 대한 것으로, 이 관심은 마음의 현상적인 수준에만 관련된다. 마음이 모든 법들을 '만든다〔造〕'고 말할 수 있는 세 가지의 의미들을 말하고 나서[25], 담연은 이렇게 말한다.

---

24 『金光明經文句記』, T39.1786, 90c, "所言性者, 不變爲義. 謂四德之體無遷易故. 須知此四遍一切法, 下至地獄依正因果, 一一無非常樂我淨. 世間相常斯之謂也."

25 이 세 가지 의미들은 다음과 같다. (1) 리 즉 삼제로서의 중으로 간주되고 편재성과 무조건성을 의미하는 이것은, 그 자체가 아닌 것을 구비한다. (2) 의도성으로서의 과거 업은 현재와 미래의 효과들을 낳을 뿐만 아니라 현재의 효과들을 가능하게 한다. (3) 부처와 보살들은 중생의 마음이 자신의 경험에서

모든 현상으로서의 작용이 있는 것은, 오직 그것들이 리로 갖추어져 있기 때문이다. 이제 관觀을 닦으려 하면 리로서 모든 현상을 갖추고 있음을 볼 것이다. 〔그것은〕모든 규정이 규정으로서 깨뜨려지고 모든 규정이 규정으로서 세워지니, 이 모든 것이 법계法界에서 어디에나 존재하는 모든-것의-전체이다. 그런 다음에 여타의 궁극적 혹은 잠정적 규정들이 등장하더라도 자유로이 관섭할 수 있으리라.[26]

여기-지금의 규정 X가 리라고 말하는 것은 세 가지 진리와 동일하다고 말하는 것이고, 다음의 세 가지를 말하는 것이다: X는 (분명) X가 아니다, X는 (어느 정도) X다, 그리고 X는 모든 것이다. '모든 것', 즉 편재성을 나타내는 중은 특히 경계의 모호한(즉 '중'의) 성질로 인한 "X는 X가 아니다"와 "X는 X이다" 사이의 호환성이다. 이는 규정된 모든 규정에 그러하다. 규정적인 사물들 사이에 놓인 것으로 추정되는 경계는 두 규정적인 극단의 중심으로서, 그것들을 있게 하고, 확립하고, 그것들을 통합하고 구별한다. 극단들은 서로를 부정하고, 이 서로에 대한 부정은 사실 서로를 형성하는 것이다. 그리고 중심은 극단들의 인터페이스가 중심에서 어떻게든 공존하기에 결국 극단들이 사실 서로를 부정하지 않는다는 것을 보여준다. 사실, 그러한 본질적으로 모호한 경계들로 정의되는 규정적인 것은 그 자체로 모호

재생산하는 방편의 유인책들을 낳는다.

[26] 湛然, 『十不二門指要鈔』, T46.1928, 293a, "並由理具方有事用. 今欲修觀, 但觀理具. 俱破俱立, 俱是法界. 任運攝得權實所現."

하면서도 그 자체가 중이며, 그 자체이면서도 그 외부이다. 또한 〔중은〕 그 앞에 있고 그 뒤를 잇는 모든 것, 그 전제가 되고 그 결론이 되는 모든 것, 그 원인이 되고 결과가 되는 모든 것의 일종의 인터페이스로, 그것이 배제하고 포함하는 두 극단의 양 측면에 서 있다.

여기서 개념적 우선성은 급진적인 화엄 모델에서처럼 토대와 파생 관계의 산물이 아니다. 화엄 모델은 단지 개념적이고 모호하게 만들어졌다. 거울의 무형적인 반사광이나 물의 축축한 성질의 매끄러움처럼 문제시되는 토대가 불활성적인 것〔靜〕에 그치지 않고 걸림이 없고 능동적으로 상호침투하기 때문이다. 오히려 〔천태의 개념적 우선성은〕 중이 그것이 가능하게 하는 두 가지 극단에 대해 갖는 모호한 우선성이다. 진자 운동의 궤적의 중심점과 관련하여 진자가 운동하는 극단들을 생각해볼 때, 극단들로서의 극단은 중심에 선재하지는 않지만 기묘한 방식으로 중심은 극단보다 먼저 있다. 그 진동은 0부터 아주 작은 것이 되고 다시 매우 큰 것이 될 수 있지만 그 가운데 불변적인 한 가지는 바로 이 영점이 〔진동의〕 중심이라는 점일 것이다. 만약 진자가 전혀 움직이지 않는다면, 그것은 중심에 있다. 진자가 약간 움직여서 극단 A와 B를 생성하더라도 중심은 여전히 거기에 있다. 진자가 더 왕성하게 움직이거나 더 복잡한 3차원의 궤도로 움직여서 극단 C와 D를 생성하더라도 중심은 이전과 마찬가지로 여전히 거기에 있다. 추가 하나의 소용돌이가 되거나 또는 소용돌이의 소용돌이가 되어 엄청나게 복잡하게 중첩된 대립쌍들의 위계를 생성하더라도 중심은 정확히 이전 경우에 있었던 위치 그대로 유지된다. 어떠한 극단이든 간에 모든 경우에서 중은 극단들을 통합하고, 연결하고, 가능하게 하고, 규제하고, 정의하고, 확립한다. 극단들은 움직이지만, 중은 가만히 있다. 중심은 하나이지만 극단들은 많다. 중심은 지속되지만 극단들은 일시적이다. 중심은 직접 나타나지 않지만 극단들은 직접 나타난다. 중심의 존재는 극단들을 관찰해야만 알 수 있다. 그러나 극단들은 중심과 분리될 수 없으며, 중요한 방식으로 중심은 극단들에 스며들어 만연한다(우리가 극단들을 어디에서 보든 우리는 중심이 활동하는 것을 보고 있다). 이 모든 것들은 체와 용의 관계에 대해서도 말할 수 있다. 그러나 지금 분명히 알 수 있듯, 화엄과 천태의 두 모델은 그 구조와 함의에서 매우 중요하게 상이하다.

그렇다면 이 중심-주변 모델에 대해, 천태의 저술가들이 "단지 그것이 리로 이미 본래 존재하기 때문에 사로 기능한다"라고 말한 것은 무엇을 의미하는가? 특정한 사가 리에 이미 존재하기 때문에 발생한다는 것이 *아니다*. 오히려 *전혀 발생하지 않는다*. 규정—말하자면 모든 특징을 지닌 이 컵—이 생기는 것은, 아무것도 막지 않는 거울의 빛이나 물의 축축한 성질의 무형성에서 모든 것들이 생겨나기 때문도 아니고, 리라는 어떤 영원하고 실체가 없는 영역에 동일한 일련의 규정된 것들이 있었기 때문도 아니다. 오히려 그 컵이 우리가 이제 *리*라고 부르고 이제 *사*라고 부르는, 하나이며 동일한 규정이기 때문이다. 있는-그대로의-컵의 본성은 어느 곳에나 있고 어느 때에나 있다. 그러므로 컵이 지금 여기에도 있다.

처음부터 이 컵이 여기 지금 있기에 이 관계를 뒤집어서 이 컵이 어느 곳에나 있고 어느 때에나 있다고 말해서는 안 된다. 왜냐하면 어느 곳에나 있는 것[omnipresence]과 어느 때에나 있다는 것

[omnitemporality]은 여기 지금 있는 것을 *포함*하기 때문이다. 이는 *발생*의 토대가 아니며 그 부분의 *전체*이다. 그러나 이것은 단지 첫 번째 단계일 뿐이다. 더 면밀하게 살펴보면, 각 부분이 다른 모든 부분과 상호 포섭되어 있기 때문에 그 부분은 분리할 수 없는 전체다. 그렇기에 여기에서도 마침내 가역성 내지는 아마도 동의성 (synonymity)을 발견할 수 있다: 이것이 여기-그리고-지금에 있다는 것은 마침내 컵이 어디에나 있다는 것과 동의어이며, 동일한 사실에 대한 또 다른 설명이다. 이 관계는 수직적이 아니라 수평적이다. 나의 일상적인 미혹된 경험에서, 지금 여기에서 이 컵을 보는 것은 어디에나 있는 영원한 컵, 즉 컵의 본성(=리)의 컵을 보는 것이다. 나는 컵의 표현, 또는 컵의 결과, 또는 컵의 현현을 보고 있는 것이 아니다: 나는 *이것*을 보고 있다. 나는 내 눈으로 리 그 자체를 보고 있다. 나는 이것이 실제로 있는 곳에서 이것을 보고 있다. 컵은 정말로 이 이 시간과 이 장소에 있다.

이것을 단지 용이나 사로 본다는 것은, 내가 참으로 바로 여기에 있는 편재하는 리와 체를 보았지만 이것을 *다른 모든 곳*에서는 보지 못했다는 것을 의미한다. 나는 항상 이것을 여기—이것이 항상 있었던— 에서 보았다. 하지만 나는 이것이 과거와 미래에 여기에 있는 것을 보지 못했으며, 이것이 다른 모든 곳에 있는 것을 보지 못했다. 왜 그러한가? 나의 특정한 집착과 망상 즉 업 때문인데, 이는 〔편재하는〕 이것의 존재에서 여타의 모든 경우들을 걸러내어(filter out) 이것의 존재를 〔지금-여기란 눈앞의〕 하나의 사례로 국한한다. 왜 이것이 여기 지금에만 나타나는가? 화엄에서는 이것이 진여(편재하는 무형적인 불성 등)에서 생겨났다고, 이것은 진여-이것을 생성하는-와 직결되어 있다고 본다: 이것은 진여(=체)의 용이다. 이것이 바로 인과관계에 대한 '수직적' 설명이다.[27] 화엄의 보충적인 수평적 설명은, 인과관계가 이 세계의 다른 조건들의 총체성, 즉 단일하고 일의적인 조건들의 집합-모두 잠정적으로는 실재하지만 궁극적으로 실재하지 않는 것과 동일한 위상을 지닌-에 의해 형성된다는 것이다. 이 수평적 설명은 예측가능하고 일의적인 인과과정에 대한 불교의 업에 관한 전통적인 설명이 될 것이다. 모든 도덕적-인식론적 함의는 기본적으로 변하지 않는다. 각 사물은 수직적으로 열려 있는 무조건적인 총체이다. 그러나 총체성은 총체성의 개별적인 버전들이 다른 버전의 총체성들과 그들의 총체성을 이해하는 것을 방해하는 방식으로 서로 간섭하고 조건 짓고 집착하게 한다. 그리고 이렇게 〔총체성을 가리는〕 무지는 이제 소외와 고통을 더욱 배가시킨다.

이에 반해, 생성에 대한 천태종의 이야기에는 *수직적 차원이 없다.* 생성은 이미 거기에 있는 것을 좁혀 말하는 것이고, 항상 몇몇 특정한 중생(들)의 경험과 관련된 것으로 언급된다. 그래서 이것을 설명하기 위해서 중생에게 있어 움직임이나 변화에 대한 인식이 발생하는 것, 즉 불생不生하는 실체-무한하고 교차적인 편재성들-를 조각내는 정신적 행위를 설명해야 한다. 필연적으로 주관적인 그 행위의 발생은 수평적일 뿐이며, 무엇이든 단순히 참이거나 단순히 거짓이 아닌 '삼천' 개의 다른 방식의 대안적인 설명을 할 수 있다. 이 삼천 가지의

---

27 Peter N. Gregory, *Tsung-mi and the Sinification of Buddhism* (Honolulu: University of Hawaii Press, 1991), 232 참조.

서로 다른 인과적 이야기들 각각은 이 특정한 정신적 사건에 내부적으로 현현한다. 정신적 사건은 그것이 어디에서 왔는지, 그것이 서 있는 시간과 공간에 어떤 종류의 다른 것들에 의해 둘러싸여 있는지에 대한 자신의 이야기를 암묵적으로 생각하게 만든다. 그리고 이로써 자기 자신을 위치시킨다. 그것은 일반적으로 이전 조건들(이전 순간이 이후 경험의 순간을 야기함), 주체와 대상 사이에 간주되는 결합(눈이 대상과 접촉함), 또는 반대되는 것에 대한 개념적 대조(긴 것 대 짧은 것) 등의 자리에 과거를 위치시킨다. 그러나 발생에 대한 자기주장에 의거한 암묵적 설명은 단일하고 일의적인 인과적 설명, 심지어는 수평적인 수준과 같지 않다. 천태에서는 수직적 인과가 없으며 수평적 수준에서조차 특정한 경험이 특정 시간 및 장소에서 발생하지만 다른 곳에서 발생하지 않는 이유에 대해 단일하게 설명하지 않는다: 화엄의 수평적 차원에서의, 거울과 같은 비규정성 및 특정한 상의 발생과 관련된 인연에 대한 단일한 조감도에서는 (천태의 설명을) 찾을 수 없다. 〔천태에서의 발생에 관한 설명은〕 오히려 주관적 인과관계에 대한 무한한 설명, 즉 문자 그대로 어떠한 중생이 어떠한 때에 인식을 어떻게 하는지의 방식에서 찾아야 한다. (따라서 우리는 여기서 일반적으로 문제에 대한 계층적이고 가역적으로 상호 중첩된 설명을 제공받으며, 문제에 대한 각 관점은 다른 관점 내에서 재고되고, 그 반대도 마찬가지이다) 그 후에는 이러한 교차적인 주관적 설명들의 상호 포섭에서 찾아야 한다. 이는 (화엄 및 기타 모든 대승불교의) 이제설에 근거한 단일한 속제俗諦와는 대조되며, 천태의 삼제설에 근거한 무한하고 교차적인 속제이다.

이를 보다 구체적으로 설명해보자.[28] 내가 지닌 업의 내력으로 인해, 나는 컵—이는 어디에나 있지만—을 오직 여기에서만 본다. 나는 이것을 특정한 방식으로 생각한다. 그러나 그 특정한 방식은, 그 어떤 규정적인 것보다도, 자아를 전제한 것일 수 없다. *이것의 경계*들 즉 그 '방식의' 경계들 역시, 모든 규정된 것이 의지하는 그 경계의 비일관적 본성 때문에, 역설적이고 침투적인 것으로 판명된다. 그렇기에 이 단일한 설명, 즉 내가 나 자신에 대해 말하는 서사는 항상 무너져 다른 설명, 즉 다른 수평적인 인과관계의 서사로 스며들기 시작한다. 일단 가능한 모든 설명이 원래의 멍청한 자기중심적 설명의 버전으로 보이기 시작하면, 정신적 사건의 발생에 대한 설명은 아무것도 아니라는 것을 알게 된다. 그것은 한꺼번에 어디서나 항상 존재하게 하기보다는 특정한 경계 안에서 그 자체와 그에 반대되는 모든 것의 형태로 제한하여, 지금 여기서만 녹색 섬광〔과 같이 단편적인 것〕을 경험하게 한다. 이 컵의 본성은 발생하지 않는다: 오히려 컵의 다른 사례들이 나의 무명으로 억눌린다. 불규정성이 컵의 본성에 의존하는 것 이상으로 컵의 본성이 불규정성에 의존하지는 않는다. 왜냐하면 이들은 동의어이기 때문이다: 컵의 본성이 그 불규정성을 규정하는 단편적인 방식인 것처럼, 컵의 불규정성은 단지 컵 본성의 편재성(여타의 모든 규정*으로서의* 컵의 존재)을 설명하는 단편적인 방식이다. 이것들 모두 편재성을 기술하는 단편적인 방식, 즉 공空과 가假는 중中을 설명하는 단편적인 방식이다. 또 다른 중생은 내 입장에 동의하며

---

28 천태 인식론의 파생물에 대한 더욱 자세한 설명으로는, 필자의 "Tiantai Buddhism", 특히 1장 3절의 "From Two Truths to Three Truths"를 참조.

컵이 여타의 모든 곳이 아닌 바로 여기에 있다고 생각할 수 있다. 그(녀)가 내가 가진 것과 비슷한 수준으로 업을 가졌기 때문이다. 나의 경우와 마찬가지로, 컵 본성의 여타의 모든 존재를 그녀가 억누르는 원인은 그(녀)가 자기 스스로 받아들인 암묵적인 업의 계보 때문이다. (말할 필요도 없이, 이 서사들은 같은 방식으로 차별화되고 또 상호침투한다. ―그것들은 규정적이고 그 규정성에 구성적인 불일치가 있는 한 결국 편재하고 상호간에 스며들게 된다.) 그러나 우리 둘 모두는 동일하고 편재하는 컵의 본성을 보는데, 그것은 무조건적이고 그리하여 어떤 것 또는 다른 것으로서―두 경우 모두 '컵'으로 명명할 수 있고 수용할 수 있는― 어디든지 존재한다.

컵의 발생에 관한 대안적인 설명 가운데에는, 이것을 보고 있는 나를 본 부처와 보살들이 제시한 설명이 있다: 그들에게 있어, 이것은 그들의 연민 어린 방편(upāya)의 일부로 발생하였다. 그리고 이것을 보고 있는 나를 보는 그들을 내가 볼 때, 즉 컵을 생각하고 있는 나를 생각하고 있는 그들을 내가 생각할 때, 나도 이러한 교차적인 인과적 설명을 경험한다. 그것은 컵이 있는 그대로 있어야 한다는 것을 의미한다: 그것은 부처의 경지, 연민, 방편적 지혜의 표현이다. 그것이 이제 컵은 항상 어느 곳에나 존재하지만 왜 컵이 이 시간과 장소에 발생하게 되었는지에 대한 설명(들 중 하나)이다.

이 두 가지 유형의 설명들을 종합하면 삼제의 의의를 알 수 있다. 발생하는 것처럼 보이는 것은 발생하지 않음, 즉 편재성의 필요한 측면이다. 잠정적으로 있는 것〔假〕은 중을 중이게 하는 데 필요한 것이기 때문이다. 사실 최종적인 분석에서, 영원히 편재하는 규정의 여기-지금의 버전이 발생하는 일을 돌이켜보자. 나는 그것이 발생했음을 단순하고 분명한 사실이라고 말할 수 없다: 그것도 모호하다. 어떤 의미에서는 그것이 발생했다고 말할 수 있지만, 다른 의미에서는 전혀 일어나지 않았다고 말할 수 있다. 〔총체에서 여기-지금을〕 추출하는 행위는 현실에 확실한 추가물이 되는 것이 아니며, 그 자체가 가려내는 행위에 의해 추출되어 스스로를 상정하는 끊임없는 특성이다. 여기까지가 우리가 갈 수 있는 한계이다. 각 정신적 사건의 규정적인 본성에 관한 우리의 본질적인 믿음은, 천태의 수행이 지향하는 원초적 출발점이자 원초적 무지이다. 일종의 '코기토(*cogito*)'스러운 방식에서는 이러한 정신적 규정은 의심할 여지가 없겠으나, 〔여기-지금의 현존을 확인하는〕 현실에서 실제로 이어지는 것은 〔여기-지금을 규정하는〕 경계와 동일한 것을 이루는 것이 없다는 확신이다. 그것이 바로 '선제적(prior)' 편재성이 실제로 의미하는 모든 것이고, 마침내 그 규정의 모든 경우와 형태를 걸러내어 지금-여기의 사건으로 간주된다. 그리고 그 규정이 편재하다고 말할 수 있는 것은, 오직 이 선제적 편재성과 그 규정이 아닌 모든 것과 잠정적으로 대조될 때에만—이것 없이는 그 규정은 규정적인 것으로 확립될 수 없다— 내부적으로만 가능할 뿐이다. 즉 그것이 처음에는 편재하다가 그 후에 특정한 시간과 장소에서 발생하는 것이 아니다. 어디에나 있음〔中〕과 특정한 장소에서 발생함〔假〕과 그것이 아닌 것과 구별되지 않는다는 것〔空〕은 동의어이며, *세 가지 모두* 리, 즉 어디에나 있어야 하는 것에 속한다.

담연이 위에서 말했듯이, 주어진 어떤 사물을 어디에나 있는 것으로 보는 것은 "모두 깨지고, 세워지며, 편재한다는 것(俱破俱立俱法界)"으로 보는 것, 동일한 사실에 대한 세 가지의 교차적인 설명으로 보는 것이다. 필자는 다른 곳에서 이것을 두 가지의 관련 방식으로 길게 설명하려고 노력하였다: 진여 관계와, 이 진여 관계가 설정/핵심이 되는 구조에서 표현되는 방식으로 말이다. 즉, X는 X로서가 아니라, 모든 다른 것으로서, 비-X로 드러나는 X인 비-X로서 편재한다. 편재성 그 자체는, X가 어떤 지금-여기에 있다는 것을 받아들이며(아마도 이는 X를 규정적인 것으로 확립하는—다른 것과는 구별하는— 유일한 방법일 것이다) X가 특정한 지금-여기에 제한된다는 환상으로부터 넘어서야 한다는 것도 받아들인다. X가 편재할 다른 방식은 없으며 Y와 Z 등에 대해서도 마찬가지다. 그래서 궁극적으로 편재 그 자체는 자기 자신에 대한 환상과 그 환상을 넘어설 것을 받아들인다. 중생이 미혹됨을 경험하고 있을 때, 그들은 그 과정에 필요한 두 단계의 과정 중 전반부의 과정만을 경험하고 있을 뿐이다. 원래 미혹된 중생이 그 나머지의 과정을 볼 때는, 그(녀)는 자신의 과거의 망상을 더 이상 망상으로만 보지 않는다. 그(녀)는 또한 그것을 방편이자 불성의 표현으로, 그리하여 발생하지 않고 편재하며 불성 그 자체의 능동적인 현존으로 본다.

그래서 편재성은 그 자체가 편재하는 유일한 방식이라면서 그 자신에 대한 망상을 상정하지만, 이것은 여전히 수직적인 인과관계가 아니다. 먼저, 망상과 편재성은 두 가지의 별개의 수준이 아니라 단면적인 편재성(singleplane omnipresence)으로, 전체/부분 혹은 많고/적음이 관건이다. 따라서 담연은 분리되고 유한한 사물 및 순간에 대한 일상적인 경험은 환상이 아니라 오히려 '관습적인 진리의 작은 부분〔世諦少分〕'[29]이라고 말한다. 그러나 더 중요하게도, 미혹된 중생의 초기 이해—자신이 경험하고 있는 것을, 단지 이 세상의 진정한 분열이라거나 그것이 그(녀)의 미혹된 업의 결과라고 보는—가 이후에 제기되는 편재성 자체에 한계가 있다는 견해와 동일선상에 선다는 것이다. 사실 *이러한* 두 가지의 견해는 리에서 상호침투하며 어느 쪽에도 우선순위가 주어지지 않는다. 『법화경』이 확립될 때—역자 주: 부처의 가르침은 모든 중생들이 깨달음을 얻기 위한 방편임—처럼, 그것은 환상일 때만 불성의 일부인 방편의 역할을 하게 되고 이 반대도 마찬가지이기 때문이다.

3) 서로 다른 모델들에 대한 도식적 접근

여기서도 역시 모든 법이 본성에 본래 존재하다는 주장은 상호배타적이고 완전히 규정적인 실체들—현현 이전의 상태에도 존재하여 현상적인 형태가 주어지길 기다리는—이 있다는 주장이 아니다. 가령 플라톤의 형상(form) 이론이나 다른 의미에서의 칸트의 초월적 형상(transcendental forms) 이론이나 그의 예지적 특성(intelligible character) 관념을 살펴보자. 그들의 이론에서는 어떤 종류의 어떤 규정적인 특성을 갖는 무엇이 경험적 실제 배후에서는 변화하지 않고, 그 상태 또는 형상으로부터 이것(this)으로, 즉 선험적인 형태에서 경험 가능한 형태로 전환할 기회가 주어지길 기다리고 있다.[30] 그러나 천태의 삼제

---

29 湛然, 『止觀義例』, T46.1913, 451c.

30 플라톤의 경우, 그것들의 현현보다도 〔선험적인 것이〕 더욱 규정적이다. 칸트의 경우, 〔선험적인 것은〕 다른 측면으로—형상으로, 규범으로, 감각적 직관의 개별자

설에서는 규정성은 불규정성이고 그 반대도 마찬가지라고, 국지적 정합성은 전체적 비정합성이라고,[31] 가는 공이라고, 심지어 가는 중이라고, 중은 가라고, 공은 중이라고, 중은 공이라고 주장한다.[32] 이는

_____

들을 통합하는 보편적 규칙으로서 - 규정되지만 [현상적인 것과] 동일한 것을 규정한다: 인과관계의 필연적인 법칙은 선험적인 형식으로서, 내가 인과관계의 실례를 경험적으로 인식할 때 내가 현상적으로 아는 바로 그것이다.

[31] 즉 모든 요인들을 고려할 때, 어떤 사물이 나타나는 원래의 방식은 더 이상 명확하게 존재하지 않는다.

[32] 지의는 『摩訶止觀』, T46.1911, 55b15-18에서 거울 은유에 대해 다음과 같이 기록한다.

하나가 공空한 이상 일체가 공이다: 비어 있지 않은, '가'나 '중'은 없다. 이것은 공을 총괄하는 용어로서 관觀한 것이다. 하나가 가假한 이상 일체가 가이다: 임시적으로 상정되지 않은, '공'과 '중'은 없다. 이것은 가를 총괄하는 용어로서 관한 것이다. 하나가 중인 이상 일체가 중이다: 중심이 아닌, '공'과 '가'는 없다. 이것은 중을 총괄하는 용어로서 관한 것이다(一空一切空無假中而不空. 總空觀也. 一假一切假無空中而不假. 總假觀也. 一中一切中無空假而不中. 總中觀也.).

또한 우리는 이 문장을 "중심적이지 않은 것은 임시적으로 상정될 수 없다" 등을 의미하도록 번역할 수 있다. 그러나 여기에서 형용사 '비다(empty)'와 추상명사 '비움(Emptiness)' 사이에 존재하는 모호성을 감안한다면, [이 중 어느 쪽으로 번역하느냐는 번역자의] 의도적이고 결정적인 문제이다. 이 문장에서 볼 때, 구체적인 것과 추상적인 것은 완전히 분리될 수 없다. 공, 가, 중의 세 용어는 동의어, 즉 동일한 언급대상에 대한 세 가지의 의미들이다. 그들 사이에 차별성과 동일성이 모두 존재하는 것은 당연한데, 동의어가 (특정한 측면을 강조하는 데 있어서) 반드시 서로 다르지만, 동일한 것을 언급하는 것처럼 말이다.

모든 규정성은 그 자체로 완전히 규정적이면서도 본래적으로 그 자체 즉 그 규정성을 넘어선다. 즉, 완전히 규정적이지 않기 때문에 어떤 의미에서든 규정적일 수 있지만(그것은, 화엄에서처럼, 형태가 없는 빛이기 때문에 특정한 상이다) 규정적이 아닌 것은 그 자체가 규정적(형태가 없는 빛, 텅 빈 거울은 그 자체로 특정한 상이다)이다.

사실 우리는 이 모든 중국적 사례가 서양사상가들의 생득 관념 혹은 선재하는 규범/구조와 극명하게 대조됨에 주목해야 한다. 예를 들면 플라톤에게 있어서 선재는 두 영역의 불가분성의 결과가 아니므로, 어느 한쪽이 다른 한쪽과 독립적으로 존재할 수 없는 것이 아니라 오히려 그 *반대이다*: 선재는, '다중적으로 규정된 선험적 실재'는 '선험적 실재의 형태가 〔현상적〕 시·공간에서 출현하는 것'과 독립적으로 존재하고 알려질 수 있다는 의미로 받아들여진다. 칸트의 경우는 다른데, 초월적 형태는 시·공간의 감각적 직관에서 먼저 예화되지 않고는 알 수 없기 때문이다. 그러나 초월적인 형태들을 알 수 없는 이유는 초월적 형태들의 규정성이 부족하기 때문이 아니며, 초월적 형태 자체가 감각적 직관들과 상호의존적이기 때문도 아니다(초월적 형태 자체는 감각적 직관들과 완전히 독립적이다). 요컨대 중국적 모든 사례에서 비-경험적인 것의 선재는 경험적인 것과 비-경험적인 것의 불가분성을 수반하지, 선험적 영역의 독립성을 수반하지 않는다. 즉, 경험적 현실 내의 모든 요소가 여타의 모든 요소와 *그리고* 비-경험적 현실의 모든 요소가 비-경험적 현실의 여타의 모든 요소와 불가분적이라는 것을 보여준다.

그러나 천태의 어느 두 사事의 실체들 간의 상호포함 및 동일성의 관계는, 화엄과 다르다. 화엄의 사례는 다음과 같이 나타낼 수 있다.

$$A = X(\text{사리, 용-체}) \longleftrightarrow B = X(\text{사리, 용-체}),$$
$$\text{그러므로 } A = B$$

그러므로 A는 B의 체이며(A는 X이고 우리는 이미 X가 B의 체라는 것을 이미 알고 있으므로) '역으로' B는 A의 체이다(B는 X이고 우리는 이미 X가 A의 체라는 것을 알고 있기 때문에).

그러나 천태에서는 다음과 같다.

$$A = A + B(\text{리이자 체로서의 삼천, 그러므로 사이자 용인 삼천을 } \textit{포함})$$
$$\longleftrightarrow$$
$$B = B + A(\text{리이자 체로서의 삼천, 그러므로 사이자 용인 삼천을 } \textit{포함}),$$
$$\text{그러므로 } A = B$$

그러므로 체-용의 용법을 적용하면, A는 B의 체이고(B의 체로서의, A+B와 삼천), 역으로 B는 A의 체이다(A의 체로서의, B+A와 삼천).

4) 가역적 체-용과 천태의 중

이러한 화엄과 천태의 차이는, 자신의 담론을 설명하기 위해 체용론적 용어를 일반적으로 활용하지 않았던 지의에서 체용론적 용어를 활용한 담연으로의 변화를 살펴보면 더 명확해질 수 있다. 상호 포섭의 교리—한순간의 생각과 삼천 가지의 현실적 양상이 동일하다—의 전거는

지의 『마하지관』의 유명한 구절이다.

대개 하나의 마음은 십법계를 갖추고 있고, 하나의 법계마다 또 십법계를 갖추어 곧 백법계가 된다. 일법계가 서른 가지의 세간을 갖추고 있으니, 백법계는 곧 삼천 가지의 세간을 갖추고 있으며, 이 삼천 가지의 세간은 일념의 마음에 있다. 만약 마음이 없으면 그만이지만 한순간의 마음이라도 있으면 그 마음에 삼천 가지의 세간이 갖추어져 있다. 또한 하나의 마음이 앞에 있고 온갖 법이 뒤에 있다고 말해서는 안 된다. 또 온갖 법이 앞에 있고 하나의 마음이 뒤에 있다고 해서도 안 된다. 예를 들자면 사물의 변화하는 특성〔相: 생성, 지속, 쇠퇴, 해체〕과 같은데, 사물이 특성 앞에 있다면 사물은 특성에 의해 변화하지 않을 것이고, 특성이 사물 앞에 있다면 역시 사물은 변화하지 않을 것이다. 앞이라고 할 수도 없고 뒤라고 할 수도 없다. 우리가 사물에 대해 논할 때는 단지 그 특성들의 변화 과정을 이야기할 뿐이고, 우리가 사물의 변화하는 특성에 대해 논할 때는 단지 그 사물에 대해 논할 뿐이다. 이 마음 또한 이와 같아서, 만약 한 마음에서 온갖 법을 낸다고 하면 이것은 우선성의 수직적 관계〔縱〕이다. 만약 마음이 한순간에 두루 온갖 법을 갖추고 있다면 이것은 공존의 수평적 관계〔橫〕이다. 이 중 어느 관계도 불가하니, 다만 마음이 온갖 법이고 온갖 법이 마음이기 때문이다.[33]

---

33 『摩訶止觀』, T46.1911, 54a5-16, "夫一心具十法界, 一法界又具十法界, 百法界. 一界具三十種世間. 百法界卽具三千種世間. 此三千在一念心. 若無心而已, 介

여기에서 주제는 현상적이고 개별적인 심성 수준이지, 보통 말하는 리-사 관계가 아니다: 이 구절에서 등장하는 마음은 순수한 거울과 같은 반사성—화엄의 체-용 모델에서 체-의 동의어가 아니다. 그것은 분명 현상적인 마음으로, 감각-대상 및 감각-감관의 상호작용에서 발생하는 여기-지금의 심리적 작용이다. 이때 체용론적 용어가 전혀 존재하지 않음에 유의해야 하는데, 이 문헌은 체용론이 천태의 주류 담론에 들어오기 전에 지의가 작성하였기 때문이다. 지의는 특정한 실체로서의 마음이 모든 것을 '포함'하지도 않으며 실제로 모든 것을 '생산'하고 있지 않다고 말한다. 오히려 마음은 모든 것*이다*. 감각의 모든 순간은 감각의 모든 대상이며, 대상을 감지하는 여타의 모든 방법이다. 한 의식적 행동의 인지 및 이해적 측면은 사물 및 그 특성에 비교된다. 바로 여기에 있는 붉은색 상자는 단지 붉음의 본성(redness), 상자의 본성(boxness), 바로-여기의 본성(right-hereness) (등등)에 지나지 않는다고 말할 수 있다. 실체 및 그 특성들은 동일한 것이지만 두 가지 다른 방식—단일하게 혹은 개별적으로—으로 설명된다. 이는 보편적인 형이상학 수준에서 화엄의 체와 용에 주어진 관계와 같다. 동연적이며, 다른 것과 즉한다. 마음이 무엇이든 그 대상이고, 그 대상이 무엇이든 마음이다. 그러나 천태종에서 체용론은 보편적인 수준이 아니라 직접적인 현상학적 수준, 즉 개별적인 심성 수준에서

爾有心, 卽具三千. 亦不言一心在前, 一切法在後. 亦不言一切法在前, 一心在後. 例如八相遷物, 物在相前, 物不被遷. 相在物前, 亦不被遷, 前亦不可後亦不可. 祇物論相遷, 祇相遷論物, 今心亦如是. 若從一心生一切法者, 此則是縱. 若心一時含一切法者, 此卽是橫. 縱亦不可, 橫亦不可. 祇心是一切法, 一切法是心故."

언급된다: 마음 및 물질의 이러한 모호성은, 모든 개별적인 경험을 특징짓는 것으로 인식된다. 이들은 사물이 그 특성으로 환원될 수 있거나 혹은 특성이 사물로 환원될 수 있다고 [이 둘이] 동등하게 타당하다고 말할 수 있는 것처럼 가역적 관계에 있고, 모든 마음이 그 대상이라거나 모든 대상이 그 마음이라고 말할 수 있다.

현상 간(inter-phenomenal) 수준에서 우리는 화엄의 동연적 체-용에 가까운 것을 볼 수 있다. 그러나 이것을 뒤바꾸어 적용한다면, *리를 설명하는 것은 동연적 체용의 두 가지 측면 중 하나가 아닌 바로 이 가역성이다.* 중/불성(리)이 궁극적으로 사의 상호침투로만 드러나는 한, 이러한 가역성은 화엄에서도 마찬가지이다. 그러나 앞에서도 언급했듯이, 화엄의 가역성은 단지 두 개의 교차적인 설명 가운데 관점만을 전환한 것이어서 실제로는 항상 '체로서 리' 그리고 '용으로서 사'에 그친다. 천태에서 각 규정은 리와 사 모두 가역적이며, 사는 당초에 리보다 작은 부분 혹은 중으로서의 리에 기대어 설명되는 한 측면이다. 천태에서는 강한 중이므로 약한 체이지, 강한 체이므로 약한 중이 아니다. 중요한 것은, 지의가 실체 자체와 동일하다고 하는 특징은 단순히 어떠한 특정 성격이 아니라, 실체가 생성되고 파괴되는 변화, 생성, 소멸의 역사가 그 특징이다. 사물은, 사물이 태어나고 죽어가는 과정, 즉 X-아닌-것에서 X인-것으로 다시 X-아닌-것으로 변화(transition)하는 사물의 시간적 이력이다. 여기서의 변화는 조건성 ─그야말로 타자와의 필연적인 관계인─이 가장 즉각적으로 현현한 무상함(덧없음, impermanence)이다. 그러므로 사물의 존재가 가역적으로 환원될 수 있게 하는 사물의 내적 특성은 타자와의 관계이

다. 즉 사물 자신의 바로 그 본질에 자기 자신이 아닌 것을 내재적으로
포함하는 것이다. 어떤 규정적인 것이 외부를 갖는 것은 우연적이지
않고 필연적이다. 모든 규정에 있어 외부를 갖는 것은 필수적이기에
내부적이다. *이* 외부를 갖는 것은 정확히 *이* 사물이 되기 위해 본질적이
며 그래서 내부적이다. 사물은 그것의 특성에 지나지 않고 그 특성들은
그 사물에 지나지 않지만, 그 모든 특성은 그 사물 자신 외부의 내부성
이다. 사물은 그 자체의 타자성일 뿐이다.

다음은 이 상황에 대한 담연의 요약으로서, 역시 분명하게도 개인적
심성 수준에서 언급되었다(지례의 설명에 입각하여 번역함).

일체의 온갖 법이 심성 아님이 없고, 모든 것을 포함하는 본성은
사실상 특정한 본성이 아니다. 따라서 삼천세계가 모두 변함없이
존재한다. 우리는 [현상적, 순간적인] 마음이 [명상 과정을 통해
모든 존재의 영원하고 편재하는] 마음과 몸과 분리될 수 없음을
이해해야 한다. [앞에서 언급한 사물과 그 변화의 흔적에 관한
지의의 은유에서처럼, 그 현상적인 마음의 경험 초기에 분명 외적
대상으로 보이는 현상적인 마음의 부분적인 모습을 포함하여
외부 사물에 대한 경험으로 추정되는] 상태의 변화를 겪더라도,
이것들은 단지 마음 그 자체이다. 경험의 모든 법들의 '지어냄[造]'
이라고 불리는 것은 바로 이러한 변화[變]인데, 이는 경험된 임시
적인 용[삼천]은 단지 체[삼천] 그 자체일 뿐임을 의미한다. 참으
로 이런 이유로, 그 내용들 각각은 물질도 마음도 아니며, 마음에
반대되는 물질이면서 물질에 반대되는 마음이며, 오직 물질이기

도 하며, 오직 마음이기도 하다. 따라서 자신의 현재 경험의 순간을 보는 것만으로도 자신을 보고, 다른 모든 것을 보고, 모든 중생을 보고, 모든 부처를 본다. 다른 이가 중생이고 다른 이가 부처라는 것은 자기 자신의 〔현상적인 한순간의〕 마음 작용과 같거늘, 하물며 자기가 중생이고 부처라는 것은 어찌하겠는가?[34]

여기서 우리는 체-용이 지의의 체용을 사용하지 않은 설명에 어떻게 접목되는지, 그리고 지의에 의해서 그 체용론적 모델이 겉보기에는 수정되면서도 궁극적으로는 수정되지 않는지를 보게 된다. 주목해야 할 핵심은, 먼저 본성의 단일함, 본성의 없음 및 본성(들)의 다수성이 삼제―여기서 다시 언급된― 차원에서 모두 동의어라는 점이다. 이 삼제는 리이고 본성이며 심성일 뿐만 아니라, 모든 다른 것들의 본성이다. 이 리는 체로 묘사되지만, 화엄의 '한정적인 중'과는 다르다. 그것은 (순수불변의 형태가 없는 반사성에 국한된 법장의 은유처럼) 없음에 국한되는 것도 아니고 (상이 없는 반사성이지만 필연적으로 항상 다수적인 상으로 표현되는 것처럼) 없는 것이지만 그에 동연하여 〔현현하는〕 다수성도 아니다. 오히려 그것은 우선 *하나의 구체적이고 규정적인 본성*이다: 여기에서 이것은 상이 없음(반사성)이 아니라, 오히려 *정신성의 특성*(characteristic of mentalness)으로서 하나의 *구체*

---

34 湛然, 『十不二門』, T46.1927, 703a, "一切諸法無非心性, 一性無性. 三千宛然. 當知心之色心, 卽心名變, 變名爲造, 造謂體用. 是則非色非心而色而心, 唯色唯心良由於此. 故知但識一念, 遍見己他生佛. 他生他佛尙與心同, 況己心生佛寧乖一念?"

적이며 부분적이며 규정적이며 조건적인 특성이다. 지례가 강조하는 것처럼, 이것은 마찬가지로 '정신성의 본성〔心性〕'이기보다는 '물질적인 본성〔色性〕'일 수도 있다. 우리는 "온갖 법은 물질의 본성이 아님이 없고, 물질적 특성들의 사례들, 즉 물질이다. 그러나 모든 것을 포함하는 본성은 사실상 특정한 본성이 아니다. 그러므로 …"라고 말할 수도 있겠다. 여기에서 '마음'은 보편적이고 *불규정적인* 형태 없음이 아니다. 이것은 특정한 규정적인 특징, 이 단일한 정신 작용으로서의 *이* 단일한 경험의 순간이다. 우리가 모든 것은 '물질과 반대되는 정신적인' 특성을 갖고 있다고 본다면, '정신적'은 비-정신적인 것으로서 물질을 배제한 경계에 근거한 본래의 의미를 상실하게 된다. 이것이 바로 담연이 계속해서 "하나의 본성은 본성이 아니다"라고 말하고 이것이 모든 삼천 개의 본성들이라고 말한 까닭이다.

지례의 "마음이 마음과 몸과 분리될 수 없다〔心之色心〕"의 구절에서, '마음'의 첫 번째 용례는 순간적이고 일시적이며 현혹된 현상적인 마음을 의미한다. 그런데 반해 '마음과 몸'—첫 번째의 마음과 동일한 것으로 주장되는—은 시간과 공간에서 현상적으로 이용 가능한 모든 마음과 몸을 나타낸다. 그리고 동일한 바로 그 마음과 몸은 (일시적인 버전이 아주 작은 부분을 차지하는) 영원하고 편재하는 마음과 몸으로 다시-드러난다. 이 단일한 일시적 생각의 순간과 다른 모든 가능한 경험적 대상의 동연성을 보는 것은, 상호배타성이 유지될 수 없다는 즉각적인 경험을 확립하게 한다: '이 정신적 작용'과 '그것이 보고 있는 저 의자'가 규정적이기 때문에 양자택일의 실체들이라고 주장하지만, 동시에 우리가 경험하는 사실은 동시에 '이 정신적 작용'과

'저 의자'가 그렇게 될 수 없음을 보여준다. 상호배타적인 것으로 여겨지는 규정적인 것들의 이러한 살아있는 동연성은, 이 현상적인 순간에 무엇을 인식하더라도 그 자체를 인식하고 있는 이유이다. 이러한 동연성은 바로 자아와 타자가 동시에 존재하고 따라서 편재하고 영원하다는 것에 대한 직접적 경험의 현현이다.

더욱이 이제 영원한 것으로 입증된 이 한 가지 현상(이 정신 작용의 순간)과의 동일성—선험적인 영원한 무형성(체로서의 반사성 등)이 아닌—을 통해 삼천 가지 경험된 현상 하나하나는 어떤 특정한 시간과 장소에 국한될 수 없는 것으로 보인다. 따라서 이 삼천 가지의 현상은 본성에 대한 삼천 가지의 또 다른 이름, 삼천 가지의 대안적인 리들(Lis)이라고 볼 수 있다.[35]

---

35 천태조사 지례는 이 구절을 『十不二門指要鈔』, T46.1928, 710b에서 다음과 같이 설명한다.

처음에 마음이라 한 것은 임의의 경험적 순간〔찰나〕을 의미한다. '之'는 어조사이다. 색심色心은 본성의 특성들로서의 삼천이다. 원가〔圓家; 천태〕에서는 본성을 한정된 리〔但理〕가 아니고 삼천세계를 갖춘 본성이라고 이해한다. 이 본성은 원융하여 이 경험의 순간에 공존하는 모든 것들에 스며들고 들어간다. "마음이 색심이다"라는 것은, 이 경험적 순간이 전적으로 삼천의 색심임을 말하는 것으로 사물의 팔상八相이 다시 앞뒤가 없음과 같으니, 곧 『摩訶止觀』의 심구心具의 뜻이요, 심성心性의 뜻이다. 이 삼천 가지 정신적 사건과 물질적 사물 하나하나가 영원히 변하지 않으니, 이를 본성이라 이름한다. 이 구절은 궁극적 원리와 관련하여 전체〔總〕와 부분〔別〕을 설명한다: 본래 구비된 삼천은 부분들인 반면, 경험의 한순간은 전체이다. 삼천은 하나의 본성이기 때문에, 어느 한순간의 경험이 삼천을 모두 포함하는 전체로 작용할 수 있다.

다음 구절 "그래서 그것이 상태의 변화를 겪더라도[이는 외부대상들로 추정되는 것에 대한 경험을 경험하는 것이다] 이것들은 마음 그 자체일 뿐이다"는 것은, 앞에서 삼천을 구비한 경험적 순간이 청정하거나 염오된 인연에 따라 변화하지만 변화하지 아니하며, 여러 상태들을 만들어내지만 어떤 새로운 것도 만들어내지 아니하여, 그렇게 함으로써 현세의 현상적 현실에 존재하는 삼천 가지 사건이나 특성 중의 어느 것이 될 수 있음을 의미한다. '변화[變]'라는 용어가 원교와 별교에서 사용되고 '지어냄[造]'이라는 용어는 네 가지의 가르침[장교, 통교, 별교, 원교] 모두에서 사용되지만, 구비된 마음[具心]이 그 자체로 '변화'이며 이러한 '변화'가 '지어냄'이 의미하는 전부라는 여기서의 용법은 다른 세 가지의 가르침이 아닌 오직 원교에서만 가능하다.

이 두 구절은 현상적 실제의 전체와 부분들에 대해 서술하였다: 변화하고 만들어진 삼천은 부분들이고, 경험적 한순간은 전체이다. 또한 삼천은 하나의 본성이고 그러므로 어떠한 주어진 경험적 순간으로 모두 환원될 수 있다. "경험된 현상적 용用[삼천]은 체[삼천] 그 자체이다"라는 것은, 앞에서 설명한 모든 법의 변화와 지어냄에서 각 용을 발생시키는 것은 전체의 체임을 나타낸다. 앞서 말한 경험의 순간은 모든 정신적, 물질적 사물을 수반하고 조건에 따라 변화하고 만들기 때문에, 현세 안의 모든 정신적, 물질적 사물은 본성 안에 있는 그대로의 삼천을 체로 삼고, 현상계 안에서 일어날 때의 삼천을 용으로 삼는다. 따라서 전체의 리-체理體는 각각의 현상적인 용을 일으킨다. 오직 이렇게 해야만, 원교의 '조건을 따르는 것[隨緣]'의 의미를 알 수 있다(初言心者, 趣擧刹那也. 之者, 語助也. 色心者, 性德三千也. 圓家明性旣非但理, 乃具三千之性也, 此性圓融遍入同居刹那心中, 此心之色心乃秖心是三千色心, 如物之八相更無前後. 卽同止觀心具之義, 亦向心性之義. 三千色心一不可改, 故名爲性, 此一句約理明總別, 本具三千爲別, 刹那一念爲總, 以三千同一性故, 故總在一念也. 卽心名變等者, 卽上具三千之心, 隨染淨緣不變而變非造而造, 能成修中三千事相, 變雖兼別造雖通四, 今卽具心名變, 此變名造, 則唯屬圓不通三教. 此二句則事中總別, 變造三千爲別, 刹那一念爲總, 亦以三千同一性故, 故咸趣一念也. 造謂體用者, 指上變造卽全體起用, 故因前心具色心隨緣變造, 修中色心乃以性中三千爲

이 구절에 대한 해석에서, 지례는 단순히 마음이 리이며 리가 하나인 반면 마음이 만든 현상은 사이고 사는 다수라는 의미로 받아들일 수 없다고 강조한다. 오히려 여기에서 마음과 경험하는 현상은 둘 다 리와 사이고, 리와 사는 각기 하나이자 여럿이다.[36] 이는 단지 모든 현상은 만연하고 영원하다는 것을 의미한다는 것이다. 또 자세히 보면 여타의 모든 경험들은 그들 각각을 다른 무언가로 간주하는 한쪽으로 치우쳐지고 협소한 경험으로 간주된다. 영원한 삼천은 여기에서 체이고 현상적인 삼천은 용이지만, 그들은 실제로는 단지 하나이고 동일한 삼천이다.

우리는 화엄의 체용 모델을 설명하기 위해, 마지막 문장과 거의 동일하게 들리는 문장을 말할 수 있다(파도를 축축한 성질〔體〕이나 파도

體, 修起三千爲用, 則全理體起於事用, 方是圓敎隨緣之義.).

36 知禮, 『十不二門指要鈔』, T46.1928, 708c:

앞의 부분에서는 모든 현상들이 그들의 부분들〔別〕로서의 자체自體를 잃지 않음을 말하였다. 이 부분에서는 모든 현상들이 어떻게 모두 그들로 구성된 전체〔總〕로서의 경험의 한순간으로 환원되는지를 보여준다. 그것은 종일토록 자체를 잃지 아니하며, 또한 종일토록 찰나의 순간으로 나아간다. 성구性具의 온갖 법은 이러한 전체와 부분이 서로를 완전히 관통하며, 연기의 온갖 법 역시 그러하다. 〔그러나〕 현상적 사건〔事〕은 부분들이고, 이치〔理〕가 전체라는 것을 의미하는 것은 아니다. 또한 사 혹은 리가 전체로서의 현상적 경험의 한순간임을 알아야 한다. 중생은 현상 안에 존재하면서 아직 이치를 깨우치지 않았으므로, 마음의 미혹된 무더기에 의거하여 오묘한 이치를 드러내기 때문이다(前約諸法不失自體爲別, 今明諸法同趣刹那爲總, 終日不失終日同趣, 性具諸法總別相收, 緣起諸法總別亦爾, 非謂約事論別, 以理爲總. 又復應知, 若事若理, 皆以事中一念爲總, 以衆生在事未悟理故, 以依陰心顯妙理故.).

〔用〕로 묘사하는 대안적인 방식으로): 파도가 축축한 성질이고 축축한 성질이 파도인 것처럼 영원한 리는 모든 현상이고 현상은 리이다. 그러나 화엄의 급진적인 고전적 체용 모델에서는, 통일성은 축축한 성질이고 다수성은 파도이다. 천태에서 '체'는 리나 삼제로 표현되는 모든 규정의 영원성과 편재성, 즉 규정적-이고-불규정적인 것 −'공'으로도 존재하는 '가'로서, 이것은 다른 두 가지와도 서로 동일한 것으로 존재한다 −, 즉 중으로서의 규정을 의미하기 위해 차용된다. 편재가 의미하는 것은 바로 이 중심성이며, 주어진 법을 체로 만드는 것은 바로 이것뿐이다.

그래서 성구설, 즉 특정 시간과 장소에 현현하기에 앞서 모든 규정성들이 이미 존재한다는 주장은 실제로 규정성 자체의 본성에 관한 주장일 뿐이다. 즉, 단지 어떤 주어진 규정에 앞서 존재하는 것이 그 새롭게 발생한 규정에 대한 명백한 배제로 생각될 수 없다는 것이다. X의 배제 그것이 그 자체로 적어도 하나의 방식으로 완전히 규정되고 지속적으로 경계가 형성되었다는 것을 의미한다. X가 선재한다고 해서, 어떤 시간과 공간에서 X가 나타나기 전에 X에 대해 *알 수 있는 것은 아니기* 때문이다. 이는 X가 *시간과 공간에 일단 출현하게 되면*, 출현 전후의 시간은 X에 대해 배타적이지 않으며 X의 하나의 조각처럼 보아야 한다는 것을 뜻한다. 그렇게-규정된-것과 아직-그렇게-규정되지-않은 것 간의 분리될 수 없음(경계의 비일관성, 즉 중심성으로 인해)을 고려한다면, 각각은 실제로 둘 모두에 해당한다. 체는 화엄에서처럼 단지 규정된-것으로서의-불규정적인-것의 편재성일 뿐만 아니라 그렇게-규정된-것으로서의-불규정적인-

것의 편재이다.

그러나 여기서의 천태의 논의가, '생득 관념'의 모델에서처럼 마음에 완전히 형성된 규정의 존재를 의미하지 않으며 플라톤의 관념에서처럼 일종의 비-물질적 실체들의 존재를 의미하지 않음을 분명하게 볼 수 있다. 천태의 세계에서 순수하게 비-물질적인 실체들이란 정말 없다: 물질성은 오히려 항상 물질적이면서도 정신적인 어떤 것에 대하여 한쪽에 치우쳐 좁혀진 견해이다. 이는 주희의 선재 개념처럼 어떤 것에 대한 지식이 그것의 어떠한 종류의 물리적 현현 이전에 존재할 수 있다는 것을 의미하지 않는다. 이러한 [선험적인] 앎을 실천할 수 있는 존재는 없을 것이기 때문이다. 천태와 주희 모두 전적으로 비-물질적, 전적으로 비-시간적, 전적으로 비-공간적으로 아는 자가 존재할 수 있다는 것을 부인한다. 이것이야말로 모든 진정한 무신론자들의 인식론에서 핵심이다! 천태의 요점은 현상적인 마음이 이른바 마음과 반대되는 외부적인 법이며, 그 법은 바로 그 마음 자체라는 것이다. 이것은 또한 마음 '혼자' 모든 법을 생산할 수·없으며 모든 법의 총체도 혼자 마음을 생산할 수 없다는 것을 의미한다: 왜냐하면 두 가지 중 어느 것도 '혼자'일 수 없기 때문이다. 하지만, 더 나아가 다른 의미에서 각각은 다른 하나를 생산할 수 있다: 정확히 각각은 혼자서는 완전히 인지될 수 없기 때문에(unintelligible), 내가 '마음'이나 '마음이 아닌 법의 총체'라고 말할 때 언급되는 것은 실제로 항상 두 가지 모두로 구성되는 총체 내지는 그 둘 중 하나로 읽을 수 있는 총체이다. 그 이유는 각각의 개별들은 혼자서라도 오로지 양쪽을 포함한 '전체'를 의미하기 때문이다. 마음은 마음-이면서-법을 의미하고, 법은 마음-이면서-법을 의미하므로, 마음 혼자 내지는 법 혼자 모든 마음과 모든 법을 제공할 수 있다. 여기서의 핵심은, 누차 언급하지만, 쪼개어질 수 없고 구별될 수 없음이다. 그래서 우리가 '마음'이라고 말할 때 실제로 의미하는 것은 법이며, 그 반대도 마찬가지이다. 마음과 법은 같은 것을 보는 두 가지 방법들이다.

5) 왜 이것이 중요한가: 천태의 내재적 악과 중심-주변으로서의 체-용

이러한 입장 역시 천태의 저술가들에게 중요한 특별한 구원론적 함의를 가지고 있다: 모든 악들과 무명들은 그 자체로 불성에서 제거될 수 없을 뿐만 아니라, 그들 각각은 불성—아무것도 제거될 수 없는—이라는 것이다. 지의가 최대한 명시적인 방식으로 말했듯이 "지금-여기의 악한 행위/생각의 모든 체는, 어디에나 있고 무조건적인 본성과 같은 악이다. 〔윤회적 인과고리의〕 십이인연법의 각각과 다섯 가지 쌓임의 각각은 공空과 같아서 항상 그대로 있으며 모든 시간과 장소에 두루 편재한다."[37] 즉 여기에서 논의된 천태의 주장에서 문제가 되는 부분은, 무명과 악이 제거되어 본성의 아주 깨끗한 청정함에 도달하는 것이 아니라 그것들 각각이 스스로 본성으로 기능할 수 있다는 구원론적인 사고이다. 즉 무명과 악은 그 자체로 무조건적이고, 편재하고, 전능하고, 여타의 모든 현상으로서/에서 나타나는 것이다. 담연은 이 점을 매우 명시적으로 말한다.

---

37 『觀音義疏記』, T34.1729, 936c, "修惡全體是性惡故, 十二因緣及以五陰, 一一如空常住周遍."

[중생에게 있어 단지 원리로만 불성과 동일한] 리[38]의 단계에서 볼 때 삼천은 모두 무명이라고 할 수 있다. 같은 삼천이 불과를 성취하면[이러한 동일성을 사에서 깨달았을 때], 이 모든 것은 영원한 즐거움이라고 칭할 수 있다. 삼천은 조금도 바뀌지 않으므로 무명이 바로 깨달음이다. 삼천의 각각은 항상하니, 각각이 체이고 각각이 용이다.[39]

중생의 미혹된 세계는 삼천이다. 부처의 깨달은 세계도 같은 삼천이다. 이 주장의 완전한 요지를 이해하기 위해서는, 우리는 '삼천'에는 그 구성원으로서 미혹된 중생과 깨달은 부처가 명시적으로 포함되어 있음을 상기해야 한다. 그래서 각각은 상대방의 삼천을 포함하고—즉, 우주를 보는 각각의 방식에는 우주에 대한 다른 모든 관점이 포함되며—

---

38 이 혼란스러운 용어에 대해 천태에 익숙하지 않은 독자들에게 깊은 사과를 드린다! 여기서 담연이 '리'라고 말할 때, 그는 실제로 '사'를 의미하고자 하였다!!! 여기서 리는 그것들의 상호침투와 영원성 등이 단지 잠재적일 때, 지의의 '육즉(六卽, 여섯 가지 동일성)' 가운데 첫 번째인 리즉[理卽, 리와의 동일성]을 의미한다. 이것은 중생의 일상적인 경험이다. 담연은 이것이 재미있게도 역전될 수 있다는 것을 알고 있었다. 이런 이유로 그는 『金剛錍』, T46.1932, 784c24에서 여기에 몰두한다: "중생이 리(불성 등)만을 갖고 있지만 부처는 지금-여기의 실제 경험에서 그것을 실천했음을 알라. 반대로 중생은 지금-여기의 경험만 갖고 있지만 부처는 [이 모든 것을] 리로 깨우친다(應知衆生但理諸佛得事, 衆生但事諸佛證理.)!" 담연이 본문의 인용문에서 말한 리는 이 구절에서 나오는 리의 첫 번째 의미이다.

39 『十不二門』, T46.1927, 703c, "三千在理同名無明, 三千果成咸稱常樂. 三千無改無明卽明, 三千並常俱體俱用."

그것들은 여전히 같은 삼천, 즉 동일한 우주이다. 이는 천태에서 '동일한 것'이 의미하는 것 때문이다. 삼제의 한 측면으로, 따라서 '다른 것'이면서 '그것과 다른 모든 것에 편재'하기도 한다.

지례의 설명은, 체와 용에 대한 천태의 이해의 관점에서, 이 입장의 급진적 의미를 명확하게 한다.

삼천 세간의 현상 하나하나가 항상하다. 항상 선재하는 리로 고려되는 이 삼천을 체라고 이름하고, 현상의 변화로 간주되는 이 동일한 삼천을 용이라 이름한다. 그러므로 담연은 각각이 체이고 각각이 용이라고 말했다. 이 네 구절 가운데 첫 번째와 두 번째 구절에서는 원인과 결과가 각기 삼천을 구비하고 있음을 밝혔다. 세 번째 구절에서는 원인의 삼천과 결과의 삼천이 하나의 동일한 삼천임을 밝혔는데, 그것들 가운데 어느 것도 변하지 않았기 때문이다. 네 번째 구절에서는 원인과 결과의 모든 삼천이 작용들을 일으키고 있음을 밝혔다. 부처의 경지 이전에는 삼천의 각각이 염오된 작용을 일으키는 반면, 부처의 경지 이후에는 동일한 삼천의 각각이 청정한 작용을 일으킨다. 이 네 번째의 구절이 원만한 가르침을 가장 분명하게 묘사했다. 어째서 그러한가? 체와 용이란 용어는 본래 완전한 상호동일성[相卽]을 주장하는 방식이기 때문이다. 그러므로 우리가 모든 법들이 리와 동일하다고 이야기할 때, 이 '동일함[卽]'은 오직 전체의 용이 어떠한 예외 없이 정확히 체일 때에만 가능하다.[40]

---

40 『十不二門指要鈔』, T46.1928, 715b, "三千世間一一常住, 理具三千俱名爲體,

급진화된 화엄적 의미에서의 체용은 총체적인 동연성과 동일성을 함축하고 체가 용보다 우선한다는 범주적 우선성과 결합되어 있으므로, 천태의 용법에서 여전히 중요한 전제이다. 사실, 동일성은 더욱 철두철미하지만 동시에 범주적 우선성도 더욱 철두철미하다. 화엄에서 동일성을 여전히 규정적인 것과 불규정적인 것으로 나누는 일방적인 종속 관계는, 여기〔천태〕에서 제거된다. 대조하는 요소들 가운데 오직 하나의 요소, 즉 고요함 대 움직임만이 유지된다. 용이 일시적인 것과는 대조적으로 체는 여전히 고요하고 영원하다. 그러나 이전의 몇 구절에서 설명한 것처럼 이 두 가지는 메타-수준에서 동연적인 것으로 간주된다. 그러나 고전적인 체용 모델의 여타의 대조적인 핵심요소들─체는 하나이고/용은 다수, 체는 불규정적이고/용은 규정적, 체는 소의이고/용은 능의임─은 천태에서 제거된다. 이러한 결정적이고 대조적인 요소들은 체 그 자체의 본성으로 옮겨지고, 또한 용 그 자체의 본성으로 옮겨진다. 체는 하나와 다수로 자체 대조되고, 용도 하나와 다수로 자체 대조된다. 두 개의 '대조적인' 요소인 *의존*과 정적임은 유지되지만 변경된다: 이들은 이제 전체와 부분의 모델에서 이해된다. 따라서 체는 전체가 개념적으로 부분보다 우선한다는 의미에서 개념적 우선성을 가지고, 여기서 편재성은 중의 작용으로 구상된다. '중'은 개념적으로 주변 요소들보다도 우선하며 주변 요소들에

變造三千俱名爲用, 故云俱體俱用. 此四句中, 初二明因果各具三千, 三明因果三千祇一三千, 以無改故 四明因果三千之體俱能起用, 則因中三千起於染用, 果上三千起於淨用, 此第四句明圓最顯. 何者? 夫體用之名本相卽之義, 故凡言諸法卽理者, 全用卽體方可言卽."

스며든다. 따라서 체는 모든 시간과 장소에 스며들어 있다는 의미에
서, 그리고 한 위치에서 다른 위치로 이동하거나 어떤 위치에는 부재하
고 다른 위치에는 존재할 수는 없다는 의미에서 정적이다. '중'은
'가'와 대조되는 '공'이라는 의미에서 정적인 것도 하나인 것도 아니다.
왜냐하면 '중'은 두 가지 모두이기 때문이다. 다시 말해, 중심-주변
모델에서 대조적인 요소들은 재구상된다: 다양한 주변부들 간에서도
일반적인 체-용 유형을 가능하게 하는, 중심-부분의 대조로 말이다.
이 체용의 일반적인 의존 관계는 어느 하나의 리와 다른 모든 리
사이의 관계, 그리고 어느 하나의 사와 다른 모든 사 사이의 관계,
그리고 결국 어느 한 리와 모든 사, 또 어느 한 사와 모든 리의 관계와
가역적으로 관련된다. 지례가 말했듯이 "미혹된 중생의 삼천과 부처의
삼천은 하나이며 똑같은 '비밀리에 감춰둔 보물'이다. 삼천의 하나하
나가 모두 삼제에 구비되어 있다. 그들 모두가 하나의 경험적 순간에
거한다."[41] 그래서 담연 이후의 천태의 조사들이 본래 화엄의 체용론적
용어를 자유롭게 사용하긴 하였지만, 그 의미들을 근본적으로 변경하
고 한정하는 한에서 그렇게 할 수 있었다.

4. 기보다 선재하는 리와 주희

이제 주희를 살펴보자. 우리가 살펴본 두 가지의 불교적 버전과 관련해
주희는 어떻게 자신만의 체용적 용법을 구축했고, 이것은 리가 기에

---

41 『觀音玄義記』, T34.1727, 912c, "衆生三千諸佛三千同一祕藏是故一一皆具三諦.
此等法門同居一念."

선재한다는 그의 주장과 어떠한 관련—모든 의미는 아니겠지만, 몇몇의 의미에서—이 있는가? 앞으로 살펴보겠지만, 주희의 경우는 흥미롭게도 두 불교적 사례의 사이에 놓여 있다. 화엄과 마찬가지로, 주희는 모든 물리적 현현들과 절대적으로 분리되면서도 동연적인 것으로 특징화될 수 있는 단일한 형이상학적 실체가 전적으로 개념적 우선성을 갖는다는 것을 인정한다(태극). 천태와 마찬가지로, 주희가 이 특수한 경이로움을 제시하는 이유는 그것의 *중심성* 때문이다. 이 중심성은 모든 현현한 존재들 위에/내부에 있는 리의 실제적인 효과성과 동의어로 간주된다(마찬가지로 태극). 이 중심성은 일차적으로 이항 대립을 가능하게 하고 통합할 수 있는 것으로 표현되며, 다수의 리(이것의 각각 역시 전체의 태극이다) 사이의 하나도-아니고-여럿도-아닌 그 자체의 관계에서 파생된다. 이런 식으로 주희는 두 모델을 결합하는데, 이에 대해 살펴보자.

문: 반드시 리가 있고 나서 기가 있다는 것은 무슨 의미입니까?
답: 그것은 본래 선후를 나누어 말할 수 없다. 그러나 꼭 그 근원을 따지고자 한다면, 반드시 리가 먼저 있다고 말해야 한다. 그러나 리 또한 별개의 어떤 것이 아니라, 바로 기 가운데 존재한다. 기가 없으면 리가 붙어 있을 곳이 없다. 기는 금金, 목木, 수水, 화火가 되고, 리는 인·의·예·지가 된다.[42]

---

42 『朱子語類』, 卷1, 3, "或問必有是理, 然後有是氣, 如何? 曰此本無先後之可言. 然必欲推其所從來, 則須說先有是理. 然理又非別爲一物, 卽存乎是氣之中. 無是氣, 則是理亦無掛搭處. 氣則爲金木水火, 理則爲仁義禮智." 〔본 구절의 번역은

또한 주희는 다음과 같이 말한다.

문: "리가 먼저 있고 기는 나중에 있다"는 설에 대해 묻습니다.
답: 그렇게 말할 필요가 없다. 본래 리가 먼저 있었고 기가 나중에
생겼는지 아니면 리가 나중에 생기고 기가 먼저 있었는지를, 지금
알 수 있겠는가? 결코 따질 수 없다. 그러나 그 뜻을 생각해보면,
아마 기는 리에 의지해서 유행한다 할 것이다. 기가 모이면 리
또한 거기에 있다. 대체로 기는 응결하고 조작할 수 있지만, 리는
오히려 감정이나 생각이 없고 조작이 없다. 따라서 기가 모여서
응결하는 바로 그 속에 리가 있는 것이다. 또한 천지 사이에 사람과
사물, 초목과 짐승 등이 생겨날 때는 모두가 종자를 가진다. 종자가
없는 맨땅에서는 결코 어떤 것도 생겨날 수 없으니, 이것은 모두
기이다. 리의 경우는 단지 깨끗하고 텅 빈 넓은 세계로서 형태와
흔적이 없고 조작하지 못한다. 기는 점차 변화하고 응결하여 만물
을 만들어낼 수 있다. 그렇지만 기가 있으면 리는 곧 그 가운데
있다.[43]

이주행 외 역(2001), 『朱子語類 1~13권』, 소나무, 46쪽에서 인용하였음.]

[43] 『朱子語類』, 卷1, 3-4, "或問先有理後有氣之說. 曰不消如此說. 而今知得他合下
是先有理, 後有氣邪. 後有理, 先有氣邪? 皆不可得而推究. 然以意度之, 則疑此氣
是依傍這理行. 及此氣之聚, 則理亦在焉. 蓋氣則能凝結造作, 理却無情意, 無計
度, 無造作. 只此氣凝聚處, 理便在其中. 且如天地間人物草木禽獸, 其生也, 莫不
有種, 定不會無種子白地生出一箇物事, 這箇都是氣. 若理, 則只是箇淨潔空闊底
世界, 無形迹, 他却不會造作. 氣則能醞釀凝聚生物也. 但有此氣, 則理便在其
中." 〔본 구절의 번역은 이주행 외 역(2001), 『朱子語類 1~13권』, 소나무, 47쪽에

우리는 이렇게 주희가 얼버무리거나 모호한 입장을 취하는 더 많은 사례를 알고 있다. 그는 리와 기가 항상 함께 존재하고 분리될 수 없다고 말하는 것 같다. 하지만 이 질문에 대해 억지로 추측해 본다면, 어떤 특정하지 않은 의미에서 리가 어떤 우선순위를 가지고 있다는 결론을 내려야 하는데, 그 의미는 (리가) 어떤 면에서는 우선순위이고 어떤 면에서는 우선순위가 아니라는 것을 암시하는 것이다. 필자는 이 문제가 간단하게 해결될 수 있다고 생각한다. 핵심은 중국어 고유의 단수형과 복수형 사이의 모호성ㅡ[별도로] 수정하지 않고 그대로 두었을 때의ㅡ이다. 리를 아무런 수정 없이 언급할 때, 그 리는 리 그 자체 내지는 특정한 리를, 또는 그 둘 다를 나타낼 수 있다. 주희의 형이상학은 어떤 의미에서는 우주 어디에나 리가 하나만 존재하지만(태극), 다른 의미에서는 각 사물마다 고유한 리가 있다고 명시한다는 점에서 더욱 복잡해진다. 이는 리의 본성에 내재된 하나도-아니고-다른 것도 아닌 관계를 보는 두 가지 방식이다. 이는 아래에서 곧 언급될 것이다. 이러한 전제들을 염두에 둔다면, 우리는 주희의 견해에서 상당히 명료한 입장을 발견할 수 있다: (1) 시간적 차원에서 리와 기는 서로 없이는 결코 존재할 수 없기에, 세계에 *어떤* 기 없이 홀로 존재하는 리는 없다. [시간적 차원에서] 우선성이 없다는 의미에서, 리 자체는 기 자체보다 시간적으로 우선하지 않는다. (2) 그러나 모든 상태에서 리는 특정한 개념적 우선성ㅡ아래에서 명시될 것이다ㅡ을 갖는다. (3) 그러나 특정한 리의 경우, 그것은 기의

―――――――
서 인용하여 다소 수정하였음.〕

실체화보다 항상 문자 그대로—심지어 시간적으로도— 선행한다. *그 이유는 이전의 다른 리에/리로서 존재한다는 것이 이미 회고적으로 밝혀졌기 때문이다.*

주희가 일부 구절에서 천지가 존재하기 이전과 이후에도 리가 있을 수 있다고 말했을지라도, 이는 기가 존재하기 이전과 이후에 리가 존재할 수 있다는 것과는 다르다. 천지는 기의 특정한 배열이다. 그것은 이미 나누어진 음과 양이다. 천지(혹은 특정한 천지의 순환) 이전과 이후의 분화되지 않은 기에 존재하는 리는 음기의 극단적인 거시적 형태에서 존재하는 리일 뿐이다. 이는 동지 무렵 한겨울의 휴면기에 생명, 봄날, 인仁의 리가 표현되지 않은 채 있는 것과 개념적으로 전혀 다르지 않다.[44] 여기에서 우리는 주희가 장재의 사려 깊고

---

44 『朱子語類』, 卷1, 4:

질문: 리가 있으면 곧 기가 있으니, 선후를 나눌 수 없을 것 같습니다. 답변: 요점을 말하자면, 먼저 리가 있다. 단지 "오늘 리가 있고 내일 기가 있다"고 말할 수는 없지만, 반드시 선후는 있다. 가령 산과 강, 대지가 모두 무너져 내려도 틀림없이 리는 여기 있을 것이다(問有是理便有是氣, 似不可分先後? 曰要之, 也先有理. 只不可說是今日有是理, 明日却有是氣. 也須有先後. 且如萬一山河大地都陷了, 畢竟理却只在這裏.).

서徐의 질문: 하늘과 땅이 나뉘기 전에도, 하늘 아래에 수많은 것들이 이미 있지 않았습니까? 답변: 단지 늘 리가 있었기 때문에 오랜 세월 동안 천지가 사물을 만들어낼 수 있었으니, 리는 언제나 수많은 것들로부터 떠나지 않았다(徐問天地未判時, 下面許多都已有否? 曰只是都有此理, 天地生物千萬年, 古今只不離許多物. 〔본 구절의 번역은 이주행 외 역(2001), 『朱子語類 1~13권』, 소나무, 47-8쪽에서

안목 있는 독자라는 사실—주희가 장재가 말했던 모든 것들을 받아들이지는 않았으며 자신과 불일치하는 지점을 강조하는 데 단호했을지라도—을 고려할 수 있다. 주희는 기가 무엇이고 어떻게 작용하는지에 대한 장재의 설명과 기는 문자 그대로 존재하지 않을 수 없다는 장재의 요점을 기본적으로 수용하고 있다고 필자는 추론한다. 후대의 신유학자들 사이에서, 장재는 기가 무엇인지에 대한 권위자로 인정받았을 것이다. 그들이 장재가 리에 대해 매우 심하게 혼동했다고 여겼을지라도 말이다. 장재의 기 개념은 '존재한 적 없는 기'라는 개념 자체를 배제하기 위해 특별히 설계되었다. 매우 단호하고도 명시적으로, 가장 불규

인용하였음.])

『朱子語類』, 卷1, 7도 참조:

천지가 최초에 나뉘지 않은 혼돈 상태일 때는 단지 물과 불 두 가지만 있었을 것이다. 물의 찌꺼기가 곧 땅이 되었다. 지금 높은 곳에 올라가 바라보면, 많은 산들이 파도치는 모양을 하고 있는데, 바로 물이 넘쳐서 그렇게 된 것이다. 단지 언제 굳어졌는지 모르는 것일 뿐이다. 처음에는 아주 부드러웠다가 나중에 딱딱하게 굳어졌다.
질문: 조수가 모래를 솟구쳐 오르게 하는 것과 같다는 생각이 듭니다.
답변: 그렇다. 가장 탁한 물은 땅이 되고, 가장 맑은 불은 바람, 우레, 번개, 해와 별 따위가 된다.(天地始初混沌未分時, 想只有水火二者. 水之滓脚便成地. 今登高而望, 羣山皆爲波浪之狀, 便是水泛如此. 只不知因甚麼時凝了. 初間極軟, 後來方凝得硬. 問想得如潮水湧起沙相似? 曰然. 水之極濁便成地, 火之極淸便成風霆雷電日星之屬.〔본 구절의 번역은 이주행 외 역(2001), 『朱子語類 1~13권』, 소나무, 55쪽에서 인용하였음.])

분명 기는 하늘과 땅이 나뉘기 전에도 존재하였다.

정적이고 허한 상태에 있는 기는 여전히 기이며 '무(無, 비-존재)'라는
이단적 개념과 뚜렷하게 구별되어야 했다. 장재는 〔유교의〕 성인들은
무에 대해서 결코 언급하지 않았을 뿐만 아니라, 이 개념이 일관성도
없고 유해하다고 생각하였다. 필자가 보기에, 주희는 아마도 이러한
기에 관한 장재의 견해를 수용하면서도 그것과 관련 있는 리의 위상에
관한 장재의 견해에는 명백하게 동의하지 않았다.[45] 그리하여 필자의

---

45 예를 들어 『朱子語類』, 卷99, 2532-2541을 참조, 특히 2534. 여기서 주희는
태허가 기인지 묻는 질문에 대해 답한다. 이미 주희는 태허가 주돈이의 무극無極
과 동일해야 하므로 기가 아니라 리라고 답하였다. 그러나 주희는 "他亦指理"라
고 말하였는데, 필자가 생각하기에 태허는 기이지만 표현되지 않은 상태의
리, 즉 천지가 형성되기 전의 기의 공허한 상태에 존재하는 것이다. 즉 기와
리는 항상 함께 있으며, '태허'는 기가 완전히 공허한 상태, 천지가 분화되기
이전의 상태, 어떤 규정적인 것이 생기기 전의 상태를 가리킨다. 『朱子語類』의
이 페이지들 특히 2358에서, 주희는 장재에 대해 상당히 비판적이다: "횡거는
'태허는 기이다'라고 말했고, 이는 리를 허로 가리킨 것입니다. 그러니 형이하
의 것을 취한 것은 아닌 듯합니다. 주희는 다음과 같이 말한다. "장재가 허로
리를 가리켰다 하더라도, 또한 어찌 기를 한 곳에 끼어넣을 수 있었겠는가(橫渠云
太虛卽氣, 乃是指理爲虛, 似非形而下. 曰縱指理爲虛, 亦如何夾氣作一處)?" 이 구절은
장재가 태허를 기로 말할 때 리와 기가 하나로 합쳐지는 것으로 생각하지
말았어야 했다는 것으로 독해할 수 있다. 필자가 보기에 이러한 혼합을 주희가
반대했다고 생각한다. 이는 그들이 섞이지 않고 공존했기 때문이 아니라, 장재가
태허를 기로 말하는 방식에서 그가 범주를 섞어 리와 기를 동일시했기 때문이다.
이것이 바로 장재에 대한 주희의 반대논리이다. 그러나 기가 곧바로 '존재〔有〕'
또는 '비-존재〔無〕'로 적용될 수 없다는 장재의 생각에 대해서는, 결코 주희가
어느 곳에서도 의문을 제기하지 않았다. 필자가 보기에, 만약 기가 전적으로
'비-존재'한다고 생각했다면 분명 주희는 〔장재의 생각에 대해〕 의문을 제기했을
것이다.

독해에 따르면, 보기와 다르게 주희는 기 없는 리의 존재를 인정하지 않는데, 과거든 미래든 실제 어느 순간이든, 심지어는 가능성조차도 인정하지 않았다. 기 없이 리가 존재할 수 있는 때가 분명히 있다고 생각했다면, 주희가 이 문제에 대해 그토록 집요하고 끈질기게 주장할 필요가 있었는지 이해하기가 어렵다. 물론 주희가 단지 경험적〔인 한계에서 발생하는〕 겸손으로 말을 얼버무렸을 수 있다. 즉 주희가 기 없는 리의 상태는 가능하다고 보면서 이것이 리-기 관계의 본질과 일치한다고 생각할지라도, 실제로 주희는 그 상태에 직접 이른 적이 없다. 그러므로 (마음은 기이기 때문에, 마음이 그것을 아는 상태에 이를 수 없다고) 확신할 수 없었던 것이다.[46] 필자는 그러한 가능성을 배제하지 않지만 (그리고 그것은 장재에 대한 그의 의구심을 더욱 철두철미하게 읽는 것을 의미하고, 이는 실제로 가능하다.) 리가 기 없이 존재할 수 있다는 이상하고도 문제가 있는 주희의 입장을 포함하지 않는 보다 명료한 설명이 존재한다고 생각한다. '기 없는 리'는, 자신의 〔형이상학적〕 패러독스의 한 축으로 삼기 위해 주희가 리의 선재를 긍정할 필요가 있어서 주장한 것이 아니다. 오히려 핵심은 모든 실제 사례들에서 리와 기가 항상 함께 존재하지만, 리가 어떤 의미에서 '우선〔先〕'하냐는 의미이다. 위에서 제안한 것처럼, 필자는 '기 없는 리'는 두 가지 의미에서 타당하다고 생각한다: (1) 이와 같은 리는 시간적인 것이 아니라 개념적으로 기에 앞서며, 리-기는

---

46 그렇다면 『論語』 2.17에 나오는 공자의 말씀에 충실해야 한다: "아는 것을 안다 하고 모르는 것을 모른다고 하는 것이 앎이다(知之爲知之, 不知爲不知, 是知也.)."

고전적이거나 급진화된 단순한 체용 관계가 아닌 중심-주변 관계인 '체-용-합(ti-yong-plus)'의 의존 관계이다. 그러나 또한 (2) *어떤 특정한* 리는 그것의 현현인 *특정한* 기의 구성보다도 *시간적으로* 앞서 있다.[47]

우리는 화엄의 급진화된 체용 모델에서 어떻게 리와 사가 분리될 수 없이 공존하며, 시작과 끝도 없으면서도, 여전히 그들 사이에 일방적인 의존의 구조적 관계를 유지하고 있는지 검토했다. 주희 역시 리와 기가 분리될 수 없고 항상 함께 존재하지만 어떤 면에서는 리가 '우선'한다고 말했을 때 의미하는 것은 화엄의 체용 모델인가? 어떤 의미에서는 그렇지만, 완벽하지는 않다. 주희는 여전히 태극을 본체本體라고 말하지만, 직선적 체-용 관계를 그대로 적용하지 않으려고 애를 쓴다. 실제로 주희는 40세 무렵에 리-기 관계에 대한 자신의 견해가 어떻게 급격하게 변했는지를 말하면서, 이 장의 서두 부분에서 인용한 것처럼 자신이 이전에는 리와 기에 직선적 체용 관계를 잘못 적용해왔음을 토로한 바 있다.[48] 이는 주희가 그 시간 이후로 그 문제에

---

47 예를 들면 『朱子語類』, 卷4, 67의 곳곳에서 다음과 같이 말한다. "천지지성을 논함은 리만을 가리켜 말한 것이요, 기질지성을 논함은 리와 기를 섞어서 말한 것이다. 이 기〔의 구성〕이 있지 않더라도 이 본성은 이미 있다. 〔이〕 기의 〔구성〕이 더 이상 존재하지 않을 때에도, 이 본성은 여전히 거기에 있다(論天地之性, 則專指理言. 論氣質之性, 則以理與氣雜而言之. 未有此氣, 已有此性. 氣有不存, 而性却常在.)." 마지막 구절의 '기'는 이전 구절의 '이 기〔此氣〕'를 의미한다.

48 이 장의 앞부분에서 이미 인용한 바 있다. "저는 일전에 태극은 체로, 동정은 용이라고 여겼습니다. 그러나 이런 식으로 표현하는 것은 분명 잘못된 것이어서, 훗날에 '태극은 본연의 신묘함이며 동정은 타는 것의 기틀이다'라고 개정하였는

대한 대안적인 모델－우선성에 대해서는 여전히 모호함을 인정하지만 다소 다른 의미에서－을 가지고 있었다는 것을 시사한다. 이 새로운 모델은 무엇인가?

우리는 천태 모델에서 전체를 무조건적인 것으로, 부분을 조건적인 것으로 보는 한 가지의 대안을 보았다. 여기에서 무조건적인 것은 바로 중이며, 이는 존재와 비-존재 가운데 한쪽으로-치우치지-않는, 즉 편재하는 존재로 받아들여진다. 여기서 현상적인 모습들이 그의 이전의(prior) 존재에 의존하게 만드는 것은, 대략 체로 묘사할 수 있는 중심성 그 자체이다. 체이기 때문에 중심적인 것이 아니라, 중심적이기 때문에 체이다. 체는 대립자들－천태의 사례에서는, 존재와 비-존재, 안과 밖, 이것과 저것－을 통합하는 범위까지 그리고 그 방식에서만 체이다. 따라서 어떤 의미에서 중은 두 반지름이 중첩된 곳으로 두 극단들 모두를 포함하는 반면(x와 비-x 둘 다를 포함한다), 다른 의미에서 중은 그 극단들에 반대된다(x와 비-x 그 어느 쪽에 속하지 않는다). 이 두 극단들의 중첩으로서 중은 대립되는 모든 규정들을 포함하는 전체이다. 어느 쪽에도 속하지 않으므로, 중은 모든 규정을 넘어서는 초월적인 것이다. 중이 두 극단에 선재하고 전체가 부분보다 선재하듯, 리는 사에 선재한다. 다른 의미에서, 두 극단들과 중은 동-시간적이다. 주희가 리-기 관계에 수정하여 적용한 체용론은 다음과 같은 특성을 공유하는 것으로 보인다: 태극은 본질적이고 선재한

데, 이 말이 더욱 〔이치에〕 부합합니다. (『朱熹集』, 卷45, 2154, "熹向以太極爲體, 動靜爲用, 其言固有病, 後已改之曰太極者, 本然之妙也, 動靜者, 所乘之機也, 此則庶幾近之.")"

다. 왜냐하면 태극은 중, 즉 대립자들을 포함하지만 초월하는 대립자들의 결합이기 때문이다. 그러나 이 경우에는 대립자들이 전통적인 유교 윤리 및 자연철학에서 파생된 명확한 방식, 즉 동정動靜과 음양陰陽으로 지정된다.

주돈이 「태극도설」에 대한 주석의 시작 부분에서, 주희는 관련된 〔우주론적〕 거시구조에 대한 가장 포괄적인 설명을 제공한다. 여기서의 문제는 바로 태극과 동정 −음양을 만들어내는− 사이의 관계에 있다. 다음은 주돈이의 원문과 이에 대한 주희의 주석이다.

주돈이: 무극(無極, 모든 것 가운데 가장 형체가 없는 것)이면서 태극(모든 것 가운데 최상의 축)이다! 태극이 움직여 양을 낳는다. 이 움직임이 극단에 이르면 고요함으로 전환되고, 이 고요함은 음을 낳는다. 고요함이 극단에 이르면 다시 움직임으로 전환된다. 움직임과 고요함이 교대하여 서로 다른 것의 뿌리가 되고, 음과 양으로 나뉘어 두 가지의 유형〔兩儀〕이 정립된다.

주희: "하늘의 일은 소리도 없고 냄새도 없지만" 그것은 실제로 모든 생성과 변화의 축이며, 모든 존재하는 방식의 뿌리요 근거이다. 그러므로 "무극이면서 태극이다!"라고 하였다. 그가 태극 밖에 다시 무극이 있다고 말한 것은 아니다. 태극이 움직임과 고요함을 갖고 있는 것은 천명이 유행하는 것이다. 〔『易經』에서〕 이것을 묘사하길, "한 번 음하고 한 번 양하는 것을 도라 한다"라고 하였다. 성誠은 성인의 근본이고 만물의 끝맺음과 시작이며 〔천〕명의 도이다. 그 움직임은, 성誠의 형통함이니 『易經』에서 "이어가는

것이 선이며" "만물이 의뢰하여 시작하는 것"이라 한 것이다. 그
고요함은, "성誠의 돌아감"이니 〔『易經』에서〕 "이룬 것이 본성이
며" "만물이 그들의 성명性命을 바르게 하는 것"이라고 말한 것이다.
움직임이 극단에 이르면 고요하게 되고 고요함이 극단에 이르면
다시 움직여, 한 번 고요하고 한 번 움직여 서로 상대의 뿌리가
되니, 이것은 천명이 유행하여 그치지 않는다는 것이다. 움직임이
양을 낳고 고요함이 음을 낳아 음과 양으로 나뉘어 두 가지의
유형이 정립되는 것은, 그것들의 개별적 역할과 정체성들이 일정
하여 변하지 않는다는 것이다. *요컨대 태극은 만물 근원의 본연적
이고 역설적인 오묘함〔本然之妙, inherent original paradoxical
numinosity〕이요,*[49] *움직임과 고요함은 태극이 타는 전환적 기틀*

---

[49] 묘妙는 말 그대로 '극미한, 보기 힘든'을 의미하는 단어이지만, 이미 『道德經』
1장에서 도의 드러나지 않고 명명되지 않는 측면을 설명하기 위해 사용되었고
『易經』 「繫辭傳」에서 정신(spirit)의 선행적 철학 개념인 신神의 비-신화적 대체
어로 선택되었다: "신은 모든 사물의 오묘함을 말하기 위해 고안된 단어일
뿐이다(神也者妙萬物而爲言也.)." 그렇다면 우리는 여기서 「繫辭傳」에서 신에
대한 다른 모든 언급들에 대해 생각해보아야 한다: 그것은 여행하지는 않지만
도착하며, 일하지 않고도 성취하며, 과정의 흔적을 남기지는 않으면서도 '기적적
으로' 일을 해내는 바로 그것이다. 또한 '음과 양의 헤아릴 수 없는 것'(또는
'음양의 관점에서 헤아릴 수 없는 것')이기도 하다: 이러한 점들은 만져질 수 없고
형체화되지 않은 것, 이분법적 사고를 넘어서는 것, 그러면서도 가장 강력하고
효과적인 것들을 가리킨다. 주돈이의 은미한 언급을 생각해보자. "고요함 없이
움직이고 움직임 없이 고요한 것은 사물이다. 움직임 없이 움직이고 고요함
없이 고요한 것은 신이다(『通書』, 「動靜第十六」, "動而無靜, 靜而無動, 物也. 動而無
動, 靜而無靜, 神也.")." 주돈이 자신의 해석(축 자체가 움직이고 정지되어 있는
경우) 또는 주희의 해석(그렇지 않은 경우)에 상관없이, 후자의 구절은 동과

〔*所乘之機*, the *triggers of transition*〕이다. 태극은 '형체 이상의 도'이고, 음양은 '형체를 부여받은 기器'이다.[50]

정으로 태극–음양의 관계를 설명하는 것과 매우 깔끔하게 떨어진다. 또한 우리는 천태에서 묘라는 용어가 갖는 중요성에 주목할 수 있다. 이것에 대한 주요한 이론적 작업은 지의의 『妙法蓮華經玄義』인데, 이것은 한 글자에 대해 수백 페이지나 되는 주석을 포함하고 있다. 이 문헌에서 제기하는 묘의 기본적 정의는 이 토론에 부합하는데, 바로 '생각할 수 없는 것〔不可思議〕'이다. 사물들은 이원적이고 분할되는 것이다. 묘는 하나이면서 동시에 다른 것이며, 본래적으로 역설적인 것이고, 감각적 이해를 넘어선 동시에 하나 또는 다른 것, 즉 두 극단 중 하나로 규정될 수 없는 것이다. 물론 묘는 그 사이의 중심이 되어 이들을 하나로 묶어주고 통합하는 것과 관련된다. 예를 들어 『朱子語類』, 卷5, 84에 실린, 주희의 제자 채계통蔡季通의 설명을 참조하시오.

주 선생께서는 「太極圖解」에서 "동정은 〔태극이〕 타는 기틀이다"라고 하셨습니다. 채계통은 총명해서 그것을 간파해내었고, 선생님의 이 말씀이 가장 정밀하다고 여겼습니다. 대체로 태극은 리이고, '형이상의 것'이며, 음양은 기이고 '형이하의 것'입니다. 그래서 리는 형체가 없지만, 기는 오히려 자취가 있습니다. 기에 이미 움직임과 고요함이 있다면, 거기에 실린 리에 또 어찌 움직임과 고요함이 없다고 할 수 있겠습니까?" 또한 『通書』「動靜篇」을 거론하며 말했다. "고요함 없이 움직이고 움직임 없이 고요한 것은 사물이다. 움직임 없이 움직이고 고요함 없이 고요한 것은 정신〔神〕이다. 움직임 없이 움직이고 고요함 없이 고요한 것은, 동정이 없다는 것이 아니다. 사물은 차단되었으나, 정신은 만물의 오묘함이다. 동정은 〔태극이〕 타는 기틀이다 (先生太極圖解云動靜者, 所乘之機也. 蔡季通聰明, 看得這般處出, 謂先生下此語最精. 蓋太極是理, 形而上者, 陰陽是氣, 形而下者. 然理無形, 而氣却有迹. 氣旣有動靜, 則所載之理亦安得謂之無動靜! 又擧通書動靜篇云動而無靜, 靜而無動, 物也. 動而無動, 靜而無靜, 神也. 動而無動, 靜而無靜, 非不動不靜也. 物則不通, 神妙萬物. 動靜者, 所乘之機也.〔본 구절의 번역은 이주행 외 역(2001), 『朱子語類 1~13卷』, 소나무, 246쪽에서 인용하여 다소 수정하였음.〕)."

태극/음양 관계(이는 전반적인 리-기 관계이기도 하다)에 대한 주희 초기의 체용론적 이해방식이, 신중하고 자의식적인 '중년의 위기(midlife-crisis)' 이후의 깨달음이 있고 나서야 수정되었다는 것을 나타내는 구절은 다음과 같다. "요컨대 태극은 만물 근원의 본연적이고 역설적인 오묘함이요, 움직임과 고요함은 태극이 타는 전환적 기틀이다." 웨일런 라이(Whalen Lai)는 주희의 성숙한 형이상학을 설명하기 위해 [담론의] 핵심이 작용[用]에서 기틀[機]로 바뀌었다는 점에 주목하였는데, 이는 분명 큰 공로로 인정받을 만하다. 비록 주희의 '[사상적] 전환'에 관한 그의 분석에서 도출하는 거의 모든 결론에 필자가 동의하지 않지만 말이다.[51] 우리가 동의할 수 있는 것은, 리-기 관계가 곧바로 '본체(substance)-작용(functioning)'의 관계가 아니라는 점이다. 그것은 '오묘함이 전환적 기틀에 타는' 관계이다. 여기서

---

50 朱熹, 「太極圖說解」, 『周子全書』, 董榕 輯, 胡寶瑑 編, 『國學基本叢書』(臺北: 商務印書館, 1964), 4-7의 여러 곳, "周敦頤: 無極而太極. 太極動而生陽, 動極而靜, 靜而生陰. 靜極復動. 一動一靜, 互爲其根, 分陰分陽, 兩儀立焉." "朱熹: 上天之載, 無聲無臭, 而實造化之樞紐, 品彙之根柢也. 故曰無極而太極. 非太極之外, 復有無極也. 太極之有動靜, 是天命之流行也, 所謂一陰一陽之謂道. 誠者, 聖人之本, 物之終始, 而命之道也. 其動也, 誠之通也, 繼之者善, 萬物之所資以始也. 其靜也, 誠之復也, 成之者性, 萬物各正其性命也. 動極而靜, 靜極復動, 一動一靜, 互爲其根, 命之所以流行而不已也. 動而生陽, 靜而生陰, 分陰分陽, 兩儀立焉, 分之所以一定而不移也. 蓋太極者, 本然之妙也. 動靜者, 所乘之機也. 太極, 形而上之道也. 陰陽, 形而下之器也."

51 Whalen Lai, "How the Principle Rides on the Ether: Chu Hsi's Non-Buddhistic Resolution of Nature and Emotion," *Journal of Chinese Philosophy* 11, no. 1 (1984): 31-65.

핵심은 주희의 형이상학에서 *기틀로의 전환*을 이해함에 있다. 이러한 전환은 태극과 어떠한 관련이 있을까?

태극太極은 본래 *역설적*이기에, 오묘하다[妙]고 표현하는 것이 적절하다. 주돈이 「태극도설」의 첫 줄이 우리에게 말해준 것은 다음과 같다. 태극은 어디에도 없으면서 어디에나 있으며, 가장 적으면서도 가장 많으며, 가장 부재하면서도 가장 존재하며, 가장 형태가 없지만 만물의 결정적인 중추적 요소이다. 태극은 생성의 원천이자, 형성의 원리요, 조화로운 번영의 기준이지만, 항상 태극은 부재하며 형체가 없으며 주장하거나 통제하지 않기에 태극을 어떠한 특정한 요소나 사물로서 찾을 수 없다. 그러나 이러한 [주돈이의] 눈 익은 역설은 『도덕경』의 도道와 어울리기는 하지만, 무차별적인 순박함의 형체 없음과 이름 없음[樸, 無名]-[무無적] 배경과는 다르게 욕망으로부터 형체화되어 명명되고 가치부여된 대상[器, 名]과는 대조적인-과 관련된 도가적 사유의 것은 아니며, (밝음의 무형성이 형태를 부여하고 부정하며 또 형태와 동연적인) 화엄과 유사한 사유도 아니다. 이는 분명 『주역』「계사전」에서 파생된 유교적 사유의 것이다. 태극은 음과 양 사이의 중심축(pivot)이자 인터페이스(interface)이다. 태극은 동과 정의 두 극단 사이의 중심점이자 그 사이의 전환점 그리고 연결점이다. 두 극단 사이의 중심축도 방금 언급한 방식에서뿐만 아니라 다른 추가적인 방식에서도 역설적이다: 태극은 두 극단 모두에 참여하고, 극단들을 통합하고, 극단들을 정의하지만, 또한 태극은 극단 위에 있고, 극단을 넘어서며, 극단 그 둘 다에 포함되지 않는다.

이러한 구조를 용이하게 이해하기 위해, 축 즉 중심의 모양으로 살펴보고자 한다. 필자는 다른 지면에서 태극에 대해 논의하기 위하여, 첸무(錢穆)의 흔들리는 진자 은유[52]를 차용한 바 있다. 사실 첸무의 은유는 주희의 태극이 두 극단의 음양과 갖는 관계에 대한 오래되고 사려 깊은 관심에서 비롯되었다. 태극은 분리될 수 없는 '오묘함[妙]'으로, 이 묘는 대립하는 쌍의 어느 한쪽 경계에 국한하지 않으며 동시에 한 가지 이상에 해당한다는 역설을 의미한다. 그리고 이것의 전거는 『주역』의 묘와 신(神)이다. 주희는 장재의 "공존하는 둘이므로 헤아릴 수 없다(兩在故不測)"와 "[동시에] 둘이므로 변화한다(兩故化)"[53]의 언

---

52 錢穆, 『湖上閒思錄』(臺北: 東大圖書公司, 1988), 42-44. 또한 이 장에서 진자 운동에 관한 필자의 논의를 참조할 것.

53 『朱子語類』, 卷98, 2511-2514 참조:

질문: "하나이므로 신묘하다"는 장재의 구절을 묻습니다.
답변: 하나라는 것은 하나의 도리를 의미하지만, 그것에는 두 가지의 끝이 있으니, 그것의 작용들이 다르다. 음양에 비유하면, 음 가운데 양이 있고 양 가운데 음이 있으며 양이 극단에 이르면 양을 낳고 음이 극단에 이르면 양을 낳으니, 이것은 그것들이 정신적으로 무궁하게 변화하는 까닭이다(或問一故神. 日一是一箇道理, 却有兩端, 用處不同. 譬如陰陽, 陰中有陽, 陽中有陰. 陽極生陰, 陰極生陽, 所以神化無窮.)".

질문: "하나이므로 신묘하다"는 것을 묻습니다.
답변: 횡거의 설은 매우 좋으니, 모름지기 자세히 살펴보아야 한다. … "하나인 까닭에 신묘하다"는 구절에 횡거가 친히 "둘이므로 헤아릴 수 없다"라고 주를 달았다. 이는 단지 하나의 사물이지만, 모든 사물들과 사건들에 두루 행한다는 것이다. 예를 들어 음과 양, 굽히고 폄, 오고 감, 위아래 심지어는 수만 가지의 사건들에 이르기까지, 이 하나의 사물이 아닌 것이 없다. 그리하여 "두 측면이므로 헤아릴 수 없다"고 한 것이다. "둘인 까닭에 변화한다"라는

구절에는, 그가 언급을 더하길 "하나로 미루어나간다"고 하였다. 모든 천하의 일 가운데 혼자이고서 변화할 수 있는 것은 없고 둘이여야만 변화할 수 있다. 한 번 음하고 한 번 양하여야만 비로소 만물이 변화를 통해 낳아질 수 있는 것과 같다. 비록 두 가지이나, 또 그것의 요점은 그 두 가지를 이 한 가지로 미루어 행하도록 하는 데 있다. 이 설이 지극히 정밀하니, 모름지기 자세히 살펴보아야 한다(問一故神. 曰橫渠說得極好, 須當子細看. … 一故神, 橫渠親注云兩在故不測. 只是這一物, 却周行乎事物之間. 如所謂陰陽屈伸 往來上下, 以至於行乎什伯千萬之中, 無非這一箇物事, 所以謂兩在故不測. 兩故化, 注云推行乎一. 凡天下之事, 一不能化, 惟兩而後能化. 且如一陰一陽, 始能化生萬物. 雖是兩箇, 要之亦是推行乎此一爾. 此說得極精, 須當與他子細看.).

질문: "하나이므로 신묘하고 둘이므로 변화한다"는 장재의 구절에는 어떤 도리가 담겨 있습니까?

답변: 둘은 하나로 미루어나가는 바이다. 장재는 "하나이므로 신묘하고(둘이 므로 헤아릴 수 없다) 둘이므로 변화한다(하나로 미루어나간다)"라고 하였다. 이것은 이 둘이 있기 때문에 하나가 존재한다는 것을 의미한다. "둘이 서지 않으면 하나가 드러나지 않고, 하나가 드러나지 않으면 두 가지의 작용이 거의 멈춘다"는 의미이기도 하다. 예를 들자면 일[事]에는 선후가 있으니, 앞의 것이 드러나자마자 뒤에 일어날 것을 이미 예상할 수 있으니, 이는 둘이 필연적이라는 것을 의미한다. 겨울의 추움이 있다면, 여름의 더위가 그 가운데 있다. 낮이 있으면, 또한 그 가운데 밤이 있다. 그러므로 하나는 그들 안에 자리잡고 있다(林問一故神, 兩故化, 此理如何? 曰兩所以推行乎一也. 張子言一故神, 兩在故不測. 兩故化, 推行於一. 謂此兩在, 故一存也. 兩不立, 則一不 可見. 一不可見, 則兩之用或幾乎息矣, 亦此意也. 如事有先後, 才有先, 便思量到末 後一段, 此便是兩. 如寒, 則暑便在其中. 晝, 則夜便在其中. 便有一寓焉.).

[주희가 장재의 이 구절에 대해 추가적으로 언급하면서]: "이 하나는 양이면 서 또한 음이기도 하다. 이 하나가 없다면 둘은 미루어 행할 수 없었을 것이다. 둘은 바로 쇠하고 자라남, 즉 변화 그리고 활동의 진행을 의미한다."

명을 극찬하면서, 묘의 의미를 분명히 한다. 이 구절들은 변화가 어떻게 일어나는지에 대한 장재의 전체 설명에서 핵심이다.[54] 반면

또한 주희가 말하였다. "횡거의 이 말이 지극히 정밀하니, 나의 스승 이연평 선생께서 말씀하시길 '이전에는 이 구절을 이해할 수 없어서, 밤새도록 의자에 앉아 생각하며 몸으로 직접 부딪혀 보았는데, 그제야 고요하고 안온하게 이해할 수 있었다. 우리가 진정으로 도리를 이해하기 위해서는, 모두 이와 같이 해야 한다'라고 하였다".(是在陽又在陰, 無這一, 則兩便不能以推行. 兩便卽 是這箇消長, 又是化, 又是推行之意. 又曰橫渠此語極精. 見李先生說云, 舊理會此段 不得, 終夜椅上坐思量, 以身去裏面體, 方見得平穩. 每看道理處皆如此.).

54 이 구절을 설명하기 위하여, 『朱熹集』, 卷51, 2493에서 인용:

갑작스러운 질적인 변화는 변變이 의미하는 것이다. 음이 변하여 양이 되고, 유연한 것이 변하여 강한 것이 되고, 추위가 변하여 온화함이 되는 것이 바로 이것이다. 양이 음으로 바뀔 때[化], 극단에 나아갔다가 돌아오게 되어 물러난다. 음이 양으로 변하면[變] 그 물러남이 극에 달하게 되니 나아감이 된다. 그러므로 "바뀌고 변화하는 것은 나아가고 물러남의 상象이 다"라 하였다. 양이 바뀌어 음이 되고 음이 변하여 양이 되는 것을 '변하여 바뀜[變化]'이라 한다. 그것들을 변하여 바뀌게 하는 것은 도이다. 도는 본래의 오묘함인 반면, 변하여 바뀌는 것은 그것을 태우는 기틀이다. 그러므로 음이 변하고 양이 바뀌는 데, 도가 있지 않을 수 없다. 왜냐하면 둘이 거기에 있어 헤아릴 수 없기 때문이다. 그러므로 "변하여 바뀌는 도를 아는 자는 정신[神]이 하는 것을 안다"라 하였다. 이렇게 이해하여도 괜찮겠는가? [주희가 말하길] "그렇다!"(突然改換者, 變也. 陰變爲陽, 柔變爲剛, 寒變爲暖是 也. 陽化爲陰, 是進極而回, 故爲退陰變爲陽, 則退極而上, 故爲進. 故曰變化者, 進退 之象也. 陽化爲陰, 陰變爲陽者, 變化也. 所以變化者, 道也. 道者, 本然之妙, 變化者所 乘之機. 故陰變陽化而道無不在, 兩在故不測. 故曰知變化之道者, 其知神之所爲乎, 不審可作如此看否? 亦得之.).

마지막 세 글자 이전까지는 주희가 대화 상대인 동숙중董叔重의 질문에 대해

그것이 음이건 양이건 간에 묘와 신은 그것이 독점적으로 점하는 것으로 보이는 유일한 '하나와 같은 상태'와 완전히 동일하다. 어떤 의미에서 특정 상태를 약화시키는 대립자라 할지라도, 그 대립자는 그 상태, 즉 그 상태*로서의* 존재에 완전히 공존하고 내재한다. 주희는 이렇게 말한다. "혹 음의 때는 전체가 음이고, 혹 양의 때에는 전체가 양이다."[55]

중은 하나이면서 둘이고, 어디에나 있지만 어디에도 없으며, 움직이지 않지만 정지하지 않고, 동과 정에 참여하면서도 동과 정을 초월하는 역설적인 자리이다. 이것을 주희는 명시적으로 '추뉴(樞紐, 축 내지는 경첩)'—두 극단이 진동하는 중심점—라고 부른다. 두 극단은 역설적이지 않고, '단지 위치하며(즉, 자체의 경계 내에서 규정되고 제한됨)', 한쪽으로 치우쳤고, 변하며, 중심축에 의존한다. 그러나 그들은 그 축—중—의 역동적인 '운반자'이다. 첸무가 말했듯이, 진자 운동에서의 두 극단은 그들이 서로를 향해 *되돌아가*는 경우에만 식별가능하고 규정될 뿐이다: 무한하게 되돌아오지 않고 자기 방향대로 '제멋대로' 가는 어떤 운동, 어떤 경향, 어떤 과정은 실제 어떤 특정한 것으로 알려지거나 규정될 수 없다. 그것은 끝없이 미완성된 것, 종결되지 않은 것, 국한되지 않은 것, 설명되지 않는 것이다. 따라서 움직임은 멈춤

이야기하는 것 같고, 마지막 세 글자는 이러한 제시 내용에 대해 주희가 승인하는 언급이다.

[55] 『朱熹集』, 卷51, 2493: "그가 '둘이 있다'라고 말할 때, 그것은 음에 있을 수 있고 양에 있을 수도 있다. 그러나 음에 있을 때는 완전히 음이고, 양에 있을 때는 완전히 양이다(言兩在者, 或在陰, 或在陽, 在陰時全體都是陰, 在陽時全體都是陽.)."

내지 고요함과의 관계(그것을 정의하는 경계)에서만 움직임일 수 있다. 마찬가지로 고요함도, 움직임을 향해 돌아감으로써, 움직임과의 관계에서 고요함일 뿐이다. 이 축/중심은 전환점이자 무게중심이요, 이 두 극단을 하나로 묶고 그것들을 결정하게 만드는 것, 극단들을 극단답게 하는 것, 극단들이 존재하고 계속 존재하도록 하는 것이다. 첸무는 건강과 질병, 평화와 전쟁, 수면과 각성 등의 사례를 제시한다. 각각은 서로에게 너무 멀리 가지 않음으로써 스스로 유지할 수 있다. 여기에는 규범적 차원도 있다: 그것은 사물이 존재하고 유지되기 위하여 요구되는 것, 즉 전체와 일관성을 유지하면서도 그 이상으로 나아갈 수 없는 한계를 설정한다. 중은 어떤 것이든 너무 멀리 나아가지 않도록 반대쪽으로 다시 끌어당기는 구심력을 나타낸다.

그러나 여기에서의 주장은, 중이 실제로 극단보다 선재하고 극단을 초월한다는 중요한 의미를 수반한다는 것이다. 중과 극단이 상호의존적이라고 말하는 것이 자연스러워 보일 수 있겠지만, 중이 극단들로 구성되지 않는다는 주장에 대한 몇몇 타당한 이유도 존재한다. 오히려 극단들은 중에 의해 구성된다. 중은 두 극단 사이의 움직임의 전체 회전을 가능하게 하는 존재이기 때문이다. 중은 전체가 전체로, 그리하여 부분은 그 전체의 부분이 되게 하는 존재이다. 왜냐하면 회전하는 진자 운동의 역동적이고 총체적인 모델은, 부분(회전의 두 극단)이 전체(회전)의 부분일 때만 의미가 있기 때문이다. 진자의 두 가지 반대되는 동작은, 진자 회전의 외부에 존재하지 않는다. 부분들로 구성된 전체가 아니다. 그 부분들과 시간적으로 동시적이지만 그 부분들에 대해 상당히 직선적인 종류의 우선성을 가진 전체이다.

전체는 선재하는 부분들로 구성되지 않는다. 부분들은 전체의 측면 또는 기능으로서의 가상적인 부분들뿐이며, 그 부분들은 전체 없이는 상상될 수도 이루어질 수 없는 것이며, 오직 중심―중심 역시 단지 가상일지라도―으로부터의 파악을 통해서만 식별될 뿐이다(즉 진자는 결코 거기에 멈추지 않으며, 공간에 눈에 보이는 형태로 표식되지 않는다). 우리는 각 부분이 다른 부분 없이는 불가능하다고 말할 수 있으며, 참으로 "각각은 다른 부분의 뿌리이다." 그러나 이는 어느 부분에 대한 설명―극단의 두 부분은 그 자체로서 가능하게 하는 것에 의해 가능하며, 어느 부분도 선재적인 것이 될 수 없는―도 제시해주지 않는다. 따라서 우리는 두 극단의 가능자로서의 중을 다른 의미에서, 그리고 같은 의미에서 서로를 필요로 하는 극단의 관계에 대해 분리해서 말해야 한다. 중은 각 부분이 다른 부분과 갖는 관계이며, 시간적으로는 동시적이지만, 어느 부분보다 선재적이라는 의미이다. 여기서의 모델 은, 원자론의 선재적 단위에서 구축된 것이 아니라 일종의 유사분열 (*mitosis*)과 같다. 그러나 회전하는 모든 진자 운동이 영원할지라도, 우리는 여전히 전체와 그 모든 부분의 설명원리로서 중을 별도로 말할 이유가 있다.

전체는 부분을 가능하게 하고, 중은 전체를 가능하게 한다. 그러하 다면 중 자체가 정확히 전체가 되는가? 그렇기도 하고 그렇지 않기도 하다. 그것은 전체를 전체로 만들어서 부분을 부분으로 만드는 것이 며, 우리가 전체를 식별할 때 이름을 지정한 것뿐이다. 우리는 꼭짓점 이라는 식별 가능한 명칭으로 꼭짓점을 호칭하는데, 이것은 외부의 관점으로서 읽은 것이다. 그런 의미에서 부분을 부분으로 만드는 것은 전체이다. 중은 전체의 특정한 부분인가? 그렇기도 하고 그렇지 않기도 하다. 진자는 결코 중에 멈추지 않지만, 중심은 양극단 어디에서나 지속적으로 표현되는 움직임 속에서 그리고 극단 간의 관계, 즉 서로가 서로가 되어 흔들림을 이어가는 전체를 이루는 극단 간의 관계 속에서 가장 분명하게 드러난다. 중은 어디에도 없으면서 어디에나 있으며, 아무것도 아니면서 모든 것이다. 중은 가장 부재하지만 편재하는 축이다. 그리고 이것은 주희가 태극을 음양과 관련지어 말한 것이다. 태극은 선재해야 하고, 초월해야 하며, 음양보다도 우위에 있어야 하고 음양과 혼동되어선 안 된다. 리는 기가 아니며, 리는 기에 선재한다. 그러나 태극은 항상 음양과 공존하며, 항상 음양의 안에 드러난 모습으로만 존재하고, 항상 음양에 내재되어 있다.

구체적으로, 태극은 전환적 기틀[機] 즉 경계(boundaries)로 현현하며, 이는 그들을 그들이게끔 만드는 것이다. 주희는 페달의 기계적 사례를 들어 '전환적 기틀'의 개념을 설명한다.

주귀경周貴卿의 질문: 움직임과 고요함이 태극이 타는 전환적 기틀이라는 것에 대해 묻습니다.
답변: 기틀은 정지-시작의 기계적 전환 장치(스위치)를 의미한다. 사물이 움직일 때 페달을 밟으면 멈추게 되고, 멈출 때 페달을 밟으면 움직이게 된다.[56]

---

56 『朱子語類』, 卷94, 2376, "周貴卿問動靜者, 所乘之機. 曰機, 是關捩子. 踏著動底機, 便挑撥得那靜底. 踏著靜底機, 便挑撥得那動底."

기의 움직임과 고요함은, 태극을 현현하게 하는 전환적 계기이다. 이제 우리는 태극이 문자 그대로 극이라는 것을 알 수 있다: 태극은 *전환적 계기로서* 모든 상태에서 작동한다. 즉 태극은 기에 '타고, 접착되고, 운반되지만', 태극은 그것들을 반전시키는 계기적 메커니즘의 방식으로 기의 '위에' 있다: 태극의 손길은 기의 상태를 뒤집어 그 반대와 다시 접촉하게 하는 것이다. 두 극단들을 균형 잡힌 생산적 총체로 접합하는 것이다. 태극은 기에 의해 운반되므로, 항상 기에 내재하고 그 상태를 공유한다. 그러나 어떤 상태든 그 상태를 바꾸는 것은 태극이다.

질문: 움직임과 고요함이 태극이 타는 전환적 기틀이라는 것에 대해 묻습니다.

답변: 태극은 리인 반면에 움직임과 고요함은 기이다. 기가 유행하면 리도 유행하니, 이 둘은 늘 서로 의존하고 서로 떨어진 적이 없다. 태극은 사람과 같고 움직임과 고요함은 말과 같다. 말은 사람을 태우며, 사람은 말을 탄다. 말이 한 번 나가고 한 번 들어오면 사람 역시 한 번 나가고 한 번 들어온다. 한 번 움직이고 한 번 고요할 때마다 태극의 오묘함이 있지 않은 적이 없다. 이것을 일러 '타는 기틀이다'라고 한 것이니, 〔태극의〕 궁극적 형체 없음〔無極〕은 기의 음양 및 오행이 '오묘하게 결합〔妙合〕'하도록 하는 바이다.[57]

---

57 『朱子語類』, 卷94, 2376, "問動靜者, 所乘之機. 曰太極理也, 動靜氣也. 氣行則理 亦行, 二者常相依而未嘗相離也. 太極猶人, 動靜猶馬. 馬所以載人, 人所以乘馬.

태극은 기에 올라타고, 기에 운반되고, 활동을 위하여 기에 의존하지만, 또한 말을 탄 사람처럼 태극은 기를 통제한다. 리는 결코 기를 떠나지 않으며 기가 하는 일을 항상 거기에서 한다. 리의 '통제'는 '통일성〔合〕'을 지닌 '오묘함'—즉 대립자의 결합, 역설, 가장 현현하지 않은 존재와 동일한 것, 무극無極—에 의거한다. *이 모든 것은 전환적 계기로서의 태극이라는 아이디어로 결합된다.* 전환은 윤곽을 형성해서 모든 것에 적절한 경계와 척도를 부여하고 모든 것을 전체의 부분들로 만드는데, 이는 식별가능하고 상상할 수 있는 이것 또는 저것으로 만드는 것이다.

馬之一出一入, 人亦與之一出一入. 蓋一動一靜, 而太極之妙未嘗不在焉. 此所謂所乘之機, 無極, 二五所以妙合而凝也." 특히나 여기에서 이원쌍과 그 반전이 중요하다는 것은, 동일한 페이지에서 주희가 제공하는 추가적인 주석으로 살펴볼 수 있다: "동과 정은 이것을 태우는 기틀이다. 기틀은 기氣 자체의 초기初期적인 기틀이다. 『詩經』에서 말하길 '기氣의 기틀에 타서 들어오고 나간다'라고 하였다(動靜者, 所乘之機. 機, 言氣機也. 詩云出入乘氣機.)." 이 내용은 다른 곳에서 한 학생의 요약으로 더 자세히 설명되어 있다(『朱子語類』, 卷94, 2370):

"태극은 단지 리입니다. 리는 그 자체로 고요함이나 움직임으로 묘사될 수 없습니다. 그러나 '움직여 양을 낳고 고요하여 음을 낳는다는 것'은 리는 기에 머물러 있으므로 움직임과 고요함의 전환적 계기가 없을 수 없다는 것을 의미합니다. 여기서 '탄다〔乘〕'는 것은 화물을 수레에 실어 나르는 것과 같은 의미입니다. 여기서 움직임과 고요함의 리는 기氣에 타면서 이를 깨닫지 못한 채 움직였다가 고요하게 되고 고요했다가 다시 움직이게 됩니다." 주희가 대답하였다. "그러하다(… 太極只是理, 理不可以動靜言, 惟動而生陽, 靜而生陰, 理寓於氣, 不能無動靜所乘之機. 乘, 如乘載之乘, 其動靜者, 乃乘載在氣上, 不覺動了靜, 靜了又動. 曰然.)."

반면에 '오묘함'은 움직임이나 고요함으로 정의된 배타적인 특성을 넘어 상상할 수 없는 것을 의미한다: 오묘함은 각각의 사물에서 반대되는 것이 또한 존재한다는 것인데, 오묘함은 둘 다이면서 둘 다 아니기 때문이다. 따라서 오묘함은 그 사물이나 상태에서 '보이지 않는 것', 즉 '가장 현현하지 않은 존재'이면서도 그 상태로서 존재하도록 하는데, 그 상태로 존재하는 것은 반대의 상태, 다른 상태와 결이 맞을 때만 가능하다는 전체론적인 전제에서 그러하다.

위에서 말한 내용은 화엄이나 천태의 저술가들이 필요한 부분만 약간 수정해서 말할 수 있을 것이다. 화엄의 저술가들은 이렇게 말할 것이다: "불가분의 전체의 리는 모든 사에 완전히 존재한다. 마치 불가분의 축축한 성질이 어떤 파도에도 빠짐없이 온전히 존재하거나, 거울의 나눌 수 없는 밝은 반사성이 모든 상에 완전히 현현하고 동일하듯 말이다." 천태의 저술가는 다음과 같이 말할 것이다: "그 배경이 되는 나머지 2999와 항상 함께 일어나는 삼천 중의 하나*로서* 스스로 작용하고 현현하는 전체 삼천이다."

주희에게 [체와 용은] 같은 뜻이지만 파생적이고도 중요하게 변형된 방식이다: 주돈이의 「태극도」(그림 4.1)에서, 상단의 원과 하단의 원의 작은 부분이 각 경우에 있어서도 동일하게 유지되어 동일한 기능을 수행한다. 원의 내용이 순수한 음양이건 나무, 금속, 흙, 불, 물의 오행이건 상관없이 말이다. 태극은 음양/오행과 동연하지만, 동시에 그것들을 하나의 중심에 입각한 대립자들의 결합이라는 특수한 구조로 묶어내고, 그것들이 상대방에 대해 관여하고 상대방에게 돌아가고 상대방으로 변화하게 한다. 이는 사물의 행동을 변화시키는

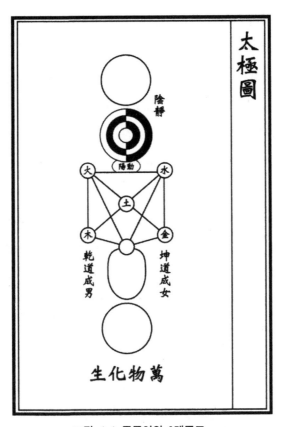

그림 4.1 주돈이의 「태극도」

朱震(1072-1138), 『漢上易傳』, 『摛藻堂四庫全書薈要』에 기반을 두
어 존 메이컴이 그린 것임. 〔역자 주: 주희가 개정한 「태극도」와는
상당한 차이가 있다는 것에 주의할 것.〕

것이다. 따라서 태극은 겉보기에 사물과 완전히 동연적이다. 그러나
「태극도」에서 반복되는 원들처럼, 태극은 사물을 전복시키거나 통제
할 수 있으며 사물을 사물의 외부에 있는 것과 일관성 있게 규제할
수 있는 것이다. 또한 태극은 인간의 마음에도 적용된다. 이는 자기
스스로를 규제하고 통제할 수 있는 이유로, 주희의 도덕심리학에

있어 매우 중요한 진보라 할 수 있다. 그리고 이것은 두 극단이 접하여 통합하는 방법이다. 이 모든 것이 중이라는 개념으로 결합되며, 「태극도」의 원 ─주희가 주석한─으로 완미하게 묘사된다.

더 구체적으로 들어가면, 여기서 문제가 되는 '기機'는 의심할 여지 없이 주돈이의 글에서 *전환이 이루어지는 궁극(ultimates)* 내지는 극단점으로 언급된 것에 의해 현현되고 이뤄진다. 주돈이가 그 전환점을 가리키는 데 사용한 표현은 '극極'인데, 이는 〔오묘한〕 태극의 극과 같다. 본성은 제한(limits, 極) 또는 기준(standards, 또한 極)으로 나타나는 태극이다. 왜냐하면 사물의 제한은 전체의 조화로운 부분을 형성할 수 있도록 적절한 척도를 제공하면서 사물을 있는 그대로 정의하고, 이는 사물을 규제하는 규범적인 기준이 된다. 태극은 지붕보, 경첩, 음양 및 동정을 오가는 진자 운동의 중심점이다. 따라서 태극은 중심이고 균형이며, 상반되는 쌍들─예를 들어 기쁨과 분노, 행복과 슬픔─의 조화, 연결과 인터페이스, 통합자(integrator), 결맞음(Coherence)으로 표현된다. 그리고 태극은 끝없이 낳고 또 낳는다〔生生不息〕. 태극은 〔총체적인〕 리이다. 그러나 태극은 각 사물의 특수한 리이기도 하다: 태극은 각 사물의 구체적인 전환점, 각 사물의 적절한 척도 및 한계, 각 사물을 정의한 기준, 사물이 그렇게 되는 까닭으로서의 리〔所以然之理〕 그리고 사물이 해야 하는 바로서의 리〔當然之理〕이다. 소이연지리와 당연지리는 바로 전환적 기틀〔機〕의 정점으로서 '극極'이며, 이 기機는 중심, 즉 태극의 오묘한 역설성을 담은 것이다. 그리하여 〔태극은〕 모든 뚜렷한 사물들이 생산되고, 분할되며, 경계 지어지게 하며, 또한 〔사물들이 정해진〕 경계를 넘어 반대편으로 들어가게 하여, 짝을 짓고, 더 많이 생산할 수 있는 능력을 구비한다.

　이러한 해석은 주희가 말하는 이 '낳고 또 낳음[生生]'의 본질을 더욱 이해하는 데 도움이 될 수 있다. 여기서의 생생 과정이 가진 일반적인 특성은 경계와 경계-넘기(boundary-overstepping)에, 상반되는 것을 결합하고 전도시키는 중심성 및 역동적인 전체론에 뿌리를 둔다. 생생은 생물의 유성 생식─역자 주: 암수 결합─과 관련되어 있지만, 이에 국한되지 않는다. 음양은 성적(sexual)이지만 성적인 것 그 이상이고, 같은 방식으로 '생생'도 여기에서는 생명을 의미하면서도 생명 그 이상이다. 비생물보다 생물에 대한 어느 정도의 선호가 있다는 뜻은 아니며, 또한 이것이 사물이 있는 그대로의 이유를 정의한다거나 우주가 생물을 생산하려고 의도한다는 뜻도 아니다. 주희가 말하는 생생의 과정은 쇼펜하우어의 '생명에의 의지'[58]나 베르그송의 '생명의 약동', 즉 무생물의 생산 뒤에 숨어 있는 비밀스러운 목적인 생명에의 의지가 아니다. 이러한 단서가 붙은 이유는 중국어 '生'의 의미에 근거한다. 주희의 다음 설명을 살펴보자.

　질문: 제가 '선생님께서 여방숙에게 답하는 편지'를 보니, 마른 초목에도 생산적 공존 가능성[=理]이 있다고 하셨습니다. 그러나

58　쇼펜하우어는 이 점에 대해 모호한 태도를 취한다. 자신의 형이상학을 묘사하면서 더 엄격하게 말할 때, 그는 '의지(the Will)'에 특정한 목적이 있지 않다고, 특정 대상을 원하지 않고 단지 *원하고 있을* 뿐이라는 의미에서 맹목적이라고 아주 분명하게 명시한다. 그러나 더욱 대중적인 글에서는 혹은 살아있는 유기체들에 대해 논의할 때, 또는 아마도 그가 덜 신중하였을 때, 그는 '생명에의 의지'에 대해 이야기한다.

저는 마르고 시든 것들에도 어떻게 생산적 공존 가능성들이 있는지 모르겠습니다.

답변: 대황大黃이나 부자附子로 만들어진 약재들을 생각해보라. 이것들은 마르고 시든 것이다. 그러나 대황의 약재가 부자가 쓰여야 할 데에 사용되어선 안 되며, 부자는 대황이 쓰여야 할 데 쓰여선 안 된다.

질문: 마르고 시든 것에도 본성이 있다는데, 이것은 어째서입니까?

답변: 그것들도 원래 생산적 공존 가능성을 갖고 있기 때문이다. 그러므로 〔정호가〕 말하길 "천하에 본성이 없는 사물은 없다"라 하였다. 길을 걸으며 말씀하시길 "섬돌에는 섬돌의 공존 가능성이 있다." 앉으면서 말씀하시길 "대나무 의자에는 대나무 의자의 공존 가능성이 있다. 마르고 시든 것들에 생산적 의도〔生意〕가 결여되었다고 말해도 되지만, 생산적 공존 가능성〔生理〕[59]이 없다고 말하면 옳지 않다. 예를 들어 썩은 나무는 쓸데가 없어 밥 짓는 부엌의 불쏘시개로나 쓰이는데, 이것은 생산적 의도가 없음을 의미한다. 그러나 어떤 나무를 태우면 어떤 연기가 되는 것은 또한 다르다. 이것은 그것의 생산적 공존 가능성이 그러하기 때문이다."

질문: 마르고 시든 것들에도 생산적 공존 가능성이 있습니까? 없습니까?

---

[59] 여기서 필자는 생리生理를 대개 축약되고 일반적인 용어인 리 그 자체의 의미에 대한 명시적인 설명으로 받아들여서 그것을 같은 방식으로 번역하고자 한다.

답변: 사물이 있으면, 그것의 생산적 공존 가능성이 있다. 하늘이 붓을 만든 것이 아니고, 사람이 토끼털을 가지고 붓을 만들었다. 붓이 있다면, 붓의 생산적 공존 가능성이 있다.

질문: 붓에서 인과 의를 어떻게 포착할 수 있습니까?

답변: 그렇게 작고 하찮은 것에는 인과 의가 나누어지지 않는다.[60]

'生'은 영어 단어 'life'가 의미하는 것만을 지시하지 않는다: 생은 *질적으로 구별되는 실체의 모든 변형 내지 출현*을 의미한다. 썩은 나무를 태우면 연기가 난다. 나무와 연기 가운데 어느 것도 '살아있는' 것은 아니지만, 이러한 생산의 관계는 리의 표현이다. 필자는 이것을 나무의 생산적 공존 가능성(Productive Compossibility)으로 규정하려고 한다. 중심으로서 리는 두 극단들을 가능하게 하고 두 극단들이 함께할 수 있게 하며, 다른 극단이 자기 자신과 공존할 가능성으로서 어느 한 극단 '안에' 있다.

기본적으로, 발생하는 모든 사건은 '끊임없이 낳고 또 낳음[生生不息]'의 사례이다. 썩은 나무는 [연기를] 낳고자 할 '의도[生意]'를 가지

---

60 『朱子語類』, 卷4, 61, "問曾見答余方叔書, 以爲枯槁有理. 不知枯槁瓦礫, 如何有理? 且如大黃附子, 亦是枯槁. 然大黃不可爲附子, 附子不可爲大黃. 問枯槁之物亦有性, 是如何? 曰是他合下有此理, 故云天下無性外之物. 因行街, 云階磚便有磚之理. 因坐, 云竹椅便有竹椅之理. 枯槁之物, 謂之無生意, 則可. 謂之無生理, 則不可. 如朽木無所用. 止可付之爨灶, 是無生意矣. 然燒甚麼木, 則是甚麼氣, 亦各不同, 這是理元如此. 問枯槁有理否? 曰才有物, 便有理. 天不曾生簡筆, 人把兔毫來做筆. 才有筆, 便有理. 又問筆上如何分仁義? 曰小小底, 不消恁地分仁義."

406

지 않는다. 그 나무는 살고자 하는 '의도' 내지는 낳고자 하는 '충동'은 가지지 않지만, 〔연기를〕 낳을 수 있는 잠재력은 가진다. 존재한다는 것은 어떤 효과를 낼 수 있는 잠재력이 있다는 것이고, 이 실체가 다른 모든 것들과 함께 존재하고 생산될 수 있음을 요구한다. 리를 가진다는 것은 이미 존재하는 어떤 것에 의해서든 생성될 수 있는 무언가가 된다는 것이고, 그 자신을 넘어서 다른 것을 생산할 수 있는 역량을 가져 낳고 낳는 끊임없는 과정에 참여하는 것이다. 필자가 주희의 리 개념을 이러한 방식으로 번역하는 이유가 바로 이것이다. 송대 유학자들은 일상적인 의미에서 '가능성'을 지시하기 위해 '理'란 단어를 자주 사용하였는데, '가능성이 있다'는 뜻의 '유차리有此理'나 '불가능하다'라는 뜻의 '기유차리豈有此理'처럼 말이다. 이러한 용법은 영혼 내지는 텔레파시의 존재에 대해 말하거나 열병에 걸린 사람이 두보杜甫의 시를 낭송하는 것처럼 〔있음직한 것에〕 적용될 수 있다. 그러한 것들이 *있음직한 것*은, 있음직한 그것들이 여타의 존재하는 모든 것들과 *어울리기* 때문이다. 존재하는 관계의 전체 매트릭스의 맥락에서 그들에 의해 생산되는 것들과 생산과정을 지속하는 것들이 서로 부합하는 방식으로 말이다. 심지어는 생산에의 '충동'이 부족한 곳에서도, 모든 존재의 이러한 상호관계는 본질적으로 생산적인 것으로 간주된다. 리는 일종의 생산적인 결맞음, 사물들이 서로 결합하여 생산 및 재생산의 과정을 지속하는 방식 그리고 창조 과정의 지속 즉 우주이다. 따라서 우리는 리의 번역어로 '생산적 공존 가능성(Productive Copossibility)'이라는 용어를 제안한다. 'Copossibility'의 'co-〔共〕'는 공존의 가능성 즉 조화로운 결맞음을 의미하며, 이미 여기에는 일종의 *가치*가 들어 있다. 공존은 그 자체로 하나의 *가치*이며, 서로를 방해하지 않고 즉 서로의 생산을 배제하지 않고 모두가 존재할 수 있도록 하는 생산된 존재들의 합일이다. 우리는 이 점을 인仁－리가 가장 직접적으로 현현한－이 편파적이지 않거나(公) 알아차린(覺) 상태에서 가장 현현한다는 신유학자들의 표현을 통해 알 수 있다. 이 모든 용어는 주어진 경계를 넘어 존재하는 그 밖의 모든 것들을 포함하고, 연결하고, 응답하는 일종의 확장을 암시하며, 이러한 확장은 '낳고 또 낳는(生生) 과정'의 핵심 특성이다: 이것은 주어진 규정된 영역 내에서 어떠한 제한도 없는 것이고 하나의 것이 다른 것으로의 지속되는 것이며 타자성(otherness)으로의 확장 및 생성이다. 이것은 성장이지만, 땔감이 연기로 변하는 것과 같이, 살아있지 않은 모든 사건도 포함한다.

리를 '생산적 공존 가능성'이라고 정의하면, 주희의 형이상학에서 가장 독특하고도 수수께끼 같은 특징 중 하나를 이해하는 데 도움이 된다: 그것은 리의 일자성(oneness)과 다수성(manyness)을 동시에 갖고 있다는 점이다. 주희는 리가 만물의 하나의 리(태극)이며, 동시에 전체적으로는 상호 차별되는 수많은 개별적인 '원리들'과 '패턴들' 및 사물들의 본성들임을 매우 분명하게 밝힌다(理一分殊). 여기서 '분分'은 오직 리의 일부 또는 부분이 개별 사물의 본성인 특정한 원리로서 존재한다는 뜻이 *아니다*: 총체적인 리는 각 사물의 생산과 성장의 구체적인 원리*로서* 존재한다. '공존 가능성'－즉 두 항목 A와 B의 공존의 가능성－은 바로 이런 식으로 설명될 것이다. '가능성'과 '공존 가능성'의 가장 큰 차이는 바로 단수와 복수의 재구성에 있다.

A의 '가능성'은 B의 '가능성'과는 완전히 다르며, 'A와 B의 공존 가능성'은 [A와 B를 포괄하는] 제3의 것이다. 그러나 A에게 B와의 공존 가능성은 정확하게 B에게 A와의 공존 가능성을 말한다. 이는 A와 B의 공존 가능성과 조금도 다름이 없다. 이와 유사하게 주희에게 의자의 리는 탁자의 리이며, 이것은 탁자와 의자가 있는 세상의 리와도 같다. 그러나 A와 B의 공존 가능성은 결코 특징이 없고 분절되지 아니한 '같음'으로 환원될 수는 없다: 그것은 A의 가능성과 B의 가능성을 두 개의 분리되고 뚜렷한 측면으로 구체적으로 설명한다. A의 가능성은 A와 다른 (추상적이고 구체적인, 인간적이고 자연적인) 모든 것이 공존할 가능성이다. 이것은 B가 다른 모든 것들과 공존할 수 있는 B의 가능성과는 다르다. 그러나 분명 [주희에게 있어] A의 공존 가능성은 특수한 차이를 유지하면서도 B의 공존 가능성이다.

따라서 주희에게 리는 공존 가능성으로서의 결맞음, 더 강하게 표현하자면 만물 생성의 공존 잠재력(Copotentiality)이다. 우리는 이 점을 주희의 개별 리에 대한 설명에서 아주 분명하게 볼 수 있다. 예를 들어 의자나 부채의 리에 대해, 그는 다음과 같이 말한다.

입고 먹고 움직이는 것은 모두 사물이며, 사물의 리는 도이다. 사물을 [곧바로] 도라고 부르는 것은 용인될 수 없다. 또한 예를 들자면 의자에는 네 짝의 다리가 있어서 [사람이] 앉을 수 있으니, 이것이 바로 의자의 리이다. 만약 그 다리 가운데 한 짝을 없애버린다면 [사람이] 앉을 수 없게 되니, 이것은 의자의 리를 잃은 것이다. … 이 부채 역시 사물이므로, 이 부채의 도리가 있다.

부채가 어떻게 만들어지고 어떻게 사용되어야 하는지는, 형이상
의 리이다.[61]

도(리)는 의자가 구성된 방법(전체를 형성하기 위한 특정한 방식으로,
4개의 결합된 다리가 있음)이자 그것으로 수행할 수 있는 것(사람이
앉을 수 있음)이다. 조각들이 어떻게 결합되는지와 그것이 다른 실체들
—즉 앉고자 하는 인간의 욕망—과 어떻게 부합하는지는 명백히 결맞음
즉 생산적 공존 가능성으로서의 결맞음이다. 이 나무 조각들이 결합되
어 사람이 앉을 수 있는 또 다른 것을 가능하게 하는 이러한 방식으로,
나무 조각이 서로 그리고 세상과 공존할 수 있다. 물론 이것은 인류의
번영과 생산 및 재생산 등을 촉진한다. 편파적이지 않은 인仁의 미미한
부분이야말로 만물의 공존 가능성이다. 의자가 세계의 다른 것과
갖는 더 커다란 결맞음—의자의 용도나, 의자가 아닌 다른 것이지만 의자가
의존해 함께 어울리는 방식—은 리의 직접적인 내용이다. 리는 이중적,
이차적인 결맞음이다. 리는 그 자체로 서로 결이 맞으려는 사람의
욕망들—즉 '조화로운', 즉 중심을 나타내려고 하는[62]—, 더 많은 결맞음을
가능하게 하는 것, 나무판자들과 앉으려는 사람의 욕망이 함께 새로운
상황을 낳을 수 있는 가능성—의자에 사람이 앉기—을 필연적으로 포함

---

61 『朱子語類』, 卷62, 1296, "衣食動作只是物, 物之理乃道也. 將物便喚做道, 則不
可. 且如這箇椅子有四隻脚, 可以坐, 此椅之理也. 若除去一隻脚, 坐不得, 便失其
椅之理矣. … 且如這箇扇子, 此物也, 便有箇扇子底道理. 扇子是如此做, 合當如
此用, 此便是形而上之理."
62 결국 구체적인 실체 가운데 인간은 가장 정밀하고 예민한 기氣이자 리 또는
태극이 가장 균형 잡히고 완전하게 표현된 것이다.

410

한다: 이러한 공존 가능성은 의자에 선행하고, 의자는 공존 가능성에 의존한다. 어떠한 의자도 이러한 공존 가능성 없이는 발생할 수 없다. 단순히 '결맞음'으로 설명하는 것은, 그것[결맞음]이 구체적인 존재보다 선행할 수 있다는 의미를 혼란스럽게 한다. 그러나 이러한 종류의 결맞음을 '생산적 공존 가능성' 심지어는 '생산적 공존 잠재력'으로 재기술할 때[63], 우리는 그것이 공평함이자 일자적이고-동시에-다수

---

63 필자가 보기에, 주희에게서 내재적 정점으로서의 결맞음을-만드는-결맞음으로서의-중심이란 일종의 내재적 모델로부터 보다 초월적으로 들리는 중심 모델로의 전환을 발견할 수 있다. 우리는 이것을 생산적 공존 가능성에서 생산적 공존 잠재력으로의 전환이라고 생각할 수 있다. 그 차이점은 어디에 있는가? 가능성(possibility)과 잠재력(potentiality)은 거의 같은 뜻이다. 그러나 잠재력은 좀 더 결정적이고 자립적인 어떤 것, 그리고 세계 안에서 그리고 세계 너머에 실재하고 능동적으로 현상이 될 준비가 되어 있는 어떤 것을 의미하는 반면, 가능성은 비-모순성의 단순한 논리적 조건을 암시한다. 두 단어 모두 현상(actuality)과 대조되며, 현상이 없는 상태에서 말해질 수 있다. 현상적이지는 않지만 가능하거나, 현상적이지는 않지만 잠재적인 것으로 말이다. 그러나 현상적인 것에 대해 말할 때, 우리는 여전히 무엇이 그것을 가능하게 했는지 물을 수 있다: 그것은 가능하기 때문에 현상적이며, 현상적일 때에도 여전히 가능하다. 그러나 잠재력은 현상이 아닐 때의 것이다. 일단 현상화가 되면, 또한 동시에 잠재력이 아니게 된다. 잠재력은 현상적인 것과는 뚜렷하게 대조를 이루는, 숨겨진 그리고 불명확한 것을 암시한다. 따라서 주희가 주장하는 것처럼 보이는 질적이고 존재론적 도약은, 단지 실체의 연속성 또는 동연성을 암시하는 체용 용법으로 말하는 것을 불편하게 만드는데, 이는 공존 잠재력이라는 용어로 잘 표현된다. 이 용어는 현상적인 것들의 파생된 작용이 아닌, 그 자체의 뚜렷한 힘을 암시한다. 반대되는 두 극단들 가운데 하나를 반대편과의 균형을 향해 끌어당기는 양(positive)의 힘으로 간주하면, 공존 가능성은 생산적 공존 잠재력이라고 부를 수 있다. 이러한 점에서, 생산적 공존 잠재력은 한 극단의 현상성

적인 것의 인과 리의 전체 맥락—현존하는 모든 것과 미래의 모든 것, 사물의 통일성을 극대화하는 데 도움이 되도록 현존하는 모든 것 사이에 배치할 수 있는 역할, 사물들의 상호 연결, 사물의 생산과 재생산, 사물의 균형, 가장 많은 사물들과의 공존, 기능·생명·공정성·한 사물이 다른 사물에 대하여 상호 감응하는 것의 극대화 등—에서 갖고 있는 위치를 명료하게 이해할 수 있는 한편, 그것이 어떤 의미에서(내부적으로 그리고 외부적으로) 여전히 결맞음의 표준적인 개념인지를 바로 알 수 있을 것이다.

5. 주희의 체용론

이제 우리는 주희의 사유에서 보다 친숙한 체용 모델이 수행하는 구체적인 역할을 볼 수 있다. 주희는 일반적인 형이상학에서 태극과 음양의 관계에 대해 내재 및 초월의 급진적인 화엄의 체용 모델을

또는 더불어 고려되는 두 극단 모두의 현상성과는 구별된다. 번역의 변화는, 더욱 긍정적인 현존(presence)을 표현하는 방식이다: 음의 리는 양의 생산적 공존 잠재력인 것처럼, 양의 리는 음의 생산적 공존 잠재력이다. 우리가 단순히 '잠재력'에 대해 이야기하고 있다면, 우리는 음의 잠재력이 양의 잠재력과 완전히 다르고 반대된다고 말할 수 있다. 그러나 음의 생산적 공존 잠재력은 정확히 양의 생산적 공존 잠재력이다. 음과 양은 반대되지만 또한 동일하고, 여럿이지만 또한 하나이며 동일하다. 이것은 주희의 형이상학을 표지하는 핵심적인 특징이다. 생산적 공존 잠재력은 문자 그대로 서로 공존할 수 있을 뿐만 아니라 서로를 능동적으로 정초하는 역할을 한다는 것을 의미한다. 참으로 서로의 뿌리인 서로를 능동적으로 생산하는 역할을 한다. 그것은 그들의 현상을 '정초한다 (grounding)'는 의미에서 항상 거기에 있고, 균형을 향해 끌어당기는 힘, 즉 반대되는 특성들의 걸림 없는 공존으로 그들의 현상에 존재하는 것이다.

사용했지만, 이것은 중심-주변으로 내재 및 초월을 이해하는 천태
모델에 예속되어 있었다. 도덕심리학의 경우, 주희에게만 적용되는
체용론적 응용이 있는데, 이에 대해서는 아래에서 다루겠다. 그러나
하나의 현상과 다른 현상 간의 수평적 관계에서는, '체'는 다른 요소를
생산하는 역할을 하면서 그 상황에서 태극 또는 리(생산적 공동 잠재력)
의 '운반자(carrier)' 즉 전환, 반전, 생성의 도화선 장치로 기능한다.
음과 양은 서로의 뿌리가 되어 가역적이다. 이러한 음양의 가역적
특성은 모든 구체적인 사물의 체-용 관계를 더욱 복잡하게 한다.
모든 것이 음과 양으로 구성되어 있고 따라서 고요함과 움직임의
조합으로 이루어져 있으며, 주희가 각각 이를 체와 용으로 일관되게
연관시킨 한, 체와 용이 많은 경우에 이리저리 전환될 수 있음을
함의한다. 그런 의미에서 음과 양은 서로 가역적인 체와 용으로 기능
한다.

인仁은 주로 발생과 관련되어 있어, 그것의 용은 항상 움직이지만
그것의 체는 항상 고요하다. 이에 반해 지知는 모든 사물을 통해
포괄적으로 흐르는 것과 관련되어 있어, 그것의 체는 비록 움직이
지만, 그것의 용은 깊이 잠기고 치밀하므로 그것의 용은 무엇보다
도 고요하다. 그것의 체용과 동정이 이와 같으니, 그 문제의 하나에
만 집착할 필요는 없으며, 모름지기 모든 측면에서 고려해야만
한다. … 음양과 연관해보면, 인은 봄과 연관되고 주로 발생과
관련되어 있으므로 양과 움직임에 배대되는 반면, 지는 겨울과
연관되어 있어 감추어 저장하는 것과 관련되어 있으므로 음과

고요함에 배대된다. 그러나 음과 양, 움직임과 고요함은 서로가
그 뿌리가 되므로, 그것들은 고정된 방식으로 구할 수 없다. 이
모두를 학자들이 묵묵히 기억해야 할 것이다.[64]

여기서 음과 양이 서로의 근거가 된다는 것은 고요함과 움직임이
항상 분리될 수 없음을 의미하므로, 하나의 체는 다른 것의 용과
묶여진다. 음과 양이 서로 근거가 되는 것이 일차적인 경우에 체와
용의 가역성을 암시하는 것―인과 의의 관계에서처럼―으로 받아들여지
는 것은 아래의 인용문에서 제시된 것과 연관되어 있다. 이는 두
가지 현상적인 것이 어떻게 서로에게 동시에 체와 용일 수 있는지를
보여주고, 하나의 사물이 어떻게 동일한 이원적 관계에서 체이면서
용이 될 수 있는지(의가 용일 때 인은 체가 되고, 동시에 인이 용일 때
의는 체가 된다), 그리고 이러한 상호성이 음양의 가장 일반적인 경우와
어떻게 연결되는지를 보여준다.

인은 의와 상대해서 본체와 작용이 된다. 〔그렇다 하더라도〕 인은
그것의 체와 용이 있고, 의 역시 그것의 체와 용이 있다.

조치도의 질문: 인을 체용과 동정의 관점에서 어떻게 이해할

---

64 『朱子語類』, 卷32, 823, "仁主於發生, 其用未嘗不動, 而其體却靜. 知周流於事物,
其體雖動, 然其用深潛縝密, 則其用未嘗不靜. 其體用動靜雖如此, 却不須執一而
論, 須循環觀之. … 若必欲以配陰陽, 則仁配春, 主發生, 故配陽動. 知配冬, 主伏藏,
故配陰靜. 然陰陽動靜, 又各互爲其根, 不可一定求之也. 此亦在學者默而識之."

수 있겠습니까?

답변: 인은 진실로 체이고, 의는 진실로 용이다. 그러나 인과 의 각각은 그것의 체와 용, 움직임과 고요함을 가지고 있다. 스스로 상세하게 경험해보아야 한다.

인과 의는 서로 체와 용이 되고, 서로 고요함과 움직임이 된다. 인의 본체는 본래 고요하지만, 그 작용은 쉼 없이 유행한다. 의의 용은 본래 움직이지만, 그 체는 각기 제 자리에 머문다.

질문: "인은 부드럽고, 의는 강하다"는 것에 대해 묻겠습니다.

답변: 인의 체는 부드럽지만 그것의 용은 강한 반면, 의의 체는 강하지만 그것의 용은 부드럽다.

동수董銖[65]의 질문: 이는 "양은 음에 뿌리를 두고, 음은 양에 뿌리를 둔다"는 것을 의미합니까?

답변: 그러하다.

숙중叔重[66]의 질문에 대한 답변: 인의 체는 강하지만 용은 부드러운 반면, 의의 체는 부드럽지만 용은 강하다.

보광輔廣[67]의 질문: 태극의 움직임이라는 관점에서는 우리는 인은 강하지만 의는 부드럽다고 말할 수 있습니다. 그러나 개별적 사물

---

65 동수(董銖, 출생 1152)는 주회의 제자이다.

66 숙중은 동수의 자字이다.

67 보광은 주회의 제자이다.

의 음양이라는 관점에서는 우리는 인은 부드럽고 의는 강하다고
말할 수 있습니다.

답변: 물론 그러하다. 인은 흐르고 움직이며 솟아나 한계를 뛰어넘
는다는 의미를 갖고 있지만, 그것의 작용은 모두 자애롭고 부드러
운 것과 관련되어 있다. 의는 상황에 맞는 것을 협상하고 따른다는
의미를 갖고 있지만, 그것의 작용은 모두 단호하게 끊어내는 것과
관련되어 있다.[68]

존재하는 모든 것의 음의 측면은 그 사물의 체이며 양의 측면은
용이다. 태극은 용에 있어서 체인 것이 아니라, 체와 용 모두이다.
두 수평적인 경험적 요소들에서 매우 가역적으로 체일 수도 있고
(ti-ing) 용일 수(yong-ing) 있는 것은, 태극에 의하여 가능하다.[69]

---

68 『朱子語類』, 卷6, 121, "仁對義爲體用. 仁自有仁之體用, 義又有義之體用."; "趙致
  道問仁義體用動靜何如? 曰仁固爲體, 義固爲用. 然仁義各有體用, 各有動靜, 自
  詳細驗之."; "仁義互爲體用動靜. 仁之體本靜, 而其用則流行不窮. 義之用本動,
  而其體則各止其所."; "問於仁也柔, 於義也剛. 曰仁體柔而用剛, 義體剛而用柔.
  銖曰此豈所謂陽根陰, 陰根陽邪? 曰然."; "先生答叔重疑問曰仁體剛而用柔, 義
  體柔而用剛. 廣請曰自太極之動言之, 則仁爲剛, 而義爲柔. 自一物中陰陽言之,
  則仁之用柔, 義之用剛. 曰也是如此. 仁便有箇流動發越之意, 然其用則慈柔. 義
  便有箇商量從宜之義, 然其用則決裂."

69 예를 들어 『朱子語類』, 卷94, 2372에서는 다음과 같이 말한다:

   태극은 본래 움직임과 고요함의 원리들을 포함하고 있으나, 움직임과 고요함
   〔사이의 구분〕을 기준으로 체와 용을 나눌 수 없다. 고요함은 태극의 체이며
   움직임은 태극의 용이다. 이것은 부채와도 같은데: 그저 하나의 부채이지만,
   흔들면 용이 되며 내려놓으면 체가 된다. 막 내려놓았을 때에도 그저 이

주희가 「태극도설」에 대한 해제에서 언급했듯이(그림 4.1 참조), 왼쪽의 ☾은 양 안에 음이 있는 형상－리離 괘(☲)의 모습이다－으로 "양의 움직임이니, ○(무극이면서 태극)의 용이 유행하는 것"이다. 반면 오른쪽의 ☽은 음 안에 양이 있는 형상－감坎 괘(☵)의 모습이다－으로 "음의 고요함이니, ○(무극이면서 태극)의 체가 정립되는 것"이다.[70] 이 점은 우리가 일방적으로 태극을 체로, 동정을 용으로 볼 수 없음을 시사한다. 태극은 양을 생성하는 동과 음을 생성하는 고요함을 가능하게 하는 본체이지만, 음양과 섞이지도 분리되지도 않는다. 태극은 음양 조합의 한 측면으로, 음양의 중심에 존재하고 음양을 하나로 모으는 원이다. 태극은 「태극도」의 각 형태는 물론 다른 모든 형태에 부합하는 공존 잠재력을 가능하게 해주고, 「태극도」의 모든 다른 것들과 동일한 동시에 어떠한 특정한 도형이라도 초월한다. 그러므로 「태극도」는 "태극이 정확히 음양이지만 그 본체를 가리킨다"[71]는 것을 잘 보여준다. 우리가 「태극도」의 두 번째 단의 원은 첫 번째 단의 원과 동일하지만, 이제 그 안에 두 괘－역자 주: 리 괘와 감 괘－가 있다. 이 새로운 도형은 원래 형태의 내부적인 유사분열로 볼 수

하나의 이치일 뿐이고, 흔들었을 때도 이 하나의 이치일 뿐이다(太極自是涵動靜之理, 卻不可以動靜分體用. 蓋靜卽太極之體也, 動卽太極之用也. 譬如扇子, 只是一箇扇子, 動搖便是用, 放下便是體. 才放下時, 便只是這一箇道理. 及搖動時, 亦只是這一箇道理.).

70 朱熹, 「太極圖說解」, 『周子全書』, 董榕 輯, 胡寶瑛 編, 『國學基本叢書』(臺北: 商務印書館, 1964), 3, "☾者, 陽之動也, ○之用所以行也. … ☽者, 陰之靜也, ○之體所以立也."

71 『周子全書』, 2, "卽陰陽而指其本體."

있고, 여전히 전체적 형상을 보존한다. 우리가 그 〔전체적〕 측면에 초점을 맞춘다면 말이다: 태극은 둘러싸고 있는 원에 있으며, 또한 중간 부분에 있는 원에 존재한다. 중은 그들의 관계를 '통제〔宰〕'한다. 또한 그 자체 내부에 그것들을 한데 묶는 중은, 그것들이 관계를 맺게 함으로써 전체를 형성하도록 한다. 우리는 중을 전체로 볼 수도 있고, 전체를 중으로 볼 수도 있다. 그러나 중은 측면들 사이의 관계를 가져오는 특별한 기능을 수행하는데, 이는 그것들을 전체로 만들고 그것들의 전환을 주관하고 그것들의 생산적 공존 잠재력을 정의한다.

현상적 차원에서, 생산적 공존 잠재력은 체와 용의 관계로 나타난다. 즉 공존 잠재력은 단순히 체일 뿐만 아니라, 동과 정이 분리 불가능하듯이, 항상 작용하는 체이며 체를 가지고 있는 모든 작용들이다. 천태에서처럼 기 수준에서의 체용 모델은 가역적이다. 즉 가장 추상적인 수준(순음과 순양)에서 체와 용은 단순하고 대칭적이고 가역적이지만, 기의 상호작용의 '낮은' 수준들(「태극도」 아래로의 이동)에서도 마찬가지다. 이를 통해 주희가 여러 수준과 관련된 체와 용의 가역성에 대해 그가 매우 관심을 가지고 상당히 독창적인 발전을 이뤘다는 것을 알 수 있다. 이러한 〔체-용의〕 복잡성은 기 존재 차원의 기본적 수준에서 본래적으로 가역적인 체용 관계의 결과로 간주될 수 있다. 「태극도설」의 두세 번째 단 및 이에 대한 주석에서는 음양 관계를 다루고 있는데, 여기에서는 모든 기의 기본적 본질로 체와 용의 가역성을 제시하고 있다.

따라서 일반적인 의미에서, 우리는 주희 철학에서 도와 사물 내지는 리와 기가 곧바로 체와 용의 관계에 있다고 말하는 것을 어느 정도 경계해야 한다. 그러나 체와 용은 우주적 생산의 존재론의 가역적 관계와 역동적으로 중심을 이루는 전체 속에서의 전환을 나타내는 유연한 지표로 자유롭게 사용할 수 있다. 앞서 인용한 주희의 의자 사례를 다시 생각해보면 이를 명확하게 알 수 있다. 도(리)는 의자의 구성방식(네 개의 다리가 특정한 방식으로 결합되어 전체를 형성함)과 의자 로 할 수 있는 것(사람이 그 위에 앉을 수 있음)으로 새로운 상황을 만들어내는 것이다. 도 그 자체는 새로운 상황을 지속적으로 만들어낸 다. 여기서 리는 숨겨지거나 은폐되어 있지 않다. 그것은 공개되어 있으며, 의자의 명백한 기능과 구성되는 방식으로서 작동한다. 리는 어떤 식으로든 기와 연속되는 실체가 아니다. 그것은 기와 전혀 교환할 수 없는 완전히 다른 수준의 실체이다. 리는 기로 성장하지 않으며 그것을 물질적으로 지원하지도 않는다. 리와 기가 여전히 의존 관계이 긴 하지만, 체용 모델에 수반되는 의존 관계는 아니다. 의자가 의자이 기 위해 리에 의존한다는 의미는, 가지가 가지이기 위해 뿌리에 의존한 다는 의미도 아니고 거울 속의 상이 동연하는 밝은 반사성에 의존하는 방식도 아니다. 이 모든 면에서, 의자의 리와 물리적인 의자 사이의 관계는 직선적인 체용 관계와 공통점이 거의 없다. 무엇보다도, 의자 와 나머지 세계의 더 큰 결맞음―의자의 용도, 추가적인 상황을 만들기 위해 의자가 아닌 다른 것과 함께 어울리는 방식 내지는 의자가 의존하는 것―은 리의 직접적인 내용이지만 체-용 관계에서 체의 내용은 아니 다. 반대로 그것은 용의 부분일 것이다. 따라서 물리적 사물의 경우 항상 가역성과 상호 내포성을 강조하는 체와 용의 복잡한 관계를 갖고 있는 것으로 보이는데, 여기에서 리는 일방적인 방식으로 체와 단순하게 동일시될 수 없다. 개별적인 물질적 사물의 전체적 체-용 구조는 오히려 리를 생산적 공존 잠재력으로 예시하는 방식인데, 여기서 체는 잠재력이고 용은 생산물이지만 둘 다 리라는 생산적 잠재력 안에 포함된다.

6. 화엄, 천태, 주희의 도덕심리학 비교

앞에서 필자는 주희의 사례가 흥미롭게도 화엄과 천태 사이에 놓여 있다고 말한 바 있다. 특히 이 점은 본성과 감정─본성과 감정은 마음을 구성하고 마음에서 통일된다─의 체용 구조에 대한 주희의 학설에서 분명하게 보인다. 화엄과 이후의 선불교에서, 축축한 성질-파도 혹은 밝은 반사성-상은 동연적 관계이지만, 마음은 불규정적인 리이자 체인 반면 지각된 세계의 모든 규정들은 사이자 용이다. 천태에서 마음과 세계는 모두 사이고, 각각은 직접적이고 가역적으로 다른 것의 체와 용이 되며, 이러한 가역성은 리(=중심)의 현현이다. 이 천태의 구조가 의자나 부채와 같은 물리적 사물에 대한 주희의 설명과 유사해 보여서 영향을 준 것처럼 보이지만, 위에서 본 것처럼(필요한 부분을 수정하였을지라도, 본질적 가치로서 생산 및 재생산에 중점을 두고 있으므로), 주희의 도덕심리학은 다소 다른 접근방식을 취한다. 거기서 마음은 체와 용, 즉 드러나지 않는 본성[性-理＝太極]과 드러나는 감정[情]을 주재하는 통일된 전체[統]이다. 심지어 중(혹은 중심)에서 너무 멀리 벗어났을 때의 감정인 '인욕人慾'도 마음에 속한다. 화엄과 선불교에서처럼, 주희에게서 본성은 리와 체이고 감정은 사와 용이다. 그러나 천태와 같이 주희에게 있어 〔마음과 현상 간은〕 곧장 리 그 자체—이후의 화엄과 선, 그리고 왕양명(王陽明, 1472~1529)에서는, 리 그 자체는 마음이다—와 기 사이의 관계라기보다는 여전히 두 현상 〔事〕—이 경우에는 기氣적인 현상— 사이의 관계이다. 이는 주희에게 인간의 마음은 독특한 기氣적 현상 중 하나이기 때문이다. 마음은 독특하고 완전한 현현인 태극—각 사물의 리—을 갖지만, 그 태극은 마음의 본성, 기질—마음의 실체로서 존재하는—에 의해 현현하는 천지 지성, 감정이 발하기 이전에도 항상 존재하였으나 구체적으로 규정되 지 아니한 중심〔未發之中〕일 뿐이다. 인간의 마음에 내재된 본성은 리이면서 기이기도 한데, 본성의 작용인 감정이 완벽하게 조화되지 아니한 이상 감정은 중심의 중심성을 완벽하게 반영할 수 없기 때문이 다. 그러므로 마음과 그 활동은 본체와 현상이 아니라 두 가지 현상이라 는 사실에도 불구하고, 주희에게 있어 천태적인 가역성은 있을 수 없다. 천태에서 마음과 그 활동(이 경우에 있어선 실제로 경험 가능한 모든 세계들)은 각각 본체이자—현상이다. 주희에게 마음은 본성과 감정이며, 본성은 본체/현상이고 감정은 완벽하게 조화되지 않는 한 현상에 불과하다. 감정이 완벽히 조화될 경우에만, 감정은 완전한 현상인 동시에 리를 완벽하게 드러낼 수 있다. 이것은 바로 주희를 단일한 도덕 〔향상〕 프로그램을 가진 강력한 도덕주의자로 만들었는 데, 한편 유사한 체용 구조를 사용한 천태 저술가들은 도덕적 문제에서 그러지 못하고 오히려 급진적인 다원주의자가 되었다. 마지막으로, 천태 및 주희의 모델과 달리 화엄 및 선불교에서 그리고 틀림없이 왕양명에서도 마음은 본체이며 경험세계에서의 활동들은 현상이지만 항상 다음과 같이 재기술될 수 있을 것이다: 마음은 그 현상을 포함하므로 진정으로 마음은 본체이자 현상이며, 그 활동은 마음을 포함하므로 활동 역시 본체이자 현상이다. 그러나 이들의 모델들은, 이 장의 화엄 부분에서 논의한 단방향적인 의존 관계를 제거하지 않고 있다.

주희가 천태로부터 얻은 것(또는 적어도 천태와 공통점이 있는 것)은, 리의 하나이면서-동시에-다수적인 구조의 가역성 그 자체이다. 이는 리가 단지 하나이고 사는 단지 다수라는 것을 부인한다. 그리하여 주희와 천태 모두 어떤 의미에서 모두 '하나이면서 같은 리이고 동시에 다수의 다른 리'의 존재를 긍정한다. 이것은 리가 실제로 무엇인지에 대한 '중심-주변의-쌍' 모델과도 밀접하게 관련되어 있다. 각각의 리는 이 리와 같은 다른 모든 리, 즉 하나의 리이자 다수의 리이다. 정확히 말하면, 화엄에서는 리는 하나뿐이며, 리는 전혀 없다는 의미에서 하나뿐이다: 리는 공空, 즉 마음(Mind; 축축한 성질, 반사성)이다. 결과적으로, 우리는 도덕적 실천에 대한 주희의 개념적 토대를 볼 수 있다: 어떤 하나의 리의 명확성을 높이는 것으로서 사물에 대한 탐구 공부는, 동시에 '다른' 리―어떤 의미에서 본래의 리이지만 다른 것으로서 현현한―에 대한 명확성을 〔높이기〕 위한 방법이다. 그리고 그것들을 알고 있는 마음의 리와 함께 그것들을 하나로 모으고, 그것들의 일관성을 실현하고, 그것들의 생산적 공동 잠재력을 실현한다. (이 장의 맨 끝에 있는 문화 간 비교 검토에서 우리는 이 지점으로 돌아갈 것이다.)

세 가지 전통에서, 도덕적 변혁의 작업은 서로 상이하다. 필자가 보기에, 화엄에서 명상수행은 상호침투(interpenetration) 그 자체의 실현이다. 그리고 그저 단순히 다양하고 복잡하게 상호-포섭된 전변 轉變들에 대한 철학적 성찰로, 리-사 동연이라는 간결한 사상적 함의 에 대한 확장되고 세분화된 통찰을 기르는 것이다. 모든 경험의 직접적 인 체로서의 마음에 대한 화엄의 체용 모델은 선불교적 명상 모델에서 잘 이루어질 것인데, 이는 신회와 종밀에게서 이미 관찰되며 명상 기술에 대해 말하는 선불교의 문헌에서도 지속적으로 반복된다: "경 험의 순간이 일어나면 곧 알아차린다(be awareness; 覺). 알아차리면 곧 아무것도 없다."[72] 이 구절은 명상과 관련된 내재성과 초월성을 모두 솜씨 있게 다루고 있다. 마음의 어떤 기능이 일어날 때, 그것은 전적으로 마음의 실체−상주하지 않는 본성, 마음의 반사성, 물의 축축한 성질−이다. 이것은 불성이요, 알아차림이요, 그 자체이다. 이것을 깨닫기 위해서는 모든 경험이 알아차림임을 기억할 뿐이다. 이는 단지 경험이 알아차림에서 비롯된 것임을 인식하고, 알아차림 안에 머무르게 하여 알아차림이 변하지 않도록 하는 것이다. 이러한 수양은 생각의 내용을 추종하지 않고, 알아차림의 질에만 관심을 가짐으로써 이루어진다: 상의 모양과 색은 보지 말고, 오직 상 그대로의 상,

---

72 宗密, 『禪源諸詮集都序』, T48.2015, 403a, "念起卽覺, 覺之卽無." 선불교 명상에 서 이 은유가 차지하는 중심적인 위치에 대한 좋은 논의로는 Carl Bielefeldt, "Ch'ang-lu Tsung-tse's Tso-ch'an I and the 'Secret' of Zen Meditation," in Peter Gregory, ed., *Traditions of Meditation in Chinese Buddhism*, vol. 4, Kuroda Institute Studies in East Asian Buddhism (Honolulu: University of Hawaii Press, 1986), 129-161 참조.

즉 항상 순수한 밝음을 알라. 그것은 문자 그대로(정교화되지 않은;
〔업이〕 이어지지 않도록 업을 짓지 않음) 그리고 형이상학적으로(있는
그대로; 이제 상은 상이 아닌 밝음으로만 알려짐) 파도를 사라지게 한다.
이렇게 하면 어떤 상에도 집착하지 않는데, 새로운 상을 불러일으키는
것은 집착이므로 염오된 상도 곧 잠잠해지게 된다. 따라서 염오된
상조차도 전적으로 불성으로 긍정함으로써, 염오된 상의 영향력에서
즉시 벗어나 염오된 상들이 미래에 다시 일어날 경향성을 줄일 수
있다.

천태의 방법은 '타고난 것에 대한 명상〔觀具〕'으로 요약될 수 있다.
이는 일어나는 각각의 생각을 불성인 각覺의 직접적 표현이 아닌
경계가 있는 유한하고 편향되고 미혹된 것으로 인식하는 것을 의미한
다. 또한 이는 유한성을 유한성으로, 상을 상으로 보는 관점이기도
하지만, 여기서 이는 존재하지 않는 모든 것들과의 관계에 의해 정의되
고 위치되는 방식에 주의를 기울이는 것을 시사한다: 시간상 선행하는
것, 세계의 외부에 있는 것, 질적으로 혹은 개념적으로 대조되는
것에 말이다. 그런 다음에 이러한 경계들은, 나가르주나의 변증법적
소거(dialectical reductions)를 적용해보면, 정합성이 없는 것으로 보인
다: 그것들은 정합적이지 않으며, 문자 그대로 불가능한 것으로 보인
다. 그러나 그러한 불가능성에도 불구하고, 경계들은 여전히 나타나
고 있다. 이러한 관찰은 〔불가능한〕 경계들─경험의 특정한 질적인
순간들─에 의해 정의되는 대상의 본성을 변화시킨다. 이제 경험
내지 대상의 본질은 오직 이러한 '오묘한〔妙〕' 방식─경계의 내부 및
외부로서, 세계가 이러한 경계들에 자기 자신을 상정하는 것으로서─으로만

존재할 수 있다고 보인다. 이것은 [경계들에 의해 정의되는 대상을] 어디에서나 활동적이고 반응적인 것으로 무한한 형태를 갖고 편재하고 영원한 것으로 본다는 뜻이다. 이는 또한 삼천-가지 악마적 본성 (등)의 모든 체가 삼천-가지-불성 (등)에 포섭되지만 흡수되지 않게 존재함을 보기 위한 것으로, 삼천-가지 방편적 작용으로 자비롭게 역할하고, 동일한 삼천-가지의 개별적인 업에 이원적으로 대응되게 하여[73], 세계 그 자체를 가능한 모든 방법으로 보고 느끼는 것이다. 그래서 여기서 염오된 경험도 [도덕적] 향상의 수단으로 사용된다. 그러나 그 과정은 상당히 다르며, 그 최종 결과도 상당히 다르다. 염오된 특성 그 자체는 어디에나 존재하는 것으로 간주된다. 염오된 특성은 벗어나야 하는 것일 뿐만 아니라 확장되는 것인데, 그것에 대한 집착을 버리면 특별한 의미에서 더욱 더 존재하게 된다. 그러나 부재와 편재라는 이 이중적 특성은 염오된 특성을 무조건적으로(자비롭고 열반적으로) 만드는 것이며, 곧 그렇게 만드는 것이 이 수행의 목표이다.

주희에게 태극은 우리의 본성으로 우리 안에 내재하고 있다. 본성은 감정의 체이고 감정은 본성의 용이며, 마음은 이 본성과 감정 모두를 구비하고 다스린다. 따라서 마음은 항상 필연적으로 좋은 본성(균형,

---

73 들의 오류가 단지 일방적인 편향성, 즉 편견에 불과하기 때문이다. 이는 각각 정반대되는 다른 편견으로 [오류가] 교정된다는 것을 의미한다. 상대되는 것을 동시에 각각이 사용할 수 있게 하는 것은, 교정적이고 대립되는 정반대의 것을 가져옴으로서 상대되는 것과의 연관성을 기능적으로 촉진하기 위함이라고 생각한다.

중심, 모든 감정의 상호 잠재력과 모든 것들의 감정의 총체)과 때때로 그다지
-좋지-않은 감정 모두와 접촉 및 접근할 수 있다. 본성은 고요해도
"몸은 팔을 쓰고, 팔은 손가락을 쓰는 것"[74]처럼 그것의 감정적 기능들
에 의해 완전히 존재한다. 마음은 팔의 몸, 손가락의 팔과 같은 양면성
그 자체이다. 마음이 감정의 '주인'이 되어 감정들이 중심과 접촉하게
하는 것은 바로 [마음의] 양면성이다. 중심은 그것들의 적절한 경계,
기준 그리고 척도[極]로 나타나며 그 역할을 한다. 보이지 않는 중中-
고요한 상태의 본성-에서 감정이 일어날 때, 본성은 기질에 투과된다.
그 기질이 완전히 맑고 균형적이라면, 감정들은 완벽한 조화를 이루며
진자의 움직임처럼 중을 토대로 회전할 것이다: 분노는 중으로, 그리
하여 기쁨으로 돌아갈 수 없을 정도로 멀리 가지 않을 것이다. 기쁨
역시 너무 멀리 다른 방향으로 회전하지 않을 것이다. 극단적 지점[極]
에서 그들은 반전되는데, 이러한 극단들은 정확히 본성[太極]을 담고
있는 기준[極]이다. 이러한 중심과의 가상적인 접촉은, 각각의 감정들
이 적절하게 제어되고 조화를 이루도록 한다. 그 기질이 맑고 곧지
않으면, 많은 감정들은 이 척도를 놓치게 되어 과도한 동요와 욕망이
되고, 표현되지 않은 내면의 중심 즉 균형을 지향하지 않고 외부
사물을 추종하게 될 것이다. 물론 이러한 외부 사물도 그들 자신의
내재적인 리-그 자체도 전체의 태극-를 완전히 지니고 있는 기질이다.
이러한 사물의 리와 마음의 본성의 리는 같지도-다르지도 않다: 그것
은 각각 전체의 태극이지만, 다만 '다양한 역할을 수행'한다.

---

74 『朱熹集』, 卷67, 3541-3542, "如身使臂, 如臂使指."

주희의 도덕심리학에서 이러한 같으면서-동시에-다름(oneness-and-difference)은 매우 중요하다. 이것이 바로 외부의 사물이 나의 리를 방해할 수 있는 이유다. (즉, 내가 *그들의* 리로서의 태극만을 따르게 한다면, 이는 나의 본성을 그들의 리에 포섭/종속시키는 것이다. 외부 사물의 리는 실제로는 리 그 자체이지만 상당히 다른 중심*으로서의* 리이다. 즉, 매우 다른 소용돌이의 중심, 그리고 필연적으로 인간의 것보다는 덜 완전한 중심이다.) 그렇다면 내 본성에서 비롯된 감정은 적절한 척도와 조화를 잃게 된다. 그러나 이러한 같으면서-동시에-다름은 또한 도덕적 진보를 가능하게 한다. 다른 리들에 예속되어 추종하는 것보다, 또 한쪽에 치우쳐진 그것들이 유일하게 권위 있는 기준이라고 생각하기보다는 (비록 그것들이 어떤 의미에서는 사실상 그 자체로 온전한 기준이라 할지라도) 그것들을 탐구할 수 있다면, 그때 나는 그것들을 하나의 결맞음으로 결합해 나의 본성과 함께 그것들의 생산적 공존 잠재력을 볼 수 있을 것이다. 내 자신의 본성은 가장 균형적이고 명확한 기질을 통해 현현한 태극이므로, 모든 외부 사물들을 아우를 수 있다. 그것들이 내 마음과 일치할 때까지 그것들은 연구하는 것은, 나의 본성을 깨닫고 그것들을 더 큰 일관성―개별적 또는 일련의 물질적 사물 형태의 태극이 아닌 인간 본성 형태의 태극으로, 더 균형 잡히고 생산적인 결맞음―에 종속시키는 것이다.

이 과정은 내 자신의 떠오르는 충동들을 성찰하는 것이고, 이러한 단편적이고 불균형적인 조각조각들이 서로 그리고 나의 본성에 존재하는 '본래적인 우주 생산적 공존 잠재력(Inherent Cosmic Productive Copotentiality)'이라는 더욱 큰 결맞음과도 결이 맞을 수 있는 방법을 찾는 것이다. 주희는 다음과 같이 말한다.

우주의 본래적 공존 잠재력〔天理〕은 어떠한 사람에게 있어서도
영구한 만고의 시간이 지나도 없어지지 않는다. 아무리 가려지거
나 제한되었더라도, 우주의 본래적 공존 잠재력은 항상 자약自若
하여 사사로운 뜻 가운데에서도 매순간 발출하지만 사람들은
이를 자각하지 못할 뿐이다. 이는 밝은 진주와 큰 조개가 모래자갈
사이에 뒤섞여 있어도 〔여전히〕 여기저기에서 연이어 반짝거리는
것과 같다. 다만 오직 이렇게 도리가 발현하는 곳에서 모든 공존
잠재력의 네트워크의 반짝거림을 마땅히 인식하고 취하여, 통합
된 전체가 될 때까지 그 조각들을 모아야 한다. 그대 자신의 선한
의도들이 날마다 자라고 달마다 커진 이후에, 우주의 본래적인
공존 잠재력은 자네한테 자연스레 순수해지고 견고해질 것이다.
예전에 이기적인 욕망〔私慾〕이라고 불렀던 것은 자연스레 물러나
고 흩어져서 마침내 그것들이 전혀 자라지 않을 것이다.[75]

나의 본성으로서 진정으로 통합된〔誠〕 완전히 본래적인 우주 생산
적 공존 잠재력의 새싹은 이미 다른 중심들에 종속된 부분들 사이에

---

[75] 『朱子語類』, 卷117, 2808, "蓋天理在人, 恆萬古而不泯. 任其如何蔽錮, 而天理常
自若, 無時不自私意中發出, 但人不自覺. 正如明珠大貝, 混雜沙礫中, 零零星星
逐時出來. 但只於這箇道理發見處, 當下認取, 簇合零星, 漸成片段. 到得自家好
底意思日長月益, 則天理自然純固. 向之所謂私欲者, 自然消靡退散, 久之不復萌
動矣." 〔본 한국어 번역은 이 책 3장의 105번 각주와 정합성을 맞추되, Ziporyn의
의도에 맞게 다시 수정하였음.〕

흩어져 계속 생겨나고 있다. 내가 해야 할 일은, 그들을 신경쓰고 그들이 잘 어울리는 방식으로써 그것들을 한데 모아 그것들이 결이 맞도록 하는 것이다. 나의 본래적인 생산적 공존 잠재력은 이전에 다른 중심에 종속되었던 충동들을 포괄하게 될 것이다. 결국 그 다른 중들은 내 자신의 본성으로 더욱 완전하게 표현되는 결맞음의 부분적인 표현일 뿐이고, 이들은 본래적인 우주 생산적 공존 잠재력의 전체 네트워크를 형성하기 때문이다. 따라서 모든 리의 다름은 일을 그르치게 하는 것이고, 이 모든 리의 궁극적인 같음은 도덕적 진보를 가능하게 한다.

리/태극이 갖는 '일 대 다' 관계 그 자체는 악의 문제에 대한 주희의 해결책에 있어 매우 중요하다. 마음은 그 마음의 조각조각들을 그 평형, 그 표현되지 않은 중심으로 다시 묶는 방식에 개입한다. 조각이 거기에 있음을 기억하고, 조각을 기르고, 흩어져 있는 조화되지 않은 조각조각들을 모아 공존할 수 있는 조화된 상태로 되돌린다. 경건한 주의[敬], 참된 통합[誠] 그리고 모든 사물들―특히 옛 성인의 행동들, 그러나 또한 정치나 자연―의 중심적 원리, 공존 가능성과 공존 잠재력을 찾는 사물에 대한 탐구[格物]를 통해서 말이다. 또한 사물에 대한 탐구 공부는 짐작건대 염오된 도덕적 심리 자체의 원리―즉 과도하고 조화롭지 못한 감정과 욕망이 실제 속해 있는 중심들―와 무엇이 그것들을 생산적으로 공존 가능하게 하였는지―즉 내 안의 중심이라기보다는 사물의 중심들, 내 본성이라기보다는 사물들의 본성들 또는 오히려 나의-본성으로서의-사물의-본성이 아닌 사물들의-본성으로서의-나의-본성―를 발견한다. 사물에 대한 탐구 공부는 갑작스러운 이해―역자 주: 활연관통을

말함―에 도달할 수 있을 정도로 〔파편적인〕 지점(dot)들을 충분히
채우는데, 그 이해의 경지에서는 파편적인 조각조각들 모두가 서로와
그리고 중심―그 자신의 본성, 즉 표현되지 않은 중심―과 정합한다.
이러한 경지는 이제 본래적인 우주 생산적 공존 잠재력, 인, 낳고
또 낳음〔生生〕, 그리고 참된 통합〔誠〕으로 보인다. 그 이후에 중심과의
조화로운 연결은 용이해진다. 따라서 여기에서 중심은 모든 것의
근원이자 그것을 가능하게 하는 요소로서 모든 것에 내재하는 것이지
만, 악한 것에서도 이것이 어떻게 표현되는지를 보는 것은 〔우리에게
요구되는〕 도덕적 향상 과정의 일부분이다. 따라서 우리는 화엄과
천태와 주희 모두에게서, 모든 사물에는 일종의 피할 수 없는 선의
내재성이 있으며, 이와 함께 일종의 편재하는 선재가 있음을 본다.
이것은 그들이 공유하는 것이다. 그러나 이 선함과 선재의 방식은
세 가지 경우에서 각각 다르게 인식되고 다르게 적용된다.

7. 더 일반적인 비교

주희를 화엄과 더 가까이 비교해보자. 화엄에서처럼 주희에게도 전체
의 리는 각 사에 완전히 존재한다. 화엄에서 리는 초월하면서도 내재한
다: 리는 사의 모든 규정적 내용의 부정이기 때문에 초월하며, 리는
사와 공존하고 사가 존재할 수 있게 하고 사에 의해 표현되기 때문에
내재한다. 하나를 언급하는 것에서 다른 것을 언급하는 것으로 전환하
려면, 오직 관점의 전환만 필요하다. 그것들은 동일한 참조대상을
공유하는 두 가지의 의미들이지만, 그 의미들에는 리와 사의 엄격한

의존 관계가 존재한다. 이 모든 것은 주희에게도 마찬가지다. 그러나
화엄의 리는 물의 젖는 성질과 같다: 그것은 그 총체성에서, 각각의
사물에서 진정으로 동일하다. 화엄에는 단 하나의 리가 존재하지만,
그것은 기이한 것이다: 그것은 어떤 규정적인 성질의 부재로서, 또한
어떤 규정적인 성질을 방해하거나 배제할 수 있는 어떠한 능력의
부재도 수반한다. 주희의 경우에 동일한 전체의 리는 각각의 특정한
기의 구성 안에 있는 다양한 리이기도 하다: 이는 「태극도」의 원들과
같다. 각 사물은 원이고, 따라서 고요한 상태의 체와 역동적 상태의
용, 그리고 다양한 용들 사이의 상반된 부분의 상호작용을 통합하고
촉발하는 중심에 맞추어 각각은 구조화된다. 그러나 원은 각각의
경우에 다른 내용을 가지고 있으며, 진정한 유사분열과 발전을 겪은
것이다. 그것은 특정한 내용이나 내용 없음(후자도 일종의 구체적인
내용이다)이 아니라 많은 것을 담을 수 있는 형태의 항상성(constancy)
이다. 우리는 축축한 성질 역시 화엄에서 관계와 상호 연결로서만
초월과 내재를 나타낸다고 말할 수 있고, 이는 주희에게도 마찬가지
다. 주희의 중 역시 내재와 초월을 나타내는데, 이는 오로지 그것이
상호 연결이고 상호 잠재력이기 때문이다. 그러나 두 가지의 차이점도
존재한다: (1) 주희에게 내재성은 *제한(limit)*으로 나타난다: 개방성
(openness)이 아니라, 규정(determinacy), 규칙, 폐쇄성(closedness)으
로 나타난다. 그리고 (2) 바로 이러한 이유로, 문제의 상호 연결은
항상 이원적(dyadic)이다. 비록 그렇더라도 태극 그 자체가 어떤 의미
에서 이원쌍이라는 것은 아니다. "모든 것 중에서 가장 형체가 없음에
도 모든 것 중에서 최고의 축〔無極而太極〕"이라는 문구는, 없는 것도

아니고 있는 것도 아닌 또는 동시에 없음이면서 있음인 화엄의 공空 개념[한정적인 중, 하나의 본성]과 상응한다. 그렇지만 [주희에게는] 그것이 상호 연결하는 것—즉 내용들— 역시 항상 필연적으로 이원적이고 변증법적이며, 그들의 내재된 한계 없음(limitlessness)보다는 상호 한계들을 통해, 즉 생산적 공존 잠재력의 규범적 제한을 통해 정확하게 응집된다. 화엄에서는 그렇지 않다.

그러나 천태도 삼제뿐만 아니라 십계十界도 대립적이고 이원적이며 변증법적인 구조를 가지고 있다는 점에서 비슷하다: 앞의 세 계(지옥, 축생, 아귀)는 다음의 세 계(아수라, 인간, 천상)와 대조되며, 이 여섯 계는 다음의 두 계(성문, 연각)에서 부정된다. 이 두 계는 다음의 계(보살)에서 부정되고, 이 역시 다음의 계(부처)에서 부정 및 포섭된다. 그리고 담연에 따르면 이 모든 것은 삼제의 '동의어'이며, 그 내부 구조는 정확하게 중심을 둘러싼 대조적이고 동일한 대립자들이다. 리와 사는 이원쌍으로 배열된, 상호 제한과 부정의 대립적 구조를 가지고 있다. 이러한 구조적 특징에서 볼 때, 주희는 천태와 닮은 것으로 보인다. 넓은 의미에서, 다른 특징적인 부분도 천태와 어느 정도 공명한다: 각각의 현상들로서 삼제의 내재성 또한 순전히 그것들의 제한, 즉 정의하는—그들을 있게 하는— 경계들 안에 있으며, 그렇기에 잠정적이고, 비어 있으며, 따라서 중심적이다. 그러나 여기서 제한은 표준의 의미로 생각되지 않는다. 오히려 제한과 그로부터 파생된 유한한 규정은 동시에 고통과 자비로 간주된다. 규정과 유한한 견해들은 우선 미혹된 업으로 간주되고, 또한 그 고통에 대한 자비로운 방편적 대응으로 간주된다. 여기에서 주희와 천태의 입장이 분기된다.

1) 간문화적 관점에서 본 선재와 선

"모든 것은 선(Good)으로부터 온다"는 주장은 서양사상의 특정 가닥에서 어떠한 형태로든 제기되는 주장이다. 지성(*nous*)을 존재의 기원(*arche*)으로 본 플라톤의 『파이돈』이나 『티마이오스』 그리고 히브리 성경의 『창세기』에서는 무엇이 최선인지에 대한 단일한 의식적 구상 즉 인간의 의식적 모델에 입각해 누군가가 사물들을 배열한다. 그러나 천태, 화엄, 주희의 선은 〔서구 전통의〕 이런 신비스러운─유일론적인 선이 아니다. 중국적 사례들에서 〔선(good)의〕 모델은 오히려 표현되지 않은 평형, 공정성, 모든 부분들의 상호─감수성, 모든 성장과 생성의 씨앗, 즉 생산적 상호 잠재력으로서 인간의 결맞음〔인, 낳고 또 낳음, 자연(spontaneity)과 인위(efforts)의 결합〕이다. 모든 중국적 사례에서, 악의 문제에 대한 기본적인 해결책은 곽상이 제시한 해결책 중 하나이거나 그 변형이라 할 수 있다: 모든 것은 그 기원, 그 자체, 그 내면, 그 본래적 활동에서 선하다. 그러나 거의 모든 것들은 엉망이 된다. 왜 그러한가? 많은 것들─각자 자기 자신들은 올바른─의 *상호 간섭* 때문이다. 천태에서는 두 가지의 잘못이 하나의 옳음을 만든다(편견들은 서로에 대해 방편들이 되어 중을 복원한다). 그러나 주희와 화엄에서는 두 가지의 옳음이 하나의 잘못을 만든다(주희에서는, 전체 태극의 두 개의 다른 표현들은 서로를 방해하고 마음이 사물에 대한 반응에 현혹되도록 내버려둔다. 비록 그 둘 모두 그들에게 있어 올바른 길이었겠지만, 이는 잘못됨의 근원이다. 화엄에서는 두 가지의 현상─이 둘은 모두 리의 전체이기도 한데, 리는 무한한 형태들을 취하여야 하기 때문이다─은 충돌하고 서로를 방해한다. 두 파도는 서로 충돌한다).

이런 문제에 대한 주희와 화엄의 해결책은, 이 둘이 어떤 의미에서 모두 옳다고 보는 데 있다. 그러하다면 결국에는 충돌하지 않는다. 화엄의 경우에서 이는 파도를 물로 보는 것, 그리하여 비록 충돌하는 것처럼 보일지라도 서로 섞여 있음을 의미한다. 사실 그것들은 서로 충돌하는 것처럼 보였을 뿐이다. 그것들 각각은 〔동일한〕 완전히 습한 성질이기 때문에 결국 습한 성질이 습한 성질에 부딪힌 것뿐이다. 주희의 경우에, 사물을 탐구하는 공부와 본성을 보존하고 키우는 공부를 통해 사물의 덜 포괄적인 결맞음을 마음에 나타나는 인간 본성의 보다 포괄적인 결맞음과 부합하도록 만들어야 한다. 이는 사물들의 본래 옳음을 되찾는 방법이기도 하다. 그러나 이는 비-인간 보다도 더욱 큰(더욱 완전한) 인간의 결맞음에 사물들을 종속시키는 방법이기도 하다. 즉 비-인간적 리를 〔인간의〕 본성에 포함시키는 것이다. 〔주희는〕 이 둘은 〔본래는〕 하나의 동일한 생산적 공존 잠재력 이지만 사물의 생산적 공존 잠재력이 아닌 인간의 생산적 공존 잠재력 으로 가장 포괄적으로 표현된다고 보고 있다. 마땅히 기는 존재해야 하며, 그리고 그 기는 다양하다. 기의 존재는 리 그 자체가 존재하는 것과 균형을 이루는데, 「태극도」의 맨 위 두 개의 단이 보여주는 것처럼 말이다. 태극이 있으므로 움직임과 고요함이 있고, 번갈아가 며 씨를 뿌리고 온갖 종류의 사물을 낳는다. 리가 있으므로 (그리고 리는 모든 것이 사라졌을 때에도 존재하는 것 즉 '모든 것 중 최소적 존재'이다) 음양 형태의 기와 그로부터 나오는 것들이 있다. 그러므로 여기에서 "모든 것이 선하다"라고 말할 때, 우리는 두 가지의 중요한 전제들을 기억해야 한다. 첫째, '모든 것': 식별 가능한 사물이 된다는 것은 단순한 물질이어서가 아니라 다양한(이원적으로 반대되는) 부분들의 통합이어서이다. 그것은 결맞음으로, 이는 좋은 '사물'의 수많은 요소들이 좋지 않을 수 있음을 의미한다(괘卦들, 왕필 등을 생각해보라.). 두 번째 전제: 선은 『파이돈』의 선, 『티마이오스』의 선, 『창세기』의 선, 유일신적 선이 아니다. 그것은 각 '전체로서의 전체'의 통계적이고 통합적인 선이다. 이는 미세하게 운영되는 의식적인(conscious) 작업이 아니라, 돌림판에서 일반적인 이물질이 흩어지는 회전이다. 더욱이 이 개별적이고 각각 다른 형태들―기의 성질이 어떻든 간에― 중 어느 것도, 타고난 태극/리/생산적 공존 잠재력에 의해 (다른 것들과, 그리고 중심을 둘러싼 결맞음으로서의 그 자신의 부분들이 갖는 공존 잠재력―주로 이원적 쌍으로 여겨지는―과) 균형을 이루며 실현되지 않는 한 존재할 수 없다. 이것은 「태극도」에서 반복되는 원과 같다: 개별적인 사물의 오행은 모두 원들이고, 이 모두 태극이다. 그러나 완벽하게 좋은 리가 기가-되어야-하는-것에 이르게 되면 회절(diffraction)이 발생하게 되고, 그 출력들은 그 〔선한〕 근원과 더 이상 '일치'하지 않게 된다. 출력들은 근원으로부터 나왔지만, 더 이상 근원을 닮지 않는다. 우리는 여기서 북송 신유학에서 순수한 개울과 불순한 개울로 흐르는 정호의 순수한 물의 은유를 떠올릴 수도 있고, 위대한 비어 있음〔太虛〕의 순수한 물로부터 형성되는 얼음 조각의 모델로서 유형적인 사물―때때로 불균형을 초래하는 기질성(physicality)을 포함해―을 설명하는 장재의 통찰을 떠올릴 수도 있다. 기도 옳고 리도 옳다. 그러나 리가 기를 통해 여과된다면, 〔그것은〕 때때로 옳지 않게 된다. (다양한 기가 존재하는 〔근거가〕 되는 리가 있음에도)

〔기에 여과된 리는〕 근원의 리와 일치하지 않는다. 전체의 리-인간 존재의 리로서 '이어지고 계속되는 것〔繼之; 成之〕'-라고 말할 때, 그것은 '표현되지 않은 중심〔未發之中〕', 인간 본성인 것이다.

우리는 이제 어떻게 주희가 주어진 리와 기를 통한 그 현현 사이에 어떤 의미에서는 시간적 우선성이 존재한다고 또 다른 의미에서는 그렇지 않다고 말할 수 있었는지를 이해하는 상당히 간편한 방법을 갖게 된다. 〔시간적 우선성과는 달리〕 이른바 개념적 우선성은 전적으로 다른 질문이다. 모든 기가 리와 영원한 시간적 동시성을 갖고 있음에도 불구하고 결코 되돌릴 수 없는 방식으로 기가 리에 의존한다는 의미에서 그 우선성은 분명한 것이다. 이러한 사례는 화엄의 모델에서도 마찬가지다: 사는 리에 의존하지만 리는 사에 의존하지 않는다. 상이 빛에 의존하지만 그 역은 성립하지 않는 것처럼 말이다. 그러나 화엄의 진술은 '이전'과 '이후'의 문제가 아니며, 필자가 보기에 주희가 이 문제에 대해 얼버무릴 때 그는 순전히 시간적 문제에 관해 이야기하고 있다고 본다. 우리는 이것을 별도로 다뤄야 한다.

리와 기 사이의 비대칭적인 수직적 종속 관계-항상 전체로서의 기를 언급하는 것이 아니라, 기의 특정한 규정적인 현현을 가리키는-는 단지 태극과 음양 사이의 관계일 뿐이고, 이 관계는 움직임과 고요함 사이의 전환적 교차점들을 담고 있다.[76] 마찬가지로 리가 어떤 강력한

---

76 필자는 태극-음양의 관계를 일반적인 의미에서의 단순한 '논리적' 또는 '개념적' 우선성이라고 부르길 주저한다. 태극-음양 관계는 매우 특정한 종류의 전체론에 근거하고 있지만, 개념적 우선성은 적어도 개념의 원자론을 전제한다고 주장할 수 있기 때문이다. 〔주희의 철학에서〕 하나의 개념은 단순히 또 〔다른〕 하나의

의미에서 '비-물리적인' 것임을 의미하지 않는다. 태극은 가상적이고 편재하지만, 그것은 '다른 어떤 것'이 아니라는 것이 계속해서 강조된다. 두 극단들을 제쳐두고서는 태극이 인식될 수 없다.

중은 두 극단들의 공존 가능성, 생산적 공존 잠재력이다. 즉 중은 음과 양이 공존할 수 있도록 하는 것이다. 어느 쪽도 다른 쪽을 배제하지 않는 것, 어떤 존재가 다른 것의 존재에 대한 위협이 아니라 오히려 다른 것의 존재 조건이자 결과라는 사실이다. 세계를 구성하는 최소 단위가 없고 전체가 선재하는 부분들을 조립해 구성되지 않는, 즉 원자론을 허용하지 않는 엄격한 전체론 내에서, 가능성은 약간 특이한 속성들을 가지고 있다. 음에 중이 존재한다고 말하는 것은 음이 양과 상호 공존할 가능성에 대해 말하는 것이다. 그 반대도 마찬가지이다. 이런 의미에서 우리는 중이 어디에나 존재한다고 말할 수 있다. 음 그 자체가 있을 수 있는 것은 그것이 〔다른 것과〕 공존 가능하기 때문이며, 양도 마찬가지이다. 전체론에서 '가능하다는 것'은 '공동으로 가능하다는 것'이며, 여러 사물들의 다양한 개별적(individual) 공존 가능성은 다양한 모든 사물들의 동일하고 보편적인(same universal) 공존 가능성이다.

시간적 의미에서 '이 리(this Li)'는 문자 그대로 '이 기(this *qi*)'보다 앞선다고 말할 수 있는데, 리는 정확히 공존 가능성이기 때문이다.

개념이 아니다. 이들은 서로 외부에 있으므로 한 개념의 내재성이 다른 개념에서 발견된다. 〔그렇지만〕 이러한 점은 그것들이 실제로 전혀 다른 개념들이 아니라는 것을 의미할 수 없으며, 대신에 한 개념이 다른 개념에 대해 갖는 '개념적인 우선성'으로 설명된다.

이는 '이 기'가 실제로 나타나기 전에도 '이 리'가 항상 이미 존재한다는 것을 의미한다: 그것은 '그 리(that Li)'로서 존재한다! 즉 이전의 기가 현현할 수 있는 공존 가능성은, 그 자체로 이후의 기가 현현할 수 있는 공존 가능성과 같으면서도 다르다. 이는 공존 가능성들의, 즉 리의 관계이기 때문이다: 그것들은 모두 하나의 공존 가능성이지만, 그것은 마찬가지로 각각의 개별적 사물의 구체적이고 상이한 공존 가능성들이기도 하다. 그 둘은 하나와 다수이고, 그 둘은 전체로서의 태극에 있어 하나의 태극과 각각의 리이다. 리에는 하나와 다수로서의 관계가 있다. 모든 리는 상이하지만 모든 리는 하나의 리이다. 리는 하나이지만 그것이 행하는 역할은 다수이다.

이 생산적 공존 잠재력은 인仁과 동일시되는데, 인은 자신이 만물과 갖는 결맞음이며 동시에 인이 그것을 표현하고 발전시키는 다른 모든 덕목들—심지어 의義나 지智와 같이 인과 명백히 반대되어 보일지라도—과 갖는 결맞음이다. 이러한 관계는 봄과 다른 계절 사이의 관계와도 같다: 어떤 의미에서 여름·가을·겨울은, 그 자체가 성장의 충동인 봄이 한층 더 전개된 것들이어서 번성하고 죽고 휴면하고 다시 태어나는 것이다. 이는 또한 진자의 회전운동이다. 중에 맞추어 적절하게 균형을 이루고 공존할 때 이 모든 것이 더불어 구성되는 것은 생명이요 통합이며 인위적이지 않으면서도 끊임없는 이루어지는 낳고 또 낳음의 과정이다.

생산적 공존 잠재력은 모든 생성의 뿌리 어디에나 있다. 그것은 사물이 그러한 이유이며 또한 사물이 어떻게 해야 하는지에 대한 방식이기도 하다. 이는 기가 있는 이유이며, 또한 기가 존재해야 하는 방식이다. 기는 항상 존재해왔고 천지가 사라지더라도 항상 존재할 것이다. 리는 항상 존재해왔고, 천지가 사라지더라도 리는 앞으로도 항상 존재할 것이다. 그러나 리가 기의 존재 이유와 존재 방식이라는 점에서 분명한 우선성을 가지며, 구체적인 특정한 기의 사물이 존재하는 이유와 방법보다도 시간적으로 먼저 존재한다. 어떤 개별적인 경우든, 어떤 구체적인 사물(천지를 포함하여)이든, 그 사물이 있기 전에 그 리가 존재한다. 어떤 특정한 사물이 나타나기 전에, 그 사물의 생산적 공존 가능성은 이미 존재한다. 어디에 존재하는가? 다른 모든 곳에서 존재한다. 그것은 바로 이미 존재하는 것들과의 공존 가능성이기 때문이다. 이것이 리와 기의 관계이다: 체용 관계가 아니라, 축-극단 모델에서 구상된 공존 가능성-현실성의 관계이다.

　마지막으로, 우리는 "생산적 공존 가능성은 하나이지만 그것이 하는 역할은 많다〔理一分殊〕"라는 정이의 획기적인 개념이 선재에 대한 독특한 해결책—플라톤적 선재와 '개념적' 우선성과 구별되는—을 제공한다는 것을 강조할 필요가 있다. X의 공존 가능성이 갖는 선재성은, 시간적으로라도, 조물주의 세계 형성 이전에 모든 형태들이 영원히 손재한다는 것과 같지 않다. 플라톤의 경우에 그리고 플라톤에서 파생되었지만 수정된 아리스토텔레스의 경우에도, 각 형상(Form)은 별개의 실체 즉 정의(definition)—즉 하나의 실체를 다른 실체와 구별하는 방법—의 바로 그 실체화이다. 〔실체화된〕대상들 모두가 어떤 식으로든 선의 형상에 의존한다는 것은 사실이며, 어떤 의미에서는 그것들이 다수이더라도 어떤 의미에서는 하나라는 것을 암시한다. (『국가』에 나오는 '선분' 비유와 같이) 어떤 형상의 사례화들(instantiations)—역자

주: 추상적인 것을 구체적인 사례들을 통해 표현하는 것—이 많지만 어떤 의미에서 대상들 모두가 같은 형상의 사례화들이라는 점에서는 그것들은 또한 하나라는 것을 암시하는 것처럼 말이다. 그러나 육신에서 벗어난 영혼이 형상을 더 분명하게 알 수 있다는 추측은 주희에게서는 일어날 수 없는데, 왜냐하면 그러한 마음은 있을 수 없기 때문이다. 따라서 리는 그러한 마음으로 알 수 있는 종류의 것이 아니며, 이것은 우리에게 주희의 리가 플라톤적인 형상과 어떻게 다른지 알려준다. 리의 선재는 항상 기 안에 있으며, 이 기는 리처럼 영원하다. X의 공존 가능성(리)의 선재 즉 X의 본성은, Y에 이미 존재하는 선재적 본성에 있다. 그것은 다른 실재(being)의 영역—그 영역에서는 모든 기에 선재하고 어느 마음으로 접근할 수 있는 어느 존재(existence)가 있다—을 요구하지 않는다. Y가 아직 존재하지 않는다면, 그 동일한 공존 가능성은 Z의 본성으로 존재한다. Z는 현재 존재하는 천지 이전 또는 이후의 기간에 완전히 형태가 없는 기일 수 있으며, 이 경우 X의 공존 가능성은 굴절되지 않은 무극/태극으로만 존재할 것이다. 그러나 그 경우에 있어 리와 기는 여전히 공존하고 있다. 주어진 리가 그것의 실현보다 시간적으로 선행하지만 말이다.

아리스토텔레스의 경우—그의 철학에서 질료는 순수 잠재태이므로, 결코 그 자체를 알 수 없고 특별한 것이 아니다—에도 현실태(actuality)로서의 형상과 형상인(formal cause)으로서의 형상이 있는데, 목적인 및 작용인과 결합하여 현실태의 순수한 개별화를 초래한다. 따라서 현실태화(actualization) 과정은 항상 동일성(identity)이 없는 상태로부터 다른 모든 것을 배제한 정확히 하나의 동일성으로 진행하는 과정을 수반한다. 사물이 완벽할수록, 그것은 다른 어떤 형상들이 아니라 오직 이 한 가지의 형상만을 실현한 것이다. 형상은 개별화된다. 아직 완전히 실현되지 않은 형상인으로만 작용하고 있을 때조차, 사물이 잠재적인 것에서 실제적인 것으로 성장하는 것처럼 형상은 분리와 경계 즉 분절(articulation)의 힘이라 할 수 있다. 결맞음으로서의 리일분수 형태의 '일 대 다' 구조—'결맞음들의 결맞음으로서의 리'이자 '공존 가능성으로서의 리'—에서는 이것이 완전히 결여되어 있다. 아리스토텔레스의 잠재태(Potential)는 공동 잠재태(Copotential)가 아니다. 이러한 이유로 형상들의 형상, 현실태들의 현실태, 신 등은 형상/현실태들을 재결합하기 위하여 도입되어야 하지만, 형상들은 외부적으로만 결합된다: 여전히 형상들은 궁극적으로 서로 다르며, 〔그것들을〕 연합하는 신과도 다르다.

따라서 주희에게 있어 생산적 공존 가능성으로서의 리는 이미 하나이면서 다수이며, 더욱 '만물과 한 몸'—즉 모든 다른 리들/태극과의 결맞음이 실현될수록—일수록 더욱 완벽해지는 현실적 존재인 기에 나타난다. 그리고 그 하나는 더 온전하게 그것이 가능한 모든 다수/다른 것이며, 다수/다른 것들의 공손 가능성늘은 그 자체의 공존 가능성과 동일한 것으로 여겨진다. 하나의 사물이 그것의 규정적인 리—그것이 그렇게 되는 이유와 그것이 어떻게 해야 하는 지로서—에서 더욱 분절될수록, 다른 모든 리도 그 리와 결이 맞는 것으로서—그것의 생산적 공동 잠재력으로서— 더욱 분절화된다.[77]

---

77 그리고 이 특정한 지점에서 우리는 천태와 유사한 결론을 얻는다: "삼천 중 하나가 점점 드러나면, 다른 모든 것도 점점 드러난다." 즉 삼천제창三千齊彰의

교리이다. 지례知禮의 『觀無量壽佛經疏妙宗鈔』, T37.1751, 200a23-28과 비교하라:

> 또한 여섯 가지의 동일한 경계들[六卽]이, 부처와 동일한 우리의 〔항상 현재에 있으며 점차적으로 실현되는〕 불성에 적용될 뿐만 아니라 실재하거나 실재하지 않건 간에 모든 존재(보살, 연각, 성문, 신, 인간 등과 지옥에서 가장 아래에 있는 쇠똥구리의 모든 마지막 몸과 마음까지)에게까지 적용된다는 것을 알아야 한다. 이 모든 것 때문에, 우리는 여섯 가지의 동일한 경계들을 모두 구별해야 한다: 우리가 그 쇠똥구리와 원리적으로 동일해지는 경계, 그 다음에는 이름 등등에서 동일해지는 경계, 그리고 최종적으로 완전하게 실현되는 그 쇠똥구리와 궁극적으로 동일해지는 경계에 이르기까지 말이다. 〔지의가〕 지금 이 가르침의 창시자〔석가모니〕에 대해서만 이야기하고 있으므로, 여기서는 우리와 부처의 동일한 경계들에 대해서만 논하고 있다. 그러나 열 가지의 세계[十界]는 모두 리 즉 편재하는 본성이며 그 하나하나가 우주 전체이고 영원히 변하지 않는 것이다. 그러므로 우리가 원리적으로뿐만 아니라 이름 등으로도 동일한 경계에 나아갈 때 우리의 수행에서 실현되는 것은 부처와 동일해지는 것뿐만이 아니다. 다른 아홉 세계 역시 동등하게 드러난다. 우리가 부처와의 궁극적으로 동일한 결실의 상태[果成]에 도달했을 때에도, 모든 열 가지 세계를 가진 우리의 동일성 또한 궁극적이고, 그 열 가지 세계 모두가 궁극적이다. 그러므로 쇠똥구리에 대해서도 여섯 가지의 동일한 경계들을 알아보아야 한다(又復應知六卽之義不專在佛, 一切假實三乘人天, 下至蛣蜣地獄色心. 皆須六卽辯其初後. 所謂理蛣蜣名字, 乃至究竟蛣蜣. 今釋教主, 故就佛辯. 以論十界皆理性故, 無非法界, 一一不改. 故名字去不唯顯佛. 九亦同彰. 至於果成, 十皆究竟. 故蛣蜣等皆明六卽.).

주희도 〔이것에〕 동의할 것인가? 그렇기도 하고 그렇지 않기도 하다. 이러한 사고방식을 비교할 때 흥미로운 것은, 어떤 의미에서는 그렇고 어떤 의미에서는 그렇지 않은지를 밝혀내는 일이 있다.

5장 중국불교와 주희 신유학에 있어 일원론과 무명·불선의 문제[*]

존 메이컴John Makeham

6세기 후반 불교경전인 『대승기신론』에서 파생된 개념적 구조들은 수세기 동안 동아시아 철학자들과 종교이론가들이 공유하는 〔사상적〕 자원이 되었고, 심지어 이는 오늘날까지도 그러하다. 그 가운데 가장 영향력 있는 것은 일심이문一心二門 체계이다. 이 일심이문의 다양한 변형들은 중국의 불교 학파, 특히 7세기 이후 화엄과 선불교(그리고 11세기 이후 천태)의 발전에 있어 핵심적인 주제였다. 이 장에서 필자는 이러한 일심이문 체계가 주희의 리-기 사이의 관계 개념에서도

* 이 장의 초안에 대한 건설적인 비평적 피드백을 제공해준, 이 책의 동료 기고자들과 Jason Clower, Anders Sydskjor, Eyal Aviv에게 감사를 표하고 싶다. John Jorgensen, Dan Lusthaus, Mark Strange, John Powers, Keng Ching도, 필자가 이 장에서 핵심적으로 다루고자 한 『大乘起信論』을 이해하는 데 크게 기여하였다.

기저가 되었다고 주장하고자 한다.

이 장은 세 부분으로 구성된다. 첫 부분에서 필자는 『대승기신론』이 일심에 기초한 실체일원론(substance monism)[1] −역자 주: 존재하는 모든 것들을 단일한 실체나 물질로 설명할 수 있다는 철학적 관점−을 지지하지만, 존재론적 이원론이 아니라 존재론적 일원론을 받아들여야 할 이유를 〔우리에게 충분히〕 제공해주지 못하고 있음을 보여주고자 한다. 『대승기신론』은 주로 구원론적 목표를 옹호하는 문헌으로, 초보자가 다양한 전략을 통해 이 목표로 나아갈 수 있도록 안내한다. 그 핵심 전략 중 하나는 무명(ignorance)의 유해한 결과뿐만 아니라 무지의 미혹(illusory)적 본성을 보여주기 위해 일원론을 경유하는 것이다. 필자가 보기에, 『대승기신론』은 무명을 진여의 외부적인 것으로 제시하는 은유들을 끌어와서 일원론적 존재론에 이원론적 은유를 도입한다는 비난을 면하기 어렵다. 그리고 『대승기신론』은 무명의 근원에 대한 일관된 설명이나 불선, 악, 고통이 어떻게 발생하는지에 대해서 만족스러운 설명을 제공하지 못했기에 그 자체의 구원론적 목표〔의 논리적 근거〕를 약화시킬 수 있다. 1절의 후반부에서는 이 문제를 해결하려 하기 위해 무녕이 존재하지 않는다고 주상하며 〔불교석 논리를〕 옹호하려 했던 화엄대사 법장의 시도를 살펴본다.

당나라(618~907) 초기 법장부터 시작하여 북송(960~1127) 천태의 조사들에 이르기까지, 일원론적 존재론을 보존하면서 무명과 불선의

---

1 여기서 실체(substance)는 그것이 무엇인지를 이해하기 위해 다른 어떤 것에도 의존하지 않는 것으로 이해된다. 〔한국학계에서 '소재일원론'이라는 표현이 통용되지만, 여기에서는 '실체일원론'이라고 쓴다.〕

근원을 설명하기 위해 풍부하고도 다양한 담론들이 전개되었다. 이러한 논의들은 리²와 사의 관계라는 면에서 구성되었는데, '리'는 진여를 나타내고 '사'는 법들(dharmas)을 나타낸다. 이 장의 2절에서는 나쁨의 근원과 일원론적 존재론을 조화시키려는 천태 내부 두 집단의 시도들을 분석한다.

이 장의 3절은 주희가 현상세계 즉 삶의 세계를 윤리적 실천의 근거로 긍정하는 더 설득력 있는 사례를 제시함으로써 악의 기원과 일원론적 존재론을 조화시킬 수 있었다고 주장한다. 필자는, 주희의 리-기 이해가 당대唐代와 북송 시기의 리-사에 대한 풍부하고 복잡한 담론—무명 및/또는 나쁨의 근원과 일원론적 존재론을 화해시키려고 했던—이 더욱 발전한 것임을 보여주고자 한다. 필자는 주희의 리기 관계 개념—이는 11세기 신유학자 주돈이의 「태극도」에 대한 주희의 창의적인 해석의 틀 안에서 표현되었다—이 어떻게 『대승기신론』의 일심이문 체계와 동형적인지를 설명할 것이다. 필자는 주희가 불선의 근원 문제에 대한 새로운 해결책, 즉 오백년 넘게 이 문제를 다루던 불교의 시도가 수반했던 급진성을 회피할 수 있는 해결책을 제시하였다고 주장한다.

이 세 부분을 통해서 필자는 주희를 『대승기신론』과 연결하는 주희 형이상학의 체용 이항의 역할에 대한 두 번째 논제도 제시한다. 필자는 체용에 대한 주희의 이해가 『대승기신론』에서 발견할 수 있고 다양한 화엄 사상가들이 설명한 모델과 일치한다는 것을 보여줄

---

2 중국불교의 맥락에서 리는 사와 대조될 때 어떠한 개념도 더해지지 않은 그대로의 현실인 '진여(眞如, tathatā)'와 동의어이다. 이러한 불교적 용법을 구별하기 위해, 필자는 이 용어를 Li와 같이 대문자로 표기한다.

것이다. 마지막으로 필자는 주희가 취입한 불교적 모델을 식별하는 작업의 중요성을 강조하고자 한다. 이는 주희가 철학자로서 달성하고 자 했던 것이 무엇인지에 대한 새로운 통찰을 제공하기 때문이다.

1. 리와 현상

1) 『대승기신론』의 주요 모델

대승불교의 여래장(tathāgatagarbha, 如來藏) 전통은 5세기에서 7세기 사이 중국에서 꽃을 피운 사유체계로, 특히 여래장 또는 불성을 중심으로 한 일련의 문헌들과 연관되어 있다. 여래장은 부처의 저장소, 즉 부처가 될 수 있는 잠재력을 의미한다. 모든 중생 안에 불성이 존재한다고 설명하는 여래장 교리는 동아시아 불교 발전에 지대한 영향을 주었지만, 그 기원은 인도에 있다.

마이클 짐머만(Michael Zimmermann)은 인도에서 여래장이 두 가지 다른 방식으로 이해되었음을 보여주었다. 첫 번째는 노출(disclosure) 모델로, 이에 따르면 지각 있는 존재들은 본래부터 완전한 불성을 갖고 있으며 이 완전한 불성은 더 이상의 개선이나 발전이 필요 없다. 단지 〔불성은〕 우발적인 번뇌와 무명으로 인해 은폐되거나 감추어질 뿐이어서 중생들은 그것을 알지 못한다.[3] "이러한 번뇌가 제거되면

---

3 "의식은 본질적으로 순선하지만 외래적인 것에 의해 더럽혀진다"는 교리는, 대중부(Mahāsāṅghika) 같은 초기 불교 집단까지 소급할 수 있다. Alex and Hideko Wayman, *The Lion's Roar of Queen Śrīmālā* (New York: Columbia University Press, 1974), 42 참조. 마찬가지로 팔리어 경장 아함부(Nikāya/Āgama)

불성은 그 잠재력을 최대한 발휘할 수 있으며, 이 단계를 깨달은 존재는 완전하고 제한되지 않았다는 의미에서 부처라고 불릴 것이다." 두 번째는 개발(development) 모델로, 이에 따르면 불성은 실현되기 전에 개발되어야 하는 잠재력이다.[4] 두 모델 모두 4세기에서 6세기 사이 중국에서 발전한 여래장 전통과 관련된 여러 문헌에서 분명하게 드러난다. 번뇌가 여래장 즉 불성의 인식을 가린다는 모티프는 여래장 전통의 모든 문헌에 공통적으로 존재한다.

5세기에 이르러 『능가경』(인도에서 4세기 또는 5세기 초에 작성됨)의 중국어 번역에서는 여래장이 잠재적인 여래의 경지(부처의 경지)를 지니는 한, 그것이 진여(眞如, 있는 그대로의 실제)의 전달자라는 생각을

의 초기 불교경전에서는 증오와 미혹과 같은 번뇌에 덮이고 가려진 밝고 빛나는 마음(citta)에 대한 묘사가 들어 있다. Edward Conze, *Buddhist Texts Through the Ages* (Delhi: Motilal Banarsidass, 2002), 33 참조. Peter Harvey는 이 빛나는 마음을 "모든 존재가 가지고 있는 '부처의 본성' 내지는 깨달음의 잠재력에 대한 대승불교 이야기의 기초"라고 말하면서 "따라서 지옥에 갈 운명의 부패한 사람조차도 '밝게 빛나는' 마음, 말하자면 빛을 덮는 번뇌에 '은폐된' 마음을 가지고 있다"라고 말한다. *The Selfless Mind: Personality, Consciousness and Nirvana in Early Buddhism* (London: RoutledgeCurzon, 1995/2004), 166-167; David Seyfort Ruegg, *La theorie du tathagatagarbha et du gotra: etudes sur la soteriologie et la gnoseologie du bouddhisme* (Paris: Ecole Francaise d'Extreme Orient,1969), 411 참조.

4 Zimmermann, "The Process of Awakening in Early Texts on Buddha-Nature in India," in Chenkuo Lin and Michael Radich, eds., *A Distant Mirror: Articulating Indic Ideas in Sixth and Seventh Century Chinese Buddhism* (Hamburg: Hamburg University Press, 2014), 515-517.

반영하기 시작했다. 여래장이 흐려지거나 감춰지는 한, 그 은폐된 측면은 장식(藏識; 阿賴耶識, ālayavijñāna)[5]에 반영되는데, 이 아뢰야식은 청정함과 무명에서 생긴 번뇌의 복합체이다. 예를 들어 구나발다라 (Guṇabhadra, 394~468)의 『능가경』 번역에서는 여래장과 식장(識藏; 藏識)을 구별하고 있다. 여기에서 여래장의 장藏은, 여래장이 청정함을 감추며 덮고 있지만 그 [용어의] 초점은 숨겨진 것(청정함)에 있다는 것으로 이해할 수 있다. 반면 알랴야(ālaya, 창고나 용기)는 무명이 만들어낸 번뇌(kleśa) ─[불성을] 은폐하는─ 가 모이는 지점이라는 점에서, 식장(아뢰야식, ālayavijñāna)은 그 초점이 [불성을] 숨기는 것에 있음을 알 수 있다. 이는 다음의 비유에서 더욱 명확해질 수 있다. 여래장은 산에 있는 금(목표)을 강조하기 위해 사용되는 것이고, 아뢰야식은 금이 있는 산(채굴 작업)으로 초점을 옮긴 것이며, 무명은 산 그 자체(우리의 산에 수요가 많은 금이 있다는 것을 알고 손에 곡괭이를 들고 [작업을] 시작하는 곳)다. 이 은유는 그 [채굴] 작업이 정신적으로 이루어지는 곳은, 우리의 인지기능이 뒤죽박죽되어 있는 곳인 아뢰야식에서 이루어진다는 것을 함의한다.[6]

　이 관계가 시사하는 수요한 의미는 무엇인가? 그것은 한편으로는 여래장(기능적으로 진여와 동등함)이 아뢰야식의 존재론적 기반을 제공한다는 것이고, 다른 한편으로는 아뢰야식은 여래장의 실현을 가리거

---

5 이 의식(불교의 팔식 혹은 구식 중의 하나)은 과거의 경험들의 인상을 간직하고 있으며, 그 이전의 조건에 기초하여 새로운 경험을 '훈습'한다.

6 『楞伽阿跋多羅寶經』, T16.670, 510c1-10의 곳곳에; 이 경전의 [구나발타라] 한역은 443년에 이루어짐.

나 은폐하는 우발적인 번뇌들을 나타낸다는 것이다.[7] 6세기 후반에는
자성청정심自性淸淨心이라는 아주 오래된 개념이 여래장의 노출 모델
과 결합하게 되었으며『대승기신론』의 '본각本覺' 개념을 지시하게
되었다.

『대승기신론』은 공인된 산스크리트어본이 없다. 이 문헌은 인도
문헌의 번역본이라고 주장하지만, 현대 학자들의 중론에 따르면 그것
은 인도가 아닌 중국의 작품이다. 6세기 중국에서 작성된 이 문헌은
경쟁하고 있던 불교 교리 및 실천의 형태들 사이의 불균형들을 해소하

---

7 呂澂,「起信與禪 －對於大乘起信論來歷的探討」,『現代佛敎學術叢刊』, 35, 張曼
濤 主編, (臺北: 大乘文化出版社, 1978), 302는, 현존하는『入楞伽經』의 산스크리트
어본(과 이것이 반영된 구나발타라의 한역본)에서 실제로 여래장을 아뢰야식과
동일시한다고 제안하는 데 이르렀다. 최근 수십 년 동안 Takasaki Jikidō와
Peter N. Gregory와 같은 학자들도 비슷한 평가를 내렸다. Takasaki, *A Study
on the Ratnagotravibhāga(Uttaratantra): Being a Treatise on the Tathāgatagarbha
Theory of Mahāyāna Buddhism* (Rome: Istituto Italiano per il Medio ed Estremo
Oriente, 1966), 53 참조. tathāgatagarbha라는 용어에 대해서 Peter N. Gregory는
다음과 같이 썼다: "원래 산스크리트어인 이 용어는 여래의 '태아' 또는 '자궁'을
모두 의미할 수 있지만, 중국의 번역에서는 garbha를 藏('저장소' 또는 '보물')으로
번역함으로써 후자의 의미를 강조한다. 이러한 번역은 중국불교 주석가들이
tathāgatagarbha를 藏識으로 번역되는 ālayavijñāna(아뢰야식, 장식)와 동일시하
는 것을 더욱 쉽게 만들었다. 이 둘이 동일하다는 것은『入楞伽經』을 통해
그 경전적 정당성이 확립되었다." 그의 "The Three Truths in Huayan Buddhism,"
in *Avataṃsaka Buddhism in East Asia: Huayan, Kegon, Flower Ornament
Buddhism: Origins and Adaptation of a Visual Culture*, eds. Robert Gimello,
Frédéric Girard, and Imre Hamar (Wiesbaden: Harrassowitz Verlag, 2012), 90n6
참조.

고자 한 것으로 보이며, 이후 학파가 가르침들을 조화시키고 단 하나의 교리 내지 법(Dharma)이 있다는 생각을 뒷받침하는 모델을 제공하였다. 『대승기신론』에서 파생된 개념적 구조들은 수세기 동안 동아시아 철학자들과 종교이론가들이 공유하는 〔사상적〕 자원이 되었다. 그것은 중국불교의 주요 종파인 선종, 천태종, 화엄종 그리고 〔영향을 준〕 정도는 덜하지만 정토종의 교리와 수행을 형성하는 데 중요한 역할을 하였다.

『대승기신론』은 마음, 이른바 일심一心을 현실의 궁극적인 근원으로 제시한다. 일심은 텍스트에서는 문門이라고 부르는 두 개의 양상(내지는 측면)을 가지고 있으며, 이들은 각각 유위하거나 무위한 모든 법들을 포함한다:[8]

> 일심이라는 법에는 두 가지 문이 있다. 두 가지가 무엇인가?
> 첫째는 심진여문이고 둘째는 심생멸문이다. 이 두 가지 문은 각기 모든 현상(법)을 포함한다.[9]

심진여문은 변하지 않고 영원하며 정정한 참마음이다. 심생멸문은 윤회(saṃsāra)하는 것으로, 여기서 마음의 깨우치고자 하는 성향은

---

8 '유위법(Conditioned dharmas)'은 인과법에 의해 규정되는 존재를 의미한다.
9 『大乘起信論』, T32.1666, 576a5-7, "依一心法, 有二種門. 云何爲二? 一者, 心眞如門, 二者, 心生滅門. 是二種門, 皆各總攝一切法." 이 장에서의 『大乘起信論』 영문 번역은 John Jorgensen, Dan Lusthaus, John Makeham, and Mark Strange, *Treatise on Giving Rise to Faith in the Great Vehicle* (New York: Oxford University Press, 2019)에서 인용한 것임.

무명으로 인한 마음의 번뇌에서 빚어낸 정신적·육체적 행동과 대결한다. 심진여문과 심생멸문은 모두 궁극적으로 일심이지만, 무명이 일심의 깨달음을 어둡게 만들어 괴로움에 빠지게 된다. 심생멸문은 지각의 그릇된 구별을 낳고, 결과적으로는 마음이 지속적으로 오염되고 잘못된 행동이 야기한 고통을 생기게 하는 새로운 조건들을 낳는다.

심진여문은 고요하고 변하지 않으며 무위하며, 일어나지도 멸하지도 않는다. 이것은 개념화와 구별작용에서 자유롭다. 심생멸문은 아뢰야식과 동일시된다. 이는 진여심인 여래장이 현상적 조건 및 무명에 적응하였음을 시사한다. 결정적으로, 여래장/진여 즉 무위한 것은 이러한 현상적 조건에도 여전히 지속적으로 유지되고, 변하지 않으며, 줄어들지 아니하고, 염오되지 아니한다(그림 5.1 참조).

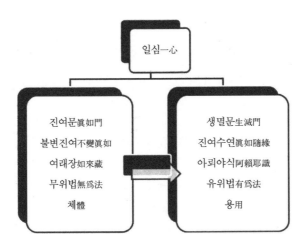

그림 5.1 『대승기신론』의 일심이문一心二門

이 도표는 존 메이컴이 작성한 것임

2) 무명의 문제와 존재론적 이원론

『대승기신론』에 따르면, 무명無明 때문에 진여가 은폐된다:

> 어떻게 〔무명으로 인한〕 훈습이 염오된 법을 일으키고 끊임없이
> 이어지는가? 진여법에 의거하여 무명이 있게 되었다. 무명이라는
> 염법의 원인이 있기 때문에 진여에 훈습한다. 훈습이 있기 때문에
> 허망한 마음이 있게 된다. 허망한 마음이 있게 되니, 무명을 훈습한
> 다. 진여법을 완전히 깨닫지 못하므로, 불각의 〔망〕념이 일어나서
> 허망된 경계가 나타난다. 허망한 경계의 염오된 법들이 조건이
> 되므로 허망한 마음을 훈습하고, 그래서 그 〔망〕념이 집착을 하여
> 모든 종류의 업의 행위들을 짓게 하고 모든 몸과 마음의 고통을
> 경험하게 한다.[10]

진여와 마찬가지로 무명도 근원이 없다. 그것은 단지 주어진 것일
뿐이다.[11] 위의 구절에 따르면, 진여는 무명에 훈습薰習된다. 이로

---

10 『大乘起信論』, T32.1666, 578a23-27, "云何熏習起染法不斷? 所謂以依眞如法故
有於無明, 以有無明染法因故卽熏習眞如. 以熏習故則有妄心, 以有妄心卽熏習
無明. 不了眞如法故, 不覺念起現妄境界. 以有妄境界染法緣故, 卽熏習妄心, 令
其念著造種種業, 受於一切身心等苦."

11 "여래장에는 시작이 없으므로 무명의 상에도 시작이 없다(T32.1666, 580b1-2,
以如來藏無前際故, 無明之相亦無有始)."; "일체중생은 시작이 없는 시간부터 무명
으로 훈습되어…(T32.1666, 582c22-23, 一切衆生從無始世來, 皆因無明所熏習…)"
무명에 대한 이러한 이해는 '근본무명〔無明住地, avidyāvāsabhūmi〕' 개념에
근거하고 있는 것처럼 보인다. 이 개념은 『勝鬘經』의 핵심적인 특징이다.

인해 망심妄心이 생기고 이어 무명에 훈습되어 마음을 속이는 힘이 커지면서 진여가 완전히 인식될 수 없게 된다. 그러면 깨어나지 못한 마음은 지각의 그릇된 구별을 낳고, 결과적으로는 망심의 지속적인 염오와 잘못된 행동으로 생겨난 고통을 만들어내는 새로운 조건들을 낳는다.

여기서『대승기신론』은 여래장 전통과 관련된 다른 문헌들과 구별되는데, 무위법과 유위법 사이의 관계에 대한 인도의 이해와 근본적으로 상충된다는 점은 말할 것도 없거니와, 진여가 무명에 의해 어떻게든 훈습된다고, 무위적인 것이 유위적인 것에 수월하게 영향을 받는다고 주장하고 있다. 후대의 논평자들은,『대승기신론』이 우리에게 진여는

여래의 밝은 지혜로 갠지스 강의 모래보다도 많은 상번뇌들을 끊을 것이니, 모든 것[상번뇌]은 근본무명에 의지해 세워진 것입니다. 근본무명이 상번뇌의 원인과 조건이 되어서 모든 상번뇌가 일어나게 되었습니다. 세존이시여, 찰나의 마음은 일어난 번뇌와 찰나에 상응합니다. 세존이시여, 그 마음은 시작이 없는 근본무명과 상응하지 않습니다(T12.353, 220b24-c1, 如是過恒沙等上煩惱, 如來菩提智所斷. 一切皆依無明住地之所建立. 一切上煩惱起皆因無明住地緣無明住地. 世尊, 於此起煩惱, 刹那心刹那相應. 世尊, 心不相應無始無明住地.).

마음의 매순간은 일어나자마자 멈추면서, 우리의 번뇌를 인식할 수 있는 기회를 제공한다. 그러나 훨씬 더 분별하기 어려운 것은 '근본무명'인데, 이는 일시적인 정신적 번뇌의 바탕이 되지만 그 자체는 순간적이지 않고 오히려 불변하고 무조건적이다. 그러나『승만경』의 '근본무명' 개념과는 달리,『대승기신론』의 무명은 인지적 기능의 순간적 표현 수준에서 작동한다: "본래부터 한 생각 이후로 한 생각이 연속적으로 서로 뒤따라서 [지각 있는 존재들은] 결코 생각에서 떠나지 못하므로, 시작이 없는 무명이라 설명한 것이다(T32.1666, 576c1, 從本來念念相續, 未曾離念故, 說無始無明.)."

훈습될 수 있지만(무위적인 것은 유위적인 것이 사실상 될 수 없다), 이는 단지 진여가 조건들에 적응한다는 것을 그리고 사실 진여는 오직 훈습될 때 나타날 뿐이고 결코 변한 것이 없다는 것을 말한다고 주장한다.[12] 이러한 옹호적 해석에 대한 뒷받침은 『대승기신론』의 바람과 바다에 대한 비유에서 쉽게 찾을 수 있다. 바람이 파도와 움직임의 경이로운 모습을 일으키더라도, 바람이 불든 불지 않든, 바다의 습한 성질은 영향을 받지 아니하고 변하지 않는다:

일체 심식의 상은 다 무명이므로[13] 무명의 상은 깨달음의 본성과 뗄 수 없다. 무명의 상은 무너질 수 없으며 또 무너지지 못할 것도 아니다.[14] 바다의 물이 바람으로 말미암아 움직이지만, 물의 상들과 바람의 상들이 서로 떨어져 존재하는 것이 아니다. 그렇더라도 움직이는 것이 물의 본성은 아닌데, 만약 바람이 없어지면 움직이는 상은 사라질 것이지만 젖는 성질은 무너지지 않는다.[15]

미혹된 마음은 잘못된 구별에 휩쓸리지만, 사실 그것의 자성─본각,

---

12 예를 들어 曇延(516-588)의 『起信論義疏』, X45.755, 159b6-22 참조.

13 초기 주석가들은 '마음'을 칠식을 가리키는 것으로, '식'을 처음의 여섯 가지 의식들을 가리키는 것으로 해석한다.

14 무명의 상은 진여와 결코 분리되지 않기 때문에 무너질 수 없다. 무명의 상은 자성이 없으므로 깨뜨려지지 않을 수 없는 것도 아니다.

15 『大乘起信論』, T32.1666, 576c11-13, "以一切心識之相皆是無明, 無明之相, 不離覺性, 非可壞, 非不可壞. 如大海水因風波動, 水相風相不相捨離, 而水非動性, 若風止滅動相則滅, 濕性不壞故."

진여-은 항상하고 변하지 않는다. 단지 무명만이 우리가 이것을 깨닫는 것을 막는다.

그렇지만 마음이 본래 깨친 상태에 있다면, 마음을 미혹시키는 무명이 어떻게 있을 수 있겠는가? 만일 유일하게 존재하는 것이 바다라면, 과연 바다는 어디에서 온 것일까?[16] 일원론적 존재론에서는 바다와 바람 둘 다 존재론적 독립성이 성립될 여지가 없다. 『대승기신론』은 존재론적 이원론의 문제에 대한 명확한 해결책을 제시하지 않으며, 심지어 무명의 근원 문제에서 기인한 고통과 나쁨의 근원에 대한 문제도 다루지 않는다.[17]

3) 법장의 해결책

화엄대사이자 『대승기신론』의 영향력 있는 주석가인 법장은, 무명이

---

16 이것이 바로 영향력 있는 전통적인 주석가들이 문제를 생각해낸 방식이다. 그러나 『大乘起信論』 자체가 무명 극복 문제에 대한 해결책을 제공한다고 볼 수도 있다. 실제로 『大乘起信論』의 진정한 관심은 무명이 극복될 수 있음을 보여주는 데 있다. 진여와 마찬가지로, 무명도 근원이 없는 것으로 보인다. 그것은 단지 주어진 것이다. 무명은 인지적 기능의 순간적인 표현 수준에서 작동한다. 본문에서 설명한 바와 같이, 무명은 마음의 불변성을 개별적이고 잇따르는 순간으로 깨뜨리는 것과 같다. 시작이 없는 무명은 무명이 항상 일어나지만—즉 마음/생각이 시작되는 지점이 없음—, 우리가 이를 인식할 수 없고 잘못된 생각의 과정을 멈출 수 없다는 것을 의미하지는 않는다.

17 Peter N. Gregory, "Theodicy in the *Awakening of Faith*," *Religious Studies* 22, no. 1 (1986): 63-78에서는, 이 주제를 신정론(神正論, 역자 주: 악의 존재가 신성과 모순되지 않는다고 주장하는 설)과 관련된 유사한 문제들의 관점에서 훌륭하게 분석해 소개해주고 있다.

본체 즉 그 자체의 자성을 가지고 있다는 것을 부인함으로써 존재론적 이원론의 문제를 다루었다.

질문: 일찍이 〔대승의〕 체가 위대하다는 것에 대해 설명하셨을 때, 〔체가〕 온갖 법들에 통하기 〔때문이라고 하시고서는〕[18] 순수하고 염오된 법들이나 그것의 상과 작용에 대해서는 구별하지 않으셨습니다. 그럼에도 어찌하여 오직 〔체가〕 선하기만 하고 불선함에는 통하지 않는다고 말씀하십니까?

답변: 〔대승의〕 체가 크다는 이치는, 〔진여가 순수한 법과 염오된 법들을〕 구별하지 않고 모든 법에 통하기 때문이다. 진여의 외부에 무명이 불선함의 체로서 별도로 존재한다면, 〔그러한 관념은〕 많은 오류를 초래할 것이다. … 무명이 진여와 별도로 존재하여 불선함의 체로 작용하는 것은 불가능하다. 또한 불선함과 불선한 법들이 진여의 상과 작용이 될 수 있는 것도 아니다. 그것이 진여의 상이자 작용으로 여겨질 수 있다면, 이는 많은 오류들을 낳을 것이다.[19]

여기에서 법장은 진여가 모든 곳에 스며들고 널리 퍼져 있다는

---

18 『大乘起信論』, T32.1666, 575c26, "대승의 체는 위대하다. 일체의 법들에 있어, 진여는 분별도 가감도 없기 때문이다(體大, 謂一切法眞如平等不增減故.)."

19 『大乘起信論義記別記』, T44.1847, 288a28-288b2; 288b6-288b8, "問何故前明體大中, 通一切法, 不簡染淨及其相用, 唯是其善, 不通不善? 答體大理曰通諸法, 不得簡別. 若眞如外別有無明爲不善體者, 有多種過. … 眞如之外不得別立無明作不善體不善等法, 亦不得作眞如相用, 若是相用亦有多過."

것을 분명하게 지적한다. 그는 무명이 진여와 별도로 존재함으로써
악의 본체로 작용할 수 없다는 것에 대해 설명하지 않는다. 그러나
그는 다른 곳에서 설명하고 있다.

『대승기신론』의 "일체 심식의 상들은 모두 무명이다. 무명의 상은
깨달음의 본성을 여의지 않는다"[20]를 해설하면서, 법장은 다음과 같이
설명한다:

업業과 여타의 염오된 식들[心][21]을 인지적인 상相들이라고 한다.
그것들 모두 불각의 상이기 때문에, [『대승기신론』은] "심과 식[22]
의 모든 특성은 무명이다"라고 말한다. 이 말은 마음의 체[心體]와
관련해 말한 것이 아니다.

그러나 이것은 또 다른 이의제기를 불러들인다. 이 모든 식의
상은 모두가 무명이며, 무명의 중단[滅]에 대한 설명은 진여와
동떨어진 별개의 본질적 본성[體性]이 있다는 것이다. 이것은
진여와 별개로 존재하는 체가 있다는 반론이다.

이러한 이의제기에 대한 답변은 다음과 같다. 이러한 식[과 관련
한] 불각의 상은 염오된 것과 부합한[隨染] 본각과 분리되지 않는
다. 이러한 이유로 [『대승기신론』은 "무명의 상은] 각覺의 본성과

---

20 『大乘起信論』, T32.1666, 576c10, "以一切心識之相皆是無明, 無明之相不離覺性."
21 『大乘起信論』에서 일곱 번째 식인 의(意; manas)에는 다섯 가지 다른 이름이
   있는데, 그중 첫 번째가 업식業識이다. 이것은 전생의 경험에서 이어진 조건을
   말하며, 깨우치지 못한 마음을 움직이게 한다.
22 이미 언급했듯이 초기 주석가들은 '심心'이 일곱 번째 식을 가리킨다고 이해했고,
   '식識'은 앞의 여섯 식을 가리키는 것으로 이해했다.

분리되지 않는다"라고 말한다. 무명의 상과 본각의 본성은 같지도 않고 다르지도 않다. 그것들이 다르지 않기 때문에 〔무명의 상은〕 깨뜨려지지 않는다. 그것들이 같지 않기 때문에 〔무명의 상은〕 깨뜨려지지 않는 것도 아니다. 그것들이 다르지 않기 때문에 〔무명의 상이〕 깨뜨려지지 않는다는 의미는 무명이 참된 이해와 동일한 이유를 설명한다. 따라서 『열반경』에서는 "참된 이해의 본성과 무명의 본성은 이원적이지 않다. 이 비이원성의 본성이 바로 참된 본성이다"라고 말한다.[23] 둘이 같지 않기 때문에 〔무명의 상이〕 깨뜨려진다는 의미는 무명은 소멸하지만 깨달음의 본성은 파괴되지 않는 이유를 설명한다. 미혹을 소멸시킨다는 의미도 이러한 맥락에서 이해할 수 있다.[24]

정신 활동은 무명과 관련이 있고 따라서 불각不覺과 관련된다. 그러나 법장은 『대승기신론』에서 무명이 마음의 본체〔心體〕의 상, 즉 진여의 상이 아니라는 주장을 하고 있다고 본다.[25] 그러나 이러한

---

23 『大般涅槃經』, T12.374, 410c21-22.

24 『大乘起信論義記』, 144.1846, 260a19-29, "業等染心名諸識相. 此等皆是不覺之相. 故云心識之相皆是無明. 非約心體說也. 又更轉難云. 旣言識相皆是無明故, 說滅者卽應別有體性離於眞如. 卽眞妄別體難也. 答云如此諸識不覺之相不離隨染本覺之性. 以是故云不離覺性. 此無明之相與彼本覺之性非一非異. 非異故非可壞. 非一故非不可壞. 若依非異非可壞義. 說無明卽明. 故涅槃經云明與無明其性不二. 不二之性卽是實性. 若就非一非不可壞義. 說無明滅覺性不壞. 滅惑之義準此知之."

25 여기서 그는 『大乘起信論』의 "각의 뜻은 〔진여로서의〕 마음 그 자체가 〔망〕념을 여읜 것을 말한다(T32.1666, 576b12, 所言覺義者, 謂心體離念.)"는 구절에 의거해,

주장에는 잠재적인 이론적 난점이 있다: 만약 무명이 그칠 수 있다면 즉 최초의 깨달음이 있었어야 한다면, 이것은 무명의 체성體性이 멈췄기 때문이라는 것을 의미한다. 따라서 이것은 '진여와 별개로 존재하는 본성'의 존재를 인정하는 것이며, 따라서 무명의 근원이라는 반갑지 않은 문제를 열어버리는 것이다.

『대승기신론』을 본받아서, 법장은 무명을 상으로 제시하고 있다. 이를 더욱 명확하게 표현해보자면, 무명은 자성이 없는 상에 불과하다는 것이다. 미혹된 마음이 계속 유지되고 지탱되는 한, 무명은 무너질 수 없다. 이것은 마치 바다가 바람(=무명)의 움직임에 반응하여 계속 움직이는 한, 파도(=미혹된 마음)는 계속 존재하는 것과 같다. 무명의 본성과 본각의 본성이 다르지 않다는 뜻은, 축축한 성질을 본성으로 갖는 바다와 바람이 결코 분리되지 않는다는 뜻과 비슷하다. 그러나 바다가 움직이길 멈추면 파도는 더 이상 존재하지 않게 된다. 이때 바다만이 지속적인 자성을 갖고 있기 때문에, 무명과 바다의 축축한 성질이 동일하지 않다는 것은 분명하다. 마찬가지로, 자신이 항상 깨어 있다는 사실을 깨닫게 되면 무명은 더 이상 존재하지 않게 된다.

『열반경』의 "참된 이해의 본성과 무명의 본성은 둘이 아니다. 이 둘이 아닌 본성이 참된 본성이다"라는 구절을 인용하면서, 법장은 궁극적으로 본성은 둘이 아니라 단 하나뿐이라는 점을 지적한다. 참된 이해의 본성과 무명의 본성은 오직 하나이기 때문에, 둘이 아니다. 참된 이해는, [우리가] 무명에 본성이 없다는 것을 깨닫는 데 있다.

자신의 의견을 제시하고 있다.

4) 이문二門의 설명체계로서 리와 사

조건(미혹과 무명, 현상적 실제)에 따라 마음이 적응한다는 이 중심 개념은, 리理와 사事라는 용어로도 정식화되었다. 화엄의 대사 두순은 진여심이 생멸심과 합쳐지더라도 그 자성을 간직할 수 있다는 생각에서 영감을 받아[26] 리사무애라는 개념을 소개하였는데, 이 개념은 오래된 '공—물질〔空色〕형태' 이원론을 효과적으로 다시 새긴다.[27] 법장은 이후 리사무애를 자신이 인정한 4가지의 불교적 계보 전통〔宗〕[28] 중 하나인 '여래장연기종如來藏緣起宗'의 특징적인 가르침과 동일시하였다. 그는 여래장 연기의 주요한 특징을 '리와 사가 걸림 없이 융통함(理事融通無礙)'으로 기술한다:

이 계보 전통은 여래장이 조건을 따라 아뢰야식을 이루는 것을

---

26 이를 설명하면서, 두순은 진여문과 생멸문을 각각 리와 사로 간주한다. 『華嚴五教止觀』, T45.1867, 511b6-7.

27 Robert M. Gimello, "Apophatic and Kataphatic Discourse in Mahāyāna: A Chinese View," *Philosophy East and West* 26, no. 2 (April 1976), 122-123 참조. 馮達文, 『理性與覺性: 佛學與儒學論叢』(成都: 巴蜀書社, 2009)에서는, '인연에 따라 일어나지만 그 본성은 비었다〔緣起性空〕'라는 중관의 교리는 일찍이 축도생과 후대의 진제에 의해 공 그 자체가 실체가 있는 일반적인 원리〔空理〕로 변형되었고, 이러한 이해는 리理라는 용어로 표현되었다(이에 대한 텍스트적 근거는 『維摩經』에 대한 축도생의 주석 T38.1775, 354a11-17에서 찾을 수 있다). 공을 리로 보는 점은, 불성의 특징으로 사용되어졌다. 이러한 생각은 이후 리는 공유된 법〔共法〕으로서 중생의 본성을 구성하며 사는 이 본성의 발현이라는 새로운 〔관념적〕 발전으로 이어졌다.

28 이 장의 서론을 참조.

받아들이기 때문에, 리는 현상에 두루 내재한다. 또한 현상이
서로 의존하여 발생하고, 자성이 없으며, 리와 동일하다는 것을
받아들인다. 따라서 현상은 리에 두루 내재한다.[29]

여기서 진여의 동의어인 리理로서 여래장은 조건에 반응하여, 현상
적 존재[事]가 있는 곳인 아뢰야식이 된다. 그리고 아뢰야식의 리적
측면이 모든 현상에 퍼져 있는 것[徹]처럼, 반대로 자성이 결여된
현상은 리와 분리되지 않고 두루 내재한다. 그러나 결정적으로 현상이
리에 두루 내재한다고 주장할 때, 우리는 이것을 아뢰야식과 관련된
번뇌들이 어떻게든 여래의 순수성에 '침투(infiltrate)'할 수 있고 유위적
인 것이 무위적인 것을 조건화한다고 이해할 게 아니라, 다음과 같이
이해해야 한다: 현상적 실제의 근원인 아뢰야식에서 현상과 진여가
걸림 없이 원융하지만, 진여는 변하지 않는다.

이 점은 법장이 제안한 불교 가르침에 대한 다섯 계층의 교리적
분류의 내에서 설명된다: 법장이 제시한 오교五教는 소승교小乘教,
대승시교大乘始教, 대승종교大乘終教, 대승돈교大乘頓教, 대승원교大
乘圓教이다. 그는 시교[유식과 중관/삼론]를 약간 경멸적인 용어인
'법상法相'으로 간주하고, 종교[여래장]를 진여와 현상이 융섭하는
것[體相鎔融門]으로 간주한다:

시교에 의존한다면, 오직 아뢰야식의 생멸하는 부분만을 얻었을

---

29 『大乘起信論義記』, T44.1846, 243c1-4, "以此宗中許如來藏隨緣成阿賴耶識.
　　此則理徹於事也. 亦許依他緣起無性同如. 此則事徹於理也."

뿐이다. 이는 [그 제한적 이해로] 생멸이 참된 리와 [어떻게] 융통하게 되는지를 [설명하는 데] 실패했기 때문이다. 그것은 그저 [진여가] 불변하고 모든 법들을 짓지 않음을 설명할 뿐이다. 그러므로 아뢰야식은 전적으로 현상의 생멸과 관련된 상호의존적 일어남[緣起]에 국한된다.[30]

법장은, 시교가 진여가 어떻게 고요한지만을 설명한다고 말한다. 이와 대조적으로 체상용융문—『대승기신론』의 생멸문과 동일한—을 설명하는 종교終教는, 진여가 현상의 생멸적 조건에 부합하고 적응할 뿐만 아니라 변하지 않는 본성을 갖고 있음을 말한다.[31] 그는 『대승기신론』, 『능가경』, 『보성론』, 『승만경』 등의 경전을 종교의 것으로 본다:

종교에 따르면, 아뢰야식은 본체와 현상의 두 부분이 융섭한다. 그러므로 [『대승기신론』에서 말하길] "일어나지 않고 사라지지 않는 마음은, 일어나고 사라지는 마음과 화합한다. 그것들은 동일한 것도 아니고 다른 것도 아니니 아뢰야식이라고 이름한다"라고 히였다. 이는 진여가 훈습[vāsanā]과 부합하고 화합하여 이 근본식[아뢰야식]이 된다는 것이다. …
질문: 진여가 이미 항상한 법[常法]이라고 주장하시는데, 어떻게 그것이 일어나고 사라지는 훈습과 일치한다고 말할 수 있습니까?

---

30 『華嚴一乘教義分齊章』, T45.1866, 484c13-16, "若依始教. 於阿賴耶識. 但得一分生滅之義. 以於眞理未能融通. 但說凝然不作諸法. 故就緣起生滅事中建立賴耶."
31 T45.1866, 485a20-23.

그리고 일어나고 사라진다는 것을 인정한다면, 어떻게 불변하고 항상하다고 〔역시〕 말할 수 있겠습니까?

답변: 〔비록〕 진여가 항상하다고 말했지만, 그것은 일상적인 언어에서 '항상함'을 의미하는 것은 아니네. 어째서 그러한가? 부처께서 진여가 불변하다고 말씀하신 이유는, 이것이 조건에 부합하여 법들을 만들 때에 그것의 자성을 잃지 않으므로, 항상하다고 말할 수 있기 때문이다. 그리고 '생각할 수 없는 항상함〔不思議常〕'이라고 불리는 것은, 바로 항상하지 않음과 다르지 않은 항상함이다. … 이 종교는 '본체와 현상이 융섭하는 관문〔體相鎔融門〕'에 관계하므로, 두 부분〔진여/리와 현상〕은 둘이 아니라고 설명한다.[32]

여기서 법장은 리(진여, 여래장)와 현상이 다르지 않음을 강조하는데, 리와 현상은 생멸문이나 아뢰야식의 다른 이름인 '체상용융문'에서 융섭하기 때문이다. 특히 법장은 진여가 불변하다고 강조하는데, "〔진여는〕 법을 만드는 조건에 부합하면, 자성을 잃지 않아 항상하다고 말할 수 있기 때문이다." 다시 말하면 무조건적인 것〔理〕이 조건적인

---

32 T45.1866, 484c24-485a4; 485a9-a15; 485a21-23, "若依終敎. 於此賴耶識. 得理事融通二分義. 故論但云不生不滅與生滅和合. 非一非異. 名阿梨耶識. 以許眞如隨熏和合成此本識. … 問眞如旣言常法. 云何得說隨熏起滅. 旣許起滅. 如何復說爲凝然常. 答旣言眞如常故. 非如言所謂常也. 何者? 聖說眞如爲凝然者, 此是隨緣作諸法時. 不失自體. 故說爲常. 是卽不異無常之常名不思議常. … 此終敎中. 約體相鎔融門故. 說二分無二之義." Francis Cook, "Fa-tsang's Treatise on the Five Doctrines: An Annotated Translation" (Unpublished Ph.D. diss., University of Wisconsin, 1970), 218에서 다소 수정.

실제〔事〕에 적응 및 부합되더라도 변하지 않는데, 무조건적인 것과 조건적인 것은 "두 부분으로 걸림 없이 원융'하여 '같지도 않고 다르지도 않다."

법장은 종교를 다섯 가르침 가운데 3번째로 평가하고 원교를 가장 높은 순위에 두었다는 점에 유의하는 것이 중요하다.[33] 법장은 '법계연기法界緣起'의 교리를 원교와 동일시하였다. 그는 이 교리를 규정된 각각의 사물들이 모든 사물과 원융하고, 역으로도 모든 사물이 규정된 각각의 사물들과도 원융하는 것으로 설명하였다. 전체가 모든 부분의 특성을 결정할 뿐만 아니라 각 부분도 전체의 특성을 결정한다.[34] 이 교리를 후대의 전통에서는 '모든 현상들의 걸림 없는 상호침투〔事事無礙〕'라고도 불렀다. 이 과정에서 법장은 '리와 현상 사이의 걸림 없음〔理事無礙〕' 교리에 종속적인 지위를 부여했다. 그러나 이것이 이 교리의 보다 광범위하고 지속적인 종속을 의미하는 것은 아니었다. 〔오히려〕 그것과는 거리가 멀다.

화엄조사 징관은 사사무애 교리가 성립하는 데 있어 리사무애의 교리가 중추적 역할을 한다고 강조하였다. 피터 그레고리는 화엄이론에서 리사무애가 사사무애의 경험을 가능하게 하는 지적知的 근거를 제공함으로써 사사무애의 존재론적 근거를 어떻게 제공하는지를 설명한다.[35] 결과적으로 화엄조사 종밀은 리사무애의 교리를

---

33 이 책의 서론 참조.

34 『華嚴一乘敎義分齊章』, T45.1866, 485b7-9; 503a17-20; 507c12-15.

35 Peter N. Gregory, *Tsung-mi and the Sinification of Buddhism* (Honolulu: University of Hawaii Press, 2002/ 1991), 159, 162-165. 조금 다른 방식으로

화엄의 최고 가르침으로 승격시켰다. 종밀은 스승 지엄을 따라 일심의
유위적 측면을 특히 중요시하였는데, 이를 '성기性起'라고 부른다.
"모든 순수하고 청정한 법들을 생성하는 창조적 패턴으로 작용할
수 있는 것은 바로 일심의 유위적 측면이다. … 따라서 성기는 일심의
유위적 측면에 대한 또 다른 용어일 뿐이며, 그런 방식으로 진여의
절대적 영역과 청정하고 염오된 법들의 현상적 영역 사이의 연결에
초점을 둔다."[36] 중요한 것은, 성기는 본성－일심, 진여, 리와 같은 것을
의미하는－을 다른 모든 것들의 존재론적 기초로 삼는다는 점이다.

2. 리－사, 마음－법에 대한 천태의 산가산외 논쟁

다른 곳에서 그레고리는 리사무애 교리에 대한 종밀의 이해가 "송대의
산외 사상가들이 천태 전통에 대한 이해를 정교화하는 교리적 초석"을

접근하자면, Brook A. Ziporyn, *Beyond Oneness and Difference: Li and Coherence in Chinese Buddhist Thought and Its Antecedents* (Albany: SUNY Press, 2013), 304에서는 두순과 법장이 사사무애를 특권화하기 위해 리를 완전히 초월하려고 했지만, 실제로는 리에 대한 토론을 억제하려는 그들의 시도가 오히려 〔리에〕 질서(order)와 결맞음(coherence)의 기본적인 표준이란 암묵적인 역할을 부여하는 구실을 했다고 주장한다. 다시 말해, 사사무애는 기본적으로 유일한 리가 된다. 상호침투하는 사건들의 우주라는 이 비전은, 그 자체로 리이다. 사사무애는 "다른 관점을 배제하는 명확한 관점을 고착화"하며, 사사무애는 "사건을 정의하는 것, 즉 무엇이 '진짜'이고 무엇이 단지 '겉모습'에 불과한지를 결정하는 것의 틀짜기에 보이지 않게 내재되어 있으므로 더욱 확고하게 된다."

36 Gregory, *Tsung-mi and the Sinification of Buddhism*, 189.

특히 제공한 것으로 이해한다.[37] 북송의 산가山家/산외山外 논쟁은 리사무애 교리를 성기설로, 사사무애 교리를 성구설—아래에서 설명하겠다—로 간주하면서 '법계연기'와 화엄의 '성기' 교리 사이의 긴장을 재현하였다. 여기서의 핵심적인 쟁점은 리가 사물[事]이나 온갖 법들에 특권을 가져야 하는가, 아니면 모든 법이 다른 법들을 포함한다는 관념 아래 모든 법들이 존재론으로 동등하여 참으로 상호 간에 포섭하는가 하는 데 있다.

브룩 지포린이 설명한 것처럼, 산가를 이끈 지례는 다음과 같은 입장을 취한다:

> [지례에 따르면] 리는 단일성[理總]이자 다양성[理別]이며, 각 현상은 마찬가지로 단일자[事總]의 역할을 하면서 다른 현상에서 통일되는 많은 항목 가운데 개별적 역할[事別]을 한다. 이에 반해 지례의 반대자인 소위 '산외' 학파는 화엄사상에서처럼 리를 순전히 단일성으로만 간주하고 현상성을 사事에 의해서만 설명한다.[38]

특히 지례와 같은 산가의 지도자들은, 화임 및 산외의 가르침에서 볼 수 있는 현상—리가 현상과 독립적으로 존재할 수 있음—에 대한 리의 존재론적 특권에 대해 반대했다:

---

37 Peter N. Gregory, "The Vitality of Buddhism in the Sung," in *Buddhism in the Sung*, eds. Peter N. Gregory and Daniel A. Getz Jr. (Honolulu: University of Hawai'ii, Press, 1999), 9.

38 Ziporyn, *Beyond Oneness and Difference*, 22.

체와 용의 용어는 원래 '상즉(相卽, 상호동일성)'이라는 의미를 가지고 있다. 그러므로 온갖 법이 리와 동일하다(卽)고 말할 때마다 그 '즉'은 모든 작용이 리와 동일할 때만 적용된다. 『보행輔行』[39]에서 "『광아廣雅』에서 '즉'은 '합한다(合)'라 하였다. 이 해석을 따를 경우 두 가지가 결합되어 있다는 것인데, 여전히 리가 [모든 법들과] 분리되어 있다. 그런데 만일 우리가 대신에 [실제적] 의미를 구한다면 그것은 체와 [온갖 법으로서의 작용이] 비이원적이기 때문에, [본체와 작용은] '즉한다'라고 말하니라"[40]라고 하였다. 따라서 '비-이원성(不二)'이라는 것은 본체의 온전한 작용일 따름이다.

화엄종에서는 단일한 리가 조건에 부합하여 차별의 법을 만든다는 [교리를] 공표한다. 차별은 무명의 상이고 순수한 하나 됨은 진여의 상이다. [진여, 단일한 리가] 조건과 부합하면 곧 차별이 있고, 조건과 부합하지 않을 때는 차별이 없다. 따라서 단일한 본성(=진여)은 무명과 결합할 때만 차별이 있음을 알겠다. 이것이 바로 '합한다'의 뜻이다. 그렇다고 해서 [진여와 무명이] 체에서 비-이중적이라는 것을 의미하지는 않는다. 왜냐하면 무명이 제거되면 차별이 없어지기 때문이다.[41]

---

39 담연의 『止觀輔行傳弘決』으로, 이는 지의 『摩訶止觀』에 대한 해설이다.

40 湛然, 『止觀輔行傳弘決』, T46.1912, 149c13-16.

41 『大乘起信論』, T32.1666, 578b14-15 참조:

무명이 그쳤기 때문에 마음이 일어나지 않는다. 일어남이 없기 때문에 경계가 따라서 없어진다. [잘못된 생각과 경계의] 원인과 조건이 모두 없어졌으므로,

이제 우리 〔천태〕종은 삼천[42]의 체가 조건에 부합하여 삼천의 작용을 일으킨다는 〔교리를〕 공표한다. 그리고 〔진여, 단일한 본성, 단일한 리가〕 조건에 부합하지 않는 〔불가능한 상황을 가정하더라도〕 똑같이 삼천은 분명하게 구별된다. 따라서 차별의 법과 체는 비-이원적이다. 왜냐하면 무명을 제거하여도 〔여전히〕 차별이 존재하기 때문이다.[43]

'상즉'에 관한 화엄종의 설명을 조사해보니, 그 의미에 대한 설명이 성립되지 아니함을 알겠다. 화엄종에 따르면, 깨달음〔의 경지〕은 오직 진여일 따름이어서, 부처의 영역인 하나의 〔참된〕 본성으로 가기 위해서는 아홉 가지 영역(=조건적인 현실)이 깨뜨려져야 하기 때문이다.[44]

마음의 상도 모두 없어진다. 이것을, 열반을 얻고 업의 행위가 〔어떻게〕 저절로 작용하는지에 대한 〔인식을〕 얻는 것이라 한다(以無明滅故心無有起, 以無起故境界隨滅, 以因緣俱滅故心相皆盡, 名得涅槃成自然業.).

42 '삼천'은 모든 것을 지칭하는 정형화된 표현이다.

43 이는 "리가 삼천을 구비한나〔理具三千〕"는 가르침 때문이다.

44 知禮, 『十不二門指要鈔』, T46.1928, 715b10-22, "夫體用之名本相卽之義, 故凡言諸法卽理者, 全用卽體方可言卽. 輔行云卽者, 廣雅云合也. 若依此釋, 仍似二物相合, 其理猶疏. 今以義求, 體不二故, 故名爲卽(上皆輔行文也). 今謂全體之用方名不二. 他宗明一理隨緣作差別法, 差別是無明之相, 淳一是眞如之相, 隨緣時則有差別, 不隨緣時則無差別, 故知一性與無明合方有差別, 正是合義, 非體不二, 以除無明無差別故. 今家明三千之體隨緣起三千之用, 不隨緣時三千宛爾, 故差別法與體不二, 以除無明有差別故. 驗他宗明卽, 卽義不成, 以彼佛果唯一眞如, 須破九界差別歸佛界一性故."

여기서 화엄은 불계―진여. 리. 본성. 절대적인 것―가 조건과 마주하면서 생성되는 법들과 개념적으로 구별되며, 법이 전혀 없는 경우에도 존재한다고 주장한다.

산가의 지도자들은 산외가 별교別教[45]라고 불리는 화엄의 교리를 채택했다고 비난하면서 자신들을 산외들로부터 구별하였다. 그리고 산가는 자신들의 견해를 설명하기 위해 원교의 자리를 따로 남겨두었다. 찬치와(Chi-wah Chan)는 산가/산외 논쟁의 맥락에 대해 다음과 같이 말한다:

'원圓'은 모든 존재양식들에 불성이 내재되어 있다고 보는 천태 교리의 포괄적인 성격을 드러내며, 그리하여 수행을 위한 유효한 불교적 기반을 제공하였다. 대조적으로 '별別'은 산가의 견해를 강조하는데, 산가에서는 화엄(및 더 나아가 산외)의 가르침이 수행의 적절한 초점에 있어 특정한 존재양식을 어느 존재보다도 특권화한다고 생각한다. 별교에서는 절대적이고 순수한 진여(여래)가 부처의 경지를 실현하기 위한 기초로 보는 반면에, 원교에서는 염오되고 미혹된 모든 존재양식이 부처의 경지에 접근할 수 있는 것으로 보았다.[46]

지례는 별교를 비판하기는 하지만 여전히 이것을 천태 교리의

---

45 이 용어는 본래 지의가 개발한 네 가지 유형의 교리 중 일부이다.

46 Chi-wah Chan, "Chih-li and the Crisis of T'ien-t'ai Buddhism," in Gregory and Getz, *Buddhism in the Sung*, 417.

분류체계에 포함한다. 심지어 그는 별교를 괴로움의 원인인 우발적인
번뇌와 그에 따른 업(사성제 중 두 번째)에 상응하는 약에 비유한다:

> 별교가 말하는 리는 중도이며, 윤회의 영역 너머에 있는 불성의
> 관점에서 이야기한 것이다. 이 본성은 모든 법을 뒷받침하는 역할
> 을 한다. 그러나 이 본성의 체와 관련하여, 별교는 성구의 관점에서
> 논의하지 않는다. 별교는 성기에 대해서만 논의하므로, 특정한
> 존재로서의 법은 동일하지 않게 된다.[47]

지례는 '윤회의 영역 너머에 있는 불성'과 '모든 법들을 뒷받침하는
역할을 하는' 본성에 관한 별교의 설명에서 아무런 잘못을 찾지 않는
다. 오히려 그는 성구 교리만이 이 본성의 체를 분별하는 수단을
제공한다는 것을 별교가 인정하지 않는다는 점을 비판한다. 성구는
불성을 포함한 모든 법 및 사물이 모든 하나하나의 사물에 현현한다는,

---

47 「四種四諦問答」, 『四明尊者教行錄』, T46.1937, 884c19-25, "然此教論理則是界
外中道佛性. 此性爲一切法而作依持. 但其體不論性具. 唯論性起故, 使諸法當
體不卽." 이러한 초교과적인 제스처는 『大乘起信論』 그 자체까지도 확장되었는
데, 이는 그가 쓴 『天台敎與起信論融會章』의 다음 구절에서 알 수 있다.

> 『大乘起信論』은 일심을 으뜸으로 삼으면서 "출세간의 법과 세간의 법 모두를
> 총섭한다"라고 말한다. 이는 곧 원교의 관문에 속하며, 다른 두 가지의
> 가르침과도 연결된다(T46.1937, 871b25-26, 論以一心爲宗, 乃云總攝世出世法.
> 此則正在圓門, 亦兼餘二.).

여기서 언급된 가르침은 지의의 네 가지 층위의 교리 구조에 속하는 가르침들이
다: 그 네 가지는 장교藏教, 통교通教, 별교, 원교이다.

모든 법들은 여타의 모든 법들을 포함하며 여타의 모든 법들과 동일하다는 교리이다. 모든 사물은 여타의 모든 사물에 존재하면서 그 모든 사물을 포함하는 본성을 가지고 있다. 이에 반해 종밀과 같은 화엄의 사상가들이 선호하는 성기설은 본성을 일심이나 하나의 참된 법계와 동일시하는데, 이는 모든 법들—모든 현상을 포함해—이 생기는 근원 내지 기반이다. 이 교리에 따르면, 현상은 공통된 존재론적 기반을 공유하지만 그 자체는 궁극적으로 비어 있으며, 자성이 결여되어 있다. 『대승기신론』에서는 다음과 같이 말한다.

심진여는 모든 법계 가운데 가장 중요한 상의 법문으로〔들어가는〕 체〔一法界大總相法門體〕이다.[48] 이른바 심성은 생하지도 않고 멸하지도 않으니, 오직 망념에 의해서 온갖 법의 차별이 생기게 되었다. 만약 망념에서 떠난다면 곧 인식적 경계들의 상들이 없게 된다. 그러므로 모든 법은 본래로 말할 것 같으면, 언설이 만들고 이름이 만들고 정신적 인식이 만들어낸 상에서 떠난 것이다. 그것들은 궁극적으로 평등한 것으로, 변이하지 않고, 깨뜨릴 수 없다. 오직 일심이므로 '진여'라고 이름한다.[49]

담연의 『십불이문』에 대한 지례의 주석에서 나온 다음의 구절은,

---

48 법계(*dharma-dhā*)는 감각적, 정신적 경험의 영역을 나타낸다.

49 T32.1666, 576a8-18, "心眞如者, 卽是一法界大總相法門體. 所謂心性不生不滅, 一切諸法唯依妄念而有差別. 若離妄念則無一切境界之相. 是故一切法從本已來, 離言說相離名字相離心緣相, 畢竟平等無有變異不可破壞唯是一心, 故名眞如."

두 그룹을 분리하는 교리적 단층선을 강조한다. 담연은 사실상 천태의 창시자인 지의의 저술에 대한 광범위한 주석을 썼으며, 8세기 천태의 부활을 시도한 핵심인물이었다. 이후에 담연은 천태의 정통으로 간주되었다. 또한 이 구절은 또한 법장이 사사무애 교리—천태 산가 이론가들의 철학적 지향과 양립할 수 있는 교리—를 궁극적으로 우선시했음에도 불구하고, 지례가 법장—특히나 무조건적인 것(진여, 리, 일심, 여래장)은 조건들과 부합하더라도 변하지 않는데, 사는 궁극적으로 비현실적이고 자성을 가지고 있지 않기 때문이라는 법장의 주장—을 비판의 대상으로 삼은 이유를 알 수 있다.[50] 담연은 진여가 변하지 않지만 조건에 부합할

---

50 지례는 『天台教與起信論融會章』에서 다음과 같이 말한다:

> '조건에 부합함[隨緣]'과 '불변함[凝然]'이라는 두 가지 원리들을 처음으로 활용하여 법성과 법상의 두 학파를 구별한 것은 법장이다[法藏, 『華嚴一乘敎義分齊章』, T45.1866, 485a21]. 그러한 표현들은 천태에는 드러나지 않는다. 이치에 근거해볼 때, '조건에 부합함'은 원교를 구성하지 않는다[고 말할 수 있다.]. 그들의 학파[화엄]조차도 이 교리를 [화엄의] 원교에는 미치지 못하는 종교라고 판단하였다. 따라서 천태의 원교가 그들의 종교와 같다는 것은 분명 옳지 않다. '조건에 따름'이든 '불변함'이든, 그것은 단순히 단편적인 임시방편이며 둘 다 별교에 속한다는 것을 반드시 이해해야 한다(T46.1937, 871c17-21, 盛將隨緣以*凝然二理簡於性相二宗此乃出自賢首. 天台未見此文. 據理, 隨緣未爲圓極. 彼宗尙自判終教, 未及於圓. 豈天台之圓同彼之終. 須知, 若凝然若隨緣, 但據帶方便義邊. 皆屬別教.).
>
> * 문장의 명료함을 위해 以를 與로 수정한다. 이 실수는 아마도 (동음이의어로 인한) 필기상의 오류일 것이다.

여기서 지례는 종교를 법성파(화엄)의 "진여는 조건에 부합한다"는 명제와 연관시키고 시교를 법상학파(유식)의 "진여는 불변한다"는 명제와 연관시킨다(위에

수 있다는 법장의 공식을 채택하였으므로, 담연이 법장이 주창한
것과 유사한 입장을 취했는지 아니면 법장의 공식을 창의적으로 적용
했는지에 대한 논란이 있다. 담연의 해석학적 권위가 교리적 정당성을
갖게 해준 것처럼 보인 사실로 말미암아 이러한 논란은 더욱 고조되었
다. 담연의 『십불이문』에 대한 다음의 주석에서 지례는 산외의 지도자
원청(源清, 999 입적)의 주석을 비판적으로 인용하면서 시작한다.

> [원청의 견해는] 담연의 『지관대의止觀大意』와 『금강비론金剛錍
> 論』의 취지와 어긋난다. "변하지 않고 조건에 부합하는 것을 본성
> 이라 이름하고, 변하지 않으면서 조건에 부합하는 것을 마음이라
> 한다"는 담연의 말을 인용한 후에, [원청은] "마음은 변하지 않는
> 본성과 동일하다"라고 선언하였다.⁵¹
> 당면한 문제에 관해서는, 원청이 형계 [담연]의 주장에 동의하지
> 않을 것이라고 생각한다. 왜 그러한가? 담연은 변하지 않으면서

인용된 시교에 대한 법장의 비판, "그것은 그저 [진여가] 불변하고 모든 법들을
짓지 않음을 설명할 뿐이다"와 비교할 것). 법장 자신은 법성과 법상을 구체적으로
구별하지 않으려 한 것 같다. 이후에 法性과 法相이란 용어는 각각 화엄과
현장을 지시하게 되었다. 그러나 Imre Hamar는 법장이 현장이 소개한 유식의
가르침을 비판하기 위해 법상종法相宗이라는 용어를 사용했지만, 중관과 여래장
의 가르침을 모두 언급하기 위하여 법상종이란 용어를 처음으로 사용한 사람은
징관이었다는 사실을 보여주는 증거를 제시한다. 그의 "A Huayan Paradigm
for the Classification of Mahāyāna Teachings: The Origin and Meaning of
Faxiangzong and Faxingzong," in *Reflecting Mirrors: Perspectives on Huayan
Buddhism*, ed. Imre Hamar (Wiesbaden: Harrassowitz Verlag, 2007), 220 참조.
51 『法華十妙不二門示珠指』의 원청의 언급들, X56.926, 319b111057.

조건에 부합하는 것을 마음이라 하였으니, 이는 분명 리와 상즉한 현상[52]의 사례이다. 어찌 그것이 리에 대한 설명에 그칠 수 있겠는 가? 조건에 부합함이 현상에만 속한다 하더라도, 현상은 리와 동일하기 때문에 이것은 마음이 그 본성상 변하지 않는 사실을 말하는 것이다. 어찌 〔무조건적인〕 불법과 〔조건적인〕 중생법이 상즉하지 않을 수 있겠는가? 그리고 그것들이 모두 리라면, 왜 마음만 본성이 변하지 않는 것으로 발췌하는가? 그러므로 『금강비론』에서는 말하길 "조건에 부합하기 때문에 진여는 만법이고, 변하지 않기 때문에 만법은 진여이다"라고 말하였다. 따라서 만법을 리와 동일시한다면, 중생과 부처는 물론 주체와 객체도 변하지 않기 때문에 모두 리가 된다.[53] 그러하다면 어떻게 마음만이 리가 될 수 있겠는가? 만약 중생을 현상으로 보고 〔논증〕한다면[54] 안과 밖, 물질〔법〕 및 정신〔법〕이 모두 조건에 부합하는 데, 어떻게 마음만 현상이 아니라고 할 수 있겠는가?[55]

---

52 마음. 여기서 마음은 조건 지어진 것, 현상적이며 일어나고 사라지는 것을 나타낸다.

53 서로 동일하다는 점은 변하지 않으며, 이 이항의 각 용어는 다른 용어를 수반하고 포함한다.

54 지각(sentience)이 리보다는 현상과 연관되어 있다는 주장이다.

55 知禮, 『十不二門指要鈔』, T46.1928, 709a5-15, "違大意及金剛錍. 他自引云隨緣 不變名性, 不變隨緣名心. 引畢乃云今言心卽眞如不變性也. 今恐他不許荊谿立 義. 何者? 云不變隨緣名心, 顯是卽理之事, 那得直作理釋? 若云, 雖隨緣邊屬事, 事卽理故, 故指心爲不變性者. 佛法生法豈不卽邪? 若皆卽理, 何獨指心名不變 性? 故金錍云, 眞如是萬法, 由隨緣故, 萬法是眞如, 由不變故. 故知若約萬法卽 理, 則生佛依正俱理, 皆不變故, 何獨心是理邪? 若據衆生在事, 則內外色心俱事,

지례가 가장 먼저 언급한 구절은, 담연의 다음 구절을 참조한 것이다. 지례의 이해를 따르면, 그 구절을 다음과 같이 번역할 수 있다:

온갖 법은 심성 아님이 없고, 하나의 본성은 본성이 아니며, 삼천세계가 그대로 있다. 마음의 물질〔법〕과 정신〔법〕에 관하여, 정확히 변화한다고 말하는 것이 마음이라는 것을 이해해야 한다. 변화하는 것을 지어냄이라 부르고, 지어냄은 체의 작용을 의미한다.[56]

지례가 "하나의 본성은 본성이 아니다"라고 한 것은, 본성(리, 진여)는 하나이지만 고정되거나 규정된 본성을 갖고 있지 않기 때문에 삼천 가지의 정신적·물질적 법을 각각 있는 그대로 존재하게 할 수 있기 때문이다. 모든 법은 그 자체로 머물지 않는 뿌리〔無住本〕-혹은 하나이면서-동시에-여럿인 리좀(rhizome, 역자 주: 뿌리줄기로도 번역되는 이 용어는, 들뢰즈와 가타리에 의해 의제화된 은유적 표현이다. 이러한 수목적 은유를 통해, 들뢰즈와 가타리는 서열적이고 초월적인 구조와 구별되는 내재적이면서도 상호적인 관계의 모델을 제시한다)-이며, 개별법을 초월하여 다른 온갖 법의 뿌리가 된다.[57] 이 구절에서 지례는 '마음'이

皆隨緣故, 何獨心非事邪?"

56 湛然, 『十不二門』, T46.1927, 703a24-26, "一切諸法無非心性, 一性無性. 三千宛然. 當知心之色心, 卽心名變, 變名爲造, 造謂體用." 〔이 구절에 대한 브룩 지포린의 번역은 이 책 4장의 34번 각주 참조.〕

57 知禮, 『十不二門指要鈔』, T46.1928, 710a6-7, "一性等者, 性雖是一而無定一之性, 故使三千色心相相宛爾, 此則從無住本立一切法." 담연의 구절(56번 각주)에 대한 지례의 이해와 '머물지 않는 뿌리〔無住體〕'에 대한 논의를 포함한 더 넓은

다른 조건적인 형상 즉 무수한 법들 중 하나로 대체될 수 있음을
강조한다. 마음은 본성과의 특권적 동일성을 갖고 있지 않다. 본성은
모든 법 안에/으로 존재하며, 그중 하나가 우연히 마음이다.

이와 대조적으로, 원청은 마음을 참된 마음, 진여 그 자체, 리로
간주한다:

〔담연의 '心之色心' 구절에서, 첫 번째〕 마음은 "하나의 본성은
본성이 아니다"를 의미한다. '물질〔법〕과 정신〔법〕'은 "삼천세계
가 그대로 있다"는 것이다. 之는 머묾〔住〕이니 어조사가 아니다.
이는 모든 본성이 물질〔법〕과 정신〔법〕을 향해 나아간다는 뜻이
다. … 이는 본성으로서의 진여가 조건들에 부합됨을 말한 것이다.
이것이『대승기신론』의 "진여가 조건에 부합한다"는 뜻이다. 담연
의『지관대의』에서는 "조건에 부합하고 변함이 없는 것을 본성이
라 일컫고, 변하지 않으면서 조건에 응하는 것은 마음이라 일컫는
다"라고 하였다. 여기서 〔담연의 '心之色心' 구절에서, 첫 번째〕
마음이라는 것은, 진여의 변하지 않는 본성과 같다. '모든 본성이
물질〔법〕과 정신〔법〕을 향해 나아간다는 것'은 '조건에 응합'과
같다.[58]

철학적 맥락에 대한 확장된 분석으로는 Ziporyn, *Beyond Oneness and
Difference*, 268-293 참조. 이 책에 수록된 그의 장에 있는 짧은 논의도 참조.

[58] 源清,『法華十妙不二門示珠指』, X56,926, 319b111057, "心, 卽上一性無性也.
色心, 卽上三千宛然也. 之, 往也, 非語助也. 謂全性往趣, 故云之色心也. …
此則眞如性隨緣, 起信眞如隨緣義也. 止觀大意云隨緣不變名性, 不變隨緣名心.
今言心卽眞如性不變也. 之色心, 卽隨緣也."

지례가 마음을 본성(＝진여)으로 법을 본성으로 간주하는 반면, 원청은 진여로서 마음을 법/현상과 명확하게 구분한다. 원청에게, 법은 생기고 소멸하여 자성이 없지만 진여로서의 마음은 변하지 않는다.

다음의 예시 역시 담연의 『십불이문』에 대한 지례의 주석에서 나온 것으로, 이 구절 역시 『법화현의석첨法華玄義釋籤』에 나오는 구절에서 확인할 수 있다.

태초부터 법성法性이 바로 무명임을 안다면, 바로 이 순간 무명이 곧 법성임을 깨달으리라. 무명은 법성과 함께 모든 곳에서 법을 지으니, 그것을 염오됨[染]이라고 한다. 법성은 무명과 함께 모든 곳의 무수한 조건들에 응하니, 이것을 청정함[淨]이라고 한다.[59]

여기서 언급되는 법성은 진여, 리, 절대자와 기능적 등가물이다. 담연은 법성을 무명으로, 무명을 법성으로 간주한다. 무명은 진리의 일부이다. 그가 그렇게 한 근거는, 모든 법이 다른 모든 법을 포함하거나 수반한다는 천태의 성구설이다.

산가와 산외의 사상가들은 담연 텍스트의 상이한 판본들을 일부 선호했기 때문에 이 구절의 나머지 부분에 대해서도 서로 다른 해석을 제시했다. 산외의 지도자 원청이 사용한 판본에는 "法性之與無明"과 "無明之與法性"의 두 구절에 [[함께'라는 뜻을 갖고 있는] '與' 자가

---

59 湛然, 『法華玄義釋籤』, T33.1717, 919a9-12, "若識無始卽法性爲無明, 故可了今無明爲法性. 法性之與無明遍造諸法, 名之爲染. 無明之與法性遍應衆緣, 號之爲淨."

없다. 〔만약 '與' 자가 있다면〕 담연의 텍스트는 "법성은 무명과 함께 악을 만든다〔法性共無明造惡也〕"라는 뜻이 될 것이기에, 원청은 두 구절에 '與' 단어를 포함시키는 것을 반대한다. 원청은 만약 우리가 〔'與'를 포함해서〕 읽는다면 "법성은 본래 청정하지만, 홀연히 무명이 밖으로부터 와서 법성과 화합해 〔법성이〕 염오된 습관을 일으키고 모든 법들을 짓는다."[60]가 될 것이라고 이야기한다. 이와 관련하여, 원청은 다음과 같이 답한다.

만약 〔이것을〕 법성이 무명과 함께 법을 짓는다〔는 의미로 읽는다〕 면, 청정한 법에 대한 다음의 구절도 반드시 무명이 법성과 함께 〔조건들에〕 응한다〔는 의미로 읽어야〕 할 것이다. "〔법성이〕 모든 곳의 무수한 조건들에 응한다"에 있어, '모든 곳에 응하는 것'은 틀림없이 효과이겠지? 청정한 효과의 본성〔법성〕이 〔조건에〕 응하기 전에 왜 무명과 결합하여야 하겠는가? 만약 그렇다면 더럽고 깨끗한 것을 구별할 수단도, 미혹됨과 깨달음을 구별할 수 있는 수단도 없을 것이다. 이 얼마나 우스꽝스러운가![61]

---

60 "法性本淨. 忽有無明外來共法性和合. 便起染習而造諸法也." 기억하겠지만, 무명이 별도의 존재론적 근거를 가지면서 따라서 이원론을 제시하는 것에 대한 이러한 암묵적 반대는, 법장이 훨씬 이전에 표현한 견해와 분명히 일치한다. 그렇지만 원청의 언급에서 이것은 주요한 쟁점이 아니다.

61 源淸, 『法華十妙不二門示珠指』, X56.926, 322a22779, "若是法性與無明共造者 下句淨法亦是無明共法性起應. 如云遍應衆緣, 遍應豈非果用. 此淨果性如何更 與無明共方起應乎. 此則染淨不可分迷悟無以別. 誠爲可笑!"

원청에게, 법성은 무지와 결합하지도 않고도 조건에 응할 수 있어야 한다. 그렇지 않으면 법성의 청정함은 구별될 수도 없을 것이고 우리는 영원히 미혹에 빠져들게 될 것이다. 원청의 언급에 근거할 때, 담연의 핵심적 구절을 원청의 방식대로 번역하자면 다음과 같다:

법성이 무명으로 나아가[62] 모든 법들을 두루 지으니, 이것을 염오됨이라 한다. 무명은 법성으로 나아가 모든[63] 곳의 무수한 조건에 응하니, 이것을 청정함이라 한다.[64]

원청은 법성이 전체적으로 무명을 '향해 나아가는(부합하는)' 것이라 할지라도, 이는 단지 염오된 법들을 만들어내는 역할을 할 뿐이라고 설명한다. (무명과 마찬가지로 이러한 법들이 궁극적으로는 자성이 없음에도 불구하고 말이다.) 반대로 무명이 법성을 '향해 나아갈 때(부합할 때)' 무명이 사라지면서 청정함이 생겨난다.[65]

반면에 지례는 "法性之與無明"과 "無明之與法性"의 두 구절에 '與' 자가 포함되어 있는 담연의 텍스트 판본을 옹호한다:

'與'는 '빌려주다', '주다' 즉 '돕다'라는 뜻이다. 법성과 무명은 번갈

---

62 원청은 이 구절의 '之'를 소유격이 아닌 '나아가다'로 해설한다.

63 '偏'을 '遍'으로 수정함.

64 源清, 『法華十妙不二門示珠指』, X56.926, 315b6260, "法性之無明遍造諸法, 名之爲染. 無明之法性遍應衆緣, 號之爲淨."

65 X56.926, 322a22779; 319b111057.

아가며 〔청정과 염오의〕 두 가지 기능을 이루므로, 〔與에는〕 서로
도와서 두 가지 기능을 구성하여 약한 것이 강한 것을 지탱한다는
의미가 있다. 만일 법성의 내훈內熏[66]이 약하고 무명의 염오된
용이 우세하면, 법성은 무명에게 힘을 주어 염법을 만들어낸다.
잘못된 개념분별에 대한 무명의 집착이 약하고 법성의 내훈이
우세하다면, 무명은 법성에 순수한 반응을 일으킬 힘을 준다.[67]

이 두 기능은 청정함과 염오됨이며, 이것의 전거는 『대승기신론』의
다음 구절이다: "진여의 청정한 법은 진정 염오된 것이 없으나, 무명으
로 훈습하기에 염오된 모습이 있다. 무명의 염오된 법에는 실제 청정한
업은 없으나, 다만 진여로 훈습하기에 청정한 작용이 있다."[68] 산가의
지도자들에게 청정함과 염오됨은 궁극적으로 동일하며 결코 분리될
수 없다. 오히려 청정함과 염오됨은 자극이나 반응으로 작용하는
것이 무명인지 법성인지에 따라 초점이 다를 뿐이다. 그러나 이 둘은
서로 다르지 아니하며 이 관계의 과정에서 나타나는 법들과도 다르지
아니하다.[69] 법-본성과 무명, 청정함과 염오됨의 관계는 어느 쪽에도

---

66 즉, 무명을 정화하는 능력이다.

67 知禮, 『十不二門指要鈔』, T46.1928, 716b9-14, "〔有則於義更明. 何者?〕 夫與者,
借與賜與也, 亦助也. 法性無明旣互翻轉成於兩用, 互有借力助成之義, 而劣者借
力助於彊者. 若法性內熏無力無明染用彊者, 則法性與無明力造諸染法. 若無明
執情無力法性內熏有力, 則無明與法性力起諸淨應."

68 T32.1666, 578a20-21, "眞如淨法實無於染, 但以無明而熏習故則有染相. 無明染
法實無淨業, 但以眞如而熏習故則有淨用."

69 이 구절에 대한 논평으로, Brook A. Ziporyn은 자극이 실제로 반응과 동일하다는

특권을 부여하지 않는 상호 포섭의 관계이다. 여기서 의미하는 바는, 무명이 다른 모든 것들과 마찬가지로 법성이기 때문에 법성을 실현하기 위하여 무명을 제거할 필요가 없다는 것이다.

그리고 (지례의 반대 주장에도 불구하고) 산외의 사상가들도 천태의 성구설에 동의했지만[70], 산외의 일부 사상가들은 현상에 걸쳐 있는 리에 대한 뚜렷한 편견을 갖고 있는 것으로 해석될 수 있다. 산외 지원의 다음 언급을 살펴보자:[71]

비록 정신[법]과 물질[법]이 동시에 [관찰되지만,] 물질[법]은 마음이 지어낸 덕택으로 생겨났으므로, 그 전체가 마음임을 알라. 그러므로 모든 법이 마음이므로, 그 지어냄을 관하는 것은 모든 법을 아는 것이다. ··· 따라서 마음을 관하는 것과 물질을 관하는 것이 각각 적절하지만, 둘 다 법이 마음일 뿐임을 드러낸다. 그러므로 마음의 한 [순간]을 관하면, 모든 것을 관섭하리라.[72]

점을 지적하고, 이 동일성의 본질을 설명하기 위하여 장-초점(field-focus; ground-figure) 모델을 사용한다. 전경에 있는 인물과 그것과 자체적으로 동일하고 분리할 수 없는 바탕(ground) 사이에서, 법성과 무명이 흥성하고 물러난다. Ziporyn, *Evil and/or/as the Good*, 221.

70 龔雋, 「北宋天台宗對《大乘起信論》與《十不二門》的詮釋與論爭」, 『中國哲學史』 3期 (2005): 83-94.

71 지원은 그 시대에 불교계와 유교계 모두에서 영향력 있는 인물이었다. 이 책의 서론을 참조.

72 智圓, 『金剛錍顯性錄』, X56.935, 523b91685, "當知心色雖則同時而色由心造全體是心. 故觀能造卽見諸法, 以諸法全是心故. ··· 是以觀心觀色雖宜樂不同, 並了諸法唯心耳. 所以若觀一心, 卽攝一切."

모든 것이 마음—여기서는 진여와 리의 동의어로 이해해야 한다—이 지어낸 것이고, 그 마음이 지어낸 것은 다름 아닌 마음 그 자체이다. 산가의 관점에서 볼 때, 이러한 산외 측의 성구—마음이 본성과 다르지 않다는—에 대한 생각에서 불편한 점은, 지원이 명상수행자들에게 개별적인 법보다는 마음의 포괄성(inclusiveness)에 집중하도록 요청한 다는 데 있다. 사실상 법은 성구에게 밀려나고, 현상은 리에 밀려난다.

이상의 논의를 요약하면, 존재론적 이원론 문제와 그에 수반되는 무명의 근원 문제에 대한 산가 측의 해결책은 악이 선이며 그 사이의 모든 것—진여, 리, 무명 및 나머지 삼천을 포함하여—이라고 주장함으로 써 문제를 해체하려는 것임을 알 수 있다. 리는 현상이고 현상은 리이다. 체는 작용이고 작용은 체이다. 그리고 무명은 작용이고 또한 체이기 때문에, 무명은 체와 분리된 외부적 조건(外緣)이 아니다. 이는 포괄적 일원론으로 특징지어질 수 있다. 산외의 입장은 다른 형태의 해체를 진전시키는데, 이는 무명에 자성이 있다는 사실을 부인하는 법장의 『대승기신론』 해석을 강력하게 연상시킨다. 무명에 자성이 없다는 것을 자각할 때, 업의 활동을 생성하는 원동력이 제거된 다. 그리고 나쁨과 괴로움이 일어나는 무명의 특성이 진여와 다르지 않지만, 그렇다고 진여와 같지도 않다. 진여만이 자성을 가질 수 있다. 무명에는 자성이 없다. 오직 리만이 자성을 가지며, 현상(事)에 는 자성이 없다. 오직 체만이 자성을 갖고, 작용에는 자성이 없다. 이는 배타적 일원론으로 특징지을 수 있다.

3. 불선의 문제에 대한 주희의 해결책

무명/불선의 근원을 설명하기 위하여 물과 바람의 은유를 취한 『대승기신론』의 저자는 일원론적 존재론 내부의 문제를 해결하기 위해 이원론적인 은유를 도입한다. 당대唐代 초기의 법장에서 시작하여 북송의 천태조사들에 이르기까지, 일원론적 존재론을 보존하면서도 무명과 불선의 근원을 설명하기 위하여 풍부하고도 다양한 주장이 전개되었다. 그러한 많은 설명은 리와 현상 사이의 관계라는 관점에서 구성되었으며, 리는 진여를 나타내고 현상은 법들을 나타낸다. 주희는 리와 기氣라는 용어로 리와 현상 사이의 관계를 다시 설명하였다.

이 절에서 필자는 먼저 11세기 성리학자 주돈이의 「태극도」에 대한 주희의 창의적 해석의 틀 안에서 표현된 주희의 리기 관계 개념이 『대승기신론』의 일심이문 체계와 동형이라고 주장할 것이다. 그런 다음에 주희의 리-기 관계에 대한 이해가 당대와 북송 시기에서 발전한 풍부하고도 복잡한 리와 사에 대한 담론을 더욱 명확하게 표현한 것이며, 그 핵심은 불선의 근원을 일원론적 존재론과 조화시키려는 시도였음을 보여주기 위해 노력할 것이다. 주희의 입장은 (1) 불선의 근원이 리가 아니라 현상에 있다는 산외의 논제와 (2) 리와 현상이 상호 수반한다고 보며 그에 따라 현상세계에 대해 긍정하는 산가의 논제와 밀접한 관련성을 지니고 있다. 필자는 이 모든 것을 단일한 담론 계열로 본다.

1) 주희와 태극

주희는 존재론적 일원론을 주장했으며, 그 중심에는 양극이 있다. 주돈이의 「태극도」(그림 5.2)와 이 그림에 부속된 「태극설太極說」에 대한 주희의 해석에서, 이 양극은 가장 분명하게 표현되어 있다. 주돈이가 도교 및/또는 불교 자료에서 그림을 가져왔다고 오랫동안

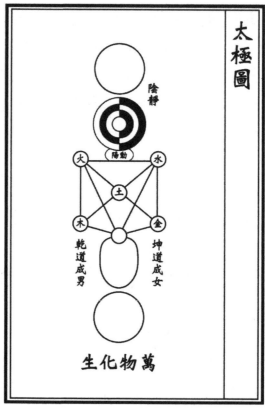

그림 5.2 주돈이의 「태극도」

朱震(1072-1138), 『漢上易傳』, 『摛藻堂四庫全書薈要』에 기반을 두어 존 메이컴이 그린 것임. 〔역자 주: 주희가 개정한 「태극도」와는 상당한 차이가 있다는 것에 주의할 것.〕

추측되었지만, 이 주장을 뒷받침할 증거는 충분하지 않다.[73]

주돈이는 이 그림을 우주발생의 한 과정을 나타내는 것으로 제시한 반면, 주희는 이를 명백히 부정하고 대신에 본성 또는 인간 본성〔性〕을 패턴〔理〕에 기반을 둔 존재론으로 나타내는 것으로 이해하였다. 주희는 〔주돈이의〕 「태극도」와 「태극설」 모두를 의미 있게 재해석하였는데, 이는 리와 기의 관계에 대한 이해를 발전시킬 수 있는 형이상학적 틀을 제시하고, 인간 본성 개념에 대한 존재론적 기초를 제공하며, 오백년 넘게 불선 문제를 다루려 한 불교의 시도에 수반되던 급진성을 회피하면서도 이 문제에 관한 새로운 해결책을 제공하기 위해서였다.

위쪽의 태극은 ○으로 표시된다. 태극은 〔개념이나 언어로〕 묘사될 수 없으므로, 빈 원이다. 태극은 모든 현상적 실제의 근본이다. 태극은 패턴〔理〕이며, 본성〔性〕이며, 또한 본체本體이다.[74] 주희는 태극이나 리를 현상적인 형태〔氣, 陰陽, 器〕와는 달리 형이상자로 규정한다. "태극은 형체를 초월하는 도이다. 음양은 형태 속의 형상이다."[75]

이 두 영역(realms/fields) 사이의 이러한 명확한 구분에도 불구하고, 주희는 형이상形而上과 형이하形而下가 분리 불가능하다는 것과 태극(리, 본성)이 어떤 방식으로든 음양과 '섞이지' 않는다는 것을 강조한다.

---

[73] 관련된 몇몇 학문적 논의의 간략한 개요로는 Joseph A. Adler, *Reconstructing the Confucian Dao: Zhu Xi's Appropriation of the Zhou Dunyi* (Albany: SUNY Press, 2014), 153-158 참조. 종밀의 '도표'가 주돈이 「태극도」의 근원일 수 있는지에 대해서는, 이 장의 부록 참조.

[74] 태극과 마찬가지로, 본성은 초월하면서도 내재한다. 계속되는 논의를 참조.

[75] 朱熹, 「太極圖說解」, 7, "太極, 形而上之道也. 陰陽, 形而下之器也."

(이러한 주희의 진술은, '리와 사의 걸림 없는 융섭[理事融通無礙]'에 대한 설명에서 아뢰야식과 관련된 번뇌가 어떻게든 여래장의 순수함을 더럽힐 수 있는 가능성을 배제하려고 했던 법장을 강하게 연상시킨다.):

비록 [태극이] 동하여 움직임을 낳고 음하여 고요함을 낳는 본체라 하더라도, 음양에서 떨어질 수 있는 것은 아니다. 바로 음양에서 그 본체를 가리켜 말한 것이다. 즉, 그 본체는 음양과 섞이지 않는다.[76]

천지지성을 논함은 오로지 리만을 가리켜 말한 것이요, 기질지성을 논함은 리와 기를 섞어서 말한 것이다. 이 기질이 없을 때에도, 이 [천지의] 본성은 이미 존재하였다. 기질이 존재하지 않을 때가 있더라도, [천지의] 본성은 항상 존재하였다. 비록 본성이 기 안에 존재하더라도, 기는 기이고 본성은 본성이며, 또한 그것들은 서로 섞이지 않는다.[77]

질문: 리가 먼저입니까, 아니면 기가 먼저입니까?
답변: 리는 기와 떨어질 수 없지만, 리는 형체 이상의 것이고 기는 형체 안에 있는 것이다. 형체 이상에 있는가 그 안에 있는가의

---

76 朱熹,「太極圖解」,『朱子全書』, 2, "所以動而陽靜而陰之本體, 然非有以離乎陰陽也. 卽陰陽而指其本體. 不雜乎陰陽而爲言耳."

77 『朱子語類』, 卷4, 67, "論天地之性, 則專指理言. 論氣質之性, 則以理與氣雜而言之. 未有此氣, 已有此性. 氣有不存, 而性卻常在. 雖其方在氣中, 然氣自是氣, 性自是性, 亦不相夾雜."

관점에서 보자면, 어찌 무엇을 우선한다고 말할 수 있겠는가? 리는 형체가 없지만, 기는 거칠어 찌꺼기가 있다.[78]

주[돈이] 선생님께서 [태극을] 무극으로 말씀하셨는데, 바로 태극에 위치나 형상이 없기 때문이다. [태극은] 사물이 세워지기 전에도 있으며, 사물이 [이미] 존재한 이후에도 항상 세워졌다. 태극이 음양의 밖에 있더라도 음양 안에서 항상 운행하였다. 태극은 [현상적 존재의] 전체를 관통하며 어디에서나 존재하니, 또한 소리도 없고 형체도 없고 그림자도 없고 울림도 없었다고 말할 수 있다.[79]

따라서 태극은 현상을 초월하는 동시에 현상 안에 내재한다. 진여/여래장은 현상을 초월하는 동시에 현상 안에 내재한다고 『대승기신론』에서 명시한 것처럼 말이다. 이 같은 관념은 널리 반복된다:

질문: [선생님께서 주돈이 『통서』] 「리성명理性命」장에 주를 다시 길 "근본에서 말단에 이르기까지 하나의 이치가 실재하지만, 만물은 그 하나의 이치를 자신의 체로 삼기 때문에 만물은 각각 하나의 태극을 가지고 있다"라고 하셨습니다. 이러하다면 태극이 분열하

---

78 『朱子語類』, 卷1, 3, "先有理, 抑先有氣? 曰理未嘗離乎氣. 然理形而上者, 氣形而下者. 自形而上下言, 豈無先後! 理無形, 氣便粗, 有渣滓."

79 『朱熹集』, 卷36, 1575-1576, "周子所以謂之無極, 正以其無方所, 無形狀. 以爲在無物之前, 而未嘗不立于有物之後, 以爲在陰陽之外, 而未嘗不行乎陰陽之中. 以爲通貫全體, 無乎不在, 則又初無聲臭影響之可言也."

는 것입니까?[80]

답변: 본래 오직 하나의 태극이다. 만물에 각각 〔그것이〕 부여되고, 또한 각각은 전체의 태극을 부여받는다. 하나의 달이 하늘에 있는 것과 같다. 강과 호수에 〔달이〕 흩어지면 가는 곳마다 나타나지만, 그렇다고 해서 달이 분열되었다고 말할 수 없는 것과 같다.[81]

『대학』에서 사물에 대한 탐구〔格物〕를 말하고 이치에 대한 궁구〔窮理〕를 말하지 않은 까닭은, 이치에 대한 궁구를 말하면 그것이 추상적이고 헤아리기 어렵기 때문일 것이다. 오직 사물에 대한 탐구만을 말한 것은 형체 안의 현상에서 찾아야만 형체 이상의 도를 찾을 수 있기 때문이니, 〔우리는 여기에서〕 그 둘이 결코 분리되지 않는다는 것을 이해할 수 있다.[82]

비경蜚卿[83]의 질문: 기질지성에 대해 묻습니다.

답변: 천명지성은 기질이 아니라면 의탁할 곳이 없다. 그러나 사람의 기품에는 맑고 탁하며 기울고 바름의 차이가 있는지라

---

80 朱熹, 『通書解』, 『周敦頤集』(北京: 中華書局, 2014/1990), 32.

81 『朱子語類』, 卷94, 2409, "問理性命章注云, 自其本而之末, 則一理之實而萬物分之以爲體, 故萬物各有一太極. 如此, 則是太極有分裂乎? 曰本只是一太極, 而萬物各有稟受, 又自各全具一太極耳. 如月在天只一而已, 乃散在江湖, 則隨處而見, 不可謂月已分也."

82 『朱子語類』, 卷62, 1498, "大學所以說格物, 卻不說窮理. 蓋說窮理, 則似懸空無捉摸處. 只說格物, 則只就那形而下之器上, 便尋那形而上之道, 便見得這箇元不相離."

83 동백우(童伯羽, 출생 1144)로, 주희의 제자이다.

천명[84]의 바름에도 역시 깊고 옅으며 두텁고 얇은 차이가 있게
된다. 중요한 바는 또한 〔그것을〕 본성이라 이르지 않을 수 없다는
점이다. 옛날에 유자휘[85] 선생을 뵈었을 때 말씀하길 "정이천 선생
께서 기질지성을 말씀하신 것은 불서에서 이른바 '물속의 짠맛이
요, 염료 가운데 아교이다'와도 같다"라 하셨다.

비경의 질문: 본성에 관한 맹자의 설명과 이천의 설명을 비교해보
면 어떻습니까?

답변: 그들은 다르다. 맹자는 〔기에 대한〕 언급을 제거하여 본성의
근본에 대해 이야기하였다. 그러나 이천은 〔본성을〕 기질과 함께
이야기하였는데, 그의 중요한 요점은 이 둘을 분리할 수 없다는
것이다. 따라서 이천은 "기를 논하지 않고 본성을 논하는 것은
완전하지 않고, 본성을 논하지 않고 기를 논하는 것은 무지한
것이다"[86]라고 말하였다. 나 또한 「태극도설해」에서 "태극은 음양
과 분리해서 말할 수 있고, 또한 음양과 섞이지 않는다고도 말할
수 있다"[87]라고 말한 바 있다.[88]

---

84 하늘이 명한 것은 본성이다.

85 유자휘(劉子翬, 1101~1147)는 주희의 옛 스승이다. 보다 자세한 내용은 이 책의
John Jorgensen의 장을 참조.

86 『二程集』, 『遺書』, 81.

87 『太極圖解』, 1에서 주희의 설명을 의역함.

88 『朱子語類』, 卷4, 67, "蜚卿問氣質之性. 曰天命之性, 非氣質則無所寓. 然人之氣
稟有清濁偏正之殊, 故天命之正, 亦有淺深厚薄之異, 要亦不可不謂之性. 舊見病
翁云, 伊川言氣質之性, 正猶佛書所謂水中鹽味, 色裏膠清. 又問孟子言性, 與伊
川如何? 曰不同. 孟子是剔出而言性之本, 伊川是兼氣質而言, 要之不可離也, 所
以程子云, 論性不論氣, 不備. 論氣不論性, 不明. 而某於太極解亦云, 所謂太極

"〔바닷〕물 속의 짠맛과 염료의 아교"는 부흡이 작성한 것으로 추정되는 『부대사심왕명』에서 등장한다: "〔바닷〕물의 짠맛과 염료의 아교는 분명 존재하지만 우리는 그 형태를 보지 못한다. 더불어 심왕心王도 몸과 함께 머물러 있다."[89] 주희가 불교의 마음 개념을 자주 맹렬하게 비난한 점을 고려해볼 때, 〔부흡이 작성한〕 명문이 마음이 곧 부처이고 부처가 곧 마음임을 강조하는 선불교의 마음론으로 나아간 것은 아이러니하다. 그러나 우리의 목적에서 핵심은, 기질지성의 구성에 있어 리가 불가분하게 내재되어 있다는 것과 태극과 음양이 대응하면서도 연결되었다는 것이다. 기질지성의 구성에 있어 리가 분리불가능하게 내재한다는 것은, 아뢰야식을 구성하는 순환적 존재(생멸문)에 진여 또는 여래가 내재한다는 『대승기신론』의 체계와 분명 형태가 같다.

이러한 점은, 주희 「태극도해」에서 도해적으로 잘 드러난다. 「태극도」에서, ◉는 기氣의 두 가지 기본적인 양식인 음과 양을 나타낸다. 주희의 설명에 따르면, 「태극도」의 두 번째 동그라미인 '◉' 가운데에 있는 ○는 태극을 나타낸다.[90] ◉는 『대승기신론』의 심생멸문(아뢰야식)에 진여/여래장이 존재하는 것과 기능적으로 동일하다. 아뢰야식이 일심의 유위적 측면과 무위적 측면이 공존하는 장소인 것처럼, 주희의 도덕심리학에서도 본성은 인간에게 리와 기가 하나로 합쳐지는 자리이다.

者, 不離乎陰陽而爲言, 亦不雜乎陰陽而爲言." 이 책의 John Jorgensen의 장에서, 이 구절에 대한 관련 논의를 참조.

89 『景德傳燈錄』, T51.2076, 456c26-457a17에 포함되어 있음.
90 朱熹, 「太極圖解」, 1

주돈이는 「태극도설」에서 무극에서 시작하여 태극[91], 음양, 오행五行에 이르는 우주발생모형 및 창조이론을 제시한다. 이와 대조적으로 주희는 주돈이의 「태극도」를 우주론이 아닌 존재론으로 제시하여, 실체 A가 존재론적으로 분리된 실체 B를 생성한다는 개념을 명시적으로 배제한다. 다음 구절은 주희가 양자직楊子直에게 답장으로 쓴 편지에서 발췌한 것이다:

그러나 "무극이면서 태극이다"[92]와 "태극은 무극에 근거한다"[93]라

---

[91] 주돈이 「太極圖說」의 원래 판본의 서두에 "自無極而爲太極"라고 새겼다는 흔적이 있는데, 이는 "태극은 무극에서 만들어졌다"는 의미이다. 이에 대한 흔적은 주희의 「記濂溪傳」에 있다. 주희에 따르면, 한림학자 홍매(洪邁, 1123~1202)의 감독 아래 편찬한 『四朝國史』에 주돈이(염계)의 전기가 포함되어 있었는데 이 전기에서는 "自無極而爲太極"으로 적혀 있었다. 이렇게 〔태극이 무극으로부터 나왔다고 읽는〕「太極圖說」 독해에 대한 주희의 반대는, 주희 자신의 존재론적 독해와도 일치한다. 그러나 束景南이 편찬한 『朱子大全』(福州: 福建出版社, 1992), 663-684에서 자세히 설명했듯이, 홍매와 주희 사이의 오랜 정치적 적대감으로 인해 문제는 더욱 복잡해진다. (束景南이 자신의 설명에서 주희를 선호하는 분명한 편향을 드러내는 점에 유의해야 한다.) 그런데 주희는 그 당시에 현존하는 주돈이 『通書』 가운데 적어도 한 판본이 "無極而生太極(무극이 태극을 생성한다)"으로 적고 있다는 또 다른 증거를 제시한다. 이는 주희의 비판을 다시 불러일으켰다. 이것은 주돈이의 후손에 의해 전수된 『通書』의 이른바 구강九江 판본이며, 이를 주희는 1178년경에 보았다. 『通書』의 연평延平 판본에 포함된 주희의 간행기(『通書』, 『朱子全書』, 209)를 참조할 것. 이 문제를 더욱 복잡하게 만드는 것은, 구강 판본이 두 종류 이상이라는 점이다. 『通書』의 초기 판본에 대한 유익하고도 간결한 연구로는 田智忠, 「從"舂陵本"《通書》論《通書》的早期流傳」, 『周易硏究』 117, 1期(2013): 49-55 참조.

고 말한 것은, 무극 뒤에 별도로 태극이 생긴다는 말도 아니고 태극 이전에 무극이 먼저 있다는 말도 아닙니다. 그리고 '음양과 오행'과 '음양과 태극'을 말한 것은, 태극 뒤에 음양과 오행이 별도로 생긴다는 말도 아니고 음양과 오행 이전에 태극이 먼저 있다는 말도 아닙니다. "〔건도乾道로〕 남자를 이루고 〔곤도坤道로〕 여자를 이루어 만물을 낳는다"는 말에 이르러서는, 태극〔무극〕의 오묘함이 대개 일찍이 그곳에 있지 않은 적이 없다는 말입니다. 이는 「태극도」의 강령―크나큰 『역』의 남겨진 뜻―이니, 노자가 "〔모든〕 사물은 존재〔有〕에서 생겨나고, 존재는 비-존재(無)에서 생겨난다"[94]는 것과 생성의 과정에 시작과 끝을 진실로 두고 있는 것과는 반대됩니다.

그대의 편지에서 제가 이를 하나로 취급하려고 노력했다고[95] 〔지적하였으니〕, 이는 「태극도」에 대한 저의 해석이 때론 막히고 요점을 얻지 못하는 까닭일 것일 것입니다. 저는 예전에 태극을 체라 여기고, 동정을 용이라고 여겼습니다. 이 말에는 진실로 문제가 있어서 훗날 이를 바꾸어 "태극은 본연의 오묘함이고, 동정은

---

92 여기서 주희는 '而'를 결과로 독해하는 것에 대해 경고하는 것 같다. 그의 다음 논평은 이 단어를 대조적 용어로 사용하고 있음을 확증해준다.

93 朱熹, 「太極圖解」, 2.

94 『老子』, 章40, "天下萬物生於有, 有生於無." 필자는, 주희가 이 문장을 각색한 것으로 생각되는 의미에 입각하여 이 문장을 번역했다. 본래의 의미는 존재와 비-존재라는 추상적인 개념보다는 특징이 있음〔有〕과 특징이 없음〔無〕일 가능성이 높다.

95 형체 위에 있는 것과 형체 안에 있는 것을 통합한다.

타는 것의 기틀이다"라고 하였습니다.[96] 이 말이 거의 〔도리에〕
가까운 듯합니다. 체와 용에 대한 그대의 편지에서 제기한 의구심
은 매우 온당하지만, 의구심을 갖는 이유에 대한 그대의 설명은
제가 〔저의 글에서〕 표현을 바꾼 의도와 완전하게 일치하지는
않습니다. 왜냐하면 (본체로서의 태극[97]을 지시하며) 태극이 동정
〔의 이치〕를 포함하고 있다고 말하거나 (태극의 유행[98]을 지시하며)
태극에 동정을 가지고 있다고 말하는 것은 수용할 수 있지만,
만약 태극이 *바로* 동정이라고 말한다면 형체 이상의 것과 형체
안에 있는 것을 구분할 수 없게 되니[99] 〔「계사전」의〕 "역에 태극이
있다"[100]는 말은 무의미해지고 맙니다.[101]

---

96 朱熹, 「太極圖說解」, 7 곳곳에.

97 본체本體와 유행流行은 체와 용의 동의어이다. 주희는 朱熹, 「太極圖解」, 1에서
비슷한 언급을 한다.

98 이는 "태극이 동정을 가짐은 천명의 유행이니, 이것이 바로 '음과 양의 교대'라는
것"을 말한다. 다시 말해, 태극은 이러한 교대를 가능하게 할 뿐만 아니라
이러한 교대의 과정 속에서 계속 존재한다.

99 『大乘起信論』의 바다 비유를 참조. 여기에서는 바다가 축축한 것은 바다의
본성이지만, 움직이는 것은 바다의 본성이 아니라는 점을 강조한다. 움직임은
바람에 의해 외부적으로 발생한다.

100 『周易』, 「繫辭上」, "易有太極."

101 『朱熹集』, 卷45, 2154, 「答楊子直」, "然曰無極而太極太極本無極, 則非無極之後
別生太極而太極之上先有無極也. 又曰五行陰陽陰陽太極, 則非太極之後別生
二五, 而二五之上先有太極也. 以至於成男成女, 化生萬物, 而無極之妙蓋未始
不在是焉. 此一圖之綱領, 大易之遺意, 與老子所謂物生於有, 有生於無, 而以造
化爲眞有始終者正南北矣. 來諭乃欲一之, 所以於此圖之說, 多所乖礙, 而不得
其理也. 熹向以太極爲體, 動靜爲用, 其言固有病, 後已改之曰, 太極者本然之妙

494

여기서 주희의 요점은 태극과 동정의 관계를 명확히 하는 데 있다.[102] 즉 그는 형태 위에 있는 것과 형태 안에 있는 것의 관계를 구분하면서

也, 動靜者所乘之機也. 此則庶幾近之. 來諭疑於體用之云甚當, 但所以疑之之 說, 則與熹之所以改之之意, 又若不相似. 然蓋謂太極含動靜則可, (以本體而言 也). 謂太極有動靜則可, (以流行而言也). 若謂太極便是動靜, 則是形而上下者不 可分, 而易有太極之言亦贅矣." 陳來, 『朱子書信編年考證』(北京: 三聯, 2007), 89에서는 이 서신을 1171년의 것으로 본다. 리가 기를 생성하는 것도 아니다:

기가 응결할 수 있고 창출할 수 있는 반면, 리는 의지, 계산, 만듦이 없다. 기가 모이면 리 또한 그곳에 있다. 천지 사이의 인간, 풀과 나무, 날짐승과 들짐승은 그들이 생기기 위해선 종자가 필요하다. 종자 없이 생겨날 수 있는 것은 아무 것도 없다. 이 모든 것이 모두 기이다. 리는 청정하고 깨끗하며 빈 세계일 뿐이어서 흔적이 없다. 리는 기와 달리 창출해낼 수 없다. 그러나 기는 살아있는 것으로 변화 및 응취될 수 있다(『朱子語類』, 卷1, 3, 蓋氣則能凝結 造作, 理却無情意, 無計度, 無造作. 只此氣凝聚處, 理便在其中. 且如天地間人物草 木鳥獸. 其生也, 莫不有種, 定不會無種子白地生出一箇物事. 這箇都是氣. 若理, 則只是箇潔淨空闊底世界, 無形迹, 他却不會造作. 氣則能醞釀凝聚生物也.).

그리고 『朱子全書』, 7에 인용된 바에 따르면, 주희는 "태극은 음양을 낳고, 리는 기를 낳는다. 음양이 이미 생하면 태극은 그 안에 있다(太極生陰陽, 理生氣 也. 陰陽旣生, 則太極在其中, 理復在氣之內也.)"라고 말했다. 이것을 리가 기를 (불가능하게도) 낳는다고, 글자 그대로 이해해서는 안 된다. 오히려 리 덕분에 기가 온갖 현상으로 변화할 수 있다는 것으로 이해해야 한다. 기가 온갖 현상으 로 변화하기 위해선 리에 의존하지만, 기는 리 또는 더 근본적인 것의 속성 (predicate)이 아니다. 또한 이 구절에 대한 최초의 기록은 상대적으로 늦은 시기의 문헌인 呂柟(1479~1542), 『朱子抄釋』에서 나왔다는 것을 유의해야 한다. 陳榮捷, 『朱子新探索』(臺北: 學生書局, 1988), 243-245 참조.

102 이 구절의 의미에 대한 또 다른 설명을 보려면, 이 책의 Brook A. Ziporyn의 장을 참조.

도, 그것들을 존재론적으로 분리하는 함정에 빠지지 않는가 하는 문제를 다루고 있다. 태극이 음양, 오행, 남녀 등과 결코 분리되지 않음을 지적한 주희는, 자신의 「태극도」 초기 해석에 우려를 표하였다. 그는 태극을 본체〔體〕로, 동정(=음양)을 작용〔用〕으로 보면서, 태극 자체가 동정으로 환원될 수 있다는 인상을 준 적이 있다.[103] 주희는 자신의 초기 해석이 리 자체가 물리적 특성을 가질 수 있다는 인상을 주는 것으로 쉽게 오인될 수 있다고 느꼈다. 따라서 그는 태극-동정의 관계에 대해 "태극은 본연의 오묘함이고, 동정은 타는 것의 기틀이다"라고 설명을 수정하면서, '본연의 오묘함'의 (비-물질적) 추상성과 '기틀'의 물질성 사이의 뚜렷한 대조를 제공함으로써 불쾌한 환원주의를 피했다고 믿는다. 그러나 계속 살펴보겠지만, 주희는 여전히 체-용 체계에 전념한다.

태극과 동정의 관계를 표현하는 올바른 방법에 관해, 주희는 그의 「태극도설해」에서 다음과 같이 설명한다:

태극이 동정이 있다는 것은 천명의 유행이니, 이른바 "한 번 음이 되고 한 번 양이 되는 것을 도라고 한다"는 것이다. … 움직임이 극단에 이르면 고요하게 되고, 고요함이 극단에 이르면 다시 움직임이 된다. 움직임과 고요함이 교대하여 서로가 서로의 뿌리가 되는 것은 천명이 끊임없이 유행하는 바탕이다. 움직여 양을 낳고

---

103 주희가 『大乘起信論』에서 이미 표현된 개념적 체계를 취했다면, 그가 왜 이러한 의혹을 가졌는지는 분명하다: 『大乘起信論』의 은유에서는 바다의 성질이 젖는 것이지만 움직이는 것은 바다의 성질이 아님을 강조한다.

고요하여 음을 낳는다. 음과 양으로 나뉘어 양의가 정립된다. 그것을 나눔은 그것이 규정하고 안정되게 하는 것이다.

태극은 본연의 오묘함이요, 동정은 그것이 타는 기틀이다. 태극은 형체 이상의 도이다. 음양은 형체 안에 있는 기틀이다. 그러므로 그 드러난[104] 관점에서 보면, 움직임과 고요함은 동시적이지 않으며 음과 양은 다른 단계를 가지고 있지만 태극이 있지 않은 곳이 없다. 그 은미한[105] 관점에서 보면, 움직임과 고요함, 음과 양은 텅 비어 아무런 조짐이 없지만 움직임과 고요함, 음과 양의 리가 이미 모두 그 가운데 구비되어 있다. 그렇지만 과거로 미루어 보아도 그 처음에 합쳐짐을 볼 수 없고, 미래로 당겨보아도 그 마침에서 분리됨을 볼 수 없다. 그러므로 정이는 "움직임과 고요함에는 마침이 없고, 음과 양에는 시작이 없다"[106]라고 말씀하셨다.[107]

비록 움직임과 고요함은 태극에 '구비'되지만, 태극은 움직임과 고요함의 상태 사이에서 바뀌는 어떤 실체가 아니다. 태극은 형태를

---

104 음양, 기.

105 태극, 리.

106 『二程集』, 1029.

107 「太極圖說解」, 6-7, "太極之有動靜, 是天命之流行也, 所謂一陰一陽之謂道. … 動極而靜, 靜極復動. 一動一靜, 互爲其根, 命之所以流行而不已也. 動而生陽, 靜而生陰, 分陰分陽, 兩儀立焉, 分之所以一定而不移也. 蓋太極者, 本然之妙也. 動靜者, 所乘之機也. 太極, 形而上之道也. 陰陽, 形而下之器也. 是以自其著者而觀之, 則動靜不同時, 陰陽不同位, 而太極無不在焉. 自其微者而觀之, 則沖漠無朕, 而動靜陰陽之理, 已悉具於其中矣. 雖然推之於前, 而不見其始之合. 引之於後, 而不見其終之離也. 故程子曰, 動靜無端, 陰陽無始."

초월하여 물리적인 특성들이 없다. 오직 현상적인 형태[氣]를 취할 때에만 리는 움직이고 고요할 수 있다. 음과 양은 기의 기본적인 두 가지 유형을 나타낸다: 양은 활동적인 유형이고, 음은 고요한 유형이다. 이 두 가지 상태들 사이에서 바뀌는 것은 기이다:

하늘과 땅의 사이에는 움직임과 고요함이 끊임없이 돌고 돌 뿐이다. 이것을 일러 '역易'이라고 한다. 역의 움직임과 고요함은 움직임과 고요함의 이치가 있어야만 하니[108] 이것을 태극이라고 이른다.[109]

태극/리 그 자체는 움직이지 않지만, 태극/리는 움직임과 고요함을 가능하게 하는 것이다. 중요한 점은 음과 양, 움직임과 고요함을 번갈아야만 태극이 드러난다는 것이다. "과거로 미루어 보아도 그 처음에 합쳐짐을 볼 수 없고, 미래로 당겨보아도 그 마침에서 분리됨을 볼 수 없다." 주희는 이를 설명하기 위하여 정이를 인용하였지만("움직임과 고요함에는 마침이 없고, 음과 양에는 시작이 없다.") 더 넓은 맥락은 움직임과 고요함이 결코 분리되지 않는다는 것을 분명히 한다. 더 적절하게 말하면 리와 기는 결코 분리되지 않는다:

질문: 동정이 [태극이] 타는 기틀이라는 것에 대해 묻습니다.

---

108 『周易』, 「繫辭上」, "易有太極, 是生兩儀." 참조.

109 『朱熹集』, 卷45, 2153, "天地之間只有動靜兩端循環不已, 更無餘事. 此之謂易, 而其動其靜則必有所以動靜之理焉, 是則所謂太極者也."

답변: 태극은 리이고, 동정은 기이다. 기가 활동하면, 리 역시 활동한다. 이 둘은 항상 상호 의지하여 서로 떨어진 적이 없다. 태극은 사람과 같고 동정은 말과 같다. 말은 사람을 태우고 사람은 말을 타고 있다. 말이 가는 곳마다 사람도 함께 간다. 그 이유는 움직임과 고요함이 번갈아 나타날 때마다 태극이라는 오묘함이 그 안에 끊임없이 존재하기 때문이다. '타는 기틀'은 무극, 음양, 오행이 '오묘하게 합쳐져 굳건해지는 것'을 의미한다.[110]

모든 리는 태극(통일된 리)에 이미 포함되어 있으며, 기는 결코 리와 분리되지 않는다. (리와 기는 결코 분리된 적이 없다고 설명한 위의 구절을 참조할 것.) 리와 기는 상호 수반의 관계로 존재한다. 이러한 이해는 천태 산가의 성구 논제에서 나오는 리-사 이해와 일치한다.

그렇지만 주희는 분석적 구별을 여러 번 도출해냈는데, 추상적인 의미에서는 기로 구성된 현상적 실체 이전에 리가 이미 존재한다고 말할 수 있다. 이는 (오해에 불과하겠지만) 천태 산외의 리-사 이해와 유사해 보인다:

리와 기는 결단코 두 개의 사물이다. 현상의 측면에서만 보면,

---

110 『朱子語類』, 卷94, 2370, "問動靜者所乘之機. 朱子曰, 太極, 理也. 動靜, 氣也. 氣行, 則理亦行. 二者常相依, 而未嘗相離也. 太極猶人, 動靜猶馬. 馬所以載人, 人所以乘馬. 馬之一出一入, 人亦與之一出一入. 蓋一動一靜, 而太極之妙未嘗不在焉. 此所謂所乘之機, 無極二五所以妙合而凝也."

그 둘은 개별적으로 분리될 수 없는 전체이다. 그러나 이것이 각각의 존재를 방해하지는 않는다. 통일된 리의 관점에서 보면, 개별적 사물이 아직 존재하기 전에도 사물의 이치는 존재하였다. 그러나 존재하는 것은 리일 뿐, 특정한 사물은 아직 실제로 존재하지 않았다.[111]

주희는 특정한 리가 기와 결합되어야 하므로 특정한 리가 특정한 사물에 존재하지 않을 수 있지만, 통일된 리는 모든 분화된 리―그렇지 않으면 이것은 통일된 리 또는 태극이 되지 못했을 것이다―를 본래적으로 포함하므로 "사물이 아직 존재하기 전에도 사물의 이치는 존재하였다"는 점을 지적하고 있다. 이 진술을 이해하는 한 가지의 방법은 '하나(one)'라는 숫자와 하나의 현상적 실체에 대해 생각해보는 것이다. 특정한 어떤 단일한 실체를 언급하지 않고서도 '하나'에 대해 인식할 수 있게 이야기할 수 있는 것처럼[112] 특정한 어떤 단일한 실체를 언급할 필요 없이 리에 관해서도 이야기할 수 있다. 그러나 결정적으로, 추상화된 '단일성(oneness)'은 하나의 실체라는 예시가 존재하지 않는 한 의미가 없다. 다시 말해, 기가 없으면 리를 말하는 것은 의미가 없다. 주희는 실체이원론자가 아니었다.

---

111 『朱熹集』, 卷46, 2243, "所謂理與氣, 此決是二物. 但在物上看, 則二物渾淪不可分開各在一處. 然不害二物之各爲一物也. 若在理一看, 則未有物而已有物之理. 然亦但有其理而已, 未嘗實有是物也."

112 일상적인 경험에서도 알 수 있듯이, 플라톤적 형상이나 아리스토텔레스적 보편자와 같은 이론에 의존할 필요도 없다.

『대승기신론』에서 진여문과 생멸문을 체-용의 관계로 상정하고 천태 산가의 이론가들이 리와 현상을 체-용 관계로 상정한 것처럼, 주희도 (이전의 의구심에도 불구하고) 계속해서 태극/리와 기를 체-용 관계로 제시하였다:

형체 안의 것은 바로 형체 이상에 있는 것이다. 『역전易傳』에서는 "지극히 은미한 것은 리이다"라고 말한다. 이것은 형체 이상의 것을 말하는 것이다. "지극히 드러난 것은 상象이다"는 것은 형체 안의 것이다. "[본]체와 [작]용은 그 근원이 같다. 드러난 것과 은미한 것 사이에는 간격이 없다." 따라서 형체 위든 형체 안이든, 오직 하나의 의리義理만이 있을 뿐이다.[113]

위에서 인용된 구절은 『역』에 대한 정이의 주석에서 발췌한 것이다: "지극히 은미한 것은 리이다. 지극히 드러난 것은 상이다. 체와 용은 그 근원이 같다. 드러난 것과 은미한 것 사이에는 간격이 없다."[114] 다른 곳에서 주희는 이 구절에 대해 더욱 상세하게 언급한다:

리의 관점에서 볼 때, 작용이 존재하는 것은 바로 체 안에서이다.

---

113 『朱熹集』, 卷48, 2333, "形而下卽形而上者, 易傳謂, 至微者理, 卽所謂形而上者也. 至著者象, 卽所謂形而下者也. 體用一源, 顯微無間, 則雖形而上形而下亦只是此箇義理也." 陳來, 『朱子書信編年考證』, 434에서는 이 서신을 1197년의 것으로 본다.

114 程頤, 『周易程氏傳』(北京: 中華書局, 2011), 1 참조.

이것이 바로 '하나의 근원'이다. 상[즉, 현상]의 관점에서 볼 때, 상은 바로 드러나고 은미함[즉, 리]은 외부에 있을 수 없다. 이것이 바로 '간격이 없음'이다.[115]

"체와 용은 그 근원이 같다.": 리의 관점에서 볼 때, 리는 체이고 상은 작용이며 리 안에 상이 있을 것이 '하나의 근원'이다. "드러난 것과 은미한 것 사이에는 간격이 없다": 상은 드러나고 리는 은미하며 상 안에 리가 있다는 것은 '간격이 없음'이다.[116]

"체와 용은 그 근원이 같다.": 비록 체가 자취가 없더라도 그 안에 이미 작용이 있다. "드러난 것과 은미한 것 사이에는 간격이 없다"는 것은 드러난 것이 있는 곳에 은미한 것이 그 안에 포함됨을 의미한다. 하늘과 땅이 존재하기 전에 만물이 이미 구비되어 있다. 즉 체 안에 작용이 있다. 하늘과 땅이 이루어진 이후에 이 리[此理]도 존재한다. 이는 드러난 것에 은미한 부분이 있다는 것이다.[117]

---

115 『朱熹集』, 卷30, 1279, "蓋自理而言, 則卽體而用在其中. 所謂一源也, 自象而言, 則卽顯而微不能外, 所謂無間也." 정이는 이미 암묵적으로 상을 사와 동일시했다.

　　지극히 드러난 것으로는 사事만 한 것이 없으며, 지극히 은미한 것으로는 리理만 한 것이 없다. 사와 리는 일치하고 은미한 것과 드러남은 하나의 근원을 이룬다(『河南程氏遺書』, 卷25, 至顯者莫如事, 至微者莫如理. 而事理一致, 微顯一源.).

116 『朱熹集』, 卷40, 1889, "體用一源者, 自理而觀則理爲體, 象爲用, 而理中有象是一源也. 顯微無間者, 自象而觀則象爲顯, 理爲微, 而象中有理是無間也."

117 『朱子語類』, 卷67, 1654, "體用一源, 體雖無迹, 中已有用, 顯微無間者, 顯中便具

주희가 보기에 "체와 용은 그 근원이 같다"라는 말은, 초월적인 측면에서 통일된 리 또는 태극은 모든 현상의 리에 본질적으로 내재되어 있으며, 내재적 측면에서 태극은 만물 속에 내재하고 있음을 의미한다. "하늘과 땅이 존재하기 전에 만물이 이미 구비되어 있다"는 것은, 태극이 모든 현상의 리에 본질적으로 내재되어 있다는 것을 의미하며, 주희가 천지 생성에 관해 부정적 의견을 표출한 것처럼 천지 생성을 촉발하는 시간적 사건이나 인과적 사건은 존재하지 않았다는 것을 의미한다.[118] (천지는 단지 리와 기의 특정한 구성일 뿐이다.) "리의 관점에서 볼 때, 작용이 존재하는 것은 바로 체 안에서이다." 이는 『대승기신론』의 은유에서 표현된 생각과 유사하다: 축축한 성질은 모든 파도를 포괄한다. "드러난 것에 은미한 부분이 있다"는 말은 리를 부여함으로써 어떤 특정한 현상이 존재함을 의미한다. 이것이 내재적인 측면에서의 리 또는 태극이다. 작용은 본체의 작용이다. 드러남과 은미함은 각각 태극이라는 단일한 전체의 내재적 측면과 초월적 측면을 나타낸다. 그들은 전체에 대한 두 가지 양극의 관점을 나타낸다.

"체와 용은 그 근원이 같다"라는 주희의 이해는 내재적 초월의 한 표현으로 특징지어질 수 있다. 중국불교와 신유학의 맥락에서 내재적 초월은 형이상적 실재론의 관점이다(즉, 유명론이 아니다). 이는 지시체(referent)가 특정한 영역의 경계 내에 완전히 존재하는 동시에 그 영역의 경계를 넘어서는 방식을 설명한다.[119] 『대승기신

微. 天地未有, 萬物已具, 此是體中有用. 天地既立, 此理亦存, 此是顯中有微."
118 본 장의 101번 각주에 인용한, 양자직에게 보낸 주희의 답장을 상기할 것.

론』은 전형적인 모델을 제공한다: 진여는 심생멸문(아뢰야식)에 존재하는 동시에 심생멸문을 넘어선다(무조건적인 존재로서 진여). (축축한 성질은 모든 파도에 존재하는 동시에 특정한 파도를 넘어선다.)

주희가 『주역』 「계사전」 ─ 주희의 「태극도」 해석을 통해 굴절된 ─ 의 핵심 구절에 대해 다음과 같이 언급한 내용도 비슷한 점을 보여준다:

환연暴淵의 질문: "태극이 양의를 낳고 양의는 사상四象을 낳는다." 이는 마치 산모가 태아를 낳을 때, 태아가 산모의 밖에 있다는 것입니다. 그러나 양의와 오행의 경우, 태아는 산모의 [몸] 안에 있는 것과 같습니다. 이것이 옳겠지요?

답변: 참으로 그러하다. 음양, 오행, 만물이 각기 그 하나의 태극을 가지고 있다.[120]

---

119 Robert Cummings Neville은 초월(transcendence)을 "지시체에 대해서 어떻게 가정되거나 말해지건 간에, 지시체가 특정한 영역의 경계 내에 있다는 것을 부정함으로써 어떤 의미로든 지시가 이루어질 수 있는 것"으로 정의한다. *Boston Confucianism: Portable Tradition in the Late-Modern World* (Albany: SUNY Press, 2000), 151. 최근 중국철학의 맥락에서 내재적 초월 개념을 옹호하는 것으로는 Karl-Heinz Pohl, "'Immanent Transcendence' in the Chinese Tradition: Remarks on a Chinese (and Sinological) Controversy," in *Transcendence, Immanence, and Intercultural Philosophy*, eds. Nahum Brown and William Franke (New York: Palgrave Macmillan, 2016).

120 『朱子語類』, 卷94, 2377-2378, "太極生兩儀, 兩儀生四象, 此如母生子, 子在母外之義. 若兩儀五行, 却是子在母內. 曰是如此. 陰陽五行萬物各有一太極." 『朱子語類』, 卷1, 1 참조.

"태극은 양의를 낳고 양의는 사상을 낳는다"는 구절은 본래 『주역』 「계사전」의 것이다. 여기서 양의─여기서 양의는 음과 양을 의미한다─와 사상은 「태극도」의 2단과 3단을 의미한다. 통일된 리인 태극은 모든 분화된 리를 포함하므로 특정한 현상을 초월하지만, 현상적 실체들에 스며들어 있으므로 태극은 그 실체들에 내재한다. 『대승기신론』은 이와 유사하게 진여가 모든 현상의 근간인 동시에 개별적 현상을 초월하는 것으로 본다. 또한 바다의 축축한 성질이 본성에 내재하는 것처럼, 진여가 심생멸문의 현상과 걸림 없이 융섭한다고 상정한다.

『대승기신론』도 실체일원론을 옹호했지만, 무명의 기원에 대한 일관된 설명은 제공하지 못했다. 무명을 외부에 있는 것으로 표현하는 은유는, 일원론적 존재론에 이원론적 은유를 도입함으로써 문제를 복잡하게 만들었다. 주희의 리-기 양극의 일원론은 존재론적인 것(리, 형이상)을 현상적인 것(기, 형이하)에 우선시하지 않음으로써 이원론을 피했다. 한편으로 리는 사물로서의 기가 그 자체로 존재하는 존재론적 근거를 제공하고, 다른 한편으로 기는 리가 경험되고 실현될 수 있는 현상학적 근거를 제공한다.

이러한 이해는 분명 리-사 관계에 대한 산외의 이해와 양립할 수 없다. 그리고 이러한 이해는 주희의 형이상학에서 현상적 실제에 대한 긍정을 강조하는데, 이는 산외의 '성구' 논제와 공유되는 특징이라 할 수 있다. 그러나 이 점이 주희의 리-기 관계에 대한 이해가 산가의 리-사 관계에 대한 이해와 완전히 일치한다는 것을 의미하지는 않는다. 왜냐하면 주희에게 있어서 리와 기는 서로 환원될 수 있는 것이 아니며─리와 기가 사물에 결합되어 있더라도─ 리는 형체에 내재되어 있더라도 형체를 초월하는 것과 관련되어 있고 기는 형체의 현상적 영역과 관련되어 있기 때문이다. 이 관계는 『대승기신론』에 나오는 "같지도 다르지도 않다는[不一不異]" 개념을 반영한다. 이렇게 무조건적인 것(여래장=리)이 현상적인 존재의 조건적 실체(아뢰야식=사)에 적응하고 부합하여 무조건적인 것이 조건적인 것과 걸림 없이 융통하지만[121] 조건적인 것은 여전히 변하지 않는 데서, 우리는 [주회와 불교의] 구조적 유사성을 발견할 수 있다. 주회는 화엄과 천태 이론들과 공통적으로 이러한 견해를 가졌다.

전체론적으로 볼 때, 주회의 입장은 『대승기신론』의 일심이문 체계에 대응해 수 세기에 걸쳐 중국불교의 담론에서 발전한 사유양식을 활용하고 확장한 것이다. 중요하게도, 주회의 사상은 내재적 초월에 대한 견해를 발전시켰는데, 이것은 그 담론의 주요 측면에 활력을 불어넣으면서도 겉보기에 양립할 수 없는 것으로 보이는 두 가지 견해들―배타적 일원론의 초월성과 포괄적 일원론의 내재성―을 변증법적으로 부정하는 것이었다.

그러면 주회는 불선의 문제에 대해 어떻게 대응했는가? 이 질문에 답하기 위해선, 먼저 그의 본성론을 이해해야 한다.

2) 천지지성과 기질지성

리와 현상/기의 관계는 주회의 양극일원론의 핵심일 뿐 아니라 그의 본성론의 핵심이기도 하다. 주회는 이전의 정이와 장재와 마찬가지로

---

121 리사무애에 대한 관련 논의를 참조.

기질지성과 천지지성의 개념적 구분을 취하였다.[122] 장재와 정이는 서로 다른 두 가지 종류의 본성을 구분하기 위해 이러한 구분법을 사용한 반면에, 주희는 서로 다른 두 가지 양상의 동일한 본성을 지시하기 위하여 이러한 구분법을 사용했다. 주희에게, 천지지성은 순선한 리이며 기질지성은 기를 통해 나타나는 리이다. 이런 구분은 근본적인 측면에서의 본성과 조건적으로 현현하는 측면에서의 본성을 나타낸다. 리와 기가 걸림 없이 융통하지만 천지지성이 여전히 변하지 않는 곳은 기질지성이다. 『대승기신론』에서 현상과 진여가 걸림 없이 융통하지만 조건 없는 본성이 변하지 않는 곳은 여덟 번째 식인 아뢰야식이며 생멸문으로 특징지어진다.

앵거스 그레이엄(Angus Graham)은 정이가 인간 본성 논쟁에서 "근본적으로 새로운 것"을 도입한 것은 "천오백 년 동안 아무런 결과 없이 지속되었던 논쟁의 갑작스럽고도 결단력 있는 해결"로 이어졌다고 평가한다. 그레이엄에 따르면, 정이의 공헌은 리를 '유교의 중핵적 개념'으로 끌어올리고, 하늘과 본성을 리의 측면으로 재해석한 것이었다. 그레이엄은 "리라는 관점에서 문제를 재진술한 것은, 토마스 쿤(Thomas Kuhn)의 패러다임 전환과 비견할 수 있는 사건"이라고 간주한다.[123]

---

122 기질지성이란 용어는 장재에서 취한 것이다. 『張子全書』, 『國學基本叢書』(臺北: 商務商務印書, 1964), 42.12a.

123 A. C. Graham, "What Was New in the Ch'eng-Chu Theory of Human Nature?," in *Studies in Chinese Philosophy and Philosophical Literature* (Singapore: Institute of East Asian Philosophies, National University of Singapore, 1986),

주희에게, 천지지성은 순수한 리이고 기질지성은 기를 통해 나타나는 리이다. 이 구분은 〔동일한〕 본성의 두 양상/측면이다. (불교적 용어로는 이러한 구분을 무위와 유위의 차이로 특징지을 수 있다.) 이제 본성은 다름 아닌 리이지만, 기 없이는 리가 〔의착〕할 수 있는 곳은 없다:

천명지성은 기질이 없다면 거처할 곳이 없다. 한 국자에 가득한 물과 같이, 물을 담을 것이 없으면 물이 머무를 곳도 없으리라. 정자께서 "기를 논하지 않고 본성을 논하는 것은 완전하지 않고, 본성을 논하지 않고 기를 논하는 것은 무지한 것이다. 위와 같은 두 가지 방식으로 보면, 옳지 않다"라고 말씀하셨다.[124]

천지지성-기질지성의 구분은, 『대승기신론』에서 처음으로 표현된 일심이문 모델의 동형적 사례이다. 더욱이 리와 결합한 기질지성에 대한 주희의 묘사는, 『대승기신론』에서 여래장-아뢰야식의 융통을 반영한다(그림 5.3 및 5.4 참조)

412-413. 선진 시기부터 당대唐代까지의 사상가들이 개인의 타고난 본성에 내재된 기의 질이 개인의 도덕적 성장 및 기타 능력의 한계를 미리 결정한다는 생각을 어떻게 발전시켰는지에 대해서는, 필자의 *Transmitters and Creators: Chinese Commentators and Commentaries on the Analects* (Cambridge, MA: Harvard University Asia Center, 2003), 97-104 참조.

124 『朱子語類』, 卷4, 66, "天命之性, 若無氣質, 卻無安頓處. 且如一勺水, ··· 非有物盛之, 則水無歸著. 程子云, 論性不論氣, 不備. 論氣不論性, 不明, 二之則不是."; 인용문은 『河南程氏遺書』, 卷6.

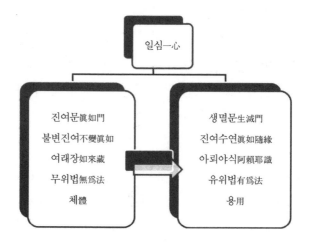

그림 5.3 『대승기신론』의 '일심-이문' 모델

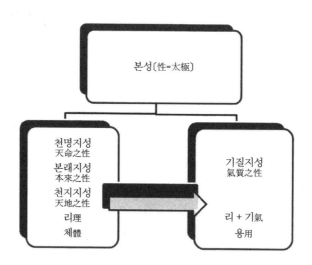

그림 5.4 주희의 '천지지성-기질지성' 모델

리와 본성의 관계에 대해 주희는 다음과 같이 설명한다:

질문: 본성은 분명 리이지만, 사람이 태어날 때 부여받은 것을 본성으로 호칭한 것이지요?

답변: "잇는 것은 선이고, 이루는 것은 본성이다."[125] 리가 하늘과 땅 사이에[126] 있을 때에는 오직 선할 뿐이고 선하지 않음이 없다. 생명체들이 품수한 뒤에야, 리는 본성이라고 불리기 시작한다. 단지 이 리를 하늘에 있어서는 명命이라고 말하고 사람에 있어서는 본성이라고 말한다.[127]

본성은 개별 인간에게 부여되기 전에는 리에 불과하다. 주희의 「태극도」 해석의 맥락에서 이미 살펴보았듯이, 통일된 리는 본래적으로 모든 분화된 리를 포함한다("사물이 아직 존재하기 전에도 사물의 이치는 존재하였다"). 그래서 우리는 리의 특정한 〔기氣적〕 구현을 언급하지 않고서도 리에 관해 이야기할 수 있다. 위의 구절에서, 이것은 초월적인 측면에서 리로서의 본성이다. 그러나 인간에 대해 이야기하는 순간, 본성은 더 이상 전적으로 리가 아니며 리와 기의 결합이 된다.

---

125 『周易』, 「繫辭傳」, "음양의 번갈아드는 과정은 도이다. 〔도를〕 잇는 것은 선이다. 〔선을〕 이루는 것은 본성이다(一陰一陽之謂道, 繼之者善也, 成之者性也.)."

126 인간의 본성에 부여되기 전이다.

127 "問性固是理. 然性之得名, 是就人生稟得言之否? 曰繼之者善, 成之者性. 這箇理在天地間時, 只是善, 無有不善者. 生物得來, 方始名曰性. 只是這理, 在天則曰命, 在人則曰性."

사람에게 이 형기形氣가 있어 리가 그 형기의 가운데에 갖추어지기 시작한 것을 본성이라 이른다. 본성을 말한다면 이는 사람에 관한 것으로, 본성은 기질을 포함하기 때문에 본체로서의 본성이라고 볼 수는 없다. 그러나 본체로서의 본성은 결코 〔기질과〕 섞이지 않는다. 여기서 사람들이 이해해야 할 핵심은, 본체로서의 본성은 결코 〔기질지〕성과 분리되지 않더라도 결코 〔기질지성과〕 섞이지 않는다는 것이다.[128]

"본체로서의 본성은 결코 〔기질지〕성과 분리되지 않더라도 결코 〔기질지성과〕 섞이지 않는다는 것이다"는 것은, 위에서 이미 인용한 태극과 음양에 대한 주희의 논의를 분명하게 반영하고 있다.[129]

본성은 리를 부여받아 구성된다. 또 본성은 기로 구성되어 있어 형이하의 영역에도 있는데, 여기에서 우리의 본성은 리와 기로 결합되어 불선을 가능하게 하는 조건이 발생할 수 있다. 주희는 다음과 같이 말한다:

석씨石氏의 『중용집해中庸集解』[130]에서는, 〔정자의 구절을〕 인용

---

[128] 『朱子語類』, 卷95, 2430, "人有此形氣, 則是此理始具於形氣之中, 而謂之性. 纔是說性, 便已涉乎有生, 而兼乎氣質不得爲性之本體也. 然性之本體, 亦未嘗雜. 要人就此上面見得其本體元未嘗離, 亦未嘗雜耳."

[129] "비록 〔태극이〕 동하여 움직임을 낳고 음하여 고요함을 낳는 본체라 하더라도, 음양에서 떨어질 수 있는 것은 아니다. 바로 음양에서 그 본체를 가리켜 말한 것이다. 즉, 그 본체는 음양과 섞이지 않는다(所以動而陽靜而陰之本體, 然非有以離乎陰陽也. 卽陰陽而指其本體. 不雜乎陰陽而爲言耳.)."

하고 있다: "타고난 것을 본성이라고 한다. 본성은 기이고, 기는 본성이다." 내가 보기에, 이 구절은 먼저 리와 기가 서로 분리되지 않는다는 점을 설명하고, 이어서 비록 기질지성이 선과 악을 모두 갖고 있을지라도 태어날 때 이 두 가지 특성이 서로 반대되는 것은 결코 아니었다고 말하고 있다. 본성은 본래부터 선할 수밖에 없다. 그러나 기의 품수된 바가 흐려지고 더 나아가 사욕이 염오되어 선한 것이 불선한 것으로 변한다. 그러나 불선함이 있을 때, 선한 본성이 따로 존재하는 것은 아니다. 그러므로 비록 불선한 것이더라도 반드시 본성으로 여기지 않을 수 없으니, 물이 탁하더라도 그것을 물이라고 여겨야 하는 것과 같다.[131]

우리의 본성에 부여된 리는, 정도의 차이가 있겠지만 기에 의해 가려져 막힌다:

질문: 기질에 어둡고 탁한 것의 차이가 있다면, 천지지성에도 치우치거나 온전한 정도의 차이가 있습니까?
답변: 그 경우〔천명지성〕에는 치우치거나 온전한 정도의 차이가 없다. 이는 햇빛 혹은 달빛과도 같다. 탁 트인 곳에서 있으면,

---

130 주희와 동시대인인 石子重(활약기 1165~1173)이 작성한 『中庸集解』로, 총 2권이다. 인용된 구절은 『河南程氏遺書』, 卷1에 나와 있다.

131 『朱熹集』, 卷46, "石氏集解引生之謂性. 性卽氣, 氣卽性, 一章, 竊謂此章先明理與氣不相離, 遂言氣質之性雖有善惡. 然性中元無此兩物相對而生, 其初只是善而已. 由氣禀有昏濁, 又私慾汚染, 其善者遂變而爲惡. 當爲惡時, 非別有一善性也. 故有惡不可不謂之性, 濁不可不謂之水之說."

512

우리는 그 빛을 다 볼 수 있다. 처마가 있는 집안에 있으면, 부분적으로 가리고 막혀 온전하게 보이지 않는다. 기질이 어둡고 탁하므로, 기질이 그 자체로 가리어 막히게 된 것이다. 이는 마치 처마가 있는 집안에 있는 것과 같다.[132]

청정하고 밝은 기를 품수하면, 리가 곧 그 본성대로 나타날 것이다. 그러나 어둡고 탁한 기의 염오가 심하면, 리는 가리어 막히게 되고 이기적인 욕망이 지배하여 불선함이 일어날 조건이 된다. "청정하고 밝은 기만을 갖고 있다면, 리는 숨겨지지 않고 순조롭게 표현될 것이다. 이 은폐가 제한되는 곳에서는 천리가 우세할 것이다. 이 은폐가 큰 곳에서는 사욕이 우세할 것이다."[133]

성인만이 순수하고 더럽혀지지 않은 기를 타고나기 때문에, 그들의 기는 곧바로 리에 접근할 수 있다. 성인이 아닌 일반적인 사람들은 리의 실현을 방해하는 상이한 수준의 기질을 가지고 있다. "오직 청정한 기를 품수한 자는 성인과 현인이다. 그들의 리는 맑고 투명한 물에 귀한 진주가 있는 것과 같다. 탁한 기를 품수한 자는 어리석고 불초한 사람이 된다. 그들의 리는 탁한 물속에 진주가 있는 것과 같다."[134]

---

132 『朱子語類』, 卷4, 58, "問氣質有昏濁不同, 則天命之性有偏全否? 曰非有偏全. 謂如日月之光, 若在露地, 則盡見之. 若在蔀屋之下, 有所蔽塞, 有見有不見. 昏濁者是氣昏濁了, 故自蔽塞, 如在蔀屋之下."

133 『朱子語類』, 卷4, 66, "但得氣之淸明則不蔽錮, 此理順發出來. 蔽錮少者, 發出來天理勝, 蔽錮多者, 則私欲勝."

134 『朱子語類』, 卷4, 73, "但禀氣之淸者, 爲聖爲賢, 如寶珠在淸冷水中. 裏其氣之濁

"사람의 본성은 모두 선하다. 그러나 태어나면서 선한 사람이 있고 태어나면서 악한 사람도 있는데, 이는 기의 품수된 바가 다르기 때문이다."[135] 청정하고 맑은 기를 품수하면, 리가 곧 그 본성대로 나타날 것이다. 그러나 어둡고 탁한 기의 염오가 심하면, 기는 가리어 막히게 되고 이기적인 욕망이 지배하여 불선함이 일어나게 되는 조건이 된다. 기의 품수 작용은 자연적이고 우주적인 작용으로, 우리가 통제할 수 있는 영역이 아니다. 『대승기신론』의 무명과 마찬가지로, 그것은 반드시 다루어야 하는 주어진 현상일 뿐이다.[136]

이러한 자연스러운 '조건'을 고려할 때, 우리는 이 상황을 어떻게 해결해야 하는가? 어떻게 도덕적 선택을 할 수 있을까? 마음이 그 역할을 한다.

3) 두 마음

주희에게 마음은 인지적 활동이 이루어지고 도덕적 의사결정을 내릴 수 있는 곳이며, 우리의 본성에 내재되어 있는 리와 우리가 살고 있는 세계 및 더 일반적으로 우주에 내재된 리를 파악 및 지각할

者, 爲愚爲不肖." 선불교에서 사용한 진주의 은유에 관해서는, John Jorgensen 의 장을 참조.

135 『朱子語類』, 卷4, 69, "人之性皆善, 然而有生下來善底, 有生下來便惡底, 此是氣 稟不同."

136 또한 『대승기신론』을 상기해보면, 우리는 청정한 본성이 번뇌에 가려진다는 은유를 떠올릴 수 있다. 이것은 다시 더 넓은 범위의 여래장 문헌에 뿌리를 두고 있다. 진흙 속에 숨겨진 귀중한 진주와 같은 은유를 반복적으로 선택한 것은, 이러한 [불교] 텍스트에 전례가 있다.

수 있게 해준다:

마음은 하나이다. 〔마음을〕 붙잡아 간직하면 의리가 밝아지니, 이를 도심이라고 부른다. 놓으면 달아나서 물욕이 억제되지 않으니, 이를 인심이라고 부른다. 사람의 마음을 회수하면 도심이다. 도심을 버리면 인심이다. 한순간에도 여러 가지 모습으로 한다. 그것을 일러 "나가고 들어옴에는 〔일정한〕 때가 없으며, 그 방향을 아는 사람은 드물다"라고 하였다.[137]

'간직함과 달아남'과 '나가고 들어옴'은 진실로 인심을 말한다. 그러나 본체인 '은미함'[138]은 결코 늘어나지 않으며, 놓치어 달아난다 하여도 결코 줄어들지 않는다. 언제든지 나가고 들어올 수 있다고 하지만, 그것은 우리의 일상에서 언제나 눈에 떠어 은폐할 수 없는 존재이다. 그 안에서 분별한다면, 도심의 은미함이 결코 이것 이외의 다른 것이 아님을 이해할 것이다. 만약 〔도심에서〕

---

137 『朱熹集』, 卷39, 1786, "心一也. 操而存, 則義理明而謂之道心. 舍而亡, 則物欲肆而謂之人心. 自人心而收回, 便是道心. 自道心而放出, 便是人心. 頃刻之間, 怳惚萬狀, 所謂出入無時, 莫知其鄉也." 이 절에서 인용한 구절은, 『孟子』, 6A.8에 등장하는 공자의 말이다.

138 이것은 도심에 대한 언급이다. 『尙書』, 「大禹謨」에서는 "인심은 위태롭고 도심은 은미하다. 정밀하게 살피고 한결같이 지켜 그 중을 잡으라(人心惟危, 道心惟微, 惟精惟一, 允執厥中)"라고 말한다. 필자는 주희 『中庸章句』의 서문과 『朱子語類』의 여러 문장을 바탕으로, 주희가 이 구절에서 의도했다고 생각할 수 있는 방식으로 이 구절을 해석해 보았다.

분별하지 못하면, 〔분별하는 것은〕 인심 그 이상도 그 이하도 아닐 것이다. 비록 인심은 도심과 분명히 다르지만, 그럼에도 불구하고 인심과 도심은 두 가지로 간주될 수 없고, 두 가지의 다른 곳에서 찾을 수도 없다.[139]

도심-인심을 구분하는 중요한 가늠자는 우리의 인지적 선택이 이기적인 욕망의 영향을 받는지의 여부이다:

마음은 하나이다. 모든 상황에서 천리의 부여받음이 분명하게 드러나는 한 그것을 도심이라고 부른다. 〔마음의〕 작용이 계획과 숙고를 지향하는 한, 그것을 인심이라고 부른다. 〔마음의〕 작용이 계획과 숙고를 지향하는 것이 반드시 불선한 것은 아니다. 이기적인 욕망은 어떠한가? 만약 그것이 자연적으로 발현되는 천리와 일치하지 않는다면, 그것이 바로 이기적인 욕망이다.[140]

모든 말과 행동에는 옳은 길과 그른 길이 있다고, 주희는 말한다. 바른 길은 도리에 맞는 것이고, 그릇된 길은 이기적인 욕망에 빠지는

---

139 『朱熹集』, 卷32, 1377, "存亡出入固人心也, 而惟微之本體, 亦未嘗加益. 雖捨而亡, 然未嘗少損. 雖曰出入無時, 未嘗不卓然乎日用之間而不可掩也. 若於此識得, 則道心之微初不外此. 不識, 則人心而已矣. 蓋人心固異道心, 又不可做兩物看, 不可於兩處求也."

140 『朱熹集』, 卷32, 1376, "蓋心一也, 自其天理備具隨處發現而言, 則謂之道心. 自其有所營爲謀慮而言, 則謂之人心. 夫營爲謀慮非皆不善也. 便謂之私慾者, 蓋只一毫髮不從天理上自然發出, 便是私慾."

것이다. "차를 마실 때에도, 무엇이 천리인지 무엇이 인욕인지를 알아야 한다."[141] 차를 마시는 동기가 이기적인 욕망에 함몰되었다면, 우리는 차를 마시지 않아야 한다.

불선은 기질지성의 구성－기가 리를 가리고 막는－으로부터 생기지만, 그 직접적인 원인은 사욕私慾이다.[142] 불선은 천지지성으로부터 생긴 것이 아니다.[143] 그러나 악이 실현되는 지의 여부와 그 정도를 결정하는 것은 마음인데, 우리가 나면서부터 부여받은 그것의 인식을 통해서 말이다:

마음이 주재하고 있다면, 감정은 올바를 것이다. 만약 감정이 본성의 항상함에 의해 인도된다면, 그것을 욕구〔欲〕라고 부를 수 없다. 마음이 주재하고 있지 않다면, 감정적 반응은 억제되지 않고 본성을 함닉시켜 감정이 오로지 인간의 욕망을 위하도록 하게 한다.[144]

마음이 주재하지 않는다면, 감정적 반응은 제멋대로 작용할 것이

---

141 『朱子語類』, 卷36, 963, "便喫一盞茶時, 亦要知其孰爲天理, 孰爲人欲人."

142 다른 신유학 사상가들과 마찬가지로, 주희 역시 자연적인 불선(자연 재해 등)이 아닌 도덕적인 불선에 대해 관심을 가졌다.

143 『朱子語類』, 卷5, 89, "마음에는 선도 있고 악도 있지만, 〔하늘이 부여한〕 본성에는 불선함이 없다. 기질지성에 있어서도, 그것 역시도 불선함이 있다(心有善惡, 性無不善. 若論氣質之性, 亦有不善.)."

144 『朱熹集』, 卷64, 3362, "心宰則情得正, 率乎性之常而不可以欲言矣. 心不宰則情流而陷溺其性專爲人欲矣."

다. 이런 식으로, 마음은 인욕에 빠져 참되지 못할 것이다. 천리와
인욕의 차이는 조절에 달려 있다. 특히 그것은 마음이 주재하느냐
주재하지 않느냐에 달려 있으며, 그럴 경우 감정적 반응은 마음을
해칠 수 없다.[145]

마음의 허령지각은 하나일 뿐이지만, 그것이 육신의 이기심에서
나오느냐 하늘이 정한 본성의 공평함에서 나오느냐에 따라서
인심과 도심의 차이가 있게 되었다. 이 때문에 지각의 다름이
있게 되었으니, 〔그 마음이〕 혹 위태로워 편안하지 못하고 혹
미묘하여 보기가 어렵게 되었다. 모든 사람은 형체가 있으므로
가장 현명한 사람이라도 인심이 없을 수 없다. 모든 사람은 이
본성을 갖고 있으므로 가장 어리석은 사람이라도 도심이 없을
수 없다. 이 두 개의 〔측면들[146]〕은 사람의 마음 안에서 뒤섞였으
니, 그것을 올바르게 다스리는 방법을 모른다면, 위태로운 것은
더욱 위태로워지고 은미한 것은 더욱 은미해져서 천리의 공정함
이 마침내 인욕의 사사로움을 이기지 못할 것이다. 그것들을 세심
하게 구별한다면, 그것들은 섞이지 않을 것이다. 집중한다면,
자기의 본래적 마음의 공정함을 지키고 그것에서 벗어나지 않을
것이다.[147]

---

145 『朱熹集』, 卷32, 1375, "惟心不宰而情自動, 是以流於人欲而每不得其正也. 然則
天理人欲之判, 中節不中節之分, 特在乎心之宰與不宰, 而非情能病之."

146 도심과 인심.

147 朱熹, 『四書章句集注』(北京: 中華書局, 1983), 14, 「中庸章句序」, "心之虛靈知覺,
一而已矣, 而以爲有人心道心之異者, 則以其或生於形氣之私, 或原於性命之

다시 말하면, 도심은 마음의 본성이 구현된 것이며 선의 원천이라 말할 수 있다. 불선은 이기적인 욕망에 빠진 결과이다. 그렇게 하려는 우리의 성향은, 혼탁한 기가 우리 본성에 내재된 의리에 대한 인식을 가리는 정도에 직접적인 영향을 받는다. 불선한 것은 태극/리에 의해 만들어지는 것이 아니다. 도심을 무시하고 인심을 자유롭게 할 때, 악은 현실화된다.[148] 주희에게 마음은 본성을 지각할 수 있게 해주는 정서적, 인지적 능력이다. 도심과 인심의 관계는 체용 관계이다.[149] 인간의 마음을 다루고 인간의 마음을 통제하고 인간의 마음이 이기적인 욕망에 굴복하지 않도록 보장함으로써만 도심을 마주할 수 있다.

주희의 '도심-인심' 구분은 『대승기신론』의 '각-불각' 구분과 동형적

正, 而所以爲知覺者不同, 是以或危殆而不安, 或微妙而難見耳. 然人莫不有是形, 故雖上智不能無人心, 亦莫不有是性, 故雖下愚不能無道心. 二者雜於方寸之間, 而不知所以治之, 則危者愈危, 微者愈微, 而天理之公卒無以勝夫人欲之私矣. 精則察夫二者之間而不雜也, 一則守其本心之正而不離也."

148 도심은 '형체가 있는 것'에 속하지만, 생멸심의 깨어 있거나 깨달은 측면과 유사하게 무지로 인한 염오가 없으므로 본성에 내재한 리를 쉽게 지각할 수 있다.

149 주희는 이 점에 대해 명확하게 설명하지 않았지만, 이 둘의 관계에 대한 그의 설명은 무조건적인 것과 조건적인 것의 관계로 해석되는 체용론에 잘 부합하며, 전자는 후자 안에 전적으로 존재한다. 인심과 도심을 체용 관계로 가장 분명하게 묘사한 것은 『朱子語類』, 卷62, 1488의 다음 구절이다: "만일 [하늘이] 부여한 본성의 리를 이해한다면, 그것이 인심의 작용이라 할지라도 도심이 아닐 수 없다. 그래서 맹자는 '형체와 색이 하늘이 부여한 본성이다'라고 말하였다(如其達性命之理, 則雖人心之用, 而無非道心, 孟子所以指形色爲天性者以此.)." 이 전거를 제공해준 Anders Sydskjor에게 감사드린다.

인데(그림 5.5 및 5.6 참조), 이는 현저한 패러다임이 수세기에 걸쳐 지식인들이 공유한 담론의 자원이 되었다는 광범위한 맥락을 다시 한번 시사한다.[150] 하나의 마음이 두 가지 측면/관문을 갖고 있는

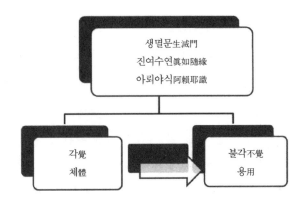

그림 5.4 『대승기신론』의 '각-불각' 모델

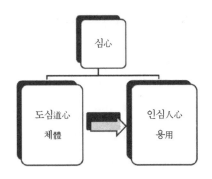

그림 5.5 주희의 '도심-인심' 모델

---

150 아마도 Peter N. Gregory, *Tsung-mi and the Sinification of Buddhism*, 311은 이러한 구조적 유사성에 대해 글을 쓴 최초의 현대학자일 것이다.

것처럼, 심생멸문의 아뢰야식도 깨어 있음과 깨어 있지 않음 두 가지 측면을 가지고 있다:

여래장에 의지하므로 생멸문이 있게 되었다. 즉, 일어나지 않고 사라지지 않는 것은, 일어나고 사라지는 것과 화합한다. 그것들은 동일한 것도 아니고 다른 것도 아니니, '아뢰야식'이라고 이름한다. 일체법을 모으고 생하는 것으로서 식은 두 가지의 의미를 가진다. 그 두 가지는 무엇인가? 첫째는 각이고, 둘째는 불각이다. 각은 심체가 생각을 여읜 것을 말한다. 생각을 여읜 상은 허공계와 같으니, 두루 있지 아니함이 없다.[151]

마음의 체는 진여(tathātā)이다. 진여는 어떠한 개념적 덧칠도 없는, 있는 그대로의 실재이다. 오직 무명만이 우리가 마음의 체 즉 진여를 깨닫는 것을 방해한다. 각과 불각의 구분 방식은, 무조건적인 것－체, 진여－은 조건적인 것과 같지 않지만 동시에 다르지도 않다는〔非一非異〕핵심 논제를 반복한 것이다. 이 역설적으로 보이는 논리는, 내재적 초월의 개념을 의미히기 위해 사용된다. 흥미롭게도, 우리는 위에서 주희가 도심과 인심 사이의 관계를 설명하기 위해 이와 동일한 아이디어를 사용하는 것을 보았다. "비록 인심은 도심과 분명히 다르지만,

---

151 『大乘起信論』, T32.1666, 576b8-13, "依如來藏故有生滅心, 所謂不生不滅與生滅和合, 非一非異, 名爲阿梨耶識. 此識有二種義, 能攝一切法生一切法. 云何爲二? 一者, 覺義, 二者, 不覺義. 所言覺義者, 謂心體離念. 離念相者, 等虛空界無所不遍."

그럼에도 불구하고 인심과 도심은 두 가지로 간주될 수 없고 두 가지의 다른 곳에서 찾을 수도 없다."

마음은 하나이지만 두 가지 측면―리를 지각하는 마음과 리를 지각하지 못하는 마음―을 가지고 있다. 도심은 무수한 리들로 가득 차 있으며, 이 리들은 인간 본성으로 품수한 바를 통해 즉시 접근할 수 있다. 반면에 인심은 이것을 알아차리지 못한다. 이와 상응하게, 『대승기신론』에서는 심생멸문은 각과 불각이라는 두 가지 측면을 가지고 있다. 인간에게 본래 도심이 부여되어 있다고 한 그대로(이것을 지각하지 못하는 사람일지라도) 『대승기신론』에서도 중생은 깨닫지 않은 적이 없다(이것을 깨닫지 못하는 사람일지라도)고 한다.

위에서 필자는 '리와 기'의 관계에 대한 주회의 설명과 '심진여문과 심생멸문'의 관계에 대한 『대승기신론』의 설명이 공통의 구조를 공유한다고 주장하였다. 두 경우 모두 무조건적인 것(진여, 여래장, 태극, 리, 천지지성, 도심)은 조건적인 것(아뢰야식, 기, 기질지성, 인심)과 어떻게든 결합할 수 있지만 동시에 조건적인 것을 넘어설 수 있다. 그리고 무조건적인 것과 조건적인 것은 체용의 양극으로 표현될 수 있다. 필자는 주회의 '도심-인심' 구분과 『대승기신론』의 '각-불각' 구분 사이에 존재하는 흥미로운 동형성의 진정한 의미는, 그것이 앞 문장에서 설명한 공통된 개념 구조―리와 기, 심진여문와 심생멸문―를 복제한 것이라는 점을 주장하고 싶다. 이러한 복제는 〔주회와 『대승기신론』의〕 동형성이 단지 우연에 불과할 가능성을 줄여준다.

4. 결론

도학의 선구자들과 마찬가지로[152], 주희는 우주가 본질적으로 도덕화되어 있다는 믿음−의리(義理; 天理)에서 알 수 있듯−에 전념했다. 특히 『역』은 송나라 사상가들이 불교철학의 지속적인 자극에 대응하여 도덕철학의 새로운 우주론적 토대와 전제들을 확보하도록 필요한 형이상학적 어휘와 주요한 우주론적 모델을 제공하였다. 그럼에도 불구하고 『역』은 왜 불선이 존재하는지에 대해서 그다지 도움이 되지 않는 설명을 제시한다. 반면에 중국 불교도들은 이 불선의 문제에 대응할 수 있는 정교한 자료의 원천들을 개발하였다. 남송에 이르러 이러한 자료는 이단의 가르침이라는 비판을 받았지만, 중국 문인들의 지적 유산의 일부가 되었다. 아이디어가 이데올로기를 능가했다.

주희는 도덕화된 우주와 일치하는 본성의 내재적 선함을 형이상학적으로 변호하기 위하여, 불선의 근원 문제를 다루었다. 이를 위해 그는 주돈이의 「태극도·설」을 인용하여 자신의 본성 개념의 근거가 되는 형이상학적 틀을 마련하였다. 이와 관련하여, 그는 리-기 관계에 대한 특별한 이해를 발전시켰다. 리-기 관계에 대한 주희의 이해는, 당나라와 북송 시기에 발전한 리-현상에 대한 풍부하고도 복잡한 담론을 더욱 명확하게 표현한 것이다. 이 담론의 핵심은 일원론적 존재론−도덕적 불선의 기원/원인을 하나의 근본적인 근거에 내재하거나 의존하는 것으로 설명하는−과 무명의 기원을 조화시키려는 시도이다.

---

152 이 책의 맨 앞에 필자가 쓴 서론 참조.

주희는 어떻게 불선이 가능한가라는 문제에 대한 새로운 해법을 제시
하였는데, 이는 오백년 이상 이 문제를 다루고자 했던 불교의 급진적인
제안을 피한 것이었다. 주희의 해결책은 불선이 가능한 조건을 리가
아니라 기와 연관시키는 일원론적 존재론을 개발하는 것이었지만,
기 없이 리가 존재할 수 없다는 중요한 규정을 포함시켰다. 주희의
입장은 『대승기신론』의 일심이문 체계에 대응하여 수세기에 걸친
중국불교 담론에서 발전된 추론 방식을 활용하고 확장한 것이다.
이를 통해 그는 내재적 초월에 대한 견해를 발전시켰는데, 이것은
〔중국불교〕 담론의 핵심을 이루며 화해할 수 없는 것으로 보이는
두 가지 관점 ─배타적 비-이원론의 초월성과 포괄적 비-이원론의 내재성─
을 승화시키는 것이었다.[153]

　하지만 주희가 전개한 전제들을 받아들인다고 해도, 불선의 근원에
대한 그의 해법이 만족스러운 것일까? 주희의 리-기 일원론의 상호
수반─강력한 이론적 토대를 일원론에 제공하는─이 역시 불선의 근원에

---

153 *Why Traditional Chinese Philosophy Still Matters: The Relevance of Ancient
　Wisdom to the Global Age*, ed. Ming Dong Gu (London: Routledge, 2018)에
　수록된 필자의 논문 "Chinese Philosophy's Hybrid Identity"에서, 필자는 주희
　의 '태극-리-기'와 『대승기신론』의 '일심-진여문-생멸문'을 동족 관계로 이해해
　야 한다고 주장하였다. 기능적으로 유사하지만 공통 조상의 특성을 공유하지
　않는 유사 관계와는 달리, 동족 관계는 공통 조상의 변형된 후손이다. 이
　논문에서, 필자는 이 동족성의 '조상'의 요소는 무조건인 것과 조건적인 것의
　관계를 내재적 초월의 관계로 전달하는 데 사용된 체용 양극이라는 특정한
　개념이라고 주장하였다. 필자는 이 조상이 5세기 후반에 전개된 중국 남부
　불교계로 소급될 수 있다고 결론지었다.

대한 설명의 약점으로 드러나는가? 특히, 불선의 근원 문제에 대한 그의 해결책은 값비싼 이론적 대가—도덕적 결정론을 어느 정도 받아들여야 하는—를 치르면서까지 성공한 것일까? 아래에서, 필자는 그렇지 않다고 주장할 것이다.[154]

앞에서 살펴본 것처럼, 주희는 "기를 논하지 않고 본성을 논하는 것은 완전하지 않고, 본성을 논하지 않고 기를 논하는 것은 무지한 것이다"[155]라는 정이의 구절을 자주 인용하지만, 그의 주된 관심은 이 구절의 전반부에 있다. 주희가 보기에, 맹자는 기의 역할이 중요한 기질지성에 대한 개념이 없었으므로 불선의 근원에 대한 설명을 발전시키지 못했다.[156] 그러나 정이의 구절에 대해 주희가 강조한 것은, 실질적인 의미 차원이라기보다는 수사학적인 차원이었다. 정이는

---

154 그러나 필자는 주희가 리-기 양극 일원론에 대한 설명을 통해 불선의 기원에 대한 새로운 설명을 제공할 수 있었음에도 불구하고, 왜 악을 가능하게 하는 조건이 리/태극이 아닌 오직 기와 연관되는지에 대해서는 설명하지 않았다는 점을 주목한다. 주희의 양극 일원론은 기로 인해 현상적 영역 즉 인간 존재의 영역〔형이하〕에서 어떻게 불선이 발생할 수 있는지를 설명하지만, 리나 태극의 존재론적 영역〔형이상〕에서는 악의 기원과 관련하여 왜 아무런 역할도 하지 않는지에 대한 설명을 하지 못한다. 이는 불선의 기원에 대한 주자의 설명에 대한 이론적 결함 내지는 결핍을 의미한다. *Frontiers of Philosophy in China* 13.1(2018)에 게재된 필자의 논문 "Xiong Shili on the Nature, the Mind and the Origin of Badness as Evidenced in *Ming Xin Pian*明心篇"에서, 필자는 거의 7세기 이후의 현대 신유학자 슝스리(熊十力, 1885~1968)가 주희의 설명에 드러난 일종의 이론적 결함을 피할 수 있었다고 주장한다.

155 본 장의 124번 각주 참고.

156 예를 들어 『朱子語類』, 卷4, 65; 70 참조.

본성과 기의 관계를 이원론적으로 제시함으로써 도덕적 불선의 문제를 다룰 수 있었는데, 본성은 본질적으로 선하고 리로만 구성되어 있으며 불선은 오직 기에만 연관되어 있다. 정이에게 있어서, 기질지성은 리와 기의 결합이 아니다:

질문: 인간 본성은 본래 밝은데, 어찌하여 가려짐이 있습니까?
답변: ··· 본성에는 불선이 없고, 재질 때문에 불선이 있게 되었다. 본성은 다름 아닌 리이니, 요임금과 순임금에서부터 길거리의 사람에 이르기까지 리는 동일하다. 재질은 기에서 품수하니, 기에는 맑음과 탁함이 있다. 그 맑은 기를 품수하면 현자가 되고, 그 탁한 기를 품수하면 어리석은 사람이 된다.[157]

질문: '타고난 것을 본성이라 한다〔生之謂性〕'는 '하늘이 명한 것을 본성이라 한다〔天命之性〕'와 같습니까?
답변: '본성'이라는 단어는 단 하나의 지시대상으로 사용되지 않는다. 생지위성은 〔기의〕 품수한 바를 설명한 것이다. 천명지성은 본성의 리를 말한 것이다. 요즘 사람들이 "천성은 부드럽고 느긋하다"라거나 "천성이 강하고 급하다"라고 말할 때, 이것은 하늘의 자질들을 말한 것이니 〔기의〕 품수한 바를 설명한 것이다. 본성의 리는 선하지 않음이 없다. '하늘'은 그대로의 리를 말한다.[158]

---

157 『河南程氏遺書』, 卷18, "問人性本明, 因何有蔽? 曰…性無不善, 而有不善者才也. 性卽是理, 理則自堯舜至於塗人, 一也. 才稟於氣, 氣有淸濁. 稟其淸者爲賢, 稟其濁者爲愚."

주희는 일원론을 신봉했기 때문에, 불선의 문제에 대한 정이의 해결책은 〔매력적인〕 선택지가 될 수 없었다. 주희는 명命과 같은 자연적 요인을 통해 기의 개별적 품수가 재산, 사회적 지위, 수명, 건강 등의 차이를 설명했지만[159], 도덕적 불선의 문제에 관해선 그러한 호소가 통용될 수 없었다. 마음의 구성에서 기의 본질적인 역할을 고려할 때, 도덕적 불선이 부분적으로라도 타고난 기의 품수에 의해 결정된다면, 이는 도덕적 의사결정에 대한 통제력을 행사하는 능력을 제한하는 일종의 결정론을 수반하지 않겠는가?

주희는 이 점을 분명히 알고 있었기 때문에 도심과 인심의 구분에 주의를 기울였다. 그러나 다음의 구절에서 분명하게 알 수 있듯이, 인간의 마음이 기로 구성된 결과에 초점이 옮겨질 때 어느 정도의 미끄러짐이 나타나는 것 같다:

질문: 마음에는 많은 리가 구비되어 있습니다. 선하게 발동하는 것은 진실로 마음에서 나오는 것입니다. 선하지 않게 발동하는 것은 모두 기품과 사사로운 물욕 때문이지만, 이것 역시 마음에서 나오는 것 아닙니까?
답변: 본래 마음의 본체는 아니라 하더라도, 역시 마음에서 나오는 것이다.

---

158 『河南程氏遺書』, 卷24, "生之謂性與天命之謂性, 同乎? 性字不可一槪論. 生之謂性, 止訓所稟受也. 天命之謂性, 此言性之理也. 今人言天性柔緩, 天性剛急, 俗言天成, 皆生來如此, 此訓所稟受也. 若性之理也則無不善, 曰天者, 自然之理也."
159 예를 들어 『朱子語類』, 卷4, 79 참조.

질문: 그것이 이른바 인심이라는 것입니까?

답변: 그러하다.

자승子升의 질문: 인심 또한 선과 악을 겸한 것입니까?

답변: 물론 아울러 말한 것이다.[160]

질문: 마음에 선과 악이 있습니까?

답변: 마음은 활동하는 것이니 자연히 선과 악이 있다. 가령 측은히 여기는 것은 선한 것이지만, 어린아이가 우물에 빠지려는 것을 보고 측은히 여기는 마음이 일어나지 않는다면 곧 악이다. 선을 떠나면 바로 악이다. 그러나 마음의 본체는 선하지 않은 적이 없지만, 또 악 역시 전혀 마음이 아니라고 할 수는 없다. 마음이 아니라면 무엇이 악을 만들어내겠는가?[161]

주희에게 있어, 개인의 타고난 기적 품수를 변화시키고 정화하여 도덕적 완전성으로 향해 나아갈 수 있게 해주는 것은 바로 마음이다. 이 비전은 마음이 기로 구성되어 있다는 사실로 인하여 손상되는가?

---

160 『朱子語類』, 卷5, 86, "問心之爲物, 衆理具足. 所發之善, 固出於心. 至所發不善, 皆氣裹物欲之私, 亦出於心否? 曰固非心之本體, 然亦是出於心也. 又問此所謂 人心否? 曰是. 子升因問, 人心亦兼善惡否? 曰亦兼說."〔본 구절의 번역은 이주행 외 역(2001), 『朱子語類 1~13卷』, 소나무, 249-50쪽에서 인용하였음.〕

161 『朱子語類』, 卷5, 86, 或問心有善惡否? 曰心是動底物事, 自然有善惡. 且如惻隱 是善也, 見孺子入井而無惻隱之心, 便是惡矣. 離著善, 便是惡. 然心之本體未嘗 不善, 又卻不可說惡全不是心. 若不是心, 是甚麼做出來?"〔본 구절의 번역은 이주행 외 역(2001), 『朱子語類 1~13卷』, 소나무, 250쪽에서 인용하였음.〕

인간의 기적 구성이 재산, 사회적 지위, 장수, 건강 등의 개인차를 초래하는 맹목적이고 자연적인 결정론의 지배를 받는다는 점을 감안할 때, 이와 같은 기적 구성이 마찬가지로 마음의 인지적, 정서적, 의지적 인식에 대한 한계와 도덕적 의사결정에 있어 적절한 통제력을 행사할 수 있는 능력을 결정하는가?[162]

필자는 그렇다고 확신하지 못한다. 비록 주희는 마음의 인식 및 지각 능력의 한계가 기로 인해 결정되지 않는 이유를 명시적으로 설명하지는 않았지만―기가 재산, 사회적 지위 등을 결정할 수 있다고 선언했음에도 불구하고―, 관용적인 해석에 따르면 마음의 기적 구성이 사람의 인식 및 지각에 결정적인 영향을 미치기보다는 제약적인 영향을 미친다는 것이 그의 입장이라 할 수 있다. 물론 그렇다고 해서 모든 사람이 항상 동일한 자질로 이 능력을 실현 및 발휘할 수 있다는 의미는 아니다. 그러나 중요한 것은, 시간이 지나고 연습을 한다면 누구나 이 타고난 능력을 개발하고 적용하는 방법을 배울 기회가 무수히 많다는 점이다.[163] 그러므로 주희는 '격물치지格物致知'에 두드러진 역할을 부여하고, '자득自得'이라는 표현을 자주 사용하였다.

---

162 이 주장에 대한 긍정적 사례에 대한 논증은 李明輝, 「朱子論惡之根源」, 『國際朱子學會議論文集』, 鍾彩鈞 編, 冊下, (中央研究院中國文哲研究所籌備處: 臺北, 1993), 551-589. 필자는 李明輝가 도심의 역할을 경시하고 있다고 생각한다. 이 논문을 알려주고 기꺼이 사본을 제공해준 黃勇 교수에게 감사드린다.

163 인성발달과 관련하여 이러한 종류의 수양방법에 대한 유익한 설명을 보려면, Joel J. Kupperman, *Character* (New York: Oxford University Press, 1991), 특히 3장과 4장 참조. 이 책을 추천해주었으며 필자의 다소 성급하게 구상된 가정들 중 일부에 대해 의구심을 표명해준 Steve Angle에게 감사드린다.

주희는 도덕 결정론을 피하기 위해 '도심-인심'이라는 구분을 개발하였다. 주희는『중용장구』서문에서, 도심과 인심을 제대로 분별하지 않아 생기는 위험성을 기술한 후 다음과 같이 썼다:

정밀히 하면 두 가지 사이에서 살피게 되어 그것들이 섞이지 않게 되고, 한결같게 하면 본심의 바름을 지켜 떠나지 않게 된다. 여기에 종사하면 조그마한 틈이라도 없어져서 반드시 도심은 항상 한 몸의 주인이 된다. 그러면 인심이 매번 도심의 명을 듣게 되니, 위태로운 것은 안정되고 은미한 것은 드러나게 되고, 활동할 때와 쉬고 있을 때 말과 행동에서 과도함이나 미치지 못함이 없게 될 것이다.[164]

주희의 처방은 추상적이지만, 다른 곳에서 주희는 이 목표를 실현할 기회가 일상생활에서 충분하게 빈번히 제공된다는 점을 강조하기 위하여 구체적인 예시들을 다양하게 제시한다. 따라서 배고플 때 먹고 싶거나 추울 때 옷을 더 입고 싶어 하는 욕구는 인심의 한 표현이지만, 어떠한 조건에서 그렇게 하는 것이 적절한지 판단하는 것은[165] 도심의 한 표현이다.[166]

---

164 『中庸章句』,「中庸章句序」, "精則察夫二者之間而不雜也, 一則守其本心之正而不離也. 從事于斯, 無少閒斷, 必使道心常爲一身之主, 而人心每聽命焉, 則危者安微者著, 而動靜云爲自無過不及之差矣."

165 예를 들어 음식이나 옷을 훔친 경우, 음식이나 따뜻함이 다른 사람에게 더욱 긴급하게 필요한 경우, 또는 예의상 사양이 필요한 경우 등이다.

166 예를 들어『朱子語類』, 卷62, 1488; 卷78, 2011.

도심과 인심은 서로 섞이지[雜] 않으며, 인심은 본래적 마음(=도심)에서 분리[離]되지 않는다는 주희의 언급은 매우 중요하다.[167] '섞임'과 '분리됨'의 이항적 용어의 사용은, 주희가 위에서 인용한 두 구절 등을 포함한 여러 구절에서 전개하는 [통상적] 방식임을 알 수 있다:

비록 [태극이] 동하여 움직임을 낳고 음하여 고요함을 낳는 본체라 하더라도, 음양에서 떨어질 수 있는 것은 아니다. 바로 음양에서 그 본체를 가리켜 말한 것이다. 즉, 그 본체는 음양과 섞이지 않는다.

그러나 본성의 본체는 결코 [기질과] 섞이지 않는다. 여기서 사람들이 이해해야 할 핵심은, 본체로서의 본성은 결코 [기질지]성과 분리되지 않더라도 결코 [기질지성과] 섞이지 않는다는 것이다.

이 구절들에서 도심과 인심, 태극과 음양, 그리고 천지지성과 기질지성은 각기 체-용의 내재적 초월의 관계로 제시된다. 각 이항쌍은 다음의 질문에 대한 일관된 응답을 확인히는 데 사용된다: "우리의

---

167 다른 곳에서 그는 비슷한 글을 썼다: "정밀함의 목적은 [인심과 도심이] 섞이지 않도록 하여 [서로 혼동되지 않도록] 하는 것이다. 한결같게 하는 목적은 [도심에서] 벗어나지 않도록 하는 것이다(朱子語類, 卷78, 2013, 惟精是要別得不雜, 惟一是要守得不離.)." 주희에게 도심과 본심은 동일하다고 하는 견해를 필자가 단념할 만한 문헌상 증거를 찾지 못했다. 이 둘 간의 연관성은 맹자 '본심'의 특징을 암묵적으로 이용할 길을 제공하며 그렇게 해서 타고난 도덕적 순수성의 관점에서 주희 '도심'의 특징을 강화한다.

인식이 인간 존재의 조건적인 본성에 둘러싸여 있다면, 어떻게 조건적인 것(도심, 태극, 천지지성)이 실현될 수 있겠는가?" 무조건적인 것은 조건적인 것과 결코 분리되지 않지만, 무조건적인 본성은 그 관계에 의해 조금도 손상되지 않는다는 주희의 끊임없는 반성은, 바닷물이 바람과 분리되지 않지만 바람이 불든 불지 않든 물의 축축한 성질은 변하지 않는다는 『대승기신론』의 인식론과 뚜렷한 유사성을 지닌다. 주희와 『대승기신론』의 저자 모두에게 있어, 인간 존재의 조건 없는 본성만이 수행의 근거이자 사물의 참된 본질을 깨달을 수 있는 근거라는 점은 매우 핵심적이다. 무조건적인 것은 조건적인 것과 결코 분리되지 않기 때문에, 개인에게 영향을 미치는 조건은 다양할지라도 항상 "자신에게서/에 의해/으로부터" 얻을 수 있는 가능성이 있다.[168] 『대승기신론』에서 주장하듯, 무명은 깨달음을 방해하는 것이 아니라 오히려 깨달음의 가능성을 위한 조건이다.

이 장에서는 『대승기신론』의 일심이문 체계가 주희 형이상학의 기본이었다고 주장한다. 주희의 '리-기'에 대한 이해와 『대승기신론』의 '심진여문-심생멸문'에 대한 설명이, 동형적일 뿐만 아니라 전유 및 영향에 있어 보다 구체적인 작용이 있었는지는 이 장의 범위를 벗어난다. 이 장의 연구는, 주희의 철학적 레퍼토리에서 불교의 [사상적] 자원이 수행한 중요한 역할을 구명했다는 점에서 더 큰 의미가 있다.

---

[168] 주희에게 있어, 학습과 의지는 매우 중요한 역할을 한다. Andrew Pinsent가 편집한 *The History of Evil in the Medieval Age (450~1450)* (London: Routledge, 2018)에 수록되어 있는, Huang Yong의 "Evil in Neo-Confucianism," 참조.

부록. 종밀의 「십중도」

저명한 고전학자인 모기령(毛奇齡, 1623~1716)은, 주돈이 「태극도」의 출처 중 하나가 종밀의 『선원제전집도서』에서 아뢰야식 ─심생멸문으로 간주됨─ 을 표현하는 데 사용된 그림이었다는 점을 처음으로 주장하였다.[169] 이 아뢰야식의 그림은 「십중도＋重圖」로 알려진 것으로, 일련의 원들로 이루어진 도표의 일부로 포함되어 있다. 이는 종밀의 『대승기신론소』에 첨부되었고 『선원제전집도서』의 명장明藏본[170]에 전재되었다. 아뢰야식은 중앙의 기호로 표시되어 있고, 그 아래에는 각 측면에 10개의 원들이 한 떼로 나열되어 있다(그림 5.7 참조).

---

169 毛奇齡, 「復馮山太極圖說古文尙書冤詞書」, 『西河集』, 『欽定四庫全書』, 18.8a, Chinese Text Project 사본, http://ctext.org. 모기령은 「십중도」를 〔본래〕 황산黃山 출신의 승려가 작성한 것으로 보았다.

170 『禪源諸詮集都序』의 명장본(1589년 초판 인쇄, 1676년 최종 판본)은 1885년 도쿄의 축쇄장경과 1922년 다이쇼(大正)신수대장경의 기초가 되었다. 명장에서 사용된 판본은 현재 존재하지 않는 1303년 원나라 판본에서 파생되었다.

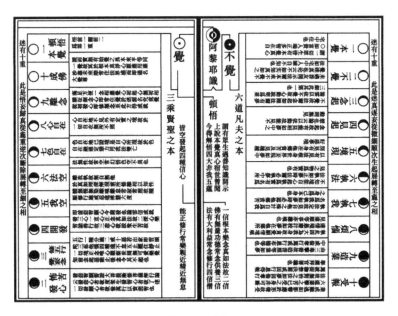

그림 5.7 「십중도」

이 그림은 『선원제전집도서』의 명장明藏본에서 파생된 것으로, 존 메이컴이 修訂中華大藏經會 編(臺北, 1969), 『中華大藏經』, 卷35, 14,602에서 수록된 그림을 바탕으로 다시 그린 것임.

「태극도」의 두 번째 단의 그림과 동일하지는 않을지라도―주진의 버전에는 중앙에 원이 있다―, 두 그림은 매우 유사하다(그림 5.8 및 5.9).

그림 5.8 「태극도」의 2단   그림 5.9 「십중도」의 아뢰야식

둔황燉煌에서 발견한 종밀의『선원제전집도서』필사본(서기 952년)을 바탕으로 1970년대의 일본과 캐나다 학자들이「십중도」에 관한 새로운 증거를 발견하면서, 모기령의 가설은 그 실체가 드러나기 시작했다. 이 새로운 증거는 결국 학계 전반에서 폭넓은 지지를 얻게 되었다. 2014년 1월과 7월에 걸쳐, 필자는 대만 국가도서관에 소장되어 있는 둔황 필사본을 살펴볼 수 있었다. 현재의 통념과는 달리, 필자는『선원제전집도서』중『대승기신론소』에 첨부된 실제 도표에 빨간색의 원, 빨간색과 검정색으로 조합된 원, 빨간색과 검정색의 선이 있다는 사실을 발견하였다(첨부자료 1, 첨부자료 2 참조).[171]

---

171 1986년 캐나다 학자 Ran Yunhua(冉云華)는 이렇게 결론 내렸다: "『선원제전집도서』의 둔황 사본은 …『선원제전집도서』의 검정색 원과 흰색 원이 주돈이의「태극도」에 영향을 끼쳤을 가능성을 부정한다." (Ran은 원고의 관련 부분을 흑백으로 복사된 것만을 볼 수 있었다.) 그의「敦煌寫本「禪源諸詮集都序」對中國思想史的貢獻」,『中國佛教文化研究論集』(臺北: 東初出版社), 171 참조. 비슷하게 Jeffrey Lyle Broughton, *Zongmi on Chan* (New York: Columbia University Press, 2009), 280n320은 다음과 같이 말한다: "종밀의 원문에는 원들이 없었고 나중에〔원들이〕추가되었다는 점은 시사하는 바가 크다." (분명 Broughton은 원문을 직접 본 적이 없다.) 그보다 5년 전에 Broughton은 다른 견해를 가지고 있었다: "그 아뢰야식의 원은 송대 신유학자 주돈이의「太極圖」에 등장하며, 이곳에서 음과 양, 동과 정 사이의 관계를 설명한다." 그의 "Tsung-mi's Zen Prolegomenon: Introduction to an Exemplary Zen Canon," in *The Zen Canon: Understanding the Classic Texts*, eds. Steven Heine and Dale S. Wright (New York: Oxford University Press, 2004), 49n52 참조.

첨부자료 1 및 2
오대 시기의 둔황 필사본『선원제전집도서』에 수록된
「십중도」(대만 국가도서관 특장문헌팀 소장)

　그러나 이 원들은 명백한 순서를 나타내지 않으며, 달의 위상을
연상시키는 디자인도 아니다. 결정적으로 도표의 아뢰야식이 위치했
던 위치에, 태극과 유사한 그림은 없다. 현존하는 증거들을 고려해볼
때, 필자는『선원제전집도서』명장본에 수록된『대승기신론소』에
첨부된 도표에 등장하는 원들(동심원 이미지의 아뢰야식을 포함)은 오히
려 주돈이「태극도」의 영향을 받았을 가능성이 높다는 데 동의한다.
　『선원제전집도서』명장본 (그리고 아마도 그것의 기반이 되는 원대
판본)은 4권으로 되어 있다. 4권짜리 판본 이외에 2권짜리 판본도
있다. 현존하는 가장 오래된 2권짜리 판본은 1358년의 일본 판본으로,
송대 판본을 다시 편집한 것으로 추정된다. 이 판본은 빨간색(염오되지
않은 것)을 나타내는 단선과 검정색(염오된 것)을 나타내는 이중선을
사용했지만, 원은 사용하지 않았다. 1493년의 조선 판본 역시 빨간색
은 단선으로 검정색은 이중선으로 표현했지만, 마찬가지로 원은 사용
되지 않았다.[172]
　그러나 필자는 송대로 전수된『선원제전집도서』의 하나 이상의
판본에서 달의 위상을 닮은 빨간색과 검정색의 원이 아뢰야식의 동심

---

[172] 둔황 사본의『대승기신론』관련 도표가 4권짜리 판본보다는 2권짜리 판본과
　　더 긴밀하게 연관됨을 시사하는 여러 특징들을 갖고 있다.

원 이미지와 함께 다루어졌을 가능성, 그리고 주돈이가 직간접적으로 이러한 원들을 인식하게 되었을 가능성을 무시할만한 증거가 충분히 있다고는 확신하지는 못한다.

1576년 조선 판본으로 복각된 송대 판본에 대한 등문원(鄧文原, 1258~1328)의 간행사에는, (배휴〔裴休, 791~864〕가 만든)『선원제전집도서』의 857년 판본이 중국 남부에서 954년까지 유통된 것에 대한 간략한 설명이 담겨져 있다.[173] 또 다른 간행사—이 시기 무렵에 발행날짜가 명시되지 않은 『선원제전집도서』의 재편집본을 위해 작성된(다이쇼대장경본, T48.2015, 397b29-398a1)—에서, 등문원은 배휴가 대중(大中, 당나라 선종) 연간(847~859)에 『선원제전집도서』의 서문을 작성했고, 배휴가 도표를 다시 그렸으며, 도표가 중국 남부에서 독립적으로 유통되다가[174] 결국 1275년 원나라 황제 세조(쿠빌라이 칸)가 『선원제전집도서』의 목판 인쇄를 명령했다고 덧붙였다. 또한 등문원은 1303년 선사禪師 설당 보인雪堂普仁이 "금나라 시기(1115~1234)의 선사 잠암 각공潛菴覺公이 그린/복사한 도표"를 입수하였고, 이후에 보인이 이를 정리했다고 말한다.[175] 이 기록에 따르면, 적어도 중국 북부에서 1303년 이후에야 이 노표가 추가된 것으로 보인다. 이는 복판본에서 색상을 쉽게 사용할 수 없었던 것과 관련이 있을 수 있다. 이와 대조적으로

---

173 鎌田茂雄,『宗密敎學の思想史的硏究』(東京: 東京大學出版社, 1975), 238에서 재인용함.

174 이 점에 대해서는 田中良昭,「敦煌本《禪源諸詮集都序》殘卷考」,『駒澤大學佛敎學部硏究紀要』37(1979): 54-55를 더불어 참조.

175 T48.2015, 397c18-25.

배휴의 도표는 둔황 필사본 도표보다 거의 한 세기나 앞선 것으로, 송대까지 중국 남부로 전파될 수 있는 시간은 충분하다.

둔황 사본에 재현된 도표가 반드시 종밀의 원본에 충실해야 하거나 완전해야 한다고 가정할 이유는 없다. 송나라 시대에 중국 남부에서 유통된 초기 판본에 달의 위상과 동심원 이미지의 아뢰야식을 닮은 빨간색과 검정색 원들이 순서대로 배열되어 있었는지는 알 수 없다. 아이러니하게도, 둔황 사본의 조잡하게 번호가 매겨진 원들은 이러한 가능성을 흥미롭게 암시하고 있다.

감사의 글

이 책의 기초가 되는 연구를 수행하고 워크숍을 진행할 수 있도록 도라 연구비(DORA grant)를 지원해준 호주연구위원회(Australian Research Council)에 저자들을 대표해 감사드립니다. 필립 아이반호(P. J. Ivanhoe)는 이 프로젝트의 구상을 돕고 홍콩시립대학에서의 첫 번째 워크숍을 주최해주었습니다. 댄 루스트하우스(Dan Lusthaus)도 프로젝트의 구상을 돕고 연례 워크숍 개최에 공헌해주었습니다. 옥스퍼드대학출판부의 편집자들은 건설적인 피드백을 제공해주었습니다. 대만 국가도서관 특장문헌팀은 『선원제전집도서禪源諸詮集都序』의 둔황 판본(오대 시기의 기록)을 이 책 5장의 부록에 전재하는 것을, 허가해주었습니다.

　　　　　　　　　　　　　　　　　　　－ 2017년 9월 존 메이컴

역자 후기

불교 혹은 유교를 연구하는 학자들에게 있어, 신유학에 미친 불교의 영향은 매우 흥미로운 주제입니다. 그러나 이 분야를 연구하기 위해 불교와 유교의 방대한 자료들을 모두 열람 및 연구해야 하므로, 이 분야에 접근하기가 상당히 어려웠습니다. 이 책이 소개됨으로써, 이제 한국의 독자들은 신유학에 미친 불교적 영향을 이해하는 또 다른 시야를 가질 수 있게 되었습니다. 이 책은 주희가 그의 철학적 사상에 포함시킨 매우 광범위한 지적 자원들을 조명함으로써, 불교에서 파생된 모델들이 그의 철학적 레퍼토리에서 중요한 역할을 했다는 것을 보여주고 있습니다.

1장에서는 주희와 선불교의 '빛나는 마음/여래장'에 대한 탐구가 중심이 됩니다. 존 위르겐센은 주희와 선불교의 마음론이 동형적인 측면이 있음을 주장합니다. 위르겐센은 방대한 전거들을 제공하면서 주희를 유교적 '북종선'이라고 과감하게 주장합니다. 한국철학계에서 북종선에 대한 철학 및 역사적 논의가 심도 있게 이루어지지 않은 측면을 고려해본다면 위르겐센의 논의는 분명 참신합니다.

2장에서 저스틴 티왈드는 주희의 불교 비판에 대해 초점을 기울입니다. 많은 연구들이 주희의 불교 비판이 피상적이고 부정확함을 지적했지만, 이러한 관점대로라면 불교와 주희 간의 대화는 기껏 허구적이고 표면적인 이해방식에 매개되었을 뿐입니다. 따라서 티왈드는 이기심,

구원, 자기수양의 측면에 있어 불교와 주희의 입장 사이에 어떤 근원적인 차이가 존재했는지를 구명하고 있습니다. 이러한 접근방식은 주희가 불교도와 진심으로 대화했음을 잘 보여주고 있습니다.

3장에서 스티븐 앵글은 주희의 지각 인식론과 불교와의 관계를 살펴봅니다. 앵글은 불교가 중국문화에 깊게 뿌리를 내렸음을 강조하며, 주희가 사용하는 불교 용어들이 실제로는 유교, 불교, 도교 간의 깊은 상호작용에서 영향을 받은 '공유된 담론'에서 비롯되었다고 합니다. 이와 동시에 주희가 불교적 용어인 '지각知覺'을 자신의 인식론에서 핵심 용어로 사용했음에도 불구하고, 그가 불교와 구별되는 독특한 인식론적 체계를 구축하려고 했다는 것을 논증합니다.

4장에서 브룩 지포린은 화엄, 천태, 주희 간의 체용론을 중심으로 논의합니다. 번역하는 데 있어 이 장이 가장 도전적이었습니다. 이 장을 통해 독자들은 중국불교에 대한 깊은 이해를 얻을 수 있고, 지포린의 철학적 논증 방식에도 감탄하게 될 것입니다. 지포린은 주희의 체용론이 화엄과 천태의 체용론과 어떻게 유사하거나 다른지를 자세히 설명하면서, 주희가 불교적 담론에 심도 있게 대응하는 과정에서 어떻게 자신의 체용론을 발전시켰는지를 논합니다.

5장에서는 불교와 주희의 일원론과 무명에 대한 논의가 이루어집니다. 이 장에서 존 메이컴은 주희의 일원론 체계가 불교(특히 『대승기신론』)의 일원론과 유사하다는 점을 강조합니다. 또한 메이컴은 주희의 리-기 개념이 중국불교의 리-사 개념의 연장선상에 있음을 지적하면서, 주희 철학에 있어 불교적 자원의 중요성을 강조합니다.

몇몇 지점에서 저자들 사이의 균열을 감지할 수 있듯이, 저자들의 입장이 모두 동일한 것은 아닙니다. 마찬가지로 동일한 개념과 구절을 두고서도 저자들마다 해석이 다릅니다. 이러한 차이와 균열을 그대로 보여줄 수 있도록 번역하였습니다. 그럼으로써, 우리는 주희 철학사 상에 끼친 불교적 영향을 바라보는 복수의 시야들을 접할 수 있을 것입니다.

이 책의 번역은 대원 장경호 거사(동국제강 창업주)의 유지에 따라 설립된 재단법인 대한불교진흥원의 지원으로 이루어졌습니다. 기꺼이 후원해주신 진흥원에 감사의 뜻을 전하고 싶습니다. 진흥원과 출판사로부터 최대한 쉽고 간결하게 번역해달라는 요청을 여러 번 받았습니다. 그 요청이 제대로 이루어졌는지는 확신하기 어렵지만, 번역의 질 관리를 위하여 여러 선생님들의 도움을 받게 되었습니다. 우선 본 번역물의 최종 심사를 맡아주시고 귀중한 조언을 해주신 익명의 세 선생님께 감사드립니다. 또한 교열 및 윤문 작업에서 정천구(부산대학교), 김선중(플로리다주립대학교), 김재중, 김제우, 유용식(이상 서울대학교) 선생님의 도움이 있었음을 여기서 밝힙니다. 마지막으로 이 책이 출판될 수 있도록 도움을 주신 운주사 김시열 사장님께도 감사드립니다.

– 불기 2568년의 여름 역자 올림

찾아보기

지은이 존 메이컴(John Makeham)

이 책을 엮었으며, 호주국립대학교 및 라 트로브대학교의 명예교수이다. 중국 지성사 분야의 전문가로서, 중국사 전반의 유교사상에 특별한 관심을 갖고 있다. 최근에는 전근대 및 근대 유교철학에 영향을 미친 중국 불교사상에 대해 관심을 갖고 있다. 웰링턴빅토리아대학교, 애들레이드대학교, 국립대만대학, 홍콩중문대학과 호주국립대학교, 라 트로브대학교에서 교수직을 역임했다.

지은이 존 위르겐센(John Jorgensen)

라 트로브대학교의 중국연구센터 선임연구원을 역임했다. 중국, 일본 및 한국의 선불교 전문가로서, 수많은 불교경전 및 논서를 영어로 옮긴 바 있다. 그리피스 대학교에서 학생들을 가르쳤고, 호주국립대학교에서 연구원을 지냈다.

지은이 저스틴 티왈드(Justin Tiwald)

홍콩대학의 철학과 교수이며, 샌프란시스코주립대학교 교수를 역임했다. 화남사범대학과 캘리포니아대학교 버클리캠퍼스에서 객원교수를 지냈다. 그는 중국사상에 대한 광범위한 논문을 발표했는데, 중국사상에 대한 역사적인 탐구뿐만 아니라 중국사상과 현대철학의 교차적 탐색을 아우른다.

지은이 스티븐 앵글(Stephen C. Angle)

웨슬리안대학교 철학 및 동아시아학 담당 교수이다. 중국철학, 유교, 신유학, 비교철학에 특화된 철학 저술가이자 연구자이다. 중국과 전 세계의 인권, 정치, 윤리 영역에서의 철학의 역할에 초점을 맞추어 연구하고 있다.

지은이 브룩 지포린(Brook A. Ziporyn)

시카고대학교 신학부의 중국종교, 중국철학 및 비교사상 담당 교수이다. 고중세의 중국의 종교와 철학에 대해 연구한다. 시카고대학교 교수로 부임하기 전에는 미시간대학교, 노스웨스턴대학교, 하버드대학교와 국립싱가포르대학에서 중국철학 및 종교를 가르쳤다.

옮긴이 정환희

청주교육대학교를 졸업하고, 서울대학교 대학원 윤리교육과에서 공부했으며, 현재 서원대학교 윤리교육과 조교수이다. 주요 논문으로 「『論語』 '子夏之門人小子'장에 대한 朱熹의 사유전환」, 「활연관통豁然貫通의 현대적 해석」 등이 있고, 옮긴 책으로 『유교와 여성—오리엔탈리즘적 페미니즘을 넘어서』가 있다

대원불교 학술총서 19 | 주희 철학사상의 불교적 뿌리

초판 1쇄 인쇄 2024년 9월 4일 | 초판 1쇄 발행 2024년 9월 11일
엮은이 존 메이컴 | 옮긴이 정환희 | 펴낸이 김시열
펴낸곳 도서출판 운주사

(02832) 서울시 성북구 동소문로 67-1 성심빌딩 3층

전화 (02) 926-8361 | 팩스 0505-115-8361

ISBN 978-89-5746-843-2 93150 값 30,000원
http://cafe.daum.net/unjubooks 〈다음카페: 도서출판 운주사〉